古诗文名物新证

扬之水　著

故宫出版社

卷一 目录

序

一

上世纪八十年代以来兴起的“重写”风潮——重写文学史，重写文化史，重写艺术史，重写哲学史，重写思想史等等——代表了学术界在新时期的诉求和取向，促使这二十年间产生了无数大部头的、恢宏纵横的文学、艺术、历史、风俗、审美风尚通史。它们在突破“上层建筑”与“经济基础”，“阶级性”与“民族性”“人民性”，“社会背景”与“代表人物代表作”等历史叙述和历史写作定势的同时，建构了新的大文学、大历史、大文化、大艺术、大风尚、大风俗等新的宏大历史话语和叙述方式。它们“向人们显示着一种拥有权威性的集体话语，这种权威的集体性话语则确认了这种写法的的合理性”[1]。然而这种模式，在颠覆旧的历史叙述方式和建构新的历史叙述方式的同时，又产生了新的历史叙述盲点。因为这种集体话语只能写一种叙述模式的历史，或者只能写很多很多种一模一样的叙述模式的历史[2]。

九十年代末以来，随着新的知识在历史中的变化和增长，“重写”的价值取向、研究视域和研究资源及历史叙述方式，在悄悄发生变化。关注点已经从“注意中心到注意边缘，从注意经典到注意一般，从注意精英思想到注意生活观念，从注意王朝变动和政治变动到注意历史中的生活样式的变化”[3]，从注意重大政治事件到注

[1] 葛兆光《中国思想史导论》，页58，复旦大学出版社二○○一年。

[2] 同上。

[3] 同上，页16。

意人的衣食住行的变化的历史细节。思想史家把这种变化发生的原因，归结为两个方面。“一方面正是得益于考古发现的文献资料的刺激”，考古发现的大量实物和文献，促进了对于古代中国一般知识及物质生活世界和精神生活世界的认识，也改变了研究的注意焦点[1]。另一方面，这些转型，也得益于理论视野的开拓和转变。

然而从价值取向的改变到成功的写作之间有很大的距离。它不仅需要突破学科的壁垒及其传统研究观念、研究视域的束缚——文献范围的扩张越界和新认知、新视域的支撑——而且如何吸纳和诠释那些不同的话语和文本，需要的不单是勇气，更困难的是多学科的背景知识和资源准备，以及如何改变过去习惯的研究方式和叙述方式。如同思想史家感叹的那样："‘重写’这两个字始终太严肃也太艰难，由于这种重写缺乏理论和文献的双重准备，常常是一种重估价值的情感表达，并没有真正成功的例子问世"[2]。

当思想史家尚在尝试着如何把“没有文字只有图形的考古成就与文物资料进入思想史的研究视野”[3]时，扬之水同志以其“名物新证”系列——二〇〇〇年出版的《诗经名物新证》和现在这本《古诗文名物新证》，汇集了一大批崭新的发掘资料和传世文物，将考古实物、历史文献、文学艺术一并纳入自己的研究视野，以名物新证展现的丰富的历史细节、具体的文化语境和日常生活史的现场重构，颠覆了只有一种写法的宏大历史叙述定势和集体话语权威。为文学研究和古代生活史的另一种写法提供了成功的范本。

二

扬之水的“名物新证”系列，看似传统，但无论是在学术资源、学术视野、学术范式还是学术方法上，都已经与传统的名物考证有很大的不同。

从研究资源上看，它所运用的资料，是现代考古发掘和传世的文物、是历史文献、古代诗文和绘画图象等三种不同的话语和文本。早已跨越现代考古、历史、文学、艺术的学科壁垒，具有开阔的视野和丰富的资源。从研究

(1) 同上，页102。

(2)《中国思想史 导论》，页102。

(3) 同上，页109。

方法和研究范式上看，它是将传统的名物训诂考据与现代的新的历史认知、观察、叙述方式相结合，形成自己“三线归一”或云“三证归一”的学术方法，和“定名—相知”的研究范式[1]。

所谓“三线归一”或云“三证归一”，是作者对名物的考证和叙述，力求从实物、文献（历史记载和文学）、图象三个方面，三类线索，三条源流的交汇点上，穷尽与对象相关的资料。这种“三证归一”的方法，从时间和空间上，从实物、图象和文字文本上，囊括名物历时性和共时性的形态特征及其变化发展源流，使作者由名物考证而重新诠释和重新发现的历史细节，能发人所未发，拥有坚实的文献基础，拥有无可置疑的真实性和证明力。

所谓“定名—相知”，是作者对自己的研究范式的概括。“定名，解决的是‘物’的问题，即作为物，它的名称与用途。相知，解决的是‘文’的问题，即其承载的文化信息是什么”。“定名的问题，这是必不可少的第一步，有此第一步，才能够呼唤起沉睡已久的生命，才可能有对它的倾听和由此而来的第二步相知”；在“激活历史事实的同时，也复活了自己的生命”[2]。

如同卡西尔所说：“历史学家必须学会阅读和解释他的各种文献和遗迹——不是把它们仅仅当做过去的死东西，而是看作来自以往的活生生的信息，这些信息在用它们自己的语言向我们说话，然而，这些信息的符号内容并不是直接可观察的，使它们开口说话并使我们理解它们的语言的正是语言学家、语文文献学家以及历史学家的工作……历史就是力图把所有的这些零乱的东西、把过去的杂乱无章的枝梢末节融合在一起，综合起来浇铸成新的样态”[3]，“定名—相知”概括的正是历史学家要做的这样一个历史话语重建的重要工作。

从历史的价值取向上看，作者的关注点，与只关注政治大事和王朝更替的宏大历史叙事不同，其感兴趣并关注的是古代的日常生活和历史细节——日常生活器物，与物相关的生活场景和文化语境——这些在宏大叙事的价值取向中，仅仅作为背景、退居边缘的对象——在作者的研究和本书里成为

[1] 本书《后序》。

[2] 本书《后序》。

[3] 卡西尔《人论》第十章《历史》，甘阳中译本，页224-225，上海译文出版社一九八六年。

了中心。正是因为这种新的价值取向和新的历史认知和观察角度，才“使古老的名物研究也因此有了新的生机”，才有可能跨越传统，打破学科的壁垒，把那些以往的研究不曾注意到的对象和资料吸纳到自己的视野中来，组织到自己的叙述中去，成功地用另一种写法，实现充满历史细节的日常生活史的现场重构。带来历史叙事的真正改变，真正实现历史的重新构想和重新改写。

如作者所述："新的名物研究，其基础依然是训诂和考据，不过它却可能、也必须站在历史、文学、考古等学科的结合部来审视文物，当然这里需要的不是捏合，而是打通，即在文献与实物的碰合处发现物里物外的故事，进而用文物所呈现出来的历史的真实，构筑起作为事件的细节，以丰满历史进程中一个小小的局部，或者说，一个小小的点。在很久以后的将来，把若干点连起来，或许就能够呈现一个清晰的精细的历史进程。"[1]

由此体现出作者的名物新证研究，早已超越传统名物考证之学的定名和定象，以新的研究方法和价值取向，通过名物考证对历史细节的重新诠释和叙述，重构社会日常生活史现场，重新发现和建构被宏大叙事遮蔽的历史丰富性和多元性。

三

当一种历史叙事成为中心和权威话语时，它总是会遮蔽和压抑另一种历史记忆和历史叙事。而此时“另一种”历史记忆和历史叙事的出现，才具有颠覆的意义。

浩如烟海的历史记载，缘何复活为历史的记忆，“在‘历史的记忆’中，什么历史被唤醒，什么历史被遗忘，本来这多在于现实之‘缘’而‘起’”[2]。

四九年以来，关注农民起义和王朝更替的历史价值取向，唤醒并复活的是相类的历史记忆，使用的是与之相适应的历史叙事；八十年代以来，关注政治变动和精英人物的价值取向，唤醒并复活的也是相类的历史记忆，使用的也是与之相适应的宏大历史叙事；九十年代末以来，关注普通人日常生活

[1] 本书《后序》。

[2]《中国思想史 导论》，页87。

样式变化的价值取向，唤醒并复活的也是相类的、久被压抑的历史记忆和历史细节，使用的也是与之相适应的“另一种”历史叙事。正是在这样的背景下，《古诗文名物新证》以极其丰富的精微细致的历史细节，重构古代日常生活史现场，唤醒并激活古人典雅精致的日常生活场景的历史记忆，才具有颠覆的意义。

古人使用的生活器物以及由此构成的生活场景和生活情趣，甚或由此体现的时代风尚和文化精神，除了极少数保留在古代历史文献、诗文小说、绘画图象中外，大多已湮没消失得无影无踪。时间的流逝把丰富的现场和现场感渐渐地过滤成书本、图象、文字和文物。昔日物与人、人与事共生无间的日常生活情景，被时间的流水和空间的阻隔冲刷分离为互不关联、支离破碎的历史记载。这些淡出现代生活视野，甚至被遗忘于岁月尘封中的历史记载，又因为古今地域、时空、习俗的变迁和隔阂，与现代人产生疏离、隔膜感。

本书用“三证归一”和“定名——相知”的方法，整合那些原本互不关联、支离破碎的文物、文本，在“文”与“物”相会的空白处，以作者对日常器物形态、用途的准确诠释，以充满感情和感悟的理解和会心，复原或曰建构充满“现场感”的古代日常生活场境，将那些尘封于历史深处，因数百上千年岁月剥蚀和悬隔，淡出现代生活视野的历史的记忆，激活为现代人可以触摸、栩栩如生的历史细节和生活感悟，成为生生不息的文化认同感和经典感召力，重新进入当代生活，产生文化传统的连续性。这是本书作者用力最多，用功最深的所在。

收入书中的二十六题，时代从秦汉直到明清，皆是由名物研究入手，广泛而深入地考订叙述古代士人使用的日常生活器物，以及与此相系的生活场景、生活习俗、生活情趣的源流发展史。本书研究的对象广泛，涉及古代日常生活的各个方面，但其共同的特点，均是抉微钩沉，以可以落到实处的深入、细致、精微的历史细节，烛照长久以来被遮蔽的历史的冥盲晦昧之处；在古代日常生活史的现场重构中，达到宏大历史叙事所不能企及的历史丰富性和生动性。

在这种由无数“物”的无数细节组成的古代日常生活史中，我们惊讶地发现，“它们所依据的时间标尺不再是过去的王朝变动与政治变动，而是缓慢却又深刻地镶嵌于历史中的生活样式的变化”，“是人的衣食住行的变化，至于那些走马灯一样来来去去的事件、人物，则在长时段中退居次席”[1]。表明这区别于宏大历史叙事的“另一种”写法，它在改变历史叙事的同时，也在改变历史叙事的时间标尺和时间感。

历史的细节是很有力量的。从学术史的大处着眼，每一次现代考古发现，都是在发现历史细节。如本世纪初的甲骨文、敦煌文书、流沙坠简的发现，以及王国维据甲骨文考证的历史细节，对殷周制度研究的惊世开拓，并由此建立的文物与文献的“二重证据法”。在近代学术史上，几乎每一次考古发掘带来的历史细节的新发现，都对学术研究产生影响，都引起了历史研究方法的变化，都开拓了学术的新领域。

从个人研究的小处上看，历史的细节也是很有力量的。从具体的名物考证入手，每一次历史细节的发现，都引领作者看见一片新景致，发现一片新天地。特别是这种历史的细节，被现代考古发掘和传世的文物，历史文献、古代诗文和绘画图象等三种不同的话语和文本“三证归一”、相证如一的时候，更具有惊人的历史冲击力。仿佛“随风潜入夜，润物细无声”，仿佛“于无声处听惊雷”，历史细节的层累之处，积聚的巨大的、惊人的历史冲击力，是对历史叙事的改变，是对宏大历史叙述定势和集体话语权威的颠覆，是对学术研究产生深远的影响，是引发历史研究方法的变化，是开拓了学术的新领域。

愿作者在其开辟的学术新天地中一路采撷，在历史细节的不断发现和重新诠释中，唤醒和复活更多的古典的记忆，用以温热和滋润中国人的精神世界和家园意识。

王筱芸

二〇〇四年于北京

[1] 雅克·勒高夫《新史学》，姚蒙中译本，页 27，上海译文出版社一九八九年。

莲花香炉和宝子

礼神仪式之外，日常生活中的熏香习俗中土很早就有了。熏香所用的香料，早期为禾本科的茅香，时称熏草或蕙草。与熏草配合的熏香器具是炉身很浅的豆式熏炉。西汉中叶，南海乃至远西的龙脑、苏合等树脂类香料传入中土，此类香料芬芳馥郁远过于茅香，因不免渐渐占得上风。它的熏香方式却与茅香有很大不同，即树脂类香料并不像茅香那样可以直接燃烧，而须在下面承以炭火，与它配合的熏香器具自然要随之变化，于是出现了博山炉。两汉博山炉颇有精品存世，可知其制作曾盛极一时[1]〔图1-1〕。为了下容炭火，博山炉与豆式熏炉相比炉腹要深，炉盖则成耸立的山尖，山峦重叠处是细小的出烟孔，因此有了发烟舒缓之效[2]，所谓"掩华

[1] 如河北满城中山靖王刘胜墓出土的错金铜博山炉、鎏银铜博山炉〔《满城汉墓发掘报告》，彩版九、彩版二二〕；又陕西兴平所出未央宫中物"金黄涂竹节熏炉"〔《陕西茂陵一号无名冢一号从葬坑的发掘》，图版四：1〕。

[2]《汉代物质文化资料图说》：焚燃树脂香料的香炉，"炉身要作得深些，以便在下部盛炭火，树脂类香料放在炭火顶上，使之徐徐发烟"。为防止炭火太旺，炉身下部的进气孔常常缩成很窄的隙缝，"甚至往往作成封闭的，同时将炉盖增高，在盖上面镂出稀疏的小孔，透过小孔的气流挟带熏炉上层的香烟飘散，而炉腹下部的炭火由于通风不畅，所以只保持着缓慢的阴燃状态，正适合树脂类香料发烟的需要"〔页360~361〕。关于早期香料与熏香器具的发展演变，此著述论最得要领。

终不发，含薰未肯然”[1]，正是贴切的形容。梁吴均《行路难》“博山炉中百合香，郁金苏合及都梁”；“玉阶行路生细草，金炉香炭变成灰”[2]，博山炉的熏香方式也描绘得清晰，只是这里咏物寄意把它化作了美丽而忧伤的意象。南北朝时代，博山渐同佛教中的莲花结合在一起[3]，其时石窟造像中出现了不少刻画精细的图案，如洛阳东关出土的北魏神王石碑座中的博山炉[4]〔图 3-11:1〕。虽与之呼应的实物并不多见，但隋唐时代的陶瓷制品与它衔接得很紧，因此能够显示出这些石刻艺术本来不乏现实的依据。比如陕西长安县隋丰宁公主与驸马韦圆照合葬墓出土的绿釉莲瓣蟠龙博山炉，仰莲炉座由一对蛟龙宛转托出，炉盖依然博山旧式，但传统的山峰演变为

[I-I]:❶

图[I-I]　西汉铜博山炉

❶ 错金博山炉　中山靖王刘胜墓出土

❷ 鎏金银博山炉　陕西兴平县出土

[I-I]:❷

[1] 南齐刘绘《咏博山炉诗》，《先秦汉魏晋南北朝诗》，中册，页 1469。

[2]《先秦汉魏晋南北朝诗》，中册，页 1729。

[3] 莲花在佛经中，原是被格外推崇。如《摄大乘论释》卷一五：“释曰：以大莲华王，譬大乘所显法界真如。莲花虽在泥水之中，不为泥水所污，譬法界真如虽在世间，不为世间法所污。又莲花性自开发，譬法界真如性自开发，众生若证皆得觉悟。又莲花为群蜂所采，譬法界真如为众圣所用。又莲花有四德，一香，二净，三柔软，四可爱，譬法界真如总有四德，谓常乐我净。于众花中最大最胜故名为王，譬法界真如于一切法中最胜”〔《大正藏》，第三十一卷，页 264〕。

[4]《中国画像石全集 · 8 · 石刻线画》，图四九。

图[1-2]绿釉博山炉

❶ 陕西长安县隋丰宁公主墓出土

❷ 故宫博物院藏

❸ 日本出光美术馆藏

图[1-3]白瓷博山炉

日本奈良大和文华馆藏

联珠纹沿边的钿式花瓣，其上则是精细的孔雀翎纹[1]。故宫博物院和日本出光美术馆各藏一件绿釉莲瓣蟠龙博山炉，式样与它几无二致，前件收藏者定其时代为隋[2]，后者定为唐[3]〔图1-2〕。此外如夏威夷火奴鲁鲁美术馆藏唐代白瓷莲瓣博山炉，又日本奈良大和文华馆藏唐代白瓷蟠龙博山炉[4]，花瓣之饰均取象于如意宝珠[5]，构思都很新巧〔图1-3〕。六朝人咏博山炉，说它"下刻蟠龙势，矫首半衔莲"，"蔽野千种树，出没万重山。上镂秦王子，驾鹤乘紫烟"[6]，与诗对应的一个难得实例是百济故都扶余陵山里出土的铜莲花博山炉，时代约当中国初唐[7]〔图1-4〕。驾鹤王子出没重山，在隋唐时代的中土博山炉虽已是前朝旧事，不过莲花却是不变的意象。唐人说："钿云蟠蟠牙比鱼，孔雀翅尾蛟龙须。漳宫旧样博山炉，楚娇捧笑开芙蕖。"[8]以前举隋唐博山炉之例与此诗相对看，

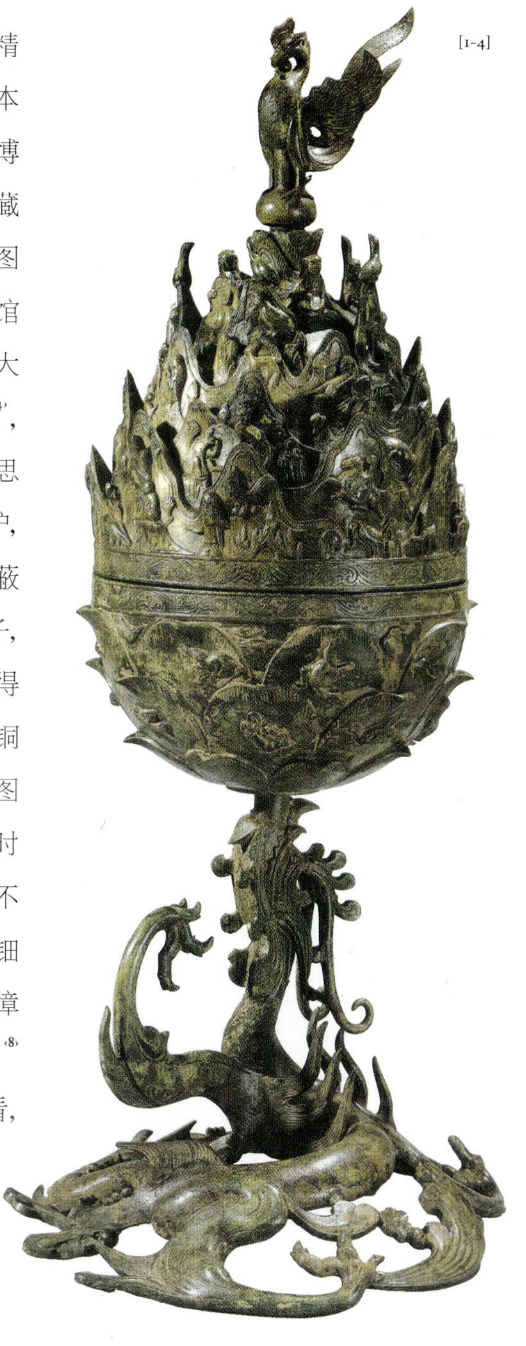

[1-4]

图[1-4]铜博山炉

百济故都扶余陵山里出土

〔1〕《考古与文物》二〇〇〇年第四期封面。

〔2〕《故宫博物院藏文物珍品大系 · 晋唐瓷器》，图八一。

〔3〕《世界美術大全集 · 東洋编 · 4 · 隋唐》，页264。

〔4〕《陶磁大系 · 37 · 白磁》，图2。

〔5〕《中国の陶磁 · 5 · 白磁》，图6。

〔6〕南齐刘绘《咏博山炉诗》。

〔7〕《世界美術大全集 · 東洋编 · 10 · 高句麗、百済、新羅、高麗》，页197。韩国学者全荣来曾就此炉来谈中土博山炉的型式变迁及扶余香炉的造型来源，论述很详细，见《香炉の起源と型式変遷》。

〔8〕李商隐《烧香曲》，《全唐诗》，册一六，页6252。

[1-5]:❶

正可见出二者的同声相应。孔雀翅尾和钿云蟠蟠自是新的艺术构思，蛟龙与芙蕖，却旧样依然。

唐代另外有一种莲花式香炉则是装饰莲花的炉盖同多足炉的合二为一。炉身的式样，源自两晋南北朝常见的一种多足香炉——或三足或五足，尺

[1-5]:❷

寸很小，多带承盘，连盘通高不超过十厘米，如江西南昌县莲塘镇出土的南朝青瓷五足炉[1]〔图 1-5:1〕。江苏丹阳胡桥宝山南朝墓室砖画中有手捧此炉的仙人，香炉里冒着的轻烟也刻画得很清楚[2]〔图 1-5:2〕。隋唐沿袭此式，而常在炉足上面增加繁复的装饰，比如兽面，比如力士，洛阳李楼下庄出土的初唐三彩五足炉可以为例[3]〔1-6〕。大约与此同时，为这种样式的香炉加

[1-6]

图[1-5]

❶ 江西南昌县莲塘镇出土南朝青瓷五足炉
❷ 江苏丹阳南朝墓室画像砖

图[1-6]**三彩五足炉**
洛阳李楼下庄出土

(1)《尘封瑰宝》，图 3-22。

(2)《六朝艺术》，图一九五。

(3)《洛阳唐三彩》，图八五。按，如此造型的炉已见于西汉，如西安三桥镇西出土的一件铜五足炉，高十四厘米，口径二十厘米，据炉的口沿处铭文，知其名为“煵炉”，乃武帝天汉二年奇华宫中物。《秦汉文化》，页 261。

一个覆钵形的盖并在炉盖上面装饰莲花，也成为风气，此在敦煌壁画中极常见，实物的例子也不少，著名的一件银鎏金莲花纹五足香炉出在陕西扶风法门寺地宫〔图3-15:1〕。同出又有高圈足银香炉一件，出土时，炉盖贴着签封，墨书标其名为“大银香炉”〔图3-16:1〕。又一件银香炉失盖，炉底錾文有“五十两臣张宗礼进”[1]〔图1-7〕。三件香炉都把莲花作为装饰纹样，一、二两例炉盖、炉座饰莲纹，盖纽作成莲花苞，出烟孔也凿成莲瓣式的小洞眼。末一例在炉座上面錾刻覆莲纹。在佛教艺术的渗透中，香炉完成了意象与造型风格的转变，各式莲花香炉便是新风之一，并且由于香宝子的出现，而又有了新的创造。

使用茅香的时代，备用的香料多放在竹笥里。长沙马王堆一号西汉墓出土的木中有一枚其上墨书“葸〔蕙〕一笥”，出土的竹笥也正有一件里面装满条理成束的茅香根茎[2]。但捣罗成末的龙脑、苏合诸香，却不宜存放在这一类容器里。湖北鄂城三国墓出土一件双叠式青瓷熏炉，下为双耳鼓腹撇圈足之器，上则一具有器盖、无器底的镂孔瓷笼，其腹间又特别作出一个小圆筒〔图1-8〕。上器出烟，下器容

[1-7]:❶

[1-7]:❷

[1-8]

图[1-7]法门寺香炉
❶ 法门寺出土银香炉
❷ 银香炉炉底铭文

图[1-8]青瓷熏炉
湖北鄂城三国墓出土

⑴《扶风法门寺塔唐代地宫发掘简报》，页14；页18；页16。

⑵《长沙马王堆一号汉墓》，上册，页114、111。

图[1-9]《孝经图》〔局部〕 台北故宫博物院藏

炭火，而附在炉间的小圆筒，便很可能是用来盛放香料[1]。以后，香末又依各种配方调制成香丸或香饼，它与香炉配合放置，也有了专门的容器，其时器有专名，名作香宝子，简称香宝或宝子。敦煌文书中记有“铜香宝壹并盖”，“鍮石香宝子贰”[2]；《敦煌变文集》卷四《降魔变文》描写舍利弗与劳度叉斗法中的“风树之斗”，云“六师被吹脚距地，香炉宝子逐风飞”[3]，都是很明确的例子。这一名称也保存在《宋史》与《金史》的《舆服志》里[4]，如《宋史》卷一四九《舆服一》，曰政和三年议礼局更上皇帝车辂之制，其中说到“香匮设香炉，红罗绣宝相花带香囊，香宝”。旧题南宋马和之绘《孝经图》，中有一幅即在辂中案上以中间香炉、两边宝子一字排放，可以为证〔图1-9〕。此前最清楚的一个实例，见于法门寺塔地宫。前举银鎏金莲花纹五足香炉即出在地宫后室靠中部的位置，香炉两旁，则是一对银鎏金人物纹香宝子[5]〔图1-10、图1-11〕。香炉炉底铭文云“咸通十年文思院造八寸银金花香炉一具并

[1] 《中国陶瓷全集·4·三国两晋南北朝》，图三八。

[2] 伯·二六一三，《咸通十四年敦煌某寺器物帐》，《敦煌宝藏》，册一二二，页470。

[3] 《敦煌变文集》，页388。

[4] 唐代以后，宝子的名称在日常生活中似乎已经不很常用，北宋黄伯思《东观余论》卷下《跋钱镇州回文后》云，国初钱镇州惟治尝有“宝子垂绥连环”之诗，“题者多云宝子弗知何物，以予考之，乃迦叶之香炉，上有金华，华内乃有金台，即台为宝子，则知宝子乃香炉耳”，“岂汉丁缓被中之制乎”。所谓“多云宝子弗知何物”，乃是当时一般人的认识水平，而黄氏考证所得，亦知其一而不知其二矣。

[5] 《扶风法门寺塔唐代地宫发掘简报》，页12，图一二。

图[1-11]法门寺塔地宫出土银鎏金香炉和宝子

图[1-10]法门寺塔地宫后室器物分布图〔第一层〕

❶香炉　❷❸香宝子

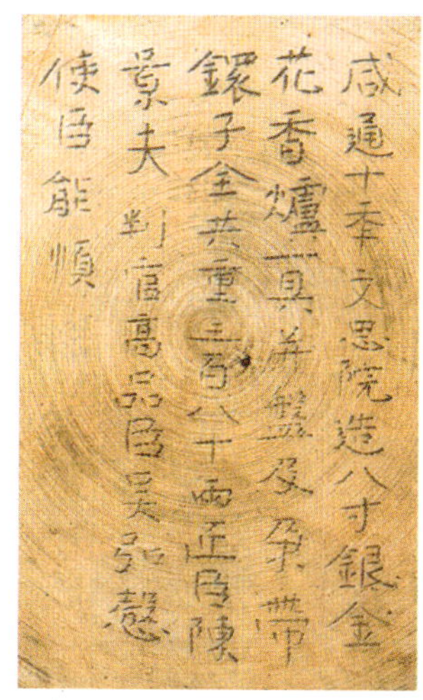

图[1-12]银鎏金香炉炉底铭文

盘及朵带鐶 子全共重三百八十两”〔图1-12〕，而立于地宫前室门外的《衣物帐碑》，记有“香炉一副并台盖朵带共重三百八十两，香宝子二枚共重四十五两”[1]。可知香宝子一对与此件香炉正是香具一组。此外一个确凿的证据，是地宫中佛指舍利八重宝函之一的纯金宝函纹饰也恰好刻画着香炉两边的一对宝子，与地宫出土的实物若合符契〔图1-13、图2-3:2〕。

[1]《法门寺地宫唐代随真身衣物帐考》，页27。

[1-13]

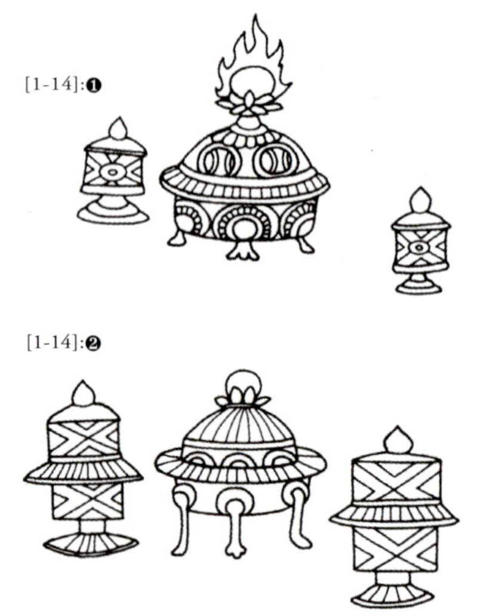

[1-14]:❶

[1-14]:❷

宝子与香炉配合放置的情形，大量见于敦煌壁画。香炉和宝子的位置，在壁画里也已经比较固定，即多半置于佛座前面的香案上，中间香炉，两边宝子。宝子的形状不止一种，莫高窟第九窟的一幅白描图中，所绘香炉两旁的宝子，式样与法门寺所出最为相近[1]〔图 1-14:1〕，此图时属晚唐，也与法门寺出土器物的时代大体相当。又敦煌发现的唐咸通九年《金刚般若波罗蜜经》卷首图，佛前香案上的香炉和宝子，形制亦与法门寺所出者相似[2]，且二者乃同一时代，正好可以互证[3]〔图 1-14:2〕。

图[1-13]佛指舍利纯金宝函〔左面〕
法门寺塔地宫出土

图[1-14]绘画中的香炉和宝子(一)
❶ 莫高窟第九窟中心柱西向面白描图
❷ 唐咸通九年《金刚般若波罗蜜经》卷首图

[1]《中国石窟·敦煌莫高窟》，第四卷，图一七八。

[2]《中国美术全集·绘画编·20·版画》，图二。

[3] 又有一种分置于香炉两侧的宝子，喇叭形高足，半球状的器身和器盖，盖顶中央为相轮形的纽，敦煌壁画中也多见。日本正仓院藏有与之形制相同的“黄铜合子”，一般认为它是盛香的用具，亦即所谓“佛前供养具”〔《平成六年正倉院展》，图二〇〕。而近年江西瑞昌范镇出土的一件铜盒，与此极似〔同出尚有一件带塔形镇的鹊尾炉，见《尘封瑰宝》，图 4-27、4-28〕，则正仓院所藏当为唐代制品，二者可为壁画之参证。

敦煌莫高窟时属唐代的壁画中，又大量出现一种把宝子与香炉合为一器，且组合为莲蕾与莲花的图像。如莫高窟第二一七窟北壁观无量寿经变〔初唐〕〔图1-15：1〕，第一〇三窟东壁维摩诘经变〔盛唐〕〔图1-15：2〕，又第三六〇窟北壁药师经变〔中唐〕，第一九六窟南壁金光明经变〔晚唐〕[1]，等等。此外的唐代绘画作品中也不乏同类的形象，如法国吉美博物馆藏唐代绢画《刘萨诃与凉州瑞像》中所绘[2]〔图1-16〕。宝子或如鼓腹的细颈瓶，左右对称坐在莲花台；或如待放的花蕾，一左一右擎在香炉之侧，与中央承香炉的莲花都可以成为自然和谐的搭配。此后的辽代作品中，也有与之意趣相同的形象，如山西应县木塔中发现的《炽盛光九曜图》以及同出的辽刻《妙法莲花经》卷中之图，佛前香炉，也是莲花托上香炉与宝子的组合[3]〔图1-15:3〕。

这并不是现实中不可能存在的设想，从图案表现的结构来看，它是符合制作要求的，并且敦煌文书中正有关于此类香炉的记载，《咸通十四年敦煌某寺器物帐》记有“大金渡〔镀〕铜香炉壹，肆脚上有莲花两枝并香宝子贰及莲花叶”[4]。其形容与图像所见适相符合，而明确列于点交器物的清单，自属实有之物。

[1-15]:❶

[1-15]:❷

[1-15]:❸

图[1-15] 绘画中的香炉和宝子(二)
❶ 莫高窟第二一七窟北壁
❷ 莫高窟第一〇三窟东壁
❸ 辽《炽盛光九曜图》

图[1-16] 刘萨诃与凉州瑞像〔局部〕
法国吉美博物馆藏

[1]《中国石窟·敦煌莫高窟》，第三卷，图一〇四，图一五五；第四卷，图一二三，一八八。

[2]《西域美術·Ⅰ》，图25。

[3]《中国文物精华·一九九二》，图一五三、图一五五。

[4] 伯·二六一三，《敦煌宝藏》，册一二二，页470。

[1-17]:❶

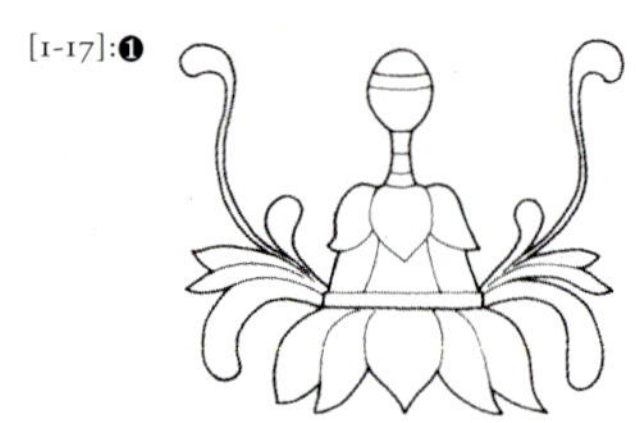

[1-17]:❷

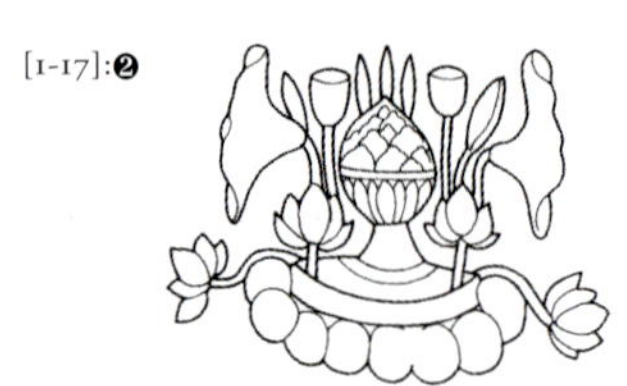

[1-17]:❸

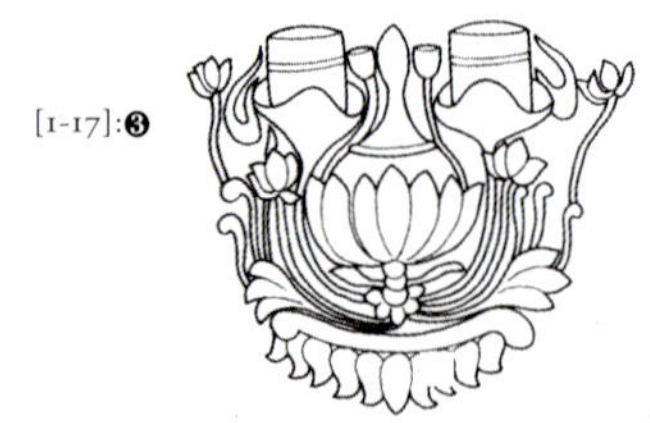

[1-17]:❹

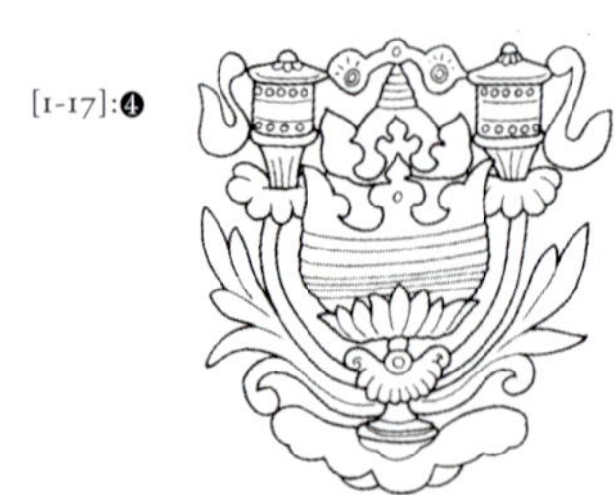

[1-17]:❺

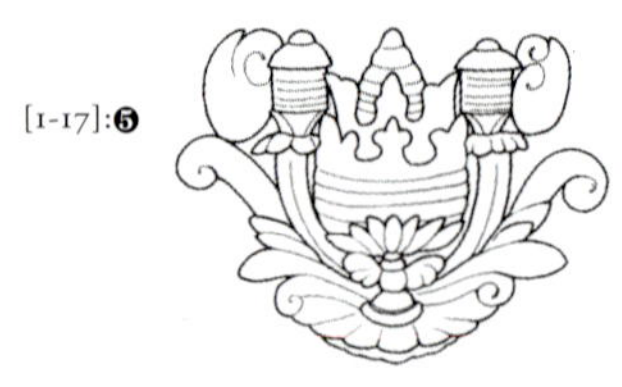

图[1-17]造像碑中的莲花香炉

❶ 北魏正始四年法想造弥勒三尊像
❷ 东魏周元熙造像碑
❸ 东魏武定元年骆子宽造像碑
❹ 东魏武定元年李道赞率邑义五百余人造像碑
❺ 北周释迦造像碑

图[1-18] 唐代彩色麻布画〔局部〕 法国卢浮宫藏

如此匠心，实应追溯到此前的北朝造像碑。如保利博物馆收藏一件北魏正始四年法想造弥勒三尊像，其底座背面所刻博山炉，下有高高的两重覆莲座，两重覆莲之间，分别装饰出枝叶，且两边各有一枝飘然上举[1]。时代稍后，河南荥阳峡窝乡北周村出土的东魏周元熙造像碑，装点在博山炉覆莲座上的荷花、荷叶，更为繁丽，值得注意的是，两边又分别擎出一枝如深杯一样的莲蓬[2]。接着，在东魏骆子宽造像碑，莲蓬变成杯状器物[3]。与此同时，在另一方造像碑中，香炉两旁莲梗托起的，便已经是一对宝子[4]。此后的北周，也有同样之例，如保利博物馆收藏的一件时属北周的释迦造像碑[5]〔图 1-17〕。同类的图案并且一直延续到唐代，

[1] 《保利藏珍——石刻佛教造像精品选》，页 34。

[2] 《中国画像石全集·8·石刻线画》，图一〇九。

[3] 《中国历代纪年佛像图典》，图一六九。

[4] 《中国历代纪年佛像图典》，图一六八。按此为东魏武定元年李道赞率邑义五百余人造像碑，见《书法丛刊》一九九八年第一期，页 44。

[5] 《保利藏珍》，页 215。

如今藏法国卢浮宫的一幅唐代彩色麻布画，画面上端绘对凤，下端绘对狮，狮子中间的一座香炉，同样是以艳丽的三朵莲花捧出香炉和两边的一对宝子[1]〔图1-18〕。

不过从渊源上说，这种构图的意匠是来自印度。如修建于公元前的巴尔胡特大塔，栏楯所刻二象灌水图，下端为宝瓶，宝瓶中对称插着莲叶、花蕾与荷花，中间一朵，花心上立一女神，两侧莲花则托着一对为女神喷水的象[2]。又如桑奇大塔门柱雕刻，也有当中莲花坐女神，两侧对称布置花叶与花蕾的图像〔图1-19〕。而这样的构图很早便传入中土，湖北武昌莲溪寺吴永安五年校尉彭卢墓中出土一件马[illegible]带上的铜饰，铜饰中间一朵莲花，上立菩萨装佛教造像，莲花两边对称装饰一对花蕾[3]〔图1-20〕。虽构图极简，却已略具其意。发现于四川成都的南朝造像石中，则有构思与印度之例完全相同、唯在局部稍作改变的作品，如编号为H1:6的一件，造像石底端的覆莲座上擎出三枝莲花以承三佛，伸展于两侧的莲茎则分出一对小枝，枝上莲花各坐化生童子[4]〔图1-21〕。据其中有纪年者推知，这一批造像石作于六世纪初，与前举之北朝造像大抵同时，可知来自印度的影响，及于中土南北，而北朝艺术家将

[1-19]:❶

[1-19]:❷

[1-20]

[1-21]

图[1-19]印度莲花图案

❶ 巴尔胡特大塔栏楯雕刻

❷ 桑奇大塔门柱雕刻

图[1-20]马鞧带上铜饰

武昌莲溪寺彭卢墓出土

图[1-21]南朝造像石

成都西安路出土

(1) 《敦煌——纪念藏经洞发现一百周年》，图一三九。又俄罗斯国立艾尔米塔什博物馆藏一件敦煌所出晚唐麻布彩绘供养帐，香炉的风格和式样与此大抵相同，炉的两边是两对莲花台上的衔枝凤鸟。《俄藏敦煌艺术品·Ⅰ》，图92-3。又山东省博物馆藏有图案与之相类的唐代麻布经袱，原系敦煌石室之物，清宣统年间随同经卷由敦煌县解至京城。《山东文物精萃》，图一八四。

(2) 《世界雕塑全集·东方部分》，上册，页206，图三六。

(3) 《武昌莲溪寺东吴墓清理简报》，图版七：8。

(4) 《成都市西安路南朝石刻造像清理简报》，页14，图一五。

[1-22]

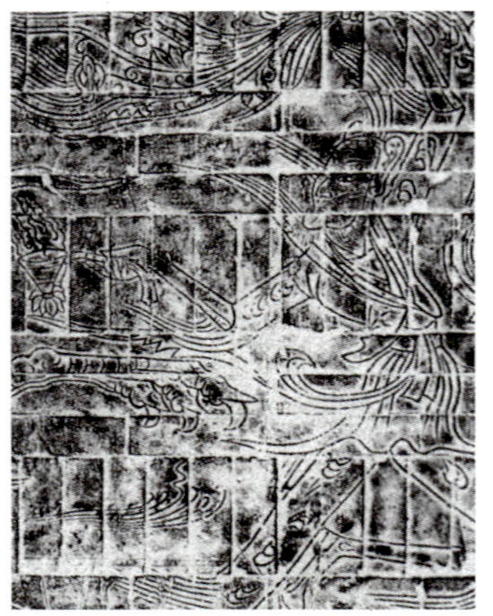
[1-23]

[1-24]

一对宝子与一件香炉配合放置的图像嫁接在这一类对称的图形上，一种新型的莲花香炉便诞生了。

只是迄今为止尚没有发现它的实物，不过莲花香炉的变体，即一种用于手持的莲花鹊尾香炉，却有不止一件的实物遗存，当可作为一个有力的旁证。

鹊尾香炉，南北朝时多见于中原地区的石窟寺及北朝造像碑，最早的一例目前所知见于甘肃永靖炳灵寺石窟第一六九窟十六国时期的西秦壁画[1]〔图1-22〕。但南朝作品中也偶见此器，如江苏丹阳胡桥宝山吴家村南朝墓出土的一方羽人戏龙画像砖，羽人手中所持即为鹊尾香炉[2]〔图1-23〕，当然这是属于道教艺术中借用的一例。鹊尾炉又名柄香炉或手炉，它也有与之配合使用的宝子。法门寺塔地宫出土的银鹊尾炉，柄下錾铭：“咸通十年文思院造银白成手炉一枚，并香宝子共重十二两五钱。”[3]只是法门寺塔地宫的正式发掘报告尚未出版，这一套手炉和宝子的情况迄不知其详。对此类香炉，释典中本有所形容，释道诚《释氏要览》卷中“手炉”条引《法苑》曰:“天人黄琼说迦叶佛香炉,略云:前有十六师子、白象，于二兽头上别起莲华台以为炉，后有师子蹲踞，顶上有九龙绕承金华，华内有金台宝子盛香。佛说法时常执此炉，比观今世手炉之制，小有仿法焉。”[4]形诸文字，或不免增饰丽辞，不过基本形制仍可明白，即柄的前端有莲花承炉，柄的后端有狮子为镇，柄上另有花托承宝子。它的图像，

[1]《中国石窟·永靖炳灵寺》，图三八。
[2]《六朝艺术》，图一九二。
[3]《法门寺文化史》，下册，页539。
[4]《大正藏》，第五十四卷，页279。

现知最早出现于敦煌壁画，时属隋末的莫高窟第三八〇窟北壁降伏火龙图，其中一位菩萨手持鹊尾香炉，炉柄上正有一个鼓腹细颈的香宝子[1]〔图1-24〕。又四川广元时属初唐的第二八号大佛窟，窟内一佛二菩萨二弟子，弟子迦叶手中所持也是同样形制的一柄鹊尾炉〔图1-25:1〕。相同的形象又见于广元千佛崖第三四号龛，香炉乃供养人手持，龛有天宝十年题记[2]〔图1-25:2〕。此外日本法隆寺藏玉虫厨子，其须弥座彩绘有二僧手持柄香炉的形象，香炉柄上也带着宝子〔图1-26〕，玉虫厨子为推古女皇时物，时代相当于隋至初唐[3]。不过这里举出的数例，香炉的炉身仍如此前已经多见的高足杯式，而并没有制成莲花形，但它却显示出宝子可以采取这种方式安排在鹊尾炉上。更清晰的图像，见

[1-25]:❶

[1-25]:❷

(1)《敦煌石窟全集·佛教东传故事画卷》，图一〇。

(2)《中国石窟雕塑全集·8·四川 重庆》，图一一；图四二。此外尚有时属盛唐的莫高窟第一三〇窟之乐庭瓌行香图；又如山西平定姜家沟村壁画墓中的执炉女子〔《山西平定宋、金壁画墓简报》，封二：1〕。

(3)《法隆寺の至宝》第十二卷，首页彩版。

[1-26]

图[1-22]鹊尾炉
炳灵寺第一六九窟壁画

图[1-23]羽人戏龙画像砖
江苏丹阳南朝墓出土

图[1-24]带宝子的鹊尾炉〔一〕
莫高窟第三八〇窟北壁壁画〔摹本〕

图[1-25]带宝子的鹊尾炉〔二〕
❶四川广元第二八号大佛窟
❷四川广元千佛崖第三四号龛

图[1-26]带宝子的鹊尾炉〔三〕
日本法隆寺玉虫厨子须弥座彩绘〔摹本〕

[1-27]:❶

[1-27]:❷

于河北宣化下八里的辽金墓壁画：俯偃的一片荷叶作底，亭亭秀出的一茎莲花作炉，又有一枝待放的花蕾，三枝结为一束，作成香炉的长柄[1]〔图1-27:1〕。几乎完全相同的形象，又出现在山西朔州崇佛寺弥陀殿东壁中铺的金代壁画，释迦牟尼一旁胁侍菩萨手持的一柄即是一例，香炉当心处尚有一枚焚燃着的香丸[2]〔图1-27:3〕。它与莫高窟第三八〇窟的鹊尾炉自然是一脉相承，与释典中的描写也大致相合。莲花鹊尾炉的银制品有实物存世，今所知有两件，其一出土于内蒙古赤峰宁城埋王沟辽墓，惟炉与宝子的盖皆已佚失[3]〔图1-28:1〕；其一收藏于美国奈尔逊美术馆，各个部分构件齐全，香炉和宝子均有制作精细的器盖，前者装饰莲瓣且在莲瓣下镂孔，顶端又作出一个火焰宝珠纽，后者则以器盖和器身合成一朵莲蕾[4]〔图1-27:2〕。此外有韩国国立中央博物馆藏一件莲花铜炉残件，所存为

[1-27]:❸

图[1-27]带宝子的莲花鹊尾炉〔一〕

❶ 河北宣化下八里辽金墓壁画〔摹本〕

❷ 美国奈尔逊美术馆藏

❸ 山西朔州崇佛寺弥陀殿金代壁画

[1] 《宣化辽墓》，彩版八一。

[2] 《朔州崇佛寺》，彩版二〇一。

[3] 《草原瑰宝——内蒙古文物考古精品》，页171。又，此器出在埋王沟四号墓，据同墓所出墓志，知墓主葬于辽大康七年。见《宁城县埋王沟辽代墓地发掘简报》，页630。

[4] 《宣化辽金墓壁画拾零》，页70。

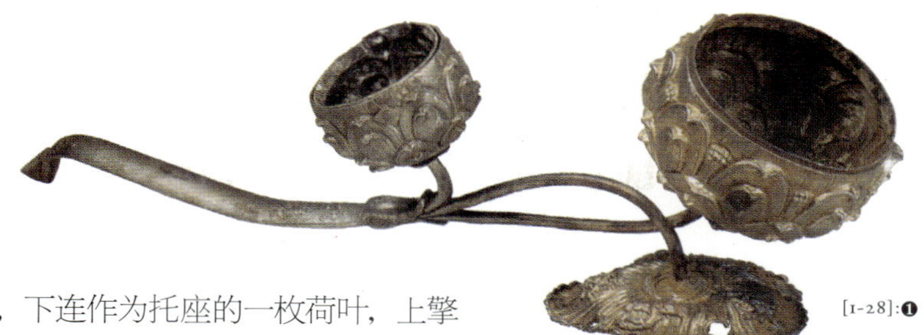

[1-28]:❶

花枝束起的一段，下连作为托座的一枚荷叶，上擎一茎作成花蕾的宝子，其端应该是莲花香炉，可惜残断〔图 1-28:2〕。炉的年代为高丽太康三年〔公元一〇七七年〕[1]。这一形制的香炉在年久失真的图画中有时不易分辨得清楚，实物却将它本来具有的实用与装饰的凑泊巧妙，表现得分外真切。

带宝子的莲花鹊尾炉有特定的使用场合，即行香礼佛。它因此很早就成为绘画、尤其是佛画中的表现程式，明清时代的作品也还常常沿用这一传统，如成于明天顺四年的山西右玉宝宁寺水陆画中，即有刻画细微的图像，炉中燃着的香饼也表现得清晰[2]〔图 1-29〕。不过以这一时期的焚香习俗而论，此中程式化的成分大约要比写实为多。

如同树脂类香料取代茅香，燃香器具即须随之变化，香料加工方式的变异，也要引起燃香之器的改变。香史中引人注目的一件事是线香的出现。目前可以认定的时间是元代[3]，这里只举出时属于元的三条史料。

[1-28]:❷

图[1-28]带宝子的莲花鹊尾炉〔二〕

❶ 内蒙古赤峰宁城埋王沟辽墓出土

❷ 韩国国立中央博物馆藏

[1] 《世界美術大全集·東洋編·10》，图 146。

[2] 《宝宁寺明代水陆画》，图五一、八七。

[3] 北宋苏洵有一首以“香”为题的诗：“捣麝筛檀入范模，润分薇露合鸡苏。一丝吐出青烟细，半炷烧成玉筋粗。道士每占经次第，佳人惟验绣工夫。轩窗几席随宜用，不待高擎鹊尾炉”〔《全宋诗》，册七，页 4374〕。所谓“一丝吐出青烟细，半烛烧成玉筋粗”，若焚燃线香之状，不过“捣麝筛檀入范模”，却不是线香的制作方法，因尚不足为据〔此诗又收入《佩文斋咏物诗选》卷二二〇，标为“线香”，题明人瞿佑作，实误〕。

[1-29]

其一，熊进祥《析津志》“风俗”条，“湛露坊自南而转北，多是雕刻、押字与造象牙匙筯者”，“并诸般线香”；

其一，李存《俟庵集》卷二九《慰张主薄》，“谨具线香一炷，点心粗菜，为太夫人灵几之献”；

其一，《朴通事谚解·下》，“不知道那里踹死了一个蜡蜓，我闻了臊气，恶心上来，冷疾发的当不的，拿些水来我漱口，疾忙将笤帚来，绰的干净着，将两根香来烧”。

末一则虽不见“线香”二字，但有前面两例作参照，曰这里所说的“两根香”是线香，应没有太多疑问。

线香的制作，在成书于明隆庆年间的《墨娥小录》中已经提到，更为详细的叙述见于李时珍《本草纲目》卷一四“线香”条：“今人合香之法甚多，惟线香可入疮科用，其料加减不等。大抵多用白芷、芎穹、独活、甘松、三柰、丁香、藿香、藁本、高良姜、角茴香、连乔、大黄、黄芩、柏木、兜娄香末之类为末，以榆皮面作糊和剂，以唧筩笮成线香，成条如线也。亦或盘成物象字形，

[1-30]

图[1-29]带宝子的莲花鹊尾炉〔三〕
山西宝宁寺明代水陆画

图[1-30]
榨玉香 蒲呱绘

图[1-31]清代香料
故宫博物院藏〔故宫博物院提供〕

[1-31]

用铁铜丝悬爇者，名龙挂香。”制作线香的情景，在蒲呱所绘广州三百六十行的“榨玉香”里可以看到[1]〔图1-30〕，画作的时代虽已是十八世纪末，但与《本草纲目》中的描绘似乎没有太大区别。

线香出现之后，并没有就此取代传统的沉香、合香，亦即香饼或香丸，沉、降、檀等上品香料依然是宫廷以及贵胄之家的香事之常[2]。由故宫所藏清代香料，尚可略窥其盛〔图1-31〕。不过从一个大的范围来看，寻常所用究竟以线香为多，大众化的佛事活动更是如此，而专门用作盛放香饼香丸的宝子或香合，此际便不再是必须。然而追索香史故事，作为细节之一的莲花香炉和宝子却不能不令人格外感兴趣，在路途遥远的游历中，它挟着幽香，挟着故事，一路留下美丽的痕迹，有痕迹处又常常伸展出通往另外方向的小径，向它合掌问讯，我们得知的乃是世间情。

[1] 《十九世纪中国市井风情——三百六十行》，页92。

[2] 《国朝宫史》卷一八云：“乾隆十六年辛未十一月二十五日，恭遇皇太后六十大庆，于年例恭进外，每日恭进寿礼九九。”其下详列寿礼名目，如延龄宝炷上沉香一盒，蜜树凝膏中沉香一盒，南山紫气降香一盒，仙木琼枝檀香一盒，又黄英寿篆香饼一盒，朱霞寿篆香饼一盒，蔚蓝寿篆香饼一盒，等等。各种香料，可以算作寿礼中的大宗。

香合

香盒，古籍通常写作香合。香合的历史不算短，脱离开了薰香史中单薰草香的时代，凡树脂香料及合和众香制成的香饼香丸，均须置放在香合里。西汉南越王墓出土的树脂 香料即盛在口径九点五厘米的一个红漆合中[1]。北魏时期香合的使用大约已经很普遍，供养人一手捧香合，一手拈香送向博山炉，在河南巩县石窟的礼佛图中是常见的表现形式[2]〔图 2-1〕。龙门石窟弥勒洞北二洞，窟顶有一手香炉一手香合的飞天[3]〔图 2-2〕。隋唐，出现了与香合并用的另一种置放香料之具，时人称为宝子或香宝子。宝子多半作成高筒罐的样子，底有圈足，顶上有盖，盖有捉手〔图 2-3:1〕。香合与宝子在使用上稍有些分别，即香合常常是单独的一具，宝子则多半成对，便是一左一右设在香炉的两边。陕西扶风法门寺地宫里发现的随真身衣物帐香具类中列着“香合一具，香宝子二枚”，即是其证，地宫中佛指舍利八重宝函之一的纯金宝函纹饰也正好刻画着香炉两边的一对宝子，与地宫出土的实物对应得分毫不爽[4]〔图 2-3:2、图 1-11、图 1-13〕。不过与香合相比，宝子的使用历史短得多，并且几乎不作为寻

[2-1]:❶

[2-1]:❷

图[2-1]巩县石窟礼佛图

❶ 第一窟南壁东侧

❷ 第三窟南壁西侧

[1]《西汉南越王墓》，上册，页 135。

[2]《中国石窟雕塑全集 · 6 · 北方六省》，图九、图一九。

[3]《中国石窟 · 龙门石窟》，第一卷，图六九。

[4] 图 2-3:2 采自《敦煌研究》二〇〇三年第四期封三：图版四一。

[2-3]:❶

图[2-2]龙门石窟飞天

弥勒洞北二洞窟顶

图[2-3]

❶ 香宝子　法门寺塔地宫出土

❷ 佛指舍利纯金宝函纹饰〔正面〕
法门寺塔地宫出土

常日用。宋金时代卤簿的香具类中仍有宝子，而这已可算作它的尾声[1]。

正如盛放香脂面药讲究者多用金合银合，唐代香合之贵者也以金银制品为多，但香合总要更大一点儿。唐诗中说到香似乎依然带着由六朝而来的温柔和绮丽，香合的精致也好像更助遐思。“钿合碧寒龙脑冻”，香合与香在李长吉笔底凝为枕边春梦里凄美迷离的意象，《春怀引》的题目之下，思绪便可以牵惹得无限辽远[2]。金合盛龙脑，宋代依然，如《武林旧事》卷七曰太上亦即宋高宗赐史浩“冰片脑子一金合”，它正好是“钿合碧寒龙脑冻”洗尽了诗思的实录。

香合作为贺礼，晚唐以后渐成风气。《宋会要》载太平兴国二年吴越钱俶“进贺纳后银器三千两”，“金香狮子一座并红牙床、金香合、金香毬共五百两”[3]，其例也。宋代，皇帝的生日称作“圣节”[4]。《宋史》卷一一二《礼十五》“圣节·诸庆节”条：“建隆元年，群臣请以二月十六日为长春节。正月十七日，于大相国寺建道场以祝寿。至日，上寿退，百僚诣寺行香。”建隆元年，乃宋开国之年。圣节则各有名称，如真宗寿诞称承天节，仁宗寿诞称乾元节。圣节的种种繁琐和热闹不必细说，诸王，百官，内职，上寿之以银香合，则是一定的，此皆备载于正史[5]。欧阳修《归田录》卷二：“三班院所领使臣八千余人，涖事于外，其罢而在院者，常数百人。每岁乾元节醵钱饭僧，进香合，以祝圣寿，谓之香钱，判院官尝利其余以为餐钱。群牧司领内外坊监使副判官，比他司俸入最优，又岁收粪墼钱颇多，以充公用，故京师谓之语曰‘三班吃香，群牧吃粪’也。”[6]宋初以供奉官和左、右班殿直为三班，群牧司的职掌则是总领内外饲养、放牧、管理、支配国马之政。圣节前的一个月便在各大佛寺建道场，如此，醵钱饭僧，进香合，自然成为一笔数目不小的香钱，三班院长官因此可以吃香也。皇太后生日也有类似的仪节，视天子之礼而或作裁损。《续资治通鉴长编》卷九九，真宗乾兴元年十一月，“以

(1) 元明清时代卤簿香具中仍有香合，但鲜以“宝子”为称。清《皇朝礼器图式》卷一〇“皇帝大驾卤簿香合”、卷一二“皇太后仪驾香合”，图式均为香合一具单独陈放于几，或以其时卤簿中香炉多为提炉故也。

(2) 《全唐诗》，册一二，页4439。

(3) 《宋会要辑稿》，第八册，页7843。

(4) 天子生日而名之为某某节，其俗始于唐代玄宗时，事见唐封演《封氏闻见记》卷四“降诞”条，又宋程大昌《程氏续考古编》卷五“诞圣节”条。

(5) 金朝亦同此制，见《大金集礼》卷二三。

(6) 中华书局校点本《归田录》前句点作“每岁乾元节醵钱饭僧进香，合以祝圣寿，谓之香钱”〔见该书页25，一九八一年初版，一九九七年再版〕，误。

皇太后生日为长宁节。中书言：‘前一月，百官就大相国寺建道场，罢日，赐会于锡庆院，禁刑及屠宰七日。前三日，命妇进香合，至日，诣内庭上寿。三京度僧道，比乾元节三分之一，而罢奏紫衣、师号’”[1]。其时天子以下，仕宦之家以及其他，贺寿以香合为赠也成礼节。宋孔平仲有诗题作“通判成郎中生日，人凡送香合，寿星皆不受，独以诗献”[2]，此位寿星的“不受”，却是例外了。苏东坡与提刑程正辅书：“有一信篋并书欲附至子由处，辄以上干，然不须专差人，但与寻便附达，或转托洪吉间相识达之。其中乃是子由生日香合等，他是二月二十日生，得前此到为佳也。”[3]书作于绍圣二年，东坡谪在惠州。正辅时为本路宪，即提点刑狱，其与苏轼为表兄弟。苏辙乃贬在筠州，地处洪州与吉州之间。兄弟情笃，此际更是相濡以沫，生日香合里该是盛满了“但愿人长久”的祝福和惦念。

[2-4]

[2-5]

作为寿礼的香合固仍多用着金银，不过两宋大量使用的还要说是瓷香合。宋代瓷合品类极多，且用途各异，粉合，油合，花合、药合，若非特书款识，一般难以清楚区别。但与金银制品略同，瓷香合较之掌心大小的粉合与油合之类也总要尺寸稍稍大一些。如河北易县静志寺舍利塔塔基出土的一件定窑白瓷合，直径十点六厘米，合盖微拱，顶心两道弦纹，合腹斜斜收下去，下有矮圈足，正是宋代瓷合常见的式样，而合的内面墨书三位施主姓名，又各施香一两或半两，且署明年月为太平兴国二年五月二十二日[4]〔图 2-4〕。此例当可作为我们认识香合的一个参考。比如早于它的例子，可以举出陕西麟游县慈善寺二号窟雕像佛弟子手中所持香合，它的时代大约不晚于唐高宗永徽四年[5]〔图 2-5〕。更晚的例子，

[1] 下又云：“诏进奉上寿，候真宗丧制毕，余从之。初，辅臣及礼官请一如乾元节例，而太后多所裁损，故中书更为此奏。”

[2] 《全宋诗》，册一六，页 10882。

[3] 《东坡全集》卷八四。

[4] 《地下宫殿の遺宝——中国河北省定州北宋塔基出土文物展》，图 66。

[5] 《慈善寺与麟溪桥》，图版一六、一七。报告推测窟中的二弟子或是舍利弗和目犍连。

图[2-4]瓷香合
静志寺舍利塔塔基出土

图[2-5]
慈善寺二号窟弟子像

[2-6]

如日本静嘉堂文库藏南宋《罗汉图》，绘坐在禅椅上的一位罗汉，其下首立着的供养人一手持一柄莲花鹊尾炉，一手伸向背后捧香合的童子，作拈香供养状[1]〔图 2-6〕。虽然所绘是罗汉，但表现的内容同当日流行的“番王礼佛”、“蛮王礼佛”等题材原是一致，图中的供养人因此也颇有异域色彩。童子手里的香合，可以明显看出与前面两例的相似，只是其质地若金银之属。

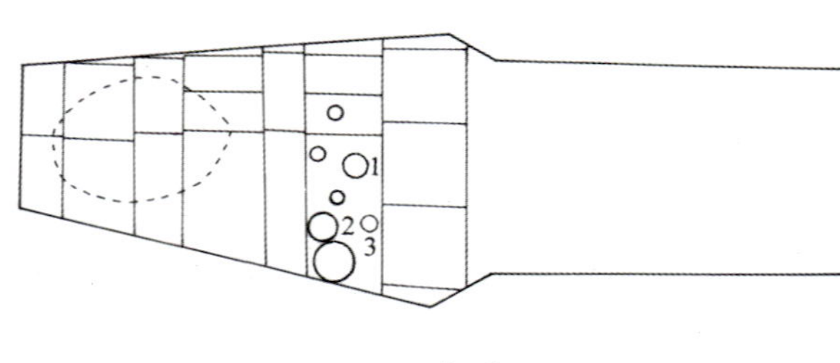

[2-7]

可以确认为香合的，又有太原小

图[2-6]
南宋《罗汉图》〔局部〕

图[2-7]太原小井峪宋墓M35平面图
❶❷香炉 ❸香合
〔余为塔式罐、陶罐，虚线内为骨灰〕

[1] 《海外藏中国历代名画·3·南宋》，图一八六。本卷主编释此图云：“图中罗汉端坐于方椅之中，左手抚膝，右手作说法状。前有一浓须侍者，身着红衣和短裙，扭头向身后一贫者作施舍状。贫者半裸，赤脚，臂有长毛，伸手作乞讨状。”误也。

井峪宋墓出土的一批瓷合。合虽出自不同的墓葬，但多与香炉同在一处[1]〔图 2-7〕，则无异于自标用途。而炉便是当日北方最常见的一种，平展的大宽沿，直壁或约略有曲折的炉膛，炉膛的细腰下，接喇叭形圈足。只是简报不曾详细注明香炉与合的尺寸。两宋绘画中也常见与香炉陈设在一起的各式香合。日本西大寺藏南宋刻释迦牟尼说法图，图中的佛前香案上绘出香式香炉一，瓜棱式香合一〔图 2-8:1〕。此图原印在《妙法莲花经》上，藏在西大寺的菩萨塑像里，塑像造于一二〇八年[2]。瓜棱形的合宋代很常见，如江西德安县农机厂出土一件宋代青白釉瓜棱合，子母口，盖身各半，盖顶一个瓜蒂形钮，通高十二厘米[3]〔图 2-8:2〕。以尺寸来说，推测它为香合，似乎是合理的。

[2-8]:❶

[2-8]:❷

宋代合香成为风气，别出心裁自创香方也是士人的生活乐趣之一。合香的末一道工序是窨香，即调和众香制为剂，放入瓷合，埋地下半月或一月，然后取出来烧。《陈氏香谱》卷一“窨香”条：“新合香必须窨，贵其燥湿得宜也。每约香多少，贮以不津瓷器，

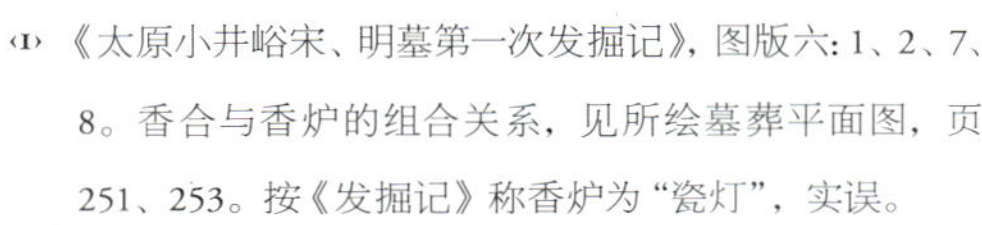

[1] 《太原小井峪宋、明墓第一次发掘记》，图版六：1、2、7、8。香合与香炉的组合关系，见所绘墓葬平面图，页251、253。按《发掘记》称香炉为“瓷灯”，实误。

[2] 《海外藏中国历代名画 ·3· 南宋》，图二〇六。

[3] 《尘封瑰宝》，图 3-35。

图[2-8]

❶ 南宋刻释迦牟尼说法图〔局部〕

❷ 宋青白釉瓜棱合　江西德安县农机厂出土

[2-9]:❶

蜡纸封于静室屋中，掘地窨深三五寸，月余逐旋取出，其尤馡馤也。”此即所谓“熟化”——现代香料制作工艺中也还用着大致相同的办法，即把调和好的香料在罐中放置一定时间，令它自然熟化，以使众香浸润融合而香气圆润，即所谓香气“尤馡馤也”。那么宋代香事中自然又是瓷合用到的最多。

南宋末，出现了制作极精巧的雕漆香合。雕漆原是漆工艺中的一种，剔红，剔黑，剔犀，皆为其属。器胎用调色后的笼罩漆层层髹涂，累积得足够厚，再用刀在上面细雕花纹，漆色为朱，便是剔红；漆色为黑，则曰剔黑，若剔犀，则朱漆黑漆交错髹涂，累积为色层，然后深雕花纹，露出朱黑相间的纹理。宋代雕漆后人习称宋剔，宋剔香合尤为明人艳称，其时却已经很是少见。故宫博物院藏一件剔红桂花香合，直径八点七厘米，高三厘米，合盖的锦地纹上翩然一树雕工精细的折枝桂花，合底有“墨林秘玩”收藏印[1]〔图2-9:1〕。墨林，项元汴号。研究者认为它很可能是陈继儒《妮古录》卷一所云于项氏家中一见的“宋剔红桂花香盒”[2]。清姚际恒《好古堂家藏书画记》卷下录“宋剔方香合一，上雕渊明爱菊，红地黑花，工细可爱。元张成剔者三，一为太白观瀑，底漆书‘平谷’二字；一为右军观鹅；一为照水梅，底用针画‘张成造’三字”。几种图式大约都是元明雕漆流行的表现题材，今颇有元代实物可见。如上海青浦县元任氏墓出土的剔红渊明爱菊香合，口径十二厘米，高三点九厘米，合盖雕出一角竹篱，篱边一株古松，松下策杖野服者陶渊明也，身后捧瓶童子，瓶里满插着怒放的菊花[3]〔图2-9:2〕。明文震亨《长物志》卷七《器具》“香合”条：“香合以宋剔合色如珊瑚者为上，

⑴《掌上珍 · 中国古漆器》，图一六七。

⑵《元明雕漆概说》，页3。

⑶《中国漆器全集 · 4 · 三国至元》，图一五五。香合高四、直径十二点二厘米。同出有瓷香炉，《上海市青浦县元代任氏墓葬记述》，页54~55。

[2-9]:❷

古有‘一剑环，二花草，三人物’之说，又有五色漆胎，刻法深浅，随妆露色，如红花绿叶、黄心黑石者次之。”“色如珊瑚者”，当指剔红，“五色漆胎”云云，剔彩是也。花草，人物，原是雕漆中最常见的装饰题材，所谓“剑环”，颇疑它是指剔犀所用着的如意云，其与剑环之形正是相去不远[1]。

[2-10]

宋剔香合以它特别的美丽而使实用之外又兼赏玩，此后历经元明清形制无大变，题材则愈趋丰富。日本出光美术馆藏一件明代的螺钿月宫玉兔香合，高二点九厘米，直径七点六厘米，木胎上髹黑漆，其上以青贝嵌出纹样。合盖中央袅袅一座水波中升起来的灵芝台，台上一只捣药的小兔，画面左边一角飘着几朵流云，右边桂花一树婆娑，树下一个男子探出半身，说他是月中吴刚应该不错[2]〔图2-10〕。月兔的造型与定陵出土的一对玉兔捣药耳坠很是相似，它当是用在中秋，焚香拜月，最是切题。

焚香是文人书房中的雅趣，香具自然更是书房清玩。闺阁里，香炉、香合、瓶花，

[1] 可参看《营造法式》卷三三《彩画作制度图样上》绘出的两种剑环纹。

[2]《中国の工芸——出光美術館藏品図録》，图394。

图[2-9]香合

❶ 宋剔红桂花香合　故宫博物院藏

❷ 元剔红渊明爱菊香合　上海青浦县任氏墓出土

图[2-10]

明螺钿月宫玉兔香合　日本出光美术馆藏

也是不可少的点缀，此在明代版画中最常见，如刊于万历三十年的《仙媛纪事》插图[1]〔图 2-11〕。香合也还常常捧在“毛女儿”手里[2]，带到另一个世界。云南大理三月街中和村明韩政墓出土的彩绘陶俑，头顶梳丫髻手里捧着盒的一个，其底座墨书“香盒”二字[3]〔图 2-12〕，即是一例。两例中的香合风格几乎完全相同，它其实也是香合的传统样式之一[4]。

元代出现了线香，不过旧日的香

[2-11]

[2-12]

[1] 《中国版画选》，图一二〇。图版说明云：此为钱唐杨尔曾所辑，插图极工，徽人黄玉林镌刻，原书刊于万历三十年。

[2] 毛女本出刘向《列女传》，原是秦始皇宫人，后或用来泛指仙姑。《金瓶梅》第六十三回说到为李瓶儿办后事，曰“来兴又早冥衣铺里做了四座堆金沥粉侍奉的捧盆巾栉毛女儿”。可知明墓中的这一类彩绘俑，时人作此称。

[3] 《大理市博物馆藏品精粹》,图一二二。“盒底墨书‘香盒’二字”，见该书图版说明。此墓所出捧物俑，其底座均以墨书标明所捧之物。香合作为随葬品，其例颇多，如武昌龙泉山明楚昭王墓出土漆香合，原置于石供桌上，合里装着香料，《武昌龙泉山明代楚昭王墓发掘简报》，页 13，图一九。又如北京定陵孝端后棺内出土的一对金香合，素面，通高五点六厘米，口径十六点六厘米，器底均刻铭文一周：“大明万历庚申年银作局制金香盒一个重二十两。”《定陵》，页 156，图二五三：10，图版一五一。《明集礼》卷三七上“明器”条录开平忠武王之葬墓中器玩九十件，中有香合一，香匙一，香筯二，香匙筯瓶一，是此久已成定制。

[4] 这一样式的早期例子，明确可指认为香合者，如北京西便门外发现的一组辽代香具，其中一件龙纹铜合，子母口，高十四点五、口径十九点五厘米，合盖外壁顶部均刻龙纹，合底及合盖上下刻书“入内省香盒”五字。《北京西便门外发现铜器》，页 169，图版十：4。

图[2-11]
《仙媛纪事》插图

图[2-12]
云南大理明韩政墓出土彩绘陶俑

饼香丸依然与它并行，薰燃香饼所必须的香合于是与香炉、箸瓶以及箸与香匙结为固定的组合，即所谓“炉瓶三事”，今藏山西省博物馆的《祇园大会图卷》所绘一组，或者可以算是它最早出现在绘画作品中“三位一体”的完整形象[1]〔图 2-13〕。《图卷》作于“至正丙午佛生日”，即一三六六年农历四月初八，出日本释氏发僧之手[2]。明清时代，作为炉瓶三事之一的香合，材质也更加多样，瓷合，玉合，珐琅合，金镶宝石合，等等。炉瓶三事并且成为室内精巧的陈设小品。故宫所存乾嘉时期的《倦勤斋陈设档》中记述道，倦勤斋的西稍间里设宝座，宝座上铺绣黄缎坐褥，其右设红雕漆梅花式香几，几上“青白玉有盖炉瓶盒一分，炉连高三寸一分，瓶高三寸一分，盒径一寸七分系别作，炉顶另安青玉座一”[3]。台北故宫藏一套青白玉炉瓶三事，炉高八点九厘米，两立耳，三乳足，炉盖雕镂西番莲，盖顶嵌一个透雕蟠螭

[1]《山西省博物馆馆藏文物精华》，图三九五。

[2] 据《图卷》跋语，发僧元末明初寓江浙。张献哲等《元代发僧〈祇园大会图卷〉浅析》，页 26。

[3]《故宫〈倦勤斋陈设档〉之一》，页 128。

[2-13]

[2-14]:❶

[2-14]:❷

图[2-13]《祇园大会图卷》〔局部〕
山西省博物馆藏

图[2-14]香合
❶ 青白玉炉瓶三事　台北故宫博物院藏
❷ 古铜釉瓷炉瓶三事　台北故宫博物院藏

图[2-15]竹雕香合
台北故宫博物院藏

的玉纽。箸瓶高十点五厘米，香合高二点七厘米，装饰风格与炉一致[1]〔图2-14:1〕。如果为《陈设档》拉近一个特写，那么这正是很合式的一例。为了室内布置的合宜，炉瓶三事还可以制作得很别致。台北故宫藏一套古铜釉瓷的炉瓶合，原陈设在清宫的多宝格里，为贴近多宝格的后壁，香炉和箸瓶都作成圆其外、平其后的样子，特制的台座亦同此式。子母口的香合内口径只有四点七厘米，外壁底缘凸雕一周莲瓣，莲瓣托起的香合茶叶末釉作底，上边细描金色卷草纹和如意勾云纹。炉瓶合下又各有木座，座下有榫，插接在木台上而成一整体[2]〔图2-14:2〕。或装饰豪华，或点缀风雅，炉瓶三事在明清小说和绘画中，也常常是作者信手拈来即成风致的一抹俏色。《红楼梦》第四十回写大观园中的宴饮，曰："这里凤姐儿已带着人摆设整齐，上面左右两张榻，榻上都铺着锦裀蓉簟，每一榻前有两张雕漆几，也有海棠式的，也有梅花式的，也有荷叶式的，也有葵花式的，也有方的，也有圆的，其式不一。一个上面放着炉瓶，一分攒盒；一个上面空设着，预备放人所喜食物。"[3]炉瓶三事置身在这样一个具体的情境里，自然更见出它的可爱。

可爱尚有竹制的香合。《红楼梦》第二十七回曰探春把宝玉叫到一棵石榴树下说话，说是"这几个月，我又攒下有十来吊钱了，你还拿了去，明儿出门逛去的时候，或是好字画，好轻巧顽意儿，替我带些来"；"怎么象你上回买的那柳枝儿编的小篮子儿，整竹子根抠的香盒儿，胶泥垛的风炉

[1] 《故宫历代香具图录》，图八四。

[2] 《故宫历代香具图录》，图八九。

[3] 此据人民文学出版社一九八二年排印本，其底本为庚辰本。文化艺术出版社一九九〇年排印亚东重排本"其式不一"句下作"一个上头放着一分炉瓶，一个攒盒"。此"一分炉瓶，一个攒盒"，更觉描写得妥帖。

图[2-16]日本薮内家茶室壁龛
挂轴下方的小桌上是一具狮子香炉，其侧承盘中所置为香合

儿，这就好了”[1]。台北故宫藏有一对竹雕香合，其一是竹根拼镶起来略呈椭圆的菱花形，周遭开光处和香合盖的顶上都透空雕着西番莲，大小约止一拳[2]〔图 2-15〕。镂空的做法原是为了透发香气——香合里边多要放着香饼，它与明清时代最为流行的香筒应属一类，而与单单只是存置香饼的香合尚有区别。不过探春所谓“有意思儿又不俗气”的好轻巧顽意儿[3]，却正是它了。

正如中国的名香从来是与香茗结伴，日本茶道也用焚香的办法来清洁茶室，烘托气氛，当然无论茶还是香，在茶道中都早已成为一丝不苟的仪式。如果说中土士人的焚香啜茗是在随心所欲的潇洒中陶冶性情，那么东瀛茶人则是在严格的仪式和规矩里锻炼精神和意志，因此所谓“茶道”，独属日本。

茶道所必须的香合，里面放着香丸或香木片——合香制成的香丸，放在瓷香合里；若香木片，便放在漆香合[4]。它原是用于茶道中的添炭仪式，即在这一仪式的尾声中，从香合里拈出一枚香放入炉中，或风炉或地炉，依季

[1] 文化艺术版此句作“像你上回买的那柳枝儿编的小篮子儿，竹子根儿挖的香盒儿，胶泥垛的风炉子儿，就好了”。

[2]《竹材工艺》，页 9；按据《玉版清玩》一文，知其材质为竹根。

[3] 人民文学版作“你拣那朴而不俗、直而不拙者，这些东西，你多多的替我带了来”。文化艺术版作“你拣那有意思儿又不俗气的东西，你多替我带几件来”。

[4]《茶道美術 ·7· 香合》，小田栄作《総说》，页 92。

节而定[1]。当然香合同时也与香炉一起作为茶室里的陈设，即摆放在茶室壁龛中挂轴的下方[2]〔图 2-16〕。茶道中所有的用具都是可供赏玩的艺术作品，赏玩过程也一一成为仪式，香合亦然。雕漆、莳绘之外，尚有一种“交趾瓷形物香合”。形物，象生也。交趾香合的形体多很小，高五厘米左右，直径在三四厘米到七八厘米之间。通常是象生的作法，龟，鸭，鸟，蛙，狮子，牛；牡丹，莲花，竹节，松果，南瓜，等等，都是常常用到的式样，釉色则以青、绿、黄、紫为主[3]〔图 2-17〕。如日本传世的一件鸭香合，椭圆形，长径六厘米，高四点六厘米，合身着绿釉，其上装饰一周莲瓣纹，合盖便是伏在这莲瓣上的一只睡鸭，披一身黄羽毛，独独一对翅膀上点着褐釉。素淡，却格外见出清朗，恬静中更拢着一团生意〔图 2-17:1〕。色彩与造型，使得交趾香合总葆有一种朴而不俗直而不拙的品质。交趾香合风行于茶道大约始于日本享保年间，即十八世纪上半叶，江户时代末期，茶道界仿照当时盛行的相扑序列制作了一个《形物香合相扑》序列

图[2-17]日本传世的交趾瓷形物香合
❶❷鸭香合
❸瓜香合
❹笠牛香合

[1] 《香合》，页 268。

[2] 如十九世纪中叶的京都薮内家，《日本の美術 · 15 · 茶の美術》，图版二〇。

[3] 《特别展：交趾香盒——福建省出土文物与日本的传世品》，图一七、图三三、图三四、图七一。

表，用来为香合评定等级，且沿用至今[1]。不过交趾香合之“交趾”的含义很有些曲折，对此日本学者已经作过不少探讨，大致可以说，交趾最初用来指日本十七世纪朱印船贸易时期海外航行的目的地越南，而朱印船成为历史之后，中国福州和漳州的商船即开始以“交趾船”的名义往来于越南与日本之间，货易之陶瓷因被称作“交趾陶瓷”，其中的代表性物品,便是交趾香合[2]。上世纪九十年代，发现于福建平和县的田坑窑出土了大量素三彩，其中绝大部分是象生香合，造型和工艺，与日本茶道中的交趾瓷形物香合均属一致[3]〔图 2-18〕，窑址年代约当明末清初[4]。虽然对出土香合更确切的年代判定尚存在不同意见，但田坑窑是交趾香合的重要产地之一，且香合乃专为出口而生产，已为中日学者近年的研究所证明。这可以算是香合小史中的一支插曲了。

图[2-18]福建平和县田坑窑出土素三彩交趾香合
❶ 松毬香合
❷ 蟾蜍香合

〔1〕《交趾香盒：传世品与出土物》，页 134~135。

〔2〕清水实《关于交趾》，页 142~143。至于为什么没有中日之间直接的贸易，则尚有一些历史原因，清水氏云：“朱印船贸易时代，中国沿岸的海禁政策有所放宽，经过南海的海外贸易逐渐繁荣起来。但是取缔日本海盗的政策一如既往，对日贸易依然受到严格禁止，所以中国商品的进口只能通过与葡萄牙，荷兰商船的中继贸易，或者在东南亚各国以和中国商船的出合贸易的形式进行。因而日本商船海外航行的目的地集中于东南亚一带，各地也出现了许多日本街，而中国的南海贸易商船多数为福建船”〔页 139〕。朱印船，即持有国家政府发行供海外航行使用的朱印状的商船。

〔3〕《特别展：交趾香盒——福建省出土文物与日本的传世品》，图一九、图二七。

〔4〕《平和田坑窑及出土“素三彩”瓷器的初步研究》，页 144~151。

两宋香炉源流

燕居焚香，在宋代士人原是一种真实的生存方式。“麈尾唾壶俱屏去，尚存余习炷炉香”[1]，陆游晚年的生活情景，不是一个殊例。其时“开门七件”之外若再添得一件，那么该是香。放翁《焚香赋》云：

陆子起玉局，牧新定。至郡弥年，困于簿领。意不自得，又适病眚。厌喧哗，事幽屏。却文移，谢造请。闭阁垂帷，自放于宴寂之境。时则有二趾之几，两耳之鼎。爇明窗之宝炷，消昼漏之方永。其始也，灰厚火深，烟虽未形，而香已发闻矣。其少进也，绵绵如皋端之息；其上达也，蔼蔼如山穴之云。新鼻观之异境，散天葩之奇芬。既卷舒而缥缈，复聚散而轮囷。傍琴书而变灭，留巾袂之氤氲。参佛龛之夜供，异朝衣之晨熏。余方将上疏挂冠，诛茅筑室。从山林之故友，娱耄耋之余日。暴丹荔之衣，庄芳兰之茁。徙秋菊之英，拾古柏之实。纳之玉兔之臼，和以桧华之蜜。掩纸帐而高枕，杜荆扉而简出。方与香而为友，彼世俗其奚恤。洁我壶觞，散我签帙。非独洗京洛之风尘，亦以慰江汉之衰疾也。[2]

(1)《书事》，《全宋诗》，册四〇，页25374。陆游的晚年生活，几乎日不离香，在如同日记一样的《剑南诗稿》中，处处可见痕迹。

(2)《陆游集》，册五，页2496。

新定，指严州，唐代此为新定郡。玉局，指淳熙九年陆游的提举成都玉局观[1]。十三年，乃有知严州之命。“闭阁垂帷”以下数句，言焚香。两耳之鼎，正是宋代流行的一种仿古样式的小香炉。炉中预置特为焚香而精制的香灰，香炭一饼，烧透入炉，轻拨香灰，浅埋香炭——约及其半。香炭上面置隔火，隔火可以是玉片，也可以是银片，宋人则多喜欢用银，而称它作银叶。之后，方在隔火上面置香。总之是求香之发散舒缓，少烟，多气，香味持久，香韵悠长[2]。“绵绵如皋端之息”，“霭霭如山穴之云”，“既卷舒而缥缈，复聚散而轮囷”，皆是也。丹荔之衣，指荔枝壳，以下数句言制作香饼，不过用辞藻装点得秀逸[3]。手自调香正是当日的雅趣之一，香饼或香方的互赠以及关于香的品评，也便成为两宋诗文中常见的话题。“方与香而为友，彼世俗其奚恤”，“非独洗京洛之风尘，亦以慰江汉之衰疾也”，追求日常生活中的禅意，乃是宋代士人焚香的一种境界，即便不如意到了极端，它也还是一个疗救的方式[4]。放翁的这一篇《焚香赋》，颇道着两宋香事之要领，可知有香烟处，不必皆是般若，香与香具实已结构为两宋时代一个个充满细节的生活故事。关注宋人的诗与思，便不能不关注宋人的香诗和香事。“胸怀阮步兵，诗句谢宣城。今夕俱参透，焚香听雨声”[5]。诗的悟道，或也在绵绵霭霭淅淅沥沥的焚香听雨中。

[1] 宫观差遣是祠禄官，宋代常用来安置知州资序人以上的政见不同者。祠禄官虽令处闲局，俸禄降一等支，但家居无事，正可优游岁月。

[2] 唐代以来已是如此，李商隐《烧香曲》“兽焰微红隔云母”，“云母”者，隔火也，即把它放在香与炭之间，以使香料受火不至于太猛，而可得徐徐熏燃之效。两宋熏香用隔火，多取金银削作薄片，因常以金叶或银叶为称。如“博山银叶透”〔侯寘《菩萨蛮·木犀十咏：熏沉》〕；“银叶香销暑簟清”〔杨冠卿《浣溪沙·次韩户侍》〕；“换火缁银叶”〔吴泳《千秋岁·寿友人》〕；“缓寻金叶熨香心”〔黄时龙《浣溪沙》；均见《全宋词》〕，等等。又杨万里《双峰定水璘老送木犀香》五首之一，更把银叶用途解释得明白：“山童不解事，着火太酷烈。要输不尽香，急唤薄银叶。”明代依然，只是隔火的质地又有不同。高濂《遵生八笺》卷一五“焚香之要”中的“隔火砂片”条述之甚详。焚香所用炉灰的制作，高子也有说，见同上“炉灰”条。

[3] 此方似乎很得流传，明代依然用着，而名之曰“山林穷四和”，见《戒庵老人漫笔》卷四“山林穷四和”条；又《墨娥小录》“四弃饼子香”，亦同。

[4] 黄庭坚《题自书卷后》：“崇宁二年十一月，余谪处宜州半岁矣。官司谓余不当居关城中，乃以是月甲戌抱被入宿于城南。予所僦舍喧寂斋，虽上雨傍风，无有盖障，市声喧愦，人以为不堪其忧，余以为家本农耕，使不从进士，则田中庐舍如是，又可不堪其忧邪。既设卧榻，焚香而坐，与西邻屠牛之机相直。”此作于宜州贬所，而山谷卒于崇宁四年。

[5] 陆游《春雨四首》之三，《全宋诗》，册四〇，页25431。

[3-1]:❶

壹

〔一〕

宋代香炉可以大致分作两种类型，其一封闭式，其一开敞式。前者有盖，后者则否。今一般称封闭式的炉为熏炉，开敞式的炉为香炉，不过这并不是古人对它作出的分别。

炉盖作成莲花和狻猊，是封闭式香炉中最常见的两种，宋人或称之为“出香”，周密《武林旧事》卷九列有张俊进奉高宗的礼单，中有汝窑“出香一对”，即此。安徽宿松县北宋元祐二年墓出土一件绿釉狻猊亦即狮子出香，通高三十二厘米，炉身是覆莲座上捧出的一朵莲花，花心里的莲蓬正好是香炉盖，盖顶一只戏球的坐狮，偏着头，张着口[1]〔图 3-1:1〕。张口是出香狮子固定的姿态，即为着烟从口出，故宫博物院藏宋人《维摩演教图》，香几上一具口出香烟的狮子出香，正是一个合式的参照〔图 3-1:3〕。莲花式出香也多有精品，比如四川彭州宋代金银器窖藏中的一件银炉，通高逾半米，下边高高一道弧形圈足，中间宽平沿的托盘，托盘上承覆莲形的炉盖，其周环錾花处趁势作出花叶形的出烟孔，盖顶一个莲花纽，花心耸出柱形蕊，蕊心十四

[3-1]:❷

[1]《安徽省博物馆藏瓷》，图四四。

个花形小孔，自然也是为着散发香烟[1]〔图3-2〕。出香一般来说尺寸较大，高矮总在二三十厘米之间，大者或更高，唐代以来已是如此。讲究者用玉，高也在两尺以上，周密《癸辛杂识·续集》下曰韩侂胄嫁女，“奁具中有白玉出香狮子，高二尺五寸，精妙无比”，即此。出香因此多设在厅堂。陆游《老学庵笔记》卷四曰“故都紫霞殿有二金狻猊，盖香兽也”。又范成大《揽辔录》纪金中都宫殿，云“两楹间各有大出香金师蛮”；南宋周麟之《破虏凯歌二十四首》纪使金所见，其一云“七宝为床坐殿衙，金猊双立喷飞霞”，句下自注：“其御榻以七宝为饰，夹坐有金狻猊二，高丈余，飞香纷郁”[2]，均为其例。狻猊出香也见于两宋时代的高丽。徐兢《宣和奉使高丽图经》卷三二“陶炉”条云：“狻猊出香，亦翡色也，上为蹲兽，下有仰莲以承之，诸器惟此物最精绝。”韩国国立中央博物馆藏一件时属一一二三年的狻猊出香，通高二十一点二厘米，炉口翻出宽折沿，直壁形的炉身，下边三个兽足，炉盖上耸出一尊张口戏球的坐狮[3]〔图3-1:2〕。釉色碧青，正是所谓的“翡色”，虽然样式与徐氏所见稍有些不同。

[3-1]:❸

出香的历史可以追溯到很远的战国。湖北随县曾侯乙墓出土一件铜炉，通高四十点八厘米，下边是三个矮蹄足的平底浅盘，

图[3-1]狮子出香
❶北宋元祐二年墓出土
❷韩国国立中央博物馆藏
❸《维摩演教图》

[1]《四川彭州宋代金银器窖藏》，彩版四七。

[2]《全宋诗》册三八，页23566。

[3]《高丽青瓷》，图一〇七。

图[3-2]莲花出香 四川彭州宋代金银器窖藏

图[3-3]
❶曾侯乙墓出土铜炉
❷《续考古图》中的“灯檠”〔香炉〕

图[3-4]
余姚老虎墩战国—西汉墓出土原始瓷香炉

上边一个端细底粗的喇叭形罩，罩的口沿两侧一对环钮，同炉盘外侧的环钮正好上下对应。炉罩的近口沿处又探出一个小管，长一厘米，径一点七厘米，与罩内相通。炉盘和炉罩内壁尤其是细长的上端，都残留着褐色的烟灰[1]〔图3-3:1〕。就目前所知，同样形制的实物似乎没有第二件。不过宋赵九成《续考古图》卷三著录的一件“灯檠”却与它大致相类〔图3-3:2〕，那么它也还不好算作孤例。战国时代一般说来仍以焚燃草香为主[2]，然而就这种形制的熏炉来看，它是更适合焚燃树脂香料的。

浙江余姚老虎山一号墓中出土一对原始瓷香炉，其一通高二十四厘米，其一高二十三点二厘米。炉身形若深腹豆，下有高圈足，上置拱形盖，盖面镂着出烟孔，高高耸出的三重盖钮顶端一只立鸟，下边两重各贴饰小鸟，一重三只，一重四只，小鸟之间又各有出烟孔。炉盖装饰三角形的山形纹，炉

[1] 《曾侯乙墓》，页247~248；图版八二：1、2。

[2] 不过也不乏特殊之例，如长沙楚墓M569发现一件豆式陶香炉，炉中尚存未燃尽的香料和炭末〔《长沙楚墓》，页141〕，与炭同燃的香料，自非草香。

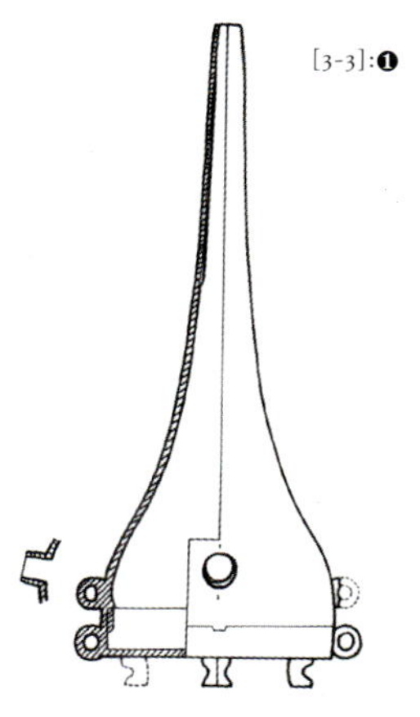

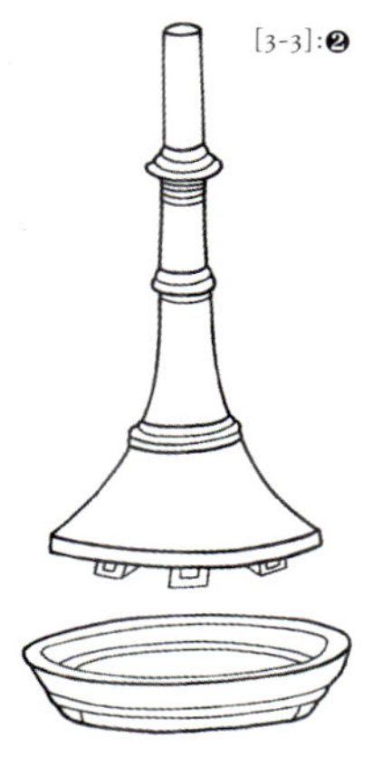

身则是细密的水波纹[1]〔图 3-4〕。香炉的时代约当战国晚期至西汉初年。

河南焦作嘉禾屯窖藏所出西汉连盘五凤铜香炉，通高二十厘米，凤身为炉，伸展着的双翼可张可合，原是用穿钉与身相连作成香炉盖，凤口含珠，四只雏凤攀在凤尾、胸前和凤的双翅[2]〔图 3-5:1〕。另外一种装饰凤鸟的香炉，炉身略如圆腹鼎，下有三蹄足，上有半圆形的镂孔盖，盖顶举尾展翅的一只立凤，与环盖装饰的花枝和小凤相互呼应[3]〔图 3-5:2〕。

辟邪式炉的设计用心与五凤铜炉相类。扬州市郊胡场七号西汉墓出土一件辟邪踏

图[3-5]汉代凤炉

❶ 焦作嘉禾屯窖藏

❷ 寿光县纪国故城附近出土

[1] 《沪杭甬高速公路考古报告》，页 74，图二〇，彩版一四：4。比它时代稍早而形制很有点特殊的例子是淮阴高庄战国墓出土的一件原始瓷香炉。炉通高四十点五厘米，鼓腹式的炉身错列两圈三角形镂孔，炉口两侧耸出高二十一厘米、形若烟囱的两个直筒，筒顶之一上覆嵌着鸟形钮的铜盖。墓葬时代约当战国中期。《淮阴高庄战国墓》，页 194，图版九：2。

[2] 《河南博物院：精品与陈列》，图三六。相似的一件也见于《续考古图》卷三，不过凤口衔铃，凤翅缀铃，凤身所负雏凤则是八只。

[3] 《纪国故城附近出土一批汉代铜器》，图版六：6。

蛇铜香炉，通高九点五厘米，腹作炉身，头作炉盖，口作出烟孔，身著双翼，四足踏蛇[1]〔图 3-6:1〕。宋吕大临《考古图》卷一〇著录的“兽炉”其一与此件同制〔图 3-6:2〕，为庐江李氏所藏，吕引李氏录云，“此兽炉今为狻猊”。宋人由此大概很容易联想到当日的狻猊出香，这本来不错，只是狻猊香炉的出现应该说是在唐代。

西安西郊三印厂十二号唐墓出土一件汉白玉香炉，通高十二点八厘米，外方内圆的半球形炉身，四周略作山峰环抱，炉盖上一尊坐狮，出烟孔由狮子腹下直通到口中[2]。四川邛窑古陶瓷博物馆藏唐褐釉狮子香炉，炉盖结构与它相似，而炉身作成高足杯式，通高二十四点五厘米[3]。唐代黄堡窑址所出一件半成品的三彩狮子香炉出烟方式也大体相同，炉身则是五足炉式，通高三十七厘米[4]。又有一对三件合一式的滑石香炉，出自河南偃师杏园唐李郁墓，通高二十四厘米，炉盖炉身与西郊三印厂唐墓所出无别，不过中间增加一段三龙蟠绕于外的直筒，直筒在龙嘴处镂出小圆孔，炉腹里的香烟便有一部分正好从龙口中出。香炉里尚残留着白色木炭灰。墓葬年代为武宗会昌三年[5]〔图 3-7、图 3-8〕。又福建博物院藏一件有唐天祐四年纪年铭的鎏金铜炉，炉身直壁平底，

[3-6]:❶

[3-6]:❷

图[3-6]辟邪香炉
❶扬州市郊胡场西汉墓出土
❷《考古图》中的“兽炉”

[1]《扬州馆藏文物精华》，图二六。

[2]《北周隋唐京畿玉器》，页 27。

[3]《邛窑古陶瓷研究》，页 264。

[4]《唐代黄堡窑址》，页 453；图版一二六。

[5]《偃师杏园唐墓》，页 260；彩版一二：1。

图[3-7] 唐代狮子香炉〔一〕
❶ 西安西郊三印厂唐墓出土
❷ ❸ 偃师杏园唐李郁墓出土

图[3-8] 唐代狮子香炉〔二〕
❶ 唐代黄堡窑址出土
❷ 邛窑古陶瓷博物馆藏

[3-9]

下边五个兽蹄足，炉口翻出花式大宽折沿，覆钵式炉盖，顶端一个张口出烟的蹲狮，高四十点一厘米，铭文自称“狮子香炉”[1]〔图 3-9〕。

以上举出的是属于封闭式香炉的几组实例，造型或相类或不同，流行的时间也不很一致。其中的曾侯乙墓铜炉始终没有成为通行的样式，虽然相似的构思很晚的时候仍偶然一见。余姚老虎山战国—西汉墓的鸟香炉，两汉成为常见之式，且又创造出若干变体，比如炉盖顶端不作群鸟相聚，而是塑出一座两层的小凉亭，湖南衡阳西汉墓中有其例[2]。不过汉代以后这种样式不再盛行。凤炉的流行一直到两晋，南北朝之后即不多见。宋徽宗《宣和宫词》：“凤口金炉镂叶花，高低曲折势交加。新春品制名三傑，四和浓薰不足夸。”[3] 与诗对应者，当是怀云楼藏北宋武宗元《朝元仙仗图》中元阳童子手里捧着的一件，乃三足承盘上的一个莲花香炉，莲花瓣的尖上装饰垂珠，炉顶立一只飞凤〔图

[3-10]

图[3-9]
唐天祐四年铜鎏金狮子香炉

图[3-10] **《朝元仙仗图》〔局部〕**

[1] 《福建博物院文物珍品》，图一〇五。
[2] 《衡阳西汉墓出土一件精致的陶薰炉》，页 82。
[3] 《全宋诗》，册二六，页 17058。

[3-11]:❶

3-10〕。凤炉的造型本来有它的传统，虽然诗与画各自都有夸张和美化的成分，惟类似的宋代实物，至今未曾发现。辟邪香炉的流行似乎只在汉代，明清以后制作较多的角端香炉或者曾从它的造型中撷得意趣，不过两宋的例子却是难得举出一件。至于狮子香炉，虽然出现的时间最晚，但出现之后便相沿不断，因此流行的时间最为长久。炉的样式本是来自更早的狮子造型，南北朝时已是如此[1]〔图 3-11〕，影响

[3-11]:❷

图[3-11]
❶ 北魏神王碑座中的狮子
❷ 南朝陵墓砖画中的狮子

[1] 如洛阳东关出土的北魏神王石碑座中博山炉两边的一对狮子，《中国画像石集 ·8· 石刻线画》，图四九；又如金王陈南朝失名陵甬道西壁的狮子砖画，《六朝艺术》，图二〇二。

[3-12]:❶

[3-12]:❷

图[3-12]
❶ 犍陀罗石狮　日本私人收藏
❷ 东汉石狮　山东临淄出土

所自还应该说到中亚，比如犍陀罗雕刻[1]〔图 3-12:1〕。中土早期的狮子作品尚保持着西来的痕迹，如山东临淄出土的东汉石狮[2]〔图 3-12:2〕。但在狮子香炉却是艺术造型与实用的结合，即以固有的张口的姿态而教它烟从口出，又把迈步欲进或昂首伏卧的姿势变化为蹲踞，更有了出烟的方便。此在唐代即已发展得成熟，前举安徽宿松元祐二年墓绿釉狻猊出香同它的接续，便是很自然的了。

唐代莲花式香炉则是宋代出香的另一个发展线索。关于前者，说见《莲花香炉和宝子》。唐式莲花炉原是装饰莲花的炉盖与多足炉的合二为一。同样类型的炉盖且又变化出几种不同的形式。炉盖上面镂出若干花式出烟孔，是普通的一种，如出土于浙江临安县明堂山唐天复元年水邱氏墓的越窑褐釉五足炉[3]〔图 3-13:1〕，如黑龙江宁安县三陵渤海国墓出土的三彩三足炉[4]，又日本出光美术馆藏辽代绿釉三足炉[5]〔图 3-14〕。在覆钵式的炉

[1]《ガンダーラ美術 · Ⅱ · 佛陀の世界》，图 723~739。

[2] 狮子颈部阴刻隶书“雒阳中东门外刘汉所作狮子一双”一行十四字。《中国文物精华大辞典 · 金银玉石卷 · 石刻篇》，图二五。不过这里记录的“狮子”二字未知是否为原文，当时“狮子”一般是写作“师子”的。

[3]《浙江纪年瓷》，图一七三。

[4]《中国文物精华 · 一九九七年》，图一四。

[5]《中国陶磁——出光美術館藏品図録》，图 410。

[3-13]:❶

[3-13]:❷

[3-14]:❶

[3-14]:❷

图[3-13]

❶ 唐天复元年水邱氏墓出土褐釉五足炉

临安水邱氏墓出土

❷ 宋太平兴国二年三足银香炉

定县静志寺舍利塔塔基出土

图[3-14]

❶ 唐渤海国三彩三足炉

黑龙江宁安县渤海国墓出土

❷ 辽绿釉三足炉

日本出光美术馆藏

[3-15]:❶

[3-15]:❷

[3-16]:❶

[3-16]:❷

图[3-15]
❶ 唐银鎏金五足朵带香炉
法门寺地宫出土
❷ 宋白釉五足香炉
静志寺塔基出土

图[3-16]
❶ 唐高圈足银香炉
法门寺地宫出土
❷ 南宋錾花银香炉
天封塔地宫出土

盖顶端装饰莲花或者狮子，并且使它有出烟之效，则是制作精细的一种，著名的一件银鎏金香炉出在陕西扶风法门寺地宫[1]〔图3-15:1〕。宋代不仅沿袭此式，而且没有作太多的改变。河北定县静志寺舍利塔塔基出土一件有"太平兴国二年"纪年铭的三足银香炉，可以说是由前面一种形式变化而来〔图3-13:2〕，同地所出另一件定窑白釉五足炉，则是对后者的继承[2]〔图3-15:2〕。至于前面所举彭州宋代窖藏中的银莲花出香，则江苏丹徒丁卯桥唐代银器窖藏中的银香炉以及法门寺地宫所出同样形制的一件，是它的先例[3]〔图3-16:1〕。另有出自宁波市天封塔地宫的一件南宋錾花银香炉，与彭州所出者式样相近，惟出烟方式有点特别，它在炉盖顶端的莲花钮上作出一个细长的小管，炉里的香烟乃由此而出[4]〔图3-16:2〕。更早的例子当然可以举出曾侯乙墓所出铜炉，只是二者的间隔竟是如此之远。

宋代以后，出香的名字几乎不再使用，莲花式香炉似也难得一见。元明时代多有直接作成狮子形的香炉，如新安海底中国沉船中的青铜狮子香炉[5]〔图3-17:1〕。一般认为这批遗物的年代为元朝中晚期。明宣德年间大批制作的彝器中也有大、中两式金猊炉。《宣德彝器图谱》卷三："大金猊炉，照元朝姜铸流金款式，高三尺六寸，重一百二十斤，用八炼洋铜铸成，周身蜡茶色，纯金流裹，实用赤金十六两，白银八两为丝片周身商嵌。下乘沉香木八角须弥座。"所谓"姜铸"，其实是南宋杭州姜娘子所制，所铸香炉有"绍兴二年"款者曾为清吴骞收藏，见《南宋方炉题咏·方炉歌》之序[6]。商嵌，镶嵌也。流金即鎏金。这里说"八炼"，而最多的有十二炼。只是《图谱》中的图实在画得并不好，不过总算略有示意之效。此际多把狻猊也视同瑞兽，因此为它加上一对长角。金猊身上画出的点点星斑，则代表周身镶嵌的金银丝片〔图3-17:2〕。

明清时代最常见的香兽是角端。《说文·角部》"觿"条曰："角觿，兽也。

[1] 《法门寺》，页95。

[2] 《地下宫殿の遺宝——中国河北省定州北宋塔基出土文物展》，图8；图63。

[3] 《江苏丁卯桥出土唐代银器窖藏》，页20，图一三；《法门寺》，页109。

[4] 《中国文物精华大辞典·金银玉石卷·金银器篇》，图一五二。

[5] 《新安海底遗物·资料篇·Ⅰ》，图151。

[6] 序云，"炉高八寸，方广迳六寸有奇，重十二鍰，双耳四足，前有小方穴，铭曰'绍兴二年大宁厂臣苏汉臣监督姜氏铸至德坛用'，凡二十字"；"姜氏，渔洋谓即姜娘子，其熏笼最擅名，故方炉制作特为精巧"。

[3-17]:❶

[3-17]:❷

状似豕，角善为弓，出胡休多国，从角，耑声。”清桂馥《说文解字义证》援引历代之说，对此考证得详明。胡休多国，鲜卑也。角觽，后世多写作角端，视它为瑞兽。角端的一个最有名的故事见于周密《癸辛杂识·续集上》“西征异闻”条，陶宗仪《南村辍耕录》卷五“角端”条，又熊梦祥《析津志》“物产”条。后者“瑞兽之品”中列角端，云：“太祖皇帝行次东印度骨铁关，侍卫见一兽，鹿形马尾，绿毛而独角，能为人言：汝军宜回早。上怪，问于耶律楚叔。公曰：此兽名角端，日行一万八千里，解四夷语，是恶杀之象。盖上天遣云，以告陛下，愿承天心，宥此数国人命，定陛下无疆之福。即日下令班师。”太祖皇帝即铁木真亦即成吉思汗，这一传说或者还应该有着它的历史背景。作为祥瑞，多了这样的故事自然更令人喜爱。当然角端在很早的时候即已成为艺术品，晋张载《拟四愁诗》“佳人遗我双角端，何以赠之雕玉环”[1]，与雕玉环相对，则诗中的双角端大约也是佩饰之类。角端香炉元代的时候已经出现，它的盛行则在明清。桂林市出土一件元龙泉窑角端炉，身为炉，首为盖，头顶作出一支独角，高十五点五

图[3-17]
❶ 新安海底沉船中的青铜狮子香炉
❷《宣德彝器图谱》中的大金猊炉

[1]《先秦汉魏晋南北朝诗》，上册，页742。

厘米，是元代不多见的实物[1]〔图3-18:1〕。故宫博物院藏明代青玉角端香炉，高十点五厘米，炉身琢出祥云间的夔龙和舞凤[2]〔图3-18:2〕。角端与两宋狻猊出香自然有着承继关系，不过它的创作构思似乎更接近于汉代的辟邪香炉。台北故宫藏清代描金银铜角端炉，造型与前举明代玉角端大致相同，惟四足下踏了一条长蛇[3]〔图3-18:3〕。它的令人似曾相识，不必说是因为与汉代辟邪香炉同一机杼。经过两宋一番特别的繁荣，明清香炉制作的创造性似乎只能表现在复古，虽然在工艺上或别有精湛之处。线香的普遍使用，也使得这一类宜于焚燃香饼或香丸的熏炉，只能是为着风雅而努力保持的古典趣味。

〖二〗

宋代与出香同样意趣的又有一种鸭形香炉，它同出香虽可算作一类，但总要小一些，用途也不很相同。芝加哥美术馆藏北宋景德镇窑青白釉香鸭，是此类香炉中的一件精品。香炉通高十八点八厘米，下有如意花头足的承盘，一只小鸭伏卧在双重莲瓣托

[3-18]:❶

[3-18]:❷

[3-18]:❸

图[3-18] 角端香炉

❶ 元龙泉窑角端炉 桂林市出土

❷ 明青玉角端香炉 故宫博物院藏

❸ 清描金银铜角端香炉 台北故宫博物院藏

(1)《广西文物珍品》，图二〇〇。

(2)《中国文物精华大辞典·金银玉石卷·玉器篇》，图二二〇。

(3)《故宫历代香具图录》，图一一八。

[3-19]:❶

[3-19]:❷

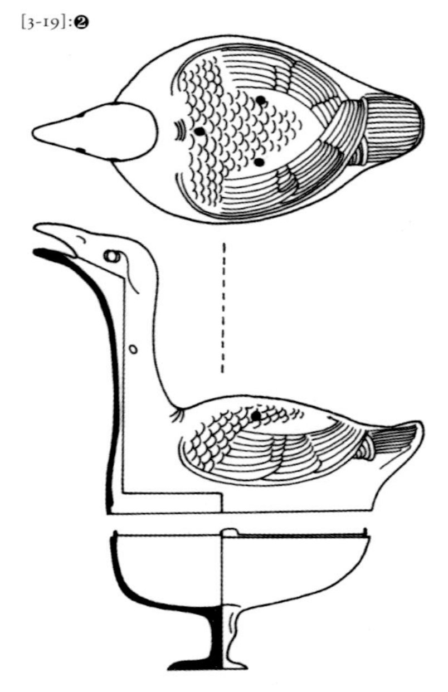

图[3-19]宋代香鸭
❶ 青白釉香鸭
美国芝加哥美术馆藏
❷ 铜香鸭
江西吉水南宋墓出土

举起来的莲蓬台上，炉身开有小孔，以便进气，小鸭张着的口则用来徐送香烟[1]。江西吉水有南宋纪年的一座墓葬出土一件铜香鸭，大小与前举瓷香鸭相仿佛，却是整体做成鸭形，而自鸭身中间水平分作上下两节，下节为子口，口沿并有子榫，用来与母口固定。进气孔开在鸭身的羽毛间，鸭口则同样用来吐气[2]〔图 3-19〕。南宋周端臣《青铜香鸭诗》：“谁把工夫巧铸成，铜青依约绿毛轻。自归骚客文房后，无复王孙金弹惊。沙觜莫追芦苇暖，灰心聊吐蕙兰清。回头却笑江湖伴，多少遭烹为不鸣。”[3]吩咐诗笔为香鸭写照，“灰心聊吐蕙兰清”，咏物贴切，末两联也不妨说是近道之言。范成大《西楼秋晚》：“楼前处处长秋苔，俯仰璿杓又欲回。残暑已随梁燕去，小春应为海棠来。客愁天远诗无托，吏案山横睡有媒。晴日满窗凫鹜散，巴童来按鸭炉灰。”[4]“客愁天远诗无托，吏案山横睡有媒”，写宦情颇有味。曰“巴童”，则当石湖先生淳熙年为四川制置使、知成都府时所作。诗虽非专咏鸭炉，但尾联却以香鸭之幽趣而韵长。

[1] 《中国の陶磁 · 5 · 白磁》，图 64。
[2] 《江西吉水纪年宋墓出土文物》，页 67。
[3] 《全宋诗》，册五三，页 32963。
[4] 《全宋诗》，册四一，页 25911。

同类香炉西汉已经流行，不过造型多为雁，而目前见到的实物已呈现着工艺与造型的十分成熟，那么这里该不是它的源头。山东诸城县西汉木椁墓出土一件铜雁炉，通高十六厘米，雁足嵌在一个平底的浅盘里，雁身是透雕着卷云纹的活动炉盖，盖与炉身有子母口可使上下扣合得紧密[1]。山西朔县与内蒙古呼和浩特市郊八拜三号汉墓出土的铜雁炉，又故宫博物院和台北故宫各收藏的一件，皆与此件同式，铜雁脑后特别刻出几缕羽纹也是共同的做法[2]〔图3-20〕，而这正是雁与鸭之不同的一个明显特征。不过朔县所出者雁足下盘深若盆，而八拜墓出土及故宫收藏的一件下面不接承盘。除故宫博物院和台北故宫藏品不明所出之外，其余均出自北方地区，此与先秦以来北方重雁的传统或不无关连。而南北朝以后鸭在生活中变得日益重要，香鸭也便取代雁炉而成为香炉中的重要语汇，且是诗人喜欢用来造境的物象之一。如李贺“深帏金鸭冷，奁镜幽凤尘”；李商隐“舞鸾镜匣收残黛，睡鸭香炉换夕熏”[3]。又温

[3-20]:❶

[3-20]:❷

图[3-20] 汉代铜雁炉
❶ 山西朔县汉墓出土
❷ 台北故宫博物院藏

[1] 《山东诸城县西汉木椁墓》，图版二：8。

[2] 《山西朔县秦汉墓发掘简报》，图版五：1；《内蒙古中南部汉代墓葬》，彩版十；《故宫文物大典》〔三〕，图七八三；《故宫历代香具图录》，图五。

[3] 《兰香神女庙》，《全唐诗》，册一二，页4431；《促漏》，册一六，页6175。

[3-21]:❶

[3-21]:❷

图[3-21] 明代版画中的香鸭
❶《李卓吾批评真本西厢记》插图
❷《琵琶记》插图

庭筠《酒泉子》:“日映纱窗。金鸭小屏山碧。故乡春,烟蔼隔,背兰釭。　宿妆惆怅倚高阁。千里云影薄。草初齐,花又落。燕双双。”和凝《和满子》:“写得鱼笺无限,其如花鏁春辉。目断巫山云雨,空教残梦依依。却爱薰香小鸭,羡他长在屏帏”[1]。薰香小鸭似乎总是吹送着睡乡里托起幽梦的一缕轻烟,那么它该是“长在屏帏”。前引范成大《西楼秋晚》,鸭炉中的焚香成灰,事也在梦觉之后。宋刘子翚《春夜二首》之一“叶叶风鸣幕,梢梢雨打窗。烟销寒宝鸭,膏浅侧银缸”[2],亦守夜之鸭熏也。黄庭坚《有惠江南帐中香者戏答六言二首》其一云:“螺甲割昆仑耳,香材屑鹧鸪斑。欲雨鸣鸠日永,下帷睡鸭春闲。”[3]螺甲即甲香,唐韩鄂《四时纂要》春令卷二“收甲香”条曰“取大甲香如昆仑耳者”,即此句所出,而甲香以大者为优,色黑,中间微凹,故说它似耳,昆仑则喻黑[4]。鹧鸪斑便是海南沉之优者。江南帐中香出南唐李主,本帝王故事,但“欲雨鸣鸠日永,下帷睡鸭春闲”却把富丽换作了闲适,而成幽人的一枕清梦。

[1]《全唐五代词》,页110;页472。

[2]《全宋诗》,册三四,页21403。

[3]《全宋诗》,册一七,页11342。

[4]如北宋释怀深《偈一百二十首》“铁额昆仑儿,通身黑如漆”,《全宋诗》,册二四,页16118。

薰香小鸭在唐宋酝酿出来的一脉情思，到了明代益发由清空变得质实，或者说由诗人的造境而切实成为生活中的实景，这多半也是因为风行于当时的戏曲版画很为它提供了表现的机会。明刊《李卓吾批评真本西厢记》插图即以崔莺莺的一句唱词作为第二本第一折中的一个表现场景，是所谓“搭伏定鲛绡枕头儿上盹”：左半开画着伏枕而睡的莺莺，门旁一个架格，上边放着书函，画卷，屏风后露出长方桌儿的一角，桌上八卦纹的花瓶里插着大大一束荷花，旁边是莺莺抚的琴，琴与花瓶的中间设一具薰香小鸭。明刊本《琵琶记》“临桩感叹”中的一幅插图，闺阁里的床帐一侧也是站在托座上的香鸭〔图 3-21〕。明代香鸭实物并不鲜见，景德镇市珠山出土的一件三彩香鸭，意匠与前举南宋铜香鸭略无不同，器底有白釉青花书“大明成化年制”六字方款[1]；日本出光美术馆藏明代嵌金银铜香鸭，通高十三点八厘米，鸭背上镂着梅花形的出烟孔，敛起的一对翅膀用金银丝嵌出羽纹[2]〔图 3-22〕。把这两例与版画中的香鸭合看，画里画外的遇合正好复原

[3-22]:❶

[3-22]:❷

图[3-22]明代香鸭
❶ 三彩香鸭　景德镇市珠山出土
❷ 嵌金银铜香鸭　日本出光美术馆藏

(1)《尘封瑰宝》，页 82。
(2)《中国の工芸——出光美術館藏品図録》，图 458。

[3-23]:❶

[3-23]:❷

出明人生活的一个小景，也可见薰香小鸭的流行和它流行的长久。

宋代香鸭也用作薰衣，如同当时的香毬，秦观《木兰花》“红袖时笼金鸭暖”是也[1]。赵九成《续考古图》卷三著录一件“香毬”，曰：“荣询之所收。槃径黍尺六寸，高五寸，炉径四寸。凡爇香先著汤于槃中，使衣有润气，即烧香煙著殴而不散，故博山之类皆然。”前举芝加哥美术馆藏北宋青白釉香鸭，托座下的承盘盘腹很深，那么用作著汤以生润气正好合式。所谓“润气”，即由热汤而生出来的水雾，香气

图[3-23]《斜倚薰笼图》

图[3-24] 唐代银香毬
❶ 西安何家村唐代窖藏
❷ 西安三北村唐墓出土

[1]《全宋词》，册一，页460。

溶于其中，氤氲缭绕，沾衣不去，自然留香弥久。宋人的辨香识味，也喜欢用同样的方法，“频添绕炉水，还与试香方”，其事也[1]。“红袖时笼金鸭暖”，可以说是薰香史中长久保持着生命力的一个细节，上海博物馆藏明陈洪绶《斜倚薰笼图》，绘矮榻上斜倚薰笼的一位女子，薰笼下边一具凤形香炉〔图 3-23〕。老莲的画作本来颇多装饰性，此中自然也有不少想象的成分，且作者命笔之际也许心里先放着白居易“斜倚薰笼坐到明”的诗句[2]，但我们把它视作是模糊了时代界限而只为薰衣写意，也未尝不可。

[3-24]:❶

〖三〗

两宋又有一种小炉，时人称作“香毬”，其形制更为小巧。《西京杂记》有所谓“卧褥香炉”，陕西西安何家村窖藏以及三北村唐墓等地出土的唐代银香毬，是其例[3]〔图 3-24〕。前者高四点五厘米，外壳镂空作成花鸟，内

[3-24]:❷

(1) 北宋邓忠臣《未试即事杂书率用“秋日同文馆”为首句三首》，《全宋诗》，册一五，页 10204。苏颂《本草图经》“甲香”条录香方一款，末云：“凡烧此香，须用大火炉，多著热灰及刚炭，至合翻时，又须换火，猛烧令尽讫，去之，炉傍著火暖水，即香不散。”也是取其留香长久。

(2)《后宫词》，《全唐诗》，册一三，页 4930。

(3)《中国文物精华大辞典·金银玉石卷·金银器篇》，图九七、图一〇〇。

心用轴心线相互垂直的内外两层持平环支承一个小香盂，以圆环转轴的彼此制约和香盂本身的重心影响，使香盂随炉展转而总能保持平衡。慧琳《一切经音义》卷六：“香囊者，烧香圆器也，巧智机关，转而不倾，令内常平。”又卷七：“香囊者，烧香器物也，以铜铁金银昤曨圆作，内有香囊，机关巧智，虽外纵横圆转而内常平，能使不倾，妃后贵人之所用之也。”元稹有题作《香毬》的一首小诗，所咏正是此物：“顺俗唯团转，居中莫动摇。爱君心不恻，犹讶火长烧。”[1]短短二十字，香毬的结构却描写分明；语带双关，又正是咏物诗的本色。香毬唐代也称作香囊，元稹另一首《友封体》句云“雨送浮凉夏簟清，小楼腰褥怕单轻。微风暗度香囊转，胧月斜穿隔子明”[2]；又白居易《青毡帐二十韵》“铁檠移灯背，银囊带火悬。深藏晓兰焰，暗贮宿香烟”[3]，香囊、银囊，自是一物[4]。据

[3-25]:❶

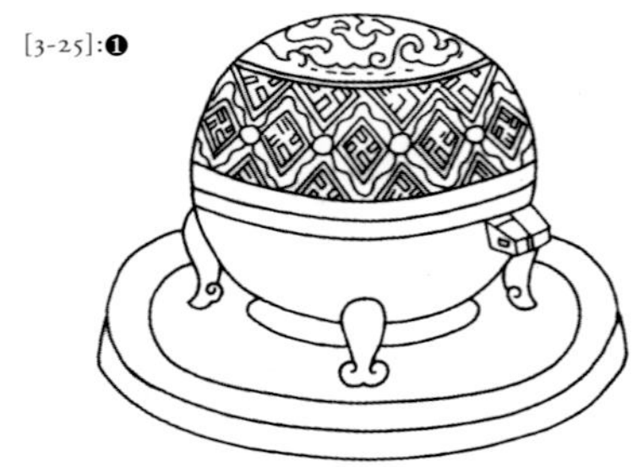

[3-25]:❷

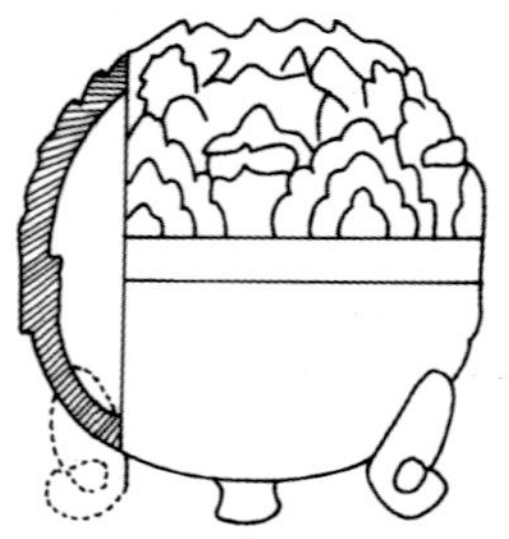

图[3-25]
❶《续考古图》中的“香毬”
❷静觉寺舍利塔地宫出土辽代青白釉香炉

[1]《全唐诗》，册一二，页4552。

[2]《全唐诗》，册一二，页4641

[3]《全唐诗》，册一四，页5141。

[4] 法门寺地宫出土的两件香毬〔编号FD5:080，FD5:081〕，在《随真身衣物账》中记作“香囊二枚，重十五两三分”〔《法门寺地宫唐代随真身衣物账考》，页29〕，更是最好的证据。

诗意看来，它是悬于卧中。香毬的扣合处有卡轴作为固定，李商隐诗“锁香金屈戌”[1]，最是形容得微细而巧。“锁香”二字熨帖之至，微风暗度、宿香暗贮，与它相比皆不免稍稍失色，何况“锁香”之前诗笔早把锁不住的香气丝丝缕缕若有若无铺垫得好：“疑穿花逶迤，渐近火温馨。海底翻无水，仙家却有村。”虽只是敷演诗题的“书所见”，但香具之精与体物之心的微至在相逢处却自然合成一种奇异的美丽。

辽宋时代，此类香毬的通行似乎未如唐代，虽然《老学庵笔记》卷一中说，宗室戚里入禁中，妇女袖中每自持两小香毬；又南宋史浩咏乐伎云“手柬柔荑调雁柱，袖翻纹锦出香毬”[2]，但两宋此类香毬的实物似乎很难见到。而宋人又常常用着香毬的名称来指别一种小炉，即炉身作成球形，其下有着三个小矮足，里面却没有唐代香毬那样的机巧，前引《续考古图》卷三所录即其式〔图 3-25:1〕，前举《武林旧事》所列礼单中的汝窑“香毬一”，亦此。今天能够看到的实物，多为辽宋时期的瓷制品。建于辽末的河北易县静觉寺舍利塔，其地宫出土一件球形青白釉香炉，通高八厘米，盖作博山形，盖顶中央一个八角形的孔，其余六个长条形镂孔均布在山峦之间，圜底下有高不及一厘米的三个小矮足[3]〔图 3-25:2〕。另一件形制、大小与它大致相当的青白釉香炉，出在敖汉旗白塔子辽墓，炉盖划刻牡丹花，花叶间镂空作成气孔，下为覆莲式足，时代亦属辽末[4]。常州市博物馆藏北宋越窑青釉炉，通高八厘米，半球形的炉盖镂空作成卷草纹，炉身刻划双层莲瓣，下为矮圈足[5]。广东省博物馆藏一件南宋青白釉三足炉，通高十厘米，式与静觉寺舍利塔地宫所出者同[6]。又今藏美国旧金山亚洲博物馆的一件南宋青白釉炉，

〔1〕李商隐《魏侯第东北楼堂郢叔言别聊用书所见成篇》，《全唐诗》，册一六，页 6199。

〔2〕《全宋诗》，册三五，页 22145。又北宋黄裳《谢惠香饼二首》其一云：“清分馥馥南州饼，静对绵绵北海云。欲晓博山来入被，祥烟尤惬梦回闻”〔《全宋诗》，册一六，页 11094〕。这里的“博山”，乃泛指香炉，既可“入被”，则也应是唐式香毬之属。

〔3〕《河北易县净觉寺舍利塔地宫清理简报》，页 78。

〔4〕《敖汉旗白塔子辽墓》，页 121。

〔5〕《常州文物精华》，图二〇。据图版说明，此为征集品〔征集于江苏武进许家穴〕，并定其时代为五代至北宋。不过它与浙江黄岩灵石寺塔出土的北宋越窑青瓷炉形制相同，惟尺寸有大小之别，而后者原有墨书题记，因知香炉于北宋咸平元年入寺供养〔《浙江纪年瓷》，图一九八〕，则此件的年代也应与之相当。

〔6〕《广东省博物馆藏陶瓷选》，图七八。

[3-26]:❶

[3-26]:❷

[3-26]:

图[3-26]
❶ 北宋越窑青釉炉
常州市博物馆藏
❷ 南宋青白釉炉
广东省博物馆藏
❸ 南宋青白釉炉
美国旧金山亚洲博物馆藏

高十三点四厘米，炉盖镂空透雕细致如金属的网罩，下为莲台座[1]〔图3-26〕。北宋刘敞《戏作青瓷香毬歌》："蓝田仙人采寒玉，蓝光照人莹如烛。蟾肪淬刀昆吾石，信手镌花何委曲。濛濛夜气清且嫮，玉缕喷香如紫雾。天明人起朝云飞，仿佛疑成此中去。"[2]蓝光照人，镌花委曲，前面举出的琐琐细细，都可以用它来概括。"夜气"云云，"朝云"云云，则青瓷香毬长与眠人相伴也。

明清时代，流行于两宋的这一类香炉已变得不很时兴，不过唐式香毬的传统却未曾中断，宋末元初的时候它又曾传到阿拉伯世界〔图3-27:1〕[3]。中国国家博物馆藏明代的一件铜香毬，高十二点八厘米，腹径十三点三厘米，通体是镂空梅花组成的六朵大团花和八朵小团花，炉心一个小铜盂，种种机括与唐代无别[4]〔图3-27:2〕，并且它依然是卧帐中物。明田艺蘅《留青日札》卷二二"香毬"条："今镀金

〔1〕《中国の陶磁·5·白磁》，图73。

〔2〕《全宋诗》，册九，页5787。按"香毬"原作"香球"，非。其时"球"字不作此用。此据《公是集》〔四库本〕卷一八改。

〔3〕如美国大都会博物馆藏马木鲁克王朝嵌金银黄铜香毬，见《メトロホリタソ美術全集·10·ィスラム》，页62。此为十二世纪物，即马木鲁克王朝前期〔一二〇五年至一三九〇年〕。关于元朝与马木鲁克王朝交往的若干细节，见黄时鉴《元代扎你别献物考》，页78。

〔4〕《中国文物精华大辞典·青铜器卷》，图一三四一。

香毬如浑天仪然，其中三层关棙，轻重适均，圆转不已，置之被中而火不覆灭，其外花卉玲珑而篆烟四出，真闺房之雅器也。”《金瓶梅》第二十一回曰潘金莲到了李瓶儿房里，瓶儿还睡在床上，“金莲就舒进手去被窝里，摸见薰被的银香球”，正是其例。它在明清代宫廷均有制作。故宫博物院藏有明早期的掐丝珐琅香毬，又有康熙朝的一件，后者口径十六点二厘米，大朵的西番莲铺展在浅蓝珐琅釉的地子上，香毬顶端及合口处錾出透空的花叶纹以逸香气，内部结构一如唐式，底中錾“大清康熙年制”款，下边是一个戗金宝相花的乌木座[1]〔图3-27:3〕。富艳精工，自是皇家气派，当然仍应该说这是唐式香毬的余绪，只是唐宋风流已经不再。

传统的博山炉宋代也还用着，不过多半只是充作炉盖，炉身则常常用着不同的搭配。如安徽全椒西石村北宋元祐七年张之纥墓出土的一件青白

[3-27]:❶

[3-27]:❷

[3-27]:❸

[1]《故宫文物大典》〔三〕，图九六三。

图[3-27]
❶ 马木鲁克王朝嵌金银黄铜香毬　美国大都会博物馆藏
❷ 明代铜香毬　中国国家博物馆藏
❸ 清掐丝珐琅香毬　故宫博物院藏

釉香炉，通高十一点八厘米，炉盖为叠耸的山峦，顶端和重重山峰间各有出烟孔，炉口作出大宽边的花式折沿，炉身贴塑四个浮雕兽面，炉座装饰莲瓣纹，下边是花式圈足，胎质细薄，釉色晶莹，应出自景德镇窑[1]〔图3-28:1〕。又合肥市北宋包绶墓出土的青白釉炉，通高十一厘米，圆筒形的炉身，下边浅浅的三个花形足，炉盖顶端镂孔作成菊花瓣，其下刻为重叠的二十四峰[2]〔图3-28:2〕。宋黄公度《石博山》"谁琢翠岚如许工，晴峦汹涌欲穿空"[3]；刘子翚"鄱江细壤如凝脂，陶成小炉圆净姿。色含三秋玉沆瀣，韵压六尺金狻猊"[4]，用来为它品题，都很合宜。如凝脂，若含玉，影青之妙也，鄱江细壤，正指景德镇瓷。博山式的炉盖下面接鼎式炉身，也是常见的一种。辽宁省博物馆藏南宋《白莲社图》绘庐山十八贤故事，卷中画着白莲池畔环石而坐笺校经义的五个人，石台上列着笔墨纸砚，中间一具香炉，即此式〔图3-29-2〕。黄庭坚《谢王炳之惠石香鼎》句云"薰炉宜小寝，鼎制琢晴岚。香润云生础，

[3-28]:❶

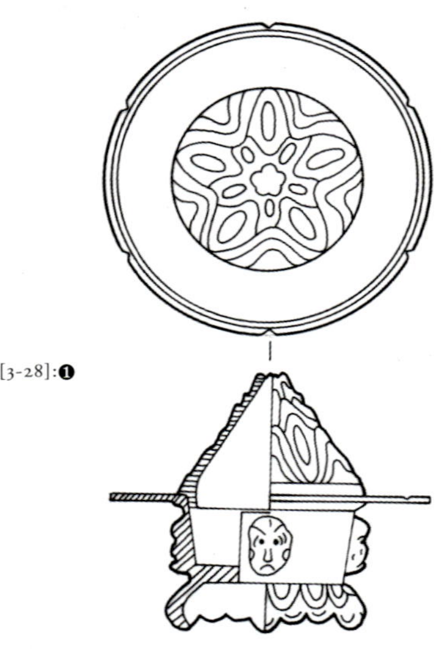

[3-28]:❷

[3-28]:❸

图[3-28] 两宋青白釉博山炉
❶ 安徽全椒张之纥墓出土〔北宋〕
❷ 合肥市包绶墓出土〔北宋〕
❸ 重庆市博物馆藏〔南宋〕

[1] 《安徽全椒西石北宋墓》，页66，图版六：3。

[2] 《安徽省博物馆藏瓷》，图五四。

[3] 《全宋诗》，册三六，页22508。

[4] 《向元伯寄爇香陶炉有心清闻妙之语》，《全宋诗》，册三四，页21380。鄱江，指景德镇；"心清闻妙"，语出杜诗《大云寺赞公房四首》"灯影照无睡，心清闻妙香"。

[3-29]:❷

[3-29]:❶

[3-30]

烟明虹贯岩”[1]，其类也。重庆市博物馆藏南宋青白釉炉，通高十点五厘米，圜底的三足小鼎，上承博山式炉盖[2]〔图3-28:3〕；日本出光美术馆藏与它式样相似的一件，通高十点八厘米[3]〔图3-29:1〕，皆“小寝”所宜。这一类形制小巧的博山炉虽与出香有着共同的渊源，但此际不论陈设方式还是本身的韵致，二者都相去很远。然而元代又有了改变，如北京德胜门外出土的元三彩镂空琉璃炉，博山式的炉盖，上面透雕黄彩蟠龙，鼎式炉身遍体浮雕花枝和云，其间又穿插着蟠龙和飞凤，通高三十七厘米[4]〔图3-30〕。它应是作供具之用，与宋代“小寝”所宜之博山炉，自然大异其趣，而这时候也正是博山炉的尾声了。

[1]《全宋诗》，册一七，页11370。

[2]《中国陶瓷全集·16·宋元青白磁》，图28。

[3]《中国陶磁——出光美術館藏品図録》，图435。

[4]《首都博物馆藏瓷选》，图八一。

图[3-29]
❶ 南宋青白釉博山炉
日本出光美术馆藏
❷《白莲社图》〔局部〕
辽宁省博物馆藏

图[3-30]
元三彩琉璃博山炉
北京德胜门外出土

贰

〖一〗

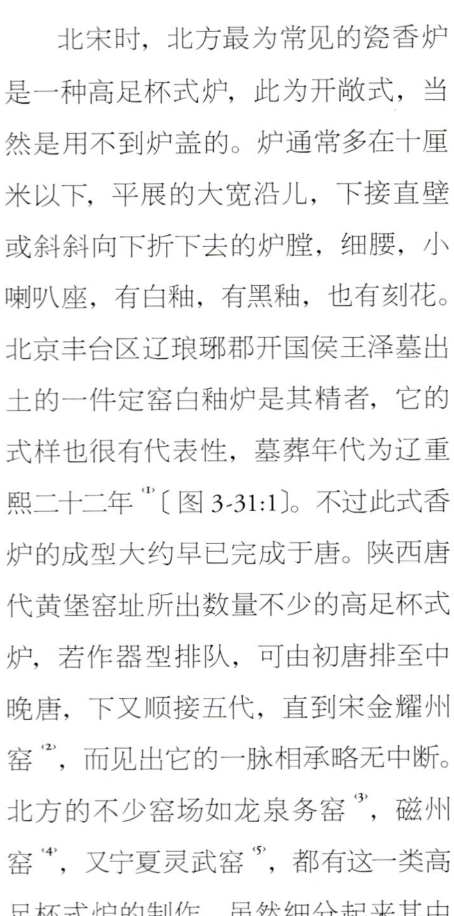

北宋时，北方最为常见的瓷香炉是一种高足杯式炉，此为开敞式，当然是用不到炉盖的。炉通常多在十厘米以下，平展的大宽沿儿，下接直壁或斜斜向下折下去的炉膛，细腰，小喇叭座，有白釉，有黑釉，也有刻花。北京丰台区辽琅琊郡开国侯王泽墓出土的一件定窑白釉炉是其精者，它的式样也很有代表性，墓葬年代为辽重熙二十二年[1]〔图 3-31:1〕。不过此式香炉的成型大约早已完成于唐。陕西唐代黄堡窑址所出数量不少的高足杯式炉，若作器型排队，可由初唐排至中晚唐，下又顺接五代，直到宋金耀州窑[2]，而见出它的一脉相承略无中断。北方的不少窑场如龙泉务窑[3]，磁州窑[4]，又宁夏灵武窑[5]，都有这一类高足杯式炉的制作，虽然细分起来其中

[3-31]:❶

[3-31]:❷

[3-31]:❸

[1]《首都博物馆藏瓷选》，图二一。

[2]《唐代黄堡窑址》，彩版三六：3，彩版三七：1，等等；《五代黄堡窑址》，图版六三：1~3；《宋代耀州窑址》，彩版八：4，图版八〇至八三。按此类香炉在若干考古报告中或被称作“灯”。

[3]《北京龙泉务窑发掘报告》，彩版四：3~5，图版九二、九三。龙泉务窑的烧造时间为辽早期至金，炉的年代约当辽晚期。

[4]《观台磁州窑址》，彩版七、八、二三、二七，等等。炉的年代均为北宋。

[5]《宁夏灵武窑》，图七五、九六。

[3-32]:❶

[3-31]:❹

[3-31]:❺

尚有不少区别，如折沿或宽或窄，或平或坡，炉膛或直壁或斜壁，圈足或大或小，或高或低，但大体属于同一类型〔图 3-31:2~5〕。河南巩义米河半个店出土的北宋石棺线刻孝子图、山西沁水县宋墓雕砖等，都表现出它的形象[1]。美国克里夫兰美术馆藏北宋赵光辅《番王礼佛图》，其中一位供养人手捧的香炉也同此式，而炉的装饰仿佛是用着刻花，式样近于耀州窑制品[2]〔图 3-32〕。

[3-32]:❷ [3-32]:❸

[3-32]:❹

(1)《中国画像石全集·8·石刻线画》，图二〇〇；《山西沁水县宋墓雕砖》，图一：1。

(2)《耀州窑》，宋代部分第四十二图。

图[3-31] 高足杯式炉

❶ 定窑白釉炉 辽王泽墓出土
❷ 耀州窑青釉炉 宋耀州窑址出土
❸ 磁州窑黑釉炉 观台磁州窑址出土
❹❺ 龙泉务窑白釉炉 北京龙泉务窑址出土

图[3-32]

❶《番王礼佛图》〔局部〕
❷ 宋墓雕砖中的香炉
❸ 北宋石棺线刻孝子图中的香炉
❹ 宋耀州窑刻花炉

[3-33]

这一类高足杯式炉南方似乎鲜见，即北方亦多属民用，宫廷不必说，宋代仕宦之家也很少用到它。南方有与它的造型略略近似者，但分明又是别一系，如江西南丰白舍窑址所出北宋青白釉莲台座炉，炉身折沿盆式，直腹，平底，下边莲台式座，通高八厘米[1]〔图3-33〕。此式自应归属在莲花香炉一类。

[3-34]:❶

[3-34]:❷

莲花香炉的样式初始尚带着若干外来因素，但时至两宋早已把它本土化，莲花与博山的结合是其方式之一，止在莲花上巧用心思则方式之又一。早期一个著名的例子是西安大雁塔门楣上的石刻说法图。释尊足边左右各有莲花，花心各有供养菩萨，其中一身双手捧着香炉——一朵仰覆莲花托起杯式炉身，莲花下接高柄圈足[2]〔图3-34:1〕。石刻的时代为唐永徽三年，炉则差不多成为此后莲花香炉的一种定式，当然还会有更多装饰上的新巧。如四川邛窑古陶瓷博物馆藏一件唐代黄绿釉莲花炉，高十二厘米，莲花瓣上片片刻出细密的纹理，其上再贴饰飞天[3]〔图3-34:2〕。

莲花香炉在宋代更是常见，不论绘

图[3-33] 北宋青白釉莲台座炉
南丰白舍窑址出土

图[3-34] 唐代莲花炉
❶ 大雁塔门楣石刻
❷ 黄绿釉莲花炉
邛窑古陶瓷博物馆藏

[1]《尘封瑰宝》，页46。

[2]《中国画像石全集·8·石刻线画》，图一四四。

[3]《邛窑古陶瓷研究》，页263。

画还是实物。河南宝丰清凉寺汝窑遗址中心烧造区发现的莲花香炉残件[1]，与唐代式样没有太多差别，不过把圈足易作一枚下覆的荷叶，荷叶上脉理清晰，见出汝瓷特有的莹润，又以清净，秀气，更显出生意。宋张商英作《佛国禅师文殊指南图赞》，第三十五为善财童子即众会中参普救众生妙德主夜神，图中绘着参拜场面，中间一张香案，香案两边摆着经卷、香合，当中一具香炉，正是荷叶为座仰莲为托的莲花炉[2]，其式与汝窑遗址所出者略无二致〔图 3-35:1、2〕。

耀州窑也多有莲花香炉的精品，式样有简洁也有繁复。后者可以举出宋代耀州窑址出土的一件。依然是仰莲捧出炉身，最下一层是仰覆莲花的托座，座与炉的连接处却加出一重宽沿，宽沿上贴饰六只海兽，复原后通高十四点三厘米[3]〔图 3-35:3〕。南宋赵蕃诗咏青瓷香炉云“耀州烧甆朴不巧，狮子座中莲花绕”[4]，度其形容，与此例的装饰意匠或者近似。

中国国家博物馆藏一幅南宋《耕织图》，所绘为南方农家小景，画中有

[3-35]:❶

[3-35]:❷

[3-35]:❸

图[3-35] 宋代莲花炉〔一〕

❶ 汝窑莲花炉残件 宝丰清凉寺汝窑遗址出土

❷《佛国禅师文殊指南图赞》中的莲花炉

❸ 耀州窑莲花炉 宋耀州窑址出土

[1]《启封中原文明——二十世纪河南考古大发现》，页249。

[2]《大正藏》，第四十五卷，页801。

[3]《宋代耀州窑址》，页327，彩版一〇：1。

[4]《鉴山主以天圣宣赐行道者五百金装罗汉青甆香炉为示复用韵》，《全宋诗》，册四九，页30497。

[3-36]:❶

设在户外的一具小香几，香几上摆着香合与香匙，莲花炉里正焚着香饼。台北故宫藏传李嵩作《罗汉图》，添香罗汉左手所持也是同样形制的莲花炉。福建沙县大洛官昌村出土的南宋青白釉莲花炉，通高十三点七厘米，莲花托座上擎出算珠柄，其上以仰莲托起七瓣花口的炉身[1]，它与两幅南宋画作中的香炉正是恰好的呼应，又因为是走出画面的实物，而更能见出它的如石如玉，清减得止剩了一味月朗风清〔图3-36〕。黄庭坚《次韵几复答予所赠三物三首》，其《石博山》一首起句云"绝域薔薇露，他山菡萏炉"[2]，"薔薇露"与"菡萏炉"固然对得有趣，不过所谓"绝域"和"他山"乃溯其原始，经历了唐，又入于宋，这时候的菡萏炉早已不妨说是"家珍"。

[3-36]:❷

[3-36]:❸

图[3-36] 宋代莲花炉〔二〕
❶❷《罗汉图》〔局部〕
❸《耕织图》〔局部〕
❹ 南宋青白釉莲花炉
福建沙县大洛官昌村出土

[3-36]:❹

[1] 《福建博物院文物珍品》，图六五。
[2] 《全宋诗》，册一七，页11533。

〖二〗

当然南宋最具特色的香炉还要说是仿古式样的小型香炉，最初大约是直接取了古器如三代乃至秦汉的铜鼎，铜簋，铜鬲，用作焚香。范成大《古鼎作香炉》“云雷萦带古文章，子子孙孙永奉常。辛苦勒铭成底事，如今流落管烧香”[1]；舒岳祥《古铜炉》“殷彝周鼎几千年，土蚀苔封洗涤全。且与道人烧柏子，不须公子爇龙涎”[2]，其例也。前举陆游《焚香赋》所谓“两耳之鼎”，也可以概指其类。不过古物究竟难得，因此有了瓷制的仿古香炉，其精好者自然是起先的官窑和稍后的龙泉窑制品。

官窑瓷器显示着风格鲜明的宫廷式样，香炉亦然，它并且更多是取自宋人编定的《宣和博古图》。龙泉窑的仿官，常常出蓝，更有一种釉色的美丽。当然好古之风是这一类仿古瓷炉制作的大背景，工艺的独特也把它的造型和尺寸限定在一个最为合式的范围之内。天工与人力合作成巧，小型瓷炉的精品因此多出宋官窑和龙泉窑[3]。故宫博物

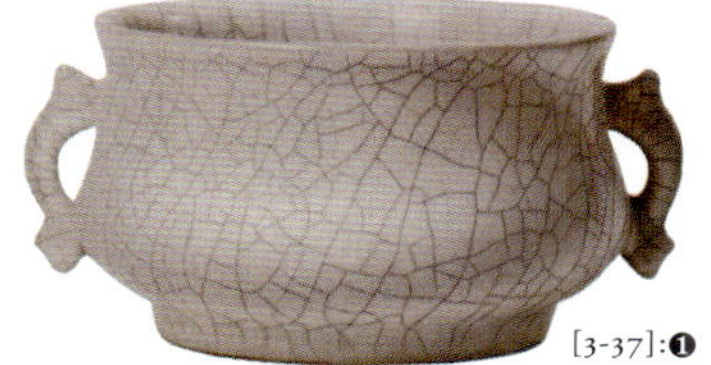

[3-37]:❶

[3-37]:❷

图[3-37]
❶ 南宋哥窑鱼耳炉
故宫博物院藏
❷ 南宋哥窑鱼耳炉
台北故宫博物院藏

(1) 《全宋诗》，册四一，页26018。

(2) 《全宋诗》，册六五，页41017。又宋郑刚中《焚香》句云“五月黄梅烂，书润幽斋湿。柏子探枯花，松脂得明粒。覆火纸灰深，古鼎孤烟立。翛然便假寐，万虑无相及”〔《全宋诗》，册三〇，页19120〕；叶茵《偶成》句云“世事如今不可知，相逢茶罢且吟诗。无风古鼎香烟直，未午空庭树影迟”〔《全宋诗》，册六一，页38228〕，皆咏其事。

(3) 器形小，是汝窑产品的特色之一。而御用汝窑的烧造工艺则首先表现在窑炉、窑具和模具的变化。初期的窑炉基本沿用民窑的马蹄形，此际每窑可装器三十件左右，至御用汝窑的鼎盛期，原来的马蹄形大窑炉改为椭圆形小窑炉，每窑只能装烧与二十厘米左右的匣钵配套的器物十件〔《浅谈汝窑、官窑与汝州张公巷窑》，页9〕。汝窑各类器物高度因多在十几厘米至二十三厘米之间，而很少有大件。南宋官窑青瓷和龙泉窑青瓷也以制作精致灵巧的小型器件为主，此则由其薄胎厚釉的工艺特色所决定。

院藏一件南宋哥窑鱼耳炉，高八厘米，是此际瓷炉中常见的式样[1]，其造型仿自古铜簋，宋人根据器铭把它称作“敦”或“彝”——金文之“㲃〔簋〕”字，宋人隶定为敦，而“彝”在金文器铭中常常是泛指。质料的不同使它从铜簋的凝重中幻化出来而以简洁至极的曲线出脱作别一种优雅和端巧，炉施青灰色釉，开片形成的所谓“金丝铁线”便在光泽莹润中与之相生相谐。风格特殊的完美，得自装饰与制作工艺结合得浑然如一〔图3-37〕。又上海博物馆藏龙泉窑三足炉或曰鬲式炉，高十一点三厘米，式仿古铜鬲，素朴得几乎省略掉一切装饰，似乎惟一的巧思只是利用烧成过程中釉层积聚厚度的变化而在腹足间“出筋”[2]。其实独特的釉色才是它的精魂，薄胎厚釉恰到好处的配合，洗练出滟潋湖光中娇滴滴水灵灵涵着光沁着绿的一泓梅子青，所谓“琢瓷作鼎碧于水”[3]，为龙泉青瓷写神已算形容得恰切，但还要说玉样的品质才是它的难得。浙江德清县乾元山南宋咸淳四年吴奥墓出土的龙泉窑粉青鬲式炉，高六点五厘米[4]，与上海博物馆藏品韵致相仿，只是更小〔图3-38〕。出自有纪年的墓葬，自然是最好的互证。

又有一种北宋已经流行的酒樽式炉，宋

[3-38]:❶

[3-38]:❷

图[3-38]
❶ 南宋龙泉窑梅子青鬲式炉
上海博物馆藏
❷ 南宋龙泉窑粉青鬲式炉
南宋吴奥墓出土

[1]《中国文物精华大辞典 · 陶瓷卷 · 瓷器篇》，图三〇四。又台北故宫藏宋哥窑粉青鱼耳炉，高七厘米，亦此式香炉之精品，《故宫历代香具图录》，图二五。

[2]《上海博物馆藏宝录》，页38。

[3] 杨万里《烧香七言》，《全宋诗》，册四二，页26181。

[4]《浙江纪年瓷》，图二一六。

人每以“奁”、“小奁”、“奁炉”或“古奁”为称，范成大《吴船录》记其峨眉普贤寺所见有“奁炉”；陆游《斋中杂题》“棐几砚涵鸜鹆眼，古奁香斫鹧鸪斑”[1]；侯寘《菩萨蛮·木犀十咏》“熏沉”一阕，句云“小奁熏水沉”[2]，均为此物。前举《武林旧事》所列张俊进奉高宗的礼单，中有汝窑“大奁一，小奁一”，又周密《志雅堂杂钞》卷下曰于人家所见“汝窑一小炉、二奁、一瓶，绝佳”，所谓“二奁”，也都指的是此式香炉。汝窑烧造时间短，制品存世本来很少，奁式炉传世品只有两件，一藏故宫博物院，一藏英国大维德基金会[3]。出自定窑者则比较多见，二者在造型上并没有太大分别，即直筒，平底，下边三个兽蹄足，炉身装饰三组凸起的弦纹。汝窑釉色天青，定窑釉色牙白，造型与装饰均是带了古典趣味的简素〔图3-39〕。若论釉色的争胜，则定窑是洗尽铅华的明洁，汝窑是略显朦胧的温润，借用顾恺之故事，形容它“如轻云之蔽月”，也觉得妥帖。台北故宫藏一件定窑牙白奁式炉，高八点七厘米[4]，英国大维德基金会所藏汝窑制品高十五点一厘米，那么前者是宋人眼中的“小奁”，后者便堪称“大奁”。南宋龙泉窑、吉州窑等均出奁式炉，不过风格有了显著的变

[3-39]:❶

[3-39]:❷

[3-39]:❸

图[3-39]
❶ 汝窑奁式炉
故宫博物院藏
❷ 汝窑奁式炉
英国大维德基金会藏
❸ 定窑奁式炉
台北故宫博物院藏

(1) 《全宋诗》，册四〇，页24900。

(2) 《全宋词》，册三，页1432。

(3) 《汝窑聚珍》，图二、三。

(4) 《故宫历代香具图录》，图三五。

[3-40]:❶

[3-40]:❷

[3-41]:❶

[3-41]:❷

化，即不求古雅，而更喜欢活泼与生趣。如浙江绍兴县钱清镇环翠塔地宫出土的一件龙泉窑青瓷炉，高九点五厘米，口径十四厘米，直筒式亦即奁形的炉身，两面对饰福和寿并牡丹花两枝，炉底三个兽蹄足，香炉里面尚存着香灰〔图 3-40:1〕。它出土在"咸淳乙丑六月廿八辛未"的纪年石函中[1]，时代很是明确，同时代类似的实物可以说数量不算少。江西南昌南宋嘉定二年墓出土的黑地白花莲荷纹奁式炉，高六点八厘米，炉口平沿内折，炉壁略鼓，平底，三个小矮足，炉身上下各装饰两道回纹，中间宽宽的黑地子上挥洒出水中风中的莲叶和莲花[2]〔图 3-40:2〕。作为吉州窑制品，它当然更多民间风味，并且已是另一种创造，虽然仍可以看得出渊源。

两宋名窑的仿古香炉，尺寸都很小，高矮多在十厘米左右，宋人的日用焚香，都是用这一类小型香炉。它同前举高足杯式炉一样，属于开敞式，即上面不加盖子，出土实物如此，宋元绘画所见也是如此。李渔《闲情偶记》卷四《器玩部》"炉瓶"条曰，炉盖的用处在于覆灰，使风起不致飞扬，然而"香炉闭之一室，刻刻焚香，无时可闭，无风则灰不自扬，即使有风，亦有窗帘所隔，未有闭熄有用之火而防未必果至之风者也。是炉盖实为赘瘤，尽可不设"。可知直到明

[1]《浙江纪年瓷》，图二一四。

[2]《中国古陶瓷标本 · 江西吉州窑》，图一二六。

末清初，此类幽室焚香的小炉仍有不少是不用盖子的。

元代出自龙泉窑的仿古式小香炉大体承袭宋代形制，但少了秀逸之气。杭州老东岳元大德六年鲜于枢墓出土的龙泉窑三足炉，高九点九厘米，鼓腹，圜底，束颈两侧贴附双耳，炉身上饰双弦纹，下饰单弦纹，下边三个兽头足[1]，同宋代风格的区别已经十分明显〔图 3-41:1〕。另一种元代常见的造型，可以北京元大都遗址出土的青白釉三足炉为例，炉身造型仿古青铜分裆鬲，上面装饰饕餮纹，一对高耸在口沿之外的直耳贴附在束颈两侧，通高二十九点五厘米[2]〔图 3-42:1〕。此类样式在金代磁州窑枕的装饰图案中已经出现，如河北磁县观台镇出土的一件长方形白地黑花人物故事枕上所见者[3]〔图 3-42:2〕。钧窑香炉则可代表金元以来的另一种风格，即造型的极见敦厚，即便高矮在十厘米以下的小炉。河南新安县夹沟窑址出土的元天蓝釉三足炉，高九点九厘米，束颈，扁圆腹，下边三个露胎小矮足。尺寸虽小，却特别有一种饱满厚实的效果[4]〔图 3-41:2〕。

明清香炉的制作，材质多样，样式则以仿古为主，瓷炉不必说，即铜、玉，珐琅等，也多如此。故宫博物院藏明早期掐丝珐琅炉，高九点三厘米，白色珐琅釉为地，口沿

[3-42]:❶

[3-42]:❷

图[3-40]
❶ 龙泉窑奁式炉　浙江绍兴环翠塔地宫出土
❷ 吉州窑奁式炉　江西南昌嘉定二年墓出土

图[3-41]
❶ 龙泉窑三足炉　杭州老东岳鲜于枢墓出土
❷ 钧窑三足炉　河南新安县夹沟窑址出土

图[3-42]
❶ 北京元大都遗址出土青白釉三足炉
❷ 金代磁州窑枕图案中的香炉

(1)《浙江纪年瓷》，图二二二。

(2)《首都博物馆藏瓷》，图六三。

(3)《磁州窑瓷枕》，图二九。

(4)《中国陶瓷全集 · 10 · 元》〔上〕，图二〇九。

一周彩云，炉身是红了叶尖的葡萄叶和大串的紫葡萄，炉底饰菊花[1]〔图3-43〕。其造型，则同《宣德彝器图谱》中的冲耳乳炉完全一致。

受宋代仿古瓷炉影响最深的可以说是明代“宣德炉”的制作，当然若论工艺，它又别是一项出色的创造。宣德三年，帝敕谕工部曰，以“郊坛、宗庙以及内廷所在陈设鼎彝虽为先朝遗器，式范非古，用是深系朕怀。今有暹逻国剌迦满蔼者所贡洋铜，厥号风磨，色同阳迈，朕思所用堪铸鼎彝，以供郊坛、宗庙以及内廷之用。今着礼部会同司礼监并尔工部等参酌机宜，将应铸鼎彝，可照《博古》《考古》诸书，并内库所藏柴、汝、官、哥、均、定等窑器皿款式典雅者，照式铸来”[2]。阳迈即紫磨金，金之佳者，“中国谓紫磨金，夷俗谓之杨迈”[3]。暹逻国风磨铜，《宣德彝器图谱》卷上称作“暹罗国风磨生矿洋铜”，便是黄铜。制作宣德炉用的是合金，成分主要是铜与锌与

[3-43]

[3-44]

图[3-43]明早期掐丝珐琅炉
故宫博物院藏

图[3-44]“琴友”款蚰耳炉
俪松居藏

(1)《故宫博物院藏文物珍品大系·金属珐琅器》，图一四。

(2)《宣德彝器图谱》卷一。

(3)《南齐书》卷五《东南夷传》。按紫磨金之称最初来自佛经，云紫磨者，盖紫言色，磨言泽。中土用之，遂成通俗方言，专用来指金之美者。章鸿钊《石雅·下编》“紫磨金”条有详考。

锡[1]。前面说狮子香炉，已经提到宣德鼎彝用的是精炼黄铜，其最者至于十二炼。铜液至五、六炼时，即已色如良金，若十二炼，则一斤铜液止剩得四两精铜，铸出铜器自然铜质精美[2]，而且很小的一件，掂在手里，也会有意外的重实感。

宣德炉的仿古，其“古”为宋，宋代仿古式瓷炉的几种样式，便以这样一个特殊的机缘而格外余脉绵长。而宣炉仿古的成功，又在于遗貌取神，以工致的“减笔”锻炼出古朴简洁的造型，撷得宋炉之韵。各式乳炉，鬲炉，彝炉，钵盂炉——依《宣德彝器图谱》中的名称，不妨说这几种炉式最合宣宗作为标准的“款式典雅”，它以简单柔和的曲线而见出意态端严，炉色的精光内敛，更成就它的气度雍容。只是当时数以三千三百六十五件计的大量制作[3]，传之后世的宣炉真品却少而又少[4]。它的重要也许更在于促成风气，后来公铸私铸都有很多仿品，其中亦不乏精好之作[5]，宣德炉因此也常常是这一类铜炉的通名，当年明宣宗用于文房陈设的几种炉式仿制尤多[6]，且长久成为文人雅士的案头清玩。又以宣炉的色泽可以因“炼”而变，而使好事者兴起“炼炉”或曰“烧炉”之风，并把种种奥妙著为专论[7]，“朝夕拂拭，

〔1〕宣德炉的出现，可以说是中国古代化学史上的一件大事。“宣德炉的五光十色，跟宣德青花瓷一样，在化学美术工艺上具有重要的意义，而促进这项成就的条件之一则是大量金属锌的供应。对我们说来，我国在十五世纪二十年代，已经能生产金属锌，遂由宣炉的制造而成为无可否认的事实”〔《中国化学史稿》，页110〕。《宣德彝器图谱》卷二物料清册中列出的“倭源白水铅”，即金属锌。按记载宣德三年铸作鼎彝事，现存三种版本的著述：《宣德彝器谱》三卷〔编者署工部尚书吕棠〕，《宣德鼎彝谱》八卷〔署礼部尚书吕震〕，《宣德彝器图谱》二十卷〔署工部尚书吕震〕。纪事颇有不同。或据八卷本的记载而怀疑宣德炉中金属锌的存在〔《关于宣德炉中的金属锌问题》〕，则不必也。

〔2〕项元汴《宣炉博论》：“昔闻一老中贵言，宣庙当铸冶之时问工匠曰：炼铜何法，遂至精美？工奏云：凡铜经炼五、六，则现珠光宝色，有若良金矣。宣庙遂敕工匠炼必十二，每斤得其精者才四两耳，故其所铸鼎彝特为美妙云。”

〔3〕宣德三年的铸造鼎彝，有四次铸造纪录，此为首次之数。

〔4〕《宣炉博论》：“宣庙官铸鼎彝及今所有，真者十一，赝者十九。”《博论》作于明天启三年，可知明末已是如此。

〔5〕如俪松居藏“琴友”款蚰耳圈足炉。作者述其始末云：“一九四七年冬于海王村古董店架上见之，遍身泥垢。时荃猷正从平湖先生学琴，喜炉款识而购之。依李卿丈法，用杏干水煮之数沸，翌晨取出，泥垢尽失，灿然如新，置洋炉子〔北京当年一般家庭取暖用铁炉，平顶，侧面开门〕顶面爇之，一夜而得佳色，且肌理光润生辉，此为平生用速成法烧成之第一炉。”《自珍集——俪松居长物志》，页32。

〔6〕《宣炉博论》：“吴下宣炉其款制首尚乳炉、鱼耳、蚰耳，以此三种皆宣庙文房之所御用也，款式典雅，朴素无文，置之几案，何妙如之。”

〔7〕烧炉事述之最详者为清吴融《烧炉新语》，收在《锦灰二堆》卷二。

[3-45]:❶

辨质辨色，辨款式，辨工夫，群相矜尚”[1]，以至于成为香炉中的别品，焚香之用倒在其次了。

[3-45]:❷

其实明代中晚期的时候，两宋名窑乃至明初宣窑制作的各式瓷香炉即多已成为珍贵的文玩，而不大用作日常的焚香[2]。出于宝惜，为它配置底座和盖便成为风气[3]。台北故宫藏明陆师道临文征明《吉祥庵图》，绘草庵一楹，中设一榻，旁边一个小方几，

图[3-45]
❶ 明陆师道临文徵明《吉祥庵图》〔局部〕
❷ 南宋龙泉窑鬲式炉
台北故宫博物院藏

[1] 沈氏《宣炉小志》。

[2] 《长物志》卷七“香炉”条：“三代、秦汉鼎彝及官、哥、定窑、龙泉、宣窑，皆以备赏鉴，非日用所宜，惟宣铜彝炉稍大者最为适用，宋姜铸亦可。”所谓“姜铸”，即南宋杭州姜娘子所制，本文前已提及。又张岱《陶庵梦忆》卷六“甘文台炉”条：“香炉贵适用，尤贵耐火，三代青绿，见火即败坏，哥、汝窑亦如之。便用，便火，莫如宣炉。”只是张宗子的时代宣炉也已成珍玩，“宣铜一炉，价百四五十金”，岂是寻常可得，其时乃别有仿品，如北方有施银匠铸，南方则有这里说到的苏州甘铸。

[3] 如台北故宫藏宋龙泉窑翠青鬲式炉，上有后配的木盖，盖纽为镂空雕成鸳鸯衔荷的白玉顶。《故宫历代香具图录》，图一三。

几上置花瓶，又一个翠青色的小香炉，下有底座，上有带捉手的盖子〔图 3-45〕。陆氏是嘉靖、万历间人，此图作于他的晚年。这一风气的形成，究其原始，当是模仿安置宣德彝器的做法，即为陈设于宫廷及分赐到各个王府等新制之器配置沉香盖座及各式玉顶，如羊脂白玉九龙顶，白玉螭龙顶，羊脂白玉双凤穿花顶，玉鸳鸯顶，等等，见《宣德彝器图谱》和《宣德彝器谱》。这里说到的各式玉顶，乃是专为器盖而制。其时把元代以及晚明之前制作精巧的玉帽顶用作书斋雅玩之香炉的炉顶，也是流行的诸多装饰方法之一。文震亨《长物志》卷七“香炉”条曰：“炉顶以宋玉帽顶及角端、海兽诸样随炉大小配之，玛瑙、水晶之属，旧者亦可用。”所谓“宋玉帽顶”，自然是认得差了，但可知炉顶式样本无一定，或新玉或旧玉，或仿制或新裁，不过求古求雅，求与炉的韵致相适。

图〔3-46〕清和阗玉镂雕牡丹炉
故宫博物院藏

至于清代，为各式古香炉配置座盖更成通常的做法，此多半是“以备赏鉴”之器。而各式仿古香炉的制作，大约初衷便不是为着实用。故宫博物院藏和阗玉镂雕牡丹炉，式仿古铜簋，下有雕出连环纹的矮圈足，两侧牡丹花耳，精雕着牡丹花的炉身，上面是雕镂同样精细的玉盖，玉盖顶上的捉手也细镂花枝和花叶。炉高十点二厘米，时属清代中叶[1]〔图 3-46〕。清庆桂等作《国朝宫史续编》卷七一录乾隆五十九年的一道谕旨：“近来苏扬等处呈进物件，多有雕空器皿，如玉盘、玉碗、玉炉等件，殊属无谓。试思盘碗俱系盛贮水物之器，炉鼎亦须贮灰，方可燃爇，今皆行镂空，又有何用。此皆系该处奸滑匠人造作此等无用之物，以为新巧，希图厚价获利。”那么这一件和阗玉镂雕牡丹炉，也可以算作以工巧而不合用因使得龙颜不悦的例子。它仿古而更在工艺上求精致，却以完全脱离实用而不能成功。

胪陈历代香具的精品，很像是对着一架多宝格，只见一片琳琅满目，其实与香具史并行的本来还有一条同样重要的发展线索，便是香料和焚香方式的演变史，而宋人又刚好是站在香料史中承上启下的位置。香炉在两宋

[1]《中国玉器全集·6·清》，图八〇。

图[3-47]南宋《竹涧焚香图》〔局部〕　故宫博物院藏

图[3-48]南宋《荷亭对弈图》〔局部〕　故宫博物院藏

的集大成，传统式样也多在此际完成它最后的演变，并且新创的形制几乎都成为后世发展变化的样范，正是同这样一条线索紧紧联系在一起。当然这又是另外的话题。如开篇所说，宋人的燕居焚香原是一种真实的生存方式，“诗禅堂试香”，曾是故家风流的“赏心乐事”之一[1]。“却挂小帘钩，一缕炉烟袅”[2]，平居日子里的焚香，更属平常。《松窗读易图》〔图 18-5〕，《竹涧焚香图》〔图 3-47〕，《荷亭对弈图》〔图 3-48〕，《飞阁延风图》〔图 3-49〕，《女孝经图》〔图 3-50〕，《妆靓仕女图》〔图 12-4〕，等等，厅堂，水榭，书斋，闺阁，松下竹间，宋人画笔下的一个小炉，几缕轻烟，非如后世多是把它作为风雅的点缀，而是本来保持着的一种生活情趣。“小院春寒闭寂寥，杏花枝上雨潇潇。午窗归梦无人唤，银叶龙涎香渐销”[3]，两宋香事便总在花中雨中平平静静润泽日常生活。

图〔3-49〕南宋《飞阁延风图》〔局部〕 故宫博物院藏

图〔3-50〕南宋《女孝经图》〔局部〕 故宫博物院藏

(1) 《武林旧事》卷一〇“张约斋赏心乐事”条。

(2) 晁补之《生查子 · 东皋寓居，夏日即事》：“永日向人妍，百合忘忧草。午枕梦初回，远柳蝉声杳。 藓井出冰泉，洗瀹烦襟了。却挂小帘钩，一缕炉烟袅。”《全宋词》，册一，页 556。

(3) 胡仔《春寒》，《全宋诗》，册三六，页 22527。

附：关于帽顶与炉顶

有一种流行于元明时期的小型透雕玉饰，高约在三厘米到九厘米之间，做工均极精好，题材则很是多样，秋山与鹿，鹭鸶与荷，祥云牡丹中的行龙和舞凤，又有口里衔着花枝的嬉戏鸳鸯，等等，传世与出土数量都不算少，而传世品中，有很多是嵌在小型香炉的木盖顶端。它本来就是炉顶，亦或如明人所说，乃由元人的帽顶改作炉顶，学界至今还没有一致的看法。近年出版的《中国隋唐至清代玉器学术研讨会论文集》即收有意见相反的两篇论文。持炉顶说者认为，玉雕帽顶，“在所有关于帽饰的记载中，没有片言只语”，而“帽顶之制，史料上素有记载，但指的却是‘顶珠’”，因此明代被用作炉顶捉手的玉雕，与元代帽顶无关[1]。

这里首先须要明确两个问题，一，关于玉雕帽顶的文献记载；二，帽顶究竟是怎样的，即何谓帽顶，何谓顶珠。然后我们可以讨论一种有捉手的香炉盖是如何产生，以及帽顶与炉顶究竟有没有联系。

一，关于玉雕帽顶的文献记载。帽端装饰珠宝乃元代风习，其时编纂的汉语会话读本《朴通事》和《老乞大》都曾提到。《朴通事谚解》卷上形容一

[1] 《“炉顶”、“帽顶”辨识》，页278。

个舍人打扮的，说他头上戴着“江西十分上等真结综帽儿，上缀着上等玲珑羊脂玉顶儿，又是个鹁鸪翎儿”。玲珑玉，自然是透雕，其下当有用作嵌玉的座儿，只是这里把它略去。同书卷下：“你看我这帽顶子，帐房门上磕着，塌了半边，颜色也都消了，你就馈我掠饬，我不算工钱，多多的赏你。”这一节说的都是金银加工，此磕塌了半边的帽顶子，自然也是金银之属。近年韩国发现的原刊《老乞大》对各式帽顶形容得最细，并且全用着当日的口语：“头上戴的帽子，好水獭毛毡儿，貂鼠皮簷儿，琥珀珠儿西番莲金顶子，这般一个帽子结裹二十锭钞。又有单桃牛尾笠子，玉珠儿羊脂玉顶子，这般笠子通结裹三十锭钞有。又有裁帛暗花紵丝帽儿，云南毡海青帽儿，青毡钵笠儿，又有貂鼠簷儿皮帽，上头都有金顶子，又有红玛瑙珠儿。”

二，帽顶形制究竟如何。前引文献对此已作出解释，即虽笼统称作帽顶，其实它本由两部分组成，其一为宝，即帽珠，亦即这里说的各式珠儿，当然也包括玉珠儿；其一为嵌宝之托，即帽顶，亦即这里说的各式顶子。此式在传世的元代帝王画像中表现得十分清楚。明代沿用此制，且在舆服制度中作出明确规定。《明史》卷六七《舆服三》，曰凡职官，一品、二品“帽顶、帽珠用玉”；三品至五品，“帽顶用金，帽珠除玉外，随所用”；六品至九品，“帽顶用银，帽珠玛瑙、水晶、香木”，“庶人帽，不得用顶，帽珠止许水晶、香木”。江苏无锡元钱裕墓出土的玉器中，有一件白玉制作的半圆形饰，高三点五厘米，素面抛光，椭圆形的底上有一对象鼻穿，研究者推测它为帽顶[1]，应可据，也不妨说它原是嵌在帽顶托座上的玉珠儿。形制更为明确的例子见于湖北钟祥明梁庄王墓，据称墓中发现“冠顶”共六件，《简报》揭载的两件均出在王的棺床之上，一件编号为“棺：28”，一件编号为“棺：33”。棺：28是一个金制的仰覆莲座，莲瓣上嵌着红蓝宝石，莲座顶端穿出一根金丝，上系一颗橄榄形的水晶珠，通高七点五厘米，直径四点八厘米，重七十六点七克。棺：33则是一个椭圆形的仰覆莲金座，莲瓣上也镶嵌各色宝石，莲座里却是一个龙穿云的玲珑玉顶，通高六点三厘米，重八十五克。两件冠顶都有沿着莲花座缘的小穿孔，前者十，后者八[2]。《简报》对此作出两个推测，一是帽饰，一是其他器物的附件。自以前者为是。当然更确切的名称，应作“帽顶”。

[1]《元钱裕墓出土部分玉器研究》，页299。

[2]《湖北钟祥明代梁庄王墓发掘简报》，页15，图二九；封三，图一。

纪录严嵩抄没资财的《天水冰山录》中有“帽顶”一项，所谓“金厢珠宝帽顶”，“金厢玉帽顶”，便是此类。它在元代应该称作“七宝帽顶”，见《元史》卷二四《仁宗本纪一》。梁庄王墓属明代前期墓葬，所出两种类型的帽顶，即金镶珠宝帽顶和金镶玉帽顶，与元明文献均可对应，正是很好的实例〔图3-51:1、2〕。其中金镶玉帽顶上面的玉雕，与故宫收藏的一件元代龙凤穿花青玉顶相对看，除体量稍小之外，无论造型还是纹样都很一致[1]〔图3-51:3〕。而以为帽顶只可能是珠，却不可以是玉，对照文献与实物，此说之不能成立，是显然的了。

[3-51]:❶

不过明代中期以后帽端装饰珠宝的制度似逐渐不行，以至于到了明代晚期，帽珠竟与帽顶分离而移作他用。《金瓶梅》第二十回曰李瓶儿“拿出一件金厢鸦青帽顶子，说是过世老公公的，起下来上等子秤，四两八分重”，于是“教西门庆拿与银匠，替他做一对坠子”。所谓“起下来”，自然是从帽顶金制的托座上起下来，“上等子秤”的，不必说便是那作为帽珠的鸦青石。至于嵌玉的帽顶，可由明沈德符《万历野获编》卷二六中得其大概：“近又珍玉帽顶，其大有至三寸，高

[1]《中国玉器全集·5·隋唐至明》，图一六七。

有至四寸者，价比三十年前加十倍，以其可作鼎彝盖上嵌饰也。问之，皆曰此宋制，又有云宋人尚未办此，必唐物也，竟不晓此乃故元时物。元时除朝会后，王公贵人俱戴大帽，视其顶之花样为等威。尝见有九龙而一龙正面者，则元主所自御也。当时俱西域国手所作，至贵者值数千金。”元代及明前期的玉帽顶被后人用作炉顶起初也许是偶然，不过，认清其原始，并了解香具在不同时代的若干变化以及炉顶出现的原因，便可知它的成为风气，并不在情理之外。至于装饰题材乃至造型都颇多相似的小型透雕玉饰，究竟何为帽顶，何为炉顶，并且时代的分别究竟如何，则须从碾琢工艺及图案安排的诸多细节去认真考虑，此又当别论。

[3-51]:❷

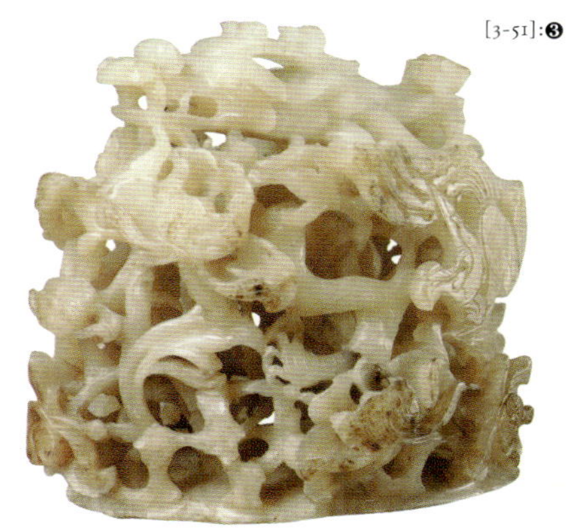

[3-51]:❸

图[3-51]

❶ 明代金镶珠宝帽顶　湖北钟祥明梁庄王墓出土

❷ 明代金镶玉帽顶　湖北钟祥明梁庄王墓出土

❸ 元龙凤穿花青玉顶　故宫博物院藏

印香与印香炉

印香也称作香印，又或称香篆，篆香，最初是用在寺院里诵经计时，即用香末缭绕作文，以它点燃后连绵不断的焚烧来计算时辰。宋洪刍《香谱》“香篆”条云：“镂木以为之范，香尘为篆文。”又“百刻香”条：“近世尚奇者作香篆，其文准十二辰，分一百刻，凡燃一昼夜已。”香篆因此又有“无声漏”之名。唐代香篆其实已经很流行，元稹《和友封题开善寺十韵》“灯笼青焰短，香印白灰销”[1]，即咏其事，不过这里说的仍是佛寺里的情景。又有一种梵字香，唐诗“香字消芝印，金经发茝函”[2]；“翻了西天偈，烧余梵字香”[3]，所谓“香字”与“梵字”，也是香印一种，即把香作成梵文种子字，比如阿弥陀种子字之形，然后设坛焚香，于是可参佛法。不过俗界普遍用着的篆香实以计时为主，或者计时也不必，只是遣闷而已。王建《香印》：“闲坐烧印香，满户松柏气。火尽转分明，青苔碑上字。”[4]末句指香印余烬的字迹分明，却不必是梵字。此诗其

[1] 《全唐诗》，册一二，页4541。

[2] 段成式、张希复《僧房联句》，此希复句，《全唐诗》，册二二，页8921。

[3] 《赠诸上人联句》，此成式句，《唐诗纪事》卷五七；《全唐诗》卷七九二作“梵宇香”〔册二二，页8924〕，似非。

[4] 《全唐诗》，册九，页3421。

实与诵经礼佛皆无关，“闲坐”二字便说得很好，这该是士人最合适的焚香心境。

不论回旋刻时还是缭绕作字，香模的制作总要有很多设计的巧妙，即须使它无论怎样徘徊旋转而都能够焚烧不断。香篆燃尽，其文却仍以灰存，它残留着“生”的美丽实在又已死灭，对此作冷看作热看，作无情看作有情看，其中的感悟自然因人因事因时而异。比如南宋华岳的《香篆》：“轻覆雕盘一击开，星星微火自徘徊。还同物理人间事，历尽崎岖心始灰。”[1]又释居简的同题之作：“明明印板脱将来，簇巧攒花引麝煤。不向死灰然活火，此中一线若为开。”[2]还可以举出元人乔吉的《凭栏人·香篆》：“一点雕盘萤度秋，半缕宫奁云弄愁。情缘不到头，寸心灰未休。”[3]这里面都有着很好的意思，说是对人情对人生的态度也可以。托名陶谷的《清异录》卷下“薰燎”之部“曲水香”条：“用香末布篆文木范中，急覆之，是为曲水香。”这布香末与“急覆之”，怕是很要讲求些技术，华岳诗曰“轻覆”，曰“一击”，正是摄其奥妙处，又南宋释绍昙《禅房十事·香印》“要识分明古篆，一槌打得完全”[4]，也是道着出脱篆模的要领，只是“急覆”、“一击”，而又出脱得“完全”，这里究竟须要怎样的巧劲儿我们无法知道得更加清楚，难怪两宋的“打香印”要作为专门的技艺，吴自牧《梦粱录》卷一三“诸色杂货”条“供香印盘者，各管定铺席人家，每日印香而去，遇月支请香钱而已”，即其事例之一。元代亦然。成书于元末明初的《碎金》，艺技篇中的“工匠”条下也还有着“打香印”的名目。香印或曰香篆模子的“簇巧攒花”原须制作得精细，材质或乌木或花梨，讲究者更用着象牙，一套十个，必求工致，“镂花香印”便差不多成了工艺品，也因此成就了不少巧匠，如东京的罗昇和戚顺，说见南宋《百宝总珍集》卷八“香印”条和元戚辅之的《佩楚轩客谈》[5]。

[1]《全宋诗》，册五五，页34423。

[2]《全宋诗》，册五三，页33261。

[3]《乔吉集》，页276。

[4]《全宋诗》，册六五，页40816。

[5]《百宝总珍集》“香印”条：“罗昇戚顺雕者最好，大香印往日使马王并赵彦雕者最好。香印每一套计十个。”“象牙者别立价例。”《佩楚轩客谈》云，东京戚顺所作镂花香印极其瓌异，嗣后罗昇、使马王效之，亦工致。

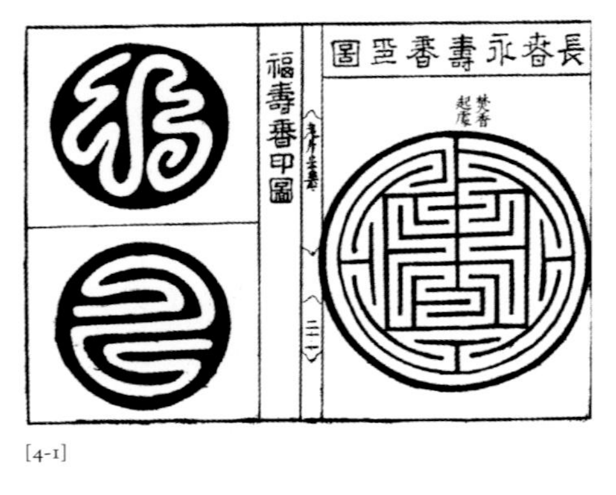

[4-1]

明代的焚篆香，有了一种容易操作的办法。高濂《遵生八笺》卷八《安乐起居笺下》列出香印四具〔图 4-1〕，然后解释道：“四印如式。印傍铸有边阑提耳，随炉大小取用。先将炉灰筑实，平正光整，将印置于灰上，以香末锹入印面，随以香锹筑实，空处多余香末细细锹起，无少零落，用手提起香印，香字以落炉中，若稍欠缺，以香

[4-2]

末补之，焚烧可以永日。”所谓“锹”，便是“炉瓶三事”中插在匙箸瓶里的香匙。香匙匙叶椭圆而扁平，常常制作得小巧可爱，用来摆布香篆自然得心应手，而这里所用的篆模竟是一个镂出篆文的透空架子而无须加底，则“覆”与“击”皆不必了，止须把篆模放在香炉中先已铺平筑实的香灰上面，然后用合好的香末把模子细细填实，最后拎起篆模边阑的提耳，模子脱出，一个完整的香篆便留在香炉中。

[4-3]

图[4-1]《遵生八笺》所录香印图

图[4-2]印香盘　武昌龙泉山明楚昭王墓出土

图[4-3]定时香篆金几炉　《宣德彝器图谱》著录

若求“提起”的时候便于岀脱，香末中酌量添加杏仁粉便好，见《陈氏香谱》卷二“定州公库印香条”，这是制作印香由宋及明一贯如此的。

为着出脱香印的方便，焚篆香的器具似以盘形的香炉为宜。刘攽《中山诗话》：“京师人货香印者，皆击铁盘以示众人。父老云，以国初香印字逼近太祖讳，故托物默喻。”则盘为其“物”也。苏子由生日，东坡赠以新合印香并银篆盘一具[1]；宋刘子翚《次韵六四叔村居即事十二绝》句云“午梦不知缘底破，篆烟烧遍一盘花”[2]，亦其例。明代依然。朱之蕃《印香盘》：“不听更漏向谯楼，自剖玄机贮案头。炉面匀铺香粉细，屏间时有篆烟浮。回环恍若周天象，节次同符五更筹。清梦觉来知候改，褰帷星火照吟眸。”[3]《遵生八笺》卷一四《燕闲清赏笺上》说到有一种鋈金香盘，“口面四傍坐以四兽，上用凿花透空罩盖，用烧印香，雅有幽致”。湖北武昌龙泉山明楚昭王墓出土一件铜炉，炉身是一个宽平折沿的平底浅盘，底径六厘米，上面一个镂空雕出各式花枝的半球形盖，炉与盖通高不过五厘米多一点[4]〔图 4-2〕。精巧虽不及高氏所云，形制则无大别，那么它正是适合用来烧印香的香炉。

“回环恍若周天象”，朱作所咏印香盘，其式似仍如可焚百刻香印之类的圆盘，不过明代尚别有一种也称作香篆炉，乃在香具上作出列星的样子而焚香计时。明吕震编《宣德彝器图谱》卷一一录有一具“定时香篆金几炉”〔图 4-3〕，炉式如几案，“照元朝内府铸，长二尺四寸，高一尺六寸，阔一尺二寸，几炉池深三寸六分，重二十四斤”，“赤金商嵌时刻度数，每至某时刻，则香烟从某时刻出，最为奇器。此元时都水监郭守敬所造，百试百验，奇宝也”。这里说的“商嵌”，便是镶嵌。题为吕震著的另一部《宣德鼎彝谱》文字稍有不同，卷七“天汉楼南荣阁陈设定时香案”，曰“仿元人郭守敬所铸案”，“案面刻时，刻星辰，咸以金银细错，最为工致”。《图谱》录有炉式，约略可见大概，只是同它密切配合的香篆究竟如何制作，却是不得而知。

台北故宫藏一件清代铜香盘，也是平底宽折沿的浅盘，不过略呈椭圆，盘底下边四个云头足，盘心的长方框里一首乾隆“御制香盘词”，方框四边

(1) 苏轼《子由生日，以檀香观音像及新合印香银篆盘为寿》句云：“一灯如萤起微焚，何时度尽缪篆纹。缭绕无穷合复分，绵绵浮空散氤氲，东坡持是寿卯君”〔《全宋诗》，册一四，页 9493〕。

(2) 《全宋诗》，册三四，页 21455。

(3) 《佩文斋咏物诗选》卷二二〇。

(4) 《武昌龙泉山明代楚昭王墓发掘简报》，页 11，图一二。

装饰四组西番莲。词曰:“竖可穷三界,横将遍十方。一微尘里法轮王。香参来,鼻观忘。篆烟上,好结就卍字光。”此盘自然是焚燃篆香之器[1]〔图4-4〕。

能够确指为篆香炉的实物似乎很少,它的制作大约鲜有惊人之笔,至少缺乏一种别具一格的特征,即如贴了标签一般教人一眼认得出,因此很久以来都不曾引人注目。直到晚清,南通丁月湖独标新颖,勒改旧观,设计出一种芸香炉也称印香炉专用作焚篆香,印香和印香炉的精雅,方臻于极致。

月湖名澐,生在一八二九年,一生不求仕进,而“博涉经史,善诗古文辞,多能艺事,尤以书画擅名”〔《印香图谱》潘逢泰序〕,晚年隐于南通州石港卖鱼湾。印香炉的设计,却是完成在他一生中的最后几年,而且是一个很偶然的机会。《印香图谱》施允升序,曰他少月湖二十岁,而与月湖朝夕过从,成忘年交,“丙子春,偶与譙谈,以时有印香炉粗陋不可供幽赏,思欲别开生面。先生闻言,即默然凝想,若有所得,次日出一图见示,花样崭新,已大喜其精辟,先生弥复心摹手画,愈出愈奇。次第授攻金之徒,陶之冶之,椎之凿之,遂成雅制”。丙子为光绪二年,即一八七六年。后来月湖把他设

[4-4]

[1]《故宫历代香具图录》,图九三。

计的香炉与香模编定为图谱一册，其中收有光绪五年之作，而月湖之殁，即在五年冬[1]。

月湖印香炉把炉分作方便打开与合拢的数层，最下一层置放小工具如香铲之类，中有一层存放香料，制作和焚燃篆香则又在其上，这一层里总是备好香灰的。篆香的制作一如高濂所述，当然此际最不可少的是一枚造型别致的印香模，它的式样与炉一致，秋叶，海棠，菱花，如意，其形多至百余种。印香炉里填好香灰，再用一枚与炉形状一样的小板把香灰压实——小板本来是印香炉的一层，其上作出小小的提系。拿开小板，在香灰上面轻轻放下两端也有细巧提系的印香模，填实香末，提起模子，点燃香篆，把透雕成各式图案的炉盖盖好，香烟便从炉盖的镂空处徐徐散出〔图 4-5〕。

月湖印香炉的设计巧思在于把焚香所用的各式香具聚拢在一处，安排得紧凑而和谐，又特别把印香模的设计同炉的式样考虑为一个整体，二者且配合得妥帖。比如竹报平安炉，嵌空玲珑的一片风竹作炉盖，香模便用着“虚心”

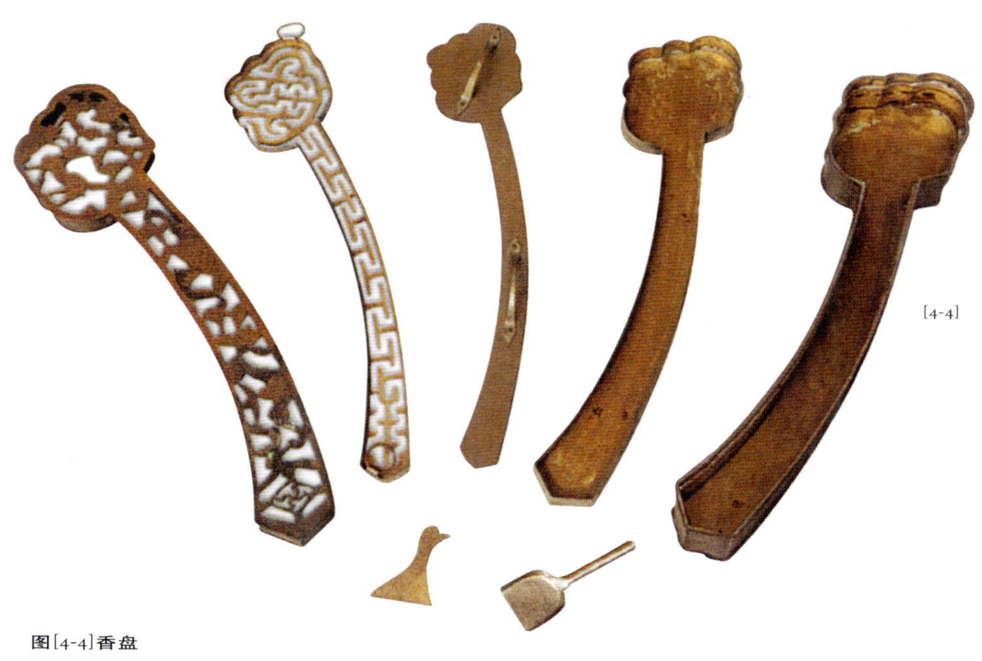

[4-4]

图[4-4]香盘
台北故宫博物院藏

图[4-5]月湖印香炉结构
南通博物苑藏

[1] 此均据《印香图谱》，《图谱》复印本得自南通博物苑金艳同道之惠，谨在此深致谢忱。

图[4-6]竹报平安炉
南通博物苑藏

二字表出竹的品质〔图 4-6〕。炉盖镂作一卷书，香模便是篆文“开卷有益”。炉盖镂花作寒梅，花瓣镌出“管领春风第一枝”，与它呼应的梅花形香模便是双钩出来的“几生修得到梅花”——由“几”字起燃，至中心处的梅花花心，恰是“功德圆满”。又有一款，炉盖镂空作连环，环里各撑一张细细的蛛网，网心里一只喜蛛，取其谐音则喜连环也，也不妨说是珠联璧合,香模便作“颠倒鸳鸯”〔图 4-7〕。炉作琴式，盖镌“但识琴中趣，何劳絃上声”，香模则“芳心自同”。不过虽有诸多新异，印香模的制作依然是以文路的连绵不断为要旨。“竟体皆芳，中肠独热，百转千回，持心惟一”,《图谱》自序把它形容得语义双关，更教人会得其中意趣。月湖既精于书画篆刻，则秦汉瓦当，鸟虫书，九叠篆，不必说是烂熟于心，化用其神以运巧思自然左右逢源，所谓“一生学问，尽寄图中”〔《印香图谱》齐学裘序〕，说得很是恰当。精雅的印香炉与书斋几案上的闲章，几笏好墨的图案与文字，都是很合式的搭配，其实印香炉的设计从闲章意韵与墨中趣味得到的灵感恐怕很不少，印香炉又名芸香炉，本来也是切着芸窗书室之意——古所谓“芸编”，“芸窗”，取意皆在香气可以杀蠹鱼的芸香[1]，芸香炉之命名，

[1] 芸香，沈括《梦溪笔谈》卷三：“古人藏书辟蠹用芸。芸，香草也，今人谓之七里香者是也。叶类豌豆，作小丛生，其叶极芬香，秋间〔一作秋后〕叶间微白如粉污，辟蠹殊验。”此芸香乃芸香科芸香属，原产南欧，与《礼记》中说到的“芸”不同，彼“芸”却是禾本科的芸香草，原产中土。二者皆可杀蠹鱼。至于明清时候合香所用的所谓“芸香”，则是属于树脂香料的枫香，亦即白胶香，与这两种芸香皆非一事。

即在于标明它的文房雅品的身分，与所焚之香却是无关。

印香的配制，洪刍《香谱》载录两则，明周嘉胄《香乘》卷二〇“印篆诸香”录有多款。看它使用的原料，知与一般合香大体相同。如《香乘》所录“宝篆香”：“沉香一两。丁香皮一两。藿香叶一两。夹栈香二两。甘松半两。零陵香半两。甘草半两。甲香半两〔制〕。紫檀三两〔制〕。焰硝三分。右为末和匀，作印时旋加脑、麝各少许。”这里的焰硝，是用作助燃。脑即龙脑，麝即麝香，其与制过的甲香皆用作聚香与定香。丁月湖也有自己的印香方，但未知其详。月湖之后，有乡人张峡亭别号悼棠者，乃清末秀才，曾到石港，留下凭吊月湖的诗作。他有一份“悼棠自拟印香方”，曰:“母丁香二两半。芸香两半。安息香一两。白檀香一两。降真香一两。黄速香五钱〔红枣煮晒干研〕。排草一两。红枣三十个去核。甘松五钱。上药共研极细末，晒干，勿用火炒，用细筛过去，份量不可增减。”[1] 此方与《香乘》所录诸方没有太多差别，道理也是相同。这里的芸香应即白胶香，它与安息香均用作聚香和定香；黄速香，沉香之次者，它与白檀、降真在此方中皆为构成主体香韵的香料；排草即零陵香，其与甘松和母丁香便是用作调和与修饰。

图[4-7] 印香图谱

[1] 此方以及关于张峡亭之种种，亦得自金艳君之示。

宋人的沉香 *

水沉与海南沉

中土文献提到沉香，东汉杨孚的《交州异物志》或属最早。《志》曰:“蜜香，欲取先断其根，经年，外皮烂，中心及节坚黑者，置水中则沉，是谓沉香，次有置水中不沉与水面平者，名栈香，其最小粗者，名曰椠香。”[1] 稍后于此，三国吴人万震的《南州异物志》中说到“木香”，与杨氏的叙述大抵相同，惟“最小粗者”，作“最小粗白者”[2]。二氏之所谓蜜香与木香，均指瑞香科的沉香[3]，当时只产于今东南亚一带。经年老树受到伤害后，某种真菌侵入，于是薄壁组织细胞内贮存的淀粉等物质发生一系列化学变化，最后结成香脂，便成为外皮朽烂而心部富含香脂之材〔图 5-1〕。结香的过程很长久，十几年，几十年，总

* 本文以及所附之《浅识》中的苏合、素馨、茉莉、酸橙、檀香、降香、丁香、广藿香、灵香草、艾纳、龙涎、安息香，均取自《实用中草药彩色图集》；越南一级水沉、云南黑棋楠、龙脑块、冰片、麝香，取自刘良佑《灵台沉香》，海南二年沉、鸡舌香、丁香，取自刘良佑《香学会典》。按此与古人所云之种种未必有直接而准确的对应，仅作为参考而已。

[1] 唐段公路《北户录》卷三“香皮纸”条引。异域香料传入中土，其早期的各种文献记载中颇有不易辩识的异辞，缪启愉等《汉魏六朝岭南植物“志录”辑释》对此作了很好的疏理，本文的叙述，即以它的意见作为重要参考材料之一。

[2] 唐释道世《法苑珠林》卷四九“华香篇”引。

[3] 学名 *Aquilaria agallocha* Roxb.

是久而坚劲，而质重，色则愈黑，入水即沉，因名沉香，列在一等。所谓“最小粗白者”，粗，质也，白，木也，白多黑少，则木多脂少，因此又次于心白间半的栈香，而列在第三等。此中尚有所谓“生结”与“熟结”之别，熟结乃天然形成，人力无与，生结则经人工，“欲取先断其根”云云，是也[1]。南宋开始出现在文献中的加南香，后又称伽阑木或茄蓝木、奇南香或伽南香[2]，也是沉香的一种，油性足，

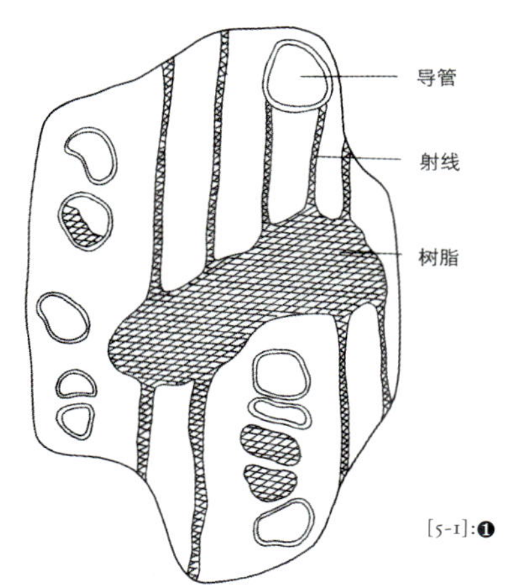

[5-1]:❶

[5-1]:❷

图[5-1]
❶ 沉香之结香
❷ 沉香植株

(1) 丁谓《天香传》：“生结香者，取不候其成，非自然者也。生结沉香，与栈香等；生结栈香，品与黄熟等；生结黄熟，品之下也。”“琼管皆深峒，黎人非时不妄剪伐，故树无夭折之患，得必皆异香，曰熟香，曰脱落香，皆是自然成者。”此是宋人论海南沉。若进口沉香，《诸番志》卷下“沉香”条，“香之大概，生结者为上，熟脱者次之”；“一说其香生结成以刀修出者为生结沉，自然脱落者为熟沉”。清代莞香为盛，即所谓“昔之香生于天者已尽，幸而东莞以人力补之”〔《广东新语》卷二六〕。莞香也有生结，《新语》：“生结者，香头之下，间有隙穴，为日月之光所射，霜露之华所渍，日久结成胎块，其质不朽，而与土生气相接者，是为生结。”与宋人之论沉香，名同实异。

(2)《宋会要辑稿》：乾道三年十月一日，福建路市舶司言，本土纲首陈应等昨至占城蕃，蕃首称欲遣使入贡，所拟贡物中有“加南香三百一斤”〔第八册，页7864〕。以后有周密《武林旧事》卷三“禁中纳凉”条称伽兰木，《陈氏香谱》卷一称伽阑木，元汪大渊《岛夷志略》“占城”与“宾童龙”条称“茄蓝木”；明人则称奇楠香〔张燮《东西洋考》卷一“交阯”条〕、奇南香〔严从简《殊域周咨录》卷七“占城”条〕或伽南香〔文震亨《长物志》卷一二〕。伽南香出占城，即今越南中部一带，明徐树丕《识小录》三“伽南香”条：“伽南香，一名奇南木，本草不载，惟占城有之”〔《识小录》成书在明亡之后〕。出海南者，曰土伽南，清张渠《粤东闻见录》卷下“海南香”条：“琼州亦有土伽南，盖即油速之属。”

[5-2]:❶

[5-2]:❹

图[5-2]沉香
❶ 沉香　日本法隆寺藏
❷ 越南一级水沉
❸ 云南黑棋楠
❹ 海南二年沉

质重而性糯。旧说它的成因是“香木枝柯窍露者，木立死而本存者，气性皆温，为大蚁所穴，蚁食石蜜，归而遗于香中，岁久渐渍，木受蜜气，结而坚润，则香成”[1]。不过确切说来，它是因树木受到蚁酸刺激而引起薄壁组织贮存的物质发生变化，积成树脂，即所谓“结香”。明人论沉香，以此为最[2]。同属瑞香科的还有一种白木香[3]，产于今海南和两广。它差不多与沉香同时被人认识。作于三国两晋间的《异物志》说到“出日南国”的沉香，也说到“木蜜香”：“木蜜香，名曰香树，生千岁，根本甚大。先伐僵之，四五岁乃往看，岁月久，树材恶者腐败，唯中节坚贞，芬香独在耳。”[4]与出自日南国的沉香对举，这里的木蜜香，应指土沉香，宋齐间人沈怀远作《南越志》，曰“盆元县利山，上多香林”[5]。盆元，乃盆允之误。盆允县，东晋置，在今广东新会。这里说的也是土沉香。白木香出在海南者最为有名，因又称之为海南沉，这是

[5-2]:❷

[5-2]:❸

[1] 明黄衷《海语》卷中“伽南香”条。此说多被此后的明清著作引用。

[2] 徐树丕《识小录》“伽南香”条云伽南之优者“价倍白银”。台湾刘良佑著有一部《灵台沉香》，系自行印制，自行出版，据作者说，本世纪初年曾亲走越南访求棋楠香，收在书里不同品级的沉香即此行所得。其时之市价，极品棋楠每千克约值美金七万元。棋楠香者，伽南香也。

[3] 学名 *Aquilaria sinensis* Gilg.

[4] 《法苑珠林》卷四九“华香篇”引。原文“岁乃往看”衍一句，“树材”作“树根”，据《太平御览》卷九八二“木蜜”条改。

[5] 《初学记》卷八“岭南道”引。

宋人所钟爱的沉香[1]〔图 5-2〕。

南北朝时期沉香已经入药，成书于此际的《雷公炮炙论》说："沉香，凡使须要不枯者，如觜角硬重沉于水下为上也；半沉者次也。夫入丸散中用，须候众药出，即入拌和用之。"[2]作为香料，它也被这时候的合香家引入香方。《宋书》卷六九《范晔传》录有晔撰《和香方序》，其评说香料的品类与性能，所举便有沉香，即所谓"沉实易和，盈斤无伤"。同时代咏及沉香的名篇是清商曲辞《读曲歌》中的一首："暂出白门前，杨柳可藏乌。欢作沉水香，侬作博山炉。"[3]不过这时候合香所用，仍以霍香、零陵香、甘松、郁金，艾纳、苏合、安息、麝香为多，即如《和香方序》所举。屡被诗人咏及的百和香，亦以郁金、苏合、都梁为要[4]。苏合即主产于西亚的苏合香树的树脂，属金缕梅科，其外皮一旦被创，树脂便会慢慢渗出到表面，历经三五个月，割下树皮，榨取浸润其中的树脂，即成苏合香〔图 5-3〕，陶隐居说

图[5-3]苏合香

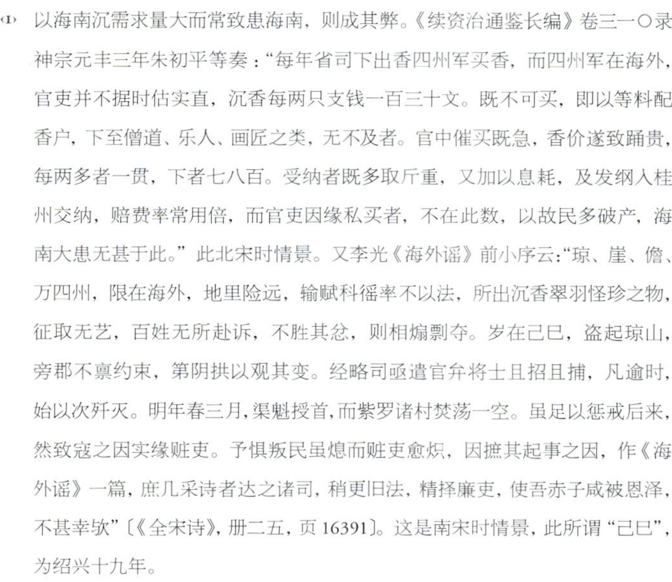

(1) 以海南沉需求量大而常致患海南，则成其弊。《续资治通鉴长编》卷三一〇录神宗元丰三年朱初平等奏："每年省司下出香四州军买香，而四州军在海外，官吏并不据时估实直，沉香每两只支钱一百三十文。既不可买，即以等料配香户，下至僧道、乐人、画匠之类，无不及者。官中催买既急，香价遂致踊贵，每两多者一贯，下者七八百。受纳者既多取斤重，又加以息耗，及发纲入桂州交纳，赔费率常用倍，而官吏因缘私买者，不在此数，以故民多破产，海南大患无甚于此。" 此北宋时情景。又李光《海外谣》前小序云："琼、崖、儋、万四州，限在海外，地里险远，输赋科徭率不以法，所出沉香翠羽怪珍之物，征取无艺，百姓无所赴诉，不胜其忿，则相煽剽夺。岁在己巳，盗起琼山，旁郡不禀约束，第阴拱以观其变。经略司亟遣官弁将士且招且捕，凡逾时，始以次歼灭。明年春三月，渠魁授首，而紫罗诸村焚荡一空。虽足以惩戒后来，然致寇之因实缘赃吏。予惧叛民虽熄而赃吏愈炽，因摭其起事之因，作《海外谣》一篇，庶几采诗者达之诸司，稍更旧法，精择廉吏，使吾赤子咸被恩泽，不甚幸欤"〔《全宋诗》，册二五，页 16391〕。这是南宋时情景，此所谓"己巳"，为绍兴十九年。

(2)《证类本草》卷一二"沉香"条引。

(3)《乐府诗集》卷四六《清商曲辞三》。

(4) 吴均《行路难》"博山炉中百和香，郁金苏合及都梁"，《先秦汉魏晋南北朝诗》，中册，页 1729。

它"不复入药，惟供合好香尔"[1]。苏合香虽然东汉即已传入中土[2]，但它自西而来，路途遥遥，总不免带着远方的神秘与新鲜，其时便常常成为诗作中的好字面。梁简文帝萧纲《药名诗》"烛映合欢被，帷飘苏合香"[3]，傅玄《拟四愁诗》"佳人赠我苏合香，何以要之翠鸳鸯"[4]，而"我所思"的这一位佳人，便是远在经悬度过弱水的昆山。

沉香在唐代已经可以说是引人注目。土产的白木香作为土贡，唐代也已列入制度。《唐六典》卷二〇"右藏署"条记述职掌，"杂物州土"中列有"广府之沉香"。《旧唐书》卷一〇五《韦坚传》曰天宝元年，坚于长安城东望春楼下穿广运潭以通舟楫，取小斛底船三二百只置于潭侧，外郡进土物，其船则署牌表之，若南海郡船，便表以瑇瑁、真珠、象牙、沉香。不过白木香和沉香，当时对此区分得尚不是十分清楚，即便是本草书。苏敬《唐本草》注："沉香、青桂、鸡骨、马蹄、煎香等同是一树，叶似橘叶，花白，子似槟榔，大如桑椹，紫色而味辛，树皮青色，木似榉柳。"陈藏器《本草拾遗》："沉香，枝叶并似椿，苏云如橘，恐未是也。其枝节不朽，最紧实者为沉香，浮者为煎香，以次形如鸡骨者为鸡骨香，如马蹄者为马蹄香，细枝未烂紧实者为青桂香。其马蹄、鸡骨，只是煎香。"[5]这里意见的分歧，或在于二人见到的香木本来不同，苏敬所谓"叶似橘"者，乃沉香，陈藏器疑其非，而曰"枝叶并似椿"，实为白木香。

海南香的为世所重是在宋代。仁宗时丁谓作《天香传》，于海南香的叙述至为详尽。其时他贬官崖州司户参军，实地访察，所见所闻自然亲切，举凡结香始末，采香时地，又品类名称之细微，转贩贸易之委曲，皆有特识。苏颂《本草图经》"沉香"条曰"此香之奇异，最多品，故相丁谓在海南作《天香传》，言之尽矣"，而颇引述其说[6]。这里所谓"多品"，也是宋代才有的情景，此际以用量大增而交易过程中不能不有细致的区别。《天香传》云"贵重沉栈香，与黄金同价"，而"余杭市香之家有万斤黄熟者，得真栈百斤，则

(1)《证类本草》卷一二"苏合香"条。

(2)《太平御览》卷九八二"苏合"条："班固与弟超书曰：窦侍中令载杂綵七百疋，市月氏苏合香。"

(3)《先秦汉魏晋南北朝诗》，下册，页1950。

(4)《先秦汉魏晋南北朝诗》，上册，页574。

(5)《证类本草》卷一二"沉香"条。

(6)《证类本草》卷一二"沉香"条。

为希矣；百斤真栈，得上等沉香数十斤，亦为难矣”[1]。这里说到的黄熟，即“质轻而散，理疏以粗”者，属沉香之下品，它与前引《南州异物志》之所谓“最小粗白者”，约略相当。沉香之优等，又分作若干品目，最常用到的两种，一曰黑角沉，一曰黄蜡沉。黑角沉，《天香传》说它“如乌文木之色而泽，更取其坚格，是美之至也”。黄蜡沉，“其表如蜡，少刮削之，黳紫相半，乌文格之次也”[2]。次于角沉、黄蜡而优于黄熟的栈香，也有多品，其实宋代的焚香原以这一类栈香用到的最多。对沉香的品鉴之精，则首推范成大《桂海虞衡志》中的《志香》一篇。宋叶寘《坦斋笔衡》曰“范致能平生酷爱水沉香，有精鉴”，石湖之精鉴便正显露在《志香》，它因此也成为品鉴沉香的经典。成书稍后于此的周去非《岭外代答》记“岭外”事远较范《志》为详，但其《香门》一卷却泰半取自《志香》，而宋代的沉香及香事中的种种趣味和好尚，述之近实与纤悉者也可说舍此无他。其略云：

沉水香，上品出海南黎峒，亦名土沉香。少大块，其次如茧栗角，如附子，如芝菌，如茅竹叶者，皆佳。至轻薄如纸者，入水亦沉。香之节因久蛰〔一作蛰〕土中，滋液下向〔一作流〕，结而为香。采时香面悉在下，其背带木性者乃出土上。环岛四郡界皆有之，悉冠诸蕃所出，又以出万安者为最胜。说者谓万安山在岛正东，钟朝阳之气，香尤蕴藉丰美。大抵海南香气皆清淑，如莲花，梅英，鹅梨，蜜脾之类，焚一博投许，氛翳弥室，翻之四面悉香，至煤烬气亦不焦，此海南香之辨也。北人多不甚识，盖海上亦自难得。省民以牛博之于众黎，一牛博香一担，归自差择，得沉水十不一二。中州人士但用广州舶上占城真腊等香，近年又贵丁流眉来者。予试之，乃不及海南中下品。舶香往往腥烈，不甚腥者，意味又短，带木性，尾烟必焦。其出海北者，生交趾，及交人得之，海外蕃舶而聚于钦州，谓之钦香。质重实，多大块，气尤酷烈，不复风味，惟可入药，南人贱之。

[1] 《香乘》卷二八引。

[2] 又寇宗奭《本草衍义》：“沉之良者，惟在琼、崖等州，俗谓之角沉。”“亦有削之自卷，咀之柔韧者，谓之黄蜡沉”〔《证类本草》卷一二“沉香”条〕。

蓬莱香，亦出海南，即沉水香结未成者。多成片如小笠及大菌之状，有径一二尺者，极坚实，色状皆似沉香，惟入水则浮，刳去其背带木处，亦多沉水。

鹧鸪斑香，亦得之于海南沉水、蓬莱及绝好笺香中。槎牙轻松，色褐黑而有白斑点点如鹧鸪臆上毛，气尤清婉似莲花。

笺香出海南，香如猬皮栗蓬及渔蓑状，盖修治时雕镂费工，去木留香，棘刺森然。香之精，钟于刺端，芳气与他处笺香迥别。出海北者，聚于钦州。品极凡，与广东舶上生、熟、速结等香相埒。海南笺香之下，又有重、漏、生结等香，皆下色。

光香，与笺香同品第。出海北及交趾，亦聚于钦州。多大块，如山石枯槎，气粗烈如焚松桧，曾不能与海南笺香比。南人常以供日用及常程祭享。

所谓“黎峒”，在黎母山，即今海南琼中的五指山。“环岛四郡”，乃北之琼州，南之吉阳，西之昌化，东之万安。蔡絛《铁围山丛谈》卷五曰水沉“产占城国则不若真腊国，真腊国则不若海南，诸黎洞又皆不若万安、吉阳两军之间黎母山，至是冠绝天下之香，无能及之矣”。

出自“诸番”的沉香，可以说多是传统的进口沉香，宋代则又把它别作“上岸香”与“下岸香”。上岸即真腊、占城，下岸则大食、三佛齐。《岭外代答》卷七：“沉香来自诸蕃国者，真腊为上，占城次之。真腊种类固多，以登流眉所产香气味馨郁，胜于诸蕃。若三佛齐等国所产，则为下岸香矣，以婆罗蛮香为差胜。下岸香味皆腥烈，不甚贵重，沉水者但可入药饵。”登流眉，即《志香》中的丁流眉，地在今泰国南部马来半岛六坤。《坦斋笔衡》曰“登流眉有绝品，乃千年枯木所结”，“焚一片则盈屋香雾，越三日不散。彼人自谓之无价宝，世罕有之，多归两广帅府及大贵势之家”，与石湖的品题很是不同。石湖乾道末年知静江府兼广西经略安抚使，作《志》即在离任赴蜀道中，于沉香诸品的比较多得自广西任上的亲历，信其取舍得中也，叶氏或未免仍是记述传闻。

钦州，南宋时治所在今广西钦州县，时设有博易场。《岭外代答》卷五《财计门》“钦州博易场”条：“凡交阯生生之具，悉仰于钦，舟楫往来不绝也，博易场在城外江东驿。”“其国富商来博易者，必自其边永安州移牒于钦，谓之小纲。其国遣使来钦，因以博易，谓之大纲。所赍乃金银，铜钱，沉香，光香，熟香，生香，真珠，象齿，犀角。”

省民，这里用来指黎母山外的贩香者[1]。《岭外代答》卷二“海外黎蛮”条曰：“商贾多贩牛以易香。”《天香传》云：“黎人皆力耕治业，不以采香专利。闽越海贾惟以余杭船即香市，每岁冬季，黎峒待此船至，方入山寻采。州人役而贾贩尽归船商，故非时不有也。”《志香》“省民以牛博之于众黎”云云，可与丁《传》互观。

采集来的海南沉多为片状或不规则的长条状，即“少大块”也，故曰如芝菌，如茅竹叶。所谓“香面”，便是棕黑色的含树脂的部分同木质部的淡黄色交错成文，且略现光泽的一面；“背带木性者”，则为已朽的伤面。

“博投”，即骰子，周氏《代答》蕞录此节，把“焚一博投许”易作“焚一铢许”，宋人说到焚香，又常常曰“一豆”，意思都是相同。“至煤烬气亦不焦”，这里的“煤”，指焚香时用的炭饼，也称香炭或香饼子[2]。张邦基《墨庄漫录》卷二:“茄根并枝暴干，烧作灰为香煤，甚奇，能养火延夕。”洪刍《香谱》有造香饼子法，曰：“软灰三斤，蜀葵叶或花一斤半〔贵其粘〕，同捣令匀细如末可丸，更入薄糊少许，逐旋烧用。”燕居用小炉焚香，炉中置灰，灰中浅埋香炭，其上置隔火，隔火上面置香。苏轼《翻香令》：“金炉犹暖麝煤残。惜香更把宝钗翻。重闻处，余熏在，这一番、气味胜从前。”[3]宝钗翻香，沉香也，下半阕“更将沉水暗同然”，可知。此是北宋故事，而石湖以“翻之四面悉香，至煤烬气亦不焦”品第优劣，意趣正与之无别，焚香之要，实也在此。

总之，宋代水沉大的分别，仍是沉香，栈香〔或作笺香，煎香〕，黄熟香，不论舶来品还是本土的出产。三等之中又各有生结、熟结之分。其中栈香用量最大，品类因此格外区分得细，名称最多且以时地不同而各异，此中则又以海南沉最为士人所喜。蓬莱香，鹧鸪斑香，如茅竹叶者亦即洪刍《香谱》所谓“叶子香”，均栈香之属，而居于上品。最下之黄熟香，质地轻虚，香气既速且短，实多用作合香。

(1)《宋会要·南蛮传》：“七年，臣僚复上言：辰、沅、靖三州之地多接溪峒，其居内地者谓之省民、熟户，山徭峒丁乃居外为捍蔽。”《宋会要辑稿》，第八册，页7801。

(2)《岭外代答校注》释此煤为煤炱，且引《吕氏春秋》高诱注“煤炱，烟尘也”，实误。

(3)《全宋词》，册一，页306。

水沉与香饼

宋代士人视焚香为日常，燕居而求幽玄的清境，实少它不得。而彼时之香，举水沉，可概其要。《志香》所述种种，原有它独特的角度，优劣高下，其标准并非基于“日用及常程祭享”，而是士人燕居之焚香。“沉水一铢销永昼，蠹书数叶伴残更”[1]，怡神涤虑，澹志忘情，皆是其境界，虽然未必真的是怡，是忘。

由《志香》中的品评，可知宋人所重为花香，果香。莲花，梅英，鹅梨，曰清疏，曰清婉，皆是也。饶此风味的蓬莱香、鹧鸪斑香，自是最受钟爱。赵蕃《简梁叔昭觅香》：“雨住山岚更郁深，病夫晨起畏岑岑。可能乞我蓬莱炷，要遣衣襟润不侵。”“蓬莱”下其自注云“香名”[2]。周必大致友人书中提到以“海南蓬莱香十两”为赠[3]。至于鹧鸪斑，则香好，名字也起得好，与端砚名品中的鸜鹆眼恰成巧对，何况巧更在于香与砚本是书房中的必须。南宋朱羿《书事》“洗砚谛观鸜鹆眼，焚香仍拣鹧鸪斑”[4]；陆游《斋中杂题》“棐几砚涵鸜鹆眼，古奁香斫鹧鸪斑”[5]；赵汝鐩《谢人送端砚水沉》“砚寄下岩鸜鹆眼，沉分上岸鹧鸪班”[6]，皆其例。北宋魏泰《东轩笔录》卷一五曰端砚有眼者三种，曰岩石，曰西坑，曰后历，“石色深紫，衬手而润，几于有水，扣之声清远，石上有黯，青绿间，晕圆而紧者谓之鸜鹆眼”，此即一等之“岩石”，乃采于水底，最贵重，便是诗中的“下岩鸜鹆眼”。端砚水沉合作一份土仪，正是现成的诗材，不过鹧鸪斑本不属上岸香，诗大约只是为了舍不得“下岩”“上岸”的好对。

放翁诗中的“古奁”，乃一种奁形香炉，宋侯寘《菩萨蛮·木犀十咏》“熏沉”一阕，句有“小奁熏水沉”[7]，亦此。小，正是它的特色之一。如浙江绍兴县钱清镇环翠塔地宫出土的一件龙泉窑青瓷炉[8]〔图 3-40:1〕。此外常见的尚有古鼎形，古鬲形[9]〔图 3-38〕——宋人通常概称之为鼎。香炉的高矮均在十厘米上下，宋人的独坐焚香，所用便多是此类小炉。风晨月夕，把重帘

[1] 刘克庄《身在》，《全宋诗》，册五八，页 36168。

[2]《全宋诗》，册四九，页 30790。

[3] 淳熙元年致刘焞书，《文忠集》卷一九〇。

[4]《全宋诗》，册三三，页 20843。

[5]《全宋诗》，册四〇，页 24900。

[6]《全宋诗》，册五五，页 34248。按鹧鸪班，即鹧鸪斑。

[7]《全宋词》，册三，页 1432。

[8]《浙江纪年瓷》，图二一四。

[9] 如浙江德清县乾元山南宋咸淳四年吴奥墓出土的一件龙泉窑青瓷鬲式炉，同上书，图二一六。

图[5-4]刘松年〔传〕《听琴图》 美国克里夫兰美术馆藏

低下，焚一炉水沉，看它细烟轻聚，参它香远韵清，此在宋人生活中算是平常的享受。“长安市里人如海，静寄庵中日似年。梦断午窗花影转，小炉犹有睡时烟”[1]。午梦里，也少不得香烟一缕。清雅不是莺边按谱花前觅句，而是“独坐闲无事，烧香赋小诗。可怜清夜雨，及此种花时”[2]。独处如此，享客亦然。曾几《东轩小室即事五首》之五：“有客过丈室，呼儿具炉薰。清谈似微馥，妙处渠应闻。沉水已成烬，博山尚停云。斯须客辞去，趺坐对余芬。”[3]嫩日软阴，落花微雨，轻漾在清昼与黄昏中的水沉，是宋人生活中一种特别的温存。传世的几幅宋元人绘《听琴图》，总绘出抚琴者身边的香几，并几上小炉的香烟袅袅〔图 5-4〕。赵希鹄《洞天清禄 · 古琴辨》：“焚香惟取

[1] 周紫芝《北湖暮春十首》，《全宋诗》，册二六，页 17393。

[2] 陆游《移花遇小雨喜甚为赋二十字》，《全宋诗》，册三九，页 24595。

[3] 《全宋诗》，册二九，页 18512。又许棐《题常宣仲草堂》：“隔市能几步，幽趣逾山林。凿池小如斗，水浅鱼自深。檐任树枝碍，阶从草色侵。不肯一锄斫，恐伤春风心。朝出货仁义，暮归炊古今。客来无可款，石炉添水沉。”《全宋诗》，册五九，页 36858。

香清而烟少者，若浓烟扑鼻，大败佳兴，当用水沉、蓬莱，忌用龙涎、笃耨凡儿女态者。”“夜深人静，月明当轩，香爇水沉，曲弹古调，此与羲皇上人何异。”那么与琴音相伴的也须水沉才好。

含有大量树脂的极品沉香，点燃时的味道会很刺鼻，即《志香》中说到的“腥烈”或“酷烈”。宋人焚香喜欢用的栈香相对柔和一些，但仍须经过加工才好，加工的方法便是用香花的精油薰制水沉，宋人诗词每云“蒸沉”[1]，即此。周紫芝《刘文卿烧木犀沉为作长句》：“海南万里水沉树，江南九月木犀花。不知谁作造化手，幻出此等无品差。刘郎嗜好与众异，煮蜜成香出新意。短窗护日度春深，石鼎生云得烟细。梦回依约在秋山，马上清香扑霜霁。平生可笑范蔚宗，甲煎浅俗语未公。此香似有郢人质，能受匠石斤成风。不须百和费假合，成一种性无异同。能知二物本同气，鼻观已有香严通。聊将戏事作薄相，办此一笑供儿童。”[2]诗中的石鼎，指香炉。范蔚宗即范晔，其《和香方序》有“甲煎浅俗”之句。百和，百和香也，宋代虽然不大用此称，但调和众香制为焚香用的香丸和香饼本也风味各异，这里不过抑彼扬此，而意在称扬水沉与木犀犹如郢人与匠石的“二难并”，各存本性而气味同清，因此相对而又相谐得恰好。其实用来精制水沉的香花不止于木犀，宋人常常提到的尚有朱栾花和柚花，素馨和茉莉〔图5-5〕。宋张世南《游宦纪闻》卷五：“永嘉之柑为天下冠，有一种名朱栾，花比柑橘，其香绝胜，以笺香或降真香作片，锡为小甑，实花一重，香骨一重，常使花多于香，窍甑之旁，以泄汗液，以器贮之，毕，则徹甑去花，以液渍香，明日再蒸，凡三四易，花暴干，置磁器中密封，其香最佳。”朱栾，枳也，即芸香科的酸橙或枳橘，宋人常把它用来当作嫁接好柑的砧木。酸橙尚有一变种今名代代花，白花开在春夏，香气馥郁，与《桂海虞衡志·志花》篇中说到的用来蒸香的柚花大抵相当。杨万里《和仲良分送柚花沉三首》有“薰然真腊水沉片，烝以洞庭春雪花”，“锯沉百叠糁琼英，一日三薰更九烝”[3]。春雪花，状柚花之色也；“锯沉百叠”云云，便是《游宦纪闻》中说到的香木作片，在锡制的小甑里，叠花一层，叠香一层；“一日三薰”句，则《纪闻》所述之蒸花。蒸花的过

[1] 如虞俦《以蕲簟石枕送耘老弟有诗因和来韵并分送蒸沉以助其雅趣》，《全宋诗》，册四六，页28571；高观国《霜天晓角》“炉烟浥浥，花露蒸沉液”，《全宋词》，册四，页2361。

[2]《全宋诗》，册二六，页17290。

[3]《全宋诗》，册四二，页26075。

程类似今天以蒸馏法提炼香花中的精油[1]，不过宋人是把蒸馏香水与薰制水沉合为一事。诚斋诗《红玫瑰》“别有国香收不得，诗人熏入水沉中”[2]，用作熏沉的办法也应如是[3]。

两宋重水沉，和合众香制作香饼，水沉亦为核心。

调和众香制作香饼，从诗文描写和文献记载中的香方来看，基本原则与现代调香工艺多有相通。合香所使用的原料，不外三类。其一，构成主体香韵的基本香料，如水沉，白檀香，降真香。其一，用作调和与修饰的一类，如甘松，丁香，藿香，零陵香。其一，用作发香和聚香的一类，如艾纳，甲香，龙脑，乳香，安息香或金颜香，麝香，龙涎香。所谓发香，即令各种香料成分挥发均匀；聚香，便是使香气尽可能留长。

[5-5]:❶

[5-5]:❷

[5-5]:❸

图[5-5]
❶ 素馨
❷ 茉莉
❸ 酸橙

(1) 用作提取精油的植物原料放在沸水里面的时候，植物内所含的芳香油亦即精油便会随着水蒸气而逸出。水蒸气冷凝为水，油脂自然浮于水面，于是可以把它收集起来。这一过程须重复若干次方可得到纯度尽可能高的芳香油。

(2)《全宋诗》，册四二，页26367。

(3) 类似的办法宋人发明了不少，见诸吟咏者又如向子諲《如梦令》，词前小序云：“余以岩桂为炉薰，杂以龙、麝，或谓未尽其妙，有一道人授取桂华真水之法，乃神仙术也，其香着人不灭，名曰芗林秋露，李长吉诗亦云‘山头老桂吹古香’，戏作二阕，以贻好事者。”其一云：“欲问芗林秋露，来自广寒深处。海上说蔷薇，何似桂华风度。高古。高古。不著世间尘污。”《全宋词》，册二，页965~966。

合香的技艺南北朝时便已发达，许多配方原是得自佛经，不过施用于中土之后，又加入了自己原有的药草炮制的经验，其实二者之间的道理本来相通。《陈氏香谱》卷一“合香”条：“合香之法，贵于使众香咸为一体。麝滋而散，挠之使匀；沉实而腴，碎之使和；檀坚而燥，揉之使腻。比其性，等其物，而高下如医者，则药使气味各不相掩。”说得很是透彻。此中其实尚包括着对各种香料品质特性的了解，对香气之清浊的精鉴更不待言。两宋的调香也是对前代的继承。晚唐及五代宫廷合香之风已经很盛，其时大抵水沉和白檀香为骨，而麝香龙脑用作发香和聚香，和凝《宫词》“多把沉檀配龙麝”[1]，是也。王建《宫词》：“供御香方加减频，水沉山麝每回新。内中不许相传出，已被医家写与人。”[2] 南唐的“江南李王帐中香”传入民间，宋人依然喜欢调制，王灼《张元举惠江南李王帐中香》“此香那得到君手，妙诀无乃当时传”[3]，纪其事也。江南宫中的宜爱香，黄庭坚得其方，而别名之曰“意可”，成为“黄太史四香”之一，载入《陈氏香谱》。不过宋人把“蒸沉”的办法也用到合香，其香谱便更多花之韵，词咏制香，所以曰“龙沫流芳旎旎，犀沉锯削霏霏。薇心玉露练香泥。压尽人间花气”[4]。

梅在宋代最受宠爱，梅香的清韵自然也为合香家所求，返魂梅，笑梅香，香谱中列有多品，曾几《返魂梅》及《诸人见和返魂梅再次韵》，咏其香也，《瀛奎律髓》卷二〇录此两首，方回曰：“此非梅花也，乃制香者，合诸香，令气味如梅花，号之曰返魂梅。”又周紫芝《汉宫春》词前小序云：“别乘赵李成以山谷道人反魂梅香材见遗，明日剂成，下帏一炷，恍然如身在孤山，雪后园林，水边篱落，使人神气俱清。”[5] 亦其例。当然此际合香中最有名的仍推水沉为骨的龙涎香品。

[1] 《全唐诗》，册二一，页8394。诗云：“鱼犀月掌夜通头，自著盘莺锦臂鞲。多把沉檀配龙麝，宫中掌浸十香油。”此言配制梳头油，而原理相同。

[2] 《全唐诗》，册一〇，页3446。

[3] 《全宋诗》，册三七，页23296。

[4] 陈深《西江月·制香》，《全宋词》，册五，页3532。

[5] 《全宋词》，册二，页878。

附：两宋诸香浅识

图[5-6]
❶ 檀香
❷ 檀香二十年生植株，心材约占百分之二十
录自《檀香引种研究》

白檀香　降真香〔图5-6、图5-7〕

沉水香，降真香，白檀香，是宋人喜欢的焚香之材，也是合香中可以用作构成主体香韵的基本香料。白檀香，佛经称栴檀和牛头栴檀，即檀香科的檀香，有白檀香和黄檀香，主产于印度以及印度尼西亚的马来半岛等地，乃半寄生的常绿小乔木。质细密坚实，气异香，而白檀为愈。入药用它富含芳香油的心材，焚香亦然。《佛

说梅檀树经》述梅檀树故事，情节与九色鹿的故事相仿佛，其中说到梅檀“根茎枝叶，治人百病，其香远闻，世之奇异，人所贪求不须道也”[1]，可见其珍。宋人合香，以水沉与檀香的搭配为常。合香常用者尚有紫檀，则为豆科常绿乔木，质坚重，有香气，所贵亦心材，晏殊《浣溪沙》“向谁分付紫檀心”[2]，巧用其意也。

芸香科的降真香，豆科的降香檀以及同科的印度黄檀，均有降真香之称，其心材都可以入药，焚香则也是用着心材。降香檀产海南，徐表《南州记》云降真香“生南海山”[3]，应指此种。宋人也或用香花的精油薰制降真香，一如薰制水沉。南宋郑刚中有诗详纪其事，诗题则犹一小序——《降真香清而烈，有法用柚花建茶等蒸煮，遂可柔和，相识分惠，爇之果尔，但至末爨，则降真之性终在也》。诗云：“南海有枯木，木根名降真。评品坐粗烈，不在沉水伦。高人得仙方，蒸花助氤氲。瓦甑铺柚蕊，沸鼎腾汤云。熏透紫玉髓，换骨如有神。矫揉迷自然，但怪汲黯醇。铜炉既消歇，花气亦逡巡。余馨触鼻观，到底贞性存。”[4]合香也常用到降真，不过使用更多的仍是沉香。

图[5-7]降香檀

[1]《大正藏》，第十七卷，页750。

[2]《全宋词》，册一，页88。

[3] 李珣《海药本草》引，《证类本草》卷一二“降真香”条。

[4]《全宋诗》，册三〇，页19120。

甘松　丁香　藿香　零陵香

〔图5-8至图5-10〕

甘松，丁香，藿香，零陵香，在合香中应是用作调和与修饰的一类。甘松为败酱科植物甘松的干燥根茎及根，有强烈的松节油样香气。唐陈藏器《本草拾遗》说它“合诸香及裛衣妙也”[1]。唐韩鄂《四时纂要》“合裛衣香”：“零陵一斤，丁香半斤，苏合半斤，甘松三两，龙胫〔按应为“脑”〕二两〔无则以甲香代之〕，麝香半两，郁金二两。右件并须新好者，一味恶则损诸香物。都捣，如麻、豆，以夹绢袋子盛，或安衣箱中，或带于身上。”《开宝本草》收为正品，并云：“甘松香，味甘，温，无毒，主恶气，卒心腹痛满，兼用合诸香，丛生叶细。《广志》云：‘甘松香出姑臧。’”

丁香为桃金娘科常绿乔木丁香树的干燥花蕾，主产于马来群岛、印度尼西亚群岛和非洲东部。花蕾名丁香，又名公丁香，含挥发油15~20%，香气最烈。近于成熟的果实称作鸡舌香，又名母丁香，气微香，味辛辣，含淀粉和少量挥发油。曹操与诸葛亮书“今奉鸡舌香五斤，以表微意”[2]，即此。

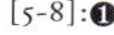

[5-8]:❶

[5-8]:❷

[5-8]:❸

[1]《海药》引，《证类本草》卷九“甘松”条。

[2]《曹操集》，页69。

图[5-8]

❶ 丁香植株

❷ 鸡舌香

❸ 丁香

[5-9]

藿香，广藿香，均唇形科植物，前者为中土原产，后者原产东南亚一带。万震《南州异物志》："藿香，出典逊，海边国也，属扶南，香形如都梁，可以著衣服中。"[1] 典逊，其地在今缅甸南端的丹那沙林，则《志》所记当为广藿香。曹植《妾薄命行》"御巾裛粉君傍，中有藿纳都梁，鸡舌五味杂香，进者何人齐姜"[2]，此即著衣之香也。纳，艾纳；都梁，兰草；鸡舌，丁香；这里的藿，也应是广藿香。广藿香乃植物香料中气味尤其浓郁的一种，香能持久，更是它的最为优胜处。

[5-10]

零陵香，又名燕草，排草，即报春花科的灵香草。沈怀远《南越志》："苓陵香，土人谓为燕草"[3]。苓陵香即零陵香。苏敬《唐本草》注："生水山间，可和诸香，煮汁饮之亦宜。合衣中香。"[4]《桂海虞衡志 · 志香》："排草，出日南，状如白茅香，芬烈如麝香，亦用以合香，诸草香无及之者。"

[5-11]

图[5-9] **广藿香**
图[5-10] **灵香草**
图[5-11] **艾纳**

(1)《法苑珠林》卷四九"华香篇"。
(2)《先秦汉魏晋南北朝诗》，上册，页436。
(3)《法苑珠林》卷四九"华香篇"。
(4)《证类本草》卷九"零陵香"条。

艾纳 甲香 龙脑 麝香 乳香 安息香

〔图5-11至图5-15〕

艾纳，甲香，龙脑，乳香，安息香或金颜香，麝香，龙涎香，在合香中是用作发香和聚香的一类。艾纳香，为菊科植物艾纳香的叶及嫩枝，蒸馏提取的结晶称艾片。不过宋人合香所用艾纳〔或作蒳〕，却是别一种。《证类本草》卷九“艾蒳香”条：“《广志》曰:出西国，似细艾。又有松树皮绿衣，亦名艾纳，可以和合诸香，烧之能聚其烟，青白不散，而与此不同也。”同书卷一二“松脂”条引苏敬《唐本草》注:“树皮绿衣名艾纳，合和诸香烧之，其烟团聚，青白可爱也。”洪刍《香谱》载录“球子香法”，其方有“艾蒳一两”，注明“松树上青衣是也”。东坡《再和杨公济梅花十绝》“凭仗幽人收艾纳，国香和雨入青苔”[1]，所云“艾纳”，即此。范成大《桂海虞衡志·志香》又提到一种与它相似的槟榔苔，曰“出西南诸岛，生槟榔木上，如松身之艾蒳，单爇极臭，交趾人用以合泥香，则能成温馨之气，功用如甲香”。

[5-12]:❶

[5-12]:❷

图[5-12]
❶ 龙脑块
❷ 冰片

甲香为蝾螺科动物蝾螺或其近缘动物的掩厣。苏颂《本草图经》曰甲香“今医方稀用，但合香家所须，用时先以酒煮去腥及涎，云可聚香，使

[1]《全宋诗》，册一四，页9438。

不散也”[1]。甲香的修治，本草类书记载颇多，总之是须反复煮熬，即分别用含酸、碱、盐、醇等物质的各种溶解方法煮之再三，洗净又煮，意在用多种方法溶解掉动物蛋白质，以使焚香时不致受其特有的焦臭气味的影响[2]。

龙脑香科龙脑香树树脂的加工品，即从龙脑香树干的裂缝处采干燥树脂加工，或砍下树干及树枝，切成碎片，蒸馏冷却后的结晶，称龙脑冰片或片脑，其质最优者称梅花脑。龙脑汉代即已由南海传入中土，时称果布〔《史记·货殖列传》〕，唐代则数量大增，王建《送郑权尚书南海》“戍头龙脑铺，关口象牙堆”[3]，可见其盛。李贺“龙脑入缕罗衫香”；“钿盒碧寒龙脑冻”[4]，唐风也，宋代则多用作合香。南宋许棐《月涧惠砚滴梅脑》：“踏雪寻梅兴未偿，衣襟赖有隔年香。铜匜更炷冰花脑，不到孤山也不妨。”[5]“孤山”，“寻梅”，固然都为着切题，不过宋人合香中多有香气拟梅者，其中自然少不得龙脑来聚香，如洪刍《香谱》“梅花香法”：“甘松、零陵香各一两。檀香、茴香各半两。丁香一百枚。龙脑少许，别研。右为细末，炼蜜令合和之，干湿得中用。”那么诗又不仅字面切题而已。苏轼《子由生日，以檀香观音像及新合印香银篆盘为寿》句云：

图[5-13]麝香

[1] 《证类本草》卷二二“甲香”条。

[2] 缪启愉《四时纂要校释》“合裛衣香”条注，页106。

[3] 《全唐诗》，册九，页3400。

[4] 《嘲少年》，《全唐诗》，册一二，页4440；《春怀引》，页4439。

[5] 《全宋诗》，册五九，页36860。

“旃檀婆律海外芬，西山老脐柏所薰。香螺脱黡来相群，能结缥缈风中云。一灯如萤起微焚，何时度尽缪篆纹。缭绕无穷合复分，绵绵浮空散氤氲，东坡持是寿卯君。”[1] 婆律即龙脑，语出《酉阳杂俎》〔前集卷一八〕；香螺脱黡指甲香；老脐，麝香也。诗言麝食柏而香，原袭古人成说，不过麝的取食的确很清洁，如松与冷杉的嫩枝和叶，又地衣、苔藓、野果。合香所用为整麝香亦即毛香内的麝香仁，俗称当门子，其香气氤氲生动，用作定香，扩散力最强，留香也特别持久，惟名贵不及舶来品的龙涎香。

乳香即橄榄科卡氏乳香树的干燥树脂，香气温和而留长。主产于红海沿岸的索马里、埃塞俄比亚及阿拉伯半岛南部，此外土耳其、利比亚、苏丹、埃及等地也有出产。其采收在春夏两季，以春季为产期。将树干的皮部由下向上顺序割伤，并开小沟，使树脂由伤口渗出，流入沟中，数日后凝成干硬的固体，即可从树上采收；有落于地面者，也可拣取，但易粘附砂土杂质，品质较劣[2]。后者，即宋人所说的“塌香”。《梦溪笔谈》卷二六：“薰陆即乳香也，本名薰陆，以其滴下如乳头者，谓之乳头香，镕塌在地上者，谓之塌香。”香有数等，见《云麓漫钞》卷五。薰陆，佛经译为“杜噜”，也是梵语的音译。乳香之优者，时称“揀香”，《清明上河图》中绘着香铺前的一个大招贴，上书“刘家上色沉檀揀香”，即此。次曰“缾香”，“言收时贵重之置于缾中”〔《诸蕃志》卷下〕，所谓“薰陆光射琉璃缾”[3]，即此。

安息香，即安息香科安息香树的干燥树脂，产今印度尼西亚、越南、泰国等地。伤其树干，流出树脂，干燥后采收，便是安息香。《诸蕃志》卷下：“安息香出三佛齐国，其香乃树之脂也，其形色类核桃瓤，而不宜于烧，然能发众香，故人取之以和香焉。”不过宋代更多用到的是金颜香，同书曰：“金颜香正出真腊，大食次之。所谓三佛齐有此香者，特自大食贩运至三佛齐，而商人又自三佛齐转贩入中国耳。其香乃木之脂，有淡黄色者，

[1] 《全宋诗》，册一四，页9493。

[2] 《中药志·三》，页569。

[3] 朱翌《素馨》，《全宋诗》，册三三，页20876。

[5-14]:❶

有黑色者，拗开雪白为佳，有砂石为下。其气劲，工于聚众香，今之为龙涎软香佩带者，多用之。”据此，它应即同科的暹罗安息香树〔*Styrax tonkinensis* *Pierre*〕，产于今泰国湄公河附近一带[1]。用作佩带的软香多制为香珠，也常常作成扇坠。史达祖《菩萨蛮·赋软香》：“广寒夜捣玄霜细。玉龙睡重痴涎坠。斗合一团娇。偎人暖欲消。　心情虽软弱，也要人挦搦。宝扇莫惊秋，

[1] 《中药志·三》，页558。

班姬应更愁。”[1]风调更为媚丽的又有詹玉《庆清朝慢》，“红雨争妍，芳尘生润，将春都揉成泥”，“梅不似，兰不似，风流处，那更著意闻时，蓦地生绡扇底”[2]，所赋亦软香。两调都是借了佩带的依偎之意而写得格外香艳。不过安息香之名在明清时代常常是被借去指线香。《长物志》卷一二“安息香，都中有数种，总名安息香”；《醒世恒言·卖油郎独占花魁》“买几根安息香，薰了又薰”；《醒世姻缘传》第八十四回“叫香匠做他两料安息香”，皆其例。《清稗类钞·工艺类》“制安息香”条：“安息香树之脂，坚凝成黄黑色块者可为香，并可制药。今通用之安息香则多以他种香料合木屑作线香状，但袭安息香之名，实无安息香料也。”

[5-15]

[5-14]:❷

[5-14]:❸

图[5-14]
❶《清明上河图》中的香铺
❷ 乳香
❸ 乳香树

图[5-15]越南安息香

(1)《全宋词》，册四，页2334。

(2)《全宋词》，册五，页3351。

龙涎真品与龙涎香品

龙涎香以它的名贵和稀见，自古以来便是一个总带着几分神秘的话题。宋人对它算是最不陌生，两宋香事中因此常常见到“龙涎”之名，不过这时候的“龙涎”二字实在还包含着虚与实的分别，亦即龙涎真品与龙涎香品的重要区别，而这也正是宋代香事中很有意思的一个细节。

龙涎香最早见于中土文献是在唐人段成式的《酉阳杂俎》，前集卷四云“拨拔力国，在西南海中”，“土地唯有象牙及阿末香”。拨拔力，即今索马里的柏培拉。不过当时阿末香还只是外国来的一种传闻。此后过了很久，除偶见于“朝贡”纪录外[1]，似乎再不见有人谈起它，直到元祐年间苏轼的《再和杨公济梅花十绝》，其七曰“檀心已作龙涎吐，玉颊何劳獭髓医”[2]，乃以龙涎拟喻梅花的幽香。东坡远谪海南之后，作诗咏山芋羹，又把龙涎拈来作喻，句云“香似龙涎仍酽白，味如牛乳更全清”[3]。龙涎用作焚香，此际也见于吟咏，如秦观《浣溪沙》“霜缟同心翠黛连。红绡四角缀金钱。恼人

[1] 如熙宁四年，有层檀国遣使奉表贡龙涎香等；五年，有大食勿巡国遣使奉表贡龙涎香等。《宋会要辑稿》，第八册，页7855。

[2] 《全宋诗》，册一四，页9438。

[3] 《过子忽出新意，以山芋作玉糁羹，色香味皆奇绝，天上酥酡则不可知，人间决无此味也》，《全宋诗》，册一四，页9557。

香爇是龙涎”[1]。宣和初年徽宗在睿谟殿张灯结彩预赏元宵，曲宴近臣，亲历者如王安中如冯熙载均有长诗纪此一时之盛，所谓“层床藉玑组，方鼎炷龙涎”[2]，便是其中的纪实之句。龙涎又不仅用作焚香，南宋叶绍翁《四朝闻见录》乙集“宣政宫烛”条曰“宣政盛时，宫中以河阳花蜡烛无香为恨，遂用龙涎、沉脑屑灌蜡烛，列两行，数百枝，焰明而香滃，钧天之所无也”。不过龙涎真品价格昂贵非同一般。张时甫《可书》：“仆见一海贾鬻真龙涎香，二钱，云三十万缗可售鬻，时明节皇后阁酬以二十万缗，不售。遂命开封府验其真赝，吏问：‘何以为别？’贾曰：‘浮于水则鱼集，薰于衣则香不竭。’果如其言。”明节皇后即徽宗之妃刘氏，以别于明达皇后刘氏，又称作小刘，宣和三年追册为皇后。宋佚名《百宝总珍集》卷八“龙涎”条曰龙涎“每两直百千已上”，当然此中还应有质量、等级之类的差别，虽海贾在皇室面前有故昂其值的成分，但“薰于衣则香不竭”，并非虚语，龙涎香的分外贵重，且非寻常可见[3]，也是实情。

图〔6-1〕龙涎香

龙涎香是抹香鲸肠内的病理分泌物，主要见于热带和亚热带温暖的海洋中。其成因，说法不很一致。一般认为它是抹香鲸的贪食，由消化不良而刺激胃肠粘膜，因形成的一种病理性结块亦即结石。以其质轻——相对密度为 0.8~0.9，故从鲸鱼体内排出之后，便往往会漂浮在海面或被冲上海岸。龙涎香的干燥品看去是灰色或褐色的蜡样团块〔图 6-1〕，六十度左右会软化，七十至七十五度间则熔融。新从鲸鱼体内排出的龙涎香香气很弱，经海上长期漂流自然熟化，或经过长期贮存自然氧化，它的香气方逐渐增强。

〔1〕《全宋词》，册一，页 462。

〔2〕王安中《睿谟殿曲宴诗》，《全宋诗》，册二四，页 15973。

〔3〕蔡絛《铁围山丛谈》卷五，曰政和间徽宗检察奉辰库，见前朝旧存龙涎香，既不知所从来，也不知为何物，更不必说用途；及至“以一豆火爇之，辄作异花气，芬郁满座，终日略不歇”，方惊为珍奇，乃至把已分赐臣下者悉数收回。此所谓“龙涎香”，应是龙涎真品。

龙涎香具有生动的动物香，清灵而温雅，同时又很特别的微含木香、苔香。一种特殊的甜气和尤其持久的留香底韵使它很有温暖朦胧的意蕴，清厉鹗《天香·龙涎香》“天上梅魂乍返，温馨似垂纤尾”[1]，为传闻中的香气写真而竟得其神。香气的微妙柔润，可提扬而又凝聚不散，且特别能够圆和其他气息，都是龙涎香令人珍爱的品质，麝香、灵猫香等几种名贵的定香剂中，龙涎香的留香最为持久，优质者，竟可达数月。以上种种古人多已认识到，其实有关龙涎香的故事，虽常常不免带了某种传说的成分，但究竟有着不少确实的依据。

最早详细记述龙涎香之性状与用途的，当推成书于淳熙五年〔一一七八年〕的《岭外代答》，卷七《宝货门》“龙涎”条曰：“大食西海多龙，枕石一睡，涎沫浮水，积而能坚，鲛人采之，以为至宝。新者色白，稍久则紫，甚久则黑。因至番禺尝见之，不薰不莸，似浮石而轻也。人云龙涎有异香，或云龙涎气腥，能发众香，皆非也。龙涎于香本无损益，但能聚烟耳。和香而用真龙涎，焚之一铢，翠烟浮空，结而不散，座客可用一剪分烟缕。此其所以然者，蜃气楼台之余烈也。”所谓“不薰不莸，似浮石而轻”，以其至番禺而亲见，所述当然比较近实，聚烟的认识自然更为重要，至于“蜃气楼台”之类的想象，原是难免，惟“能发众香”本来是实，“有异香”亦然，不必非之。此说流传极广，稍后于此的赵汝适《诸番志》、张世南《游宦纪闻》，都有大致相同的复述。后世笔记也大多沿用这样的说法，直到屈大均作《广东新语》，说龙涎，大意仍不外此。

关于龙涎香的产地、品质、采获以及调制的过程与方法，日人山田宪太郎所著《香料博物事典》，叙述最为详明[2]。不过大量见于宋人诗文的龙涎香，却多半不是真品龙涎，而是龙涎香饼，有的甚至配料中龙涎也无，却只是用素馨或茉莉的精油调配出花的香韵。成书于宋末元初的《陈氏香谱》卷三收“龙涎香”，“古龙涎”，“小龙涎”等香方二十四种，方中配料入龙涎者只有三种，可知龙涎香饼乃别有故事。

最负盛名的龙涎香饼是五羊城中的吴氏心字香。叶寘《坦斋笔衡》：“有吴氏者以香业于五羊城中，以龙涎著名。香有定价，家富日飨如封君。人自

[1]《樊榭山房集·集外词·秋林琴雅二》。

[2]《香料博物事典》，页442~466。

叩之，彼不急于售也。”吴曾《能改斋漫录》卷一六“玉珑璁词”条下曰某士人以诗酬答友人龙涎香之赠，句云“认得吴家心字香”；王灼《糖霜谱》的配方中则列着“吴氏龙涎香”。吴家心字，吴氏龙涎，皆一物也，著名而且传得广远。其配方似乎未见当时人记载，不过龙涎香品的制作由宋人笔记和诗词中的若干描写，尚可略窥其概。《能改斋漫录》卷一五“素馨花”条：“岭外素馨花，本名耶悉茗花，丛脞么麽，似不足贵，唯花洁白，南人极重之。以白而香，故易其名。”“海外耶悉茗油，时于舶上得之，番酋多以涂身。今之龙涎香，悉以耶悉茗油为主也。”[1] 陈善《扪虱新话》卷一五“南地花木北地所无”条则曰：“制龙涎香者无素馨花，多以茉莉代之。”诗词中咏及龙涎香，固多用辞藻装点，但意思依然明确。张元干《青玉案》“心字龙涎饶济楚。素馨风味，碎琼流品，别有天然处”[2]；洪适《番禺调笑·素馨巷》“屑沉碎麝香肌细，剩馥熏成心字”[3]；朱翌《素馨》“余波润泽龙涎春，北走万里燕赵秦”[4]，虽不是专说制香，而制香之法可见。又郑刚中诗的反面作比：“素馨玉洁小窗前，采采轻花置枕边。仿佛梦回何所似，深灰慢火养龙涎。”[5] 可知宋人心目中龙涎和素馨是亲密得可以互换[6]。

[1] 《黄氏日钞》卷六七：“泡花，采以蒸香。法以佳沉香薄劈，着净器中，铺半开花，与香层层相间，密封之，日一易，不待花蔫，花过香成。番禺人吴兴作心字香、琼香，用素馨、末利，法亦然。大抵泡取其气，未尝炊焮。”此乃节录范成大《桂海虞衡志·志花》之文〔今范《志》“泡花”一则稍略于此，盖所存已非全帙〕。不过依吴氏《漫录》，用作制香者乃耶悉茗油，则仍应以蒸液渍香为是，其法即如前引《游宦纪闻》所云，此曰“未尝炊焮”，似非。

[2] 《全宋词》，册二，页1088。

[3] 《全宋词》，册二，页1369。

[4] 《全宋诗》，册三三，页20876。

[5] 《广人谓取素馨半开者囊置卧榻间，终夜有香，用之果然》，《全宋诗》，册三〇，页19104。

[6] 素馨与茉莉前已提及，二者同属木犀科，香气近似而又略有不同。现代调香工艺中把它们分作大花茉莉和小花茉莉，素馨属前者，虽然它实际上开的是小花，吴氏所谓“丛脞么麽”者是也。素馨和茉莉的香气特征均在于“鲜”，不过素馨是鲜中带浊，茉莉则鲜而清灵。鲜的来源在于其鲜花的香气成分里含有大量吲哚——约达百分之五至十二。吲哚纯品在浓溶液中是咸鲜有力而粗氲的动物香气，扩散力强而持久。用耶悉茗油精制香饼，以其香气中独特的鲜韵而依稀龙涎风神，或者是可能的，只是我们无法去证实，因此把它作为一个推论。

图[6-2]香饼 江苏武进南宋墓葬出土

茉莉与素馨同属木犀科，原中心产区在波斯。唐人已经知道茉莉和茉莉花制作的精油[1]，不过它和素馨的大规模引种都是在宋代[2]。《岭外代答》卷八“花木门”曰“素馨花，番禺甚多”。其时且有专植素馨的花田。南宋蔡戡《重九日陪诸公游花田》四首，句有“瑞叶嘉禾亦旅生，琼田十顷足丰盈”，其下自注云：“土人卖花所得不减力耕。”[3]诗应作于蔡戡嘉泰年间知静州府兼广西经略安抚使任上。花开时节当地固多把它用作簪戴，而素馨同样重要的一个用途则是制香[4]，蔡诗“不特炉熏资剩馥，最宜宝髻缀繁英”，即为此而言。南宋程公许《和虞使君撷素馨花遗张立蒸沉香四绝句》其一曰：“平章江浙素馨种，小白花山瓜葛亲。借取水沉薰玉骨，便如屏障唤真真。”又曰：“长讶诗人巧夺胎，天心月胁句中来。更将花谱通香谱，输与博山烘炭煤。”[5]“更将花谱通香谱”，最是宋人调香的要紧处，独具特色的龙涎香即由此而来。

南宋顾文荐《负暄杂录》“龙涎香品”条：“向尝叙海南香品矣，近有人

[1] 如杜环〔《经行记》“大食国”条〕，段成式〔《酉阳杂俎》前集卷一八〕，段公路〔《北户录》卷三〕。最早提到“耶悉茗”亦即茉莉花者，为旧题晋嵇含撰《南方草木状》，然此书实非全部出自晋人之手，因不足为凭，中外学者有关考证文章已有多篇，如马泰来《〈南方草木状〉辨伪》，页43~57。

[2] 高似孙《纬略》卷九“耶悉茗油”条：“耶悉茗花是西国花，色雪白，胡人携至交广之间，家家爱其香气，皆种植之。”素馨的移种或始于南汉。《全芳备祖》前集卷二五“素馨”条引《龟山志》：“素馨旧名那〔耶〕悉茗，昔刘王有侍女名素馨，其冢上生此花，因以得名。”刘王即五代十国时割据岭南的南汉王。宋许及之《咏史》：“南汉倾颓宫女亡，风流争睹一花香。香名认取素馨字，玉树琼花一样妆。”《全宋诗》，册四六，页28453。元王恽《秋涧集》卷九《素馨辞》前小序云：“五代汉刘隐女曰素馨，死，其墓生花甚香，因以女名目之。”传说不一，但南汉辖地已植素馨，大约是实。

[3] 《全宋诗》，册四八，页30061。

[4] 洪迈《番禺调笑·素馨巷》：“轻丝结蕊长盈穗，一片瑞云萦宝髻。水沉为骨麝为衣，剩馥三熏亦名世。”《全宋词》，册二，页1369。

[5] 《全宋诗》，册五七，页35619。

问曰，今之龙涎香始于何时，盖前代未尝闻也。惟古诗中有'博山炉中百和香，郁金苏合及都梁'，则古亦有合和成香者。"“绍兴光尧万机之暇，留意香品，合和奇香，号东阁云头。其次则中兴复古，以古腊沉香为本，杂以脑麝、栀花之类，香味氲氤，极有清韵。又有刘贵妃瑶英香，元总管胜古香，韩钤辖正德香，韩御带清观香，陈门司末札片香，皆绍兴、乾淳间一时之盛耳。庆元韩平原制阅古堂香，气味不减云头。"举"龙涎香品"而曰"古亦有合和成香者"，自然说的是龙涎香饼。这里记述的故实大抵可靠，所列诸品亦多为当日实有之物。龙涎香品，俗又称龙涎花子，《百宝总珍集》卷八"龙涎香"条前面所冠口诀首云"龙涎花子有多般"，即此。所谓"花子"，则脱制香饼之印模也，这里又代指龙涎香饼。此则本来专说香饼，而以"龙涎香"标目，紧接在下面的一条说龙涎真品，标题则曰"龙涎"，可见二者区分明确。口诀之下又曰："复古，云头，清燕，此三等系高庙、孝宗、光宗在朝合之者。向日杨和合王者进御前，香花子上有和王臣名最好。目今街市上有，今时韩太师府修合阅古龙涎花子，街市亦有假者。"复古，云头，清燕，一如顾氏所举。杨和合王，衍一"合"字，下文曰"有和王臣名"云云，即可证。此当为杨存中，卒于孝宗乾道二年，追封和王。《百宝总珍集》大约南宋临安市贾所编，其载录金珠玉石和诸般器用，均详述出产、市肆中行情以及真伪形状，乃实用手册之类，因可信据。元戚辅之《佩楚斋客谈》曰"浩然斋有古龙涎香，自复古、睿思、东阁、琼英、胜古、清观、清燕、阅古以下，凡数十品"，浩然斋，周密之居也。其藏品之一的"复古"，便是光尧亦即宋高宗所合之香"中兴复古"。上世纪七十年代末，江苏武进村前发现两组南宋末年的墓葬，发掘者推测墓主是官至副相的毗陵公薛极或其亲属。五号墓中出土一枚香饼，四点五厘米见方，上有"中兴复古"四个字，"中"字的空处一个规整的小圆孔，当是用作穿线佩系[1]〔图6-2〕。墓主人是一位女性。香饼与《负暄杂录》中说到的"中兴复古"相合，自然不是凑巧。那么它是龙涎香品之一的"内家香"应可确认，而香史中这样一件难得的实证，是格外令人珍视了。

出自广州的龙涎香品太著名，被人争相仿制乃情理之常，虽然素馨茉莉并不是到处可以栽培得茂盛而足以成为制香的原料，《扪虱新话》卷一五"近

[1] 《江苏武进村前南宋墓清理纪要》，页257，图版八：6。

日浙中好事家亦时有茉莉素馨，皆闽商转海而至，然非土地所宜，终亦不盛”是也。《百宝总珍集》卷八“龙涎香”条：“广州心字香子细看验，亦有假者。”这里说的是临安市肆情景。不过出自临安的龙涎香品或曰龙涎花子，即如前面举出的东阁云头、中兴复古，却是另外的创造，且同样为人所珍。可与前引诸说互观者尚有宋亡之初八人分题的《天香 · 宛委山房拟赋龙涎香》八阕。此中本来别有寄托，但故国之思的悲慨以咏物出之，上半阕的赋笔为龙涎写照，仍多有摹写的真切。如李彭老所作：“捣麝成尘，薰薇注露，风酣百和花气。品重云头，叶翻蕉样，共说内家新制。波浮海沫，谁唤觉、鲛人春睡。清润俱饶片脑，芬馡半是沉水。”[1]云头，东阁云头也，因此说它“内家新制”。配方仍是沉水，龙脑，麝香，蔷薇水或蔷薇水的代用品——“薰薇注露”，原可泛指蒸花。同题他人之作中的“红薇染露”[2]，“蕤英嫩压拖水”[3]，也都是同样的意思。可知所谓“龙涎”，其实只是一个好名字，词人固借它抒感，而南宋时候的平常日用中，它多半是指合香中的一种，不过为人珍爱的一品好香而已，与龙涎真品自然是无干，即与出自广州的心字龙涎亦非一事。曾丰《除日送龙涎香与宋评事二首》之一：“除夕风霜节，家人锦绮筵。舌头余凤髓，鼻观欠龙涎。玉饼聊分饷，金炉试一燃。更将国香匹，何似海南烟。”[4]李昂英《渔家傲》：“重著夹罗犹怯冷。隔帘拜祝团圆镜。取片龙涎安古鼎。香阁静，横窗写出梅花影。”[5]皆其例也。

当然最好的一例是杨万里的《烧香七言》，咏“古龙涎”而涉及宋代香事中诸多的琐细微末，且好更在于用诗语揭出它的香韵三昧。

琢瓷作鼎碧于水，削银为叶轻如纸。不文不武火力匀，闭阁下帘风不起。
诗人自炷古龙涎，但令有香不见烟。素馨忽开抹利拆，低处龙麝和沉檀。
平生饱识山林味，不奈此香殊妩媚。呼儿急取烝木犀，却作书生真富贵。[6]

“琢瓷作鼎碧于水”，即龙泉青瓷制就仿古样式的小香炉。“削银为叶轻如纸”，则用作隔火的银叶。“不文不武火力均”，便是半埋香炭于灰中，放翁诗“香岫火深生细霭”[7]，陈深《西江月 · 制香》“银叶初温火缓，金猊静袅烟微”[8]，都是它合式的注脚。《陈氏香谱》卷一“焚香”条：“焚香必于深

[1]《全宋词》，册四，页 2972。
[2] 周密，《全宋词》，册五，页 3287。
[3] 唐艺孙，《全宋词》，册五，页 3424。
[4]《全宋诗》，册四八，页 30232。
[5]《全宋词》，册四，页 2873。
[6]《全宋诗》，册四二，页 26181。
[7]《题斋壁》，《全宋诗》，册四〇，页 24873。
[8]《全宋词》，册五，页 3532。

房曲室，矮卓置炉与人膝平，火上设银叶，或云母制如盘形，以之衬香，香不及火，自然舒慢无烟燥气。”此所以曰“闭阁下帘风不起”也，放翁也因此写出他的名句“重帘不卷留香久，古砚微凹聚墨多”[1]。《楞严经》卷七:“香炉纯烧沉水，无令见火。”此可以算作“但令有香不见烟”的出典，不过这本来也是焚香而品其韵的要领。“素馨忽开抹利拆，低处龙麝和沉檀”，若为香韵作谱而成其三部。素馨抹利可以是实指，但泛指花香用在“古龙涎”似乎更为合式。总之它是香饼中挥发性最高的成分，因此最先发散且香气是清亮和高扬，说它是高音之部大抵不错，“忽开”二字正是体味得亲切。水沉与白檀香是香饼制作的主要成分，论香气的品质则是含蓄，浅幽，谓之低音可也。麝香龙脑，定香与聚香也，调和高低而成就香气的余韵悠长，“低处”云云，确是品香的真知。“呼儿急取烝木犀”，《墨庄漫录》卷八“木犀花”条:“近人采花蕊以薰蒸诸香，殊有典刑，山僧以花半开香正浓时就枝头采撷取之，以女真树子俗呼冬青者，捣裂其汁，微用拌其花，入有油磁瓶中，以厚纸幂之。至无花时，于密室中取置盘中，其香裛裛中人如秋开时。”即此“烝木犀”也，朱翌诗《王令收桂花，蜜渍埳地瘗三月，启之如新》，所谓“虚堂习新观，博山为频启。初从鼻端参，忽置秋色里”[2]，亦与此同。

总之，宋人艳称的“龙涎香品”或曰“古龙涎”，其实乃水沉为本，杂以脑麝香花而制成的合香。合香之法原随佛教东传而来，至于两宋，其法已完全本土化。本草学的发展此际达到一个高潮，园艺学的发达也可谓空前。芍药，牡丹，梅，菊，兰等各有专谱，传统植物的研究自不待言，对许多外来植物也早有了很确切的认识。博物，多识，格物的空气里，“更将花谱通香谱”，乃是必然，这本来也是宋代合香的重要特色之一。借用诚斋诗句来为之品题，则“东风染得千红紫，曾有西风半点香”也[3]，如果把这“西风半点”比作西来的树脂香料，那么它原是合香中的点睛之笔，而“东风染得千红紫”则使得中西合璧的合香香韵格外悠长。

[1] 《书室明暖，终日婆娑其间，倦则扶杖至小园，戏作长句》，《全宋诗》，册四〇，页24882。

[2] 《全宋诗》，册三三，页20811。

[3] 《木犀二绝句》，《全宋诗》，册四二，页26064。

琉璃瓶与蔷薇水

北宋张耒有一首《琉璃瓶歌赠晁二》：

火维荒茫地轴倾，下有积水潜鲲鲸。
鳌身翻澜山为崩，金乌下啄狞龙腾。
狂鬐奇鬣万族朋，巨神日月双手擎。
夸娥愁思乌戢翎，老鱼战死风雨腥。
长彗下扫千里惊，浅洲一席块为城。
蛮儿夷女奇弁缨，大舶映天日百程，
怒帆吼风战飞鹏。舟中之人怪眉睛，
兽肌鸟舌髻翘撑。万金明珠络如绳，
白衣夜明非缟缯。以有易无百货倾，
室中开橐光出楹。非石非玉色绀青，
昆吾宝铁雕春冰。表里洞彻中虚明，
宛然而深是为瓶。補陀真人一铢衣，
攀膝燕坐花雨飞。兜罗宝手亲挈携，
杨枝取露救渴饥。海师跪请颡有胝，
番禺宝市无光辉。流传人间入吾手，
包以百袭吴绵厚，择人而归今子授。
烂然光辉子文章，清明无垢君肺肠。
比君之德君勿忘，与君同升白玉堂。[1]

文潜诗本来以简淡平易为特色，间或有清隽疏秀者，也不脱质朴。但此诗却风格特异，光怪陆离倒好像李长吉。大约这一件玻璃瓶的确来历不凡，持之以赠同门晁补之，又更多一点儿感情色彩。不过细绎诗意，缤纷的文字之下，依然是写实。比如起首数句虽然一片险怪奇异，但描述的却是一个真实的故事，即造物在海陆之交建起一座城，于是有"蛮儿夷女"生长于斯，于是大舶扬帆，载百货，至番禺，

[1]《全宋诗》，册二〇，页13034。

为商贾。“補陀”即普陀，“兜罗”，兜罗绵也，此形容持瓶之手，设想琉璃瓶曾是观音手中的杨枝瓶。“昆吾宝铁”指刀，“雕春冰”，形容琉璃瓶以刻花为装饰；“包以百袭”云云，见其薄也，“非石非玉色绀青”，“表里洞彻中虚明”，则其质莹澈而微泛天青。虽然古诗文说到“琉璃”处未必皆指玻璃，但这一首诗中的琉璃为玻璃，却无疑问。据诗中的形容，可知这是一件来自大食国的伊斯兰玻璃瓶。

阿拉伯世界在两宋之际与中国交往甚密，由史籍所见，可知大食商人的势力乃居蕃商之首。交通之路线，则与此前经由西北的陆路即所谓“丝绸之路”不同，此际多改道南部海路。因西北之路先后为辽、西夏、金所阻，商贸不易，而东南沿海地区则长期以来相对平稳。蔡絛《铁围山丛谈》卷五：“国朝西北有二敌，南有交趾，故九夷八蛮，罕所通道。太宗时，灵武受围，因诏西域若大食诸使，是后可由海道来。”“灵武受围”，指太宗时西夏数攻灵州；灵州后属西夏，时在宋真宗咸平五年。文潜诗“大舶”云云，“番禺”云云，均为实录。辽宋墓葬与寺塔地宫都曾发现过伊斯兰玻璃器，其中也有数量不算太少的玻璃瓶，如河北定县北宋静志寺塔地宫[1]，如辽陈国公主墓[2]，又浙江瑞安北宋慧光塔[3]，安徽无为北宋塔[4]，天津蓟县独乐寺塔等塔基[5]，均出土了形制近似的伊斯兰玻璃瓶〔图7-1、图7-3〕。这是可以知道年代的几例。此中以太平兴国二年封藏的定县静志寺地宫所出为最早，中

[7-1]:❶

[7-1]:❷

[7-1]:❸

图[7-1]玻璃瓶〔一〕

❶❷定县静志寺塔塔基出土

❸无为县北宋舍利塔塔基出土

(1)《河北定县发现两座宋代塔基》，页47。有关玻璃瓶的详细说明，见《中国的早期玻璃器皿》，页421；又《定州工艺与静志、净众两塔地宫文物》，页20。

(2)《辽陈国公主墓》，彩版一四：2。

(3)《中国的早期玻璃器皿》图版六：2。

(4)《无产阶级文化大革命期间出土文物展览简介》，页77，图九。

(5)《中国文物精华·一九九七》，图一四一。

有一件高颈刻花玻璃瓶，高九点八厘米，淡蓝透明，平底，折肩，瓶颈与腹与底均以刻花的手法装饰几何花纹，为伊斯兰玻璃瓶中常见的样式[1]〔图7-1:2〕。独乐寺塔基出土的一件，高二十四点六厘米，也是折肩、平底、细高颈，平口外翻，瓶颈与肩刻几何花纹。经化学检测，知道它属钠钙玻璃，与一般伊斯兰玻璃的成分相似，其式样也与同时代的伊斯兰玻璃瓶一致。塔内同出有辽清宁四年纪年的舍利函。张耒诗所咏大食琉璃瓶，在辽宋遗物中得到印证，千年以前曾令"番禺宝市无光辉"的琉璃瓶，果然玲珑晶莹。

中土的玻璃制作虽起始很早，但同瓷器等相比，却始终称不上发达，玻璃器在生活中便不是很常见，舶来品自然更不易得，诗所谓"择人而归"，是不轻相赠与也，也可见其珍罕。玻璃瓶常见于佛事，多用来珍重置放佛舍利。不过此类很少见诸吟咏。唐宋诗歌或提到玻璃瓶用作盛酒，如北宋孔平仲《海南碧琉璃瓶》："手持苍翠玉，终日看无足。秋天常在眼，春水忽盈掬。莹然无埃尘，可以清心曲。有酒自此倾，金樽莫相渎。"[2] 诗歌也偶言用玻璃瓶来观赏游鱼。五代徐夤《郡侯坐上观琉璃瓶中游鱼》，句有"宝器一泓银汉水，锦鳞才动即先知。似涵明月波宁隔，欲上轻冰律未移。雾薄罩来分咫尺，碧绡笼处较毫厘"[3]；南宋吴芾则有诗题为"偶得数琉璃瓶置窗几间，因取小鱼漾其中，乃见其浮游自适感而有作"[4]。不过此玻璃瓶，很有可能是一种桶形杯。定县静志寺地宫的出土器物中，有一大一小两件直桶形的玻璃杯，小者浅色无纹，大者色碧，有简单的竖线磨纹[5]〔图7-4〕，而地宫中发现的大中十二年《唐定州静志寺重葬真身记》中则说到，大中二年发旧塔基时所得有"瑠璃缾二，小白，大碧，两瓶相盛，水色凝结"，可知两件玻璃杯，当日

[1] 伊斯兰玻璃瓶之例，如《ペルシアのガラス》中著录的两件：图79〔高七点八厘米〕、图77〔高九点九厘米，为香油瓶〕，即本文之图7-2。

[2]《全宋诗》，册一六，页10873。

[3]《全五代诗》，下册，页1670。

[4]《全宋诗》，册三五，页21932。

[5]《地下宫殿の遺宝》，图49、52。

图[7-2]伊斯兰玻璃瓶〔一〕
❶八世纪至十世纪　日本大阪私人收藏
❷十世纪　日本东京私人收藏

图[7-3]玻璃瓶〔二〕
❶辽陈国公主墓出土
❷蓟县独乐寺塔塔基出土

图[7-4]玻璃瓶〔三〕
❶❷静志寺塔塔基出土杯式玻璃瓶

[7-2]:❶
[7-2]:❷
[7-3]:❶
[7-3]:❷
[7-4]:❶
[7-4]:❷

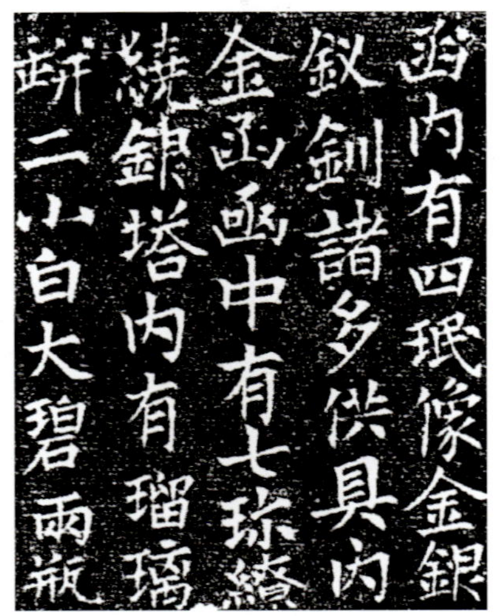
函内有四珉像金銀
釵釧諸多供具内
金函函中有七珎繚
繞鍮塔内有瑠璃
缾二小白大碧兩瓶

[7-5]

[7-6]

[7-7]

乃称作缾〔瓶〕〔图 7-5〕。在出自宋人之手的一轴《观音图》中，可以见到与之相近的杨枝瓶[1]〔图 7-6〕。“兜罗宝手亲挈携，杨枝取露救渴饥”，琉璃瓶歌本来有着想象的依据。这样一种瓶，却是九世纪伊斯兰玻璃器中的流行式样，《波斯的玻璃》一书中著录的一件，可作比照[2]〔图 7-7〕。而中土发见的细颈刻花或磨花伊斯兰玻璃瓶，即如前面举出的几例，在它的本土，原有专门的用途，即盛放蔷薇水。今藏日本早稻田大学的一件细颈刻花伊斯兰玻璃瓶，高十八厘米，为九至十世纪之物，原出土于埃及福斯塔特遗址，此瓶日人由水常雄著录在所编《世界玻璃美术全集》中[3]，而在作者的另一本书《香水瓶》里，则明确指出此为蔷薇水瓶[4]〔图 7-8〕。又安徽无为塔基出土的高颈磨花玻璃瓶，也著录在前举《全集》中，作者推测其亦为蔷薇水瓶，而由大食输入中国[5]。河南巩义县北宋皇陵的陵前多塑有客使雕像，客使手中通常捧着各式贡品。宋仁宗永昭陵陵前一尊客使像手捧一个高颈圆腹瓶，瓶的式样与定县和无为出土的玻璃瓶几乎完全相

图[7-5]
《唐定州静志寺重葬真身记》〔局部〕

图[7-6]《观音图》〔摹本〕

图[7-7]伊斯兰玻璃器
伊朗喀尔干出土　日本京都私人收藏

(1) 台北故宫藏，《故宫宝笈 · 名画》〔一〕，图七五。
(2)《ペルシアのガラス》，图 60。
(3)《世界ガラス美術全集 · 1》，图 208。
(4)《香水瓶》，页 31，图 47。
(5)《世界ガラス美術全集 · 4》，图 67；又《ガラスと文化その東西交流》，页 163~164。

同[1]〔图 7-9〕，如果说这是盛着蔷薇水的琉璃瓶，应没有太多的疑问。

蔷薇水与琉璃瓶，同时出现在五代，《册府元龟》卷九七二：周世宗显德五年九月，“占城国王释利因德漫遣其臣萧诃散等来贡方物，中有洒衣蔷薇水一十五琉璃瓶，言出自西域，凡鲜华之衣以此水洒之，则不黦而复郁烈之香连岁不歇”。至于两宋，文献与诗歌作品中，蔷薇水与琉璃瓶均屡见不鲜。《宋会要·蕃夷》与《宋史·外国》之部多有蔷薇水入贡的记载，后者是大食以蔷薇水贡献宋廷的纪录，前者所录除来自大食外，尚有占城、注辇国等贡来者[2]，诸国皆地处大食与中土往来的海道，与五代时相同，入贡的琉璃瓶和蔷薇水，其产地仍属大食。原本用作盛

[1] 《北宋皇陵》，页 151，图一二九；图版三一：4。

[2] 《宋会要辑稿》云，淳化五年十二月四日，占城国王遣使来贡诸珍物，中有蔷薇水〔第八册，页 7845〕，熙宁五年四月五日，大食勿巡国遣使贡琉璃水精器、蔷薇水等〔页 7855〕；又熙宁十年六月七日，注辇国藩王遣使贡诸珍物，中有琉璃器、蔷薇水〔页 7856〕。绍兴二十六年十二月二十五日，三佛齐进奉使到阙朝见，贡物中有琉璃三十九事；蔷薇水一百六十八斤〔页 7863〕；淳熙五年正月六日，三佛齐国进表贡珍物，中有瑠璃一百八十九事，蔷薇水三十九斤〔页 7867〕。三佛齐在今苏门答腊岛东南部，《岭外代答》卷二《外国门上》：“三佛齐国，在南海之中，诸蕃水道之要冲也，东自阇婆诸国，西自大食、故临诸国，无不由其境而入中国者。”注辇国为南印度之古国，地在今印度科罗曼德尔海岸。

[7-8]

[7-9]

图[7-8]伊斯兰玻璃瓶〔二〕
埃及福斯塔特遗址出土 日本早稻田大学藏

图[7-9] 永昭陵陵前客使像

放蔷薇水的伊斯兰玻璃瓶发现于辽宋遗址，与文献的记载正相符合。

释典称香水为阏伽水，“本尊等现前加被时，即应当稽首作礼奉阏伽水，此即香花之水”〔《大毘卢遮那成佛经疏》〕，“由献阏伽香水故，行者获得三业清净，洗涤烦恼垢”〔《观自在菩萨如意轮念诵仪轨》〕[1]，是供佛原为香水的一大用途，塔基中发现的蔷薇水瓶，自是奉佛之物。

不过蔷薇水亦为世间所爱，它更是女子妆奁具中的尤物。张元干《浣溪沙·蔷薇水》：“月转花枝清影疏。露花浓处滴真珠。天香遗恨罥花鬚。　沐出乌云多态度，晕成娥绿费工夫。归时分付与妆梳。”[2]只是词中未言蔷薇水置于何器。周必大淳熙元年致刘焞书中提到以“海南蓬莱香十两、蔷薇水一瓶”为赠[3]，董嗣杲《蔷薇花》诗云“海外有瓶还贮水，亭前无洞可藏花”[4]；而虞俦《广东漕王侨卿寄蔷薇露因用韵》二首则描写最清楚，其一云：

> 薰炉斗帐自温温，露挹蔷薇岭外村。
> 气韵更如沉水润，风流不带海岚昏。

其二：

> 美人晓镜玉妆台，仙掌承来傅粉腮。
> 莹彻琉璃瓶外影，闻香不待蜡封开。[5]

蔷薇露，两宋亦或指酒，如杨伯嵒《踏莎行·雪中疏寮借阁帖，更以薇露送之》，此“薇露”，即指“重酿宫醪”[6]。不过虞诗所云，则“香水”无疑。王侨卿，即王东里，侨卿为其字。漕，路转运使之简称，职掌一路利权。蔷薇水大约曾经有过香满五羊的一时之盛，北宋郭祥正因有诗云“番禺二月尾，落花已无春。唯有蔷薇水，衣襟四时薰”[7]，颖叔，即蒋之奇；徐积闻蒋颖叔得广帅，曰“广为雄蕃”，“初至，蛮酋必以琉璃瓶注蔷薇水挥洒于太守”[8]，可见时风。侨卿持赠虞俦的蔷薇露，当来自大食，故“莹彻琉璃瓶外影，闻香不待蜡封开”，《铁围山丛谈》卷五所谓“大食国蔷薇水虽贮琉璃缶中，蜡密封其外，然香犹透彻，闻数十步，洒著人衣袂，经十数日不歇也”，刘克庄《宫词》因有

[1] 《大正藏》，第三十九卷，页700；第二十卷，页205。
[2] 《全宋词》，册二，页1085。
[3] 《文忠集》卷一九〇。
[4] 《全宋诗》，册六八，页42717。
[5] 《全宋诗》，册四六，页28588。
[6] 《全宋词》，册四，页2968。
[7] 《颖叔招饮吴圃》，《全宋诗》，册一三，页8873。
[8] 《节孝集》卷三一。

图[7-10]
❶ 鸭形玻璃注
北燕冯素弗墓出土
❷ 罗马香油瓶

旖旎凄楚的拟喻之辞，“旧恩恰似蔷薇水，滴在罗衣到死香”[1]。辽陈国公主墓所出伊斯兰玻璃瓶，正是蔷薇水瓶的式样，而辽与大食，本也频繁往来[2]。只是公主墓的玻璃瓶若用作盛放蔷薇水，似乎尺寸稍大。正如辽宁北票冯素弗墓出土的鸭形玻璃注[3]，其成分为钠钙玻璃，乃无模自由吹制成型，与罗马玻璃制品很是一致，研究者因把它归入罗马玻璃器[4]，而罗马用作盛香油的玻璃瓶正有如此样式〔图 7-10〕，惟冯素弗墓所出者长二十多厘米[5]，是否也作同样的用途，尚不好判定。

蔷薇水的中土之旅，以融入时人的生活而又增添了新的故事。由虞诗中的第一首，可知调香也是蔷薇水的功用之一。《陈氏香谱》所列香方，便屡屡言及蔷薇水。如“李王花浸沉”:“沉香不拘多少，剉碎，取有香花蒸，荼蘼、木犀、橘花〔或橘叶亦可〕、福建茉莉花之类，带露水摘花一盌，以甆盒盛之，纸盖入甑蒸食顷，取出，去花留汗，汁浸沉香，日中暴干，如是者三，以沉香透润为度。或云皆不若蔷薇水浸之最妙。”这里所说的蒸花取汁，其汁，便是香水。来自海外的蔷薇水究竟数量有限，于是有了很多代用品，“李王花浸沉”的用茉莉，即代用之方[6]。杨万里《和仲良分送柚花沉三首》“薰然真腊水沉片，烝以洞庭春雪花”，“锯沉百叠糁琼英，一日三薰更九烝”[7]，与《陈氏香谱》所

[1]《全宋诗》，册五八，页 36147。

[2]《辽墓辽塔出土的伊斯兰玻璃——兼谈辽与伊斯兰世界的关系》，页 738—741。

[3]《三燕文物精粹》，图版一一九：161。

[4]《中国的早期玻璃器皿》，页 417。

[5]《香水瓶》中举出形制完全相同的一件罗马香油瓶，长仅五点八厘米〔页 24，图 37〕。

[6] 此法宋代大概很流行，《全芳备祖》前集卷一七“蔷薇”条引《香录》云:“蔷薇，红色，大食国花露也。五代时藩使蒲河散以十五瓶效贡，厥后罕有至者。今则采茉莉为之，然其水多伪。试之，当用琉璃瓶盛之，翻摇数四，其泡周上下为真。”

[7]《全宋诗》，册四二，页 26075。

述正是一事，只不过茉莉换作柚花。杨氏又有《和张功父送黄蔷薇并酒之韵》一诗，句有“海外蔷薇水，中州未得方。旋偷金掌露，浅染玉罗裳”[1]。此虽比喻之辞以咏黄蔷薇，但“海外蔷薇水，中州未得方”，却是实情，《铁围山丛谈》卷五亦称“旧说蔷薇水乃外国采蔷薇花上露水，殆不然。实用白金为甑，采蔷薇花蒸气成水，则屡采屡蒸，积而为香，此所以不败。但异域蔷薇花气馨烈非常”，“至五羊效外国造香，则不能蔷薇，第取素馨、茉莉花为之，亦足袭人鼻观，但视大食国真蔷薇水，犹奴尔”。不过中土的制香之法，实已包含了制作“香水”的蒸馏技术，《陈氏香谱》中的“李王花浸沉”是其例，而宋张世南《游宦纪闻》卷五中更有一则很是详细的纪录：“永嘉之柑为天下冠，有一种名朱栾，花比柑橘，其香绝胜，以笺香或降真香作片，锡为小甑，实花一重，香骨一重，常使花多于香，窍甑之傍，以泄汗液，以器贮之，毕，则徹甑去花，以液渍香，明日再蒸，凡三四易，花暴干，置磁器中密封，其香最佳。”[2]此虽言制香，但其中提到的蒸花取液的蒸馏术，与大食国蔷薇水的制法，似无不同，大约如蔡絛所说，只是以作为原料的香花有异，而其香终不及。

元代仍有西来的琉璃瓶和蔷薇水，且不时传送着中西交流的消息。吴莱《娄约禅师玻瓈瓶子歌秋晚寄一公》“玻瓈瓶子西国来，颜色绀碧量容栢”[3]。又于伯渊【仙吕】《点绛唇》“胭脂蜡红腻锦犀盒，蔷薇露滴注玻璃瓮。端详了艳质，出落着春工”[4]，则妆具中物也；张昱《次林叔大都事韵四首》“无端收得番罗帕，彻夜蔷薇露水香”[5]，依然舶来品也。不过新疆若羌瓦石峡宋元时期玻璃作坊遗址出土的几件高颈凹底玻璃瓶，淡绿色，半透明，高十七厘米[6]〔图7-11〕，所取式样仍与大食蔷薇水瓶近似，恐怕也以盛放香水为宜。而此际新疆地区或亦能制作瓶装的蔷薇水，其影响当直接来自中亚，丝路的重新开通，本提供了这样的条件。

[1]《全宋诗》，册四二，页26393。

[2] 古人制作香水也用着同样的方法，明《墨娥小录》卷一二“取百花香水”：“采百花头，满甑装之，上以盆合盖，周回络以竹筒半破，就取蒸下倒流香水贮用，为之花香，此乃广南真法，极妙。”宋人则是把蒸馏香水与熏制香料和为一事。

[3]《渊颖集》卷四。

[4]《元曲纪事》，页133。

[5]《元诗选·初集》，下册，页2082。

[6]《新疆文物古迹大观》，图四三。

明代亦然。陈诚通使哈烈，在《西域番国志》中记其所见云："予于丁酉夏四月初复至哈烈，值蔷薇盛开，富家巨室植皆塞道，花色鲜红，香气甚重，采置几席，其香稍衰，则收拾顫炉甑间，如作烧酒之制，蒸出花汁，滴下成水，以甆瓯贮之，故可多得。以浥酒酱〔浆〕，以洒衣服，香气经久不散，故凡合香品，得此最为奇妙也。"《西域番国志》成书于永乐年间。哈烈，即今阿富汗西部之赫拉特。明代又或称蔷薇水为古剌水，《天水冰山录》有"洪熙年古渊水二罐，宣德年古渊水二罐"，古剌水或古渊水都是蔷薇水的波斯文对音。关于古剌水，马坚先生曾有专文论及，见郭沫若《读随园诗话札记》附录[1]。明张凤翼《窃符记》第二齣：〔末扮内官捧瓶上〕，"颜恩奉如姬命，送蔷薇露与夫人"；〔旦起立接科〕，"冰洁，似仙掌露华莹澈，泻金盆不羡，兰膏飞沫。清冽，这鼻观氤氲，胜百和炉中香夜爇"[2]。这一瓶蔷薇露出自宫中，似暗示其非寻常之物；明蒋之翘《天启宫词》亦有"蔷薇露噀熨宵衣"之句[3]，两事均在明末。蔷薇水的郁烈之香，依然不绝如缕。

图[7-11]宋元时代的玻璃瓶
新疆若羌瓦石峡玻璃作坊遗址出土

至于清，"蔷薇水"之名反而鲜见，而多以古剌水为称，如清唐宇昭《拟故宫词四十首》之一："香汤百种早澄清，任取金盆渐次倾。闻得内家刚浴起，一杯古剌水先呈。"[4] 其时自制的各种香水大约已有不少，而蔷薇仍是原料中的上选。李渔《闲情偶记》卷三"薰陶"条："富贵之家，则需花露。花露者，摘取花瓣入甑，酝酿而成者也。蔷薇最上，群花次之。然用不须多，每于盥浴之后，挹取数匙入掌，拭体拍面而匀之。此香此味，妙在似花非花，是露非露，有其芬芳，而无其气息，是以为佳，不似他种香气，或速或沉，是兰是桂，一嗅即知者也。"[5]

(1) 《古剌水》，页 100~102。

(2) 《张凤翼戏曲集》，页 247。

(3) 《明宫词》，页 49。

(4) 《明宫词》，页 69。

(5) 清代又有一种蒸花为露且同样以"花露"为名者，乃口服之饮料。顾禄《桐桥倚棹录》卷一〇"市廛"类"花露"条所谓"花露以沙甑蒸者为贵，吴市多以锡甑，虎邱仰苏楼静月轩多释氏制卖，驰名四远，开瓶香冽，为当世所艳称。其所卖诸露，治肝胃气，则有玫瑰花露；疏肝牙痛，早桂花露；痢疾香肌，茉莉花露；祛惊豁炎，野蔷薇露"云云，《红楼梦》第六十回中的"玫瑰露"，即此。

玉钗头上风

闺情和相思是唐宋词里最常见的题材，一点闲寂，一点轻愁，虚虚实实画一幅闺阁小景，“小道”世界里的温情，尤其是对闺中微细之物的体贴，也常常会令人感动。女子的簪戴，即其一端。比如温庭筠的名作《菩萨蛮》十四首，其一云：“水精帘里颇黎枕。暖香惹梦鸳鸯锦。江上柳如烟。雁飞残月天。　藕丝秋色浅，人胜参差剪。双鬓隔香红，玉钗头上风。”[1]追索其中本事，自然是迂，但词笔推出的一个近景教人觑得虚实相间中的实，仍不免被引发关注的兴趣——为了词的好，也为了词中之物有着可以看见的好。“玉钗头上风”自是词里点睛的好句，钗而可以有如此之“风”，正是唐五代时候钗的特色，一部钗的小史，它也正是最为精采的一章。

钗的出现大约晚于笄和簪。新石器时代精心制作的笄和簪已不鲜见，而骨钗，目前见到的早期实物已属春秋。《说文新附·金部》释钗，曰“笄属”，而钗与笄的区别即在于它有两支脚，《释名·释首饰》：“钗，叉也，象叉之形，因名之也。”《玉篇·金部》则曰：“钗，歧笄也。”

东汉直到魏晋南北朝，钗成为女子最常用的首饰，有骨钗，有铜钗，也不乏金银制品。细圆的一根金丝或银丝弯过来为两股作成钗的脚，钗梁有窄有宽，而几乎都是光素无纹。钗脚则有短有长，长者在二十厘米上下，短者约略减其半，或者更短。长钗短钗常常一起出现，有时又是两两各成对。也有两支钗脚一短一长，又或者在钗脚的尖端作出一个小弯钩——自然是为了钗可以

[1]《全唐五代词》，上册，页100。

[8-2]

插得牢[1]。钗的插戴，一种是高耸的云髻顶上把它插作一排，这种方式大约兴起在东汉晚期，魏晋南北朝以后也还流行了很久。如此形象，在河北安平东汉壁画墓、山东沂南汉画像石墓、河南密县打虎亭汉墓中都可以见到[2]〔图 8-1〕，安徽马鞍山市三国吴朱然墓中出土的彩绘武帝相夫人漆盘，其中的相夫人云髻上端插钗一排，依然汉代风韵[3]〔图 8-2〕。《玉台新咏》卷九所收无名氏《歌词》，曰“河中之水向东流，洛阳女

[8-1]

图[8-1]钗的插戴
密县打虎亭一号汉墓石刻

图[8-2]钗的插戴
三国吴朱然墓出土漆盘

[1] 如河南巩义新华小区东汉墓，出银钗四件，长短各两件，长者十七厘米，短者五厘米；《河南巩义市新华小区汉墓发掘简报》，页 43，图九：3、16。又湖南衡阳道子坪东汉墓出银钗三件，长十四点五至十九厘米不等；《湖南衡阳县道子坪东汉墓发掘简报》，页 36，图二。广州西郊晋墓出银钗六件，铜鎏金者一件，两股同长或不同长，同长者，其中一股尖端处有个小钩，钗长六点七至二十二厘米不等；《广州西郊晋墓清理报导》，页 28，图三：3~5。湖北鄂城鄂钢西山铁矿工地三国吴墓出土金钗三件，银钗一件；《湖北鄂城四座吴墓发掘报告》，页 265，图一二。锦州北魏二号墓出土银钗六件，宽梁者三，窄梁者三，均出在墓主人头部，长四至九厘米不等；《锦州北魏墓清理简报》页 432，图四：4~8。

[2]《安平东汉壁画墓》，图版四七；《沂南古画像石墓发掘报告》，图版六八；《密县打虎亭汉墓》，图版一二。

[3]《中国古代漆器》，页 57。

[8-3]:❶

[8-3]:❷

[8-3]:❸

图[8-3]钗的插戴
❶❷东晋永和十三年冬寿墓壁画
❸十六国墓壁画

儿名莫愁"，"十五嫁为卢家妇，十六生儿字阿侯。卢家兰室桂为梁，中有郁金苏合香。头上金钗十二行，足下丝履五文章"[1]。莫愁女的妆饰，诗的描写只有两句，文采交织的丝履，自然娇好，"金钗十二行"的足以耀首，则可见当日风气，石刻与绘画中的形象，正好是它的佐证。

插戴方式的另一种，是一边一对或一支安在发髻之下，如朝鲜安岳永和十三年冬寿墓壁画中的女主人[2]〔图8-3:1、2〕，如甘肃丁家闸十六国墓壁画中的西王母[3]〔图8-3:3〕。耀首的金钗银钗，也是六朝宫体诗中的风俗画。刘缓《敬酬刘长史咏名士悦倾城》"钗长逐鬟鬓，袜小称腰身"[4]，庾肩吾《南苑还看人》"细腰宜窄衣，长钗巧挟鬟"[5]，"长钗"句，一作"巧扶鬟"，似乎各有其长，且均与画中形象相合。又刘缓《冬宵》〔一作《寒闺》〕："不堪寒夜久，夜夜守空床。衣裾逐坐襵，钗影近灯长。无怜四幅锦，何须辟恶香。"[6]中间一句形容清冷，亦自形容得好。"钗影近灯长"与"长钗巧挟鬟"，恰是一样情形两般风味。软媚与艳冶的格调，很可以助成文字的纤丽和观察的分外

(1)《玉台新咏》卷九；《先秦汉魏晋南北朝诗》"梁诗"卷一作梁武帝萧衍〔中册，页1520〕。

(2)《世界美術大全集·東洋编·10·高句麗、百済、新羅、高麗》，页18。

(3)《嘉峪关酒泉魏晋十六国墓壁画》，页327。

(4)《玉台新咏》卷八。按此诗之"袜"，乃言腰巾，亦称腰彩、袜肚，说见马缟《中华古今注》卷中"袜肚"条。

(5)《玉台新咏》卷八。

(6)《玉台新咏》卷八。

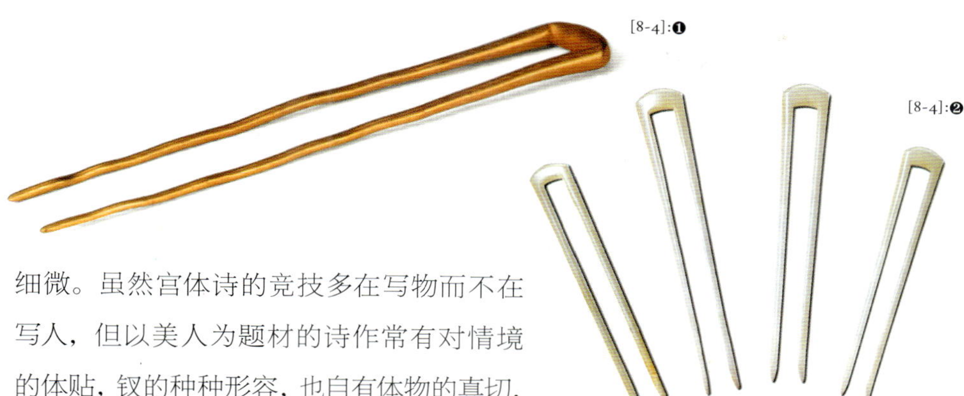

细微。虽然宫体诗的竞技多在写物而不在写人，但以美人为题材的诗作常有对情境的体贴，钗的种种形容，也自有体物的真切，后来晚唐诗词中的一派正是遥承此风。

光素无他饰的钗，或制以金[1]〔图8-4:1〕，或制以玉，又或者玉作钗梁，金银作钗脚，诗人所谓“简钗新碾翠”[2]，便是此物。陕西咸阳底张湾隋贺拔氏墓、西安西郊电缆厂唐墓，都出土有质地细润的白玉钗[3]〔图8-4:2〕。宁夏固原南郊乡唐史索岩夫妇墓出土一件白玉钗梁，长三厘米，钗梁下边的短脚上各有一道凹槽[4]〔图8-4:3〕，那么其下当另外安有钗脚。由武汉东湖岳家嘴隋墓出土的两件女俑，可知钗的插戴方式之一是左右各一支对插在发髻[5]〔图8-5〕。唐临《冥报记》卷下“韦庆植”条，云“贞观中，魏王府长史京兆人韦庆植，有女先亡，夫妇痛惜之。后二年，庆植将聚亲宾，

图[8-4]金钗、玉钗和玉钗梁
❶ 西安市仪表厂窖场出土唐代金钗
❷ 隋贺拔氏墓出土白玉钗
❸ 唐史索岩夫妇墓出土玉钗梁

图[8-5]钗的插戴
武汉东湖岳家嘴隋墓出土女俑

[1] 如西安市仪表厂窖场出土的唐代素面金钗，《陕西历史博物馆珍藏金银器》，图一一二。

[2] 王训《奉和率尔有咏诗》，《玉台新咏》卷八。

[3] 《北周隋唐京畿玉器》，页17、49。

[4] 《原州古墓集成》，图一一五；墓葬年代为唐麟德元年。

[5] 《武汉市东湖岳家嘴隋墓发掘简报》，页796，图五。

[8-6]

[8-7]
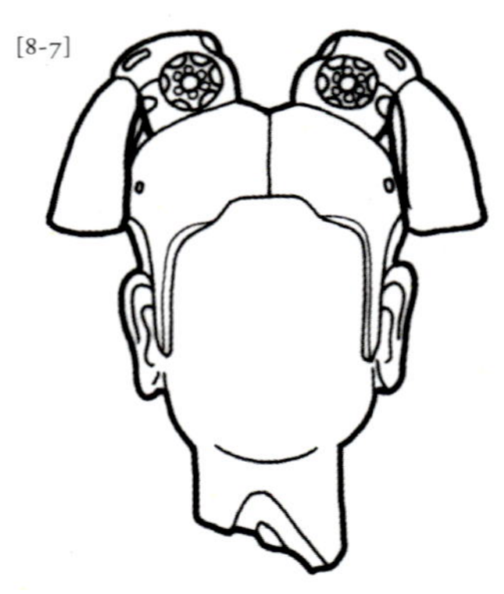

令家备食。家人买得羊，未敛〔煞〕。夜庆植妻梦见其亡女著青裙白衫帛巾，头发上有一双玉钗，是平生所服者"[1]，因对母言，死后已受羊身，乞明日勿煞。"母惊寤，旦而自往视，观羊毕，果有青羊，白项，膊背白，头上有两点白相当，如玉钗形"[2]。《冥报记》成书在唐高宗永徽年间，这一则讲述初唐故事，虽然带着志怪的成分，但"头上有两点白相当，如玉钗形"，想象却是有趣，也实在有着现实的根据，与隋墓所出妙龄女俑相对看，其情若一。

在钗梁上作出各种装饰，出现得很晚，不过这里却有两个比较特殊的例子。其一是陕西铜川战国秦墓所出银钗，钗长二十点五厘米，钗梁作成宽带，其间镂刻鸟纹[3]。它出现在战国晚期，颇有些奇怪，因为此后很长的一段时间——可以说直到隋唐，都很难找到与它相似的例子。其一是辽宁北票喇嘛洞三燕墓地出土的一件金钗，钗长十厘米，钗梁上并穿两孔，孔间缀一只展翅的鸿雁[4]〔图 8-6〕。同时代的类似之例，似乎也很少见，虽然燕钗的故事早有流传[5]。

唐代金钗银钗的装点新异，有不少是同作为首饰的翠钿金钿结合在一起。此类花钿原是一种

图[8-6]
北票三燕墓地出土金钗

图[8-7]
洛阳永宁寺遗址出土影塑

[1] 按此据尊经阁丛刊影印日本侯爵前田家藏本。中华书局校点本此节作"贞观中，魏王府长史京兆韦庆植，有处女先亡，夫妇痛惜之。后二年，庆植将聚亲宾，令宰肉备食。家人置得羊，未煞。庆植妻夜梦，见其亡女著青裾白衫，头髻上有双玉钗，是生平所服者"。自以前田本为胜。帛巾，即披帛。衫、裙、披帛，乃是唐代女子的基本妆束。

[2] 中华书局校点本此节作"母惊寤，旦而往视，羊项膊皆白，头上有两点白相对，如玉钗形"。

[3]《陕西铜川发现战国铜器》，页 45，图七。

[4]《三燕文物精粹》，图一六。

[5] 如《太平御览》卷七一八"钗"条引《洞冥记》之玉燕钗故事。

独立的饰件，六朝即已出现，流行直到唐宋。多半制成花形，金珠沿边勾勒为花的轮廓，花托里嵌绿松石。诗词对它多有咏及，如梁刘遵“履度开裾襵，鬟转匝花钿”[1]；庾肩吾“萦鬟起照镜，谁忍插花钿”[2]，可知花钿是周鬟插戴。北魏洛阳永宁寺遗址出土的影塑有两鬟插戴花钿

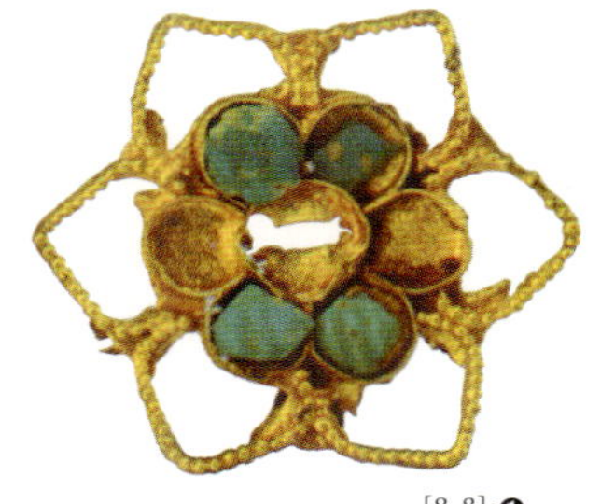

[8-8]:❶

的形象[3]〔图 8-7〕。唐五代此风依然。蜀顾夐词“小鬟镞花钿。腰如细柳脸如莲”[4]，女儿容止与六朝无异。钿的实物也很常见，西安东郊唐金乡县主墓[5]，又河南偃师杏园唐李景由墓所出，都是制作精好的例子〔图 8-8〕。后者时代为开元二十六年，花钿即放在一件银平脱漆奁匣里[6]。金钿翠钿用作首饰的装点，唐代更成为风气。元稹“玉梳钿朵香胶解，尽日风吹玳瑁筝”[7]，以钿朵饰梳背也，而钿与钗的结合则成为唐式钗的主要样式之一。湖北安陆县唐

[8-8]:❷

图[8-8]金钿
❶唐金乡县主墓出土
❷唐李景由墓出土

(1)《应令咏舞》,《玉台新咏》卷八。

(2)《和湘东王二首 · 应令冬晓》,《玉台新咏》卷八。

(3)《北魏洛阳永宁寺》，页 56，彩版一四：3。

(4)《荷叶盃》,《全唐五代词》，上册，页 566。

(5)《唐金乡县主墓》，图一二一。墓葬时代为开元十二年。又，陕西礼泉县唐新城长公主墓出土的鎏金铜花钿，形制与此相同，墓葬时代为龙朔三年，《唐新城长公主墓发掘报告》，页 63，图五六：1。

(6)《偃师杏园唐墓》，页 129，彩版四：2。

(7)《六年春遣怀八首》之四，《全唐诗》，册一二，页 4513。

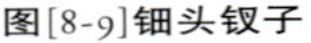

吴王妃杨氏墓出土的一对金钗，通长十九点三厘米，钗首是一朵宝相花，层层花瓣上作出一个个嵌宝的小圆托，出土时有的圆托里原物尚存。钗首的背面有一梯形小钮，两支钗脚即插入其中[1]〔图 8-9:1〕。杨氏大约亡在贞观年间。河南偃师杏园唐开元十七年袁氏夫人墓出土一件银钗，钗长七点五厘米，钗脚的一支套缀一枚金花，金花上原也镶嵌珠宝之类，但已脱落无存[2]〔图 8-9:2〕。又有一种，是在钗梁顶端装缀金钿，西安唐苏氏夫人墓出土的金钗中，有其例〔图 8-9:3〕。墓葬时间与前例为同一年[3]。敦煌曲子词《虞美人》"金钗头上缀芳菲，海棠花一枝。刚被蝴蝶遶人飞"[4]，这里举出的几例，应是"金钗头上缀芳菲"之的解。后唐马缟《中华古今注》卷中"钗子"条说隋炀帝时"宫人插钿头钗子"，应即此类。

盛唐以后，大致自中晚唐直到五代十国，与此前完全不同的一种花钗开始流行，与它同式而作成金镶玉或

图[8-9]钿头钗子

❶ 金钗　唐吴王妃杨氏墓出土
❷ 银钗　偃师杏园唐袁氏夫人墓出土
❸ 金钗　西安唐苏氏夫人墓出土

图[8-10]唐式花钗与钗首

❶ 鎏金银钗　扬州唐井出土
❷ 鎏金银钗　日本大阪市立美术馆藏
❸ 玉钗首　西安交通大学出土

[1] 《安陆王子山唐吴王妃杨氏墓》，图版五：1。按本篇图 8-9：1 由湖北省博物馆郝勤建先生提供。

[2] 《偃师杏园唐墓》，页 62，图五四：4。

[3] 《唐苏三夫人墓出土文物》，页 46，图八。

[4] 《敦煌歌辞总编》，页 610。按此首原出伯三九九四卷。中华版《全唐五代词》校订为"金钗钗上缀芳菲"〔下册，页 929〕。

银镶玉，亦为时风[1]。两支长长的钗脚，在顶端结作一束，然后秀出一枚花叶形的钗首，细薄的金片银片，镂空作成缠枝花叶，又或者是莲，是莲叶，花叶间对飞着鸟——多半是鸳鸯、喜鹊、鸾凤，又或对飞着蝶，也有的是两两成对的蝉。似花非花、似叶非叶的造型，使它总有着刚刚采撷下来的清鲜，但它却是缩微了的小园景致，而不是两宋时代喜欢的折枝。秀巧，细密，图案化的缠枝花草，丝丝缕缕间处处有着呼应。玲珑剔透自然是它的特色，而玲珑剔透中的一团生意更是它所独有〔图 8-10:1、2〕。换了或透雕或浮雕的玉片嵌在上边，也是韵致依然，西安交通大学出土的白玉钗首即是一例[2]〔图 8-10:3〕。寒山诗："群

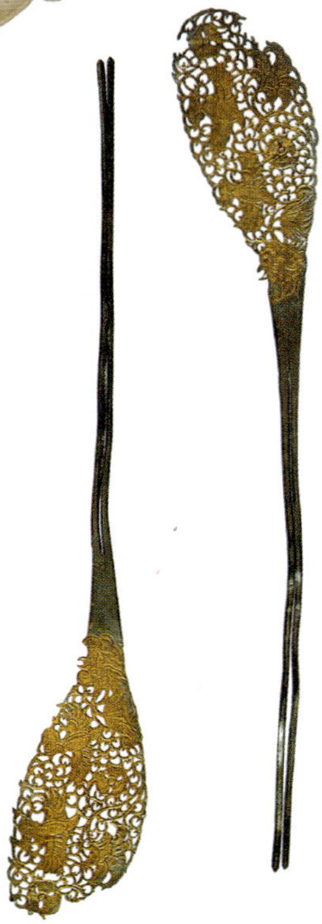

[8-10]:❶

[8-10]:❸

[8-10]:❷

[1] 如西安南郊惠家村唐大中二年墓出土的一对鎏金银钗〔长三十七厘米〕,《中国文物精华大辞典 · 金银玉石卷 · 金银器篇》，图一一五；又扬州唐井出土的鎏金银钗〔残长三十六点三厘米〕,《扬州馆藏文物精华》，图九八；又日本大阪市立美术馆藏唐代鎏金银钗〔长二十八点七厘米〕,《吉祥特别展——中国美術にこめられた意味》，图二一；又江苏邗江蔡庄五代墓出土的一对银钗首,《江苏邗江蔡庄五代墓清理简报》，图版六：1。

[2]《中国玉器全集 · 5 · 隋唐至明》，图一三。

[8-11]:❷

[8-11]:❶

[8-11]:❸

女戏夕阳，风来满路香。缀裙金蛱蝶，插髻玉鸳鸯。角婢红罗缜，阉奴紫锦裳。为观失道者，鬓白心惶惶。”[1]寒山的《诗三百三首》，都是作看破语，此首也不例外。不过红尘中事总要先看得分明方才破得透彻，“缀裙金蛱蝶，插髻玉鸳鸯”正是看得分明也，诗于是可以为物作证。

在此基础上的踵事增华，则是把钗首花叶由一增作二，如陕西历史博物馆藏鎏金蝴蝶蔓草银钗[2]，如西安市西郊电缆厂出土鎏金花卉鸾鸟银钗[3]〔图 8-11:1、2〕。传周昉作《簪花仕女图》，图中左起第二人，后边的发髻上便插戴如此样式的一支〔图 8-11:3〕。所谓“以银丝宛转屈曲

[1] 《全唐诗》，册二三，页 9071。

[2] 钗长三十五点四厘米，《陕西历史博物馆珍藏金银器》，图一一五。图版说明曰此为一九五六年西安韩森寨唐墓出土，但该墓发掘简报所录出土器物并无此件〔《西安韩森寨唐墓清理记》〕，又《五省出土重要文物展览图录》中的韩森寨唐墓之部及《西安出土的唐代金银器》介绍韩森寨唐墓出土物品，均无此件。据该墓所出墓志，知其年代为天宝四载，而此类式样的钗，其流行当在晚唐。如西安市南郊惠家村唐大中二年墓所出者，见《西安出土的唐代金银器》，页 34，图七。

[3] 《掌上珍 · 中国古金银器》，图二一〇。

图[8-11]花钗与花钗的插戴

❶鎏金银钗　陕西历史博物馆藏

❷鎏金银钗　西安市西郊电缆厂出土

❸簪花仕女图〔局部〕　辽宁省博物馆藏

作花枝插髻后，随步辄摇，以增媌婧”[1]，是也。之后钗首的花叶又演变为飞舞着的蝶，或一对，或两对，其下缀金缀玉缀珠，细细小小离披纷垂，便是合肥西郊南唐墓所出者[2]〔图8-12〕，金镶玉、银镶玉，繁丽纤巧，可称为最。

如前所说，唐五代的诗人词人写到钗，也常常有着六朝宫体诗的艳笔。王建《宫词》：“蜂须蝉翅薄鬆鬆，浮动搔头似有风。一度出时抛一遍，金条零落满函中。”[3]温庭筠《菩萨蛮》：“蕊黄无限当山额。宿妆隐笑纱窗隔。相见牡丹时。暂来还别离。　翠钗金作股。钗上蝶双舞。心事竟谁知。月

[8-12]:❶

图[8-12]合肥西郊南唐墓出土花钗

❶❷金镶玉花钗

❸四蝶银花钗

[1] 元伊世珍《嫏嬛记》卷上引《采兰杂志》：“人谓步摇为女髻，非也。盖以银丝宛转屈曲作花枝插髻后，随步辄摇，以增媌婧，故曰步摇。”此是南宋人考证前朝故事，“步摇髻”之名见段成式《髻鬟品》，步摇则是这一类钗的一个别名。

[2] 《合肥西郊南唐墓清理简报》，页68，图九、一二。

[3] 《全唐诗》，册一〇，页3442。

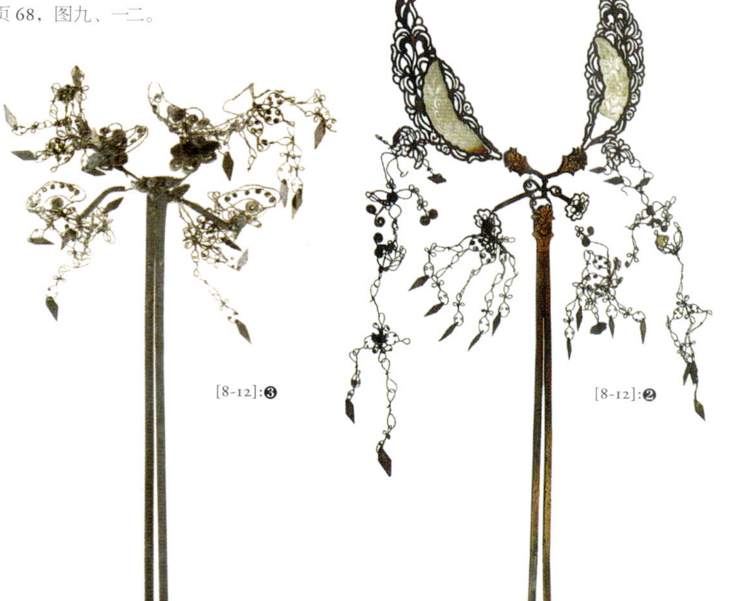

[8-12]:❸

[8-12]:❷

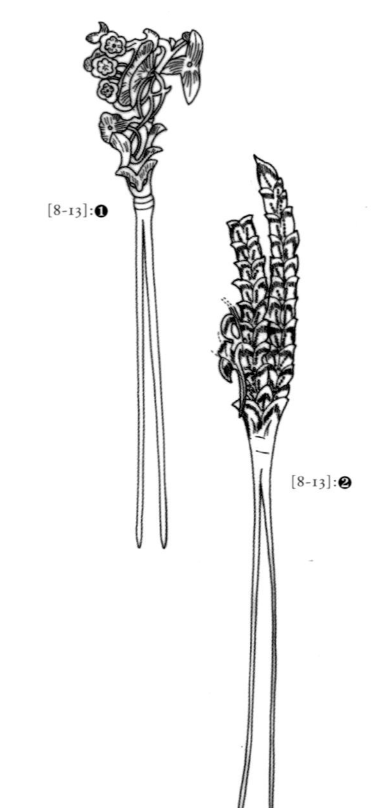

明花满枝。”[1]“蜂须蝉翅薄鬆鬆，浮动搔头似有风”，正是“玉钗头上风”的那样一支，晚唐风气，似乎先已见于大历、贞元时候的宫廷。“翠钗金作股，钗上蝶双舞”，却是因为花钗上连接两枚花叶的枝梗是用纤细的弹簧制成，此句用来形容前举南唐墓所出之钗，无须更易一字。《簪花仕女图》中的女子，姿容适与之仿佛——晚唐五代最具特色的钗，其插戴方式，正在此图微微透露消息。又比如图中右起第一人，秀发顶端一大朵鲜花，鲜花之侧，一树小枝，那该是扶助娇艳的一树花枝钗。河南偃师杏园唐大和十八年李归厚墓出土的一对银钗，钗首是莲叶、慈姑叶合了花朵结成的一束[2]，广州皇帝岗晚唐墓葬也曾发现鎏金花穗银钗[3]〔图8-13〕。它与前举花叶形钗可以算作同一类型，虽然更多一点写实之风。

晚唐五代诗词中，又常提到一种以鱼为饰的钗。吴融《和韩致光侍郎〈无题〉三首十四韵》“篦凤金雕翼，钗鱼玉镂鳞”[4]；阎选《虞美人》“小鱼衔玉鬓钗横。石榴裙染象纱轻。转娉婷”[5]；李珣《临江仙》“不语低鬟幽思远，玉钗斜坠双鱼。几回偷看寄来书。离情别恨，相隔欲何如”[6]，等等。

图[8-13]花钗与花钗的插戴
❶偃师杏园唐李归厚墓出土银钗
❷广州皇帝岗晚唐墓出土鎏金银钗
❸簪花仕女图〔摹本〕

[1]《全唐五代词》，上册，页100。
[2]《偃师杏园唐墓》，页205，图一九七：3。
[3]《广州皇帝岗唐木椁墓清理简报》，页669，图五：2、3。
[4]《全唐诗》，册二〇，页7868。
[5]《全唐五代词》，上册，页572。
[6]《全唐五代词》，上册，页599。

钗鱼故事见南朝刘义庆《幽明录》[1]，不过唐五代诗词所云钗鱼多半未用此意，而只是着意形容女子之饰。浙江长兴县出土的一件银钗，通长二十七点五厘米，钗首錾刻一尾口衔如意云朵的小鱼[2]〔图8-14〕；湖南省博物馆藏唐代银钗鱼，其上有鎏金残迹，钗首作鲤鱼形，雕镂精细，钗脚三股，通长二十七厘米[3]。两件虽然都不是玉制，但其式与诗词所咏正是同类。

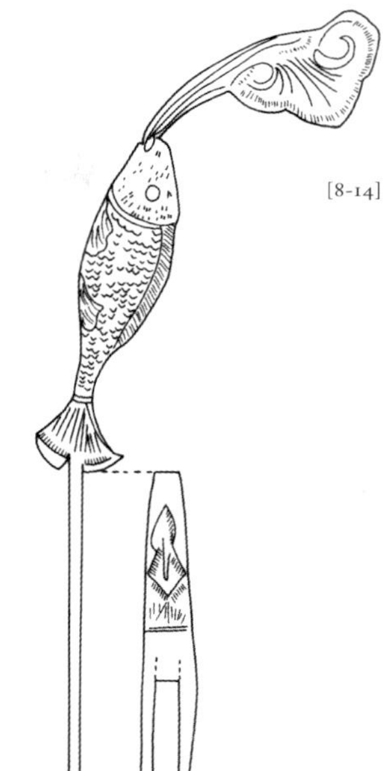

一种钗首造型略如菱形之半的钗，也出现在唐五代。河北曲阳县唐末五代时的义武军节度使王处直墓出土一件金钗，钗脚同钗头垂直相交，钗长近十九厘米，钗头作出一对嬉戏于水波中的鸳鸯[4]〔图8-15:1〕。造型相类而花式不一的钗头尚有多例，广州皇帝岗晚唐墓葬出土花卉纹银钗头[5]，香港梦蝶轩藏鎏金钗头，其上装饰莲叶和莲花，日本出光美术馆所藏鎏金钗头，是一对脚踏祥云手擎花盘的迦陵频迦鸟[6]。几件钗头都已

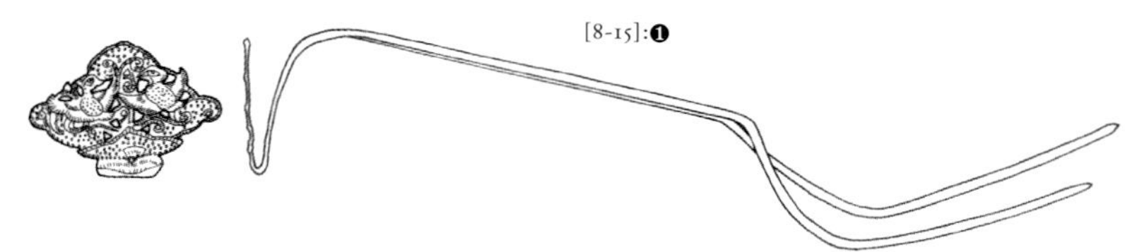

图[8-14]鱼钗
浙江长兴县出土

图[8-15]正面插戴的钗
❶ 金钗　曲阳县王处直墓出土

[1]《太平御览》卷七一八"钗"条引《幽明录》"寻阳参军梦一妇人前跪，自称先葬近水，沦没，诚能见救，虽不能富贵，可令君薄免祸。参军答曰：何以为志？妇人曰：君见渚边上有鱼钗，即我也"云云。

[2]《浙江长兴县发现一批唐代银器》，页40。

[3]《湖南省志·第二十八卷·文物志》，页338。又梦蝶轩藏一件唐代鎏金银钗，钗首是一尾小鱼口衔一对如意云朵，钗脚也是三股，长二十点三厘米〔《金翠流芳》，页131〕；也有以鱼为饰的簪，长沙唐墓M49出土一支银簪，簪首双鱼口对口紧紧相衔，是很别致的一例，《湖南古墓与古窑址》，页367，图一一八。

[4]《五代王处直墓》，图版九：1。

[5]《广州皇帝岗唐木椁墓清理简报》，页669，图五：8。

[6]《金翠流芳》，页121；《中国の工芸——出光美術館藏品図録》，图三三八。

[8-15]:❷

[8-15]:❸

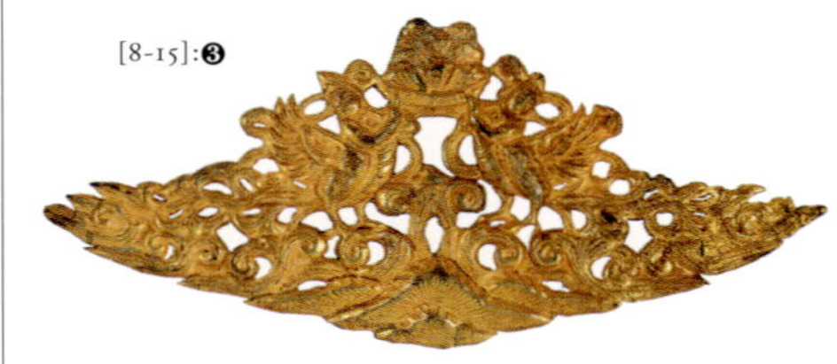

[8-15]:❹

[8-15]:❺

图[8-15]正面插戴的钗
❷ 银钗头　广州皇帝岗晚唐墓出土
❸ 鎏金钗头　日本出光美术馆藏
❹ 鎏金钗头　香港梦蝶轩藏
❺ 大同善化寺金代雕塑

失了钗脚，不过以它的时代和造型而论，与王处直墓出土的金钗应属同类〔图 8-15:2、3、4〕。此钗似以正面插戴为宜。山西大同善化寺金代雕塑中的诃利帝南像，包髻前面插戴者便如此式〔图 8-15:5〕。同样的情形也见于太原晋祠圣母殿中的宋塑侍女。

凤鸟作钗首，很早便见于吟咏。唐张鷟《朝野佥载》卷三："杨盈川姪女曰容华，幼善属文，尝为《新妆诗》，好事者多传之。诗曰：'宿鸟惊眠罢，房栊乘晓开。凤钗金作缕，鸾镜玉为台。妆似临池出，人疑向月来。自怜终不见，欲去复徘徊。'"杨盈川即初唐四杰之一的杨炯。容华这一首诗的好，原本在意韵，不过"凤钗金作缕"，却是简笔为"新妆"点睛。西安市西郊曹家堡唐墓曾出土一支金凤钗，残损稍甚，但仍可见其大略[1]。墓葬时期，简报推测为初唐。西安韩森寨唐墓出土一件装缀华丽的花钿，直径七厘米，细金粟环绕出宝相花的边框和花里边的枝叶以及嵌宝的小花托，站在花台上的凤鸟用金丝另外编出来凸起在花心，凤足下端一个扁长的小孔，可以安柄；又香港梦蝶轩也藏有与它形制相似的一件[2]〔图 8-16:1、2〕，其式皆

[1]《西安市西郊曹家堡唐墓清理简报》，页 26，图四：1。
[2]《西安出土的唐代金银器》，页 34，图二；《金翠流芳》，页 146。

如前举唐吴王妃杨氏墓出土的钿头钗子。那么它也正是一支凤钗的钗首。中唐诗人王建《开池得古钗》“美人开池北堂下，拾得宝钗金未化。凤凰半在双股齐，钿花落处生黄泥”[1]，此作或袭萧齐汤僧济《咏渫井得金钗》[2]，与王建齐名的张籍也有一首《古钗叹》[3]，几首诗都是借了古钗的题目而别有寄意，不过唐人所咏自是唐钗，所谓“凤凰半在双股齐，钿花落处生黄泥”，与韩森寨所出者仿佛同制；温庭筠《归国谣》“翠凤宝钗垂䍐𦋺。钿筐交胜金粟”[4]，“钿筐”、“金粟”，可见工艺，所咏凤钗，也是这一类。最见唐钗特色的当然是叶形花钗。五代吴越国康陵出土在墓主人头部的一枚白玉饰片，上面镂刻一只飞凤，飘扬起来的绶带衔在口中[5]，它应是一支花钗的钗首，则唐五代时的所谓“凤钗”，此式也是其中之一〔图8-16:3〕。

唐代另有一种凤钗多见于绘画，而实物似乎很少，最有名的一幅作品为莫高窟一三〇窟盛唐供养人像[6]〔图8-17〕。

[8-16]:❶

[8-16]:❷

[8-16]:❸

[1]《全唐诗》，册九，页3376。

[2]《玉台新咏》卷八。

[3]《全唐诗》，册一二，页4282。

[4]《全唐五代词》，上册，页108。

[5]《浙江临安五代吴越国康陵发掘简报》页29，图四五：1。

[6] 图8-17取自《中国敦煌历代服饰图案》，图一〇三。又唐懿德太子墓石椁线刻画中，女侍的高冠前后各插一支口衔珠结的凤鸟，不过它与冠结合在一起，那么更可能是固冠之簪〔《隋唐人物雕刻艺术》，页33〕；又唐薛儆墓石椁线刻画中的一位侍女，秀发上一只正面的立凤，而其形膨大，很难认为是金属制品〔《唐代薛儆墓发掘报告》，图版六七〕。

图[8-16]唐五代凤钗

❶ 嵌宝金钗首　西安韩森寨唐墓出土

❷ 嵌宝金钗首　香港梦蝶轩藏

❸ 玉钗首　五代吴越国康陵出土

[8-17]

对弯式的双股钗，唐代仍然常见。“金钗十二行”固已是旧日风光，但发髻两侧或两鬓对称安排，却始终是钗的主要插戴方式之一。“长钗巧挟鬟”，“安钗等疏密”[1]，唐代女子的妆扮，用这几句六朝诗来形容，不算是过时的赞美。若用唐人自己的称述，则是“柔鬟背额垂，丛鬓随钗敛”[2]，“宝髻钗横缀鬓斜，殊容绝胜上阳家”[3]，《簪花仕女图》中可以见到这样的插戴方式[4]，今藏英国博物馆时属五代的一幅《引路菩萨图》，随行在菩萨之后的女子，则显示着插戴方式的另一种[5]，可以说皆与古式相去不远〔图8-18〕。

[8-18]:❶

当然对弯式的双股钗只是与新风并存的一种古典的素朴，而仍不乏增益其饰者。江苏丹徒丁卯桥唐代银器窖藏中有这一类样式的鎏金银钗七百六十支，钗上多刻着各式各样的草叶纹、花卉纹[6]。刻花的钗插戴起来，精细之处未必能够彰显，那么似乎只是

[8-18]:❷

图[8-17]
莫高窟第一三〇窟壁画中的供养人〔摹本〕

图[8-18]钗的插戴
❶❷《引路菩萨图》〔局部〕 英国博物馆藏

[1] 庾肩吾《咏美人自看画应令》，《玉台新咏》卷八。

[2] 元稹《恨妆成》，《全唐诗》，册一二，页4637。

[3] 《云谣集杂曲子·抛球乐》，《敦煌歌辞总编》，页267。

[4] 《云谣杂曲子·倾杯乐》：“窈窕逶迤。体貌超群。倾国应难比。浑身挂绮罗。装束□□。未省从天得至。脸如花自然多娇媚。翠柳画蛾眉。横波如同秋水。裙生石榴。血染罗衫子。 观艳质语软言轻。玉钗缀素绾乌云髻。年二八久锁香闺。爱引猧儿鹦鹉戏。十指如玉如葱。凝酥体雪透罗裳里。堪娉与公子王孙。五陵年少风流壻”〔《敦煌歌辞总编》，页211；《全唐五代词》校订与此有异，见该书页813〕。种种形容，直与《簪花仕女图》中的形象拍合无间。

[5] 《海外藏中国历代名画·2·五代至北宋》，页86。

[6] 《江苏丹徒丁卯桥出土唐代银器窖藏》，页22，图一九。钗之长者二十八至三十四厘米不等，短者十九至二十六厘米不等。

为了体贴女子对首饰的在在精心，但仍不如说，是时风使然。

唐吴王妃杨氏墓出土的四件金钗，则是对弯式双股钗的一种变体。弧形的两支钗脚，其上是可以拆卸的活动钗梁，钗梁用金丝盘绕成花纹和嵌宝的金托，不过出土时镶嵌物已大部脱落[1]〔图 8-19:1〕。此类钗大约多用作“挑鬟”，敦煌绘画中可以见到它的插戴方式，如莫高窟三六窟五代壁画中的天女和龙女[2]〔图 8-19:2〕，又今藏法国吉美博物馆、时属五代的降魔成道图，图中魔王的女儿们，也是如此形象。沈佺期《李员外秦援宅观妓》“玉钗翠羽饰，罗袖郁金香。拂黛随时广，挑鬟出意长”；元稹《春六十韵》“挑鬟玉钗髻，刺绣宝装拢”；段成式《柔卿解籍戏呈飞卿三首》“出意挑鬟一尺长，金为钿鸟簇钗梁”[3]，从初唐到晚唐，诗人对此不乏吟咏。诗或许有用典的成分，画也许有着某种程式为画人所遵循，但二者本来都有生活的依据，杨氏墓出土的金钗可以证实其中所包含的真实，而此类样式的钗又为两宋乃至元代所继承，当然，还要有新的变化。

宋代在此基础上发展出来的一种钗，是在金钗银钗钗脚的上部浮雕出一串折枝花，钗梁却如帽钉扣搭在顶端，帽钉通常

[8-19]:❶

[8-19]:❷

图[8-19]挑鬟之钗

❶ 金钗 唐吴王妃杨氏墓出土

❷ 莫高窟第三六窟壁画中的龙女

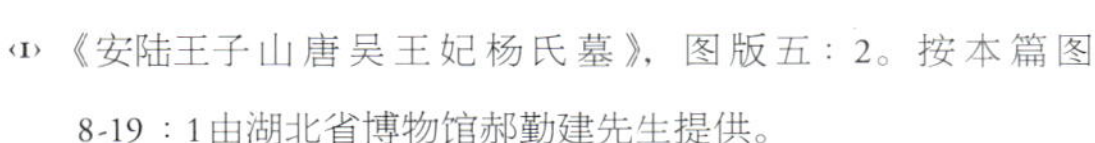

(1)《安陆王子山唐吴王妃杨氏墓》，图版五：2。按本篇图 8-19：1由湖北省博物馆郝勤建先生提供。

(2)《中国壁画全集·敦煌·9》，图三四、三五。

(3)《全唐诗》，册四，页 1048；册一二，页 4538；册一七，页 6769。

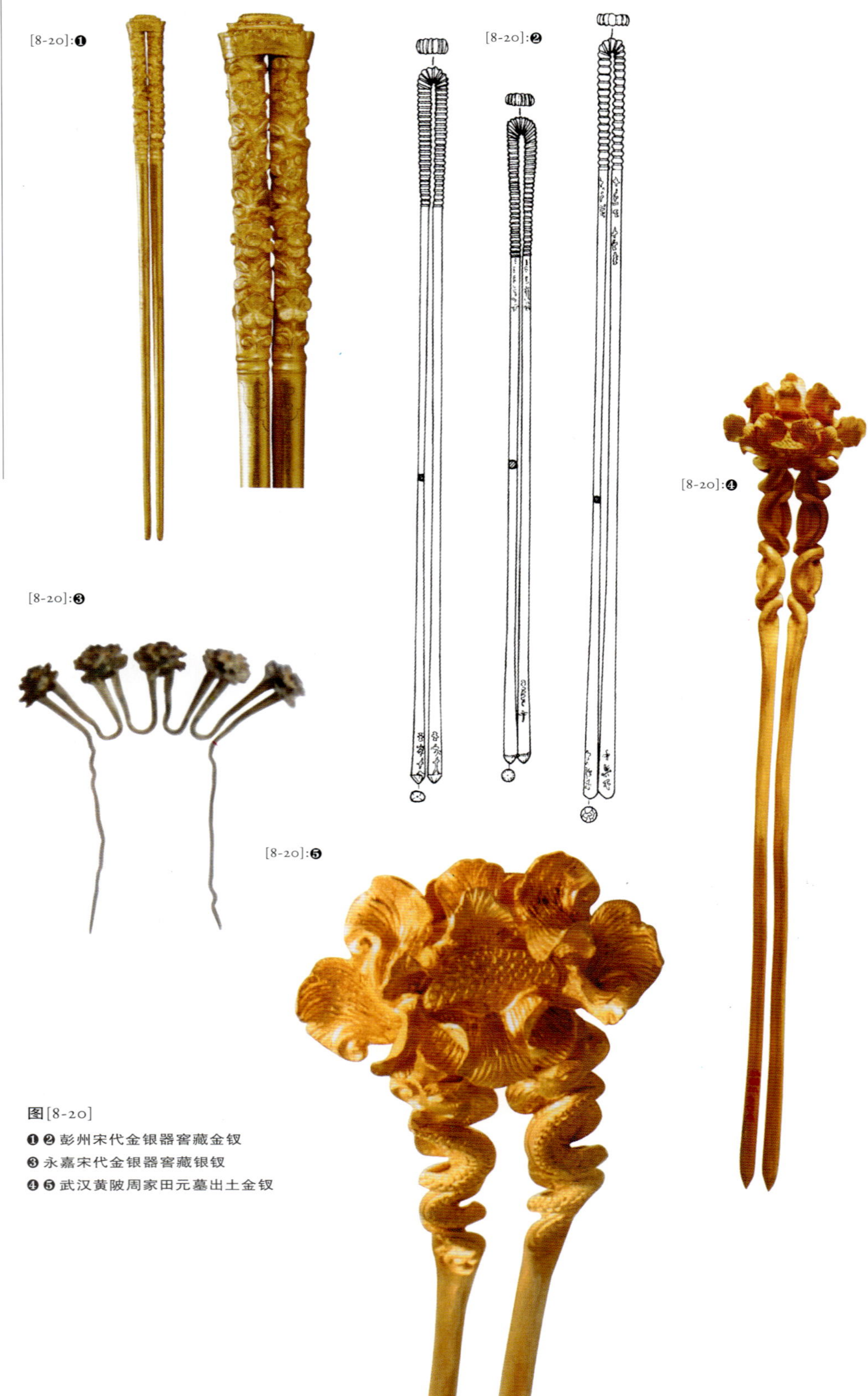

图[8-20]
❶❷彭州宋代金银器窖藏金钗
❸永嘉宋代金银器窖藏银钗
❹❺武汉黄陂周家田元墓出土金钗

也是作成一朵单独的花——或是菊，或是梅，或是其他，如四川彭州宋代金银器窖藏中的金钗[1]〔图 8-20:1、2〕。但也有的钗梁虽然是独立的装饰，不过并不另作，即一根对弯为两股，一如旧式，而钗脚上雕花仍是它的新。福州南宋黄昇墓出土三只鎏金银钗，即是这里举出的两式[2]。报告说：银钗三件，插在发髻正中和两边[3]。但刊出来照片，钗与发髻已经分离。推测是短的一支〔九点九厘米〕插在正中，长的两支〔十六点八厘米〕对称插在两边。与钗相配的，还有前后左右四枚角梳。

缠丝花纹，也是钗脚装饰的一种[4]〔图 8-20:2〕。元代则又喜欢在钗脚上端作出盘旋扭结的花式，又或者在两支钗脚上巧中作势结为盘曲的双龙，钗梁便常常是并蒂花或并结的果儿[5]〔图 8-20:4、5〕。元康端《西湖竹枝词》"合欢钗头双荔支，同心结得能几时"[6]，它在诗人笔下便显得更有情味。

最见宋代特色的，却是若干支钗——两支、三支、五支、七支乃至十数支，或者更多，相连作成扇面似的一排，便是钗首，其下仍是钗脚两支，可谓"以一当十"。由这样一种基本形式，又生出许多变体，出土实物中多有此类精品，而以浙江永嘉宋代窖藏最为集中[7]。它也曾出现在宋人话本，《宋四公大闹禁魂张》里特别描写了这样一个细节："妇人叫了万福，问道：'客长，用点心？'赵正道：'少待则个。'就脊背上取将包裹下来，一包金银钗子，也有花头的，也有连二连三的，也有素的，都是沿路上觅得的。""连二连三"，正是形容得亲切〔图 8-20:3〕。至于它的插戴方式，在山西高平开化寺北宋壁画中可以略见仿佛[8]。

宋画中的名作《冬日婴戏图》，把一个女孩儿的妆扮表现得很是清晰〔图 8-21〕。这又最好是用宋人自己的话来形容。《清平山堂话本·西湖三塔记》，曰奚宣赞往西湖游玩，"看见一个女儿，如何打扮：头绾三角儿，三条红罗

[1]《四川彭州宋代金银器窖藏》，彩版七：1。

[2]《福州南宋黄昇墓》，图版一〇五。

[3]《福州南宋黄昇墓》，页 80。

[4] 如前举《四川彭州宋代金银器窖藏》，页 12，图一二：1—3；《安徽六安花石咀古墓清理简报》，页 920，图七：4。

[5] 如黄陂周家田元墓所出者，《黄陂县周家田元墓》，页 83，图六。按本篇图 8-20：4、5 由武汉市博物馆提供。

[6]《元诗选·癸集》，上册，页 816。

[7]《浙江永嘉发现宋代窖藏银器》。按本篇图 8-20：3 由温州博物馆提供。

[8]《历代寺观壁画艺术·高平开化寺壁画》，页 32。

[8-21]

[8-22]:❶

头须，三只短金钗，浑身上下，尽穿缟素衣服”。这女儿虽是西湖三精怪之一的卯奴，但在话本里却始终是一个善良可爱的少女。对其他两怪的形容，都用着套语，惟于卯奴，写实之语略略点染，而画出当时。“短金钗”，正是《冬日婴戏图》中所绘，钗的实物又正如前举彭州宋代金银器窖藏中的缠丝金钗。“头绾三角儿”，唐代女孩儿已是如此，如洛阳谷水出土的三彩女俑[1]〔图 8-22:1〕。刘禹锡《同乐天和微之深春二十首》“何处深春好，春深幼女家。双鬟梳顶髻，两面绣裙花”[2]，亦如一枝画笔。宋徽宗《摹张萱捣练图》，图中也有这样的女孩儿〔图 8-22:2〕。直到明代初年依然如此，《明史》卷六七《舆服三》，曰洪武三年定制，“女子在室者，作三小髻，金钗，珠头帮，窄袖褙子”。所谓“珠头帮”，与“红罗头须”并无大别，那红罗头须上本来缀着珠，正如《冬日婴戏图》中所绘。宋高承《事物纪原》卷三“头帮”条：“头帮，《二仪实录》曰：燧人时为髻，但以发相缠，而无物系缚，至女娲之女，以羊毛为绳，向后系之，

图[8-21]**钗的插戴**
《冬日婴戏图》〔摹本〕
台北故宫博物院藏

图[8-22]
❶ 洛阳谷水出土三彩女俑
❷《摹张萱捣练图》〔局部〕
美国波士顿美术馆藏

[1]《洛阳唐三彩》，图版五。

[2]《全唐诗》，册一一，页 4027。

[8-22]:❷

后世易之以丝及彩绢，名头䋣，绳之遗状也。”述头䋣来源，皆取自传说，但曰头䋣即结系发髻的丝或绢，则是纪实。

两宋不大流行在钗上另作缀饰，不过节日又当别论。《梦粱录》卷三讲述重午风俗，曰五日重午节，“内更以百索彩线，细巧镂金花朵，及银样鼓儿、糖蜜韵果、巧粽、五色珠儿结成经筒符袋，御书葵榴画扇，艾虎，纱匹段，分赐诸阁分、宰执、亲王”；“所谓‘经筒’、‘符袋’者，盖因《抱朴子》问辟五兵之道，以五月午日佩赤灵符挂心前，今以钗符佩带，即此意也”。南宋崔敦诗作《淳熙七年端午帖子词》，为皇后阁所作六首之一云：“玉燕垂符小，珠囊结艾青。更将长命缕，侵晓奉慈庭。”[1]又赵长卿《醉蓬莱·端午》“艾虎宜男，朱符辟恶，好储祥纳吉。金凤钗头，应时戴了，千般忔戏”[2]。这里

[1]《全宋诗》，册四八，页29830。

[2]《全宋词》，册三，页1787。

多是宫中故事，其时民间也是如此。南宋韩淲《重午》诗："年年重午泛菖蒲，儿女搔头亦篆符。忍复研朱如羽客，懒能切玉醉狂夫。长歌楚些冤何有，却忆山人讽已无。田里萧萧方渴雨，小轩清望老怀孤。"[1] 乡居清境，而重午时节"儿女搔头亦篆符"也。江西德安南宋周氏墓发现的一件金钗，出土时插在墓主人发髻一侧，钗梁缀一个三厘米见方的罗制小袋，小袋外面是小珍珠作的网罩[2]〔图8-23〕。墓主人右手持桃枝，桃枝上边系着两个粽子。可知钗梁悬缀的，便是所谓"珠囊"、"钗符"，亦即端午时节佩带的节物。

与唐代相比，凤钗变得更引人注目。内蒙古赤峰地区征集到的一件辽代鎏金凤钗，通长十六厘米，钗首装饰卷云纹的一个花台，花台上一只舒翼扬尾的凤鸟[3]〔图8-24:1〕。陕西临潼金代金银器窖藏中的一支凤钗，通长二十二点二厘米，用锤鍱法和掐丝法作出祥云托起来的飞凤，凤嘴里衔着金花结[4]〔图8-24:2〕。插戴凤钗的形象见于郑州市登封王上村壁画墓，

[8-23]

图[8-23]端午时节插戴的钗符
江西德安南宋周氏墓出土

[1]《全宋诗》，册五二，页32590。

[2]《德安南宋周氏墓》，图版六：3。

[3]《契丹王朝——内蒙古辽代文物精华》，页136-137。

[4]《关于陕西临潼出土的金代税银的几个问题》，页75，图二。

[8-24]:❶

墓的时代为宋金时期。画笔虽略去凤钗细部，但钗首之凤和探出发髻之外的两只钗脚却描绘得清楚[1]〔图8-25〕。宋蔡伸《浣溪沙》："窗外桃花烂熳开。年时曾伴玉人来。一枝斜插凤皇钗。　今日重来人事改，花前无语独徘徊。凄凉怀抱可怜哉。"[2]此自"人面桃花"之别唱，而玉人姿容凭了"一枝斜插凤皇钗"便足以传神。此后直到明清，"钗头凤"依然是诗文中常见的话题，不过它更多的时候是用来传递一个美丽的信息：感觉的，情意的，或者仅止作为一种象征。实际生活中的钗，自明代起，旧日"歧笄"的定义即逐渐消泯，而与簪合二为一。

唐代是充满活力的时代，唐钗也从时风中撷得无限生意。小小的钗头装饰，即便用着工笔的纤细柔曼，也

[8-24]:❷

图[8-24]辽金凤钗
❶ 辽代鎏金凤钗
❷ 临潼金代窖藏金凤钗

[1]《登封王上壁画墓发掘简报》，《文物》一九九四年第十期封面。

[2]《全宋词》，册二，页1012。

[8-25]:❶

[8-25]:❷

图[8-25]凤钗的插戴
❶❷郑州登封王上村壁画墓

图[8-26]
《三才图会》中的钗

[8-26]

总有拢不住的活泼和轻灵，于是“玉钗头上风”矣。五代以后，此“风”不再。宋元可以概括为承上启下。明代而首饰风格一大变。此际乃是簪的精巧之最，所谓“头面”，簪几乎独领风骚。明王圻编《三才图会》“内外命妇冠服·钗”条下，画出来示人的即是一支簪〔图8-26〕。演变原因不止一个，仅就首饰本身而论，鬏髻的出现当是引起变化的重要因素，作为罩发之冠，鬏髻既用作固髻，又可以容受各式头面的插戴。唐代女子讲求发髻式样的争新斗巧，簪钗的设计也同它处处有着呼应。明代女子用了鬏髻罩发，一头乌云早被覆盖式的插戴所掩，高髻的式样变化便不再时兴。从此簪钗差不多成为纯粹的装饰，而用于鬏髻上的插戴，自然以簪为便。在此之前簪因为只有一支脚，簪首装饰过多而增重便不容易插得牢，发髻罩

图[8-27]明代金簪

江西南城明益庄王朱厚烨万妃墓出土

[8-27]:❶

了鬏髻则情形两样，簪首的装饰于是踵事增华，短短的簪脚竟可挑出比屋连甍的亭台楼阁[1]〔图8-27〕。此外，钗本来尚有的固发作用也多由鬏髻代替，那么与簪相比，钗的退居其次也就很自然了。

[8-27]:❷

[1]《江西明代藩王墓考古收获》，封二。

明代头面 *

女子的簪戴，在唐宋词中常常是用来写相思和闺情，它虽然有局部的真切和清晰，但人物的身分常常不很明确，背景也多半是模糊的。

明代小说中，属于女子的头面真正归属了女子，且以它总是活跃在日常生活的细节里而有了真实的背景。脱离开相思，脱离开闺情，洗却婉约和浪漫，所谓“有鲜妍之姿而不藉粉泽”，用典和藻饰皆不必，即用着生活中首饰本来有的名称，便可排列出朗朗上口的文字，而字字熨帖悦人。明末两部大量描写日常生活细节的杰出作品，即《金瓶梅词话》和《醒世姻缘传》，很教我们会得此中意味[1]。明代又有很特别的一本《天水冰山录》，原是为严嵩抄家物资开列的清单，严相的聚敛时珍，这一份清单固然是绝好的材料，而明墓所出各种首饰，它又是识别和定名的可靠依据。史料，小说，实物，三者的碰合使我们有可能把名实久已分离的明代头面重新归

* 关于这一论题，具有开创意义的一篇重要文章是孙机《明代的束发冠、䯼髻与头面》；重要的图录，为《明朝首饰冠服》。又张瑶等《南京明墓出土金簪初探》，对南京兼及各地明墓出土的金簪作了分型分式的研究。又按，本篇标举“头面”而不称“首饰”，意在专指盛妆女子插戴的一整套各式簪钗，男子所用则不在此题之内。

[1] 关于《醒世姻缘传》的成书年代，学界的认识不很一致。曹大为《〈醒世姻缘〉的版本源流和成书年代》一文，认为其定稿时间在崇祯末年，所论可据。

拢，分散的一副，也可以使它再次聚合。而它本来有着的真实的生活背景，在名与实的重逢处，也重新变得鲜明。

关于鬏髻

图〔9-1〕《文姬归汉图》〔局部〕

明朝首饰的插戴方式，与此前相比，有很大的不同，而鬏髻的出现，可以说是产生种种变化的关键。

鬏髻最初只是假发。鬏应即从髢字而来。《诗·鄘风·君子偕老》“鬒发如云，不屑髢也”，作为假发的髢，历史已是分外悠久。与明代鬏髻有直接联系的，是两宋出现的特髻。高承《事物纪原》卷三“特髻”条：“燧人始为髻，至周王后首服为副编。郑玄云，三辅谓之假髻，今特髻其遗事也。《二仪实录》曰：燧人氏妇人束发为髻，髻，继也，言女子必有继于人也，但以发相缠，而无物系缚。”又“髲髢”条：“《周礼》王后夫人之服，有以髲髢为首饰者，故《诗》‘鬒发如云，不屑髢也’，盖周制云。冯鑑《后事》云：晋永嘉中，以发为步摇之状，名曰鬟，以为礼容。即今缠发特髻，乃其遗象也。”《朱子语类》卷九一：“古人戴冠，郭林宗时戴巾，温公幅巾是其类也。古人衣冠大率如今之道士。道士以冠为礼，不戴巾，妇人环髻，今之特髻是其意也，不戴冠。”依朱子所说，特髻是用假发盘起若冠然。从文献记载来看，它最初大约起自宫廷。《铁围山丛谈》卷一：“内官之贵者，则有曰‘御侍’，曰‘小殿直’，此率亲近供奉者也。御侍顶龙儿特髻，衣襜，小殿直皂软巾裹头，紫义襕窄衫，金束带，而作男子拜。”今藏台北故宫传宋陈居中作《文姬归汉图》，图中女侍头著尖顶“冠”，似即层层蟠起的特髻〔图9-1〕。南宋，宫中女乐及州郡官妓也作如此妆扮。张枢《宫词》：“翠枝斜插滴金花，特髻低蟠贴水荷。应奉人多宣唤少，海棠花下看飞梭。”[1]所记为理宗时事。《夷坚志·支甲》卷七“邓兴诗”条，曰诗“梦为人召至一处，高闳华宇，三美男子坐庭上，罢酒张乐，侍姬十数辈，皆顶特髻，衣宽红袍，如州郡官妓，分立左右，或歌舞”，亦南宋故事。这里说的宽袍，

[1]《全宋诗》，册六七，页42132。

即前引《铁围山丛谈》之所谓“襜”。其时特髻也已广泛流行于民间，即如《都城纪胜》、《东京梦华录》、《梦粱录》等所载[1]。成书于元末明初的日用小百科《碎金》，其“服饰篇”中胪举“南”首饰，仍把特髻与各式花冠、魫冠、包冠等列在一起，可知特髻之用，大抵同于冠。

明代䯼髻就妆饰意义来说，它的一个直接来源是包髻。包髻本为头饰，它有了礼制的含义，或始于宋。范祖禹《保宁军节度观察留后东阳郡公妻仁寿郡夫人李氏墓志铭》，曰“仁宗时尝召燕宫中，夫人同命妇特髻见，上顾之曰：宗戚近属，有德者固当异数，若东阳家，无宜碌碌以朝。诏有司命改服，自后以包髻入。当时荣之”[2]。由这一则纪事，可知当日特髻与包髻同为礼服，而以规格言，包髻较特髻为高。今藏台北故宫的宋人《折槛图》，即绘着以包髻为饰的女子，包髻上面并缀着珠〔图 9-2〕。元代，它明确成为已婚女子的妆饰[3]。关汉卿《诈妮子调风月》曰“夫人每是依时按序，细搀绒全套绣衣服，包髻是缨络大真珠”[4]，同

图[9-2]《折槛图》〔局部〕

图[9-3]明代䯼髻
❶鎏金银丝䯼髻
无锡华复诚夫妇墓出土
❷金丝髻
无锡博物馆藏征集品
❸金髻〔又金莲花宝顶银脚簪、掠儿及金丁香〕
大同孙柏川夫妇墓出土
❹金宝髻
江西明益庄王墓出土

[1] 如《都城纪胜》“酒肆”条云“天府诸酒库，每遇寒食节前后开沽煮酒，中秋节前后开沽新酒。各用妓弟，乘骑作三等装束：一等特髻大衣者；二等冠子裙背者；三等冠子衫子裆袴者”。又《梦粱录》卷二〇“嫁娶”条，曰士宦“亦送销金大袖，黄罗销金裙，段红长裙，或红素罗大袖段亦得，珠翠特髻，珠翠团冠，四时冠花，珠翠排环等首饰”。

[2]《范太史集》卷四七。按此东阳郡公，乃太宗长子汉王元佐〔传见《宋史》卷二四五〕之孙、平阳郡王允升之子宗辫。

[3] 傅乐淑《元宫词百章笺注》对此考述详明，页68—69。

[4]《元曲选外编》，册一，页88。

时代的绘画作品中也多有戴包髻的形象。

明代女子依然喜欢用巾覆首，不过已把它作为一般妆饰[1]。这时候与元代包髻意义相当的乃是䯼髻，明人笔记或称作“发鼓”，见顾起元《客座赘语》卷四“女饰”条；又或称作“壳儿”，见明佚名著《如梦录》“街市纪”[2]。䯼髻只是罩发而并不覆首，尺寸因此不大，底部口径一般总在十厘米以内，略如一拳大小。

银丝编的䯼髻最常见。讲究的，用金——或金丝编制，或金片锤锞。银制者，多是细丝编作灯笼孔的一个尖圆顶网罩，如江苏无锡明华复诚夫妇墓出土银鎏金的一件[3]〔图9-3:1〕。若金制，则或作成冠的样子，上面且出来冠梁，如无锡博物馆藏一件征集品[4]〔图9-3:2〕，又比如大同明甘固总兵孙柏川墓出于继室朱氏棺中的一件[5]〔图9-3:3〕，当日俗称“金梁冠儿”的，便是这一类。《金瓶梅》第九十五回，曰“春梅出来，戴了金梁冠儿，金钗梳，凤钿，上穿绣袄，下着锦裙，左右丫鬟养娘侍奉”，即其例。又《醒世姻缘传》第五十四回形

[9-3]:❶

[9-3]:❷

[9-3]:❸

[9-3]:❹

(1) 如《金瓶梅》第二十四回，曰贲四娘子“穿着红袄，玄色段比甲，玉色裙，勒着销金汗巾”。又第四十五回曰“李桂姐穿着紫丁香色潞州紬妆花眉子对衿袄儿，白展光五色线挑的宽襕裙子，用青点翠的白绫汗巾儿搭着头”。

(2) 其于“壳儿”下自注云：“即妇人所戴小髻，汴中语若‘苛’”。

(3) 《江苏无锡明华复诚夫妇墓发掘简报》，图二〇：3。

(4) 《锡山藏珍》，图六一。

(5) 《大同明代甘固总兵夫妇合葬墓》，页4。朱氏卒于万历三十九年。

[9-4]:❶

容童七媳妇的一身妆扮，道是"戴着金线七梁䯼髻，勒着镜面乌绫包头，穿着明油绿对襟潞紬夹袄，白细花松绫裙子，玄色段扣雪花白绫高底弓鞋，白绫挑绣膝裤"；第七十一回，还是这位童奶奶，却是"穿着油绿紬对衿袄儿，月白秋罗裙子，沙蓝潞紬羊皮金云头鞋儿，金线五梁冠子，青遍地锦箍儿"。可知"金线七梁䯼髻"和"金线五梁冠子"，都是指细金丝编缀、其上再起冠梁的䯼髻。其极品，则金梁冠上更嵌珠宝，江西南城县明益庄王朱厚烨墓所出属继妃万氏的一件，细金丝编缀成梁冠，冠上用小金托安排出花朵图案，托里再镶嵌珠宝，又有一对蘑菇头的金簪一左一右用来固定，金簪柄上压印"银作局嘉靖二十六年十月造金五钱"的字样[1]〔图9-3:4〕。《天水冰山录》"头箍围髻"一项，列有"金宝髻一顶〔重九两三钱〕，金髻三顶〔共重一十五两八钱〕，金丝髻五顶〔共重一十八两六钱〕"。金丝髻、金髻、金宝髻，适可为这里举出的三件金制品定名，这应是比䯼髻更为书面化的一个名称。叶梦珠《阅世编》卷八"内装"条记述明代末年事，称银丝编的䯼髻为"银丝髻"，与此相同。前举万妃的一件，其底部口径七点五厘米，简报原称作"小金冠"，曰"小"，大约是与凤冠相对比的缘故，其实它与覆首的凤

图[9-4]
❶《商辂三元记》插图
❷《千金记》插图
❸《双忠记》插图

[1]《江西南城明益庄王墓出土文物》，页48；页50，图六。尺寸以及金簪铭文，见《文物精华大辞典·金银玉石卷·金银器篇》图一七四之说明。

冠并非一系，而仍是䯼髻之属，虽然华丽不比寻常。所谓“金宝髻”，即是此类。据金簪上面的铭文，它与《天水冰山录》的时代正是相当。

䯼髻里外又可以衬帛，覆纱，一面仍是装饰，一面用来适应不同场合的不同妆扮。《金瓶梅》第七十五回写吴月娘等人穿戴了出行，因尚在李瓶儿丧期，故“五个妇人会定了，都是白䯼髻，珠子箍儿，用翠蓝销金绫汗巾儿搭着，头上珠翠堆满”，“惟吴月娘戴着白绉纱金梁冠儿，海獭卧兔儿，珠子箍儿，胡珠环子”。作为孝服的白䯼髻，明富春堂刊本《商辂三元记》传奇的祭吊场面中，有清楚的形象〔图 9-4:1〕。

明代所谓“头面”，并不包括䯼髻。《金瓶梅》第九十一回曰孟玉楼改嫁李衙内，是日县中备办各式礼物，中有“一付金丝冠儿，一副金头面，一条玛瑙带，一付玎珰七事，金镯银钏之类”。金丝冠儿，原是䯼髻，一副金头面，则另外列出。不过䯼髻本是由特髻一包髻而来，因此即便不施簪钗，一顶䯼髻罩在发髻之端，然后用一对或两对小簪子左右固定，也就是很体面的妆饰，前引《醒世姻缘传》即是也，明代戏曲版画中的老夫人也常见如此妆扮，如明富春堂刊本《千金记》中的韩信母和《双忠记》中的张巡母〔图 9-4:2、3〕。若年轻女子，则多半把它作为家常妆束，《金瓶梅》中即有不少描写。如第十一回，曰玉楼、金莲“家常都戴着银丝䯼髻，露着四鬓，耳边青宝石坠子”；又

[9-4]:❷

[9-4]:❸

第十三回，说李瓶儿“夏月间戴着银丝䯼髻，金镶紫瑛坠子”。这里的家常穿戴，是家居时候的情景，尚不同于在自己房间。第五十三回言月娘到了李瓶儿的屋子里，瓶儿“仓忙的扭一挽儿，胡乱磕上䯼髻”，情形可知。周亮工《闽小纪》卷四“䯼髻”条曰：“妇人戴䯼髻，天下同然，独福州兴化，既嫁仍如未嫁处子，绝不戴䯼髻，有则亦为簪首饰之具，见舅姑之后，即藏去矣。”这里说的是清初时候的情形。虽民风独特，䯼髻却依然是盛妆之际的“簪首饰之具”。所谓“簪首饰之具”，便是各式簪钗或曰头面，皆周环䯼髻而插戴，簪钗则因形制有别，插戴位置和方式各异，而各有名称。

簪之一：短簪之属

明代头面中，一种很不起眼而又不可或缺的小簪子，时或称作挑针，又或啄针，又或撇杖、掠儿，总之，名称不一，式样不少。

小簪子多是圆锥形的簪脚，长短平均在十厘米左右——短者或略短，长者或稍长。最简单的一种，是簪脚上边顶一个蘑菇头，南京太平门外板仓徐俌继室王氏墓所出两对金簪，即其例[1]。若簪脚为木，为银，那么蘑菇头可以是金，是鎏金，又或贴金箔，《天水冰山录》称作“金顶银脚簪”，当日俗称则曰“金裹头”。《金瓶梅》第六十二回，曰李瓶儿弥留之际，叫过两个丫头迎春和绣春来，道：“我每人与你这两对金裹头簪儿，两枝金花儿，做一念儿。”即此。这种式样也被称作“一点油”。《金瓶梅》第八回，道潘金莲向西门庆头上拔下一根簪儿，拿在手里观看，“却是一点油金簪儿”。“一点油”，便是形容簪首的式样。《醒世姻缘传》第七十一回中说到“四分重一付一点油的小金丁香”，这里的小金丁香，是耳环中最为简素的一种，环下边一个小小的蘑菇头，其式恰似一点油〔图11-11〕，也正如那蘑菇头的簪子。

常见的一种小簪子，是花头簪。或金或银，或鎏金，仍是圆锥形的簪脚，簪顶上一朵小花，梅，菊，莲花，或其他[2]〔图9-5:1〕。讲究的，花上嵌珠

[1] 《明徐达五世孙徐俌夫妇墓》，页33，图一四。

[2] 以上海松江区华阳杨氏家族墓所出者为例。四号墓出土四件梅花簪，木制的圆锥形簪脚，簪首包鎏金，长均在十二厘米左右；一号墓所出者，乃木制的簪脚，簪首的梅花作成铜帽，长九点八厘米〔《上海市松江区华阳明代墓群发掘简报》，页646，图一九；页645，图二一〕。这是极简素的一类。又江苏江阴青阳邹氏墓所出，通长十三厘米左右者三对，银簪脚，金簪头，錾成牡丹、莲蓬等各式花样；又通长九厘米者三支，通体金制，簪首为菊，为莲，为重台莲〔《江阴长泾、青阳出土的明代金银饰》，页43，图二〇；页43，图二一〕。讲究一点，便多为此式。

嵌宝，作成花蕊；更讲究一点，则簪顶的金花托上嵌玉花，玉花心里嵌珠宝。《天水冰山录》“金簪”一项，列有金玉顶梅花簪，金厢玉梅花簪，金厢玉莲小插，金宝顶桃花簪，金珠宝梅花簪，等等，便是这一类[1]。前举徐俌继室王氏墓与一点油金簪同出的，即有一对金镶宝梅花簪。又一种，乃六棱形的簪脚，将及簪首处膨起如蒜头，上接鼓出算珠式凸棱的细颈，细颈之端，一个梯形小方台，如江苏泰州刘湘夫妇墓出土的鎏金银簪[2]。细颈上边又或顶出花朵，江苏无锡明华复诚墓曹氏簪戴的两对鎏金银簪，簪顶是一仰一覆的两朵莲花，覆莲衔住簪脚上的细颈，仰莲则在花心里托出宝珠[3]。南京太平门外尧化门出土的一对金簪，式样与它相同，却是在小小的莲瓣上又填出细金丝作成的卷草[4]〔图9-5:2〕。依《天水冰山录》所列名称之例，它正该叫作“金倒垂莲宝顶簪”。花头簪的变体，也还有不少式样。南京太平门外板仓徐达家族墓出土的一支金菊花簪，长十一点五厘米，簪首细颈上一个金累丝的委角小方台，台上一朵金丝层层编就的展蕊菊花[5]〔图9-5:3〕，虽不及嵌玉嵌宝的华丽，却别有细巧之好。

[9-5]:❷

[9-5]:❶

[9-5]:❸

(1) 定陵出土的两对金梅花簪，通长十三厘米，簪顶是金丝编制的双层梅花托，两层花托之间用插套套合，顶端花心里嵌一粒红宝石。此出自皇室，自然少不得锦上添花。《定陵》，图版二六五。

(2) 通长十二厘米，出土时簪戴于女主人发髻。《江苏泰州明代刘湘夫妇合葬墓清理简报》，页70，图九。

(3) 簪长十二点九厘米。《江苏无锡明华复诚夫妇墓发掘简报》，页139，图二：8。

(4) 顶端花心是个用作嵌宝的圆托，但嵌物脱落。《明朝首饰冠服》，页106。

(5) 《明朝首饰冠服》，页88。

图[9-5]
❶花头金簪
江苏江阴青阳邹氏墓出土
❷金倒垂莲宝顶簪
南京尧化门出土
❸金菊花簪
南京徐达家族墓出土

[9-6]

盛妆之际，金裹头和花头簪总是成对簪戴，范濂《云间据目抄》卷二“记风俗”称它为“俏簪”，曰打扮起来，两边“插两三对”，即此。若家常装束，它便又是独立的首饰。这类簪子的出现，本不自明代始。今藏台北故宫的传周昉《内人双陆图》中已经可以看到它的插戴方式，河南焦作金墓[1]、大同云中大学金墓[2]，其墓室壁画中的侍女，一边一个发髻上都对称插着花头簪子。焦作金墓壁画里发髻的式样，正好用着元人诗中的一句，即所谓“长髻垂肩短凤簪”[3]。挽长髻，插短簪，似乎是侍女身分的女孩子一种标准的装束。明代依然如此。如台北故宫藏仇英《汉宫春晓图》〔图9-6〕，如绘于明正统四年的一幅妇人容像中女主人身后的侍女[4]。它在元明寺观壁画和水陆画中，也很常见[5]。

小簪子中最小的一种，称作“掠儿”或“掠子”。长短不及十厘米，菱形的断面，一头宽，一头窄，宽的一头出个钝尖，窄的一头斜斜尖下去便是簪脚，如小钎子一般。《客座赘语》卷四“女饰”条说“差小于钗者曰‘掠子’”；《醒世恒言·金海陵纵欲亡身》曰女待诏被定哥唤到妆阁上篦头，家伙包

图[9-6]花头簪子的插戴
《汉宫春晓图》〔局部〕

[1]《河南焦作金墓发掘简报》，图版二：1。

[2]《中国音乐文物大系·山西卷》，页251。

[3] 钱大有《和西湖竹枝词》，《元诗纪事》卷二四。

[4]《徽州容像艺术》，页2。

[5] 北京西郊法海寺明代壁画中的天女也是这般装束。不过为帝释梵天图貌写形，画笔自然更多一点瑰丽。或持幡或捧花的天女，一边扎一个传统的垂肩长髻，髻上插着的花头簪子，便是明代最为华贵的那一类。《法海寺壁画》，图版八四。

儿里“恰是一个大梳，一个通梳，一个掠儿，四个篦箕，又有剔子剔帚，一双簪子，共是十一件家伙”；又前引《金瓶梅》第六十二回，曰李瓶儿又唤过冯妈妈来，“向枕头边也拿过四两银子，一件白绫袄、黄绫裙，一根银掠儿，递与他”，均说着此物。而顾氏所说的钗，实是上宽下窄一种扁条形的簪——下面还会再说到它，那么掠儿的式样正是与它相似，然而小，并且光素无他饰。其作用大抵有二，一是分头缝，一是挽发髻。若簪戴，多半是单独的一支。如前举大同明甘固总兵孙柏川墓出于朱氏棺中的，是一对金镯子，一对一点油金丁香，一顶金梁冠儿亦即金髻，上插着两对金莲花宝顶银脚簪，又是一支金掠儿，长七厘米，重十六克〔图9-3:3〕。

也可以算作小簪子之一的，是耳挖簪。耳挖作为首饰，魏晋南北朝时已经流行。南昌东吴高荣墓中出土一件金耳挖，形若对弯式的双股钗，两支钗脚一为耳挖，一为剔牙签[1]。南昌火车站东晋六号墓出土的银耳挖簪，长十九厘米，簪首和簪脚之间以龙口相衔[2]。锦州北魏墓发现的银耳挖，簪首作成螭口吞勺的式样[3]。这一时期的耳挖钗簪一般都比较长，高荣墓所出，长二十四点五厘米，锦州北魏墓所出，通长二十六厘米。明代的耳挖簪多半很短，总在十厘米左右，或者更短。南京郊区出土的四件金耳挖，长四点八至十厘米不等[4]〔图9-7〕。上海松江县诸纯臣夫妇墓所出金耳挖，

[9-7]

图[9-7]明代金耳挖簪
南京郊区出土

[1] 《江西南昌市东吴高荣墓的发掘》，页225。
[2] 《南昌火车站东晋墓葬群发掘简报》，页36，图八七。
[3] 《锦州北魏墓清理简报》，页432，图四。
[4] 《明朝首饰冠服》，页113。

长六点五厘米，出土时即插在女性墓主人的发髻上[1]。龙口衔勺的传统式样则一直沿用下来，如北京市郊武清侯李伟夫妇墓出土的一对金耳挖簪[2]。耳挖簪的插戴，或单或双，都很常见[3]。

小簪子也可以做得格外玲珑精致，最常见的是簪首作成各式草虫。蝴蝶、蜻蜓、螳螂、蝎子、蜘蛛，配了草叶，或金或银，又或金银作托，上边饰玉，象生娇颤，虽是头面中的小品，却最是浓淡随意，而特别以一个"俏"字取胜。

草虫簪也有它古老的渊源，便是节日里为了辟邪、图吉利而簪戴的各式节物。晋宗懔《荆楚岁时记》曰，正月七日为人日，"或镂金箔为人以贴屏风，亦戴之头鬓"，"立春之日，悉剪彩为燕戴之，帖'宜春'二字"。如此风俗，一直流传下来，且历代有诗有文，吟诵不辍。悬于簪钗之端的饰物又不仅止于燕，更有各式草虫，唐李远《立春日》"钗斜穿彩燕，罗薄剪春虫"[4]，是也，蝶、蝉、蜻蜓之类的草虫簪隋唐即开始发达起来，如隋李静训墓出土的闹蛾[5]，如陕西历史博物馆藏唐代鎏金银蝴蝶头饰[6]〔图 9-8:1〕。其至于两宋而尤盛，作为应令的簪戴，式样也更多精巧。《武林旧事》卷二"元夕"条云，"元夕节物，妇人皆戴珠翠、闹蛾、玉梅、雪柳、菩提叶、灯毬"；金盈之《新编醉翁谈录》卷三记京城风俗，曰上元时节妇人"又插雪梅，凡雪梅皆缯楮为之，又有宜男蝉，状如纸蛾而稍加文饰"。不仅京城如此，各地风俗也大略近似。范成大《上元纪吴中节物俳谐体三十二韵》句有"花蝶夜蛾迎"，"鹅毛剪雪英"；"花蝶"句下自注云："大白蛾花，无贵贱悉戴之，亦以迎春物也。""鹅毛"句下自注云："剪鹅毛为雪花，与夜蛾并戴"[7]。所谓"并戴"，乃戴于钗头。南宋施清臣《夜蛾儿》"碧服银鬟粉扑衣，又随雪柳趁灯辉。

[1]《上海市郊明墓清理简报》，页 622。

[2]《北京市郊武清侯李伟夫妇墓清理简报》，页 60，图一〇：7。

[3]《醒世姻缘传》第三十七回曰孙兰姬从头上拔一枝金耳挖与狄希陈；第三十八回又道兰姬从头上拔下另一枝来，叫捎与狄希陈，说："合前日那枝原是一对，不要撩了，留为思念。"

[4]《全唐诗》册一五，页 5930。

[5]《唐长安城郊隋唐墓》，图版一〇：3。按其出土时已散乱，后经复原，可确认为闹蛾，见《中国古代服饰研究》〔增订本〕，图一一〇。

[6]《陕西历史博物馆珍藏金银器》，图一一九。

[7]《全宋诗》，册四一，页 25969。

怕寒还恋南华梦，凝伫钗头未肯飞”[1]，亦此。据范诗与其自注，知蝶与蛾在这里并没有严格的分别，则花蝶、夜蛾之类可统称作闹蛾。又不仅人日和立春，正月十五上元节也是如此插戴。朱弁《续骫骳说》“元宵词”条云，“都下元宵观游之盛，前人或于歌词中道之”，“又妇女首饰，至此一新，髻鬟鬓篸插，如蛾、蝉、蜂、蝶、雪柳、玉梅、灯毬，袅袅满头，其名件甚多”，因引晁叔用《上林春慢》“素蛾绕钗，轻蝉扑鬓，垂垂柳丝梅朵”，曰“此词虽非绝唱，然句句皆是实事”。叔用，即晁冲之。元代此风依然。元张翥《一枝春·闹蛾》：“雾翅烟鬟，向云窗斗巧，宫罗轻剪。翩翩鬓影，侧映宝钗双燕。银丝蜡蒂，弄春色、一枝娇颤。谁网得、金玉飞钱，结成翠羞红怨。　灯街上元又见。闹春风簇定，冠儿争转。偷香傅粉，尚忆去年人面。妆楼误约，定何处、为花留恋。应化作、晓梦寻郎，采芳径远”[2]。情词婉丽，而一支赋笔敷色鲜明。金、玉、银、罗、鹅毛、纸，都是制作这类节物的材料。湖北麻城北宋石室墓棺床北部正中曾出土六件轻薄如纸的金片，其一作成蝴蝶〔图 9-8:2〕，余皆镂作花草，简报认为它是帽子上的饰件，应可据[3]。台北故宫藏旧题苏汉臣作《五瑞图》中，可以看到它的形象〔图 9-8:3〕。又故宫博物院藏南

[9-8]:❶

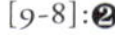

[9-8]:❸

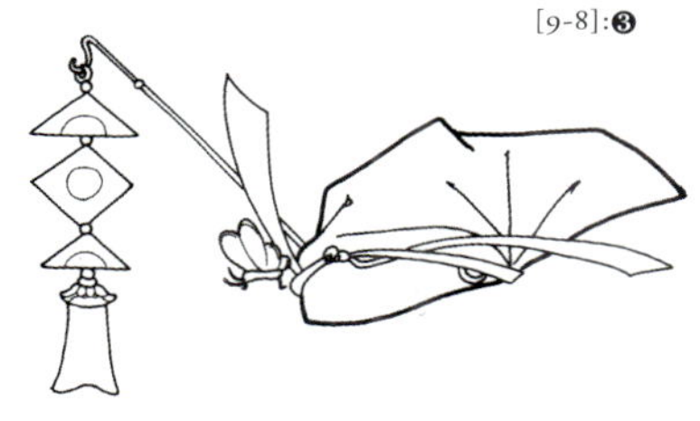

图[9-8]闹蛾
❶ 陕西历史博物馆藏
❷ 湖北麻城北宋墓出土金片
❸《五瑞图》〔局部〕
❹《大傩图》〔局部〕
❺ 南京明吴忠墓出土闹蛾

[1]《全宋诗》，册六二，页 39027。

[2]《全金元词》，下册，页 1013。

[3]《湖北麻城北宋石室墓清理简报》，图版五：7。

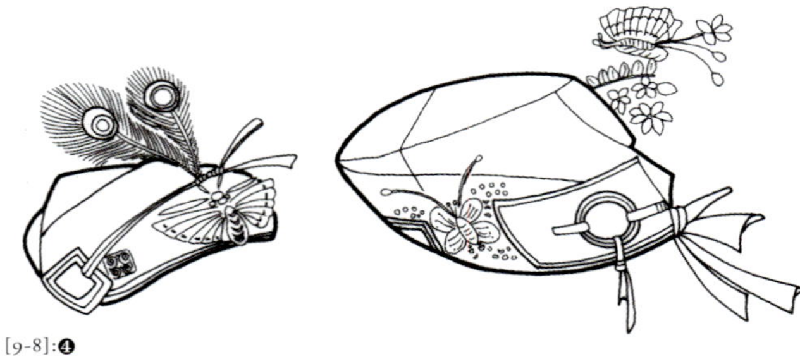

[9-8]:❹

宋《大傩图》，一群头裹巾帽的舞者，花枝、闹蛾或戴在当心，或簪在侧后，又或缀在帽子上〔图 9-8:4〕。《武林旧事》卷二曰元夕“内人及小黄门百余，皆巾裹翠蛾，效街坊清乐傀儡，缭绕于灯月之下”，正与此相合，可知图中所绘，乃元夕里的舞队，所谓“大傩”，是误会了很久的讹称[1]。

唐宋时代的草虫簪钗与节日里特有的饰物，到了明代，则已合流。正月里，春日间，依然插戴闹蛾。《金瓶梅》第七十八回曰正月元旦，玳安与王经“在门首踢毽子儿，放炮熗，又磕瓜子儿，袖香桶儿，戴闹蛾儿”。南京太平门外岗子村吴忠墓出土的一对金闹蛾，应即此类节物[2]〔图 9-8:5〕。明蒋之翘《天启宫词》句有“玉云侧掠轻移袖，怕着新蛾闹扫垂”，自注曰：“宫蛾春日咸头戴闹蛾，掠风撩草，鬓翅生动。”又别一首句下注云：“坤宁宫后园名内上林，时宫人所插闹蛾，尚用真草虫夹以葫芦形，如菀豆大，名‘草里金’，一枝可值三二十金。”[3]这里说到的“草里金”，似乎至今未见实物，不过从节物中独立出来的草虫也包括各式花蝶簪，却多有佳制可见。如上海市

[9-8]:❺

[1] 孙景琛认为这是民间的迎春舞队〔或社火〕，《〈大傩图〉名实辨》，页 74。

[2] 《明朝首饰冠服》，页 63，墓葬年代为洪武二十三年，闹蛾长七点三厘米。

[3] 《明宫词》，页 50、62。

李惠利中学明代墓群出土的金镶宝鎏金银簪，针式的簪脚，簪首一只银鎏金的蝴蝶，蝶身小小，宝光闪耀，银丝卷出的长须子高高探出，正仿佛“掠风撩草”[1]〔图9-9:1〕。又无锡鸿声前房桥明墓出土一对金簪，簪首锤鍱出叶脉纹的一枚窄金叶上，用弹簧形的细金丝颤颤袅袅缀一只刻画细微的金制蜻蜓[2]〔图9-9:2、3〕。前举华复诚夫妇墓曹氏之簪戴，中有一对草虫簪，通长九厘米，簪首一枚银叶，其上又嵌一枚玉叶，玉叶中间的小孔里穿出一根银丝，上边系一只嵌着五粒珍珠的金蝉，一左一右簪在鬏髻两侧[3]，可知草虫簪的插戴方式之一般。设计意匠大抵同属的小簪子，簪首除装饰草虫外，尚有其他。《金瓶梅》第五十八回，说月娘取下爱月儿头上的金鱼撇扙儿来瞧，因问：“你这样儿是那里打的？”无锡明黄钺家族墓地黄抃之妻范氏墓中出土的一对镀金银簪，簪首一尾嬉戏在草叶间的游鱼，其上并有嵌宝的小托，只是嵌物已有脱落[4]。所谓“金鱼撇扙儿”，以此当之，却是不差。

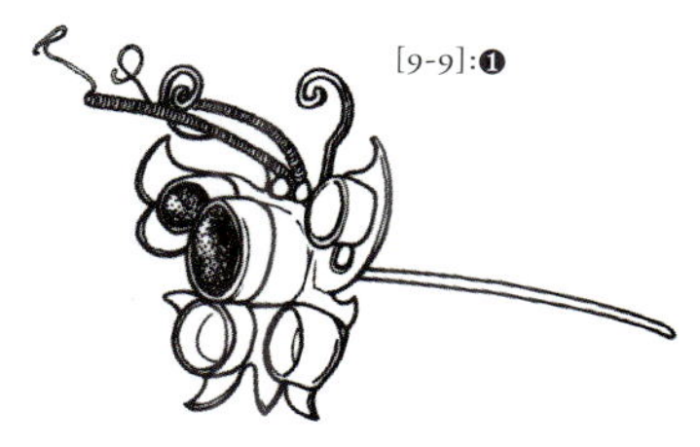

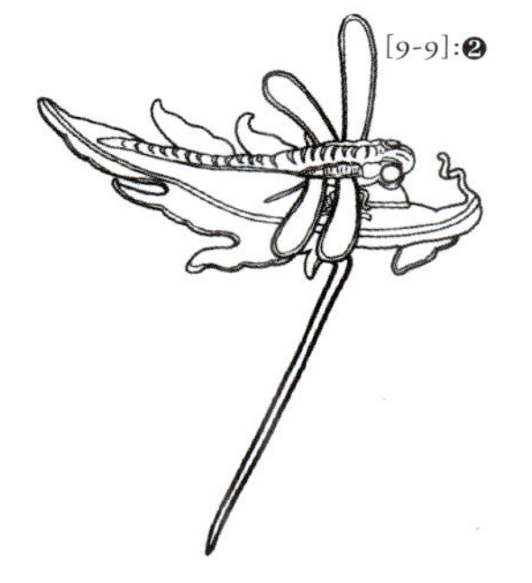

图[9-9]草虫簪

❶上海李惠利中学明墓出土

❷❸无锡鸿声前房桥明墓出土

簪之二：鬓钗之属

明代以前，曰钗，曰簪，原有两支脚和一支脚的区别，明则不然。这时候钗已经很少，所谓“头面”，实以簪为主，而明人称作“钗”的，其实往往也是簪。明王圻等编《三才图会》在“内外命妇冠服”一项绘出“钗”来，却是一支脚的簪，可见当时人对簪钗的一种认识。《客座赘语》“女饰”条曰：“金玉珠石为

(1) 簪长六点三厘米，簪首高三点一厘米。《上海市李惠利中学明代墓群发掘简报》，页60，图一五。

(2)《锡山藏珍》，图六九。

(3)《江苏无锡明华复诚夫妇墓发掘简报》，页139，图二：6。

(4)《江苏无锡青山湾明黄钺家族墓》，图版三八：1。

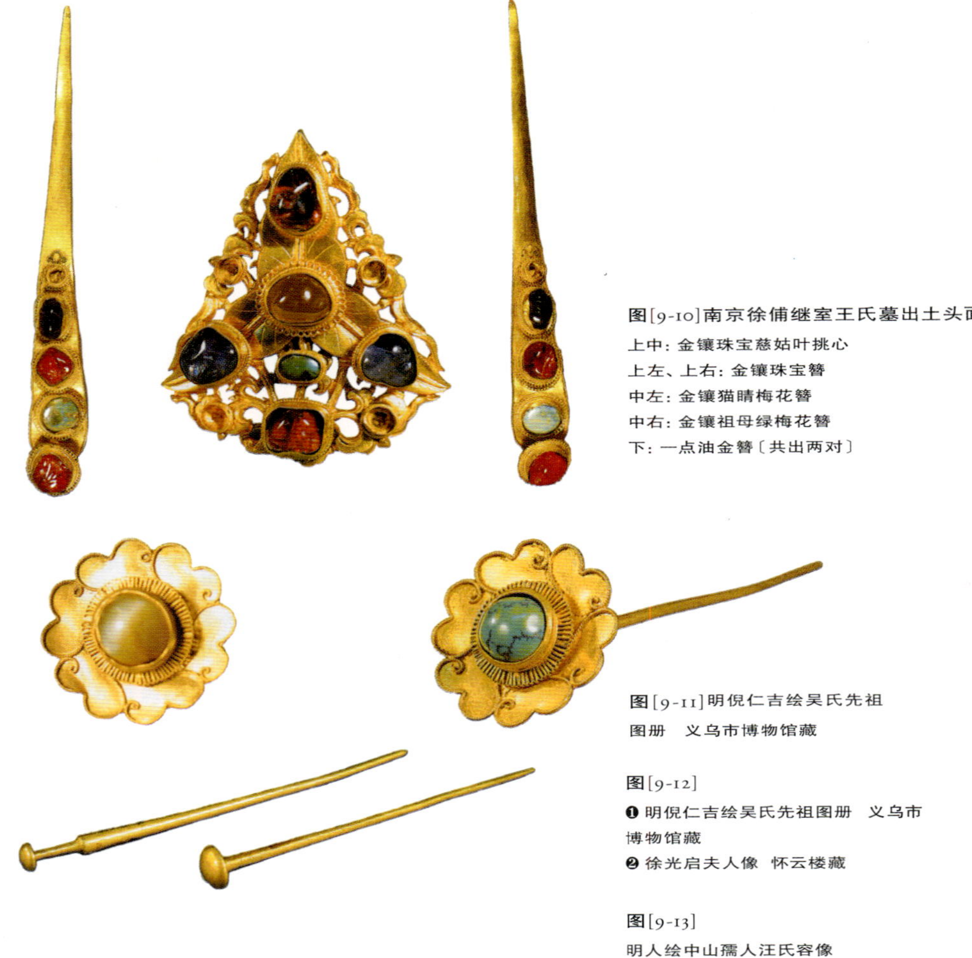

图[9-10]南京徐俌继室王氏墓出土头面
上中：金镶珠宝慈姑叶挑心
上左、上右：金镶珠宝簪
中左：金镶猫睛梅花簪
中右：金镶祖母绿梅花簪
下：一点油金簪〔共出两对〕

图[9-11]明倪仁吉绘吴氏先祖图册　义乌市博物馆藏

图[9-12]
❶ 明倪仁吉绘吴氏先祖图册　义乌市博物馆藏
❷ 徐光启夫人像　怀云楼藏

图[9-13]
明人绘中山孺人汪氏容像

华爵，长而列于鬓傍曰‘钗’。”这里所述为南都情形，而所谓“钗”，并不是两支脚，却是指长在十五厘米以上且常常作出浅弧的一种长条形簪。南京徐膺绪墓出土的云凤纹金簪，长十五点三厘米，簪首一朵金累丝的如意云，其下作出卷草纹的衬底，一只衔云的凤凰飞舞其间[1]〔图9-17:1〕。它的插戴方式，在明人所绘容像中正可见得分明，浙江义乌吴之艺妻倪仁吉所绘吴氏先祖图册，即是可靠的例证之一[2]〔图9-11〕。又前举南京徐俌继室王氏墓出土的一对嵌宝石金簪，上宽下窄的扁长条，宽的部分作出五个

(1)《明朝首饰冠服》，页79。

(2)《义乌文物精萃》，图二〇八。据图版说明，倪仁吉字心蕙，号凝香子，生于明万历三十五年，卒于清康熙二十四年。按此图像系倪氏后人翻修老宅时在房梁上边发现，左文右图，一一揭明所绘人物身分。其末自称图凡二十一幅，不过发现时只有二十幅。后在装裱过程中图文失序，文字与图像因已无法对应。

[9-11]

[9-12]:❶

[9-12]:❷

金托，托上嵌着各色宝石，末一个小金托上原嵌珠，只是出土时已脱落。簪长十七点三厘米〔图9-10〕。此在倪氏所绘图册中也有其例，画像中人头戴凤冠，鬓角一边一支倒插着嵌宝的金簪，其式与徐俌夫妇墓所出者几无二致[1]〔图9-12:1〕。此外，王己千怀云楼藏一幅徐光启夫人像[2]〔图9-12:2〕，明人绘中山孺人汪氏容像[3]〔图9-13〕，又朱夫人像[4]，也都表现着类似的插戴方式。顾起元所谓"金玉珠石为华爵，长而列于鬓傍曰'钗'"，其实正是此类弯作浅弧的扁长条金簪。《碎金》"服饰篇"中"南"首饰之"边钗"、"北"首饰之"倒插鬓"，范濂《云间据目抄》卷二之"捧鬓"，叶梦珠《阅

[1]《义乌文物精萃》，图二一〇。

[2]《艺苑掇英》第三十八辑，页41。

[3] 其冠下尚有一对如意头及一支金倒垂莲宝簪。《徽州容像艺术》，页11。

[4]《中国历代妇女妆饰》，页99，图一二一。这里表现的都是盛妆之际鬓钗的插戴方式，它的插戴当然也可以有另外的方式，此也见于倪仁吉所绘图册，如《义乌文物精萃》中的图二一四。

[9-13]

[9-14]:❶

[9-14]:❷

世编》卷八之“倒钗”，又《朱氏舜水谈绮》卷下饰“钗”，曰其形弯曲，名作“掩鬓”，皆指此物。当然《谈绮》之所谓“掩鬓”是着眼于钗的位置和作用，在这里乃是泛指鬓钗，作为专称的掩鬓，其式则又有不同。

鬓边倒插的簪，原是从唐代的搔头变化而来。唐李贤墓壁画中有用长簪搔头的女子，搔头式长簪也有实物可见，如镇江唐墓出土的一件刻花银簪[1]。若盛妆，搔头便总是两对三对斜斜簪于两鬓，它在时属五代和宋初的敦煌绘画中很是常见，如法国吉美博物馆藏《被帽地藏菩萨十王图》中的供养人[2]。内蒙古赤峰宝山辽墓壁画中也有相似的形象[3]〔图9-14〕。冯延巳《谒金门》“斗鸭阑干独倚，碧玉搔头斜坠”[4]，正是词笔写出的一帧小影。唐式搔头两宋犹见，如四川彭州宋代金银器窖藏中的一件金簪，簪头在细网纹的地子上浮雕出缠枝牡丹，周缘装饰联珠纹，通长十九点二

图[9-14]
❶《被帽地藏菩萨十王图》〔局部〕
法国吉美博物馆藏
❷《颂经图》〔局部〕
内蒙古赤峰宝山辽墓壁画

(1) 簪长二十六点八厘米。《江苏镇江唐墓》，页137，图九：2。

(2) 时属北宋太平兴国八年。《西域美术·Ⅱ》，图63-3。

(3)《内蒙古赤峰宝山辽壁画墓发掘简报》。

(4)《全唐五代词》，上册，页676。按“坠”与“缀”在唐人诗词中常常混用，此句即以作“缀”解为宜。《敦煌歌辞总编》于此有考，见该书页219—220。

厘米[1]〔图 9-15:1〕。又南宋史绳祖墓出土的金簪，长十五点五厘米，窄长的簪脚针刻云纹，宽扁的簪头作成双层，即以一个细镂着卷草纹的金套叠合在上面[2]〔图 9-15:2〕。此际又出现了由唐式搔头脱胎出来的一种新样式。与前不同的是，簪脚趋于窄尖，簪头趋于宽圆，形若一枚织布的梭子。南京幕府山宋墓[3]、浙江永嘉宋代窖藏[4]，均有其例。永嘉所出者，长近二十厘米，簪头用细镂的缠枝花作地子，其上錾刻一尾戏珠蛟龙，腾挪的龙身之间，又点缀三朵浮雕出来的菊花〔图 9-15:3〕。元代似乎仍从旧式，而簪头多半作成浮雕的花果。如湖北武昌周家田元墓出土的瓜头金簪[5]，又湖南津市元代窖藏中发现的一支金簪，通长十五点八厘米，簪头是细金丝盘绕串连起来的瓜果和石榴，其间装饰各样花卉[6]〔图 9-15:4、5〕。

唐式搔头到了明代在造型上并没有太大的变化，宋元时代喜欢的

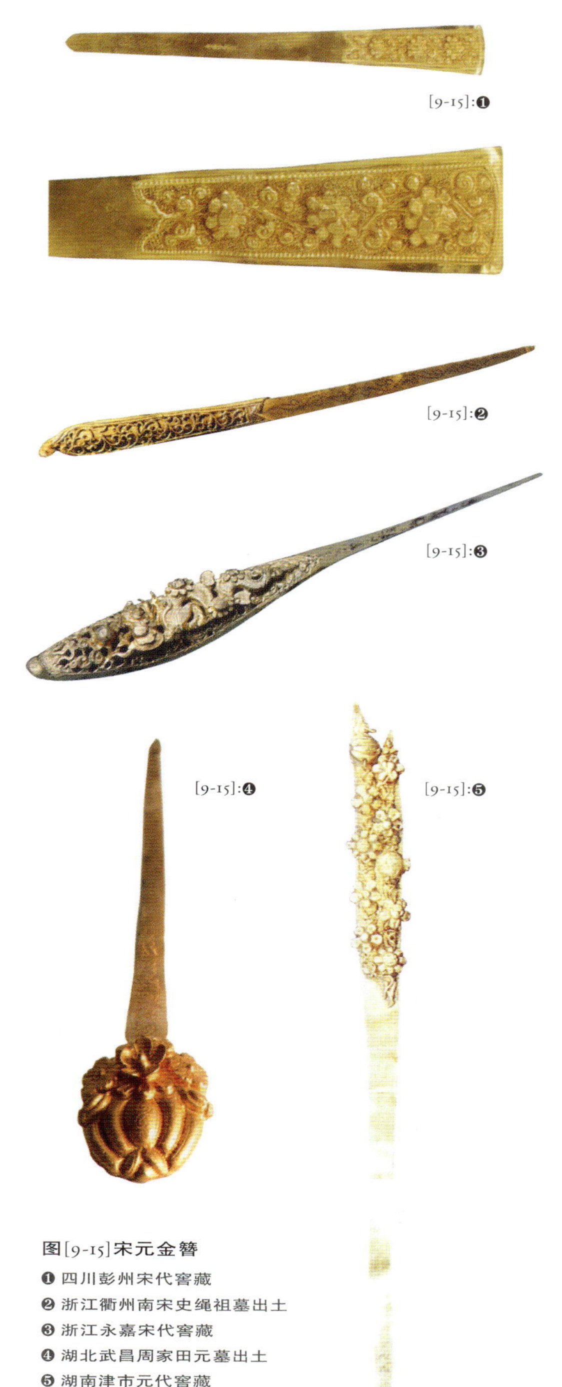

图[9-15]宋元金簪

❶ 四川彭州宋代窖藏
❷ 浙江衢州南宋史绳祖墓出土
❸ 浙江永嘉宋代窖藏
❹ 湖北武昌周家田元墓出土
❺ 湖南津市元代窖藏

(1)《四川彭州宋代金银器窖藏》，彩版七：2

(2)《浙江衢州市南宋墓出土器物》，页 1006，图三：7。

(3)《南京幕府山宋墓清理简报》，图版三：3。

(4)《浙江永嘉发现宋代窖藏银器》，图版六：4。

(5)《黄陂县周家田元墓》，页 84，图八。按本篇图 9-15：4 由武汉市博物馆提供。

(6)《湖南津市窖藏元代金银器》，页 14，图二。

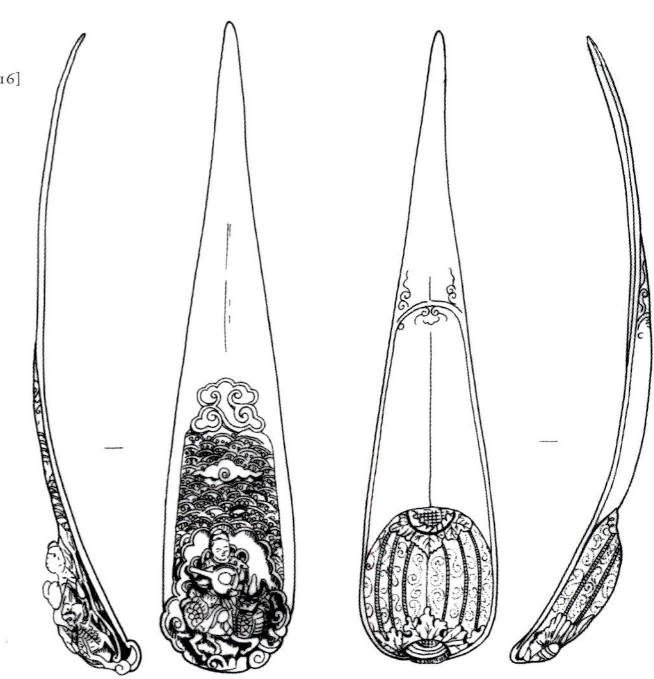

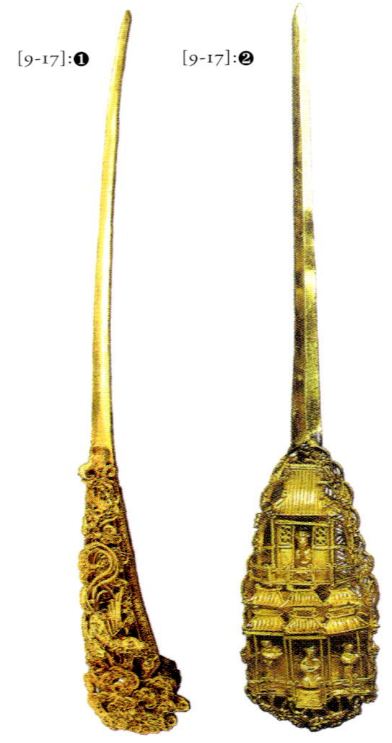

龙凤花草依然是它的主要装饰题材。南昌明宁靖王夫人吴氏墓出土的一件牡丹纹金簪和一对菊花纹金簪,造型与装饰意匠,都颇存宋元遗风,此墓的入葬时间为弘治十七年[1]。明代常见的一种瓜头簪子,也是宋元花果簪的变体之一,此际则以规整和工细有别于前。这一时代的金细工艺差不多可以说是登峰造极,掐丝、累丝、填丝、錾花,诸般工艺聚于一簪而般般精致。亭台楼阁,栏栋阶石,重重叠叠里外数层,更有释道仙人出入其中,小小簪头竟可演出热闹的游仙故事。四川平武王玺家族墓[2],江苏江阴长泾夏氏夫妇墓和青阳邹氏墓[3],南昌南城

图[9-16]
四川平武王玺家族墓出土金簪

图[9-17]
❶金累丝云凤簪　南京徐膺绪墓出土
❷金掐丝楼台人物簪　南昌明益庄王墓出土

[1]《南昌明代宁靖王夫人吴氏墓发掘简报》,页4,图一三、一六。

[2] 墓地中时代最早者为宣德六年,最晚者为正德七年。《四川平武明王玺家族墓》。

[3] 墓葬时代为正德年间。《江阴长泾、青阳出土的明代金银饰》。

益庄王墓[1]，金簪中最为精致的一类，大抵集中在明代中期和中期略晚的墓葬〔图 8-27、图 9-16、图 9-17〕。以古搔头为式的长条形簪，豪华者，又常常嵌玉嵌宝。定陵出土的一对金镶宝玉蝴蝶采花金簪，通长十五点三厘米，簪脚浅刻流云纹，簪首三个花丝编就的金托，一作梅花，一作蝶，一作慈姑叶，其上各嵌珍珠和宝石。另一对形制与它相似，不过是金托上嵌玉，玉上嵌宝，蝴蝶须子更用金丝绕成弹簧的样子，须尖上一边系珍珠一粒。两对金簪亦即鬓钗都是倒插在孝端皇后的鬓边〔图 9-35、图 9-37〕。《阅世编》卷八云“两鬓亦以珠花、珠结、珠蝶捧之”，可见明末风气。

造型如垂珠，如朵云，也都是“倒插鬓”常见的式样[2]〔图 9-17:2、图 9-33〕。后者又有专名曰掩鬓，即《客座赘语》卷四说到的“掩鬓或作云形，或作团花形，插于两鬓，古之所谓‘两博鬓’也”。《三才图会》中绘出的“两博鬓”造型正如朵云〔图 9-18〕，图下注云：“两博鬓，即今之掩鬓。”[3] 不过博鬓之称乃用于礼服，通常

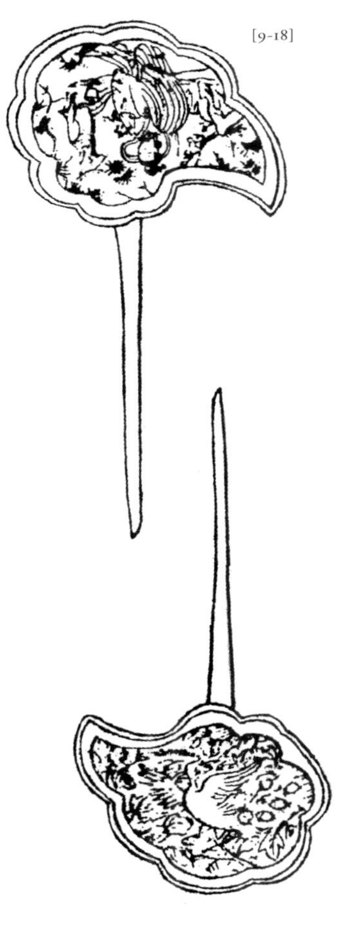

图[9-18]
《三才图会》中的掩鬓

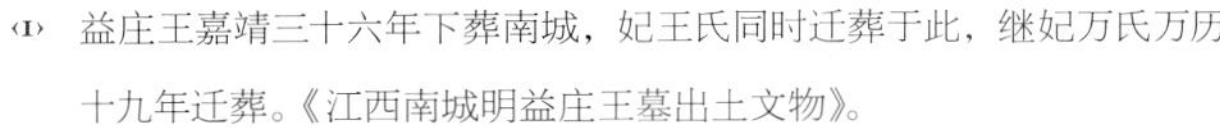

[1] 益庄王嘉靖三十六年下葬南城，妃王氏同时迁葬于此，继妃万氏万历十九年迁葬。《江西南城明益庄王墓出土文物》。

[2] 如明益庄王墓所出金摺丝楼台人物鬓钗，如明吴麟墓所出持荷童子鬓钗。后者著录于《安吉文物精华》〔页 30—33〕，系一九六六年发现于安吉彰吴乡景坞村，据墓志，知墓主为吴麟夫妇，吴麟为嘉靖五年进士。关于玉饰的出土情况，则没有留下详细记录，图版说明云其为凤冠镶嵌物，原是推测。与其他明墓所出首饰相对看，可知这里刊发的是挑心一件，分心一件，鬓钗两对，掩鬓一对，俱以孩儿为主题，应即头面一副〔《天水冰山录》有“金厢大珠孩儿首饰一副”；定陵孝靖后首饰中有玉雕持荷孩儿镶宝鎏金银簪一对，《定陵》，图版二五三〕。

[3] 此图左上角标其名云“两博髻”，而图下注云“两博鬓”，自以作“鬓”为是。

是与凤冠合为一体，此在宋代皇后画像中可见。《客座赘语》原是以雅释俗，《三才图会》则是以俗例雅，而作为头面的一个组成部分，掩鬓是当日更为通行的名称，《金瓶梅》第九十回形容来旺儿担子里的首饰，中有“满冠擎出广寒宫，掩鬓凿成桃源境”，即此。广寒宫与桃源境都是首饰中很有代表性的表现题材。《三才图会》中的掩鬓之一，是一边嫦娥一边捣药玉兔的广寒宫中景；另一支图案为凤凰，江西明益宣王墓出土的正是这样一对〔图9-34〕。

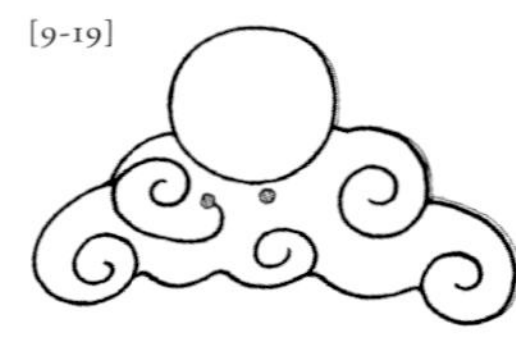

云朵样的掩鬓，或由节日所戴的“云月”演变而来。《老学庵笔记》卷二：“靖康初，京师织帛及妇人首饰衣服，皆备四时。如节物则春幡、灯毬、竞渡、艾虎、云月之类，花则桃、杏、荷花、菊花、梅花，皆并为一景，谓之一年景。”四川广汉发现的南宋窖藏玉器中，有一件云月形的玉饰，高一点八、宽三点五厘米，是朵云托着一枚圆月，云月之间有两个小穿[1]〔图9-19〕。《碎金》“服饰篇”的“北”首饰“鈚”类中，也列有“云月”之名。与它同时的苏州吴张士诚母曹氏墓曾出土一对云托日、月金片[2]，时当明初的南京中央门外张家洼汪兴祖墓出土一对金银饰，朵云托月为银，朵云托日为金，其上各有“日”、“月”二字作为标识。南京太平门外板仓徐膺绪墓出土一件金簪，则是累丝作成的朵云托月〔或曰日〕，墓葬年代为永乐十四年[3]。正德年间入

图[9-19]云月玉饰
四川广汉南宋窖藏

[1]《四川广汉南宋窖藏玉器》，页25，图七。

[2]《苏州吴张士诚母曹氏墓清理简报》，图版十：7。

[3]《明朝首饰冠服》，页55、81。

葬的江阴长泾夏彝夫妇墓出土一对云托日、月金簪，簪首云月用着锤鍱和镂空的工艺，造型则与徐膺绪墓所出无别〔图 9-20:1〕。约略同时的江阴青阳邹氏墓出一对艾虎五毒金簪，造型取了云朵的式样，云朵上面锤鍱出蝎子、蜈蚣、三足蟾蜍，当心是仙人骑虎[1]，很像是端午佩带的节物。这一造型在明中期以后便比较固定，而式样则愈趋繁丽，累丝、錾花，又或金镶宝、银镶玉，云朵中的花样更是不断翻新，题材仍以仙人居多。上海打浦桥明顾定芳夫妇合葬墓出土一对白玉掩鬓，云朵形的边框，长五点七、宽三点五厘米，云朵中飞着捧花的仙人。出土的时候，其后一支银簪脚，簪脚的一端分出五爪扣在镂空的地子上，另一端插在鬓边的发髻里[2]〔图 9-20:2〕。与旧日的“碧玉搔头斜坠”不同，明代插在鬓边的簪钗原是为着压鬓和掩鬓。《明史》卷六七《舆服三》中列有“金压鬓双头钗二”，“压鬓”二字，正是明代鬓钗特色。生活在明末清初的李渔在《闲情偶记》卷三《声容部》中品评簪式，因特别说道：“簪头所以压发，服贴为佳。”鬓钗与正面的挑心，插戴方式多是自下向上即所谓“倒插”，簪脚则以扁平为常，掩鬓有时也作出钗式的两支脚，而扁平依然。

[9-20]:❶

[9-20]:❷

图[9-20]掩鬓
❶ 江苏江阴长泾夏彝夫妇墓出土
❷ 上海打浦桥顾定芳夫妇墓出土

[1] 《江阴长泾、青阳出土的明代金银饰》，页 38，图五；页 42，图一六。

[2] 《上海打浦桥明墓出土玉器》，页 83，图二。

[9-21]:❶

髲钗总是装饰得华丽，在一副头面中自然醒目，即便单独插戴，也很有隆重的意思，《醒世姻缘传》第五十九回："头上也不消多戴甚么，就只戴一对髲钗，两对簪子。也不消戴环子，就是家常戴的丁香罢。"这便是出门拜会的妆束了。

簪之三：挑心、顶簪、分心、满冠

"挑心"，"分心"，可以说是明代头面之要。江苏武进王洛家族墓王昶继室徐氏簪戴的挑心，以佛像为簪首[1]，这也正是挑心最常见的式样。南京太平门外板仓徐膺绪墓[2]、上海松江区华阳明代墓群七号墓[3]，均有其例。又如上海浦东陆家嘴陆氏墓陆深夫人簪戴的一件，乃以金片锤鍱出来的重台莲花为座，一边弯出一枝金莲蓬头，座上立着羊脂玉观音，实地儿的金梗子旋出卷着如意云头的瓔珞和飞起的飘带，腰间是两片金叶儿作底，衬了金累丝的托儿，托儿上嵌着一颗红宝石。簪首高五点四厘米，背后有长约十厘米的一支簪脚[4]〔图 9-21:1〕。而在钗簪上面装饰佛像，似乎元代已经流行。元伊世珍《嫏嬛记》卷下引《禅林实语》曰："有女子卸冠者，奉观音大士甚肃，比丘尼往往劝其修净土，云当作观音观，观其法身，愈大愈妙。自此夜恒梦见之，然甚小，若妇人钗头玉佛状。一日其夫寄一玉观音，

图[9-21]挑心和顶簪
❶ 金莲花嵌宝玉观音挑心
上海浦东陆家嘴陆氏墓出土
❷ 金镶宝累丝佛塔挑心
北京定陵出土
❸ 金镶宝凤鸟银脚挑心
江阴青阳邹氏墓出土
❹ 金镶珠宝瓶花人物顶簪
北京市郊武清侯李伟夫妇墓出土
❺ 金梵文银脚顶簪
江苏常州王家村出土
❻ 银鎏金梵文挑心
上海松江区华阳明代墓群出土

(1)《武进明代王洛家族墓》，页 33，图七：8-2。

(2)《明朝首饰冠服》，页 80。

(3)《上海市松江区华阳明代墓群发掘简报》，页 644，图一四。

(4)《上海浦东明陆氏墓记述》，图版七：6。《上海出土唐宋元明清玉器》图一一八之说明云其"背后配置一长约十厘米的插扦"，但不知其质是银抑或其他。

类梦中所见，自是奉之益笃。”所云“观音观”，乃《佛说观无量寿经》中说到的“十六观”之一。把佛像作为簪头或钗头的装饰，大约同观音崇拜有关。观音头戴宝冠，宝冠上面置化佛，此中原有顶戴世尊、降伏外道之意，首饰的设计意匠，或即由此而来，这一类的簪子便多是作为挑心戴在当中。《醒世姻缘传》第七十八回曰“徐太太当中戴一尊赤金拔丝观音”，正形容得明白。而观音挑心的造型本来就是直接取式于观音宝冠上面的化佛，英国博物馆藏五代《引路菩萨图》中的观音，宋《大佛顶陀罗尼经》卷首图[1]，都可以作为溯源的参考〔图 9-22〕。用摩尼珠作簪首，也是明代常见的式样。与此前不同，明代首饰的表现内容多有源自佛教艺术的吉祥寓意，这也是它的特色之一。

[9-21]:❷

佛像之外，挑心的装饰又有梵文、宝塔、仙人、凤凰之类〔图 9-21:2、3〕，多取下宽上窄向着顶端耸起的造型，制作总是十分精巧。定陵中孝靖皇后簪戴的一件挑心，是嵌宝石如意云朵托着的一座金塔，细细密密均匀排列的一千五百多个卷草式的小金丝累作塔身，塔顶周围一圈栏杆，塔里坐着一个小金佛[2]。《天水冰山录》“首饰”项下列有“金厢玉累丝佛塔首饰一副”，下注“计一十二件，共重一十五两四钱”，又“金厢佛塔嵌珠宝首饰一副”，注云“计一十六件，共重一十二两四钱”。孝靖后的这一件，似即此类首饰中的“领衔”。又明益宣王墓孙妃之属的一件

[9-21]:❸

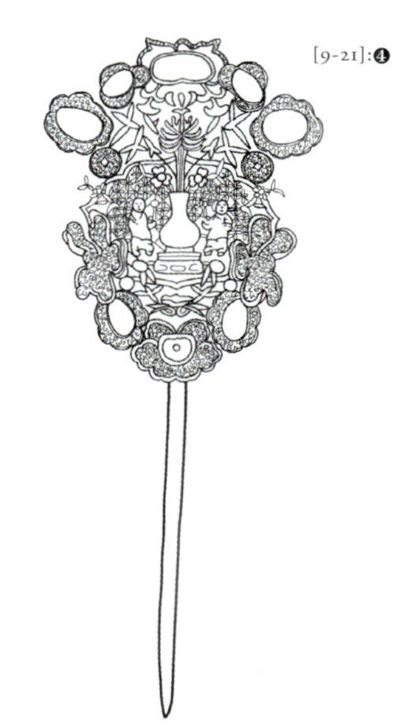

[9-21]:❹

[1]《海外藏中国历代名画 · 2 · 五代至北宋》，页 86；《中国美术全集 · 绘画编 · 20 · 版画》，图八。

[2]《定陵》，彩版一〇七：左。

[9-21]:❺

金挑心，乃一只展翼飞翔的鸾鸟，两个翅膀一边一颗红宝石，嵌着宝的尾羽如一扇立屏，鸾鸟上坐着西王母，披云肩，著凤冠，方驾鸾而行[1]〔图9-34〕。同出尚有金镶宝玉群仙庆寿钿儿，又一对金镶宝凤头簪，一对金镶宝龙头簪，一对金镶宝累丝双龙捧寿簪，一对金镶宝凤凰掩鬓，俱以龙凤福寿为主要装饰题材；《天水冰山录》有“金厢王母青鸾嵌宝首饰一副”，“计一十三件，共重一十三两四钱”，孙氏的一副，大抵与之相当。

挑心总是单独的一支，自下而上簪戴于当心位置，“挑心”之称大约也是由此而来。此外一种常常也是单独一支而位于鬏髻之端，簪戴方式却是相反，即由上而下，其名曰顶簪或关顶簪，如北京市郊明武清侯李伟夫妇墓出土的金镶宝玉蝴蝶采花簪和金镶珠宝瓶花人物簪[2]，如江苏常州王家村出土的金梵文银脚簪[3]〔图9-21:4、5〕。而这一件梵文顶簪与上海松江区华阳明代墓群一号墓出土的银鎏金梵文挑心，正可对看[4]〔图9-21:6〕。不过顶簪之细巧者也或成对插戴。《金瓶梅》第十三回说到李瓶儿“向头上关顶的金簪儿拔下两根来，递与西门庆”；过了两日西门庆假托瓶儿名义，又把它给了潘金莲，“金莲接在手内观看，却是两根番纹低〔底〕板、石青填地、金玲珑寿字簪儿，乃御前所制造，宫里出来的，甚是奇巧”。定陵出土的孝端皇后头面中，正有如此玲珑奇巧的一支出在黑纱鬏髻上方。花丝作

[9-21]:❻

[1]《江西南城明益宣王朱翊鈏夫妇合葬墓》，图版四：4。

[2]《北京市郊明武清侯李伟夫妇墓清理简报》，页61，图一二：3、4。

[3] 簪通长十二厘米，宽五点八厘米，重三十一克。《常州文物精华》，图九四。

[4]《上海市松江区华阳明代墓群发掘简报》，页643，图一三。

[9-22]:❶

的嵌宝金托，其上捧出白玉雕就的“万寿”两个字，字上镶嵌红蓝宝石，通长十二点五厘米[1]〔图9-35、图9-36〕。可知所谓“乃御前所制造，宫里出来的”，并非诳语，它因此令“金莲满心欢喜”，而成为情节转折处的一个关节。小说与实物的对应，又正好互见背景。

[9-21]:❷

所谓“分心”，它的名称和意匠来源仿佛不大好解，不过仍有一个大致的线索可以略略显出痕迹。宋元时代宫廷乐队的乐人妆束中，有一类头饰名菩萨冠。《宋史》卷

⑴《定陵》，彩版一〇四：中〔编号D112：7〕。

图[9-22]

❶《大佛顶陀罗尼经》卷首图〔局部〕

❷《引路菩萨图》〔局部〕

[9-23]:❶

[9-23]:❷

图[9-23]挑心和顶簪
❶《燃灯授记释迦文图》〔摹本〕
辽宁省博物馆藏
❷《临李龙眠九歌图》〔摹本〕
吉林省博物馆藏
❸ 青龙寺元代壁画〔摹本〕
❹ 四川平武王玺家族墓地出土仙人满池娇分心

一四二《乐志》记队舞之制，曰菩萨蛮队冠卷云冠，佳人剪牡丹队戴金冠，拂霓裳队冠仙冠，菩萨献香队戴宝冠。又《元史》卷七一《礼乐志》述乐队之制，云说法队中，“妇女二十人，冠珠子菩萨冠，服销金黄衣，缨络，佩绶，执金浮屠白伞盖”，又有“妇女二十人，冠金翠菩萨冠，服销金红衣，执宝盖，舞唱与前队相和”。舞队所扮不外仙人菩萨，《志》中列出的几种冠，其式究竟如何虽不能确指，但宋元绘画中神仙菩萨的冠式总还是代表同时代人某种共同的认识，因可作为一个比较切近的参考，如宋人《燃灯授记释迦文图》中的捧瓶菩萨，如元张渥《临李龙眠九歌图》中的湘君〔图9-23:1、2〕。

宋金时代女子所著之冠，其上又常常装饰释道神仙。清宫旧藏宋代皇后像中颇有其例。如真宗章懿李皇后坐像，高冠上面龙凤珠翠不必说，冠之当顶是跨凤的西王母，其下高低错落立着一排排的仙人。又徽宗后、钦宗后，凤冠上面的装饰均是其类〔图9-24〕。《金史》卷四三《舆服志》所谓“皇后冠服，花株冠，用盛子一，青罗表，青绢衬金红罗托里，用九龙四凤，前面大龙衔穗毬一朵，前后有花株各十有二，及鸂鶒、孔雀、云鹤、王母仙人队、浮动插瓣”云云，其装饰与宋代皇后之冠颇多相似，而元人笔下，也有清楚的图像。山西稷山县青龙寺腰殿元代壁画“往古后妃宫女众”里的娥皇和女英，头戴花冠，花冠四表攒簇青罗，冠顶作出尖拱，即如菩萨冠之式，冠之当心则装饰祥云，云朵间立着仙人队[1]〔图 9-23:3〕。元无名氏所作《桃花女》杂剧，说到桃花女出嫁之日，“带上一顶花冠，层层都是神道，妆的似天帝一般”[2]，正可用来说明壁画的构思，而它很可能是仙冠、菩萨冠与宋金皇后之冠在造型和题材上的影响与融合。出现在明代的“分心”，无论造型轮廓还是装饰题材，同它都有着或直接或间接的联系。

[9-23]:❸

[9-23]:❹

明代女子戴𦢊髻，插戴在𦢊髻前后的一种式样特殊的簪，俗称分心。分心之形，为十几厘米长的一道弯弧，背面作出几个扁管以安簪脚，正面上缘一溜尖拱，中心高，两边依次低下来，恰如宋人《燃灯授记释迦文图》中的菩萨冠或张渥图湘君所著仙冠的当心部分。其质多为金，或累丝，或錾刻，又或金镶玉、银镶玉，制作每每极尽工巧，图案则多以仙佛为主。观音，菩贤，王母，寿星，又配以亭台楼阁，龟鹿仙鹤，或雕栏下一池开得茂盛的莲花，即所谓“满池娇”，总是一幅景象富丽、寓意吉祥的画面。无论造型还是题材，都带着从元代花冠脱胎而来的痕迹。如四川平武王玺

(1)《山西寺观壁画》，图版一七九。

(2)《元曲选》，册三，页 1031。

[9-24]:❶

[9-24]:❷

图[9-24]
❶ 宋徽宗皇后像
❷ 宋钦宗皇后像

家族墓地十五号墓，女主人簪戴的头面，据简报所绘出土位置[1]，可知头部两侧一边两对花头簪子，又有一支瓜头鬓钗簪在一侧，后面是略扁而长的仙人满池娇分心〔图 9-23:4〕，前面是略高而短的文殊满池娇分心，耳边一对金葫芦环子。分心的制作工艺和插戴方式，大致可以代表明中期以前的风格。

又有一种插戴在发髻后边的首饰，叫作满冠。《金瓶梅》第六十一回曰“李瓶儿又叫过奶子如意儿，与了他一袭紫紬子袄儿，蓝紬裙，一件旧绫披袄儿，两根金头簪子，一件银满冠儿”，即此。

满冠也始于宋，其时或称作掉篦，又或写作棹篦，掉鈚。篦和鈚，这里都是指簪。南宋吕胜己《柳梢青》“日日楼心与画眉。鬖分蝉翅黛云低。象牙白齿双梳子，驼背红纹小棹篦”[2]，双梳子，或左右对插，或重叠相次插在发髻当心，如宋牟益《捣练图》中的女子；棹篦则为一支，那么它总是要簪在发髻之后，既曰“驼背”，其形便也当略如梳背儿，并且不大。但也还有另外一种，南戏《张协状元》:“[净曰] 孩儿，有好掉篦似扁担样大底买

(1)《四川平武明王玺家族墓》，页 8。
(2)《全宋词》，册三，页 1763。

一个归来把与娘带。”[1]曰“扁担样大”，原是插科打诨，不过由此也可见它的样子大约如扁担一般的长而弯。掉篦在元代依然流行，《碎金·服饰篇》“首饰”条列有“掉鈚”，而属之于“南”。同条“北”属者，又有“包髻、掩根”。忖度其意，可以大致推测出它的簪戴方式。元刘贯道《消夏图》中的两位侍女，其一绘着背影，正好清楚看见红包髻下横关着一个长而弯的饰件。又永乐宫元代壁画中的一位捧盒玉女，也是一个刻画清晰的后身，红包髻两侧对簪凤鸟，包髻下掩着一个边缘缀珠的半月形饰[2]〔图9-25〕。或可认为，掉篦、掩根，均是横簪于发髻之后形制相类的头饰，不过以南北之别而称呼不同，它的设计用心，又都是从发髻后面插梳的习俗而来。明代，掉篦、掩根演变为满冠。江阴青阳邹氏墓出土的一件金簪，簪首形如浅而弯的梳背儿，弯弧中间一朵莲花，花心顶一只莲蓬，莲花两边一对鸳鸯，两端錾着草叶和蝴蝶[3]，正是“满池娇”的一幅莲塘小景〔图9-26〕。又南京郊区所出金簪，半月形的簪首，外缘作出波曲，中间一只展翅的蝴蝶。两例金簪背面都焊着垂直向后的银簪脚[4]，后者与《三才图会》

[9-25]:❶

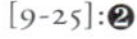

[9-25]:❷

[9-26]

(1)《古本戏曲丛刊·初集》。

(2)《中国殿堂壁画全集·3·元代道观》，图版一八。

(3)《江阴长泾、青阳出土的明代金银饰》，页41，图一四。

(4)《明朝首饰冠服》，页103。

图[9-25]
❶《消夏图》〔摹本〕
❷ 永乐宫元代壁画〔摹本〕

图[9-26]
江苏江阴青阳邹氏墓出土金簪

“内外命妇冠服”中画着的满冠相对照，簪首之式若一〔图 9-27〕。它与凤冠配合插戴的情形，见于贵州遵义高坪明代杨氏家族墓地，金碧辉煌的一顶凤冠下，一支半月形的满冠不偏不倚抱合在后边[1]。《三才图会》所以曰满冠“不过以首饰副满冠上，故有是名耳”。

钿儿，箍儿，络索

另有一种作成弯弧的长条形簪，却是用作正面插戴。它在宋代已经出现，浙江永嘉窖藏发现三件，其中之一是簪首作成十六厘米长的一道弯弧，联珠纹沿边，中间装点各式花卉十五朵，簪首背面中央，一支垂直向后的扁平簪脚。其质为银[2]〔图 9-28:1〕。明代沿用此式，而且没有作太大的改变，江阴青阳邹氏墓出土的一件，簪首金，簪脚银，式样与永嘉所出相同，不过簪首的各式花卉均在花心嵌宝，花朵间更点缀偃仰有致的小金叶[3]〔图 9-28:2〕。类似的例子，也见于

[9-27]:❶

[9-27]:❷

图[9-27]
❶ 南京郊区出土金簪
❷《三才图会》中的满冠

(1)《遵义高坪“播州土司”杨文等四座墓葬发掘记》，页 73，图一六。

(2)《浙江永嘉发现宋代窖藏银器》，页 83，图三。本篇图 9-28：1 由温州博物馆提供。

(3) 墓葬时代为正德年间。《江阴长泾、青阳出土的明代金银饰》，页 41，图一五。

兰州上西园彭泽夫妇墓[1]。又无锡青山湾黄钺家族墓地黄钺之妻顾氏头上的一件，宽一点一厘米，正面锤锞缠枝海石榴花十一朵，两端各饰一只小蜜蜂。其背面却没有簪脚，而是作出扁长的鼻儿[2]〔图9-28:3、4〕。时代后于此的上海宝山朱守城夫妇墓所出，弯弧形的簪首之后也不作簪脚[3]。那么它便不成为簪，而是改变插戴方式，成了所谓的“发箍”，当日原称它作“花钿”或“钿儿”，即《客座赘语》卷四所谓“花钿戴于发鼓之下”，发鼓，即鬏髻。无锡华复诚夫妇墓所出装饰着如意云头的钿儿，正是戴在鬏髻之下[4]。又广东省博物馆藏普宁墓葬出土的一组明代首饰，与分心同出的也有金制的钿儿，与华复诚夫妇墓所出者相同，钿儿的两端也作出很细的弯钩[5]〔图9-28:5〕。前举南昌明益宣王朱翊鈏墓孙妃头面中的金镶宝玉群仙庆寿钿儿，可以说是此物之最：双层的金制弯弧，长二十一厘米，上缘作

图[9-28]
❶ 银簪 浙江永嘉宋代窖藏
❷ 嵌宝金簪 江苏江阴青阳邹氏墓出土
❸ ❹ 金钿儿〔正、背〕 江苏无锡黄钺夫妇墓出土
❺ 金钿儿 广东普宁墓葬出土
❻ 清代铜镀金点翠嵌珠宝七凤钿花 台北故宫博物院藏

[1]. 墓葬时代为嘉靖年间。《兰州上西园明彭泽墓清理简报》，图版一六：2。

[2] 女主人顾氏卒于嘉靖三十九年。《江苏无锡青山湾明黄钺家族墓》，图版三七：2。按本篇图9-28：3、4由无锡市博物馆提供。

[3] 墓葬时代为万历年间。《上海宝山明朱守城夫妇墓合葬墓》，页65，图二四。

[4]《江苏无锡明华复诚夫妇墓发掘简报》，页139，图二：4。

[5]《广东省博物馆藏品选》，页197。

[9-29]:❶

出一溜朵云边，一朵云下一个嵌宝的小金龛，一个金龛里立一个仙人，当心是玉做的寿星，两边对称排着玉八仙，金玉宝石，诸般精好齐聚在一处〔图9-34〕。金钿儿两端系着带子，那么它的佩系方式必与华复诚墓所出者相同，即把这带子套在横贯鬏髻两侧银簪的簪头上。《金瓶梅》第九十五回，曰薛嫂把春梅要的一付九凤钿银根儿取出给月娘看，“约四指宽，通掩过鬏髻来，金翠掩映，翡翠重叠，背面贴金，那九级钿，每个凤口内衔着一挂宝珠牌儿，十分奇巧”。不过它的“十分奇巧”，与王室之物相比，还只好算作小巫。

钿儿在清代似乎也还没有完全消失。彼时满族女子著礼服，戴钿子，亦即珠翠为饰的彩冠，其饰通常是合若干单独的钿花为一组，钿子正面下缘，称作钿口，也有着独立的饰件。台北故宫藏清代的一套铜镀金点翠嵌珠宝翠玉七凤钿花，用作钿口的一件，一道弧形横梁上装饰七只通体点翠的凤，凤之首、身、翼、尾缀珠嵌宝，每个凤口内又各衔着一挂红蓝宝石缀脚的珠儿[1]〔图9-28:5〕，它由明代钿儿演化而来的痕迹，正清楚可见。

明代另有一种纺织品制作的箍，其上缀珠缀玉，它的实例不算很少。如上海打浦桥顾定芳夫妇墓中出土的一件，两端稍阔、中间略窄的一条布带，珠子沿边，当心缝缀一枚金片作托的玉雕团龙，左右依次对称排列八对坐在金托上的玉饰，它是“缝合后套于额头”[2]〔图9-29:1〕。四川剑阁县明兵部尚书赵炳然夫妇合葬墓，有九件出自夫人王氏头部的小金饰，乃做工精细的八仙和寿星[3]；《安吉文物精华》著录一组溪龙出土的明代银鎏金八仙庆寿饰件，金饰平均高三点九厘

(1)《清代服饰展览图录》，图八八：2。

(2)《上海打浦桥明墓出土玉器》，页84，图五。

(3)《明兵部尚书赵炳然夫妇合葬墓》，页38，图一一。

图[9-29]珠子箍儿
❶上海打浦桥顾定芳夫妇墓出土
❷定陵出土

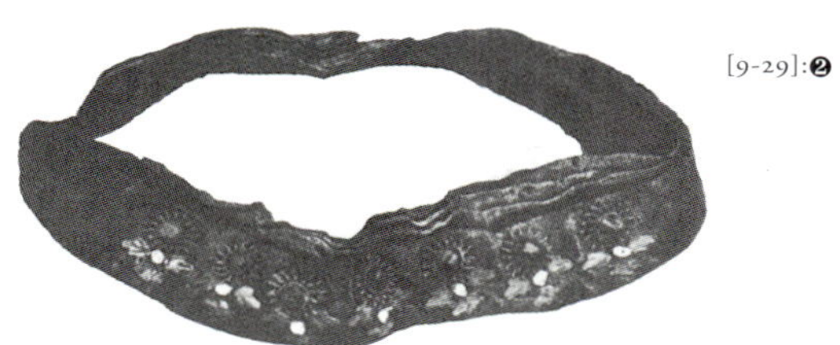

[9-29]:❷

米，宽平均不到两厘米[1]，八个仙人和一对寿桃的近缘处都錾着小孔〔图9-30:1〕，应与赵炳然夫妇墓所出者同属，那么这两组金饰也都是缝缀在纺织品上面的饰件。又定陵孝端皇后头饰中的一件“抹额“，黄素纱作里，黄素绫作面，后边接头处用铜针别住，中间缝缀金制的七朵菊花和草叶，花心嵌宝，花叶点翠，其间缀着珍珠[2]〔图9-29:2〕。这一类纺织品，当日称作“箍儿”，又以箍儿多缀珠，故又称“珠子箍儿”。《金瓶梅》第十一回，曰“西门庆许了金莲，要往庙上替他买珠子，要穿箍儿戴”；又第七十八回，云春梅“头上翠花云髻儿，羊皮金沿的珠子箍儿”，“金灯笼坠子”。书中提到的尚有“紫销金箍儿”，“翠蓝绉纱羊皮金滚边的箍儿”，“紫”，是箍儿的颜色，“销金”，则是箍儿上的金线装饰。它原是当日女子的一种平常装束，并且不大有身分的区别。箍儿可以是盛妆中的陪衬，而家常打扮中，它又成为醒目的装点。

[9-30]:❶

[9-30]:❷

图[9-30]

❶ 八仙和寿桃　浙江安吉溪龙出土

❷ 叠胜　南京明汪兴祖墓出土

(1) 《安吉文物精华》，页123。按图录原未标明大小，其详细尺寸承王明达先生代为查询并示下。

(2) 《定陵》，图版二四〇。

图[9-31]汪氏清太君容像

《金瓶梅》第七十八回，说“月娘从何千户家赴了席来家，已摘了首饰花翠，止戴着鬏髻，撇着六根金簪子，勒着珠子箍儿”，即此。

珠子箍儿的来源，可以追溯到元代的脱木华和速霞真。元熊梦祥《析津志》“风俗”中云，“以金色罗拢髻，上缀大珠者，名脱木华。以红罗抹额中现花纹者，名速霞真也”，速霞真“夏则单红梅花罗，冬以银鼠表纳失，今取其暖而贵重”；“先带上紫罗，脱木华以大珠穿成九珠方胜，或叠胜葵花之类，妆饰于上”[1]。不过依熊氏所述，它本来是与罟罟冠相偕的一套妆束，但当日汉族女子却曾变化其式，而使它别成一种。前引关汉卿《诈妮子调风月》“包髻是缨络大真珠，额花是秋色玲珑玉”，“玲珑玉”而曰“额花”[2]，那么它该是缝缀在蒙覆额头的织物上面，此织物与作为抹额的速霞真当为同属，不过速霞真的“现花纹”，这里变成为缀玉。明代珠子箍儿与它的因承关系，正是显而易见，惟由阔变窄是一个很大的变化，而脱木华的妆饰方法，却也

(1) 《析津志辑佚》，页206。

(2) 元《新编居家必用事类全集·戊集》“玉器”条下也列有“玉额花”。

一并移用过来，比如饰珠，比如妆饰方胜和叠胜。后者，由明代一幅汪氏清太君容像，可见其式[1]〔图 9-31〕。

钿儿和箍儿，又可以一起佩戴。《金瓶梅》第十五回，曰李桂姐"家常挽着一窝丝杭州攒，金累丝钗，翠梅花钿儿，珠子箍儿，金笼坠子"。与此相合的一个实例，见于前举江苏武进王洛家族墓地二号墓，墓主人之一是王昶继室徐氏，原戴着一顶银丝鬏髻，一边一支金裹头簪子簪在鬏髻两侧，鬏髻之端，是一支蜂赶菊的顶簪，后面关着分心，当心一支挑心，挑心之下一弯装点着十一朵梅花的"金饰"——正是那梅花钿儿，然后是一件缝缀着珠子花的"额帕"，又正是那珠子箍儿[2]。

装饰作用同箍儿有点儿近似的尚有一种叫作络索。络索南宋已经出现。元熊进德"金丝络索双凤头，小叶尖眉未著愁。大姑昨夜苕溪过，新歌学得唱湖州"[3]，正是宋人南渡之后西子湖畔画舫笙歌中的一个小景。又黄庚《闺情效香奁体》"懒向妆台对镜鸾，罗衣怯薄正春寒。黄金络索珊瑚坠，独立春风看牡丹"[4]，也是宋末元初时候的情形。约略同时的实物，出土不止一例，如湖南临湘陆城一号墓所出一件，弧形横梁，镂空的地子上雕出一对鸾鸟，下沿是一排排小金花牵络出来的花网，花网之缘垂着一溜小坠儿。此是一座夫妇合葬墓，时代约当宋末元初[5]。元王伯成《天宝遗事诸宫调》，曰"杨妃澡浴，髻收金络索，珮解玉玎珰"[6]，可知它是周环发髻而簪戴，江西德安桃源山南宋周氏墓出土的络索，仍保持着当日系戴的样子，正是如此情景[7]。络，

[1]《徽州容像艺术》，页 12。南京明汪兴祖墓出土有金叠胜，《明朝首饰冠服》，页 57。

[2]《武进明代王洛家族墓》页 35 述墓主簪戴之状云，"漆纱珠翠庆云发冠一件。银丝编织长方孔网纹框架，框架上覆以黑绉纱"〔按此即鬏髻〕，"冠前中部有一尊金佛像"〔按此即挑心〕。"金佛像之下有一呈弧形带状梅花金饰，共有十一朵梅花，花蕊内缀有珍珠"〔按此即梅花钿儿〕；"冠后下部有一月牙形云龙纹金饰"〔按此即分心〕，"冠顶部有一金质葵花，葵花四周有四只小蜜蜂"〔按此即顶簪。据明代流行的题材，这里说的"葵花"，应是所谓"蜂赶菊"的菊花〕；"冠出土时有额帕箍住，两侧各有两根包金发簪将冠别牢在发髻上"〔按此簪即金裹头〕；额帕"面料为豆黄色素缎，素绢衬里，额帕两侧各缝钉有八朵金花，金花中嵌有红宝石，额帕中部有五朵用若干珍珠缀成的梅花形图案"〔按此即珠子箍儿〕。

[3]《元诗纪事》卷二四。纪事引《蟫精隽》云："元上饶熊进德，作诗幽深，尝作《西湖竹枝词》云云。杭西湖方南渡盛时，绮罗锦绣，画舫笙歌，游人士女，日费千金，时人目为销金锅，故云。"

[4]《全宋诗》，册六九，页 43612。

[5]《湖南临湘陆城宋元墓清理简报》，图版八：9。

[6]《诸宫调两种》，页 107。

[7]《德安南宋周氏墓》，图版一：2。

[9-32]:❶

[9-32]:❷

又写作珞，《碎金·服饰篇》“首饰”条下又有“落索”，而属之于“南”，亦此物。明代为女子服饰写真的作品很少，不过以历史故事为题材的绘画，偶尔也表现出若干当代生活细节中的真实。如南京博物院藏唐寅《李端端图》以及重庆市博物馆藏《仿韩熙载夜宴图》〔图 9-32:1〕，又仇英的《汉宫春晓图》，都画着发髻周环系络索的女子，说它是笔写当时，应无疑义。图中所绘络索与出土的明代实物也很相近，如明益宣王墓孙妃头饰中的一件：金板作成的一道弯弧是络索的梁，梁上錾出七朵缠枝牡丹，两端有用作穿系带子的孔，下缘垂着十串珍珠[1]〔图 9-32:2〕。与宋代络索梁下多是牵出金花网不同，明代多以梁下垂珠子缨络儿为多。络索在明代又称作“围髻”和“云髻”。《天水冰山录》“头箍围髻”项下列有“金玉围髻一条”；《金瓶梅》第三十七回，说十五岁的韩爱姐“才吊起头儿没多几日，戴着云髻儿”；第四十二回，曰春梅、玉箫等各房中的几个大丫环，“都是云髻珠子缨络儿，金灯笼坠”；又第八十六回，道月娘嫁出春梅之日，“把春梅收拾打扮，妆点起来，戴着围发云髻儿，满头珠翠”，皆其例。

图[9-32]围髻

❶《仿韩熙载夜宴图》

❷明益宣王墓出土

[1] 本篇图 9-32：2 由江西省博物馆提供。

头面一副及其插戴

总之，明代所谓“一副头面”，便是指插戴在鬏髻周围而装饰题材一致的各式簪钗〔图 9-33、图 9-34〕。头面，原指冠上的装饰，《朴通事谚解·上》曰一个官人娶娘子，彩礼中有“金厢宝石头面”，注云：“以金为斗拱而纳石于其中，缀着于女冠之上以为饰也。”头面因此不包括作为耳饰的耳环和耳坠。同书：“我再把一副头面，一个七宝金簪儿，一对耳坠儿，一对窟嵌的金戒指儿，这六件儿当的五十两银子。”可为一证。明代依然如此。明《礼部志稿》卷二〇“皇帝

图[9-33] 浙江安吉明吴麟墓出土玉雕孩儿头面

上中：挑心

中：分心

中左、中右：掩鬓

上左、上右，下左、下右：鬓钗

图[9-34]明益宣王墓出土孙妃头面
上中：金镶王母青鸾嵌宝挑心
上左：金镶宝龙头簪一对
上右：金镶宝凤头簪一对
中：金镶宝累丝双龙捧寿簪一对
下中：金镶宝玉群仙庆寿钿儿
下左、下右：金镶宝凤凰掩鬓一对

纳后仪”中的纳吉纳征告期礼物列有“首饰一副”，耳环则另外举出。所谓“首饰一副”，即头面一副，《戒庵老人漫笔》卷五“今古方言大略”条“首饰曰头面”，是也。当然各式簪钗本来也是独立的首饰，《天水冰山录》“首饰”项计量皆为一副若干件，此外又别列“金簪”一项，而计之以“件”，正如《朴通事谚解》中的“一副头面，一个七宝金簪儿”。

头面之一副，讲究者，依《天水冰山录》所记，总在十至十二三事左右，或多至二十余事或少至五事七事，而以前者为常。对所知明墓出土的若干组首饰作综合考察，大致可以认为，一支挑心，一枚分心，鬓钗一对，各式小簪子亦即“俏簪”三对，如此十件应即通常的头面一副。繁者，鬓钗可添至两对或三对，若更增钿儿、满冠、顶簪，则至二十余事矣。

考古发掘所见明代头面，以定陵所出数量为巨。定陵二后，其一神宗孝端皇后王氏，万历六年册立为后，万历四十八年卒，先于神宗三个月，谥孝端，合葬定陵。其一孝靖王太后，光宗生母，病故于万历三十九年，葬天寿山。她生前仅封作皇贵妃，熹宗即位后方尊为皇太后，并迁葬定陵。定陵中，两后虽然都是满头珠翠，但比较起来，仍以孝端插戴的首饰为华贵和齐整，则不妨由此来检阅完整的“首饰一副”[1]。

我们可以率先析出以福寿吉祥为主要装饰题材的一套，而《天水冰山录》“首饰”项下列有“金厢玉宝寿福禄首饰一副”，以此为它定名，正好合式。孝端后原戴着一顶黑纱䯼髻，其下为络索，为珠子箍，䯼髻当中一支镶宝金簪，便是挑心，乃玉花捧出嵌宝的一个玉玲珑大“寿”字，玉花上边镶了金托，托上嵌着三颗猫儿眼，又红、蓝、绿各色宝石，通长十三点五厘米，重九十九点五克[2]。䯼髻两侧，对簪着金镶珠宝玉玲珑寿字掩鬓[3]，又金镶玉吉祥鬓钗一对[4]；䯼髻上面，一支金镶玉万寿嵌宝顶簪，此前说顶簪一节已经提到它；一对映红宝石妆的绛桃簪在鬓角[5]；挑心两边的小簪子，则是一对金镶玉玲珑寿字簪[6]，一对金镶玉卍字嵌宝簪[7]〔图 9-35、图 9-36〕。头面十二事，惟挑心和金镶玉寿字簪的背面刻着字，前者为“万历戊午年造”，后

(1) 此据《定陵》页 25 所绘首饰出土位置图、页 196—197 分述首饰类型、页 305—306 孝端后首饰登记表综合而成。

(2)《定陵》编号为 D112:5，彩版一〇五：中。

(3) 编号 D112:8、33。白玉寿字上方的两个角尚有金制的卍字各一个，合了当心的寿字，则为“万寿”。D112:33 通长九点九厘米，重四十四点六克，彩版一〇五：右。

(4) 编号 D112:12、34。D112:12 通长十八点六厘米，重二十五点四克，彩版一〇二：中。

(5) 编号 D112:11、30。D112:11 通长十五点三厘米，重十四点九克，彩版一〇二：右。金簪脚上刻着云龙纹，簪首桃形的金托里，嵌着一颗红宝石。据页 25 所绘出土位置，它是倒簪在鬓角。“映红宝石妆的绛桃”，语出《醒世姻缘传》第七十八回。彼云“吴太太当中戴一枝赤金拔丝丹凤，口衔四颗明珠宝结，右戴一枝映红宝石妆的绛桃”，簪的形制和簪戴方式与定陵的这一对差似，因借来命名。

(6) 编号 D112:42、43。D112:42 通长九点三厘米重四点九克，彩版一〇四：右。簪首金托上一个绿玉制的篆文寿字，寿字当心嵌一颗红宝石。

(7) 编号 D112:3、4。D112:3 通长八点一厘米，重十克，图版二四二：中。簪首是金托上嵌的一个绿玉卍字，字心嵌一颗红宝石。

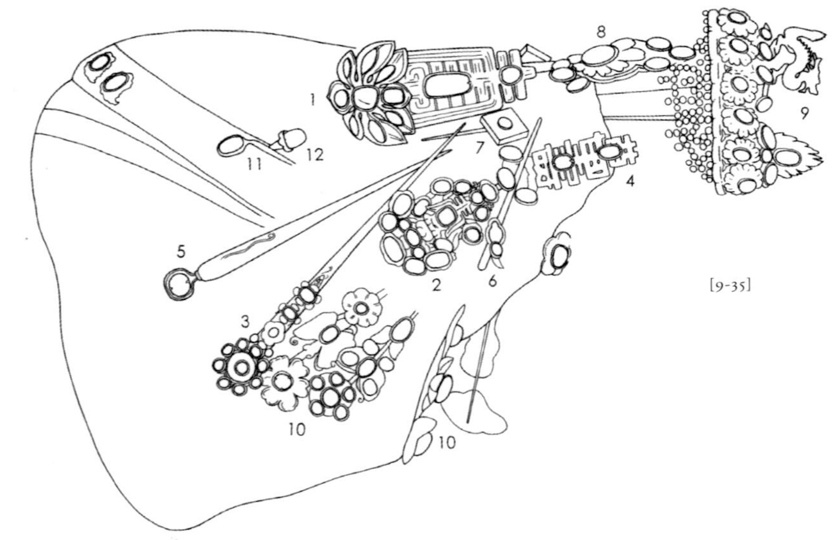

者为“大明万历年造”。这里的“戊午”，为万历四十六年。

除此一副之外，孝端后簪戴的头面，尚有嵌珠宝金钗一只，钗首是花丝编制的花叶形金托，金叶上嵌着红、蓝宝石，当心一朵白玉花，花心一颗黄宝石，三只金制的小蜜蜂飞舞在玉花周围[1]。《天水冰山录》“金簪”项下列有“金厢蜂采花钗一根”，用来为它命名，略无不合。又有簪在鬓边的三对金镶宝玉蝴蝶采花金簪[2]，亦即

图[9-35]定陵孝端后两副头面的出土位置

❶ 金镶宝玉玲珑寿字挑心
❷ 金镶珠宝玉玲珑寿字掩鬓
❸ 金镶玉吉祥鬓钗
❹ 金镶玉玲珑万寿嵌宝顶簪
❺ 金镶宝桃簪
❻ 金镶玉玲珑寿字簪
❼ 金镶玉卍字嵌宝簪
❽ 金镶蜂采花钗
❾ 金镶玉龙宝珠牡丹顶簪
❿ 金镶宝玉蝴蝶采花鬓钗
⓫ 镶猫眼金簪
⓬ 镶珠梅花簪

(1) 编号 D112：2，通长十三点五厘米，重五十克，彩版一〇一：右。

(2) 一对编号为 D112：13、35，一对编号为 D112：14、37，一对编号为 D112：16、34。D112：13 通长十五点六厘米，重二十八克，彩版一〇三：右；D112：14 通长十五点三厘米，重二十八点五克，彩版一〇三：左；D112：16 通长十六点七厘米，重六十二点五克，彩版一〇一：左。又按：原编号 D112：16、34 的一对金镶宝玉蝴蝶采花鬓钗，《定陵》中的孝端后首饰出土位置图不曾标出，据孝端后首饰登记表，此与其他两对系同在一处。本文图 9-35 中标号 10 者，即此三对。

图[9-36] 定陵孝端后头面之一中的一部分

鬓钗，上文“鬓钗”一节已曾举出。顶簪一支，乃以牡丹花为装饰主题，簪首作出金托，上边托出白玉镂孔缠枝牡丹的一个平台，花台下缀珠子缨络，花台上又是白玉牡丹嵌出的两组花座，花座之一，置绿玉描金火焰珠，又一，置嵌宝玉龙[1]。又有金镶宝、金镶珠小金簪各一对，前者簪顶金托上嵌猫儿眼[2]，后者梅花托里嵌珍珠[3]。其中一对金镶宝玉蝴蝶采花金簪的背面，刻着“万历戊午年造”的字样。装饰题材大体一致的一十二事，也合当头面一副〔图 9-37〕。只是原应占着首要位置的挑心，这里易作一支正面插戴的金钗。《天水冰山录》“金厢珠宝首饰”项下列有金厢双蝶牡丹珠宝首饰一副〔计一十件，共重一十九两〕，金厢蝴蝶穿梅翠首饰一副〔计一十二件，共重二十两零五钱五分〕，金厢蝴蝶嵌珠宝首饰一副〔计一十件，共重一十六两五钱五分〕，等等，孝端后簪戴的这一副，亦属此类。用来命名的，总该是诸件首饰中主题最为突出且制作最为精美的一件，那么它可命作“金厢玉龙牡丹嵌珠宝首饰一副”。两副头面均打造于万历四十六年。这里显示出来的正是一种宫廷样式，它大致始于明中期，而一直延续到明朝末年。其与早期式样的明显不同，即在于以金镶珠宝玉石为多。《明史》卷八二《食货六》云嘉靖中期以后，“太仓之银，颇取入承运库，办金宝珍珠，于是猫儿睛，祖母碌，石绿，撒孛尼石，红刺石，北河洗石，金刚钻，朱蓝石，紫英石，甘黄玉，无所不购。穆宗承之，购珠宝益急”；万历中，“帝日黩货，开采之议大兴，费以巨万计，珠宝价增旧二十倍”[4]；成书于万历年间的《五杂组》卷一二列举当日为世人所重的各种宝石，而曰“皆镶嵌首饰之用”，定陵以及大抵同时的藩王墓葬所出头面多以珠宝为饰，自然与这样的背景密切相关。

贵为皇后，头面乃有如此之富丽，民间当然不能相比。不过完整的一两副、两三副头面，自元代以来即是女子妆具中的必备。元杂剧《刘弘嫁婢》议嫁一节，刘弘道，“我今日待与小姐成就些婚配的道理”，“金银玉头面三副，

(1) 编号 D112：1，通长二十七点五厘米，重一百七十一克，彩版一〇〇：中。

(2) 编号 D112：19、25。D112：19 通长八点四厘米，重十一点八克，图版二四三：左。

(3) 编号 D112：15、36。D112：15 通长八点七厘米，重十二点七克，图版二四三：左二。

(4) 田艺蘅《留青日札》卷二三“猫睛 · 祖母禄”条：“猫睛，名猫儿眼，一线中横，四面活光，轮转照人。次者名走水石，无光。祖母禄本绿宝石，上者名助把避，深暗绿色；中者名助木剌，明绿色；下者为撒卜泥，浅绿色。带石者，皆出回回山坑中。正德、嘉靖以来，抄没刘瑾、江彬、严嵩辈，此宝最奇且多。隆庆四年，户部进上金两事，内猫睛、祖母禄等项一万八千四百颗。”

[9-37] 定陵孝端后头面之二中的一部分

不少么。春夏秋冬衣服四套，不少么”[1]。即其例。女子寻常插戴固不必如此齐整，但若盛妆，头面一副自是中心。

银丝䯼髻，各式金银簪子，翠钿儿，耳环，可以说是明代女子盛妆的基本组成[2]。分心，围髻，箍儿，装饰作用与钿儿约略相当，因此常常只是拣选其一。盛妆之一，是发髻上挽一支掠儿，上面罩一个䯼髻，前后各簪一件分心，两边一对鬓钗和两三对短簪子，当然还要配着耳环，前举平武王玺家族墓十五号墓女主人之簪戴，是其例。盛妆之二，䯼髻依然，其端一支顶簪，绕着䯼髻的口沿戴一个钿儿，下边又是一围珠子箍儿，正面当心簪一支挑心，两鬓对簪一对乃至两对鬓钗。䯼髻的两侧，三对短簪子：一对金裹头，一对耳挖，一对梅花簪，是此类短簪常见的搭配，前举武进王洛家族墓王昶继室徐氏之簪戴，可以为例，而倪仁吉所绘先祖容像之一也正好与它互证。画像中人头戴䯼髻，端有顶簪，挑心簪在当中，两旁花头簪子若干，口沿金钿儿的两边各一支梅花簪，又一对鬓钗倒插在左右〔图 9-11〕。

首饰的插戴之满，是明代女子的妆束风格。挑心，顶簪，满冠，首饰的命名也因此多着眼于它所在的位置。额角，鬓边，时或称作四鬓[3]，论修饬严整，四鬓都要装点得一丝不苟才算是好。钿儿，箍儿，围髻，掩鬓，便是为此而设计。至于一副头面的图案构思，则多半在于同一题材之下，使它有全景也有特写，合拢来可见密丽，分散开仍见精微。然而如此盛妆之下，头面的簪戴便实在不很容易，插戴本身竟也别成一项专门的技艺，以至于当日富贵大家女子欲盛妆出行，须雇专司其业的“插戴婆”代为从事。明田艺蘅《留青日札》卷二一“绣花娘 · 插戴婆 · 瞎先生”条：“曰插戴婆者，富贵大家妇女赴人筵席，金玉珠翠首饰甚多，自不能簪妆，则专雇此辈。颜色间杂，四面均匀，一首之大，几如合抱，即一插带，顷刻费钱二三钱。”回望晚唐的“玉钗头上风”，审美趋向实在已经相去太远。这其中更有一个十分重要的原

(1) 《元曲选外编》，册三，页 822。

(2) 《金瓶梅词话》第九十五回，云月娘把小玉许给玳安，因“替小玉张了一顶䯼髻，与了他几件金银首饰，四根金头银脚簪，环坠戒指之类，两套段绢颜色衣服”。“环”，指耳环；“坠”，指耳坠。

(3) 《金瓶梅词话》第二十七回形容夏日里潘金莲、李瓶儿的一身家常妆束，“惟金莲不戴冠儿，拖着一窝子丝杭州攒，翠云子丝网儿，露着四髩，上粘着飞金，粉面额上贴着三个翠面花儿”。按“四髩”，原作“四髮”；此据绣像本改。“四髩”，即四鬓。

因，即女子缠足带来的巨大变化和影响，如步态，风神乃至身心和生活方式等等，不过这又是另外的话题了。

首饰至明而臻于辉煌，当然其蓄势早在宋元，不论装饰题材还是制作工艺。完整的一副明代头面，可以说事事有它的来源，演变的线索几乎一一可寻，它的集大成，也正是华贵与精致的登峰造极。首饰自然不是女子专属，不过对于女子来说却格外重要，尤其是生存空间越发狭小的明代女子。释道神仙，时令节物，福禄长生，富贵吉祥，明代织绣、陶瓷、漆器等各种工艺品中流行的题材，几乎尽被浓缩在方寸之间。语汇丰富并且带了更多世俗趣味的明代首饰，便总能为这一个狭小的空间带来许多热闹，而撑起生活细节的腴丽和丰满，明代小说写实的一派，对它自不能不特存关注，首饰在日常生活中本来有的名称，也因此成为作品中一种独特的叙事语言。那么，为重现的实物寻找到它曾经有过的各种名称和不同的簪戴方式，即所谓“正名”，则文字、图像与实物的凑泊处所予人的一点豁然，便正是可赖以复原逝去之远景的豁然。

说「事儿」

所谓“事儿”，其实是一个名词的后一半，说得完全，则是“三事儿”，“七事儿”，等等，它原是流行于明代的名称，而其中包括了几种不同的器物。

先说这“三事儿”。三事儿应别作两类，其一是卫生用具，其一是佩件。前者的基本组成是镊子，牙签，耳挖勺。三样用具，都有着久远的历史，溯源，有的可追溯到商代。研究者曾对此有过详细的讨论[1]。三件物事明代以前尚不曾有固定的组合，考古发现的实物以单独出现者为多。耳挖之端通常是尖尖的如簪脚一般插在发髻里，又或者一头耳挖一头镊子，也把它兼作钗用，此在唐五代比较常见[2]。六朝诗文常常说到钗镊，如《南齐书》卷二九《周盘龙传》曰盘龙有爱妾杜氏，齐高帝萧道成送“金钗镊二十枚，手敕曰：饷周公阿杜”[3]。梁简文帝萧纲《采桑》诗“下床著珠珮，捉镜安花镊”，《戏

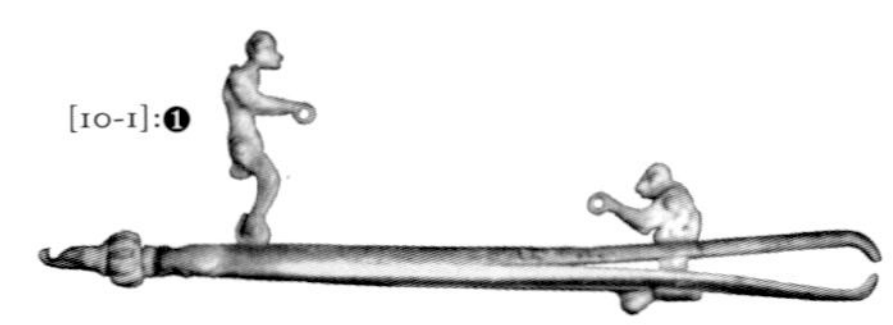
[10-1]:❶

[1] 孙机《三事儿》，《中国文物报》二〇〇一年一月二十一日。

[2] 如湖北郧县唐阎婉墓，又贵州平坝马场唐墓所出，《湖北郧县唐李徽、阎婉墓发掘简报》，页38；《贵州平坝县马场唐墓》，页152。又长沙市郊五代墓出土五件此式铜镊，乃分别发现于五座墓葬，《长沙市郊五代墓》，图版一二：13。

[3] 这里的“镊”，自与钗别为二事。收入商濬《稗海》八卷本中的古小说《搜神记》述晋愍帝时零陵太守赵子元遇鬼故事，其中说到子元酬制衣女子“金镊子一枚，金钗子一支”〔汪绍楹校注《搜神后记》附《搜神记异本》，页75〕，可为一证。

赠丽人诗》“取花争间镊，攀枝念蕊香”，又梁江洪《咏歌妓诗》“宝镊间珠花，分明靓妆点”[1]，则镊原也可作为首饰，正如挖耳之用为簪。不过与此同时镊子也还有另外的样式，即在顶端作出可以穿系的小环而用以佩携。这一种更为常见，并且流行时间远比前者为长[2]。河北承德甲山镇西梁村辽代窖藏中有一件铜镊，通长十三点三厘米，顶端作出花孔，花孔下嵌一只小猴，镊的两股之间开一道空心槽，槽里又一只小猴，却是可以在槽孔间来回活动，两只猴的双手均有小孔。槽孔间的小猴走到顶端与另一只小猴相会，镊的两股即完全闭合，此际两只小猴手上的透孔正好重叠，同时猴头也亲亲热热贴在一起[3]〔图10-1:1〕。镊子顶端有花孔，那么它是可以用来穿系而作为佩件的。明代则把三件小用具合在一处而有了更为别致的设计。浙江临海张家渡明王士琦墓出土的一件

[10-1]:❷

图[10-1]

❶ 铜镊　河北承德甲山镇西梁村辽代窖藏

❷ 金三事儿　浙江临海张家渡明王士琦墓出土

[1]《先秦汉魏晋南北朝诗》，下册，页1902；页1939；页2073。

[2] 如时属北魏的鎏金铜镊子，《河北定县出土北魏石函》，页256，图一一；北周李贤墓所出银镊子，《宁夏固原北周李贤夫妇墓发掘简报》，页12，图版三：6；金代之银镊子，《旅顺博物馆藏金代完颜娄室墓出土的部分文物》，图版二：2、3。等等。

[3]《河北省承德县发现辽代窖藏》，页50，图版四：1。

金三事儿，把用链子连在一起的牙签和耳挖勺贯穿在一个作成捧桃仕女的小金筒里，用的时候，拉出来，用毕装入，然后用一枚桃形的金塞子塞住筒口，是极具巧思的一例[1]〔图 10-1:2〕。《天水冰山录》记有"剔牙杖牙筒〔一副〕"，又"牙筒剔牙杖〔一副〕"，应即此类。

三事儿乃家常带着的小用具，它多半是拴在汗巾角儿上，揣在衣裳袖子里，随身携带，男女皆然。江苏泰州明徐蕃夫妇墓，男性墓主人补服左边的袖子里，即有一方豆黄色的素绸汗巾，汗巾一角系一根银链，链的一端连着一枚银牙签[2]。《金瓶梅》第二十八回，曰陈经济从小铁棍儿手里讨得潘金莲失了的红睡鞋，到金莲面前，要换她家常用着的一方汗巾子，"妇人笑道：'好个老成久惯的短命，我也没力气和你两个缠。'于是向袖中取出一方细撮穗白绫挑线莺莺烧夜香汗巾儿，上面连银三字儿，都掠与他"；又同书第五十九回，说到爱月儿从西门庆的袖子里"掏出个紫绉纱汗巾儿，上拴着一副揀金挑牙儿"，皆是此类。这里的"揀金"，亦即减金。同书第二十三回，月娘吩咐："对你姐说，上房揀妆里有六安茶，顿一壶来俺每吃"，揀妆，亦即减妆，亦即梳妆匣，可为此书把减写作揀的一个例证。而所谓"减金"，则是流行于元明时代的对金银器加工方法的一种称谓[3]。明人宋诩所著一部日用小百科，其《家规部》卷四"金"下释"减银"曰："以银丝嵌入光素之中。"又"银"下释"减金"曰："以金丝嵌入光素之中。""铁"下"减金"曰："金错。"可知揀金挑牙儿，便是错金的挑牙儿。减金的剔牙筒有明代实物可见。四川铜梁明张文锦夫妇合葬墓出土一副银三事儿，用铜链系连的铜

[1] 《浙江出土的金银器》，页 19。

[2] 《江苏泰州市明代徐蕃夫妇墓清理简报》，页 3。

[3] 按"减"是"鋄"字的借字。若溯其源，则宋代已有。宋佚名《百宝总珍集》卷六"减铁"条前面一首小诗曰："减铁元本北地有，头巾环子与腰条。马鞍作子并刀靶，如今不作半分毫。"下云："减铁北地造作漏尘碎、草虽虎、牙鱼之属，如突镂作生活，多用渗金结裹，腰条皮束带之类老旧官员多爱，今时作军官者多有。"元孔齐《至正直记》卷四"减铁为佩"条："近世尚减铁为佩带刀靶之饰，而余干及钱唐、松江竟市之，非美玩也。此乃女真遗制，惟刀靶及鞍辔或施之可也，若置之佩带，既重且易生绣衣，非美玩之所刻。"又《朴通事谚解·上》云鞍桥的"雁翅板上钉着金丝减铁事件"。所言种种均可与《百宝总珍集》之说互证。其时亦尚"减银"，元孙仲章《勘头巾》杂剧中提到"芝麻罗头巾，减银环子"，此"环子"自然是《百宝总珍集》所云"头巾环子"。而明代以后此艺不废，惟止用做铁活，清夏仁虎《旧京琐记》卷二说到"京师工艺有曰减金、减银者，以金银丝嵌入铜铁器者是也。字当作'鋄'，读如减"；近人齐如山《北京三百六十行》"铁工作·嵌银丝作"曰"名为嵌银丝，其实在铁物上嵌丝多系铜丝，这种手艺风行已久，所嵌之花式均颇雅致，从前讲究的马鞍、马镫等等多系嵌丝，实一极好发明也"，皆此。

柄银耳挖一，剔牙杖一，各长五厘米，合装在一枚六棱小银筒里，筒长六点六厘米，其上用金丝镶嵌人物图案，又五言诗一首，又一个“禄”字。诗云：“鹤来松有伴，云去石无衣。黄金浮世在，白发古人稀。”[1] 此自男主人所用。而银剔牙筒所谓“金丝镶嵌”之种种，应即明人习称的“减金”。

与三事儿同在一处的，常常是盛着香茶的小盒，又或者是荷包，香袋。此在《金瓶梅》和《醒世姻缘传》中也常常提到。如《金瓶梅》第十一回中说西门庆“袖中取出汗巾，连挑牙与香茶盒儿，递与桂姐收了”。又《醒世姻缘传》第十九回曰唐氏得了晁大舍的银子，故意取出来与小鸦儿看，但见“外面是一条半新不旧的余东汗巾包着，汗巾头上还系着一副乌银挑牙，一个香袋”。又第七十五回，云狄希陈“把手往寄姐袖子里一伸，掏出一个桃红汗巾，吊着一个乌银脂盒，一个鸳鸯小合包，里边盛着香茶”。乌银，宋氏《家规部》卷四云：“乌银亦银也，乃用硫磺等药镕成乌色。”[2]《天水冰山录》中有“乌银剔牙杖一百一十七副”，乌银剔牙杖，亦即乌银挑牙。香茶，原是用作清洁口腔，元乔吉《卖花声》一曲正咏着此物：“细研片脑梅花粉，新剥珍珠荳蔻仁，依方修合凤团春。醉魂清爽，舌尖香嫩，这孩儿那些风韵。”李渔《闲情偶寄》卷三“薰陶”条云：“香茶沁口，费亦不多，世人但知其贵，不知每日所需，不过指大一片，重止毫厘，裂成数块，每于饭后及临睡时以少许润舌，则满吻皆香。”香茶沁口的例子，《金瓶梅》中屡见，它与三事儿系在一起，也正是以类相从。

盛香茶的小盒须有系链之环才好系结。明代系链小盒的实物，四川平武王玺家族墓地出土之器中有一例，其质为金[3]。《金瓶梅》中又提到一种盛香茶的穿心盒，第五十九回，曰“西门庆向袖中取出白绫双栏子汗巾儿，上一头拴着三事挑牙儿，一头束着金穿心盒，郑爱月儿只道是香茶，便要打开”。这穿心盒却有金代实物可见。黑龙江省阿城金齐国王墓，男性墓主人怀中有一方素绢汗巾，巾角用绿丝绦穿了一个菱角形的白玉坠，玉坠下边系着一个

(1)《四川铜梁明张文锦夫妇合葬墓清理简报》，页23，图一一：5。

(2) 此法很早即已通行。唐陈藏器《本草拾遗》“黄银”条：“今人作乌银以硫黄熏之再宿，泻之出，即其银黑矣，此是假，非真也。”尚志钧《辑释》：“银经硫黄蒸气熏，其表面生一层硫化银，硫化银是黑色，使银变成乌银。”不过《醒世姻缘传》中说到的乌银恐怕有时并不是银，而是掺了多少的铜，甚至全部是铜，见该书第七十回。

(3)《四川平武明王玺家族墓》，页34，图一一五。

[10-2]:❶

环形的小盒。又与此同式的一件系在腰间，丝绦上穿一个白玉盘颈对鹅坠。此环形小盒，便是所谓“穿心盒”[1]〔图10-2:1、2〕。明项元汴《历代名瓷图谱》著录一件“明宣窑祭红穿心合”，项氏云：“合款甚奇，全仿宣德制钱之式，中心贯通，可以穿之手巾角上。泑白字红，作‘宣德通宝’四字于合盖上，特此为异。合内两花精甚。宣窑诸器，俱臻妙绝，即此些微小物尚复精工不苟，实㕓具小物中之珍秘”[2]〔图10-2:3〕。穿心盒的“中心贯通，可以穿之手巾角上”，这里说的最为真切。

[10-2]:❷

由卫生用具或小工具组合成的佩件，又发展出另外一种纯粹的装饰品，即坠领和玎珰七事。《金瓶梅》第三十四回，曰“潘金莲下了轿，上穿着丁香色南京云紬摞的五彩纳纱喜相逢天圆地方补子对衿衫儿，下着白碾光绢一尺宽攀枝耍娃娃挑线拖泥裙子，胸前摞带金玲珑摞领儿，下边羊皮金荷包”。又第七十八回，上元时节月娘妆扮的光鲜：“头戴翡白绉纱金梁冠儿，海獭卧兔，白绫对衿袄儿，沉香色遍地金比甲，玉色绫宽襴裙，耳

[10-2]: ❸

图[10-2]穿心盒

❶❷黑龙江省阿城金齐国王墓出土

❸项元汴《历代名瓷图谱》著录

图[10-3]明穆宗孝安皇后像

(1)《金代丝织艺术——古代金锦与丝织专题考释》，图九九、图一〇三。

(2)《校注项氏历代名瓷图谱》，图七五。

[10-3]

边二珠环儿，金凤钗梳，胸前带着金三事㩙领儿，裙边紫遍地金八条穗子的荷包，五色钥匙线带儿，紫遍地金扣花白绫高底鞋儿。”两例都是盛妆情景，而与盛妆相配的一是金玲珑㩙领儿，一是金三事㩙领儿。前者在明代皇后像中大多表现得很清楚，即霞帔之间、束住外衣领口的一枚饰件〔图10-3〕。后者却与前面举出的三事儿不同，它的比较正式的名称，应作“坠领”。明顾起元《客座赘语》卷四：“以金、珠、玉杂治为百物形，上有山云题若花题，下长索贯诸器物，系而垂之，或在胸曰‘坠领’，或系于裾之要曰‘七事’，又以玉作珮，系之，行步声璆然，曰‘禁步’。”所谓“山云题若花题”，意即坠领顶端总束金事件或玉事件的牌子，或饰卷云或饰花草。此类装饰品，辽

[10-4]:❶

[10-4]:❷

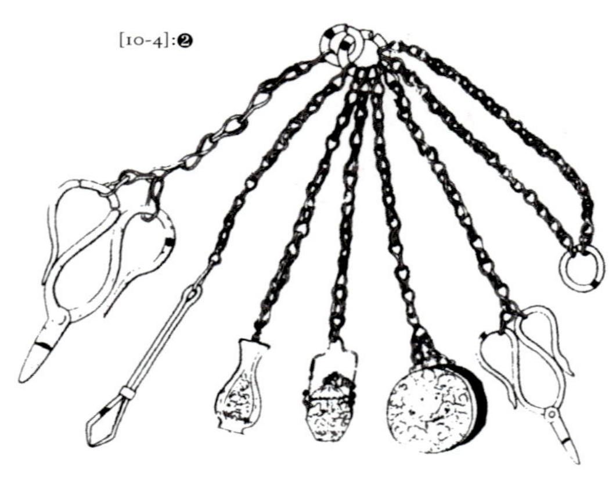

代已经出现，著名的一例，见于内蒙古奈曼旗辽陈国公主墓，发见于公主胸前。玉制的一朵倒垂莲，莲瓣之缘贯穿六根金链，金链下边各系玉制的觽，锥，刀，锉，剪子和勺。倒垂莲亦即“花题”上端的环柄上又一根短金链，上连着一枚金环，以为佩系[1]〔图10-4:1〕。金代的例子，可以举出河北迁安市开发区金代墓葬中出土的一件。银环，银链，银事件，一大一小两把剪子，一柄银镊，一枚刻着花草纹的小盒，一个带提梁的荷叶盖罐，一个四瓣瓜棱的小银瓶。它原佩系在棺床上一位少年女性的胸前[2]〔图10-4:2〕。与它几乎相同的银事件也发现于元上都城南砧子山汉族居民丛葬地，小银盒，银盖罐，银玉壶春瓶，惟银链上挂着的剪刀和镊子是铜制品[3]〔图10-4:3〕。若说明代的坠领由此而来，应当不错。北京南城右安门外明万贵夫妇墓出土的一件，颇为精致。花题作成一枚下覆的荷叶，荷叶背上立着一对鸳鸯。荷叶之缘坠着七根金链，下端分别系着锥，剑，剪刀，花鸟纹

[1] 《辽陈国公主墓》，彩版二三。前举长沙市郊五代墓，也出土一件“铜五用器”，已残，系用同一轴心的五种用具组成，可辨者为锉和刀，器柄作成鱼形，通长八厘米，《长沙市郊五代墓》，图版一二：12。

[2] 《河北省迁安市开发区金代墓葬发掘清理报告》，页26，图七：1。

[3] 《元上都城南砧子山南区墓葬》，页659，图二一。

[10-4]:❸

[10-4]:❸

荷包，牡丹双凤纹小盒，龙首錾花小瓶[1]〔图10-4:4〕。万贵的长女是明宪宗之妃，万贵卒于成化十一年。此件与前举金代之例的相似，不消多说，而精致的工艺，自是明代特色。用做工细巧的小瓶小盒之类与各式小工具搭配在一起，大约直到明代前期都是常见的做法。此后坠领的事件儿除作成仿真的小工具之外，又常以吉祥物

[10-4]:❺

图[10-4]

❶ 玉事件　内蒙古奈曼旗辽陈国公主墓出土
❷ 银事件　河北迁安市开发区金代墓葬出土
❸ 银事件　元上都城南砧子山南区墓葬出土
❹ 金事件　北京右安门明万贵夫妇墓出土
❺ 玉贯耳瓶　上海松江区西塔林出土

[1]《京华瑰宝 异域生辉》，页45。

图[10-5]《李孺人像》

为主。上海松江区西塔林出土一件时代约当明初的青玉贯耳瓶，瓶上刻着蕉叶、饕餮等仿古纹样，宽三点一厘米，高不到五厘米[1]〔图10-4:5〕，应即此类佩饰上的一个小件。辽宁鞍山倪家台明崔鑑夫妻合葬墓中，出于女子胸前的佩饰，是花题下用金丝串结的葫芦、童子之类，其质或水晶，或玉，或绿松石，凡九件[2]。墓葬年代在正德年间。《天水冰山录》中，"坠领"、"坠胸"并列，且皆以"挂"为量词，则二者之间或者还应有更为细致的分别。清初叶梦珠所作《阅世编》卷八云："环珮，以金丝结成花珠，间以珠玉、宝石、钟铃，贯串成列，施于当胸，便服则在宫装之下，命服则在露（霞？）帔之间，俗名坠胸。"坠胸的佩系方式，清楚见于明末时候的容像，如丹麦国家博物馆所藏《李孺人像》，一挂花题束起的金玲珑嵌珠宝坠胸端端正正垂系于命服之上，正好与《阅世编》中的形容互为映发[3]（图10-5）。可以说，明代此类金玉挂件与项圈、项链有着相似的装饰功能，但明代女子却不露胸，它于是与衣领上同样是细心安排的纽扣共同妆点前胸，而显示出无所不在的细密的装饰用心。

佩垂在裙裾之上的玉事件，最为正式的一种，称作"禁步"，佩系不分男女，明俞汝楫编《礼部志稿》卷一八和《明史》卷六六《舆服二》又称它作"玉佩"，且对其形制有详细的规定。禁步渊源于先秦时代的组玉佩，虽然形制与佩系方式都有了不小的变化，但其中所包括的礼制的含义却与上古没有太大不同，作为禁步之组成部分的瑀、琚、冲牙等，也还保持着古老的名称，它在定陵出土器物中有完整的实例[4]（图10-6）。综合前引顾起元、叶梦珠之说，金玉挂件在胸，曰坠胸、坠领；系于裙裾者，则曰"七事"，它原与禁步有别，且属女子服饰，而小说中的形容，也是如此。《醒世姻缘传》第七十一回列举家中首饰，曰"走珠箍儿，半铜半银的禁步、七事，坠领，挑牌，簪环，戒指"，禁步与七事，乃别作二事。《天水冰山录》有"银禁步五挂"，"银事件二挂"，七事，亦"银事件"之属。《金瓶梅》

[1]《上海出土唐宋元明清玉器》，页74。

[2]《鞍山倪家台明崔源族墓的发掘》，图版七：1。

[3] Joan Hornby, *Chinese Ancestral Poraits:Some Late Ming Style Ancestral Paintings in Scandinainavian Museums*. p.255;《斯德哥尔摩远东古物馆馆刊》[BMEFA],Vol.70(1998)。

[4]《定陵》，彩版一三一。

图[10-6]禁步　北京定陵出土

第九十一回，写孟玉楼改嫁李衙内之日，“戴着金梁冠儿，插着满头珠翠，胡珠子，身穿大红通袖袍儿，系金镶玛瑙带，玎珰七事，下着柳黄百花裙”。胡珠子，指耳环；玎珰七事，便是七事。而“事”之称，在明代以前已经有了，韩国近年发现的原刊《老乞大》曰“我引著您买些零碎行货”，其中即有“五事儿十副”；元人作《新编居家必用事类全集》“玉器”条下，则列有“玉五事”。玉五事在《礼部志稿》和《明史·舆服志》中，又称作白玉云样玎珰。玎珰七事的实物，湖北蕲春刘娘井明荆端王次妃刘氏墓有其例，上端金钩，下有如意云盖，其下垂系金花，葫芦，叠胜，双鱼[1]。南京太平门外板仓徐达家族墓地六号墓出土的一件玎珰七事，顶端是山云题，金累丝的花叶作底，一面嵌宝，一面嵌玉，下端金链上吊着各项玉事件：葫芦，灵芝，蝴蝶，方胜，金莲花上的玉童子，末端又是一个嵌宝嵌玉的花叶金坠[2]〔图10-7〕。同墓所出尚有耳坠等女子首饰，可知墓主人亦为女性[3]。《天水冰山录》中登录的“金厢宝玉七事一挂”，应即

[1] 《刘娘井明墓的清理》，封三，图一。
[2] 《明朝首饰冠服》，页174。
[3] 《明中山王徐达家族墓》，页64。

此类。而真正有行步“玎珰”之风致的一例，见于四川平武王玺家族墓地中的朱氏墓——也是女性墓葬。小金球连缀成的系链下倒吊一枚金荷叶，下边一对鸳鸯各衔一串金事件：金如意云盖，小金钟，小金铃，金长头花[1]，多与文献中说到的“云样玎珰”相合[2]。

金银首饰之发达，明代可推为最，惹人惊叹的实物，考古工作中也多有发见。古代日常生活中曾经有着那样多的精致，古人在记述当日生活的时候也留下了很是生动的语言。几种小小的“事儿”，实在只是旧时月色中若明若暗的一点光晕，但它却在文献与实物的呼应处，教人觑得格外分明。

[1]《四川平武明王玺家族墓》，页33，图一一四。

[2]《礼部志稿》卷一八“皇后常服”条列有：“白玉云样玎珰二：如佩制，每事上有金钩一，金如意云盖一件，两面鈒云龙文，下悬红组五，贯金方心云板一件，两面亦鈒云龙文，俱衬以红绮，下垂金长头花四件，中有小金钟一个，末缀白玉云朵五。”《明史》卷六六《舆服二》所述与此大致相同。此制为永乐三年定，不过以它后来的流行看，似乎并没有完全为礼制所限。

图[10-7]玎珰七事

南京徐达家族墓地出土

明代耳环和耳坠

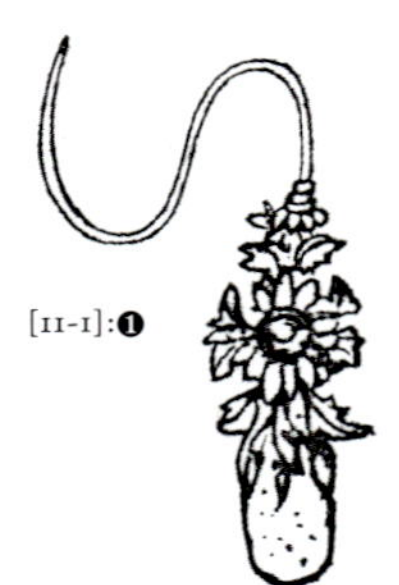

[11-1]:❶

明代耳饰可以别作两类，其一耳环,其一耳坠。明王圻等编《三才图会》在“内外命妇冠服”一项画出“环”的式样，可以代表明代耳环之一般〔图11-1:1〕。耳环用作簪戴的细弯钩，明人称作脚。明《礼部志稿》卷二〇“皇太子纳妃仪”的纳征礼物中，有“金脚四珠环一双”、“梅花环一双”，其下并注“金脚五钱重”，即此。似乎还可以说，耳环比耳坠更为正式。《明史》卷六七《舆服三》所列品官命妇冠服，耳饰均为环；又故宫旧藏明代皇后画像，与凤冠霞帔相配的多为耳环[1]〔图11-1:2〕，皆是其证。不过晚明情况稍有不同，画像中的穆宗孝安皇后[2]、神宗孝靖皇后[3]〔图11-1:3〕，耳边绘着的都是坠儿，而它与定陵中的情况正是一致——同孝端皇后盛妆相配的便是一副耳坠。由此微细之处，也可见出时代好尚的一点变化。

典型的明式耳环簪戴起来弯脚露出很长，耳坠则否。一个开口的圆环，下缀可以摇荡的饰件，明人称它作耳坠，耳坠簪戴不露脚。《金瓶梅》第七十八回曰“玉楼带的是环子，金莲是青宝石坠子”，二者正区别得清楚。欧

[11-2]:❶

[1]《故宫旧藏珍宝欣赏》，页22—29。

[2]《故宫旧藏珍宝欣赏》，页30。

[3]《中国古代的精金工艺》，页62，图四三。

阳炯《南乡子》“耳坠金鐶〔一作環〕穿瑟瑟”[1]，明代各式宝石坠子，似乎是它的延续，不过时属五代的宝石耳坠，却是鲜见。

明式耳环，可溯至于辽，只是弯钩式的长脚此际尚未形成。辽代最常见的是摩羯及各式鱼形耳环，内蒙古阿鲁科尔沁旗耶律羽之墓[2]〔图11-2:1〕、辽宁康平县后刘东屯辽墓所出[3]，制作皆精好。此类样式，影响且及于宋。《宋史》卷一五三《舆服五》曰景祐三年诏云，“凡命妇许以金为首饰，及为小儿铃鋜、钗篸、钏缠、珥环之属，仍毋得为牙鱼、飞鱼、奇巧飞动若龙形者”。既明令“毋得”，可知曾是风行。江西彭泽湖西村北宋易氏墓出土一对金耳环，虽然上面装饰花叶纹，但造型却仿佛辽之飞鱼[4]〔图11-2:2〕，正是一个很有意思的旁证。

蜂蝶花草，是宋金耳环的主要装饰题材。洛阳邙山宋代壁画墓出土的一对金耳环，顶端一只采花蝶，下边是两枚金叶托起来的一朵金花，均以金丝作出的卷草纹衬底[5]〔图11-3:1〕。松花江下游奥里米古城及其周围金代

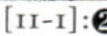

[11-1]:❷

[11-1]:❸

[11-2]:❷

图[11-1]

❶《三才图会》中的耳环

❷ 明成祖仁孝文皇后像

❸ 明神宗孝靖皇后像

图[11-2]金耳环

❶ 辽耶律羽之墓出土

❷ 江西彭泽北宋易氏墓出土

(1)《全唐五代词》，上册，页452。

(2)《辽耶律羽之墓发掘简报》，页11，图一五。

(3)《辽宁康平县后刘东屯辽墓》，页924，图五：27。

(4)《中国美术全集·工艺美术编·10·金银玻璃珐琅器》，图九三。

(5)《洛阳邙山宋代壁画墓》，页46，图二二：7。

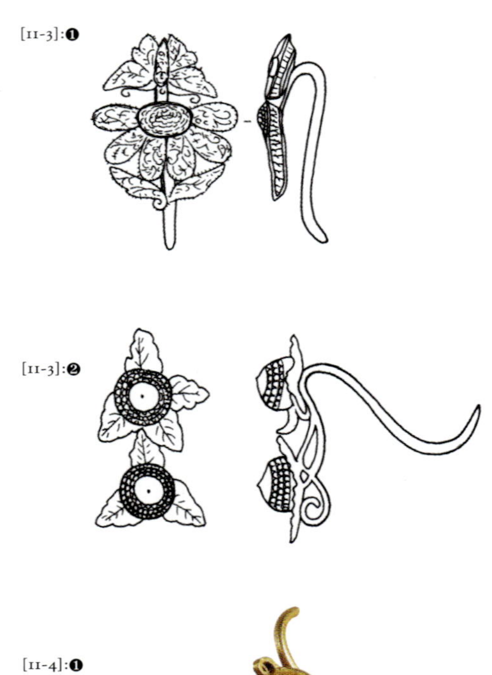
[11-3]:❶
[11-3]:❷

[11-4]:❶
[11-4]:❷

墓葬所出花果草叶作装饰的金耳环，也是同一旨趣[1]〔图 11-3:2〕。又有一种，是在金制的小圆托里嵌宝，如黑龙江绥滨中兴古城金代墓葬所出[2]〔图 11-4:1〕，而故宫博物院藏宋人所作《杂剧图》，画中人戴着的耳环，恰是与它一般〔图 11-4:2〕。宋金耳环的脚已与辽代不很相同——至少其中已有部分如是，元明耳环即由此发展而来，不过把弯钩式的脚变得更细更长。

元代蒙古族女子戴掩耳。掩耳不是耳环，却是罟罟冠上面的装饰，垂下来，掩在左右当耳处，故宫旧藏元世祖后徹伯尔像把它描绘得很是真切[3]〔图 11-5:1〕。然而曾几何时，掩耳离开了罟罟冠，而被巧匠用来装点佛教人物，两件景德镇窑青白釉观音坐像——其一为北京元大都遗址出土，其一藏英国国立维多利亚工艺博物馆，便是绝好之例[4]〔图 11-5:2、3〕。前者之掩耳同徹伯尔像作比较，可明显见出移植的痕迹；后者之掩耳，其实已近于耳环。武汉黄陂县周家田元墓出土的一对“金鬓饰”，掩耳其形，耳环其式，当心嵌着翡翠，周环一圈小金托，原皆

(1)《松花江下游奥里米古城及其周围的金代墓葬》，页58，图六：8、9。

(2)《黑龙江畔绥滨中兴古城和金代墓葬》，页44，图八。

(3)《故宫旧藏珍宝欣赏》，页19。

(4)《中国陶瓷全集 · 11 · 元》，下册，图版一、三。

[11-5]:❷

[11-5]:❸

嵌珠嵌宝[1]〔图11-6〕。简报云“鬏饰背面用粗金丝制成别卡”，此“别卡”，应即耳环之脚，那么“金鬏饰”，便是一对掩耳式耳环。简报中说到，“周家田元墓所在地，南宋隶属于淮南西路黄州黄陂县，元代隶属于河南江北行中书省黄州黄陂县，南宋晚期，这一带是金、元与南宋的接壤地区，因而黄陂县曾于端平年间迁治于鄂州青山矶，直到元初至元年间方迁回原治，当地居民比江南地区受到更多的金、

[11-5]:❶

[11-6]

〔1〕《黄陂县周家田元墓》，页83，图九。按本篇图11-6由武汉市博物馆提供。

图[11-3]金耳环
❶ 洛阳邙山北宋壁画墓出土
❷ 奥里米古城征集

图[11-4]
❶ 嵌宝金耳环
绥滨中兴古城金墓出土
❷ 宋人杂剧图〔摹本〕

图[11-5]
❶ 元世祖后徹伯尔像
❷ 景德镇窑青白釉观音坐像
北京元大都遗址出土
❸ 景德镇窑青白釉观音坐像
英国国立维多利亚工艺博物馆藏

图[11-6]掩耳式耳环
武汉黄陂周家田元墓出土

[11-7]:❶

元习俗影响”，掩耳式耳环在这里出现，由此得到了合理的解释。不过这一式样只在明代壁画中时或出现[1]，实际上也许并未广泛流行。

对明代影响最为直接的，是此际出现的葫芦形耳环。元熊梦祥《析津志》“风俗”条说到女子妆束，曰“环多是大塔形葫芦环，或是天生葫芦，或四珠，或天生茄儿，或一珠”。所谓“大塔形葫芦环”，即三五颗或四颗珠儿用金丝装缀在一处，上端总覆一枚花叶，其式便略如塔形。它在元《朴通事谚解》中，又被称作“八珠环儿”，它是书中录着的当时人的说话：

你今日那里去？

我今日印子铺里当钱去。

[1] 比较清楚的一幅图像，见于山西右玉宝宁寺明代水陆画中的“顺济龙王安济夫人诸龙神众”，《宝宁寺明代水陆画》，图一二三。其式实与前举景德镇窑青白釉观音坐像一脉相承。

把甚么去当？

把一对八珠环儿，一对钏儿。

那珠儿多大小？

圆眼来大的好明净。

当的多少钱？

当的二十两银子。[1]

[11-7]:❷

“八珠环儿”句下注云：“珍珠大者，四颗连缀为一只，一双共八珠。”元明文献中提到它的尚有不少。成书于元末明初的《碎金》“服饰篇”之“北”首饰下，列有“葫芦三装五装环”；《礼部志稿》卷二〇“皇帝纳后仪”的纳吉纳征告期礼物中有“四珠葫芦环一双”；《天水冰山录》“耳环耳坠儿”一项，列着“金厢四珠耳环”、“金厢四珠宝耳环”；收在《醒世恒言》中的《金海陵纵欲亡身》，曰“女待诏在身边摸出一双宝环放在卓子上，那环上是四颗祖母绿镶嵌的，果然耀日层光，世所罕见”，似均可属之于“大塔形葫芦环”。它在明代大约是宫廷样式的一种，明孝康敬皇后像、孝洁肃皇后像[2]〔图 11-7:1〕，都清楚画出形制规整的金镶四珠宝耳环，而南昌明益宣王墓孙妃的首饰中，正有着与画像所绘几乎相同的一对[3]〔图 11-7:2、3〕。

[11-7]:❸

所谓“天生葫芦”，由台北故宫博物院藏元《梅花仕女图》中的理妆女子可略见其形，它在明代皇后像中则表现得十分清楚，《金瓶梅》中屡屡提到的“二珠环子”，亦此。可知宫廷、民间，都

图[11-7]
❶ 明世宗孝洁肃皇后像〔摹本〕
❷❸ 金镶四珠宝耳环　南昌明益宣王墓出土

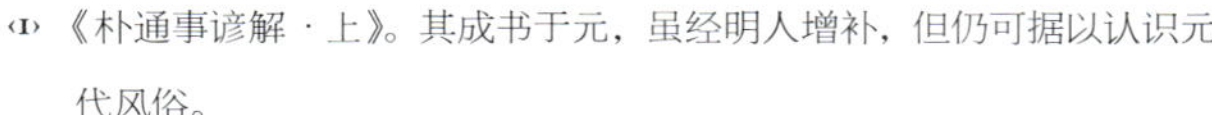

[1] 《朴通事谚解·上》。其成书于元，虽经明人增补，但仍可据以认识元代风俗。

[2] 《故宫旧藏珍宝欣赏》，页 28、29。

[3] 《江西南城明益宣王朱翊鈏夫妇合葬墓》，图版四：6。本篇图 11-7:2 由江西省博物馆胡丹先生提供。

[11-8]:❶
[11-8]:❷

[11-8]:❸

[11-8]:❹

很流行。葫芦耳环多与盛妆相配，皇后像固其例证，明代墓葬中的情况，也是如此。如南京太平门外板仓徐俌夫妇墓属继室王氏的一对[1]〔图11-8:1〕，又四川平武王玺家族墓地十五号墓[2]、上海浦东陆家嘴陆氏墓[3]，与葫芦耳环同出的，都是作为盛妆的一副头面。顶覆金瓜叶，中间二珠相缀若葫芦，亚腰处是小金珠作成的圆环，下端又用金叶托底，明代葫芦耳环的样式，此为梗概，其实“天生茄儿”与“一珠”之环，也同此式。至于细节，则要说中间那珠儿的制作各有争胜处——“珠”原可用着各种质料。一对金制的光素实心葫芦，小巧细致已自可爱，若空心，则多在上面作出六瓣、八瓣、十瓣的瓜棱，又或是金累丝的透空花球，两两相累，作成葫芦，玲珑之至。除前面所举之外，明墓中尚有多例，而上海卢湾区打浦桥明墓出土的一对，用了莹润的白玉作成二珠，累作葫芦之形，配着金花叶金珠圈，金玉相谐，竟又意外生韵[4]〔图11-8:2〕。

“天生茄儿”，《碎金》称作天茄梭

图[11-8]
❶ 金葫芦耳环　南京明徐俌夫妇墓出土
❷ 金玉葫芦耳环　上海打浦桥明墓出土
❸ 金宝茄子耳环　无锡元钱裕夫妇墓出土
❹ 金镶宝茄子耳环　南京徐俌夫妇墓出土

[1]《明徐达五世孙徐俌夫妇墓》，图版四：3。
[2]《四川平武明王玺家族墓》，页32，图一〇五。
[3]《上海浦东陆氏墓记述》，图版七：3。
[4]《上海出土唐宋元明清玉器》，图一三六。

环，属之于“南”首饰。无锡元钱裕夫妇墓出土的一对，是金叶覆着的琥珀茄儿[1]〔图 11-8:3〕。前举徐俌墓属原配朱氏的一对，那茄儿却是一颗蓝宝石嵌在金托上，顶端之蒂，嵌着红宝石[2]〔图 11-8:4〕。当日宝石的加工与金细工艺不能相比，一对茄儿只是恰好借得形似，蓝宝石又偏得俏色，皆仿佛“天生”。

“一珠”之环，早见于元顺宗后塔济像和元武宗后珍格像[3]〔图 11-9:1〕。上海松江区华阳明墓七号墓出土一件，上覆银叶，下承银托，中间抱着一颗琉璃珠，依然元代风韵[4]〔图 11-9:2〕。定陵孝靖皇后首饰中的一对，则把这式样用来装饰耳坠。珠是白玉，上端照例作出蒂和叶，其上系珠嵌宝[5]，虽然珠宝金玉聚在了一处，但白玉之“一珠”乃精神所在，其余便成恰好的点缀〔图 11-9:3〕。

《天水冰山录》“耳环耳坠”一项，仅葫芦型耳环，便列出多种，如金珠宝葫芦耳环，金光葫芦耳环，金摺丝葫芦耳环，金累丝葫芦耳环，金葫芦耳环，金珠茄子耳环，等等。清单中

[11-9]:❶

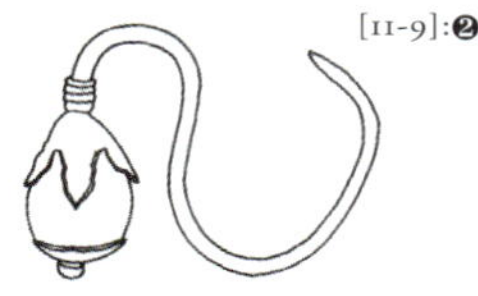

[11-9]:❷

[11-9]:❸

图[11-9]
❶ 元武宗后珍格像
❷ 一珠环　上海松江区华阳明墓出土
❸ 一珠耳坠　定陵出土

(1)《中国历代妇女妆饰》，页 155，图一九九。
(2)《明徐达五世孙徐俌夫妇墓》，图版四：6。
(3)《故宫旧藏珍宝欣赏》，页 20、21。
(4)《上海市松江区华阳明代墓群发掘简报》，页 647，图二七。
(5)《定陵》，彩版一〇九。

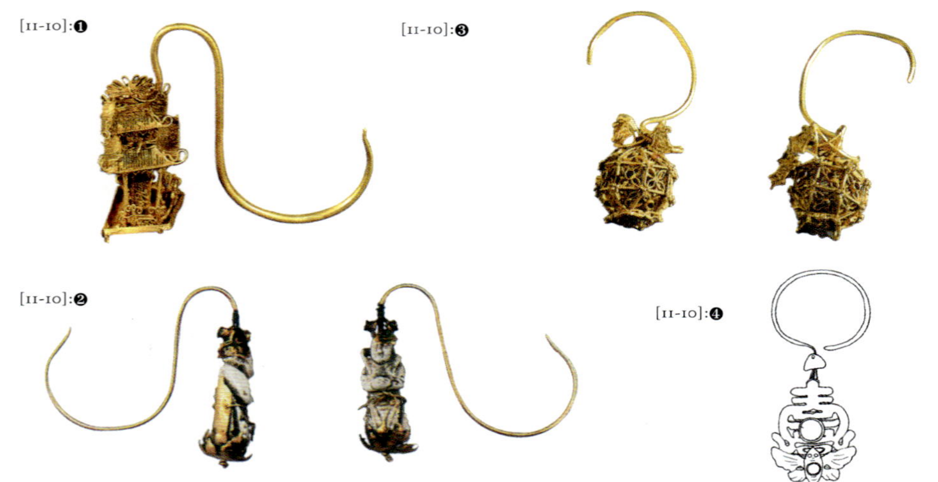

列着的尚有金厢珠宝累丝灯笼耳环，金摺丝灯笼耳坠；金厢珠宝童子攀莲耳环，金厢玉人耳环；金摺丝楼阁人物珠串耳环，金摺丝楼阁耳坠；金累丝寿字耳环，金玉寿字耳坠，等等，几乎都有工艺和题材与它大致相应的实物可见。比如南京徐达家族墓地出土的一件金耳环，花丝作成四阿顶的两重楼阁，底层一面为屏风，其余三面作出可以开合的双扇门，周回有廊，下边的承托，又正是楼阁之台。瓦垄、屏风、栏板、望柱，在在精细，顶端一朵金丝披垂的细瓣花提系起整座楼阁，于是精细中更见轻盈[1]〔图11-10:1〕。若依《天水冰山录》之例，正该称它作“金摺丝楼阁耳环”。《录》中的“金厢玉人耳环”，无锡明华复诚夫妇墓有其例[2]〔图11-10:2〕。《录》有“金玉寿字耳坠”，定陵则出土金玉喜字耳坠[3]〔图11-10:3〕。不过这玉作的喜字下边尚衔着一只白玉的小蜜蜂，那么它又可以称作金玉喜相逢耳坠，“蜂”，用以谐“逢”也。《录》中又有“金摺丝灯笼耳坠”，南京鼓楼区出土的一对，也与之相合[4]〔图11-10:4〕。“耳上悬灯”，清初似乎依然时兴。李渔《闲情偶寄》卷三《声容部》“首饰”条云：“饰耳之环，愈小愈佳，或珠一粒，或金银一点，此家常佩戴之物，俗名丁香，肖其形也。若配盛妆艳服，不得不略大其形，但勿过丁香之一倍二倍。既当约小其形，复宜精雅其制，切忌为古时络索之样，时非元夕，何须耳上悬灯。若再饰以珠翠，则为福建之珠灯、

[1] 《明朝首饰冠服》，页129。
[2] 《江苏无锡明华复诚夫妇墓发掘简报》，页139，图二：3。
[3] 《定陵》，图版二六七。
[4] 《明朝首饰冠服》，页131。

图[11-10]
❶ 金摺丝楼阁耳环
南京徐达家族墓地
❷ 金镶玉人耳环
无锡明华复诚夫妇墓出土
❸ 金摺丝灯笼耳坠
南京鼓楼区出土
❹ 金玉喜相逢耳坠
定陵出土

图[11-11]
❶ 金丁香　南京王克英夫人墓出土
❷ 董姬像　故宫博物院藏

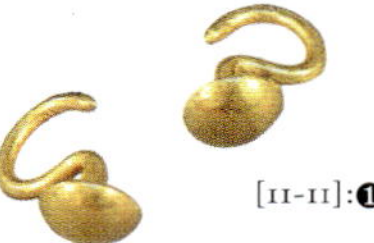
[11-11]:❶

[11-11]:❷

丹阳之料丝灯矣。其为灯也犹可厌，况为耳上之环乎。”这里说到的“丁香”，亦明式耳环，它的广泛流行，似在明代中晚期。《醒世恒言·乔太守乱点鸳鸯谱》中说到，耳上的环儿，“乃女子平常时所戴，爱轻巧的，也少不得戴对丁香儿，那极贫小户人家，没有金的银的，就是铜锡的，也要买对儿戴着”，即此。南京中华门外邓府山王克英夫人墓出土的一对金丁香，连脚通长一点五厘米[1]〔图11-11:1〕，应属“略大其形”者。故宫博物院藏明钱縠作《董姬像》，画中人的耳饰，也是这“丁香”，其与淡妆相配，很是素雅〔图11-11:2〕。而《金瓶梅》中的一段描写，又有别样光景，“王六儿打扮出来，头上银丝𩭹髻，翠蓝绉纱羊皮金滚边的箍儿，周围插碎金草虫啄针儿，白杭绢对衿儿，玉色水纬罗比甲儿，鹅黄挑线裙子，脚上老鸦青光素缎子高底儿，羊皮金缉的云头儿，耳边金丁香儿”，可谓“打扮的十分精致”〔第六十一回〕。不过金丁香配着的，总还是沉静之色[2]，不比“金灯笼坠子，黄烘烘的”〔第二十三回〕，以致遗风犹存的清代，要被李渔诮作“耳上悬灯”。

耳饰的起源，可以追溯到远古，只是到了唐代却似乎中断，无论实物还是图像，都很少见，辽宋以降，它才又兴盛起来。元代格外重宝石，葫芦、天茄、一珠，皆宜于装宝，其时便很是风行，明代对此多有继承，不过又结合了金细工艺，而制作得更为精致细巧。

(1)《明朝首饰冠服》，页142。

(2)《醒世姻缘传》中也有类似的形容："头上也不消多戴甚么，就只戴一对鬓钗，两对簪子。也不消戴环子，就是家常戴的丁香罢。也不消穿大袖衫子，寻出那月白合天蓝冰衫小袖衫子来，配着蜜合罗裙子"〔第五十九回〕。

油缸

宋赵磻老《南柯子·和谢洪丞相送竹妆奁》:"体质娟娟静,花纹细细装。翠筠初得试新忙。睡起鬓云撩乱、趣泉汤。　多病心常捧,新词字带香。管教涂泽到云窗。办下谢君言语、巧如簧。"[1] 词中说到的竹妆奁,使用的历史很久,曹操《内诫令》所谓"竹方严具"[2],便是远早于它的例子。不过出土的妆奁,以漆木匣为多,难得北宋"瑞昌县君"孙四娘子墓出土一件藤条编织的藤奁盒,藤条以篾片为胎心,外面一层极细薄的藤皮,盘绕编织出一个个菱形花纹之后,再涂以红漆[3]。体质娟娟,花纹细细,想见当年主人也曾有一番翠筠初得的欢悦。而赵磻老的《咏竹妆奁》本来算不得出色,但在宋人讲述宋人之物的契合处,却别有它的可喜。

这一件藤奁盒中,原有漆盒二,铜镜二,梳子三枚,并一把细腰修刃剪刀。作为梳妆用具,它似欠完整。综合宋元绘画以及同一时代的出土器物,可知完整的一套妆具,除此之外,尚有竹签、竹刷、棕刷、盘、盂或碗,以及两只小罐。依此,元末张士诚母

[12-1]:❶

图[12-1]苏州张士诚母曹氏墓出土银奁和梳妆用具
❶ 银奁和托盘
❷ 银奁里的梳妆用具

(1) 《全宋词》,册三,页1631。

(2) 《内诫令》:"孤不好鲜饰严具,所用杂新皮韦笥,以黄韦缘中。遇乱无韦笥,乃作竹方严具,以帛衣粗布作里,此孤之平常所用也。"《曹操集》,页52。

(3) 《江阴北宋"瑞昌县君"孙四娘子墓》,页39。

[12-1]:❷

曹氏墓中出土的梳妆用具，当是最为齐整的一套[1]〔图 12-1〕。成书于元末明初的一部日用小百科《碎金》，其家生篇“妆奁”条列有妆盘，减妆，镜台，照匣，粉匾，花筒，唾盂，等等。妆盘，当是梳妆时用来盛放小件用具。唐人张碧《美人梳头》“玉容惊觉浓睡醒，圆蟾挂出妆台表。金盘解下丛鬟碎，三尺巫云绾朝翠”[2]，妆盘，便是唐人诗中的“金盘”之属。曹氏墓的妆奁中有银碟两件，则即妆盘也。减妆即梳妆匣。镜台、照匣、粉匾，均有实物可比照，不必多论。妆具中的刷，两汉已见，《北堂书钞》卷一三六引晋张敞《东宫旧事》云“太子纳妃有漆画猪发犀刷大小三枚”，亦此物。曹氏墓中出土大小两件银柄棕刷，制作精好，也是此类。刷之一原用作理发，嵇康《养生论》所谓“劲刷理鬓”是也。又梁朱超《咏镜诗》“安钗钏独响，刷鬓袖俱移”[3]，乃言女子梳妆，情景尤切。刷之二便是用作刷梳。明人纂辑的《三才图会》，“器用部”也列有大小二刷，大者称作“梳帚”，云用作“去梳垢”，小者称作“刡”，云“刡以掠发”，其使用历史可谓久长。唾盂在考古发现中常与梳妆用具同出，有银制，也有漆制。花筒大约是盛放用作簪戴的花朵。元乔吉［双调］《水仙子》咏“花筒儿”：“玲珑高插楚云岑，轻巧全胜碧玉簪，

[1] 《苏州吴张士诚母墓清理简报》，页 294~295。

[2] 《全唐诗》，册一四，页 5339。

[3] 《先秦汉魏晋南北朝诗》，下册，页 2095。

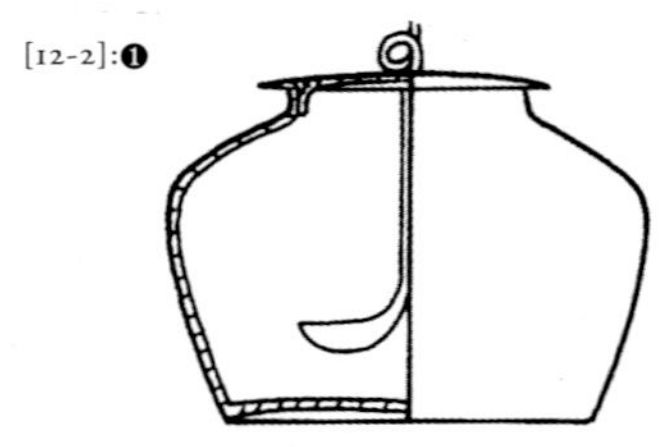

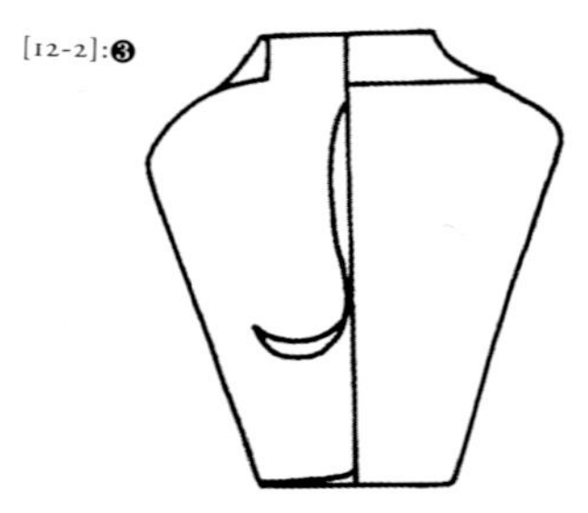

红绵水暖春香沁，是惜花人一寸心，净瓶儿般手捻著沉吟。滴点点蔷薇露，袅丝丝杨柳金，是个画出来的观音。”[1]而《碎金》“妆奁”下列举的物品，尚有“油㼚”一项。㼚通缸，则即油缸。曹氏墓的奁盒中有一大一小两只银罐，小的一只，盖下且连着一柄小勺〔图12-2:3〕。同样之例，见于浙江湖州三天门南宋墓[2]，又安徽六安花石咀宋墓[3]〔图12-2:1、2〕。末一件通高五厘米，小口，鼓腹，周身镌刻萱草、芙蓉、秋葵、栀子等花样，其上扣合平顶覆钵式盖，盖内中心焊接一个直柄小勺。若把这带勺的小银罐认作油缸，当无不妥。梳妆用油，可别作两种，其一面油，其一头油。《碎金》家生篇“梳洗”条下列着“面油，省头木犀油”，即此。面油是膏油，无须用勺舀取，那么油缸所盛，当是头油。宋梅尧臣《韩玉汝遗油》“君能致以清油壶，暝照文字灯焰舒。妇将膏发云鬓梳，缾底浊浓留脂车”[4]，依诗中情景，竟是一壶清油而三用。不过当日头油本可依方配置。元初之《新编居家必用事类全集·庚集》“闺阁事宜”中载有搽头竹油方，略云：“每香油一斤，枣枝一根剉碎，

图[12-2]油缸

❶ 浙江湖州三天门南宋墓出土

❷ 安徽六安花石咀宋墓出土

❸ 曹氏墓出土

[1]《乔吉集》，页197。

[2]《浙江湖州三天门宋墓》，页43。

[3]《安徽六安花石咀古墓清理简报》，页919，图版八：6。

[4]《全宋诗》，册五，页3226。

新竹片一根，截作小片，不拘多少，用荷叶四两，入油同煎至一半，去前物，加百药煎四两与油再熬，入香物一二味，依法搽之。”赵磻老作《浣溪沙》，句有“懒画娥眉倦整冠，笋苞来点镜中鬟”[1]，这“点鬟”之“笋苞”，或即搽头竹油之代指。

略大于油缸的，是一只荷叶盖罐。它见于两宋绘画的梳妆图，如王诜《绣栊晓镜图》〔图12-3〕，又旧题苏汉臣《妆靓仕女图》〔图12-4〕，也常见于宋元墓葬的妆奁中，如福州浮仓山南宋黄昇墓和茶园山南宋许峻墓[2]。但也有别样形制，如前举湖州三天门南宋墓，与油缸同出的，便是一件柳斗形鎏金银罐，其罐内置一小银碟，碟上放置小梳、小铁刀，以及“云鬟”。“云鬟”，乃简报中语，但未附图像，未知究竟如何。不过它却提示了银罐的用途，即用来盛放饰鬟之水。《碎金》家生篇“梳洗”条列有“补鬟”。元王和卿［仙吕］《一半儿·题情》句有“鸦翅般水鬟似刀裁，小颗颗芙蓉花额儿窄，待不梳妆怕娘左猜”[3]。明秦徵兰《天启宫词》：“觅得丹方助艳姿，不须银海贮桑脂。云鬟细染群仙液，

图[12-3]《绣栊晓镜图》〔局部〕　台北故宫博物院藏

[1]《全宋词》，册三，页1632。

[2]《福州南宋黄昇墓》，页77；《福州茶园山南宋许峻墓》，页24、25。

[3]《全元散曲》，页42。

图[12-4]《妆靓仕女图》 美国波士顿美术馆藏

会遣长如二八时。”自注云："宫眷捣桑叶取汁，杂诸香物，贮之银海，用以饰鬓。银海，小银盂也。惟客氏令美女数辈，各持梳具，时时环侍左右，偶欲饰鬓，辄以梳具入口，挹津唾用之，昏暮亦然。自谓此方传自海外异人，名曰群仙液，能令老无白发。”[1] 客氏之“仙方”，未免令人作呕，宫眷捣桑叶取汁自制香水，应是平常人所用，这里把银盂的用途解释得很清楚，而荷叶盖罐在晚明小说戏曲版画如崇祯刊本《李卓吾先生批评西厢记真本》中的梳妆场景中依然出现〔图12-5〕，可为宫词之证，也可因此接通它与宋元实物之联系。

[1]《明宫词》，页47。

图[12-5]《李卓吾先生批评西厢记真本》插图

每回拈著长相忆

两情相悦，作为表记的赠物，自古没有一定。举早期的例子，自然是“诗三百”。《邶风·静女》：“静女其娈，贻我彤管。彤管有炜，说怿女美。”“自牧归荑，洵美且异。匪女之为美，美人之贻。”所谓“柔荑”，即尚未从茅草叶苞中秀出的嫩穗。北宋苏辙有一首作于初春的《游景仁东园》诗，句云“浊酒瀹浮蚁，嘉蔬荐柔荑”[1]，那么这嫩穗是可用来荐酒的。柔荑自是微物，但“匪女之为美，美人之贻”，作为信物，它便足以温暖相悦之心。至于彤管，却是很难了结的一桩公案，虽然历来不乏讨论，甚且是极为热烈的讨论。朱熹《诗集传》云：“未详何物，盖相赠以结殷勤之意耳。”如此，作为故事存之可也。

到了曹魏建安时代的繁钦笔下，相赠以结殷勤之物，则已被诗人铺陈得格外繁丽。他在《定情诗》中说道：

我既媚君姿，君亦悦我颜。
何以致拳拳，绾臂双金环。
何以致殷勤，约指一双银。
何以致区区，耳中双明珠。
何以致叩叩，香囊系肘后。
何以致契阔，绕腕双跳脱。
何以结恩情，佩玉缀罗缨。
何以结中心，素缕连双针。

[1]《全宋诗》，册一五，页9902。

何以结相於，金簿画幧头。何以慰别离，耳后玳瑁钗。

何以答欢欣，纨素三条裙。何以结愁悲，白绢双中衣。[1]

如此构思，自然是受了张衡《四愁诗》的影响，即所谓“美人赠我金错刀，何以报之英琼瑶”，“美人赠我金琅轩，何以报之双玉盘”，等等。《四愁诗》、《定情诗》，其中的寓意又都是从屈子的美人香草而来，这在《四愁诗》前面的小序中已经写得明白。但《定情诗》中的种种借喻，却委实铺陈得好，金环、约指、耳珰、香囊、跳脱、玉佩，双针之绣、纨素之裙、亲体之衣，钗与搔头，竟好像是一份“信物大全”，后世两心相许之互赠，泰半不出它的范围。诗中说到的“何以结中心，素缕连双针”，元伊世珍《嫏嬛记》引《谢氏诗源》曰：“昔有姜氏与邻人文胄通殷勤，文胄以百炼水晶针一函遗姜氏，姜氏启履箱，取连理线，贯双针，结同心花以答之，故‘定情篇’曰‘素缕连双针’。”虽未必是确解，故事却可取。“连理”、“同心”，信物中最常用到，庾信《题结线袋子》“交丝结龙凤，镂彩织云霞。一寸同心缕，千年长命花”[2]，与此正相仿佛。梁武帝萧衍《有所思》“腰中双绮带，梦为同心结”[3]，这同心结不必说，后来更是成为情爱的象征。

与同心结常在一处的香囊，历代诗文中也极常见。如南宋高观国《思佳客》：“剪翠衫儿稳四停。最怜一曲凤箫吟。同心罗帕轻藏素，合字香囊半影金。　春思悄，昼窗深。谁能拘束少年心。莺来惊碎风流胆，踏动樱桃叶底铃。”[4]元乔吉［双调］《水仙子 · 楚仪赠香囊赋以报之》：“玉丝寒皱雪纱囊，金剪裁成冰笋凉，梅魂不许春摇荡，和清愁一处装，芳心偷付檀郎，怀儿里放，枕袋里藏，梦绕龙香。”[5]又明人编《古今情史类纂》卷六有《扇肆女》一则，曰福建林生，慕市中扇肆小女，欲时睹芳容，而日往买扇，“女见生青年美质，且怜其意，遗以香囊汗巾并银簪一支，约某夕会于后门”。等等。总之，小说写事，多半把信物作为实在的线索以铺展情节，

[1]《先秦汉魏晋南北朝诗》，上册，页385。

[2]《先秦汉魏晋南北朝诗》，下册，页2407。

[3]《先秦汉魏晋南北朝诗》，中册，页1514。

[4]《全宋词》，册四，页2359。按末句本唐故事，《开元天宝遗事》卷一：“天宝初，宁王日侍，好声乐，风流蕴藉，诸王弗如也。至春时，于后园中纫红丝为绳，密缀金铃，系于花梢之上，每有乌鹊翔集，则令园吏掣铃索以惊之，盖惜花之故也。”不过词把它用在这里却又别存意味。

[5]《乔吉集》，页201。

[13-1]:❶

[13-1]:❷

词曲写情，便多借着咏物，把思绪写得伶俐婉转。香囊的实物以清代为多，但早于此者也不算罕见。新疆尼雅遗址所出香囊，原与梳子、铜镜等放在一件漆奁里边，香囊前面开口，里面衬绢，背面用褐，正面则用着色彩明艳的“金凤池”锦,时代为汉晋之际[1]。辽宁法库叶茂台辽墓出土一件香囊，纱地上绣一只衔穗的小鸟，又用钉金绣勾出几处轮廓，周围以两根银线钉线框边，再用锁绣作出外缘[2]。又内蒙古额济纳黑城遗址出土的一件，香囊作成葫芦形，下边缀着用一串同心结编结相连的长穗子，葫芦一面绫，一面罗，两面各绣着花枝和人物，亚腰处也打着同心结的扣[3]〔图13-1〕。作为旧时的寻常佩件，香囊自未必件件“和清愁一处装”，但“合字香囊半影金”，“怀儿里放，枕袋里藏”，种种形容，总不免教人觉得这里的金线银线也曾经结着情思和故事。

唐代为人艳称的情事，大约首推唐明皇与杨贵妃。陈鸿《长恨歌传》云，定情之夕，明皇“授金钗钿合以固之”。玉环死后，方士以术访之于“玉妃太真院”,妃“指碧衣取金钗钿合，各析其半，授使者曰：为我谢太上皇，

图[13-1]香囊
❶ 新疆尼雅遗址出土
❷ 辽宁法库叶茂台辽墓出土
❸ 内蒙古额济纳黑城遗址出土

(1)《沙漠王子遗宝》，图四三。
(2)《中国历代织染绣图录》，参考图版二五一。
(3)《中国织绣服饰全集》，图一〇四。

谨献是物，寻旧好也”。作为定情之物的金钗钿合，一始一终，挽结了全部的凄艳。

故事中的钿合，却不见于繁钦的《定情诗》，因为盒的制作，兴盛在唐，金盒、银盒、玉盒，唐代遗存中多有精品。出土于西安市东南洪庆村的一件鎏金小银盒，约如掌心大小，盒盖装饰卷草纹和伎乐人，盒底表面用纤细的阴刻线条刻绘出一对并立的男女，上方则是“二人同心”四个字[1]。又西安唐宫城遗址内出土的一件青玉小盒，大小亦约略如手心，有子母口可扣合，有金环钮可启闭，盒面剔地雕出折枝牡丹，盒的上端凸起一对镂空的鸳鸯，正中的镂空处，可以用来系佩[2]〔图13-2〕。不过唐代此类小盒多用作盛放口脂香膏，并且常常是朝廷赐物，王建《宫词》“黄金合里盛红雪，重结香罗四出花。一一傍边书敕字，中官送与大臣家”[3]，纪其事也。而它作为信物，却也合适不过。许尧佐《柳氏传》有“以轻素结玉合，实

[13-1]:❸

[13-2]

图[13-2]玉盒
西安唐宫城遗址出土

[1]《西安出土的唐代金银器》，页34，图六。
[2]《中国玉器全集·5·隋唐至明》，图三五。
[3]《全唐诗》，册一〇，页3443。

以香膏”的情节；韩偓杂言诗《玉合》“罗囊绣两凤皇〔一作鸳鸯〕，玉合双雕鸂鶒，中有兰膏渍红豆，每回拈著长相忆。长相忆，经几春。人怅望，香氤氲。开缄不见新书迹，带粉犹残旧泪痕”[1]，正是借玉合以言相思，玉合其式，与前举青玉小盒，大约相去不远。小盒作为信物，在陈鸿和白居易的笔下特别确定了身分，我们看唐代此类制品的秀巧和精致，也可知这方寸之物，原容得下无数悲欢离合。明代小说依然取了它来编织故事。《二刻拍案惊奇》中有《权学士权认远乡姑，白孺人白嫁亲生女》一则，便是以旧紫金钿盒儿的一扇为由，引出一个才子寻佳人的传奇。钿盒儿在这里不断设置出情节，并且是一个贯穿始终的线索，虽然这悬念不必很费心思也猜得破，但能够引起几回会心的微笑，它在一幕喜剧中也就功德圆满了。

铜镜，也常常是两心相照的证见。乐昌公主破镜重圆的故事自是人人耳熟能详。宋《京本通俗小说》有一则《冯玉梅团圆》，曰议婚之日，夫以祖传的鸳鸯宝镜为聘礼，这宝镜“乃是两镜合扇的，清光照彻，可开可合，内铸成‘鸳鸯’二字，名为‘鸳鸯宝镜’”。后来乱中夫妻相别，即把宝镜来一分为二，各执其一。一番磨难之后，终获团圆，相认之际，便以宝镜为凭。当日玉梅之夫于丈人面前“揭开衣袂，在锦裹肚系带上解下一个绣囊，囊中藏着宝镜。冯公取观，遂于袖中亦取一镜合之，俨如生成”。据小说中的形容，此镜乃可袖可怀，度其尺寸，或者大不逾掌。辽宁朝阳北塔辽重熙年间重砌的天宫中曾出土一批小铜镜，其中一件直径七点五厘米，却是作成五瓣三重的一朵莲花，中间一重花瓣上刻着“两心同长存”五个字[2]〔图13-3〕。它与“二人同心”的唐代鎏金小银盒，不妨说是异曲同工。不过它们很可能是“批量生产”，带了这种通行的色彩，若不是附丽于曲折缠绵的故事，它也就精光不再。但是我们讨论信物，这“二人同心”、“两心同长存”的自铭，总可以教人确认它的身分，而唤起“我思古人”的一分爱惜。

元杂剧和明清传奇更喜欢以两心相悦而私相赠受的表记作线索敷演故事，如元贾仲明《对玉梳》，明高濂《玉簪记》，清李渔《玉搔头》。明末路迪作传奇《鸳鸯绦》，写张淑儿与杨真方的初之巧遇，后之巧合。“巧遘”一场曰淑儿救杨生脱险，临别之际——〈旦〉：转来转来。〈生〉：又怎么？〈旦〉：

[1]《全唐诗》，册二〇，页7835。

[2]《辽宁朝阳北塔天宫地宫清理简报》，页12，图二二。

你草草去了，只道我漏泄机关，且站住片时，自有道理。〈虚下，取砌末上〉些须白镪权以赠君。还有鸳鸯白玉绦一枚，为后日鸳鸯之兆——末了果然凭着鸳鸯绦有情人终成眷属。崇祯本卷首张淑儿小像所绘正是伊人捧了鸳鸯绦的模样〔图13-4:2〕。鸳鸯不必说是白玉制就，绦儿之用，自是束腰。但它同当日男子所用的绦带似有不同，明末阮大铖作传奇《燕子笺》，其明刻本卷前的华行云小像可为一证。靓妆丽服的华行云腰间所系恰是鸳鸯绦，鸳鸯却原来是结在束腰绦儿的中心打结处〔图13-4:1〕。上海松江区西塔林出土的双体鸳鸯佩有玛瑙、白玉各一件[1]〔图13-5〕，又正好可以衔接起鸳鸯绦的线索。《定情诗》“何以结恩情，佩玉缀罗缨”，余响可谓不绝如缕，尽管此佩与彼佩式样已经不同。

南宋许棐有一首题作《帕子》的小诗：“万缕纵横如妾恨，一方轻薄似郎恩。多时不系纤腰舞，却对花前拭泪痕”[2]。此中似系无限伤心，只是究竟有着怎样的故事我们无从知晓。帕子当然也是信物之一。乔吉［双调］《水仙子》咏手帕云:“对裁湘水縠波纹，挼皱梨花雪片云。束纤腰舞得春风困，衬琼杯蒙玉笋，殢人娇笑揾脂唇。宫额上匀香汗，银筝上拂暗尘，休染上啼痕。”[3] 此曲把手帕的用途一一道明，“衬琼杯蒙玉笋”，这情景在金元壁画也是常见。明清多把此类帕子称作汗巾儿，其尺寸却是不小，五代十国时已然，闽徐夤《尚书筵中咏红手帕》句有“鹤绫三尺晓霞浓，

[13-3]:❶

[13-3]:❷

图[13-3]
❶❷ 铜镜 辽宁朝阳北塔出土

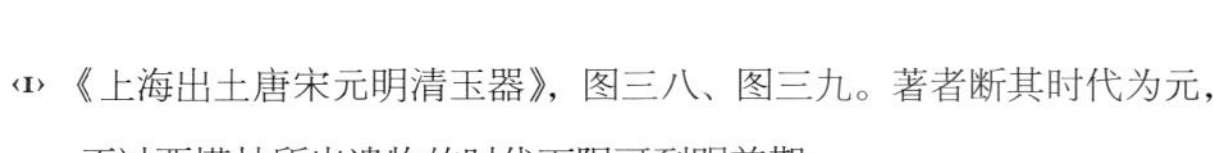
[1]《上海出土唐宋元明清玉器》，图三八、图三九。著者断其时代为元，不过西塔林所出遗物的时代下限可到明前期。

[2]《全宋诗》，册五九，页36843。

[3]《手帕呈贾伯坚》，《乔吉集》，页200。

[13-4]:❶

送与东家二八容。罗带绣裙轻好系，藕丝红缕细初缝”[1]。唐尺有大小之分，大尺平均三十厘米。“鹤绫三尺”，总是系得纤腰，即如徐夤、许棐、乔吉所咏。明代实物，略与此同。江苏泰州明刘湘夫妇合葬墓出土四件缎帕，其中一件，宽约一尺，长不及三尺。两端装饰卍字不到头的宽沿儿，边上缀着丝穗，中间以梅花、菊花、莲花配着缠枝牡丹[2]。《墨娥小录》卷一四“中原市语”条“手帕儿系腰：只是一遭”，正说到它的用途。《金瓶梅》第五十一回曰潘金莲央陈经济捎几方汗巾儿，说到那式样是“娇滴滴紫葡萄颜色四川绫汗巾儿，上销金，间点翠，十样锦，同心结，方胜地儿，一个方胜儿里面一对喜相逢，两边栏子儿都是缨络出珠碎八宝儿”。这番交代被陈经济笑作是“琐碎一大堆”，不过同心结、方胜、喜相逢，都有着两情相谐的寓意，正是汗巾儿讨人喜欢的式样，而它作为信物在小说中本来常见，《喻世明言》中的《蒋兴哥重会珍珠衫》，陈大郎与王三巧儿传递相思，即用着羊脂玉凤头簪一根，并“八尺多长一条桃红绉纱汗巾”。其时尚有形制近方的一种小手巾，它有别于汗巾而在明清或被称作“帕子”与“绢子”。北京南苑苇子坑明代墓葬出土一件妆花缎手帕，周边飞着仙鹤祥云，中间是一首祝寿诗[3]。清姚际恒《好古堂家藏书画记》卷下云“宋锦寿帕一方，中织成诗一首，曰‘一幅鲛绡五彩鲜，云孙织就不知年。霞明秋水天然丽，露浥春花分外妍。曾裹灵丹藏绮袖，每持寿酒献华筵。殷勤更致长生祝，乞与蓬莱顶上仙’。行押书如钱大，

[13-5]:❶

图[13-4]
❶《燕子笺》中的华行云小像
❷《鸳鸯绦》中的张淑儿小像

[1]《全五代诗》，下册，页1659。

[2]《江苏泰州明代刘湘夫妇合葬清理简报》，页71。

[3]《北京南苑苇子坑明代墓葬清理简报》，图版八：3。

圆劲有法。”诗与明墓所出者一字不差，则所谓“宋锦寿帕”，应是明代物，又可知它是当时常见的样式。这一方手帕自然无关于情事，不过此类帕子作为信物总免不掉要用诗来表明心迹。《喻世明言·张舜美灯宵得丽女》，引子里讲了一个小段子，说某公子元宵到乾明寺看灯，“忽于殿上拾得一红绡帕子，帕角系一个香囊，细看帕上，有诗一首云云”，于是以此为缘，终得两情好合。只是这故事已成俗套，实未可动人。惟《红楼梦》借帕子写两心相许，才有了入微的写心之笔。第三十四回《情中情因情感妹妹，错里错以错劝哥哥》，写宝玉打发晴雯往潇湘馆送了两条家常用的旧帕子，“这黛玉体贴出绢子的意思来，不觉神痴心醉。想到宝玉能领会我这一番苦意，又令我可喜；我这番苦意，不知将来可能如意不能，又令我可悲。要不是这个意思，忽然好好的送两块帕子来，竟又令我可笑了。再想到私相传递，又觉可惧。他既如此，我却每每烦恼伤心，反觉可愧。如此左思右想，一时五内沸然，由不得余意缠绵，便命掌灯，也想不起嫌疑避讳等事，研磨蘸笔，便向那两块旧帕上写道”[1]——其诗不必再多抄录，实在这几处笔墨，人人背也背得下来。这里仍用得着开篇所引的一句诗：“匪女之为美，美人之贻。”信物本无一定，两心相印，何劳远取，“在天愿作比翼鸟，在地愿为连理枝”，果然誓言不虚，则柔荑可珍也。

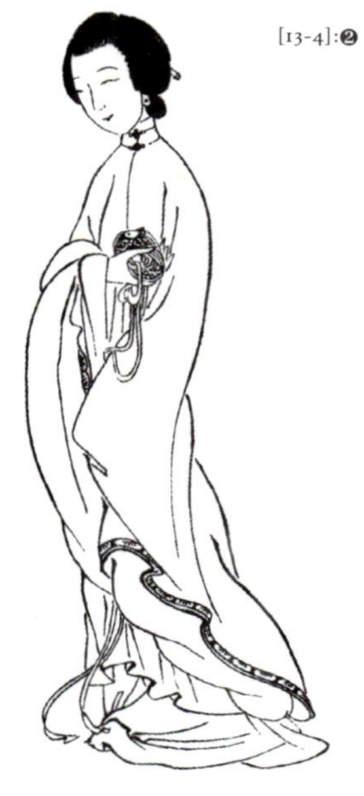

[13-4]:❷

[13-5]:❷

图[13-5]上海松江区西塔林出土鸳鸯佩

❶ 白玉鸳鸯

❷ 玛瑙鸳鸯

[1] 此据文化艺术出版社一九九〇年排印亚东重排本。人民文学出版社一九八二年排印本〔底本为庚辰本〕字句与此多有异，如首句作“这里林黛玉体贴出手帕子的意思来，不觉神魂驰荡”。

从孩儿诗到百子衣

一 孩儿诗与童嬉

国人自古以多子为祥，但是中国古代专咏儿童的诗却实在少得可怜，佳作则更寥寥。最早也是最好的一首，当推西晋左思的《娇女诗》，其后是陶渊明的《责子诗》。“白发被两鬓，肌肤不复实。虽有五男儿，总不好纸笔。阿舒已二八，懒惰故无匹。阿宣行志学，而不好文术。雍端年十三，不识六与七。通子垂九龄，但觅梨与栗。天运苟如此，且进杯中物。”[1] 黄庭坚《书陶渊明〈责子诗〉后》：“观渊明之诗，想见其人岂弟慈祥戏谑可观也。俗人便谓渊明诸子皆不肖，而渊明愁叹见于诗，可谓痴人前不得说梦也。”[2] 正是会心人语。

唐诗中可以称道的有李商隐《骄儿诗》，卢仝的《寄男抱孙》[3]，此外便是路德延的《孩儿诗》五十韵。卢诗虽通篇诫子，而“岂弟慈祥戏谑”，与陶翁正有同致。“他日吾归来，家人若弹纠，一百放一下，打汝九十九”，末了几句也说得有趣，虽然左思《娇

[1] 《先秦汉魏晋南北朝诗》，中册，页1002。“而不好文术”，他本“好”皆作“爱”。

[2] 《山谷集》卷二六。

[3] 《全唐诗》，册一二，页4369。又韦庄《下邽感旧》、《途次逢李氏兄弟感旧》两诗追记儿时嬉戏故事，也有传神之笔，如后者句云“晓傍柳阴骑竹马，夜限灯影弄先生。巡街趁蝶衣裳破，上屋探雏手脚轻”。不过诗以经旧里、逢故人，“追思往事”而多伤感之音〔事见《太平广记》卷一七五〕，实不以咏儿童为主旨。

女诗》结末数言“任其孺子意，羞受长者责。瞥闻当与杖，掩泪俱向壁”[1]，先已令人怃然。玉谿生的《骄儿诗》前边都写得好，惟末后数联的缀以感慨，便如胡震亨所说“惜结处迂缠不已，反不如玉川《寄抱孙》篇以一两语谑送为斩截耳”[2]。

宋人诗写孩儿写得有趣，可以举出孔平仲的《代小子广孙寄翁翁》，又《常父寄半夏》[3]。后者略云，“齐州多半夏，采自鹊山阳。累累圆且白，千里远寄将。新妇初解包，诸子喜若狂。皆云已法制，无滑可以尝。大儿强占据，端坐斥四旁。次女出其腋，一攫已半亡。须臾被辛螫，弃余不复藏。竞以手扪舌，啼噪满中堂。父至笑且惊，亟使啖以姜。中宵方稍定，久此灯烛光……”。这里说的半夏，指天南星科植物半夏的块茎，干燥者表面呈白色或淡淡的黄白色，形若圆球或半圆球。《证类本草》卷一〇，“半夏，味辛平，生微寒，熟温，有毒”；“生令人吐，熟令人下。用之汤洗令滑尽”；“生槐里川谷”。“陶隐居云：槐里属扶风，今第一出青州，关中亦有，以肉白者为佳，不厌陈久。用之皆先汤洗十许过，令滑尽，不尔，戟人咽喉。方中有半夏必须生姜者，亦以制其毒故也”。苏颂《本草图经》则曰半夏“今在处有之，以齐州者为佳”。可知诗写一包半夏惹出的热闹乃是实录，小儿女的懵懂调皮，种种情态刻画入微。只是末了“大钧播万物，不择窳与良”云云，是不忘教训也，不免蛇足。杨万里《闲居初夏午睡起》是人人熟知的名篇：“梅子留酸软齿牙，芭蕉分绿与窗纱。日长睡起无情思，闲看儿童捉柳花。”诗人自己很得意一个“捉”字的好[4]，明代画家也为它作得好画，如周臣的《闲看儿童捉柳花句意》。不过儿童之戏在这一首诗里毕竟只是配景。南宋赵必常《小亭夜坐即景》“儿童戏逐月边星”[5]，亦然。总之，唐宋诗词中不乏咏及儿童的一二佳句[6]，但全篇趁意之作却难得一见。

[1] 《先秦汉魏晋南北朝诗》，页736。

[2] 冯浩《玉谿生诗集笺注》卷二引。

[3] 《全宋诗》，册一六，页10842；页10834。

[4] 周密《浩然斋雅谈》卷中：“诚斋亦自语人曰：工夫只在一‘捉’字上。”

[5] 全诗为：“小亭夜坐涤炎蒸，顿觉风清趣已成。数点流萤亭外度，儿童戏逐月边星。”《全宋诗》，册六六，页41388。

[6] 如僧法振《赵使君生子晬日诗》“见人空解笑，弄物不知名”〔尤袤《全唐诗话》卷六“僧法振”条〕；如姜夔《鹧鸪天·丁巳上元》“娇儿学作人间字，郁垒神荼写未真”〔《全宋词》，册三，页2172〕，等等。

专为孩儿写照且以一片童心把童嬉写得亲切，惟路德延《孩儿诗》一篇：

情态任天然，桃红两颊鲜。乍行人共看，初语客多怜。臂膊肥如瓠，肌肤软胜绵。长头才覆额，分角渐垂肩。散诞无尘虑，逍遥占地仙。排衙朱阁上，喝道画堂前。合调歌《杨柳》，齐声踏《采莲》。走堤冲细雨，奔巷趁轻烟。嫩竹乘为马，新蒲掉作鞭。莺雏金镟系，猧子彩丝牵。拥鹤归晴岛，驱鹅入暖泉。杨花争弄雪，榆叶共收钱。锡镜当胸挂，银珠对耳悬。头依苍鹘裹，袖学柘枝揎。酒殢丹砂暖，茶催小玉煎。频邀筹箸挣，时乞绣针穿。宝箧拏红豆，妆奁拾翠钿。短袍披案褥，尖帽戴靴毡。展画趋三圣，开屏笑七贤。贮怀青杏小，垂额绿荷圆。惊滴沾罗泪，娇流污锦涎。倦书饶娅姹，憎药巧迁延。弄帐莺绡映，藏衾凤绮缠。指敲迎使鼓，箸拨赛神絃。帘拂鱼钩动，筝推雁柱偏。棋图添路画，笛管欠声镌。恼客初酣睡，惊僧半入禅。寻蛛穷屋瓦，探雀遍楼椽。抛果忙开口，藏钩乱出拳。夜分围榾柮，朝聚打鞦韆。折竹装泥燕，添丝放纸鸢。互夸轮水硙，相效放风旋。旗小裁红绢，书幽截碧笺。远铺张鸽网，低控射蝇弦。吉语时时道，谣歌处处传。匿窗肩乍曲，遮路臂相连。斗草当春径，争毬出晚田。柳傍慵独坐，花底困横眠。等鹊潜篱畔，听蛩伏砌边。傍枝粘舞蝶，隈树捉鸣蝉。平岛跨蹄上，层崖逞捷缘。嫩苔车迹小，深雪履痕全。竞指云生岫，齐呼月上天。蚁窠寻径斸，蜂穴绕阶填。樵唱回深岭，牛歌下远川。垒柴为屋木，和土作盘筵。险砌高台石，危跳峻塔砖。忽升邻舍树，偷上后池船。项橐称师日，甘罗作相年。明时方在德，戒尔减狂颠。[1]

诗除结末宕开一笔别寓讽意外[2]，通篇只写孩儿的各式游戏，种种活泼顽皮。“倦书饶娅姹，憎药巧迁延。弄帐莺绡映，藏衾凤绮缠”，二十字牵出一串小儿无赖故事，这情景并没有怎样的时代隔膜，不费想象也足以令人启颜。“娅姹”此处是象声用法，则其声可闻其状可见。“走堤冲细雨”从《娇女诗》的“贪走风雨中，倏忽数百适”化出，“宝箧拏红豆，妆奁拾翠钿”也有《骄儿诗》的“凝走弄香奁，拔脱金屈戌”在先。“头依苍鹘裹，

[1] 《全唐诗》，册二一，页8255。若干字句据赵与时《宾退录》卷六〔四库本〕酌改。

[2] 《太平广记》卷一七五：路德延，儋州严相之犹子也，天佑中，授左拾遗，会河中节度使朱友谦领镇，辟掌书记，友谦初颇礼待之，然德延性浮薄骄慢，动多忤物，友谦稍懈礼，德延乃作《孩儿诗五十韵》以刺友谦，友谦闻而大怒，有以掇祸，乃因醉沉之黄河〔事又见《唐诗纪事》卷六三〕。不过诗的结末两联实是此类作品中常用的套语，就诗说来本是败笔，却很难说有怎样的讽意。

袖学柘枝揎”，而《娇女诗》云“从容好赵舞，延袖象飞翮”，《骄儿诗》“忽复学参军，按声唤苍鹘”也，当然《孩儿诗》的柘枝舞已经带了异域色彩。“垒柴为屋木，和土作盘筵”，该是古今孩儿共有的爱好，佛经拈此作喻，也有传神的形容[1]。与《娇女诗》和《骄儿诗》不同，路诗不是为特定的娇女或骄儿写照，而是天下古今孩儿的一幅写生图。它以赋笔直直落落铺排出琐细微末，情景的真切则令互不关联的许多故事聚在一处而能够流转生色。“嫩竹乘为马，新蒲掉作鞭”，竹马戏也。“杨花争弄雪”，捉柳花也。藏钩，斗草，放纸鸢，打秋千，节令游戏也。听蛩，捉蝉，曳车，和土，也都是传统的童嬉。弄鸟控弦的孩儿在陕西长安南郊韦顼墓石刻线画中可以看到，时代为开元六年[2]〔图14-1〕。小儿作歌舞之嬉的情景见于莫高窟第六一窟南壁《法华经·譬喻品》中的火宅之喻，时属五代[3]〔图14-2〕。“垂额绿荷圆”，“猧子彩丝牵”，则是唐代艺术品中常见的孩儿形象。

[14-1]

[14-2]

图[14-1]
陕西长安南郊韦顼墓石刻线画〔摹本〕

图[14-2]
莫高窟第六一窟五代壁画

(1) 《韩非子·外储说左上》“夫婴儿相与戏也，以尘为饭，以涂为羹，以木为胾”；《三国志》卷二九《魏书·管辂传》引《辂别传》曰，辂年八九岁，“与邻比儿共戏土壤中”。《大智度论》：“辟如人有一子，喜不净中戏，聚土为谷，以草木为鸟兽，而生爱着，人有夺者，嗔恚啼哭。”

(2) 《中国古代石刻画选集》，图二〇：5。

(3) 《敦煌石窟全集·法华经画卷》，图一〇三。

故宫博物院藏一面唐代铜镜，铜镜内区是莲花化生图案，下端当心挺出一茎莲叶，一左一右斜斜秀出两枝盛开的莲花，头顶荷叶帽的两个孩儿手持花枝舞蹈于花心[1]〔图 14-3〕。“垂额绿荷圆”仿佛为它写神，“合调歌《杨柳》，齐声踏《采莲》”，诗与图案也在这里拍合得紧。新疆阿斯塔那出土的唐代屏风画，残件之一是一对身著条纹裤的孩儿，左边一个抱着猧子，长长的牵线从手臂上低垂下来[2]〔图 14-4:1〕。西安何家村唐代金银器窖藏中的一件银方盒上也刻着小儿捉飞鸟、趁猧子的图案[3]〔图 14-4:2〕。《敦煌变文集·父母恩重经讲经文》“五五相随骑竹马，三三结伴趁猧儿”；“捉蝴蝶，趁猧子，弄土拥泥向街里”[4]，正是画笔写真的依据。所谓“猧子”，原是当时的外来货，其故乡在东罗马亦即拜占廷帝国，唐人称作“大秦”或“拂林”，研究者曾有专文考证猧子传入中土的前前后后[5]，可知诗中的“猧子彩丝牵”与抱猧孩儿的屏风画，均为写照当时。

“短袍披案褥，尖帽戴靴毡”，令人想见摹仿胡人妆扮的滑稽，“展画趋三圣，开屏笑七贤”，也别有一分可爱，此中且各存故事。三圣，西方三圣也，此

[14-3]

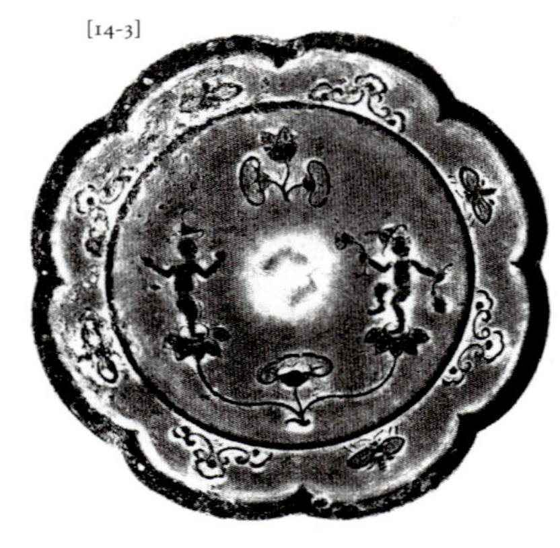

[14-4]:❶

图[14-3]
故宫博物院藏唐镜

图[14-4]
❶ 阿斯塔那出土唐代屏风画
❷ 西安何家村唐代窖藏出土银盒纹饰

(1)《故宫藏镜》，图一〇一。

(2)《新疆出土文物》，图一一三。

(3)《花舞大唐春——何家村遗宝精粹》，页 201。

(4)《敦煌变文集》，页 684。

(5)《唐代九姓胡与突厥文化》页 211~219。

[14-4]:❷

概指佛。《贤愚经 · 阿输迦施土品》云佛在舍卫国祇树给孤独园，“晨与阿难入城乞食，见群小儿于道中戏，各聚地土，用作宫舍，及作仓藏财宝五谷。有一小儿遥见佛来，见佛光相，敬心内发，欢喜踊跃，生布施心，即取仓中名为谷者，即以手掬，欲用施佛，身小不逮，语一小儿：我登汝上，以谷布施。小儿欢喜，报言可尔。即蹑肩上，以土奉佛。佛即下钵，低头受土”。布施的童子于是得到佛的预言，即将来当作国王，字阿输迦[1]。《贤愚经》为元魏凉州沙门慧觉等译。此也见于西晋安法钦译《阿育王传》，梁僧迦婆罗译《阿育王经》，等等。佛教艺术便多摄取此节而表现为阿育王施土故事。它在犍陀罗雕刻中已是常见的题材，但似乎并无固定的表现形式[2]。北魏佛教造像中，有一佛三童子的造型，如云冈昙曜五窟之一第十八窟南壁所刻。面向本尊的一身佛立像右足下三个童子，两个在下作承托状，一个在上作布施状[3]。

[1] 《大正藏》，第四卷，页 368。

[2] 《釈尊——その前生と生涯の美術》，图 120~122。

[3] 日人长广敏雄最早把这一组合的图像推定为阿育王施土故事，见《雲岡石窟におけゐ二，三の因缘像》，页 272~274。

[14-5]:❶

[14-5]:❷

[14-6]

图[14-5]
❶ 北魏石造四面像
❷ 水浴寺石窟第一窟雕像

图[14-6]
莫高窟第一九七窟中唐壁画

今藏日本大阪市立美术馆的一方北魏石造四面像，其中一面所刻亦其例。画面中三小儿，其一伏在佛的身边，蹑其肩、蹑其背的两个小儿于是捧土向佛，世尊则微微探首，稍稍俯就，正是伸手接纳的一刻[1]〔图14-5:1〕。不过三小儿的上方又有一匍匐者，那么这里大约又结合了定光佛授记故事，而一佛三童子的造型，北朝时期也是定光佛授记的表现形式[2]，如河北邯郸水浴寺石窟第一窟中的雕刻，时代则为北齐[3]〔图14-5:2〕。后世童子礼佛的绘画，此或其源，当然发展过程中有了不少变化，并且逐渐从原来的佛经故事中独立出来。敦煌莫高窟第一九七窟时属中唐的壁画中绘有童子礼佛[4]〔图14-6〕,《骄儿诗》“又复纱灯旁，稽首礼夜佛”，《孩儿诗》“展画趋三圣”，似乎都和它遥相呼应，而诗中所咏，是艺术，也是生活。出自宋人之手的一幅《百子嬉春图》，中有童子拜观音的场面〔图14-7〕。垒砖为塔似乎已成宋代小儿经常的游戏，陆游《群儿》诗句云：“野行遇群儿，呼笑运甓忙。共为小

(1)《中国仏教彫刻史論 · 図版編二》，页154。

(2)《关于邯郸水浴寺石窟的几个问题》，页67。按据该文，水浴寺西窟定光佛授记本生故事雕刻有题记刻于右上角：“武平五年甲午岁十月戊子朔，明威将军陆景妻张元妃，敬造定光佛并三童子。愿三界群生，见前受福，亡者托荫花中，俱时值佛。”

(3)《中国石窟雕塑全集 · 6 · 北方六省》，图版一四七。按图版说明云：“立像的右侧三个裸体顽童，一童四肢爬地，一童踩于其肩，双手捧钵，作乞讨状。”误也。

(4)《敦煌石窟全集 · 民俗画卷》，图八四。

[14-7]

浮图，嶙峋当道旁。蚬壳以注灯，碗足以焚香。须臾一哄散，无益亦何伤。”[1] 今藏日本东京国立博物院的《合欢多子图》，绘有童子拜塔[2]，塔中有佛，亦礼佛之意〔图14-8〕。画有陈洪绶款，而画风实与之不类，但出自明人应该不错。可以说，童子礼佛此

[1]《全宋诗》，册三九，页 24803。

[2]《吉祥特別展——中国美術にこめられた意味》，图 160。

[14-8]

图[14-7]《百子嬉春图》
故宫博物院藏

图[14-8]《合欢多子图》
日本东京国立博物院藏

[14-9]

际已是婴戏图的表现程式之一，故宫博物院藏陈洪绶《戏婴图》，正是以此为题材，从构图方式中，也可以看到它与前朝绘画的继承关系〔图 14-9〕。童子拜塔又成为明清时代各种工艺品的婴戏图中常常用到的图式，如今藏台北故宫的明代雕漆百子图印匣[1]，图中小儿围在塔边嬉戏的场景，自然也是与童子拜塔同出一源的创作构思〔图 14-10〕。

“展画”情景在《骄儿诗》里形容得最好，“古锦请裁衣，玉轴亦欲乞”，真的是童稚的淘气和可爱。而出现在传宋人《长春百子图》中的观画，其情状已经很有些成人化[2]〔图 14-11〕。它后来也成为明清婴戏图的图式之一，前举雕漆百子图印匣，即有观画的场面。“开屏笑七贤”，七贤，竹林七贤也，此与上联之“三圣”为对，而它本来又是流行的绘画题材。一个“笑”字犹可见出孩子气，只是较之《骄儿诗》的形容已有不及。

《孩儿诗》中的节令游戏，多有古老的渊源。晋宗懔《荆楚岁时记》云，寒食，有打毬、鞦韆之戏；五月五日，“有斗草之戏”；“岁前又为藏彄之戏”。藏彄之彄，亦作钩，此指蜷起来的手。段成式《酉阳杂俎 · 续集》卷四：“旧言藏钩起于钩弋，盖依辛氏《三秦记》，云汉武钩弋夫人手拳，时人效之，

图[14-9]《戏婴图》　故宫博物院

[1]《云篆徵名 信章萃古》，页 101。

[2]《婴戏图》，图八之一。

[14-10]

目为藏钩也。”“彄与抠同，众人分曹，手藏物，探取之。”“《风土记》曰：藏钩之戏，分二曹以校胜负，若人耦则敌对，若奇则使一人为游附，或属上曹，或属下曹，名为飞鸟。”分曹，即分作两方，一方藏物，一方猜物。藏者以一微物握手中，或传递或佯作传递己方的某人，晋庾阐《藏钩赋》“钩运掌而潜流，手乘虚而密放；示微迹于可嫌，露疑似之情状”[1]，正是此刻情形；而猜物的一方则察形观色，判断其物究竟在谁手中。后世也把它称作猜枚，并且又可以成为两个人的游戏，即甲藏，乙猜。元姚文奂《竹枝词》：“晚凉船过柳洲东，荷花香里偶相逢。剥将莲肉猜拳子，玉手双开各赌空。”[2]赌空亦猜枚之别称。《聊斋志异·双灯》记益都魏运旺与双灯夜会，置酒欢饮，“赌藏枚，

[14-11]

[1]《艺文类聚》卷七四引。

[2]《元诗纪事》卷二四。

图[14-10]明雕漆百子图印匣
台北故宫博物院藏

图[14-11]《长春百子图》〔局部〕
台北故宫博物院藏

[14-12]:❶

女子什有九赢，乃笑曰：'不如妾约〔一作握，意同〕枚子，君自猜之，中则胜，否则负。若使妾猜，君当无赢时。" 双灯，狐仙也，自然屡猜屡中。作为孩儿之戏，或者以甲藏乙猜丙作"游附"为常。"藏钩乱出拳"，正是小儿态度。此戏之流也格外远长。故宫藏清初嵌螺钿加金银片黑漆箱上面的百子图[1]，其中作猜枚之戏的孩儿，仍是"藏钩乱出拳"一个合式的图解。

《孩儿诗》中的童嬉多可在汉代寻其源。如竹马戏，见《后汉书》卷三一《郭伋传》[2]，又同书卷七三《陶谦传》。后者注引《吴书》曰："陶谦父，故余姚长，谦少孤，始以不羁闻于县中，年十四，犹缀帛为幡，乘竹马而戏，邑中儿童皆随之。"《唐歌儿》"竹马梢梢摇绿尾"[3]；《骄儿诗》"截得青筼筜，骑走恣唐突"，诗人的写生，则使形象更加鲜明。敦煌莫高窟第九窟东壁门南侧时属晚唐的壁画中绘有童子骑竹马，虽小儿眉眼已经漫漶，但胯下一枝弯弯青竹依然清晰，由手中摇着的竹马鞭，也可窥得"嫩竹乘为马，新蒲掉作鞭"的得意神情[4]〔图14-12:1〕。宋金时期，竹马戏更是成为磁州窑工匠手中挥洒自如的题材[5]〔图14-12:2〕。

[14-12]:❷

[1] 《中国古代漆器》，图版七五。

[2] 传云伋为并州牧，"始至行部，到西河美稷，有童儿数百，各骑竹马，道次迎拜。伋问：儿曹何自远来？对曰：闻使君到，喜，故来奉迎"。

[3] 李贺《唐歌儿 · 杜豳公之子》，《全唐诗》，册一二，页4396。

[4] 《敦煌石窟全集 · 民俗画卷》，图八二。

[5] 《磁州窑瓷枕》，页278。

与竹马并提的常常是鸠车之戏。萧齐王融《三月三日曲水诗序》，句有“稚齿丰车马之好”，吕延济注：“稚齿，小子也。年五岁有鸠车之乐，七岁有竹马之欢，皆谓得其天性也。”[1] 骑竹与牵车因此又成为小儿一个特定的形象，元稹《哭女樊四十韵》即特别以“骑竹痴犹子，牵车小外甥”而写出追忆亡女的举目伤情[2]。小儿弄鸠车的形象汉画像石中已有不少，鸠车的实物今天也还能见到，如河南巩义市新华小区汉墓出土的一件[3]〔图14-13:1、2〕。北魏鸠车，见于元谧石棺线刻画中的老莱子娱亲图[4]；六朝鸠车，《重修宣和博古图》中录有一件〔图14-13:3、4〕。汉代至于南北朝，鸠车形象没有很大变化，不过辽宋以后的玩具车却并不一定再取鸠的造型，而多半作成小小的四轮车。如辽宁朝阳前窗户村辽墓出土鎏金婴戏纹银带中小儿手牵的玩具车[5]〔图14-13:5〕。宋以及宋以后的婴戏图，所绘多为此式〔图14-13:6〕。《孩儿诗》“嫩苔车迹小”，用字颇见斟酌，其车自是小儿玩具，这里却没有特别指明它是鸠车，或许已经不是前朝旧式。

骑马可以作战，乘车可以出行，两项节

图[14-12]竹马戏
❶敦煌第九窟晚唐壁画
❷磁州窑枕

图[14-13]
❶❷河南巩义市新华小区汉墓出土铜鸠车
❸北魏元谧石棺线刻画中的鸠车
❹《重修宣和博古图》中的六朝鸠车
❺辽鎏金婴戏纹银带中的玩具车
❻苏汉臣《婴戏图》中的玩具车

[1]《文选》卷四六。

[2]《全唐诗》，册一二，页4514。

[3]《河南巩义市新华小区汉墓发掘简报》，页46，图一二：1。又有日本藤井友邻馆藏一件汉代铜鸠车，日人林巳奈夫对此已有考证，见《漢代の文物》，页416~417，又插图之部页176，图8-60至8-64。

[4]《中国画像石全集·8·石刻线画》，图六六。

[5]《辽宁朝阳前窗户村辽墓》，页21。

目合在一起，又成为“设部伍”的游戏。《三国志》卷一五《魏书·贾逵传》云逵儿时“戏弄常设部伍，祖父习异之，曰:‘汝大必为将’”。《孩儿诗》的“排衙朱阁上，喝道画堂前”，也是“设部伍”之类。它后来成为婴戏图——尤其是明清时代——几乎不可或缺的一项内容。相比于“截竹作马走不休，小车驾羊声陆续”[1]，此中实在少了很多孩儿的天真之趣，无怪贾习见孙儿作“设部伍”之戏会“异之”。明清时代，人们对它的热中多半在“意”不在“趣”。而所谓“意”，当然是成人心理，由此又发展出以课读为内容的坐堂审案的

图式[2]，而成为明清婴戏图中一种特有的表现形式。如湖北荆州地区博物馆藏明嘉靖百童游戏青花罐[3]，日本出光美术馆藏明嘉靖青花罐[4]，又伦敦大学戴维德中国艺术基金会藏明代青花盘[5]〔图14-14〕。

“旗小裁红绢”，便是《陶谦传》中说到的“缀帛为幡”，不过把幡变成了三角形的小彩旗，以后它也一直是孩儿喜欢的游戏。《西湖老人繁胜录》记各项玩物的买卖，中有杖头傀儡，锡小筵席，杂彩旗儿，竹马儿，小龙船。“杂彩旗儿”，亦即由缀帛之幡变化而来的裁绢之旗，其式即如宋人《冬日婴

[1] 陆游《喜小儿辈到行在》，《全宋诗》，册三九，页24260。

[2] 作为童嬉，当然它早就有了，北宋张耒曾借此戏写了一首讥讽时事的诗，即《有感三首》之二：“群儿鞭笞学官府，翁怜痴儿傍笑侮。翁出坐曹鞭复呵，贤于群儿能几何。儿曹相鞭以为戏，翁怒鞭人血流地。等为戏剧谁后先，我笑谓翁儿更贤。”《全宋诗》，册二〇，页13109。

[3] 《介绍一件明嘉靖百童游戏青花罐》，页95。

[4] 《展開写真による·中国の文様》，图68。

[5] D.Macintosh *Chinese Blue and White Porcelain*,p.48,Bamboo Publishing Ltd.,1986.

[14-14]:❶

[14-14]:❷

[14-14]:❸

图[14-14]明青花瓷器中的婴戏

❶ 湖北荆州地区博物馆藏明嘉靖青花罐〔摹本〕

❷ 日本出光美术馆藏明嘉靖青花罐展开图

❸ 伦敦戴维德中国艺术基金会藏明青花盘

[14-15]:❶

[14-15]:❷

戏图》所绘〔图 14-15:1〕。作为玩具的“小龙船”之类也出现在宋人的《子孙和合图》里〔图 14-15:2〕。以图中有子，有荷，而谐其音名作“子孙和合”乃出自后人，宋人的笔绘孩儿多重童趣，以吉语寓意命名，此际尚未形成风气。

风筝作为儿戏，唐代才开始兴盛，虽然在此之前它已不止一次用于军事。不过风筝在唐代多以纸鸢为称，所谓“风筝”，其实别有所指[1]。“折竹装泥燕，添丝放纸鸢。互夸轮水硙，相效放风旋”，最是《孩儿诗》中的隽句，磁县博物馆藏一件金代瓷枕正不妨为它写意[2]〔图 14-16:1〕。宋代放纸鸢多在清明前后[3]，李纲《清明日》“游女踏青寻苑草，戏童引线送风筝”[4]；李曾伯《因赋风筝与黄郎偶》：“竹君为骨楮君身，学得飞鸢羽样轻。出手能施千丈缕，举头可问九霄程。高穷寥旷宁无力，少假扶摇即有声。所惜峥嵘能几日，儿

(1) 今人言风筝，每举唐高骈的《风筝》诗，即“夜静弦声响碧空，宫商信任往来风。依稀似曲才堪听，又被移将〔一作风吹〕别调中”〔《全唐诗》，册一八，页 6923〕，却是一个很大的误会。高诗所咏乃房檐下的铁马，此诗本事，见《唐诗纪事》卷六三：“骈镇蜀日，以南诏侵暴，筑罗城四十里，朝廷虽加恩赏，亦疑其固护。或一日，闻奏乐声响，知有改移，乃题《风筝》寄意曰～。旬日报到，移镇渚宫。”唐诗以风筝喻铁马者尚有多篇，如李白《登瓦官阁》“两廊振法鼓，四角吟〔一作吹〕风筝”〔《全唐诗》，册六，页 1836〕；杜甫《冬日洛城北谒玄元皇帝庙》“风筝吹玉柱，露井冻〔一作动〕银床”〔同上，册七，页 2387〕；刘禹锡《酬湖州崔郎中见寄》“风筝吟秋空，不肖指爪声”〔同上，册一一，页 3990〕；又李商隐《燕台四首·秋》“西楼一夜风筝急”〔同上，册一六，页 6233〕，等等。与后来人们所称的风筝完全无干，是以时代之异而名称有别，明杨慎对之辨析甚明，见《升庵集》卷五七。

(2)《磁州窑瓷枕》，图版一三。

(3) 当然也不乏秋日里的纸鸢之戏，寇准《纸鸢》：“碧落秋方静，腾空力尚微。清风如可托，终共白云飞。”《全宋诗》，册二，页 1006。

(4)《全宋诗》，册二七，页 17561。

曹偻指已清明。”[1] 均记其事。元代北方的放风筝，喜欢在秋高气爽的八月。《朴通事谚解·上》：“八月里却放鹤儿。有几等鹤儿：鹅老翅鹤儿，鲇鱼鹤儿，八角鹤儿，月样鹤儿，人样鹤儿，四方鹤儿，有六七等鹤儿。八月秋风急，五六十托粗麻线也放不勾。”这是元代朝鲜人所作汉语会话读本，其中多记当时风俗。这里说的四方鹤儿，便是前举磁州窑枕图案中小儿手牵的那一种。明清风筝之戏仍以清明为盛。明刘嵩《风筝曲》句云“缉麻合线长百丈，要系风筝待晴放。有风须及清明前，作得鲇鱼爱新样”[2]。清潘荣陛《帝京岁时纪胜》曰清明时节，扫墓者“各携纸鸢线轴，祭扫毕，即于坟前施放较胜”。放风筝更是历代婴戏图中历久不衰的表现题材，只是明清时代的婴戏图不仅多半程式化而且成人化，再少见宋金时代作者笔下的童心童趣。清石涛《风鸢图》绘两小儿放纸鸢，游丝一线牵向天际，空白处题一小诗：“我爱二童心，纸鹞成游戏。取乐一时间，何曾作远计。”[3]〔图 14-16:2〕诗虽敬礼童心，却依然不是为小儿而作，笔底自然少了真实的童趣。

[14-16]:❶

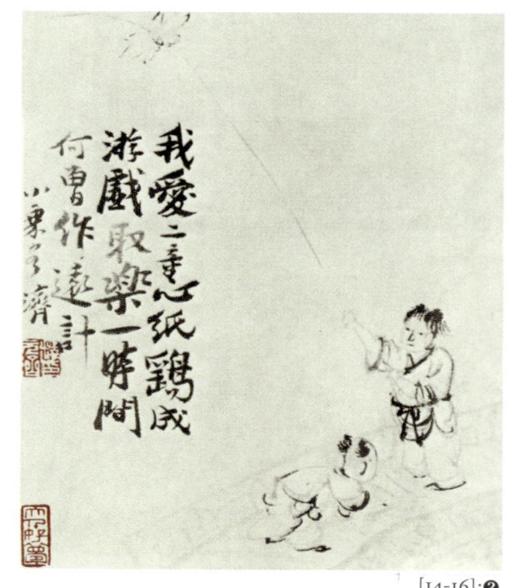

[14-16]:❷

图[14-15]

❶《冬日婴戏图》〔局部〕 台北故宫博物院藏

❷《子孙和合图》〔局部〕 台北故宫博物院藏

图[14-16]

❶ 磁州窑枕 磁县都党乡冶子村出土

❷《风鸢图》〔局部〕

(1)《全宋诗》，册六二，页 38746。

(2)《槎翁诗集》卷四。

(3)《石濤書画集》第三卷，人物花卉册七。

二　婴戏图与百子图

[14-17]:❶

[14-18]:❶

[14-17]:❷

[14-18]:❷

以婴戏为题材的绘画，大约唐代已趋成熟。明张应文《清秘藏》著录有唐周昉《戏婴图》[1]；张丑《清河书画舫》申集“秦观”条下云吴能远藏有五代周文矩《戏婴图卷》。唐五代时期的敦煌壁画中，有不少出自民间画匠之手的嬉戏小儿[2]〔图14-17:1〕。绘画之外，以婴戏为题材的艺术品也有不少，如常州市博物馆藏一件长沙窑青釉褐彩戏球童子[3]〔图14-17:2〕。《孩儿诗》可以说是把很多分散的材料聚拢来，而使它成为一个小小的风俗画卷。诗中的童嬉固写当时，但多半古已有之并且后世依然，即如前面举出的各项，此诗便又仿佛一部儿童游戏的小百科，而成为后来婴戏图、百子图的最佳蓝本。

今天所能看到的婴戏图，以宋代作品为出色。除前举若干之外，《孩儿诗》中说到的下棋〔“棋图添路画”〕，蹴鞠〔“争毬出晚田”〕，扑蝶〔“傍枝粘舞蝶”〕，捉蟋蟀

〔1〕又，宋王銍有《追和周昉琴阮美人图诗》，其序云：“龙眠李亮工家藏周昉画《美人琴阮图》，兼有宫禁富贵气象，旁有竹马小儿欲折槛前柳者。亮工官长沙，而黄鲁直谪宣州，过见之，叹爱弥日，大书一诗于黄素上曰：‘周昉富贵女，衣饰旧相兼。髻重鬟根急，薄妆无意添。琴阮相予误，听絃不观手。敷腴竹马郎，跨马要折柳。’此画后归禁中，胡马惊尘，流落何许，而诗亦世不传，独仆旧见之，位置犹可想象也”〔《全宋诗》，册三四，页21290〕。婴戏虽是此幅画作中的配景，但却以它的生动而很是夺人眼目。

〔2〕如敦煌莫高窟第二三窟北壁西侧时属盛唐的法华经变中聚沙为塔的小儿，《中国石窟·敦煌莫高窟》第三卷，图一六一。

〔3〕《常州文物精华》，图一九。

〔“听蛩伏砌边”〕，弄鹅鸭〔“驱鹅入暖泉”〕；又“莺雏金镟系，猧子彩丝牵”，等等，都是辽宋金婴戏图常见的情节，磁州窑枕图案中也多有刻画生动的形象[4]〔图14-18〕。

婴戏图中的经典，自然是台北故宫藏苏汉臣的《秋庭戏婴图》[5]〔图14-19〕。身著罗衫的一对姐弟全神贯注于推枣磨的游戏占据了画面中心，而另一端坐墩上摆着的小物件同样是画家一丝不苟的安排〔图14-20〕。一对漆罐，当是棋子盒。一座小小的玲珑宝塔，则为当时的小儿玩具。宋人话本《山亭儿》中提到它，道是：“合哥挑着两个土袋，搋着二三百钱，来焦吉庄里，问

[4]《中国の白磁·7·磁州窑》，图35。

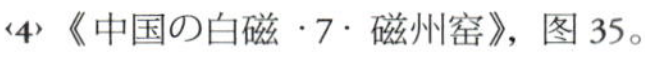

[5]《婴戏图》，图二。

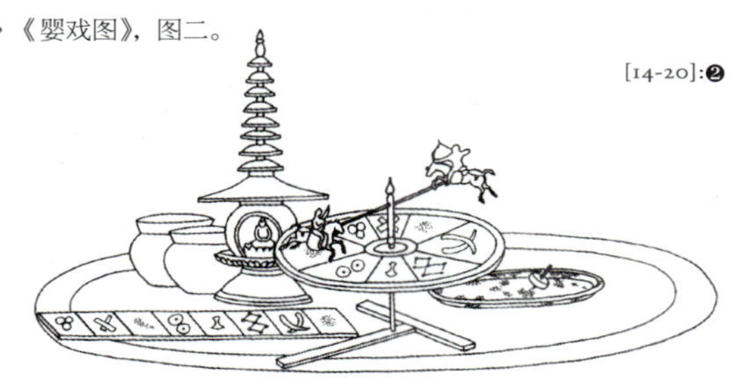

[14-20]:❷

[14-19]

[14-20]:❶

图[14-17]
❶莫高窟第二三窟盛唐壁画
❷长沙窑青釉褐彩戏球童子

图[14-18]磁州窑枕上的婴戏
❶天津市历史博物馆藏
❷日本白鹤美术馆藏

图[14-19]《秋庭戏婴图》
台北故宫博物院藏

图[14-20]
❶❷《秋庭戏婴图》中的玩具

[14-21]:❶

[14-21]:❷

焦吉上行些个山亭儿，拣几个物事，唤作：山亭儿，庵儿，宝塔儿，石桥儿，屏风儿，人物儿。”[1]山亭儿，便是这一类玩具的总称，而这里的一件，应唤作“宝塔儿”。故宫博物院藏一幅宋人《小庭婴戏图》，图中滚落在地上的，也是这样一件〔图 14-21:1〕。镇江古城宋元泥塑作坊遗址出土的“陶楼”，则是山亭儿的实物[2]〔图 14-21:2〕。

坐墩当心丁字形的木架上又立着一个大轮盘，盘中耸出一柱，柱中横贯一竿，竿的两端各有一个骑马小人，其中穿蓝袍的一个正在弯弓射箭。轮盘上面画出八个格子来，每个格子里各画一个小物件，旁边一个同样分作八个小格若尺子一样的长板，每个格子里各置与轮盘格中所画一一对应的小物件。宋周密《志雅堂杂钞》卷上：“余儿时游中都市井间”，“有王尹生者，善一技，每设一大轮盘，径五六尺，盘中尽小器，具花鸟人物，凡千余事。每以楮为小羽箭，或三或五，任人取以射物。既而运转大轮如飞，使客随意施箭掷之，皆能预定，初箭中某物，次箭中某物，无毫厘差忒。或俾其自射，且预命之曰：以初箭中某物，以

图[14-21]
❶《小庭婴戏图》中的宝塔儿
❷镇江宋元泥塑作坊遗址出土山亭儿

(1) 此即明兼善堂本《警世通言》第三十七卷《万秀娘仇报山亭儿》，程毅中《宋元小说家话本集》将之辑入，此从该书之断代。

(2)《宋元时期的镇江泥塑》，页 51。

次箭中某物，如虾须、蜞脚、燕翅、鱼鬣之类，虽极微渺，无不中，其精妙若神”[1]。王生欲神其技，轮盘因此做得精巧繁复，游戏方式也颇奇绝，但游戏之具的基本形制，与这一幅戏婴图中的轮盘却是相似，由此可以推知图中之器的游戏规则，即快拨轮盘使它旋转，待得停止，视横竿一端的小人落在某格，便可获取某格中的物事，亦即长板上面放着的小物件。周密《武林旧事》卷六有“小经纪”条，末云：“若夫儿戏之物，名件甚多，尤不可悉数，如相银杏，猜糖，吹叫儿，打娇惜，千千车，轮盘儿。”那么它的名称，应即唤作“轮盘儿”。而它与孩儿自制的旋转枣磨，也当有着一种暗中呼应——两组对应的玩具原理相同，其一精致细巧，其一质朴自然，所谓“童心”却总是天然偏向后者，作为画家讲述的故事，它该是《秋庭戏婴图》中一个最有意思的情节。南宋绘画尤其是其中的小品，常常很讲究情节以及情节中一点巧妙的小趣味，此在苏汉臣的笔底已见端倪。

轮盘儿的一侧，又是一个浅浅的玳瑁盘，盘中一个带捻的陀罗。清翟灏《通俗编》卷二二：“《景物略》：陀罗者，木制，实而无柄，绕以鞭之绳，卓于地，急掣其鞭，则转，顶光旋旋，影如不动也。按宋时儿戏物有千千，见《武林旧事》。《道古堂集》妆域诗序云：妆域者，形圆圜如璧，径四寸，以象牙为之，当背中央凸处置铁针，仅及寸。界以局，手旋之，使针卓立，轮转如飞，复以袖拂，则久久不能停。逾局者有罚。相传为前代宫人角胜之戏，如宋人所谓‘千千’也。此皆陀罗之类。”这里提到《武林旧事》中的所谓“千千”，即前引卷六“小经纪”条中列举的儿戏之物“千千车”。此称“千千”，乃将其下的一个“车”字属下读；而方以智《通雅》卷三五又称作“惜千千”，则是将其上之“打娇惜”的“惜”字属下读。自以“千千车”于义为长。所谓《景物略》，明刘侗之《帝京景物略》也，此节见其书卷二。《道古堂集》，清杭世骏著，此节见诗集卷一《橙花馆集》之《妆域联句》，原是诗前小序。联句所咏妆域为宫中之物，自然精致，若民间，则不必以象牙。至于玩法，却略无不同，即以手捻为戏，《妆域联句》所谓“一锥空倒卓”，“风车盘数数”是也。直到近世

[1] 此又见其《癸辛杂识·后集》“故都戏事”条，字句略有异。

[14-22]:❶

也还如此，俗称碾转或捻捻转，故宫藏明嘉靖货郎图剔彩盘上有小儿玩此戏的情景[1]〔图14-22:1〕。而所谓“陀罗”，其始可溯至新石器时代[2]。《齐民要术》卷五《种榆、白杨》：“梜者镟作独乐及盏。”梜者，指梜榆；独乐，即陀罗，此称后来又传到日本[3]。如《景物略》所云，陀罗不是手捻为戏，而是鞭之使转。台北故宫藏苏汉臣《婴戏图》中小儿鞭陀罗的场面，可以作为比较〔图14-22:2〕。

苏汉臣以及苏汉臣风格的婴戏图多半典丽工细，与它同时的磁州窑枕则是简笔传神的质朴之风，而注重写实二者却是一致。可以说，这一时期婴戏图的好，即在于有个性，多童趣，正如左、李的《娇女诗》、《骄儿诗》。

婴戏之集成，则为百子图，如今藏台北故宫博物院的传宋人《长春百子图》，又美国克里夫兰美术馆藏南宋《百子杂剧图》[4]。辛弃疾《鹧鸪天·祝良显家牡丹一本百朵》“恰如翠幕高堂上，来看红衫百子图”[5]，此虽以百子图来比喻一枝百朵的牡丹花，但我们

图[14-22]
❶ 明嘉靖货郎图剔彩盘
❷《婴戏图》〔局部〕

(1)《中国古代漆器》，图版六三。邓之诚《骨董琐记》卷四“妆域”条录清朱文藻《妆域歌序》，其所咏为明万历宫中物。邓按：“今小儿玩具俗名碾转者，次木为之，上覆如笠，下悬如针，即妆域遗制。”

(2)《我国最早的儿童玩具——陶陀罗》，页46~49。

(3) 其制乃“削木如莲房形，大可拳，以铁钉为心，缠卷丝绳，引舞之”。《和汉三才图会》卷一七“嬉戏部”。

(4)《海外藏中国历代名画·3·南宋》，图二七。

(5)《全宋词》，册三，页1924。

[14-22]:❷

却也不妨反过来看。元欧阳玄诗《题四时百子图》，句有“当时富贵傍观羡，至今宇宙流传遍”[1]，可知百子图多以它的富贵气象而特为时人所喜。明以后，此类绘画皇室尤其爱赏，清朱彝尊提到前朝瓷器时说："百子图者，龙文五彩者，皆昔日皇居帝室之所尚也。"[2] 婴戏图本来也还有着祈福求子的意义。宋陈造有《题龚养正孩儿枕屏二首》，题下自注："养正方苦少子。"[3] 百子图亦然。清彭孙遹有诗题作《当湖冯生四十无子，命吴兴沈绍绘百子图，属予题句其上》[4]，即其例。今所能见到

[1] 《圭斋文集》卷四。

[2] 《曝书亭集》卷三六《感旧集序》。

[3] 《全宋诗》，册四五，页 28213。

[4] 《松桂堂全集》卷一二。

[14-23]:❶

[14-23]:❷

[14-23]:❸

图[14-23]绣百子暗花罗方领女夹衣〔J55:3〕局部

❶ 千千车，猜枚，骑竹马，鞭陀螺，琉璃瓶和倒掖气，推枣磨，逗鸟

❷ 扑蝴蝶，放风筝，踢毽子，浴儿

❸ 执杂彩旗儿，放鞭炮

图[14-24]绣百子暗花罗方领女夹衣〔J55:1〕局部

❶ 课读

❷ 托宝塔儿

❸ 推枣磨

❹ 猜枚

的作品很不少，而百子图中的童嬉已经有了标准的范式，即多为节令娱戏和传统的儿童游戏[1]。正是在这一点上，它与《孩儿诗》异曲同工，我们因此可以接通二者之间虽然遥远却始终不曾间断的联系。

明定陵地下宫殿孝靖王太后棺内出土图案大体相同的两件百子衣，正是一个好例。百子衣用色丰富，针法复杂，绣工精细，为明代绣品之上乘自不待言，就绣样来说，它又可称为百子图的集大成。其中编号为J55:3的一件为四季暗花罗地，前胸绣二龙戏珠，龙首顶部绣两个“万”字。后背绣衔珠坐龙，一个“寿”字绣在龙首上方。百子之间，则点缀八宝、蝙蝠、山石，又松、竹、梅等各式花卉。衣虽有残损，但仍存小儿九十一。若依绣样中的情节来分，则可别作三十九个画面[2]〔图14-23〕。另一件编号J55:1，图案多与它相同〔图14-24〕。蹴鞠、藏钩、下棋，扑蝶、弄鸟，戏竹、牵车，排衙喝道，《孩儿诗》里的故事，百子衣中一一布置。宋人婴戏图中的执旗，观鱼，浴儿，摸虾，角觝，放爆竹，鞭陀罗，推枣磨，戏蟾蜍，捉迷藏，傀儡戏，千千车，宝塔儿，也无不展示在百子衣中。小儿摘果，其

[14-24]:❶

[14-24]:❷

[14-24]:❸

[14-24]:❹

[1] 明代艺术品中的百子图，作为一种范式，影响且及于日本。日本公文こども文化研究所藏一件江户时代的《唐子遊絵巻》，似可作为代表。它以庭院为背景，在长卷中细绘四季中的儿童嬉戏。骑竹，斗鸡，放纸鸢，鞭陀罗，扑蝶，戏鸟，踢毽，牵车，舞狮子，放爆竹，凡此种种，几乎尽以中土的百子图为式。当然此中尚有社会的与美术史的背景，对此日本学者已有详细的讨论，见《〈唐子〉論——歴史としての子どもの身体をめぐって》。

[2] 《定陵》，上册，图二二四A、图二二四B。

[14-25]:❶

[14-25]:❷

式源自宋人的《扑枣图》〔图 14-25:1〕。百子衣中占据醒目位置的“同胞一气”，当以元人之作为蓝本〔图 14-25:2〕。“包”与“胞”谐音，“汽”与“气”谐音，即以小儿围着笼屉吃包子，而寓同胞相亲之意[1]，这正是串连“百子”的一大要旨。执旗的小儿依然是缀帛为旗，小儿卧眠的图式，可以举出磁州窑枕中的先例[2]〔图 14-26:1〕，《孩儿诗》“柳旁慵独坐，花底困横眠”，更见得这一图式并非空无依傍。戏鸟图样中的鸟笼也与宋人婴戏图中的鸟笼同式，甚至戏鸟孩儿的姿式都不是没有来处〔图 14-26:2〕。又有元代已经流行的放空钟，《朴通事谚解 · 上》：“街上放空中的小厮们好生广，如今这七月立了秋，祭了社神，正是放空中的时节。”句下注曰：“《音义》云：用檀木旋圆，内用刀子剜空，以绳曳之，在地转动有声。《质问》云：顽童将胡芦用木钉串之，傍作一眼，以绳系扯，旋转有声，亦谓之空中。”可知百子衣所选

[1] 《定陵》报告把它解释为“分食图”，曰“地上放一船形果盘，内置果子”〔页 138〕，误也。

[2] 《磁州窑瓷枕》，图版七一。

图[14-25]百子衣图式来源〔一〕

❶ 宋人《扑枣图》与百子衣

❷ 元人《同胞一气图》与百子衣

图[14-26]百子衣图式来源〔二〕

❶ 磁州窑枕与百子衣

❷ 宋李嵩《市担婴戏图》〔局部〕、宋佚名《子母牛图》〔局部〕中的鸟笼与百子衣

[14-27]:❶

[14-27]:❷

图[14-27]
❶ 清缂丝百子图帐料〔局部〕
北京艺术博物馆藏
❷ 清红缎刺绣五彩百子图桌套料〔局部〕
故宫博物院藏

取的图式，多为在它之前即已发展成熟的表现形式，而明代婴戏图中的普遍样式，如课读、跳百索、踢毽子，又琉璃瓶和倒掖气，在百子衣中也有选粹式的安排。后者见《帝京景物略》卷二，“东之琉璃厂店，西之白塔寺，卖琉璃瓶，盛朱鱼，转侧其影，小大俄忽。别有衔而嘘吸者，大声咊咊，小声唪唪，曰倒掖气”。

路德延《孩儿诗》是唐及唐以前儿童游戏的集大成，在此意义上也可以说，它是我们理解这一时期以婴戏为题材的艺术作品和与之同时的社会风俗的一个最好参照。它并且以表现内容的丰富，而对后世婴戏图基本范式的形成产生影响。宋代咏及儿童的诗，虽有一二佳作，但再没有这样的巨制，不过宋代的婴戏图却格外发达。它有对前朝的继承，而更多自己的创造，并因此而成为婴戏图的一个艺术尖峰。虽然婴戏图本身原有着对生活充满热爱与祝福的温馨情调，并不以纯粹表现童趣为主旨，但宋代绘画注重写实的精神和画家对生活的细微观察，却能够使以婴戏为题材的绘画总是童趣盎然。明清婴戏图逐渐向吉祥题材转化，前朝图样至此多成为固定的程式，并且多以谐音为之添加吉祥的寓意。定陵所出百子衣是历代儿童游戏的集大成，也是历代婴戏图的集锦。它的好，即在于内容繁复构图却十分和谐，虽一一遵循程式却又无一刻板。它以天真活泼的童趣来表达吉祥的祝福，却并没有流于对吉祥词汇作笨拙而庸俗的图解，工艺的精湛，更使其图样设计所显示的艺术与生活的结合臻于完美。它属于富丽精致的宫廷艺术，但却依然充溢着蓬蓬勃勃的生活气息，尽管它并不是为儿童的艺术，也正如《孩儿诗》并不是为儿童的文学。清代织绣中仍有百子图，如北京艺术博物馆所藏红地缂丝百子图帐料〔清初〕〔图 14-27:1〕，木红地百子纹锦夹被〔乾隆时期〕，红纱地纳绣百子图门帘〔光绪时期〕[1]，又故宫博物院及台北故宫所藏清代百子题材诸绣品[2]〔图 14-27:2〕，但形象与构图皆远逊。就表现内容来说，也不及定陵百子衣的丰富，且殊少超越前代的创造，承其余绪而已。

[1]《北京文物精粹大系·织绣卷》，图一五五；图一八一；图二二三。

[2]《中国织绣服饰全集》，下册，图二二三，图二四二，图二六六。

琉璃砲灯中鱼

琉璃砲灯中鱼

头角未峥嵘，潜宫号水晶。
游时虽逼窄，乐处在圆明。
有火疑烧尾，无波可动情。
一朝开混沌，变化趁雷轰。[1]

诗作者南宋叶茵，字景文，笠泽人，是当时为数不少的江湖派诗人之一。曾出仕，但久不得调，于是退居筑室，取杜甫《营屋》诗“洗然顺所适”之意，名之曰顺适堂，有《顺适堂吟稿》五卷。他的一首《参选有感》，可见身世，也可见志向：“元是江湖萧散客，谁将幽梦落南柯。十年不调幸然好，一著才差悟处多。肯使北山驰鹤信，且随西舍唱渔歌。野人自喜无弹缴，却恐金章羡绿蓑。”[2]

《琉璃砲灯中鱼》不是两宋诗中的名篇，也不是《吟稿》中常被人提到的作品，而题材却很是新鲜。“有火疑烧尾”，句下自注云：“鱼化龙时，雷火烧尾。出《封氏闻见录》。”不过作者记忆有误。《封氏闻见记》卷五“烧尾”条：“士子初登荣进及迁除，朋僚慰贺，必盛置酒馔音乐以展欢宴，谓之‘烧尾’，说者谓虎变为人，惟尾不化，须为焚除，乃得成人，故以初蒙拜受，

[1] 《全宋诗》，册六一，页38222。

[2] 《全宋诗》，册六一，页38217。

图[15-1]琉璃砲灯中鱼 《婴戏图》〔局部〕台北故宫博物院藏

如虎得为人，本尾犹在，体气既合，方为焚之，故云烧尾。一云新羊入群，乃为诸羊所触，不相亲附，火烧其尾则定。”这里并未言及“鱼化龙时，雷火烧尾”。化龙烧尾，说见《太平广记》卷四六六“龙门”条，其引《三秦记》曰：“龙门之下，每岁季春有黄鲤鱼自海及诸川争来赴之。一岁中，登龙门者不过七十二。初登龙门，即有云雨随之，天火自后烧其尾，乃化为龙矣。”唐人作品已多用此典，许浑《晚登龙门驿楼》“风云有路皆烧尾，波浪无程尽曝腮”[1]，其例也。这里的“有火疑烧尾”，却只是形容鱼的颜色，但不知它是否为家池饲养的金鱼——叶茵《扫榻》诗原有“添水种金鱼”之句[2]。不过全诗所咏究属何物，仍不能明白。巧的是台北故宫藏苏汉臣《婴戏图》，图中正画着此物。所谓“游时虽逼窄，乐处在圆明”，对照此图，可以说分毫不爽〔图15-1:1〕。“水晶宫”的形容，也是恰切。范成大《上元纪吴中节物俳谐体三十二韵》句云：“方缣緰史册，圆魄缀门衡。掷烛腾空稳，推毬滚地轻。映光鱼隐见，转影骑纵横。”所述皆为上元灯。“映光鱼隐见”句下

[1] 《全唐诗》，册一六，页6099。

[2] 南宋金鱼故事，陈桢《金鱼的家化与变异》〔科学出版社一九五九年〕述之最详，可参看。

图[15-2]《明宪宗行乐图》〔局部〕

自注："琉璃壶瓶贮水养鱼，以灯映之。"[1] 可知它是吴中的上元节物。又南宋释居简《琉璃灯中鱼子》："玄珠透水明，玉鱲弄晶晶。跃碍冰痕薄，潜疑月色新。器宏斯可乐，水浅易持盈。归趁烧灯后，蘋洲拍拍春。"[2] 烧灯，亦上元也。居简潼川人，曾居杭，晚居天台。琉璃砲灯中鱼后世也见于北方，不过已与灯不大有关联，因也不必系于上元。元熊进祥《析津志》"岁纪"条云，二月二日谓之龙抬头，"自此后，市人以竹拴琉璃小泡，养数小鱼在内，沿街擎卖"。明《朱氏舜水谈绮》卷下"宝货"类曰其名为"倒鳖气"。刘侗《帝京景物略》卷二"城东门内外"，"春场"条下云："东之琉璃厂店，西之白塔寺，卖琉璃瓶，盛朱鱼，转侧其影，小大俄忽。"又卷三"城南内外"，"金鱼池"条："岁谷雨后，鱼则市，大者，归他池若沼；小者，归盆若盎。若琉璃瓶，可得旦夕游活耳。"这却已是明末情景，而与叶景文眼中笔下之物，略无二致。中国国家博物馆藏《明宪宗行乐图》图中绘有殿堂里两边长案上相对陈放的鱼游琉璃瓶〔图15-2〕；定陵出土孝靖后百子衣，衣上绣着一手拿彩旗一手举着小瓶的孩儿，画作与绣品中的小瓶式样皆如苏汉臣笔下的《婴戏图》〔图15-3〕，那么这也正是明代帝京仍然风行的琉璃瓶了。

图[15-3]定陵出土百子衣〔摹本〕

[1] 《全宋诗》，册四一，页25969。

[2] 《全宋诗》，册五三，页33126。

摩睺罗与化生

摩睺罗〔或写作磨喝乐、魔合罗〕，宋人亦称“泥孩儿”，为七夕节物之一。上世纪三十年代末，傅芸子先生写有《宋元时代的“磨喝乐”之一考察》，详细考证磨喝乐得名之由来，即它源出于佛典中的“摩睺罗迦”〔Mahoraga〕，自印度传来，经过一番中土化，而由蛇首人身的形象演化为美妙可爱的儿童。傅文又一一引述孟元老《东京梦华录》、吴自牧《梦粱录》、周密《武林旧事》等宋人记载，考论颇为精到。文见《白川集》[1]。这里便只说傅文所未及者。

摩睺罗之名，唐代已经出现。《酉阳杂俎》续集卷五《寺塔记上》云，道政坊宝应寺“有王家旧铁石及齐公所丧一岁子，漆之如罗睺罗，每盆供日出之”。盆供日，指七月十五中元节。宗懔《荆楚岁时记》：“七月十五日，僧尼道俗悉营盆供诸佛。”据杜公瞻注，此俗缘出《佛说盂兰盆经》的目连救母故事，盆供，即“具百味五果以著盆中，供养十方大德”，而“后人因此广为华饰，乃至刻木割竹，饴蜡剪彩，模花叶之形，极工妙之巧”。敦煌文献中也有相关的记载，如伯·三一一一

[1] 《白川集》一九四三年东京求文堂初版，后与氏著《正仓院考古记》合为一编，收入辽宁教育出版社《新世纪万有文库》，于二〇〇〇年出版。

“庚申年七月十五日于阗公主施舍纸布花树及台子簿”，其中即列有“磨睺罗壹拾”[1]。不过风俗之盛则在宋。宋金盈之《新编醉翁谈录》卷四“京城风俗记”之“七月”条云：七夕，“京师是日多博泥孩儿，端正细腻，京语谓之摩睺罗，小大甚不一. 价亦不廉，或加饰以男女衣服，有及于华侈者。南人目为巧儿。”宋王安中《七夕日送泥儿与彭少逸代简》:“此儿眉宇大儇好，中但泥沙相合和。造化作人日无数，凭君熟看几争多。”[2]诗虽不佳，但记述七夕风俗，也还实在。又宋许棐《泥孩儿》:“牧渎一块泥，装塑恣华侈。所恨肌体微，金珠载不起。双罩红纱厨，娇立瓶花底。少妇初尝酸，一玩一心喜。潜乞大士灵，生子愿如尔。岂知贫家儿，呱呱瘦于鬼。弃卧桥巷间，谁或顾生死。人贱不如泥，三叹而已矣。”[3]泥孩儿的种种形容，正所谓装饰之“及于华侈者”，不过此诗却是一片悲悯情怀，其实借题以叹世道之不公。当然讲究的更有玉制的摩侯罗儿。宋人话本《碾玉观音》说咸安郡王欲以一件奇巧物事上献官家，因寻出一块透明的羊脂美玉来，叫了门下碾玉待诏，问这块玉堪作甚么，一个道：“这块玉上尖下圆，好做一个摩侯罗儿。”郡王道：“摩侯罗儿只是七月七日乞巧使得，寻常间又无用处。”即是一例。

制作泥孩儿，很有些能工巧匠。陆游《老学庵笔记》卷五：“承平时，鄜州田氏作泥孩儿，名天下，态度无穷，虽京师工效之，莫能及，一对至直十缣，一床至三十千，一床者，或五或七也。小者二三寸，大者尺余，无绝大者。予家旧藏一对卧者，有小字云‘鄜畤田玘制’。绍兴初，避地东阳山中，归则亡之矣。”又《渭南文集》卷二九《跋嵩山景迂集》:“景迂《鄜畤排闷》诗云：‘莫言无妙丽，土稚动金门。’盖鄜人善作土偶儿，精巧，虽都下莫能及，宫禁及贵戚家争以高价取之。丧乱隔绝，南人不复知，此句遂亦难解，可叹。”鄜州，即今陕西富县。陕西铜川黄堡镇宋代耀州窑址曾发现不少瓷塑童子的残件，报告认为此应即“磨喝乐”[4]。陆游的两则纪事，皆不胜家国沧桑之感，这原是放翁的一生情怀。不过南人虽不晓“土稚”之称，但制作泥孩儿的手艺，

(1)《敦煌宝藏》，册一二六，页328。此外尚有多例，如伯·二九一七“某寺器物簿”所列有“汉摩睺罗贰”〔同上，册一二五，页220〕，等等。

(2)《全宋诗》，册二四，页16008。

(3)《全宋诗》，册五九，页36865。

(4)《宋代耀州窑址》，页658。

较之北地工匠却并不少逊。宋祝穆《方舆胜览》卷二“平江府”之“风俗”一项有“七夕摩睺罗”条，其下引《吴郡志》云：“土人工于泥塑，所造摩睺罗尤为精巧。”明王鏊《姑苏志》卷五六“人物”项下，记宋人袁遇昌“居吴县木渎，善塑化生摩睺罗，每搏埴一对，价三数十缗”。清顾禄《桐桥倚棹录》卷一一“工作”类“虎邱耍货”条：“头等泥货在山门以内，其法始于宋时袁遇昌，专做泥美人、泥婴孩及人物故事，以十六出为一堂，高只三五寸，彩画鲜妍，备居人供神攒盆之用。”镇江宋元泥塑作坊遗址近年出土不少泥孩儿，大小略如拳，或坐或立或伏卧，姿态各异，很是娇憨可爱[1]〔图16-1〕。这些泥孩儿，便是宋人盛称的“摩睺罗”，它与文献中的记载，适可互证。放翁云田氏所做泥孩儿每以小字书名款；元孟汉卿《张孔目智勘魔合罗》杂剧中也特别说到：“我与他一个魔合罗儿，你牢牢收着，不要坏了，底下有我的名字，道是高山塑。”后来这“高山塑”即成剧中的破案线索。镇江出土的一组泥孩儿，身后各有“吴郡包成祖”、“平江包成祖”、“平江孙荣”等楷书阴文戳记，与宋元人的记述正好一致。

清张尔岐《蒿庵闲话》:“唐人诗云: 七月七日长生殿，水拍银盘弄化生。或曰‘化生’，摩侯罗之异名，宫中设此，以为生子之祥。”所谓“唐人诗”，即薛能的《吴姬十首》之一，《全唐诗》作“芙蓉殿上中元日，水拍银台弄化生”[2]，而明徐应秋《玉芝堂谈荟》引薛诗，末句为“水拍银盆弄化生”，似以“银盆”为是。唐人《辇下岁时记》云：“七夕俗以蜡作婴儿形，浮水中以为戏，为妇人宜子之祥，谓之‘化生’。”摩睺罗原是释典中摩睺罗迦之略语，正如傅芸子先生的考证，自然不是“化生”的异名。不过“化生”其源也出自佛典。《无量寿经》卷下：“若有众生，明信佛智乃至胜智，作诸功德，信心回向，此诸众生，于七宝华中，自然化生，跏趺而坐，须臾之顷，身相光明智慧功德如诸菩萨，具足成就。”《法华经 · 提婆答达多品》中也说到“若在佛前，莲华化生”。而《报恩经 · 论议品》中鹿母夫人的故事，则把莲花和童子联系在一起。故事说，波罗奈王见到行路步步生莲花的鹿母夫人，心生怜爱，遂娶至宫中。以后鹿母夫人怀孕，分娩之日，却产下一朵莲花。夫人因此遭谴，莲花也被弃置在后园池中。一日王在园中池畔宴乐，震动莲花池，

[1] 《文物天地》二〇〇二年第六期首页彩色照片；又《宋元时期的镇江泥塑》，页51。

[2] 《全唐诗》，册一七，页6520。

[16-1]:❶

[16-1]:❷

[16-1]:❸

图[16-1]

❶❷❸镇江宋元泥塑作坊出土泥孩儿〔摩睺罗〕

[16-2]:❶

[16-2]:❷

“其华池边有大珊瑚，于珊瑚下有一莲华迸堕水中。其华红赤有妙光明”，“其华具足有五百叶，于一叶下有一童男，面首端正形状妙好”，王于是知道这是鹿母夫人所生，此后的一切，自然是万般皆喜，成就一个大团圆的局面[1]。情节相似的故事，也见于《杂宝藏经》中的《莲华夫人缘》、《鹿女夫人缘》[2]，却未如此篇曲折、完整和美丽。

“化生”的形象，在中土出现得很早，但形象的安排却并不十分拘泥于经义，而常常是作为一种意象，灵活布置在各种形式的艺术品中，如雕刻，如绘画。新疆和田曾发现约当五世纪的陶制莲花化生像[3]；河南洛阳汉魏故城遗址则出土了时属北魏的莲花化生纹瓦当[4]〔图16-2〕；开凿在北魏孝明帝正光二年之前的龙门石窟莲花洞，南壁外侧龛外雕饰中，有莲花童子的形象[5]。制作于东魏天平三年的一件七尊佛龛像，侧面雕刻则为莲花捧出的一对女童[6]。莫高窟第二二〇窟南壁初唐的阿弥陀经变中，七宝池里，三片透明的荷花瓣合抱为花苞，上著红衫、下著条纹裤的一个化生童子合掌立在花心[7]〔图16-3〕。元稹形容小女有“红

图[16-2]
❶莲花化生泥塑　新疆和田出土
❷莲花化生瓦当　洛阳汉魏故城遗址出土

图[16-3]莲花童子
莫高窟第二二〇窟南壁壁画

(1)《大正藏》，第三卷，页138~140。
(2)《大正藏》，第四卷，页451~453。
(3)《中央アジアの美術》，图47。
(4)《国之瑰宝》，页170。
(5)《中国石窟·龙门石窟》第一卷，图五五。
(6)《中国仏教彫刻史論·図版編一》，页258。
(7)《敦煌石窟全集·民俗画卷》，图一三三。

[16-3]

[16-4]:❶

[16-4]:❷

[16-4]:❸

藻捧化生”之句[1]，可知这是当时很常见的艺术形象。在佛经里，莲花化生，成佛也；莲花童子，成人也。传入中土之后，形象的表现则各有变化。关于前者，日人吉村怜曾有过很仔细的讨论[2]。不过广泛渗入世俗生活中的，似乎是后者。唐代“化生”已别有它的“世间相”，如长沙窑釉下彩童持莲花纹壶中的形象[3]；两宋，“化生”则定型为持花或攀枝的童子，而成为一种运用极普遍的艺术装饰。北宋李诫《营造法式》卷一二“彫作制度”项下云，彫混作之制，有八品，一曰神仙，二曰飞仙，三曰化生；注云，“以

图[16-4]山西侯马金墓砖雕

❶ 拱眼壁砖雕

❷ ❸ 藻井梯形背板

[1]《全唐诗》，册一二，页4514。

[2]《天人诞生图研究——东亚佛教美术史论文集》。

[3]《长沙窑》，图版五七。

上并手执乐器或芝草、华果、缾盘、器物之属”。其后附图，所绘“化生”即莲花上的舞蹈童子。山西金墓里仿真建筑的雕作装饰中，多见或者持花或者攀枝的小儿[1]〔图16-4〕，也便是《法式》中说到的手持花果的化生。它又是宋代玉器、瓷器中常见的题材，持荷童子与攀枝童子的玉雕，传世与出土均不鲜见。如故宫博物院藏宋童子攀枝白玉坠[2]，如四川广汉南宋窖藏中的童子持荷青玉坠[3]〔图16-5〕。同样题材的瓷枕也颇有精品。开封博物馆藏宋磁州窑珍珠地刻花腰圆枕，枕面周环一道回纹，当心一个戴项圈穿兜肚的童子，手里举着长长的一束荷叶[4]〔图16-6〕。今藏美国旧金山亚洲美术馆的一件宋定窑白瓷枕，一小儿乖乖巧巧仰卧在底座上，好像是随风翻卷的一枝大荷叶从臂间擎出，恰好作成有弯弧的枕面[5]〔图16-7〕。同类作品，此最为巧制。童子与荷叶的组合，虽仍由化生而来，但它的本义大约已经很少有人记得，却多半只是作为活泼泼的意趣和一种温暖、明亮的色调而用来装点日常生活。

[16-5]

[16-6]

[16-7]

(1)《平阳金墓砖雕》，图一九八、二二〇。

(2)《中国玉器全集·5·隋唐至明》，图一二六。

(3)《四川广汉南宋窖藏玉器》，页22~23，图四、图五。

(4)《馆藏宋代磁州窑瓷器珍品》，页71。

(5)《中国の陶磁·白磁》图45。

图[16-5]童子持荷青玉坠
四川广汉南宋窖藏

图[16-6]磁州窑枕
开封博物馆藏

图[16-7]定窑白瓷枕
美国旧金山亚洲美术馆藏

图书在版编目（CIP）数据

古诗文名物新证／扬之水著.——北京：紫禁城出版社，(2013.11重印)
（紫禁书系）
ISBN 978-7-80047-460-6

Ⅰ.古…　Ⅱ.扬…　Ⅲ.文物－考证－中国　Ⅳ.K870.4

中国版本图书馆CIP数据核字（2004）第107823号

古诗文名物新证

著　　者：扬之水

责任编辑：张　露　付韦鸣

出　　版：故宫出版社

地址：北京市东城区景山前街4号　邮编：100009

电话：010-85007808　010-85007816　传真：010-65129479

网址：www.culturefc.cn　邮箱：ggcb@culturefc.cn

装帧设计：北京紫禁城天地文化发展有限公司

制　　版：北京图文天地彩印制版有限公司

印　　刷：北京方嘉彩色印刷有限责任公司

开　　本：787×1092　1/16

字　　数：300千字

印　　张：37

图　　版：908

印　　次：2013年11月第1版第3次印刷

印　　数：8,001–11,000册

书　　号：ISBN 978-7-80047-460-6

定　　价：198.00元(全二卷）

古诗文名物新证

扬之水 著

故宫出版社

卷二目录

帷幄故事

一

帷幄的制度很古老。后世虽然常常以帷幄连称，如“运筹于帷幄之中，决胜于千里之外”，等等，并且帷与幄在很多情况下也不妨通用，但初始的时候二者却颇有区别。《周礼·天官·幕人》云“幕人掌帷幕幄帟绶之事”，所举帷，幕，幄，帟，名称不同，形制

[17-1]:❶

不一，用途也有别。郑玄注云：“在旁曰帷，在上曰幕。”即幕是上覆，帷是下围，而围又未必是围绕，它的“在旁”也可以只作间隔之用。应该说，帷是上古时代宫室和居住建筑中的重要设施，即在开敞之堂的梁间或前楹悬以帷，依它的或卷或舒而自由改变室内空间，也包括调节室内温度，帷因此有组绶，一面用作系挽，一面可垂下来作为装饰。如成都羊子山一号汉墓出土的画像石，结着组绶的帷悬于宏敞的堂中，中有舒展之幅用作间隔，于是宴饮与设食在帷之两边各行其是[1]

图[17-1]

❶ 帷　成都羊子山一号汉墓出土画像石

❷ 帟　河北安平壁画墓〔摹本〕

❸ 幄　三国吴朱然墓出土彩绘漆案〔局部〕

[1] 《中国画像石全集·7》，图六三。张家山汉简《奏谳书》案例中说到“夫人食室，涂塈甚谨，张帷幕甚具”〔《张家山汉墓竹简》，页225〕，即此。

〔图 17-1〕。《后汉书》卷八二上《方术列传》记谢夷吾事，注引谢承《后汉书》曰，夷吾“行部始到南阳县，遇孝章皇帝巡狩，驾幸鲁阳，有诏：荆州刺史入传录见囚徒，诫长吏‘勿废旧仪，朕将览焉’。上临西厢南面，夷吾处东厢，分帷隔中央，夷吾所决正一县三百余事，事与上合”。帷的分隔作用，这里也说得很清楚。魏晋南北朝时代此制仍在沿用。《东宫旧事》云“太子纳妃有青布碧里梁下帏一”，此处之帏，即帷之借字。齐王融《咏幔诗》:“幸得与珠缀，幂䍥君之楹。月映不辞卷，风来辄自轻。每聚金炉气，时驻玉琴声。但愿置樽酒，兰釭当夜明。”[1] 此幔亦与帷同[2]。由诗中所咏，可知它是悬在前楹。梁武帝《梁尘诗》“依帷濛重翠，带日聚轻红”[3]，与梁尘相依之帷，自然是

悬于梁间，与《东宫旧事》所谓“梁下帏”当是同一物。不过作为“在旁”之帷，本来还可以与“在上”之幕结合成为帷幕，即后来更常说到的帷帐，此沿用的时间最久，后世诗文中提到的帷，其实多是这一类[4]。

坐帐，或结构坐帐的部件，属两汉魏晋南北朝者，都或有图像或有实物可见。对此不少学者作过仔细的研究[5]。这里需要讨论的是人们不大说起的帟。刘熙《释名·释床帐》:“小幕曰帟，张在人上，帟帟然也。”以“在上曰幕”的定义来理解这里所说的“小幕”，意思便很明白了。只是帟的形象很少见，目前可以指认的一例，见于河北安平的一座东汉壁画墓。画在墓中右侧室南壁，涂了红彩的榻上坐着墓主人，榻前设几，榻的一边置屏，主人上方，一具四阿顶的“小幕”，便是帟，帟之下有支架，帟之上有钩[6]〔图 17-1:2〕。两

(1)《先秦汉魏晋南北朝诗》，中册，页 1402。

(2) 慧琳《一切经音义》卷四“绮幔”条引《考声》曰：“幔，帷类也。”

(3)《先秦汉魏晋南北朝诗》，下册，页 1971。

(4) 作为分隔之用的帷，魏晋南北朝以后多被步障取代。如《晋书》卷九六《列女传》记王凝之妻谢道韫事，曰“凝之弟献之尝与宾客谈议，词理将屈，道韫遣婢白献之曰:‘欲为小郎解围。’乃施青绫步鄣自蔽，申献之前议，客不能屈”。

(5) 马衡《凡将斋金石丛稿》；易水《帐和帐构》；卢兆荫《略论两汉魏晋的帷帐》；孙机《汉代物质文化资料图说》。

(6)《安平东汉壁画墓》，图四〇。

[17-1]:❸

[17-1]:❷

图[17-2]
帐 洛阳东北郊朱村汉魏墓壁画

个钩子附丽何处，因壁画有剥落，已经看不出究竟。不过北周庾信所作《郊庙歌辞》的“宫调曲”中有“云楣承武帐”之句，楣即梁，那么帐与梁之间，也或者有一种用作固定的装置，安平墓壁画中帐顶上面的钩，应即此类。

至于幄，《周礼·幕人》郑注：“四合象宫室曰幄，王所居之帐也。”贾疏：“幄，帷幕之内设之。”这是幄与帷幕或曰坐帐的一个最主要的区别。安徽马鞍山市三国吴朱然墓出土一件彩绘漆案，上面绘出极有声势的宫廷宴乐场面。宏阔的殿堂里，一个方形平面、四合攒尖顶的小幄，幄中三人，男子居中，与两边的女子相拥而坐。小幄外面的筵席上一排坐着八人，由漆画中的榜题可知，从左向右依次为皇后，太子本，平乐侯与夫人，都亭

[17-2]

侯与夫人，长沙王与夫人[1]〔图 17-1:3〕。漆画所绘又有虎贲，黄门，羽林。那么幄里边的居中者，自然是帝。所谓"四合象宫室曰幄"；"幄，帷幕之内设之"，它可以算是一个最为形象的诠释。《南齐书》卷四《郁林王传》云"昭业少美容止"，"世祖常独呼昭业至幄座，别加抚问"，世祖，即齐武帝萧颐。皇帝听政设幄于殿中，此制至唐依然。《唐六典》卷一一："若朔望受朝，则施幄帐于正殿，帐裙顶带方阔一丈四尺。"即其例。

幄通常出现在比较重要的场合。至于帷帐，其应用则要普遍得多。洛阳东北郊朱村一座时属东汉晚期的壁画墓，其中一幅绘一对夫妇并坐于榻，榻的一边设屏，其上张设一具绛色的平顶帐[2]〔图 17-2〕。此即帐的一般形式。不过文献中讲到帐，常常有许多特别的形容。《汉书》卷九六下《西域传》赞中说到，开通西域之后，汉廷广开上林，"兴造甲乙之帐，落以随珠和璧，天子负黼依，袭翠被，凭玉几，而处其中"，这里的"落"，与"络"相同。朝鲜古属汉乐浪郡的墓葬中曾出土一件细竹篾编制的彩绘漆箧，箧的盖与身周边及四隅，均绘有历史人物和孝子故事。纣帝和伯夷、孝惠帝和商山四皓等画面中，垂幔间都低垂着珠和璧[3]〔图 17-3〕。它与生活中的实有之物相去不会太远，虽然所垂未必真的是随珠与和璧。

(1)《中国漆器全集·4·三国至元》，图一一。

(2)《洛阳汉墓壁画》，朱村东汉—曹魏墓壁画，图二。

(3)《朝鲜古文化综鉴》第二卷，图版 29。

[17-3]

帷帐的四角或前方的两端又常常装饰金龙头，龙口中多半衔着长长的流苏。目前所知最早的一例，见于山东临沂白庄汉墓所出画像石。宴饮之堂中，设一具方形平顶的坐帐，帐的两个对角各装一个怒目奋鬣的龙头，大张的龙口中衔着下垂的流苏[1]〔图 17-4:1〕。以它为比照，可以知道保利艺术博物馆收藏的一件"鎏金龙首形盖弓帽"，原应是帷帐上面的同类装饰[2]〔图

(1) 《中国画像石全集·3》，图三五。

(2) 《保利藏金》，页 332。

图[17-3]
汉乐浪郡墓葬出土彩绘漆箧

17-4:2〕。此制也见于文献，《晋书》卷九九《桓玄传》云玄入建康宫，“小会于西堂，设妓乐，殿上施绛绫帐，缕黄金为颜，四角作金龙头，衔五色羽葆流苏”。此所谓“颜”，应指帐的帘额[1]。缕黄金为颜，当然是特例，帘通常与帷帐同质，亦缯帛之属。帐角设龙头、衔流苏，也为北朝所用，山西大同智家堡北魏墓石椁壁画中的夫妇并坐图[2]，山西寿阳县贾家庄北齐厍狄迴洛墓出土的四件鎏金铜龙首[3]，均为其例。

帐心或帐的顶端，有时又装饰盛开的莲花。东晋永和十三年下葬的冬寿墓，墓室壁画所绘莲花坐帐[4]〔图17-5〕，又南京通济门外南朝墓所出装饰莲花的铜帐䥖[5]，都是帐顶饰莲花的例子。庾信《奉和赵王春日》诗，又有“莲子帐心垂”之句。帷幄本来是“四合以象宫室”，它的形制自然多仿自建筑。莲花作为殿阁藻井中的装饰，汉代已经出现。王延寿《鲁灵光殿赋》“圆渊方井，反植荷蕖”[6]；

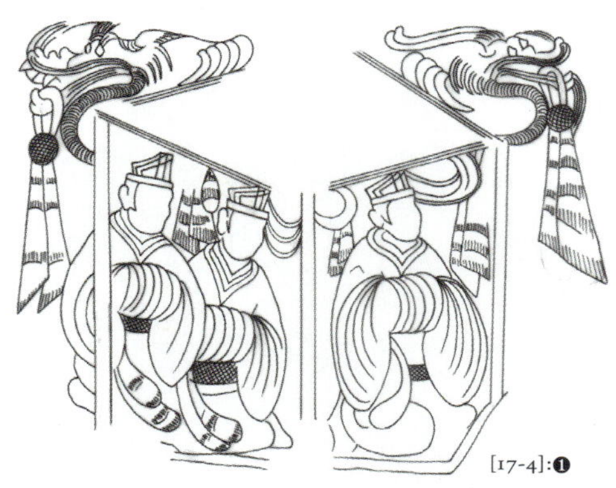
[17-4]:❶

[17-4]:❷

[17-5]

图[17-4]
❶ 山东临沂白庄汉墓出土画像石〔摹本〕
❷ 保利艺术博物馆藏鎏金铜龙首

图[17-5]
东晋永和十三年冬寿墓壁画

[1] 周一良《关于帐构》，认为“缕黄金为颜”之“颜”不大可解，应从《魏书·桓玄传》作“额”〔页84〕；按作“颜”不误。
[2] 《大同智家堡北魏墓石椁壁画》，页43，图六。
[3] 《北齐厍狄迴洛墓》，页388，图八。
[4] 《世界美術大全集·東洋編·10》，页17、18。
[5] 《南京通济门外发现南朝墓》，页234，图三。
[6] 《文选》卷一一。

[17-6]:❶

[17-6]:❷

图[17-6]
丁兰事木母 宁懋石室线刻画

张衡《西京赋》"蔕倒茄于藻井，披红葩之狎猎"，皆咏其事。茄即藕茎亦即莲茎，茎既倒殖于藻井，莲花自然向下反披；狎猎，花叶参差也[1]。"莲子帐心垂"，应是此类装饰的移植。《邺中记》云后赵石虎冬月施熟锦流苏帐，"四角安纯金龙头，衔五色流苏"，"帐顶上安金莲花"[2]，种种装点，却并非石虎的创造，不过是华丽之形式的集中而已。

帐顶前端也是装饰的重点。《南齐书》卷五七《魏虏传》描写北魏之朝"正殿施流苏帐，金博山，龙凤朱漆画屏风"。三十年代洛阳翟泉村北邙山坡出土的北魏宁懋石室，其上线刻画中的"丁兰事木母"一幅，刻画了一具盝顶形的坐帐，帐中设屏，帐脊及帐的四面各有一排装饰，此应即博山之属[3]〔图17-6〕，与文献中的描写正好相合。宁懋石室的年代为北魏景明二年，它也是此类样式的帷帐一个比较早的例子。作为器物装饰的"博山"，乃一种略似山形的饰件，多为金属制品，筍簴、车舆、伞盖等，尊贵豪华者，

[1] 《文选》卷二，薛综注；张铣注。
[2] 《太平御览》卷六九九《服用部一》"帐"条引。
[3] 《中国画像石全集·8》，图一〇。

常以博山为饰。而帐顶装饰的博山，与流行于南北朝之际的佛塔上面的所谓“山花蕉叶”颇有相似之处，不过与后者不同的是，它早有着本土的创作意匠。

作为帐顶前端装饰的博山，取式于同时代的建筑，其源则可远溯到战国。河北省平山县战国中山王墓飨堂遗址出土的建筑材料中，有大、中、小三种规格的山形脊饰，脊饰底心有很长的钉孔，可以固定在瓦脊的立钉上，大者高四十二厘米，小者高三十二厘米。同时出土的又有插在筒瓦上面的瓦钉，作成花叶形的瓦钉帽体量甚巨——通高四十一点五厘米[1]〔图17-7:1、2、3〕，可以想见建筑本身的宏大。意趣与之相似者又有洛阳东周王城战国陶窑遗址出土的各式瓦钉，瓦钉帽或作成花，或作成鸟，或形同屋顶，只是尺寸比中山王墓小得多[2]〔图17-7:4、5〕。屋顶上面的这一类装饰，在东汉已经变得很流行。六十年代末山东邹城市师范学校附近出土一件东汉早期画像石，楼阁正脊

[17-7]:❶

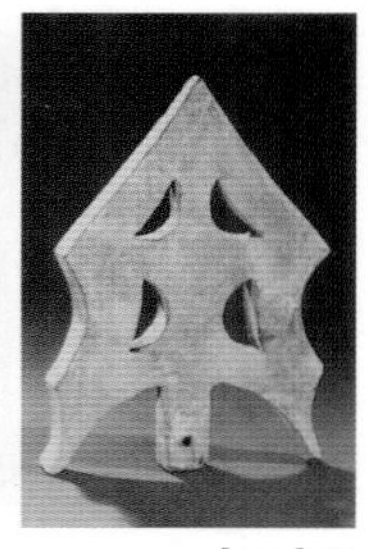

[17-7]:❷

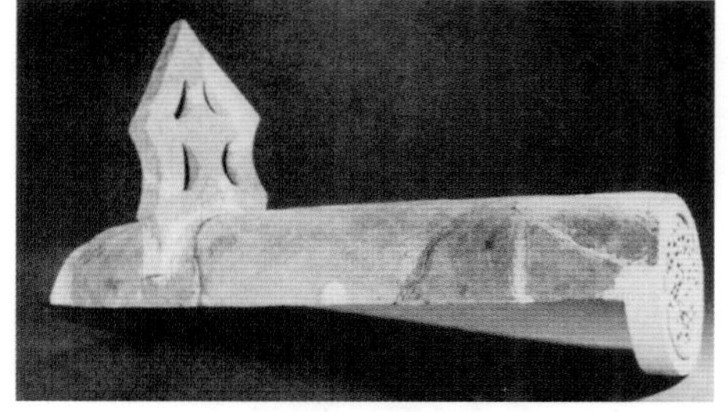

[17-7]:❸

[17-7]:❹ [17-7]:❺

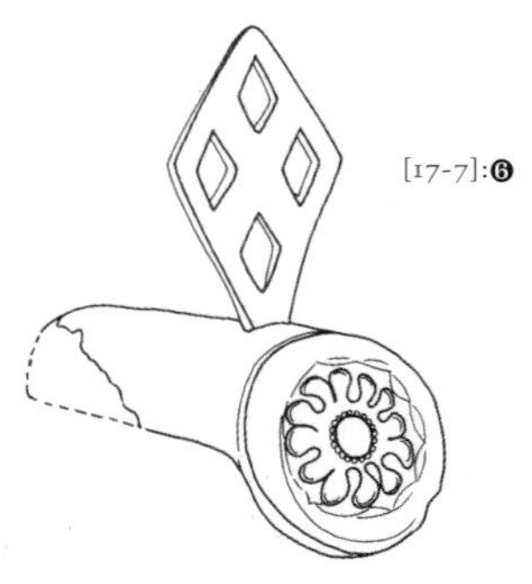

[17-7]:❻

图[17-7] 屋顶建筑构件

❶ 脊饰 战国中山王墓飨堂遗址出土

❷❸ 筒瓦与瓦钉 战国中山王墓飨堂遗址出土

❹❺ 瓦钉 东周王城遗址出土

❻ 筒瓦与瓦钉 汉魏洛阳城一号房址出土

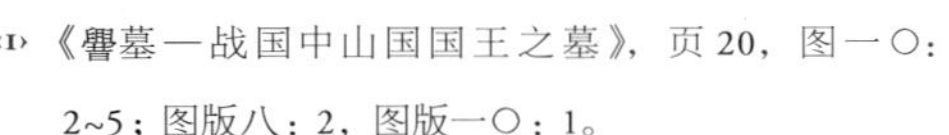

[1] 《嚳墓—战国中山国国王之墓》，页20，图一〇：2~5；图版八：2，图版一〇：1。

[2] 《洛阳东周王城战国陶窑遗址发掘报告》，页559~561，图一三、图一五；图版一二：4。

[17-8]:❶

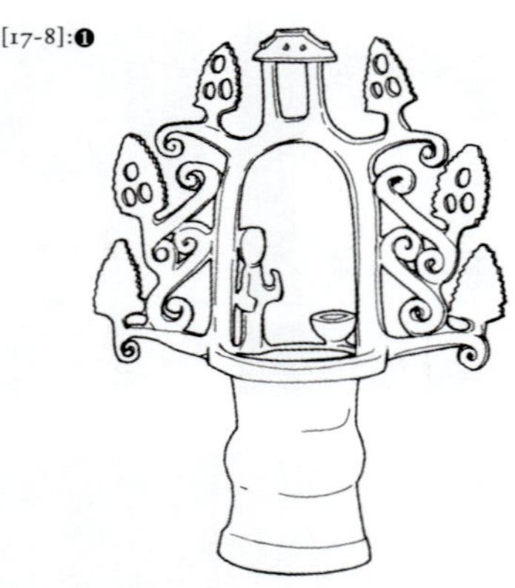

[17-8]:❷

[17-8]:❸

上面的一排装饰，为山形饰件与鸟的组合,而把山形饰件安排在中心位置[1]〔图17-9:1〕。类似的设计尚不止一例，并且作为一种流行式样，它也常常移用于其他，如山东章邱县普集镇汉墓出土一件陶井，拱券形井架，架顶两根支柱，上承一座五脊屋顶，井架两边对称装饰六枚花叶[2]〔图17-8:1〕。又山东宁津县大柳镇庞家寺墓葬所出东汉绿釉陶井，井架上设辘轳，辘轳顶上一双引颈对视的小鸟，井架两侧两对花叶[3]〔图17-8:2〕。陕西勉县长林乡出土三国时代的绿釉陶井，井栏四面镂空饰对凤，四角用蹲兽承托井台，井台上面高高撑起一座屋顶，屋檐上边对饰花叶[4]〔图17-8:3〕。晋戴祚《西征记》:“太极殿上有金井，金博山，鹿卢，交龙负山于井上，有金师子在龙下。”[5]戴延之笔下金井的装饰很有些奇异，不过三国陶井却正好可作它的注解。而所谓“花叶”，博山也。屋顶装饰博山的完整的建筑形式，见于河北阜城县桑庄东汉晚期墓出土的绿釉陶楼。盝顶、平面方形的五层阁楼，四面坡的每一层，筒瓦顶端都竖

[1]《中国画像石全集·2》，图八九。

[2]《山东章邱县普集镇汉墓清理简报》，图版十二：4。

[3]《齐鲁文化》，页247，图二四六。

[4]《英雄时代展》，页87。

[5]《艺文类聚》卷九《水部下》“井”条引。

[17-9]:❶

一枚博山，每一向面各五枚，两端又各间一只展翅欲飞的小鸟[1]〔图17-10〕。这一小小的装饰，安排得规整而又和谐，于是挺拔的楼阁特别显出秀丽。它却又不是单纯的装饰，而是插在筒瓦上以取固定之效的瓦钉，这正是战国以来的传统，只是至此才看到它艺术与功能的完美结合。楼观装饰博山，见于记载者不多，《水经注》卷一〇云石虎于邺之东城上立东明观，"观上加金博山，谓之锵天"。既称作"锵天"，则它似应装在楼观的正脊。大同云冈石窟中的楼阁，常见一种雕镂细巧的山形装饰[2]〔图17-9:2〕，而它更早的例子已见于前面举出的东汉画像石，可知东明观上的金博山，不外此类。而战国以来至北魏，它始终是楼观等屋顶常常用到的装饰手法，桑

[17-9]:❷

(1)《河北阜城桑庄东汉墓发掘报告》，页28，图二〇。

(2)《中国石窟·云冈石窟》〔二〕，图三六。石窟雕刻中的屋顶装饰，与博山在一起的常常还有金翅鸟，金翅鸟虽外来，但屋顶装饰博山与鸟却早是本土意匠，前举诸例已可见。又左思《魏都赋》"云雀踶甍而矫首，壮翼摛镂于青霄"，谢朓《三日侍华光殿曲水宴代人应诏》"云甍鸟踧"，所咏亦此类。

图[17-8]

❶ 山东章邱普集镇出土汉代陶井

❷ 山东宁津大柳镇出土汉代陶井

❸ 陕西勉县长林乡出土三国陶井

图[17-9]

❶ 山东邹城出土东汉画像石〔摹本〕

❷ 云冈石窟雕刻中的屋脊装饰

[17-10]:❶

[17-10]:❷

庄陶楼是设计最为美观合理的一例，北魏建筑依然沿用。内蒙古准格尔旗石子湾古城出土的建筑构件中，有与桑庄陶楼上面的瓦钉形状相似者，可惜稍残[1]；而汉魏洛阳城一号房址与瓦当等建筑遗存同出的带菱形装饰的瓦钉有五十余件，其中一件即插在莲花纹的筒瓦中[2]〔图 17-7:6〕。石子湾古城建在北魏都于平城时期，一号房址的时代，则当北魏迁洛之后，位在宫城阊阖门南御道东侧，西距铜驼街不到二百米。瓦钉的式样虽略有变化，但与桑庄陶楼同出一源，可以说没有疑问。它被同时的帷帐取以为式，虽然已不再具有功能的意义，但帐顶平直的水平线上加饰一排博山，却是简洁中颇增玲珑秀巧，自然别有风致。

[17-10]:❸

图[17-10]
❶ **河北阜城桑庄东汉墓出土陶楼**
❷ ❸ **陶楼局部**

[1] 《石子湾北魏古城的方位、文化遗存及其它》，页 58，图八：7。

[2] 《汉魏洛阳城一号房址和出土的瓦文》，页 210，图版一：2。

南北朝是帷帐兴盛的时代，不过它的重要变化更在于由世俗生活向佛教艺术的移植。佛教东传，中土的工匠似乎没有想到为远来的佛陀去别创一个居住的天地，却是以原有尊崇之意的幄帐用来安置新的信仰世界中的各色人物[1]。甘肃永靖炳灵寺石窟第一六九窟北壁后部绘一具平顶帷帐，据帷帐下面的榜题，可知右边伞盖下是维摩诘，左边为侍者[2]〔图17-11:1〕。第一六九窟建于西秦建弘元年，这是同类题材中有明确纪年的最早一例。到了龙门石窟的时代，维摩诘所处便已是四面装饰博山的华丽之帐，如北魏孝明帝正光四年以前开窟的龙门魏字洞，如迄工于孝明帝孝昌三年的龙门皇甫公窟[3]，又如孝昌元年的道哈造像龛[4]〔图17-11:2〕。至于佛帐，更是尊贵、华美与瑰丽的集合，帐顶前端的装饰，又不仅限于传统的博山；莲花、火珠，乃至塔刹，都是新的构成要素，此际便择取最有象征意义的

[17-11]:❶

[17-11]:❷

图[17-11]维摩诘帐

❶ 炳灵寺第一六九窟北壁壁画

❷ 道哈造像龛

[1] 南北朝时期艺术表现中的帷帐，尚没有世俗与佛教的一个截然划分，如河南洛阳出土时属北魏的一组石刻中的夫妇对坐图〔《中国古代石刻画选集》，图五：6〕，如河北磁县北齐高润墓壁画中的墓主人图〔《考古》一九七九年第三期，图版七〕，图中所表现的帐顶装饰莲花与蕉叶的帷帐，与当时佛教艺术中的帷帐，并无不同。

[2]《中国石窟·永靖炳灵寺》，图三七。

[3]《中国石窟·龙门石窟》〔一〕，图九三。

[4]《中国画像石全集·8》，图三六。

[17-12]:❶

[17-12]:❷

图[17-12]北魏佛帐
❶ 巩县石窟第三窟
❷ 刘雄头造像碑

图[17-13]初转法轮图

部分，与本土固有的造型艺术相结合，而以不同的搭配创造出许多自由活泼的变体，使得式样纷繁。如北魏景明四年刘雄头造像碑[1]，巩县石窟第三窟中心柱南面时属北魏的帷帐龛〔图17-12〕，响堂山石窟第三窟北齐唐邕刻经碑[2]，等等。其中最有特点的一种表现形式，即所谓"山花蕉叶"。中土固有的博山，如前面举出的几例，是它的基本构思，也是接受外来因素的基础；而从帕提亚时代亦即安息王朝的建筑装饰——如今藏伊拉克博物馆的一座带有希腊风的神殿模型[3]，到犍陀罗艺术中的佛传浮雕——如今藏印度博物馆的一件初转法轮图[4]〔图17-13〕，正可以看到作为"山花蕉叶"不同的组成部分逐步东渐的轨迹，初转法轮图中翻卷着的莨菪叶，其源头也在希腊。随着佛教东传，艺术创作的意匠也越过时空的距离，在节节传递中发生着奇妙的变化。南北朝艺术中的佛帐，正是在"西风吹渭水"的背景下，完成了多种因素的结合与融

[1]《佛雕之美·北朝佛教石雕艺术》，图一六。

[2]《中国石窟雕塑全集·6》，图一五、图一三七。

[3] 时在一、二世纪之间；《シルクロード大文明展 · オアシスと草原の路》，图版19。

[4] 约当二、三世纪间；《世界美術大全集·東洋編·15·中央アジア》，页110。

[17-13]

汇。规模最为宏阔的是天水麦积山石窟始建于北周的第四窟。它原是一座面阔七间仿木结构的大型佛殿，内部空间作成并列七座仿真的斗四攒尖顶佛帐。正立面的帐顶上各有一排五个花叶形的博山，博山是在石上凿卯，插入木胎，上加泥塑而成[1]。若要选取作为起点和风格成熟的两个标志，那么桑庄陶楼模型与麦积山第四窟正是各自的好例。从东汉到北周，其数百年的时间跨度中，已有足够多的实例丰富这一个交汇融合的变化过程。《水经注》卷一三云平城县东郭外，“太和中，阉人宕昌公钳耳处时立祇洹精舍于东皋，椽瓦梁栋，台壁棂陛，尊容圣像及床坐轩帐，悉青石也”。唐释道宣《集神州三宝感通录》卷中，曰东晋穆帝永和六年，有佛像现于荆州城北，至梁大通四年迎像入金陵，“敕于同泰寺大殿东北起殿三间两厦，施七宝帐座以安瑞像”[2]。以世俗社会中一种表示特别尊崇的形式来取悦西来的偶像，帷帐由此又成为一种新鲜却并不陌生的艺术语言[3]。

(1) 《中国石窟·天水麦积山》，图二二四、二三四；又同书所载傅熹年《麦积山石窟所见古建筑》，页207~208。

(2) 《大正藏》，第五十二卷，页416。

(3) 《中国仏教美術史の研究》有专章讨论床帐在佛教艺术中的应用，在“仏像と牀帐”一节中，作者认为，以作为日常生活用具的床帐来安置佛像，当是把它同天子的御床联系在一起，而赋予权威之象征的意义〔页139〕。不过严格说来，佛帐更为直接的构思，原是基于传统的帷幄。

二

[17-14]:❶

[17-14]:❷

[17-14]:❸

唐以后，佛教艺术中，除居士身分的维摩诘仍坐帷帐之外，南北朝风行的佛帐已开始让位于装缀富丽的华盖。但唐代的佛帐并未因此失去昔日的荣耀，它渐渐从佛教世界的视觉艺术中分离出来，而以始终具有的尊贵身分，进入世俗生活之迎请佛像或佛舍利的礼佛活动。唐释慧立等著《大慈恩寺三藏法师传》卷七云，贞观二十二年建大慈恩寺成，迎像入寺之日，“锦彩轩槛，鱼龙幢戏，凡一千五百余乘，帐盖三百余事。先是，内出绣画等像二百余躯，金银像两躯，金缕绫罗幡五百口，宿于弘福寺，并法师西国所将经、像、舍利等，爰自弘福引出，安置于帐座及诸车上，处中而进”。其中辉光耀彩引人注目的，自是安置各式佛像的帐座。莫高窟第一四八窟西壁描绘释迦涅槃后的送葬场面，众人所举之步辇，下为覆莲座，座上建两层高台，层台间架设铺陈鲜丽的磴道，其上则是放置彩棺的须弥座。装点了两重金博山的宝帐起于重台之上，四角和周边层层叠叠披垂流苏，一只展翅的金凤凰立在帐顶中心[1]〔图 17-14:1〕。如果说它是盛唐佛事的一角剪影，那么前引《三藏法师传》，早就可以为之作证。

[1]《敦煌石窟全集 · 25 · 民俗画卷》，图一四六。

帷帐中的佛像易作佛舍利，而“宝帐”之称依然。八十年代中，陕西临潼唐庆山寺塔基地宫出土了一组唐代的舍利棺具，其中一座石雕的塔形帐，额枋上刻着“释迦如来舍利宝帐”八个金字，正是最好的例证[1]〔图17-14:2、3〕。河南新密法海寺塔基地宫出土的北宋咸平元年三彩舍利匣，可以作为这一形式不断延续的一个实例[2]〔图17-14:4〕。舍利匣坐在仿砖石结构的方形须弥座上，周边四角是装饰团花的角柱和狮子，四壁中间作出假门，门两侧各有一尊立在仰莲上的天王。盝顶形的匣盖，四面坡顶中间各有一对相连的圆孔，两边装饰团花和流云。而“山花蕉叶”在这里又一次出现，舍利匣上面的山花，作成内心抱着花朵的一枚饱满的花瓣，四角的蕉叶，其边缘处对称的两个小小的涡卷虽仍略存“西风”遗韵，但总体效果却已是“东风压倒西风”。北宋李诫《营造法式》卷九小木作制度“佛道帐”条：“上层如用山华蕉叶造者，帐身之上，更不用结瓦。”这是山花蕉叶作为建筑装饰载入文献之始，五台山的佛光寺里，建于金天会十五年的文殊殿中，有山花蕉叶佛帐的实例[3]〔图17-14:5〕。

[17-14]:❹

[17-14]:❺

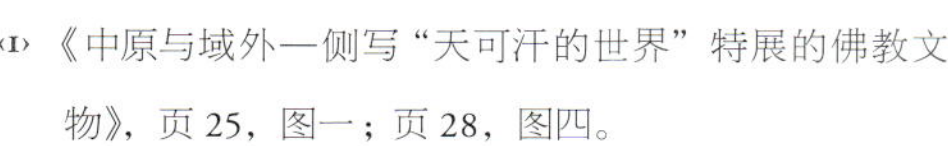

[1]《中原与域外—侧写“天可汗的世界”特展的佛教文物》，页25，图一；页28，图四。

[2]《河南博物院：精品与陈列》，图六六。

[3]《佛光寺》，页30。

图[17-14]

❶ 敦煌莫高窟第一四八窟西壁壁画

❷❸ 释迦如来舍利宝帐　庆山寺塔基地宫出土

❹ 三彩舍利匣　法海寺塔基地宫出土

❺ 山花蕉叶佛帐　佛光寺文殊殿内

南北朝时期与帐同时出现的尚有高座。它本是寺院高僧讲诵佛经所用。齐王琰《冥祥记》："晋司空庐江何充，字次道，弱而信法，心业甚精。常于斋堂置一空座，筵帐精华，络以珠宝，设之积年，庶降神异。后大会，道俗甚盛。坐次一僧，容服粗垢，神情低陋，出自众中，径升其座，拱默而已，无所言说。一堂怪骇，谓其谬僻。充亦不平，嫌于颜色。及行中食，此僧饭于高座，饭毕，提钵出堂，顾谓充曰：'何侯徒劳精进！'因掷钵空中，陵空而去。充及道俗驰遽观之，光仪甚伟，极目乃没。追共惋恨，稽忏累日。"何充设此高座原是为着期待奇迹，却凡眼不识真神，这一则故事便全是嘲讽的意思。"筵帐精华，络以珠宝"，是高座之华丽者，敦煌壁画中有它的形象，如莫高窟第三二一窟南壁宝雨经变中的辩论图，壁画时代为初唐[1]。而唐代更有新的变化，即上结帐，前设几，后置屏，敦煌莫高窟一〇三窟时属盛唐的维摩诘像，是很有代表性的一例[2]〔图17-15〕。不过晚唐皇室大事奉佛，布施无度且极于奢华，风气之下，本来并无特别装饰的高座，因此渐至演变为真正的"宝座"。

[17-15]

(1)《敦煌石窟全集·9·报恩经画卷》图一八五。

(2)《敦煌石窟全集·7·法华经画卷》，图二〇七。

“宝座”一词，南北朝时已经出现，如梁刘孝绰《奉和昭明太子钟山解讲诗》：“停銮对宝座，辩论悦人天。”[1]不过这只是略表尊崇之意的美称。王勃《梓州玄武县福会寺碑》“三千宝座，迥出天宫”[2]，与《仁王护国般若波罗密经》中的“建百高座”，所指正是这一类普通的高座，它在敦煌壁画中常见，如第三二三窟南壁描绘隋文帝问昙延法师天旱之由[3]〔图17-16:1〕，又第九八窟南壁《贤愚经·梵天请法六事品》[4]〔图17-16:3〕，等等。第三二三窟尚有一幅描绘昙延法师向隋文帝君臣授八戒，昙延踞大兴殿御座，文帝君臣则席地阶前，面北听戒。壁画中的御座，与高座形制相同[5]〔图17-16:2〕。王仁裕《开元天宝遗事》“七宝山座”条：“明皇于勤政楼以七宝装成山座，高七尺，召诸学士讲议经旨及时务，胜者得升焉。惟张九龄论辩风生，升此座，余人不可阶也。时

[17-16]:❶

[17-16]:❷

[17-16]:❸

[1]《先秦汉魏晋南北朝诗》，下册，页1829。

[2]《王子安集注》，页554。

[3] 时属初唐，《敦煌石窟全集·12·佛教东传故事画卷》，图一四九。

[4] 时属五代，《敦煌石窟全集·3·本生因缘故事画卷》，图一八〇。

[5]《敦煌石窟全集·12·佛教东传故事画卷》，图一五〇。御座称为宝座，早期之例见于《大唐西域记》卷六“劫比罗伐窣堵国”条：“菩萨诞灵之日，嘉祥辐凑”，“是时阿私多仙自远而至，叩门请见，王甚庆悦，躬迎礼敬，请就宝座，曰：‘不意大仙今日降顾。’”劫比罗伐窣堵国王，即净饭王。

图[17-15]唐代维摩诘帐

莫高窟第一〇三窟壁画

图[17-16]敦煌壁画中的高座

❶❷ 莫高窟第三二三窟

❸ 莫高窟第九八窟

[17-17]:❶

[17-17]:❷

论美之。”此所谓“山座”，当即高座，“七宝”，原指装饰的华丽。不过这是一个特殊的例子，其时并未形成常规。《旧唐书》卷一七八《李蔚传》言懿宗奉佛太过，“以旃檀为二高座，赐安国寺僧徹”；同样的事件，《新唐书》则增加许多细致的形容，卷一八一《李蔚传》：“懿宗成安国祠，赐宝座二，度高二丈，构以沉檀，涂髹，镂龙凤葩蘤，金釦之，上施复坐，陈经几其前，四隅立瑞鸟神人，高数尺，磴道以升，前被绣囊锦襜，珍丽精绝。”毫无节制的奉佛，使后世的修史者从中看到了威胁到国运的隐患，《新唐书》此段记事对细节的特殊关注，其实灌注着强烈的批判意识。

在宋代绘画中，我们看到了这种五色璀璨、高踞众庶之上的宝座，如今藏美国大都会博物馆的北宋大理国经卷《维摩诘会图》[1]〔图 17-17:1〕，如日本相国寺藏南宋陆信忠《十六罗汉》[2]〔图 17-18〕，又日本粟棘庵藏南宋末年《妙法莲华经》卷首图七幅[3]。复坐，经几，锦襜，磴道，《新唐书》对宝座的种种形容，仿佛已是画家熟悉的图式。虽然《维摩诘会图》笔下带了更多的想象和色彩，却也不过比本来的“珍丽精绝”稍增奇幻。与美国大都会博物馆藏东魏武定元年造像碑中的维摩诘同观[4]〔图 17-17:2〕，演变的线索清晰可见，其中的磴道尤其显示着二者的承继关系，只是走出帷帐之后的维摩诘，不再是辩才无碍式的文采风流，宝座给与他的已是一派雍容华贵。而佛教艺术中的这样一个变化，竟又促成幄帐中的帝王也走出来占有宝座的荣耀。

[17-18]

(1) 约作于大理国文治九年〔公元一一一八年〕；《南诏大理国雕刻绘画艺术》，图二五二。

(2)《海外藏中国历代绘画 ·3· 南宋》，图一四三。

(3)《中国古代版画展》，页 84~85。

(4)《中国历代纪年佛像图典》，图一六八。

图[17-17]
❶《维摩诘会图》
❷ 东魏武定元年造像碑中的维摩诘帐

图[17-18]
《十六罗汉》〔局部〕

[17-19]:❶

[17-19]:❷

图[17-19]

❶ 晋祠圣母殿圣母坐具

❷ 故宫太和殿宝座

图[17-20]

《明宪宗行乐图》〔局部〕

[17-20]

帝王宝座，目前所知最早的实物为太原晋祠圣母殿中的木座椅，因是圣母所坐，故以凤首为饰〔图 17-19:1〕。据座椅背面题记，知其时代为宋元祐二年，即公元一〇八七年[1]。元代宝座形制与此不殊，不过踵事增华而已[2]。故宫太和殿中的清代宝座，则是宝座成熟时代一组最为完整的形式。严整和谐的安排，偏重的不是以庄严肃穆来表现敬畏和尊崇，而是以细部装饰的无所不在的精致，显示富丽堂皇中的“三千威仪”[3]〔图 17-19:2〕。反观作于明成化十一年的《明宪宗行乐图》，殿前平台虽仍设幄，明宪宗端坐其中[4]〔图 17-20〕，不过此际皇宫正殿中的幄帐，早被宝座取代，旧云“天子居广厦之下，帷帐之内，旃茵之上”[5]，真正成了历史的陈迹，《行乐图》中的幄，因此已不具有《唐六典》所谓“朔望受朝，则施幄帐于正殿”的庄严。帷幄——佛帐，高座——宝座，世俗社会与佛教艺术始终的相互影响和渗透，使演变的过程总是情节丰满。

[1] 座椅为留题人布施，题记称之为“圣母坐物”。《太原晋祠圣母殿修缮工程报告》，页 13。

[2] 宝座的式样影响且及于西，其形象见于拉施特《史集》巴黎抄本中的插图，如《窝阔台即位图》、如《拖雷及其夫人》等；又见 A.U.Pope *Survey of Persian Art*，Vol.10，P.827、838、850、861、870。

[3] 《中国古代建筑》，页 24。

[4] 《中国历史博物馆—华夏文明史图鉴》〔四〕，图九五：4。

[5] 《韩诗外传》卷五。

三

[17-21]:❶

与坐帐不同的卧帐，东晋顾恺之《女史箴图》中有描绘清晰的形象，卧帐下为四面作出壸门的床，床设可以曲折开合的围屏，其上起一平顶帐，可见制作得很规矩也很精巧〔图 17-21:1〕。“天河渐没，日轮将起”，“玉花簟上，金莲帐里，始摺屏风，新开户扇，朝光晃眼，早风吹面”，庾信《镜赋》中的帐中人仿佛也是刚刚从这样的卧帐中走下来。它的形制，自东晋至两宋，似乎并没有太大的变化，顾闳中《韩熙载夜宴图》中可以看见卧帐的一角，与《女史箴图》仍属一系。唐宋卧具中独具情韵的当推屏风，那是围在床边或置于床头的枕屏或曰卧屏。梅花，墨竹，云雁，草虫，楼阁，山水，婴戏，都是枕屏的画材，便是素屏，也可借以抒写书生怀抱，题诗互赠，当然最是文人雅事。在偏爱枕屏的时代，似乎不大有人想到，如果把床与帐合二为一，也可以构成另外的精致。

把床和帐用一种与以往不同的新鲜方式结合在一起，大约始于南宋末年流行的梅花纸帐，事见宋林洪著《山家清事》。花瓶，书架，衣桁，踏床，香鼎，形形色色的雅事和俗事，一一布置在床帐之间的小天地里。从此枕屏不再是专宠，梅花纸帐之雅不免令诗人

"移情别恋"。吴龙翰《楼居狂吟》"觅得楼中一觉眠，将身化蝶入壶天。平生睡债何时足，春在梅花纸帐边"[1]，其例也。吴是南宋末年人，卒在宋亡之后。元人也有不少咏纸帐的诗。张昱《演法师惠纸帐》："银灯夜照白纷纷，四面光摇白縠文。隔枕不闻巫峡雨，绕床惟走剡溪云。风和柳絮何因到，月与梅花竟不分。塞北江南风景别，却思毡帐旧从军。"[2]明代则是包括拔步床在内的架子床大为兴盛的时代，《金瓶梅》第七回写薛嫂儿为孟玉楼说媒，对着西门庆言道，她"手里有一分好钱，南京拔步床也有两张"。又第八回，曰"六月十二日就要娶大姐过门，西门庆促忙促急，儹造不出床来，就把孟玉楼陪来的一张南京描金彩漆拔步床，陪了大姐"。可知它不仅是一份值得夸耀的家财，更是婚嫁的必备之物。虽然在专意经营"纯诗"之境的明代文人眼中，架子床不在清雅之列——文震亨《长物志》卷六"床"条"若竹床及飘檐、拔步、彩漆、卍字、回纹等式，俱俗"；不过明代吴门派画家唐寅在《仿韩熙载夜宴图》的"尾声"部分，却信笔添画了一具五代时期并不存在的架子床〔图17-21:2〕，诚可谓仿本一个"鲜明的时代特色"。

[17-21]:❷

(1)《全宋诗》，册六八，页42902。

(2)《元诗选·初集》，下册，页2089。

图[17-21]

❶《女史箴图》〔局部〕英国博物馆藏

❷《仿韩熙载夜宴图》〔局部〕重庆市博物馆藏

[17-22]:❶

明代小说戏曲版画中，架子床常常是室内陈设中的重要一景，如明末衍庆堂刊本《喻世明言》中的插图[1]，如万历金陵刻本《重校荆钗记》插图[2]〔图17-22〕。清代末年成书的《儿女英雄传》第二十九回描写张姑娘的闺房，曰："北面靠窗尽东头，安着一张架子床，悬着顶藕色帐子。那曲折隔子东找夹空地方，竖着架衣裳格子，上面还大大小小放着些零星匣子之类。那衣格以北，卧床以南，靠东壁子，当中放着一张方桌，左右两张杌子。那桌子上不摆陈设，当中供一分炉瓶三事，两旁一边是个青绿花觚，应时对景的养着一枝血点儿般红的山茶花。"虽时空悬隔不止二百年，情景却几乎一般无二。

架子床，是有顶、有柱之床的一个统称。细分，则四角有立柱者为一类，四柱之外正面又有门柱而可安设门围子的，又一类。若拔步床，则地下置地平、床前设浅廊，便好像一间小小的屋子。架子床上不设屏，枕屏于是移向桌案，成为砚屏——它把宋代砚屏的范围扩大了；原设卧屏的部位，尽代之以细心镂镂的木作，时称床围子。架子床以质地坚致的硬木而形成缜密谨严的榫卯结构，总体造型的简练明快与局部的精细秀巧，常常成为恰好

(1)《中国古代版画展》，页158，图21，日本国立公文馆藏。

(2)《中国古本戏曲插图选》，页35。

的呼应和对比。与不同质地的床帐相配，它还可以继续变化风格。甚至结束床帐的帐钩，也一丝不苟贯注着设计的巧思，从几件晚期制品中，仍可检阅它的余韵[1]。帷幄故事中，架子床大约可以算作一曲别调，不过以它的进入日常生活而与帷幄再没有关联，虽然明人为它溯源依然要说到周制，见《三才图会·器用》之十一。

[1] 《古帐钩赏鉴》，页66~69。

[17-22]:❷

图[17-22]
❶《喻世明言》插图
❷《重校荆钗记》插图

宋人居室的冬和夏

冬

上世纪九十年代初，洛阳发现一处北宋衙署庭园遗址。由地面的建筑遗存，可知园中原铺着南北向的砖路，园之南有池，池畔有亭阁。砖道东西有贯穿庭园的廊庑，园西有与长廊相连的花榭。垂兽，瓦当，花纹砖，园中的建筑构件制作都很精致[1]。当年此地究竟何属，找不到文献记载，目前尚无法推知。不过宋人陈骙著有一部《南宋馆阁录》，卷二“省舍”节叙述馆阁省舍之苑，用来和它对照，虽不是处处相应，却也相去不远。《录》记馆阁建置云，进大门，两边有东西廊，前则右文殿，殿后为秘阁，阁后为道山堂，又有汗青轩，轩后，便是园林式的蓬峦。北有酴醿架，群玉亭、芸香亭，均在花木修竹中。亭两边有径，通松坡，通橘洲，通涧，通泉。径前临池，跨池有桥亭。花草果木，尽名公手栽。虽然这里是皇家藏书之所和编纂处，不比平常，但大致的布局，仍可约略昭示宋代官署庭园之一般，洛阳衙署庭园遗址，正是一个同它呼应的好例。

讨论宋人的居室，却没有这样现成的实物材料。不过宋人笔下的绘画尚能提供不少线索，何况又有一部北宋李诫所著详细讲述建筑规制的《营造法式》。

[1] 《宋代洛阳造园风的实例——洛阳北宋衙署庭园遗址》。

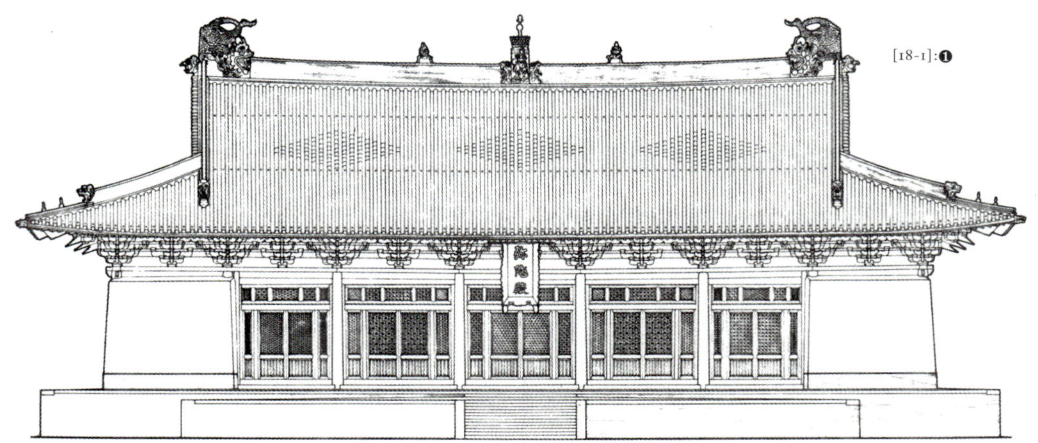
[18-1]:❶

宋人居室的冬与夏，重要在于外檐装修和室内装修。《营造法式》讲到小木作制度的时候，列有“格子门”一项,后世称为“格扇”的,便是此类。它的下面作成障水版，中间为腰华版，上部为格眼。现存最早的格扇门实物，见于山西朔县崇福寺弥陀殿，建造年代为金熙宗皇统三年〔公元一一四三年〕。弥陀殿面阔七间，进深四间，单檐歇山顶，前檐五间全部用着格扇门，每间两扇，两旁则是固定式的小边扇。下设地栿、门槛，上置两道门额，额间装横披窗。格扇门的格心和横披窗上的菱花玲珑细巧，式样各有不同，当心间前檐的格扇菱花则略如《营造法式》卷三二《小木作制度图样》中的“挑白毬文格眼”，而除明间东小扇和西次间东扇为清康熙二十八年作过补修之外，均为金代遗存，是至为可珍的一例[1]〔图18-1〕。格扇门在

[18-1]:❷

[18-1]:❸

图[18-1]山西朔县崇福寺弥陀殿
❶ 弥陀殿前檐格扇
❷ 明间格扇菱花
❸ 当心间格扇

[1]《朔州崇福寺》，页35；页139，图一三；图版一四〇。

[18-2]:❶

[18-2]:❷

两宋绘画中也常出现，如故宫博物院藏《飞阁延风图》〔图 3-49〕，如台北故宫藏《焚香祝圣图》、《醴泉清暑图》。不过另外一种形制的“格扇”，宋画中更多见，即整个格扇自上至下全用格心而不用裙板，它多用在宫室的台基边缘，又或与柱间上部檐口处的横披窗连在一起，遮住斗拱，其外常常悬挂竹帘。如南宋无款之《荷亭对弈图》、《层楼春眺图》〔图 18-2〕。《对弈图》中，临水之堂即装着落地的格扇，池边之榭则设有同样轻便的阑槛钩窗，外面高卷着竹帘。而《春眺图》中的楼阁，把两种格扇都表现得很清楚。这一类装置在《南宋馆阁录》中也有记述，它说，秘阁后面有道山堂，堂“前有绿漆隔三十扇，冬设夏除”，且有“紫罗缘细竹帘六”。又堂后有轩，轩“有窗十八扇，冬设夏除；槛外青绢缘竹帘九”。《荷亭对弈图》也正好可以和它同看。宋人又或称这一类隔子为“亮隔”和“凉隔”，宋袁文《瓮牖闲评》卷六：“取明隔子，人多呼为‘亮隔’，《夷坚志》乃云‘廊上列水盆帨巾，堂壁皆金漆隔子’，又却用此凉字。”若更向前溯，那么这一类亮隔在唐人绘画中便已经出现，譬如现藏英国博物馆的一幅时属唐代的观经变相图[1]〔图 18-3〕。

[18-3]

图[18-2]
❶《荷亭对弈图》〔局部〕
故宫博物院藏
❷《层楼春眺图》〔局部〕
故宫博物院藏

图[18-3]
《观经变相图》〔局部〕
英国博物馆藏

[1]《海外藏中国历代名画 ·1· 原始社会至唐》，图一一三。

图[18-5]《秋窗读易图》〔局部〕

调节室内温度以适应季节的变化，这一类“冬设夏除”的小木作最便施用，由故宫博物院藏南宋刘松年《四季山水图》的冬景和秋景中，可以看到它的设置灵活〔图 18-4〕。与之配合使用的又有帘和障。陆游《居室记》：“陆子治室于所居堂之北，其南北二十有八尺，东西十有七尺。东西北皆为窗，窗皆设帘障，视晦明寒燠为舒卷启闭之节。南为大门，西南为小门。冬则析堂与室为二，而通其小门以为奥室，夏则合为一，而辟大门以受凉风。”[1] 放翁所治居室，在辽宁省博物馆藏南宋册页《秋窗读易图》中可得其仿佛。与院落小门相对的是堂，堂中设一座水图插屏以分隔前后，屏前设坐墩，以待来访之宾。与堂相衔的小室，三面设窗，正面有门通庭院，一侧有门接于堂〔图 18-5〕。至于帘和幛，故宫博物院藏夏圭《雪堂客话图》中有其制，临水的一座瓦房，槛窗之外悬障，槛窗之内挂帘，启闭舒卷，自然方便〔图 18-6:1〕。只是为了表现人物，这里没有把槛窗全部画出来，而冬日里，它本来是满装的。

[1]《陆游集》，册五，页 2159。

图[18-4]《四季山水图》中的冬景和秋景

[18-6]:❶

图[18-6]
❶《雪堂客话图》〔局部〕
❷《草堂客话图》

改变室内空间，则有《营造法式 · 小木作制度二》中说到的“堂阁内截间格子”，此中包括“截间格子”和“截间开门格子”。这种办法本是源自先秦以来的前堂后室之制，不过运用更为随意。此在两宋绘画中也很常见。如故宫博物院藏《草堂客话图》，绘宅舍一区，草堂三楹，楹柱间为堂，水屏风前是待客之所，堂之一侧装截间格子，以分出另外一处空间〔图 18-6:2〕。而冬天为了取暖，还可以把空间分割得更小，以作成暖阁[1]。

居室设暖阁或曰纸阁、火阁，是宋人越冬的普遍做法，它自然成为诗人一个经常的话题。王安石《纸暖阁》：“联屏盖障一寻方，南设钩帘北置床。侧座对敷红絮暖，仰窗分启碧纱凉。毡庐易以梅丞坏，锦幄终于草野妨。楚縠越藤真自称，每糊因得减书囊。”[2]诗极平浅，暖阁形制描述得分明。“联屏盖障”，自然是用打隔断的办法；楚縠越藤乃造纸原料，此作纸的代称。末云“每糊因得减书囊”，大约也是写实[3]，不过彼时糊暖阁通常是用白纸，为了它的采光好，便于读书，宋人对此多有形容[4]。

〔1〕这种做法唐代已经常见。戴孚《广异记》“杨伯成”条，曰狐仙吴南鹤造访杨宅，求娶其女，伯成不允，“南鹤径脱衣入内，直至女所，坐纸隔子中”。后南鹤为道人降伏，“杨女睡食顷方起，惊云：本在城中隔子里，何得至此”。同书“石巨”条，云石巨病羸之日，命其子往河桥请卜人，“子还云：初无卜人，但一老姥尔。巨云:正此可召。子延之至，舍巨卧堂前纸槅中”。冬天居室里的暖阁，也与此同制，由白居易《别春炉》诗，可见其事。

〔2〕《全宋诗》，册一〇，页 6608。

〔3〕南宋林景熙有《山窗新糊有故朝封事稿阅之有感》，陈衍《宋诗精华录》卷四选录此首，而缀语其后曰：“前清潘伯寅尚书，见卖饼家以宋版书残叶包饼，为之流涕，遇此不更当痛哭乎。”荆公之“每糊因得减书囊”，亦足令后人为宋版书痛惜也。

〔4〕如项安世《纸阁》二首。其一：“也知无鬼瞰高明，纸阁中间万事轻。不愿人呼贵公子，只图身作富书生。”又：“薄似秋云莹似冰，清于寒士懒于僧。凭谁更待移蟾法，剪取光明不用灯。”《全宋诗》，册四四，页27441。

[18-6]:❷

隔又或用竹，陆游有诗题作《新粘竹隔作暖阁》，此篇作于山阴，大约是因地制宜。

合纸屏为小阁，也是一种办法。方岳有诗题作“合纸屏为小阁，画卧袁访戴其上，名之曰听雪，各与长句”[1]。袁安卧雪、雪夜访戴，都是冬日故事，那么名为“听雪”的小阁，自然也是暖阁之属。

暖阁又称火阁，南宋释元肇《火阁》：“装折围炉地，方方七尺强。易容元亮膝，难著净名床。省炭功虽小，烧香味较长。晏然宜袖手，免去暴朝阳。”[2] 宋尺一尺，合今三十二点九厘米。暖阁用设隔的办法在大房子里辟出一个小间，然后置炉，自然“省炭”，若燃香，香气也会聚得久。“免去暴

[1] 《全宋诗》，册六一，页 38468。

[2] 《全宋诗》，册五九，页 36897。又陆游《东偏纸阁初成》“我亦联屏为燠室，一冬省火又宜香”。《全宋诗》，册四一，页 25546。

朝阳”，不必负暄也，原是颂火，但在禁火的地方，暖阁之营，却正在于“暴朝阳”。杨万里《左藏南库西芜下纸阁负暄戏题》，诗前小序云：“左帑火禁，清寒非人间有也。而库官孔仲石、段季承、史伯载，心匠天巧，创一火阁，不薪不炭，暖亦非人间有。予以小旸谷名之。”[1]左帑即左藏库，是两宋中央最大的财库，火禁本在情理之中。北宋魏泰《东轩笔录》卷五：“熙宁四年，王荆公当国，欲以朱柬之监左藏库，柬之辞曰：‘左帑有火禁，而年高，宿直非便。’”自然是畏冬日之寒。若“不薪不炭”，那么所赖只有阳光，因锡其嘉名曰旸谷，旸谷，日出之地也。其暖，一个重要的原因也在于阁之小，即所谓“联屏盖障一寻方”也。

左藏库的火禁乃例外，暖阁里，必不可少的是取暖之炉。冬季来临，开炉取暖的一天，当时也算是一个小小的节日。《武林旧事》卷三“开炉”条：“是日御前供进夹罗御服，臣僚服锦袄子夹公服，‘授衣’之意也。自此御炉日设火，至明年二月朔止。皇后殿开炉日排当。”排当，即宫中宴饮。北宋孔平仲《代小子广孙寄翁翁》效小儿口吻云：“婆婆到辇下，翁翁在省里。大婆八十五，寝膳近何似？爹爹与妳妳，无日不思尔。每到时节佳，或对饮食美。一一俱上心，归期当屈指。昨日又开炉，连天北风起。饮阑却萧条，举目数千里。”[2]这里的所谓“饮”，也是开炉日之饮。南宋宋庆之《开炉日赋》：“筋力已非旧，逢寒亦自怜。风霜在檐外，妻子语灯前。纸被添新絮，茶瓯煮细泉。虽云方寸地，春意一陶然。”[3]“方寸地”，暖阁也。境虽清寒，但开炉日总还要为平常的生活带来一点新鲜的温暖和快乐。

取暖之炉，或凿地治炉曰地炉，南宋许棐《地炉》诗云“穴地为炉了一寒”[4]，即此。又或垒土为炉，砌砖为炉，北宋葛胜仲有诗题作“工部兄新治小阁，垒土为火炉，戏作劝召客”[5]，周紫芝有诗咏砖炉[6]，均是其例。地炉须有出烟孔，室内空气因而不至于太恶。但它每用榾柮之类的柴薪，不免多烟。南宋刘辰翁《冬景·地炉煨榾柮》句有“片地为炉古”，“榾柮向人煨”，“一根深雨露，四壁涨烟煤”，“朱门香兽拥，何意早成灰”[7]。“一根深雨露”，榾柮

[1]《全宋诗》，册四二，页26347。

[2]《全宋诗》，册一六，页10842。

[3]《全宋诗》，册六八，页42908。

[4]《全宋诗》，册五九，页36853。

[5]《全宋诗》，册二四，页15628。

[6]《砖炉》句云“经营尺寸地，便可寄幽寂。砖炉规旧制，蒲团买新织”〔《全宋诗》，册二六，页17206〕，“尺寸地”，当然也是指暖阁。

[7]《全宋诗》，册六七，页42490。

之壮也；“四壁涨烟煤”，烟熏之剧也。香兽，指炭。木炭灰分低，热值高，本来优于生柴，“朱门香兽拥，何意早成灰”，不过以微讽而解嘲。

烧炭，则用铁炉或铜炉。辽墓和元墓都有不少实物出土。如辽宁朝阳姑营子辽耿氏墓[1]，赤峰大营子辽驸马墓[2]，内蒙古科右中旗代钦塔拉辽墓[3]，均曾发现四足或八足的铁炉。大连市甘井子区营城子镇出土的辽代铜炉，下面三个兽蹄足，炉口一圈万字围栏，最为别致[4]。三足铜炉元代也很常见，内蒙古土默特右旗大袄兑的一处元代文化遗址所出，即是一例[5]〔图18-7:1、2、3〕。山西孝义下土京村的元墓壁画[6]，元代无款之《雪溪卖鱼图》，都画着冬日里的炭炉，其形制与实物正是相同。图中居室之帏幔，自然是为观画者而挽起来的〔图18-7:5〕。又宋徽宗《摹张萱捣练图》，绘有装饰华丽的圆形炭炉，《宣和宫词》“谁制暖炉新样巧，云龙突镂遍金箱”[7]，画笔正好为自家诗句作注〔图18-7:4〕。

[18-7]:❶

[18-7]:❷

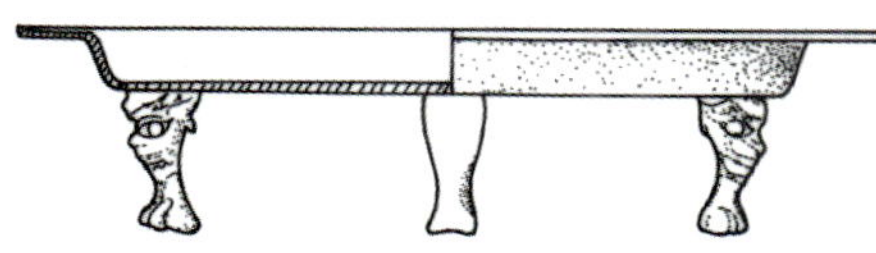

[18-7]:❸

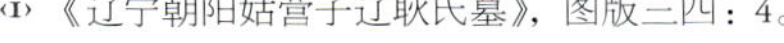

[1]《辽宁朝阳姑营子辽耿氏墓》，图版三四：4。

[2]《赤峰县大营子辽墓发掘报告》，页9。

[3]《科右中旗代钦塔拉辽墓清理简报》，页655，图四：1、2。

[4]《旅顺博物馆》，页189。

[5]《土默特右旗大袄兑出土元代遗物》，页121，图五：3。

[6]《山西孝义下土京和梁家庄金、元墓发掘简报》，图版十一：1。

[7]《全宋诗》，册二六，页17046。

图[18-7]

❶ 辽宁朝阳姑营子辽耿氏墓出土铁炉

❷ 大连市营城子镇出土辽代铜炉

❸ 内蒙古土默特右旗大袄兑元代文化遗址出土铜炉

❹《摹张萱捣练图》〔局部〕 美国波士顿美术馆藏

❺《雪溪卖鱼图》〔局部〕 上海博物馆藏

[18-7]:❹

[18-7]:❺

图[18-8]《晓雪山行图》〔局部〕 台北故宫博物院

雪中送炭，每予受者欢欣。北宋张扩《谢人送炭》："灶烟荼毗霜后林，短椽脱烟乌不黔。樵童岂惜龟两手，入市论价轻千斤。向来几作沟中断，漫灭青黄谁过眼。焉知负荷炉锤功，煨烬犹堪借余暖。夜阑吼空风力豪，平明雪山平屋高。生柴带叶冷不焰，毁车充薪车脚劳。故人十缚起衰朽，生遣寒灰拨红兽。解衣挟纩不足云，那复区区论炙手。"[1]荼毗，同荼毗，乃梵语音译，佛典里指尸体火化，这里借喻烧炭。"短椽脱烟乌不黔"，正说出炭的好处，即薪在密封的炭窑中，经过燃烧，散失掉易于挥发的有机物质，用于取暖，便不再像带叶生柴那样冒烟。"生柴带叶"取唐杜荀鹤诗意。"毁车"句用《世说新语·术解》中以车脚亦即车轮作薪的故事。"解衣"句用《左传·宣公十二年》楚王抚慰将士之典，以为申谢之辞。

天寒多雪的季节里，薪炭腾贵。南宋马远《晓雪山行图》中，绘一驮炭毛驴，驴的主人缩项袖手，肩负一竿，竿后挑一只山鸡，方顶风冒雪而行〔图18-8〕。南宋姜特立《买乌薪戏题》："雨雪冬春无了时，乌薪断续恼衰羸。偶然买得婆欢喜，且免山翁晓皱眉。"[2]用来标题此图，却是合宜。

不过姜特立的暖阁中又另有别致处，其诗《火阁创壁厨》云："壁厨殊易成，制度亦苟简。二边各一柱，四齿横两板。重重叠书册，造次可

[1]《全宋诗》，册二四，页16063。

[2]《全宋诗》，册三八，页24128。

[18-9]

抽拣。”[1] 虽形制简易，但“方方七尺强”的小室中有了这样一个书架，实在很有读书之便。山西高平开化寺宋代壁画中的鹿女本生经变中绘一草庐，庐中设床，床的里侧设衣桁，一个三层的书架设在床头，架上分层置放书册与画卷〔图18-9〕。火阁壁橱，据诗中的形容，大约不外如此。只是火阁壁橱原是诗人自创，平常暖阁或未必总要有图籍相伴。北宋王庭珪有诗题作“初寒方葺火阁，而会溪知城周子康惠竹帘火炉，宁公瑞惠蒲团，便足了一岁无事矣”[2]，诗人之言虽不可看得太认真，但同样使用省笔的宋人画品却不乏与诗“唱和”者，传赵伯驹《江楼卧雪图》，可作一例〔图18-10〕。炭炉作为居室冬天的象征，其他一切严寒空气里本应具有的设施，便尽可由人想象，宋人的诗词已经为我们提供了足够多的材料。倒是这一幅画里床头露出绘着墨竹的卧屏，不免平添一重意外的诗趣。南宋黄庚《床屏墨竹》：“淇澳新梢笔下分，枕屏墨晕点寒云。诗人纸帐眠清夜，不梦梅花梦此君。”[3] 三、四句说到纸帐梅花，仍涉雅事。朱希真有

图[18-9]
山西高平开化寺宋代壁画

图[18-10]
《江楼卧雪图》〔局部〕

[1] 《全宋诗》，册三八，页24200。
[2] 《全宋诗》，册二五，页16852。
[3] 《全宋诗》，册六九，页43611。

[18-10]

词调寄《鹧鸪天》，句云“道人还了鸳鸯债，纸帐梅花醉梦间”[1]，乃是它的出处。朱希真名敦儒，天资旷达，有神仙风致，南宋绍兴年间以诗词擅名，此句也很是为人传诵。梅花纸帐因此多用于独宿，而成南宋末年居室冬日里最称清幽的诗境。陈著“相对两穷消白日，不交一语到红尘。梅花纸帐寒初试，尽可流连似病身”[2]；杨公远“梅花纸帐伴书窗，毡褥平铺小小床”，“诗魂直透冰霜国，衾锦那沾粉腻香”[3]，皆咏其事。著与公远，还有黄庚，均已由宋入元。

梅花纸帐似乎未见图画，不过南宋林洪《山家清事》有“梅花纸帐”一则述其形制详明如画：法用独床，傍植四黑漆柱，各挂以锡瓶，插梅数枝。后设黑漆板约二尺，自地及顶，欲靠以清坐。左右设横木一，可挂衣。角安斑竹书贮一，藏书三四，挂白麈。以上作大方目顶，用细白楮衾作帐罩之，

[1] 《全宋词》，册二，页843。

[2] 《次韵弟观似单君范》，《全宋诗》，册六四，页40234。

[3] 《次友梅编校独卧床》，《全宋诗》，册六七，页42091。

前安小踏床，于左植绿漆小荷叶一，置香鼎，然紫藤香。中只用布单，楮衾，菊枕，蒲褥，乃相称“道人还了鸳鸯债，纸帐梅花醉梦间”之意[1]。这里说到的“书贮”，台北故宫藏刘松年《唐五学士图》中可见其大概形制〔图 18-11〕。当然这是放在桌子上，如果设在卧帐里，体量应该更小一点。“锡瓶”句，明高濂《遵生八笺》卷八《起居安乐笺下》引作“铜瓶”，似以此为是。铜瓶插花，两宋诗词中常见，如李流谦《梅花》“乱插铜瓶看尽日”[2]；杨万里《瓶中梅杏二花》“折来双插一铜瓶”[3]；又虞俦《瓶中梅二绝》之一：“铜瓶沁水泫微温，便许争春雪里村。应为诗人太幽独，西窗和月伴黄昏。”[4]等等。不过最为常见的仍推胆瓶。南戏《张协状元》“冬季赏雪，胆瓶簪梅数枝，暖阁团坐饮羊羔风味”[5]，正是严冬时节火阁

[1]《说郛》涵芬楼本卷二十二、宛委山堂本弓七十四。按两本字句稍异，此于相异处择取字句相安者。

[2]《全宋诗》，册三八，页 23975。

[3]《全宋诗》，册四二，页 26182。

[4]《全宋诗》，册四六，页 28569。

[5]末句原出宋皇都风月主人《绿窗新话》卷下“党家妓不识雪景”：“陶谷学士尝买得党太尉家故妓，过定陶，取雪水烹团茶，谓妓曰：‘党太尉家应不识此。’妓曰：‘彼粗人也，安有此景，但能销金暖帐下浅斟低唱，饮羊羔美酒耳。’谷愧其言。”则所谓“羊羔风味”，当指羊羔美酒。元邹铉续编《寿亲养老新书》卷三“羊羔酒”条述其制法，且云此是“宣和化成殿方”。

图[18-11]《唐五学士图》〔局部〕

里情景。秋天枕边瓶花则为木樨。黄庚《枕边瓶挂》:“岩桂花开风露天，一枝折向枕屏边。清香重透诗人骨，半榻眠秋梦亦仙。”[1]赵孟坚《鹊桥仙·岩桂和韵》“芳心才露一些儿，早已被、西风传遍”;“便须著个胆瓶儿，夜深在、枕屏根畔”[2]。诗见清疏，词见旖旎，其事则一。岩桂寒梅安顿在屏边枕畔，插花的胆瓶便要小巧才好，徐介轩《岩桂花》“翠叶金华小胆瓶”[3]，是也。温州博物馆藏南宋龙泉窑粉青釉小胆瓶，高十五点七厘米，釉层厚而匀净，光泽柔和[4];上海青浦任氏墓出土宋官窑小胆瓶，高十四点八厘米，瓶施青釉，口沿釉薄处和圈足无釉处显出官窑器特有的紫口铁足[5];台北故宫藏汝窑天青釉胆瓶，高十七点八厘米;宝丰清凉寺汝窑窑址所出天青釉刻花鹅颈瓶，高十九点六厘米，制作均极精好[6]〔图18-12〕，宋人所谓“胆

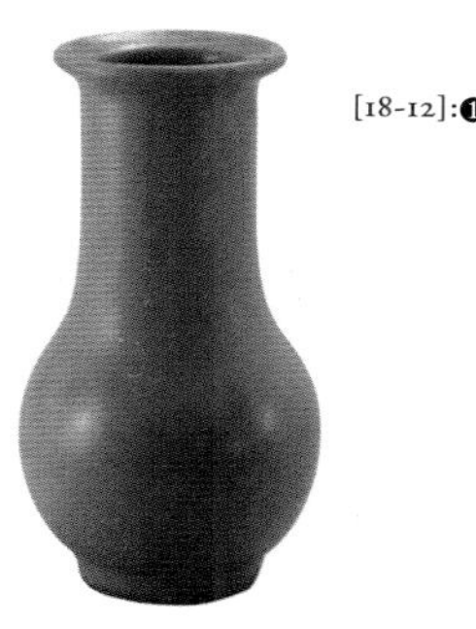

[1]《全宋诗》，册六九，页43604。

[2]《全宋词》，册四，页2854。又王千秋《解佩令·木犀》“开时无奈，风斜雨细。坏得来、零零碎碎。著意收拾，安顿在、胆瓶儿里。且图教梦魂旖旎”。同上，册三，页1471。

[3]《全宋诗》，册七二，页45249。

[4]《温州古陶瓷》，图一一七。

[5]《中国文物精华大辞典·陶瓷卷》“瓷器篇”，图二八八。

[6]《汝窑聚珍》，图八，图十。

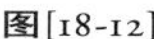
图[18-12]

❶ 龙泉窑粉青釉胆瓶　温州博物馆藏

❷ 官窑胆瓶　上海青浦任氏墓出土

❸ 汝窑天青釉胆瓶　台北故宫博物院藏

❹ 汝窑天青釉刻花鹅颈瓶　清凉寺汝窑窑址出土

瓶花在读书床”[1]“垂胆新甆出汝窑”[2]，“鹅项窑壶插翠干”[3]，传世和出土的实物，与诗笔点评之器应相去不远。总之，秋冬时节居室里的花信，多半由枕屏边的胆瓶儿交相传递。

陆游《春和初迁坐堂中》：“九月天始霜，泽中多烈风。东厢寻丈地，聊以安我躬。薪炭南山来，地炉晨暮红。二月春始和，如虫思旧蛰。草堂虽褊小，门户随时葺。辟窗对小山，峰嶂争箠岌。笔砚陈横几，图书罗矮床。颉颃燕雀声，左右兰茝芳。有时苦顽痺，杖藜寄相羊。折花与弄水，自适亦何常。”[4]秋末初冬，在原本打通的房间里分出一个很小的空间作成暖阁，阁中置炉，升火取暖，一冬起居便多在此间。万物复苏的时候，阁子拆除，于是可以坐在开敞的堂中，推窗望山，与花鸟对语，读书自适。此诗作于开禧三年，放翁八十三岁。是年国事正有不堪闻问者，不过翁已致仕闲居，亦只如平常人度岁，则此诗或可略概当日士人四季起居之一般。

夏

明人喜欢用的架子床、拔步床，宋代还没有出现，冬天里的梅花纸帐之设，也许只可以算作它的前身。宋人卧床与支撑卧帐的构架，仍别为二事。床边常置，则为枕屏或围屏，亦称卧屏。温庭筠《菩萨蛮》“小山重叠金明灭”，所咏即床上的枕屏。宋人咏及枕屏的诗词极多，它的风行似愈于唐五代。枕屏可作成几叠，便是绕床三面而展，而以图画山水为常见。苏轼答吴子野：“近有李明者，画山水新有名，颇用墨不俗，辄求得一横卷，颇长，可用木床绕屏。”[5]朱熹《祝孝友作枕屏小景以霜余茂树名之因题此诗》：“山寒夕飙急，木落洞庭波。几叠云屏好，一生秋梦多。”[6]可见两宋风气。“几叠云屏”宜设在卧室。南宋赵师侠《酹江月·题赵文炳枕屏》“枕山平远。记当年小阁，牙

[1] 林希逸《瓶中指甲花初来甚香，既久，如无之》，《全宋诗》，册五九，页37317。

[2] 南宋楼钥《戏题胆瓶蕉》，《全宋诗》，册四七，页29483。

[3] 南宋董嗣杲《瓶蕉花》，《全宋诗》，册六八，页43730。

[4] 《剑南诗稿校注》，册七，页3909。

[5] 《东坡全集》卷八〇。

[6] 《全宋诗》，册四四，页27541。

床曾展。围幅高深春昼永，寂寂重帘不卷”，所咏便是闺中围屏，下半阕“曲屏环枕”云云，其意可见[1]。河南登封黑山沟一座北宋末年墓，墓室东壁壁画描绘侍寝情形，房帷里的床，即设着山水围屏[2]〔图18-13〕，词中情景正与之仿佛。

枕屏也有素面者，宋人很喜欢用它作文章——单单一个“素”字，便是可以寄意抒怀的好题目，诗人也常常把它写得很可爱。陈著《沁园春 · 囗竹窗纸枕屏》：“小枕屏儿，面儿素净，吾自爱之。向春晴欲晓，低斜半展，夜寒如水，屈曲深围。消得题诗，不须作画，潇洒风流未易涯。人间世，但此身安处，是十分奇。 笑他富贵家儿。这长物何为著意囗。便绮罗六扇，何如玉洁，丹青万状，都是钱痴。假托伊来，遮阑便了，免得惊风侵梦时。何须泥，要物常随我，不物之随。”[3]

这里说到遮阑挡风，正是枕屏的实用处。白居易《卯饮》句云“短屏风掩卧床头”[4]；其《貘屏赞》前小序则特别说道“予旧病头风，每寝息，常以小屏卫其首”[5]。而在宋人，小屏卫首已属平常。陈著屏风词末云“要物常随我，不物之随”，也道着小枕屏

图[18-13]
登封黑山沟北宋墓墓室壁画〔摹本〕

[1]《全宋词》，册三，页2076。

[2]《河南登封黑山沟北宋壁画墓》，页62，图三：6。

[3]《全宋词》，册四，页3036。

[4]《全唐诗》，册一四，页5228。

[5]《白居易集笺校》，册五，页2628。

图[18-14]《荷亭儿戏图》 美国波士顿美术馆藏

图[18-15]《风檐展卷图》〔局部〕 台北故宫博物院藏

儿的好处，即它的便携。欧阳修《书素屏》“我行三千里，何处与我亲。念此尺素屏，曾不离我身”，“开屏置床头，辗转夜向晨”[1]，却又是一种更为小巧、可以提携随身、随处置放的单面小屏，宋《荷亭儿戏图》、《风檐展卷图》所绘榻上小屏便是此类，也正如画中的安排，在夏天用它最为合宜〔图 18-14、图 18-15〕。

至于居室中的床，夏日则多张质量轻薄之帷，时人名作纱幮或葛幮。黄庭坚《和李文伯暑时五首》，咏夏日里的五件物事，一曰扇，二曰麈尾，三曰石枕，四曰蕲簟，五曰葛幮。《葛幮》诗云：“飞蚊远床帷，来傍青灯集。微凉忽透隙，如带惊雷入。念彼无幮者，中夜何叹及。天下同安眠，西风向秋急。”[2] 前两句点明葛幮之设在于避蚊，其后言其轻薄而可取风凉。以下则是诗人常有的民胞物与之怀，正如老杜的《茅屋为秋风所破歌》。

葛幮里置枕。竹枕，藤枕，石枕，瓷枕，都可在暑日取清凉。江西、湖南有大竹曰猫头，时人取以作枕，宋人竹枕诗中常见赞誉[3]。所谓“竹枕紬衾素屏小”，有此数物，便可助得夏夜里的“片时清梦”[4]。“久夏天难暮，纱幮正午时。忘机堪昼寝，一枕最幽宜。”瓷枕上的一首诗，正标明自家用途[5]。“火炽九天，时惟三伏，开北轩，下陈蕃之榻；卧南薰，簟〔蕲〕春之竹。”《枕赋》一篇也是磁州窑枕上切题的装饰[6]。陈万里《陶枕》著录一件宋三彩柳荫读书枕，枕上画出柳枝披拂，石榻上一个单衫女子倚枕卧读，正是仲夏日的一角清景[7]〔图 18-16〕。瓷枕以北方制品为多，《枕赋》云“有枕于斯，制大庭之形，含太古之素，产相州之地”，相州即今河南安阳、河北邯郸一带，宋时这里本有烧瓷之盛，瓷枕自然也是大宗，且不乏佳好者，友朋间或持以为赠。张耒《谢黄师是惠碧瓷枕》：“巩人作枕坚且青，故人赠我消炎蒸。持之入室凉风生，脑寒发冷泥丸惊。梦入瑶都碧玉城，仙翁支颐饭未成。鹤鸣

[1] 《全宋诗》，册六，页 3632。

[2] 《全宋诗》，册一七，页 11628。

[3] 如韩驹《湖南有大竹，世号猫头，取以作枕，仍为赋诗》，《全宋诗》，册二五，页 16592；吴则礼《又次竹枕韵》诗前小序云“分宁猫竹为之，极奇妙”，《全宋诗》，册二一，页 14300。

[4] 李纲《感皇恩 · 枕上》，《全宋词》，册二，页 903。

[5] 《陶枕》，页 2。

[6] 《磁州窑枕》，页 67；《枕赋》作者为漳滨逸人王寿明。

[7] 《陶枕》，图版四。

月高夜三更，报秋不劳桐叶声。我老耽书睡苦轻，绕床惟有书纵横。不如华堂伴玉屏，宝钿欹斜云鬓倾。”[1]张耒是苏门四学士之一，师是，黄寔之字。寔与苏轼兄弟皆交好，其女且许嫁东坡之子。师是以碧瓷枕相遗，文潜则以诗作答。泥丸是道教语，即脑神的别名，“脑寒发冷泥丸惊”，形容瓷枕的清凉解暑，因此可以“梦入瑶都”，“一枕黄粱”[2]。安徽省博物馆藏一件绿釉划花枕，正是宋代常见的式样，枕面当心铺展着大大的几片芭蕉叶，叶脉上还带着风[3]〔图 18-17〕。青青之体，“持之入室凉风生”矣。

夏日里，房檐外支起障日棚，“冬设夏除”的各种隔子自然都已除去。少少的几扇窗，或也不糊窗纸，惟凭竹帘的卷舒来作调节。黄庭坚与人书云：“更欲造一小竹帘具，长阔之度奉呈，作成并欲截青布缘之。”又一书：“造二帘，极如法，甚烦调护也”；“更欲得两对小帘钩，只木工作者可也。得此帘，则当去窗纸，甚凉矣。又虑风

[18-16]

[18-17]

图[18-16]
宋三彩柳阴读书枕

图[18-17]
宋绿釉划花枕
安徽省博物馆藏

图[18-18]《扶醉图》〔局部〕
怀云楼藏

[1] 《全宋诗》，册二〇，页 13111。

[2] 《宋诗选注》页 93：“也许可以附带说，张耒是个大胖子，黄庭坚《戏和文潜谢穆父松扇》诗里就取笑他‘六月火云蒸肉山’。”按山谷诗见《全宋诗》册一七，页 11369。

[3] 《安徽省博物馆藏瓷》，图八八；安徽肥田县出土，长二十七、宽二十一、高九点二厘米，从造型、胎釉来看，应属北方窑场制品。

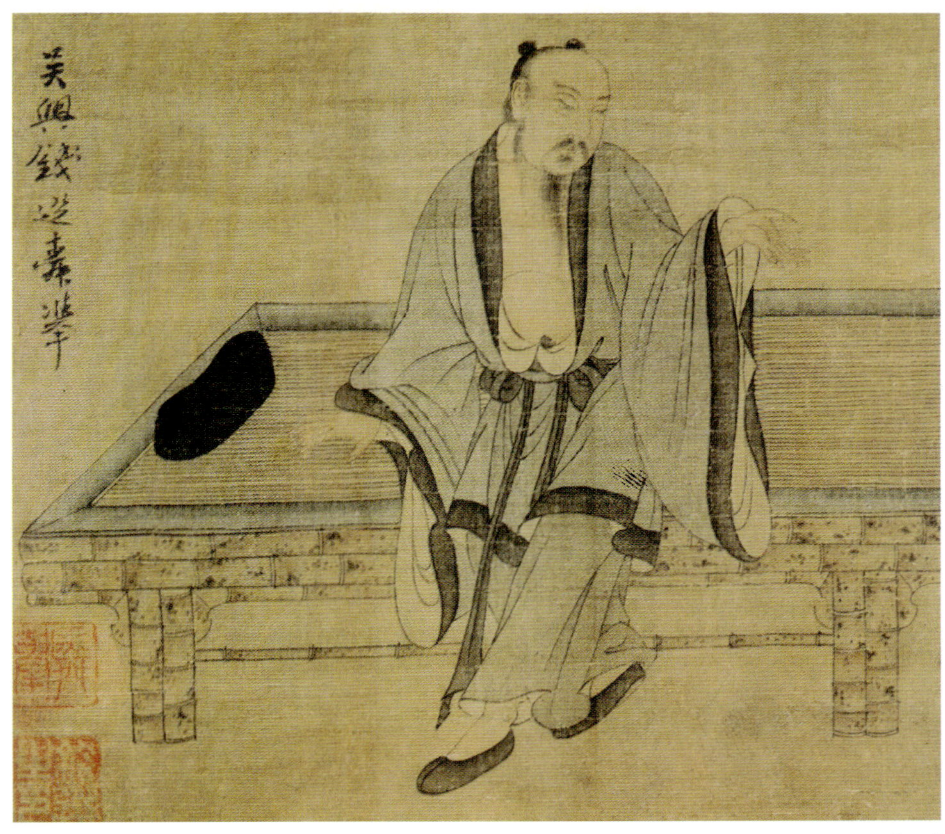

[18-18]

雨夜中冷，须得两帘于窗里，各阔五尺，长三尺七，以柿胶糊之。仍打四小铁环、四小铁钩，事乃大备。”琐琐细细，好教我们觑得当日情景。

居室夏日或设藤竹为质的凉床，陆放翁《薄暑》“南北两松棚，细细吹清香。堂中无长物，独置湘竹床”[1]，即此。竹床上不施帐褥。黄山谷与人书云“书堂中已设凉床，恐夜中风雨冷甚，欲就壁间更设一暖床”[2]，则暖床当有帐。钱选《扶醉图》中所绘，大约便是凉床之类[3]〔图 18-18〕。竹制的凉床便于移易，夏日可

(1)《全宋诗》，册四〇，页 25450。又南宋吴儆《以竹床赠杨信伯古诗代简》“此君丘壑姿，不受世炎凉”；“娇揉加尺度，指绕百炼刚。直节甘枕藉，凛气荐冰霜”；“他日飞雪或不常，烦君拂拭悬虹梁”〔《全宋诗》，册三八，页 24063〕，可知竹床当专用于夏日。

(2)《山谷简尺》卷上。又苏轼《南堂五首》之三：“他时夜雨因移床，坐厌愁声点客肠。一听南堂新瓦响，似闻东坞小荷香”〔《全宋诗》，册一四，页 9328〕。二者同声相应处，正见得堂中设凉床之意趣。东坡客居之南堂也别有卧床之设，同题之五，句有“扫地焚香闭阁眠，簟纹如水帐如烟”，是也。

(3)《艺苑掇英》第三十八期，页 25。

图[18-19]《纳凉观瀑图》

以设在小园，高卧庭榭，披风听泉，故宫博物院藏南宋册页《纳凉观瀑图》，所绘即是此境〔图 18-19〕。

前引黄山谷《和李文伯暑时五首》，所咏之扇为团扇，物甚平常，但其中也不乏精致者。江苏金坛县南宋周瑀墓出土两件漆柄团扇，细木杆为扇轴，竹丝篾作成仿蕉叶的扇骨，扇面裱纸施柿汁，坐在两弯月牙式的扇托上。扇柄可以转动的一件用剔犀作，另一柄犀皮作。剔犀的一件雕刻如意头，柄与扇面的相接处有后刻的"君玉"二字，系主人之字[1]〔图 18-20〕。南宋巩丰《咏豫章蕉叶素扇》："宝月乘鸾空复情，颇嫌携重爱携轻。犀皮赤柄终伤俗，细骨洪蕉竟入清。格调不殊蒲处士，工夫全藉楮先生。文饶空赋桐花赋，绚丽虚成画史名。"[2] 诗

[1] 《金坛南宋周瑀墓》，页 108；《宋代团扇和雕漆扇柄》，页 35；《中国漆器全集 ·4· 三国至元》，图一三〇、一三一。按关于扇子的详细情况，此三处的叙述不尽一致，本篇系综合其说。关于犀皮柄的一件，《宋代团扇和雕漆扇柄》云："从出土时残留漆片看出，柄上原髹有犀皮漆，可惜已全部脱落，无法还原了。"

[2] "桐花赋"句下自注云："李卫公有《画桐花凤团扇赋》。"《全宋诗》，册五〇，页 31151。

图[18-20]南宋周瑀墓出土团扇

❶ 剔犀柄团扇

❷ 剔犀扇柄

❸ 犀皮柄团扇

以称扬蕉叶素扇为主旨，“犀皮赤柄”虽精好，却是特地拿来作反衬，而适成此漆柄扇的一个见证。

夏天贵富之家所用又有风扇，时称扇车或轮扇、车扇，仁宗时，“江淮发运使刘承颜进轮扇”[1]，徽宗《宣和宫词》“辘轳车扇间关处，双月回廊彩凤飞”[2]，皆是也。扇车早已出现在唐代宫廷。宋王谠《唐语林》卷四引《庐陵官下记》云：“玄宗起凉殿，拾遗陈知节上疏极谏，上令力士召对。时暑毒方甚，上在凉殿座后，水激扇车，风猎衣襟。知节至，赐坐石榻，阴霤沉吟，仰不见日，四隅积水成帘飞洒，座内含冻。复赐冰屑麻节饮。陈体生寒栗，腹中雷鸣，再三请起方许，上犹拭汗不已。陈才及门，遗洩狼籍，逾日复故。谓曰：‘卿论事宜审，勿以己

[1] 《宋会要辑稿 · 食货四一》：“景祐元年六月十六日，起居舍人知谏院郭劝言，江淮发运使刘承颜进轮扇、浴器，乞宣示百官毁掷，诞布中外，不得以此进献”〔第六册，页 5555〕。又《三朝北盟会编》卷九七《靖康中帙》云金人入城径取诸库玩好，中有珍珠扇、大扇等若干合，又有“扇车一百两”。

[2] 《全宋诗》，册二六，页 17051。

方万乘也。'" 人之畏冷畏热，本来性有不同，宜乎玄宗犹拭汗，而知节腹泻不能已也。只是其间之异，却不是凡人与帝王之别。这里说到的用水降温的凉殿，亦"自雨亭"之属，见唐《封氏闻见记》卷五。宋代也用这样的办法驱暑。《宣和宫词》："花枝连属胜丹青，叠嶂层峰立翠屏。汲引飞泉来玉甃，璇题因缮迸珠亭。"[1] 即此。凉殿里的"水激扇车"，则是以水为动力，如同玄宗朝一行与梁令瓒制作浑天仪的"注水激轮"，见《旧唐书》卷三五《天文上》。这样的条件自然不容易达到。宋曾公亮《武经总要》前集卷一二录有一件风扇车，其转动靠手摇，"二柱、二桄，高阔约地道能容，上施转轴，轴四面施方扇，凡地道中遇敌人，用扇扬石灰、簇火毬，烟以害敌人"〔图18-21〕。此是军事用具，但也不妨用来取凉。南宋曹勋《和钱处和扇车》，句有："君家世德胄，富贵出谦受。泠然御寇车，为君驻户牖。初讶鼓清薰，与客破宿酒。又疑建溪风，碾声出两肘。细视碧玉架，莲梗转双手。遂令青田鹤，奋翼挥莫后。"[2] 处和，即钱端礼，惟演之曾孙，以荫授官，后来做到宰辅。"君家"云云，指此。诗中说到的扇车，乃御寇车，则当《武经总要》中的风扇车之属。青田鹤，神仙所养也，不过扇车摇起来虽犹鹤之奋翼，但它的噪音似亦颇剧，诗所以用碾茶之声作比。曹勋的另一首《扇车》诗"失喜门边须茗客，隔篱误作碾时声"[3]，也是同样的意思。其诗且云"碾回剧暑轩楹去，载得长风枕罩清"，"碾"字借得别致。这里的"枕簟"，便又是山谷诗中所咏石枕蕲簟之类。而与之在一起的常常还有竹夫人。

所谓"竹夫人"，原是细竹篾结作花眼，编就周身透空的一根长圆形的竹笼。晚唐皮日休诗题作《鲁望以竹夹膝见寄因次韵酬谢》，句云"圆于玉柱滑于龙，来自衡阳彩翠中。拂润恐飞清夏雨，叩虚疑贮碧湘风"[4]，其制可知也。它的见于吟咏，也便始于陆鲁望〔龟蒙〕与皮袭美〔日休〕的赠答中，其时名作竹夹膝。到了苏轼的诗里，它被称作竹几[5]，黄庭坚则名之曰青奴[6]，以后宋人更多把它唤作竹夫人。明王圻等编《三才图会》，其器

[1]《全宋诗》，册二六，页17050。

[2]《全宋诗》，册三三，页21095。

[3]《全宋诗》，册三三，页21160。

[4]《全唐诗》，册一八，页7079。

[5]《送竹几与谢秀才》，王文诰辑注《苏轼诗集》，册四，页1354。按竹制的隐几宋人也称竹几，与此并非一事。

[6]《赵子充示竹夫人诗，盖凉寝竹器，憩臂休膝，似非夫人之职，予为名曰青奴，并以小诗取之二首》，其一云："青奴元不解梳妆，合在禅斋梦蝶床。公子有人同枕簟，肌肤冰雪助清凉。"《全宋诗》，册一七，页11390。

用类所录竹夫人，与皮、陆笔下的形象没有不同〔图18-22〕。竹夫人又渡海去了东瀛，寺岛良安编《和汉三才图会》也绘有竹夫人图，云："抱笼，俗谓竹几，夏月昼寝抱之以取凉，因得夫人名。"竹夫人虽非红粉佳人，却实在是溽暑中的清凉知己，且正好与隆冬里的汤婆子对应[1]。而夫人之名，更不免惹人遐思，因成吟诗作赋的好题目。或旖旎温柔作情语，或严正中寓调侃作道学家言，又或为它作"制"[2]，作传，吟咏之篇不胜举。南宋王质《竹夫人二首》之一："夫人承主爱，不在鸳鸯帏。庭枫飘一叶，满眼贮秋悲。"[3]王质曾著《诗总闻》，解《诗》，尤其是《风》之部，很有些新

图〔18-21〕
《武经总要》中的风扇车

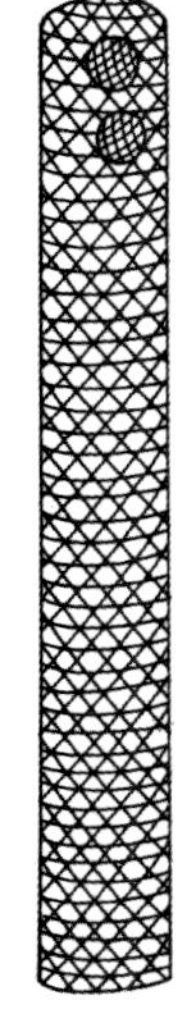

图〔18-22〕
《三才图会》中的竹夫人

[1] 汤婆子，宋人也称之为脚婆子，即暖脚铜缶。苏轼《与杨君素》："无以表意，辄送暖脚铜缶一枚，每夜热汤注满，密塞其口，仍以布单裹之，可以达旦不冷也"〔《东坡全集》卷八二〕。黄庭坚《戏咏暖足瓶二首》之二："脚婆原不食，缠裹一衲足。天明更倾泻，颒面有余燠"〔《全宋诗》，册一七，页11416〕。则晨起又可用其中温水洗脸。又虞俦《脚婆子》"此姥原无妒与嗔，平生气类竹夫人"〔《全宋诗》，册四六，页28497〕；又同题另有句云"一衲包缠密，重衾底里温。穷冬为老伴，永夜得深论"〔同前，页28480〕，等等，同类之作颇多。与竹夫人相同，汤婆子也传往东瀛，《和汉三才图会》卷三二"家饰类"有汤婆子图，释云："按汤婆以铜作之，大如枕，而有小口盛汤，置褥傍以暖腰脚，因得婆之名。竹夫人与此以为寒暑悬隔之重器。"

[2] 《鹤林玉露》卷四甲编"竹夫人制"条"李公甫谒真西山，丐词科文字，西山留之，小饮书房，指竹夫人为题曰：'蕲春县君祝氏，可封卫国夫人。'公甫援笔立成，末联云：'於戏，保抱携持，朕不忘两夜之寝；展转反侧，尔尚形四方之风。'西山击节。盖八字用《诗》、《书》全语，皆妇人事，而形四方之风，又见竹夫人玲珑之意。其中颂德云：'常居大厦之间，多为凉德之助。剖心析肝，陈数条之风刺；自顶至踵，无一节瑕疵。'"作制语，自是考验才思。保抱携持，出《书·召诰》；展转反侧，出《诗·关雎》，形四方之风，又用诗序。拈《诗》、《书》现成语而用得极贴切，难怪西山击节。不过最有意思的还是末了之颂德，竹夫人乎，真西山乎，岂非得咏物之髓乎。

[3] 《全宋诗》，册四六，页28854。

[18-23]:❶

鲜的意见。此诗咏物颇觉贴切，“满眼贮秋悲”，作双关语而寓体贴之意，“满眼”，切竹夫人之形：原是玲珑剔透身也；“秋悲”，切竹夫人之用：乃长夏暂为伴也；“贮”字依然形、义双关，却接得不露痕迹。

炎炎夏日，居室降温又有置冰之法。北宋王珪《宫词》：“御座垂帘绣额单，冰山重叠贮金盘。玉清迢递无尘到，殿角东西五月寒。”[1]此是一幅宫中消夏图也。徽宗《宫词》：“绿槐阴和正炎曦，高叠盆冰匝座围。沉李浮瓜清玉槛，水晶宫殿正忘机。”[2]又：“象榻冰盘四面凉，风摇槐影蘸莲塘。玉颜一枕游仙梦，谁觉炎天畏日长。”[3]元刘贯道《消夏图》所绘正是这样的夏日小景，冰盘里夏果数枚，尚依稀可辨〔图18-23〕。

夏冰非寻常可得，仕宦之家多仰仗朝廷之赐，唐雍裕之《豪家夏冰咏》“金错银盘贮赐冰，清光如耸玉山稜”[4]，是也。宋代夏冰早已成商品，如《东京梦华录》卷八六月中事所记，又刘克庄《乍暑一首》“南州四月气如蒸，却忆吴中始卖冰”[5]。但赐冰始终是制度，梅尧臣因有诗云“头颅汗匝无富贵，虽有颁冰论官职。官高职重冰则多，日永冰消难更得”[6]。友朋间或以赐冰相遗，梅圣俞又有《韩子华遗冰》，句云“六月侍臣方赐冰，我赋得之从友朋。开盘一见水玉璞，置坐百步无青蝇。热肤收汗起疹粟，不有消渴同茂陵”[7]。子华

[1]《全宋诗》，册九，页6000。

[2]《全宋诗》，册二六，页17046。

[3]《全宋诗》，册二六，页17059。

[4]《全唐诗》，册一四，页5351。

[5]《全宋诗》，册五八，页36158。

[6]《次韵和永叔石枕与笛竹簟》，《全宋诗》，册五，页3317。

[7]《全宋诗》，册五，页3080。

即韩绛，曾为翰林学士，后官至宰辅。北宋六月往终南采冰，以供当朝之用[1]。渡江后，以“江南地暖不藏雪”〔周紫芝《徐使君送冰》〕，而或改取河冰。紫芝诗云“今年渡江当入淮，淮人荫子恰复开”，句下自注“淮人谓藏冰处为荫子”[2]，即其事。

刘子翚《夏日吟》：“君不见长安公侯家，六月不知暑。扇车起长风，冰槛沥寒雨。重檐邃屋昼生阴，反易天时在谈吐。又不见五陵富豪儿，炎天多快意。雪縠曳轻明，珍盘嚼甘脆。蛾眉皓齿发清歌，洒酒[illegible]枝集蝇蚋。何如野客歌沧浪，万事不理心清凉。流金铄石未为苦，势利如火焚中肠。”[3]子翚，字彦冲，号病翁，学者称为屏山先生，朱熹曾经从他问学。“扇车”云云，“冰槛”云云，“珍盘”云云，即这里已经举出的各项，可知诗把贵富之家夏日里的奢侈，差不多尽括其中。结末却是儒者怀抱。沧浪之水，清且凉兮，祛暑真谛，此之谓欤。

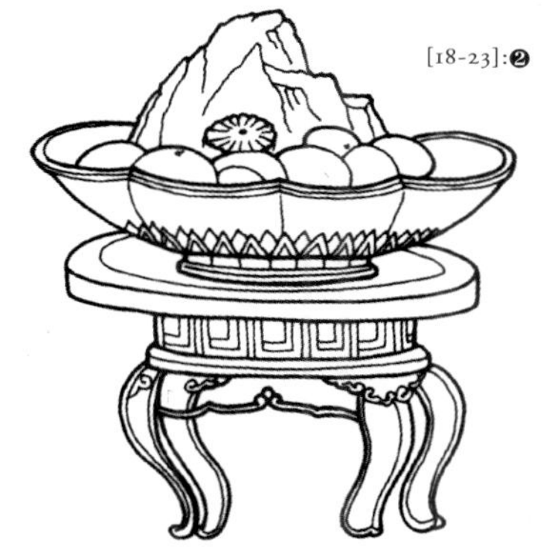

图[18-23]
❶ 刘贯道《消夏图》〔局部〕
美国纳尔逊艺术博物馆藏
❷《消夏图》中的冰盘〔摹本〕

[1] 北宋范纯仁有《观终南采冰》：“凝结自太古，苍崖浅阏深。炎蒸当六月，皎洁正千寻。金盘通珠液，青蝇避玉碪。焦劳方旰昃，聊可沃君心。”《全宋诗》，册一一，页7410。此即官采，故诗以颂圣作结。

[2]《全宋诗》，册二六，页17200。又《鸡肋编》卷中记绍兴二年事云：“二浙旧少冰雪，绍兴壬子，车驾在钱唐，是冬大寒屡雪，冰厚数寸。北人遂窖藏之，烧地作荫，皆如京师之法。临安府委诸县皆藏，率请北人教其制度。明年五月天中节日，天适晴暑，供奉行宫，有司大获犒赏。其后钱唐无冰可收，时韩世忠在镇江，率以舟载至行在，兼昼夜牵挽疾驰，谓之‘进冰船’。”

[3]《全宋诗》，册三四，页21365。

隐几与养和

养和之为器，名称出现得很早，但名称的使用却不很普遍，而它的意思也并不是始终一致。《太平广记》卷三八“李泌”条，曰唐肃宗时宰相李泌辞官求隐，于是“采怪木蟠枝，持以隐居，号曰‘养和’”，这是人们所熟悉的养和最早的出处。这里说的养和，便是用一枝虬曲的松枝，大体依它自然的形状，作成用来凭倚的隐几。晚唐皮日休赠毗陵处士魏不琢五件雅物，松枝养和即其一，其《五贶诗·序》所谓“桐庐养和一，怪形拳跼，坐若变去，谓之‘乌龙养和’”[1]，是也。他的好友陆龟蒙也有诗咏此，句云“倚肩沧海望，钩膝白云吟”[2]，依诗中的形容，可知这一件乌龙养和也是隐几。美国大都会博物馆藏杜堇《伏生授经图》所绘即松枝养和之属，虽是出自想象，却与古式不致相去太远，惟凭倚的姿势既非伏生所有，也与皮、陆诗中所咏不同〔图19-1〕。

隐几，又称作凭几，或单名曰几，曰机。隐与凭，这里都是依倚的意思[3]。隐几的历史很悠久，《诗》，《书》，《左传》，《周礼》，《孟子》，《庄子》，都曾提到它。《尚书·顾命》“凭玉几”，此所谓“玉

图[19-2]
黑漆朱绘花几　中国国家博物馆藏

[1] 《松陵集》卷五。

[2] 《乌龙养和》，《全唐诗》，册一八，页7159。

[3] 《说文·𠬪部》：“𢀷，所依据也。”“读与隐同。”又《几部》：“凭，依几也。”

图[19-1]《伏生授经图》〔局部〕

几”，是为重臣而设。《诗 · 大雅 · 行苇》“戚戚兄弟，莫远具尔。或肆之筵，或授之几”，是燕饮以聚亲族，年长者受几，所以特别表示尊礼。《左传 · 昭公五年》云“礼之至者”，乃“设机而不倚”，《孟子 · 公孙丑下》曰“孟子去齐，宿于昼。有欲为王留行者，坐而言。不应，隐几而卧”，则又是表现一种傲然的姿态。可以说，隐几是席坐时代的一件重要家具，它可用来缓解久坐的疲劳，这是实用的一面；而其设与不设，倚与不倚，又有着若干礼仪的内容。喜欢把生活艺术化的先秦时代，隐几故事中包含的礼乐文明，同它的制作工艺的精致，也常常是互相辉映。

先秦至两汉，隐几的式样大抵是几面平直或中间微凹，并且多为二足。如中国国家博物馆藏时属战国的一件黑漆朱绘花几[1]〔图 19-2〕，如信阳楚墓所出两件雕花漆几[2]。汉代出现了独坐式的榻[3]，不过席坐的姿式和习惯并没有改变，隐几与榻，便成为经常的组合，且又有了表示尊崇的意义。山东苍山县城前村汉墓出土的画像砖，宴饮场面中，主人踞榻凭几[4]；四川成

[1]《中国历史博物馆——华夏文明史图鉴》〔二〕，图二八。

[2]《信阳楚墓》，图版二六：3。按此为一号墓出土，二号墓所出与此大致相同，见同书图版九四：1。

[3]《汉、魏、晋独坐式小榻初论》，页 67。

[4]《中国画像石全集 · 3》，图一〇六。

[19-3]:❶

[19-3]:❷

[19-3]:❸

图[19-3]
❶黑漆几　三国吴朱然墓出土
❷❸十六国墓墓室壁画

都青杠坡所出表现授经场面的画像砖，讲经者端坐在独榻，前设隐几[1]〔图20-26:2〕，都是这样的例子。直到魏晋南北朝，也还如此。不过此际更为流行的样式，是曲木抱腰式的三足隐几。安徽马鞍山市三国吴朱然墓发现的黑漆几，是难得的一件保存完好的实物[2]〔图19-3:1〕，而很能代表当时的一般风气。谢朓诗《乌皮隐几》："蟠木生附枝，刻削岂无施。取则龙文鼎，三趾献光仪。勿言素韦洁，白沙尚推移。曲躬奉微用，聊承终宴疲。"[3]蟠木，屈曲之木。素韦，白色皮革。白沙，取意于《荀子·劝学》"白沙在涅，与之俱黑"。此以素韦难保其洁而反衬"乌皮"足取。"三趾"、"曲躬"，状隐几之形，小谢所咏，与朱然墓中的隐几几乎无别。南土如此，北地亦然。东晋永和十三年冬寿墓壁画、甘肃丁家闸十六国墓壁画都描绘主人坐榻凭几，所凭也是曲木抱腰式的三足几[4]〔图19-3:2、3，图17-5〕。有了这样一个弯曲，凭几的姿势便可以更为舒适。

当然几面平直、下置二足的传统式样，依然与三足隐几并行，且一直延续到隋唐。今藏美国波士顿美术馆

[1]《中国美术全集·绘画编·18画像石画像砖》，图二三六。

[2]《中国漆器全集·4·三国至元》，图二一。

[3]《先秦汉魏晋南北朝诗》，中册，页1453。

[4]《嘉峪关酒泉魏晋十六国墓壁画》，页316。

的《历代帝王图》和《北齐校书图》，旧题唐阎立本作，《帝王图》中坐在小辇上的陈宣帝，所凭即此式〔图 19-4〕；《校书图》里侍女所捧持的一件与榻上秉笔者右侧所凭，也是同一样式[1]〔图 19-5〕。日本正仓院藏品中，有黑漆挟轼一，紫檀木画挟轼一，后者并附有尺寸与之相合的白罗褥一件〔图 19-6〕。《天平胜宝八岁六月二十一日献物帐》录有“紫檀木画挟轼一枚”，其下注明“著白罗褥”[2]〔图 19-7〕，即是此件。它与《帝王图》和《校书图》中的隐几正是同样的形制。天平胜宝八年，为公元七五六年。唐人又或称隐几为夹膝。《急就篇》“简札检署椠牍家”，唐颜师古注：“家，伏几也，今谓之夹膝。”《酉阳杂俎》前集卷一三“冥迹”之部云：“长白山西有夫人墓，魏孝昭之世，搜扬天下才俊，清河崔罗什弱冠有令望，被征诣州，夜经于此，忽见朱门粉壁，楼台相望。俄有一青衣出，语什曰：‘女郎须见崔郎。’”女郎，墓主人也，乃曹魏元城令吴质之女。女遂“与什叙温凉，室内二婢秉烛，呼一婢令以玉夹膝置什前”。这里的“玉夹膝”，便是隐几。不过今人说到“夹膝”，或以陆龟蒙诗中的“竹夹膝”与此同论[3]，却是误会，陆诗所咏“竹夹膝”，原指竹夫人，诗所谓“截得筼筜冷似龙，翠光横在暑天中”[4]，已形容得明白。

图〔19-4〕
《历代帝王图》〔局部〕

(1)《海外藏中国历代名画 · 1 · 原始社会至唐》，图五三；图三九。

(2)《正倉院宝物 · 3 · 北倉》〔Ⅲ〕，页 74。

(3)《魏晋南北朝史札记》，页 342。

(4)《以竹夹膝寄赠袭美》，《全唐诗》，册一八，页 7184。

[19-5]:❶

[19-5]:❷

[19-6]:❶

[19-6]:❷

[19-6]:❸

唐是高坐具开始发达的时代，至于两宋，椅子的使用就更为普遍，品类也更多。但待客坐椅，家居坐榻，似乎仍是长期保留的一种习俗。家居独处，文人更喜欢既可坐又可卧的榻。他喜欢在家中经营一方完全属于自己的天地，此中可以别无长物，而惟存一榻或一床。床与榻，唐宋诗文中常常互通，可以灵活移置的床，原是归在榻类，而同属坐具，自与寝室专设的卧床不同。白居易《小台》：“新树低如帐，小台平似掌。六尺白藤床，一茎青竹杖。风飘竹皮落，苔印鹤迹上。幽境与谁同，闲人自来往。”(1) 陆游《溪园》：“跌宕欲忘形，溪园半醉醒。静看猿哺果，闲爱鹤梳翎。矮榻水纹簟，虚斋山字屏。更须新月夜，风露对青冥。”(2) 都是随手可以举出来的例子。契会于猿啼鹤鸣，相伴于清溪绿柳，生活中的这一分绿意，仿佛永远为诗人所想望。而一旦置身于此，便不能没有榻，长久与榻相伴的隐几，自然也成必须。

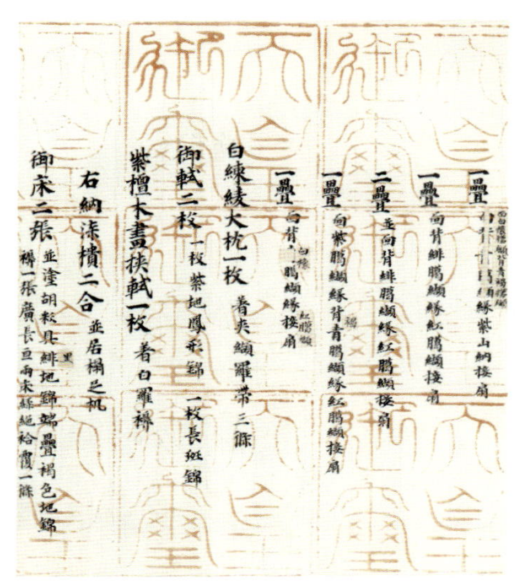

一疊

一疊 面背緋臈纈緣紅臈纈接角

二疊 並面背緋臈纈緣紅臈纈接角

一疊 面紫臈纈緣背青臈纈緣紅臈纈接角

一疊 面背白橡臈纈緣接角

白練綾大枕一枚 著夾纈羅帶三條

御軾二枚 一枚紫地鳳形錦 一枚長斑錦

紫檀木畫挾軾一枚 著白羅褥

右納漆櫃二合 並居榻足机

御床二張 並塗胡粉具緋地錦端疊褐色地錦褥一張廣長亘兩床緋絁袷覆一條

[19-7]

(1)《全唐诗》，册一四，页 5126。

(2)《全宋诗》，册四〇，页 25443。唐宋时代，此类方便移动的藤床、竹床，或多以六尺为度，前引白诗是其例。又南宋徐照《觅班竹作床》“杀青色玳瑁，六尺光照空”〔《全宋诗》，册五〇，页 31393〕，亦此。南宋许棐《孙祺卿新居》“山呈好画当书案，柳撒轻丝罩钓船。酒力半酣诗思倦，矮床相对白鸥眠”〔《全宋诗》，册五九，页 36855〕，所谓“矮床”，当与陆诗之“矮榻”同属。此在两宋绘画中颇为常见，如《莲塘泛艇图》，《草堂客话图》，赵大亨《薇亭小憩图》，等等。

图[19-5]
❶《北齐校书图》 局部一
❷《北齐校书图》 局部二

图[19-6]
❶ 黑漆挟轼 日本正仓院藏
❷ ❸ 紫檀木画挟轼与白罗褥 日本正仓院藏

图[19-7]《天平胜宝八岁六月二十一日献物帐》〔局部〕

[19-8]

[19-9]

如此情景，绘画中时或有见，今藏台北故宫的一幅元人所作《倪瓒像》，可以算作最为合式的一例。清雅明净的居室，凭几坐榻的主人公，精心选择出来的绘画语言恰当表现着云林子胸无点尘的逸韵风神〔图 19-8〕。而从这一幅作品中，我们看到隐几的位置发生了变化，即由身体之前而移到了身体的一侧，且稍稍偏后。此与故宫收藏的宋人《维摩演教图》，正是同样情形[1]〔图 19-9〕。这样的变化，

[1] 隐几趺坐，也是道释人物的表现程式之一，如唐麟德二年田客奴造石道像〔《中国历代纪年佛像图典》，图二五九〕，如大足北山石窟第一七七号龛泗州大圣坐像，如辽宁省博物馆藏南宋《白莲社图卷》，等等。

图[19-8]
《倪瓒像》

图[19-9]
《维摩演教图》〔局部〕

与坐姿的改变密切相关，汉代以前的跪坐早已不行，隐几的置放，也没有必要总是遵从古制，它可以前凭，也不妨侧倚，不过在于使坐榻的姿式更加随意和舒适。当然这变化早就开始，本篇起首引《太平广记》中的李泌故事，而成书于《广记》之后的《新唐书》，同记此事，却文字有异。卷一三九《李泌传》，曰"泌尝取松樛枝以隐背，名曰'养和'"。"隐背"二字，为《广记》所无，而它实在是递送了隐几在唐宋之际悄然演变的消息。上古时代隐几中所包含的礼仪内容，中古以后逐渐隐退，变化的结果，是隐几和榻以它的悠然古意而与一种从容潇洒的燕居方式结合在一起，被推向诗的境界，因此成为总是做着归隐之梦的文人一件特别的道具。北宋李光《竹几》"虚滑轻凉任自然，水边林下最相便"[1]，正是揭明其义；南宋袁燮同题诗咏竹几："深林碧琅玕，直节空其中。截为小曲几，贯以青丝总。自然光莹质，不费髹漆工。偃仰隐背稳，提挈才指从。儿曹莫轻毁，此物便老翁。"[2]"偃仰隐背稳"，既是用典，也是写实，由《维摩演教图》与《倪瓒像》，可以看到图与诗的契合处传达出来的士人风神。它虽然未必是日常生活中的普遍习俗，却是广为诗人士子所爱赏的一种古典趣味。

至于养和，则是宋人用唐代已有的名称，而制作出来的不同于隐几的另一件器具[3]。南宋林洪《山家清事》"山房三益"条，曰"采松樛枝作曲几以靠背，古名'养和'"。"古"者，唐也。所谓"采松樛枝作曲几以靠背"，仍用《新唐书·李泌传》中语，以切"山房"的隐居之趣。宋汪藻"清谈三尺竹如意，宴坐一枝松养和"[4]；金宇文虚中"散步双扶老，栖身一养和"[5]；元袁桷"杖扶灵寿稳，松削养和轻"[6]，所咏大约都是此类。台北故宫所藏

[1]《全宋诗》，册二五，页16443。

[2]《全宋诗》，册五〇，页30999。

[3] 方以智《通雅》卷三四："隐背曰养和。程大昌载：'李泌采异木蟠枝以隐背，号曰养和。'按《松陵集》皮日休以五物送魏不琢，一曰乌龙养和，且曰有桐庐养和，皮、陆皆有诗，盖今之靠背也。《宋志》：辇中有靠背椅。绍兴作大安辇，雕香龙椅靠背，上饰水晶珠。此云乌龙，状其蟠屈。今亦有木根坐榻之类。"按程大昌语见《演繁露》卷一〇。皮、陆所咏之养和实为隐几，说已见前。两宋御辇所设坐具，《文献通考》卷一一七记载甚详，所谓"靠背"，乃坐椅之靠背，而非"隐背"之养和。

[4]《寄呈寿基致政左司二首》，《全宋诗》，册二五，页16536。

[5]《和高子文秋兴二首》，《全宋诗》，册二五，页16500。

[6]《寿高舜元父二首》，《清容居士集》卷九。

[19-10]

[19-12]

传宋李嵩《听阮图》，把宋人用作靠背的养和表现得十分清楚[1]〔图19-10〕。养和的形制依然简朴，但《听阮图》却是把古意和野趣融进了典丽的精致中。

养和中的别一种，见于今藏日本相国寺的南宋陆信忠《十六罗汉图》[2]，其“斗兽”之幅所绘养和，形如无腿的靠背椅，与辽宁省博物馆藏南宋《孝经图》中的“事君”之幅相比照，可知此类养和虽然也是坐榻所用，不过采取的是垂足的坐姿〔图19-11、图19-12〕。与“山房”中的养和不同，它不以隐居之趣为旨归，制作当然也讲究。

须要补充的是，宋以及宋以后，养和的古义仍在若干诗文中沿用。如苏轼《十八大阿罗汉颂》：“第三尊者，扶乌木养和正坐下。”[3]乌木养和而曰“扶”，自然是指隐几。养和并且又是搔痒之具的别名。南宋朱翌“从人指画竹如意，假手爬搔松养和”[4]，即其例。乾隆《丁观鹏十八罗汉赞·第十喇乎拉尊者》“欲爬其背，养和手持”[5]，亦此类。

图[19-10]
《听阮图》〔局部〕

图[19-11]
《十六罗汉图》〔局部〕

图[19-12]
《孝经图》〔局部〕

图[19-13]
《饮中八仙歌图卷》〔摹本〕

[1] 《画中家具特展》，图一三。

[2] 《海外藏中国历代名画·3·南宋》，图一四四。

[3] 《东坡全集》卷九八。

[4] 《睡起》，《全宋诗》，册三三，页20846。宋人又或称此具为“痒和子”，释绍昙《禅房十事·痒和子》：“既就良工雕琢，何妨出手扶持。抓著衲僧痒处，赏伊一枚荔枝。”《全宋诗》，册六五，页40816。

[5] 《清高宗御制文集·二集》卷四二。

由靠背式的养和，宋人又发展出一种很是别致的家具，《说郛》宛委山堂本弓七十四收有题作宋沈括撰的《忘怀录》一卷，其中有这样一节：

其座方二尺，足高一尺八寸，档高一尺五寸，从地至档共高三尺三寸。木制藤绷，或竹为之，尺寸随人所便，增减为床，长七尺，广三尺，高一尺八寸。自居〔半〕以上别为子面，嵌大床中间。子面广二尺五寸，长三尺，皆木制。靠坐欲涩，欲眠令身不褪常。下虚二寸，床下以板称之，勿令通风。又子面嵌下与大床平，一头施转轴，中间子面底设一拐撑，分五刻。子面首挂一枕，若欲危坐，即撑起，令子面直上，便可靠背，以枕承脑。欲稍偃，则退一刻尺，五刻即与大床平矣。凡饮酒，不宜便卧，常倚床而坐，稍倦，则稍偃之，困即放平而卧。使一童移撑，高下如意，不须移身，可以遂四体之适。

[19-11]

元邹铉续编《寿亲养老新书》卷三"醉床"条，所述醉床之制与此相同，惟字句稍有异，那么它应名作醉床。这一种可以调节靠背的坐具，两宋绘画中似乎不见，惟明仇英《饮中八仙歌图卷》中的扶手式躺椅，与这里的形容完全切合[1]〔图19-13〕。明人又或称它为倚床。高濂《遵生八笺》卷

[19-13]

[1] 图19-13取自《明式家具研究·文字卷》，页40。

[19-14]

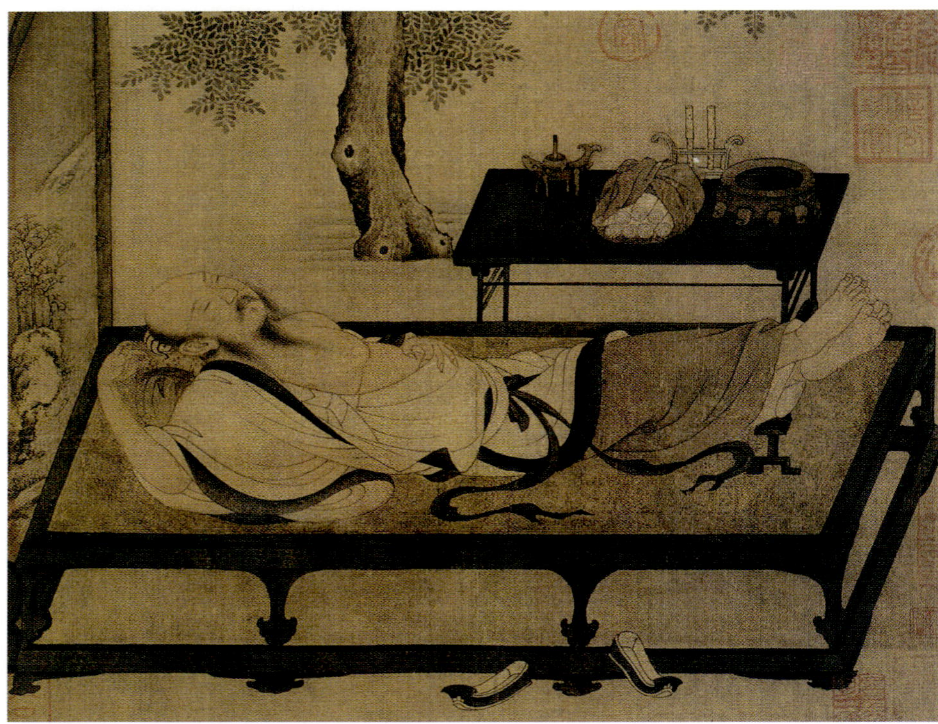
[19-15]

图[19-14]
《槐阴消夏图》〔局部〕

图[19-15]
《梦蝶图卷》〔局部〕

图[19-16]
黑漆几　江苏淮安扬庙镇宋墓出土

八《起居安乐笺下》“倚床”条云：“高尺二寸，长六尺五寸，用藤竹编之，勿用板，轻则童子易抬。上置倚圈靠背如镜架，后有撑放活动，以适高低。如醉卧、偃仰观书并花下卧赏，俱妙。”在清代家具中，我们还可以看到它的余韵。

作为传统式样的两足隐几，两宋之际又别有“懒架”之名，如《大宋宣和遗事 · 亨集》记徽宗微服会师师，“二人归房，师师先寝，天子倚着懒架儿暂歇，坐间忽见粧盒中一纸文书”云云，即其例[1]。宋赵伯骕《风檐展卷图》绘一士人坐榻于轩中，所倚便是懒架[2]〔图 18-15〕。懒架又常常成为榻上小憩的时候，或枕首或搁足的器具，宋人诗中每有咏及。如林逋“坐吟行看对清秋，懒架仍移近枕头”[3]；魏野“信旗君逐舟车动，懒架吾随枕簟移”[4]；陆游“熏衣过后篝炉冷，展卷终时懒架横”[5]，等等，都是卧读时以懒架枕首的情景。黄庭坚与人书云“桄榔压足懒架大是要物”[6]，则懒架又是用作搁足。两种情形，宋元绘画中并见，前者如故宫收藏的南宋册页《荷亭对弈图》〔图 18-2:1〕，后者如故宫博物院藏南宋《槐阴消夏图》〔图 19-14〕，又怀云楼藏元人刘贯道《梦蝶图卷》[7]〔图 19-15〕，故宫博物院藏王蒙《夏山高隐图》。江苏淮安扬庙镇宋墓曾出土一件两足的黑漆几，其几面平直，两端微翘，高度只有十六厘米，长则一百二十厘米[8]〔图 19-16〕。与宋元绘画中的形象相比照，说它是懒架之属，似无疑义。

[19-16]

‹1› 中国古典文学出版社一九五四年版《新刊大宋宣和遗事》标点作“天子倚着懒架儿暂歇坐间”，似乎不很妥当。

‹2›《画中家具特展》，图八。

‹3›《读王黄州诗集》，《全宋诗》，册二，页 1230。

‹4›《夏日怀寄西川峡路淮南薛臧王三运使》，《全宋诗》，册二，页 941。

‹5›《初夏闲居》，《全宋诗》，册四〇，页 25444。按此诗首联云：“啜茗清风两腋生，西斋雅具惬幽情。”下云“懒架”，自然也是西斋雅具之一，可见时人的一种审美趣味。

‹6›《山谷简尺》卷下。

‹7›《艺苑掇英》第三十八期，页 12。

‹8›《中国漆器全集 · 4 · 三国至元》，图九八。

[19-17]

[19-18]

图[19-17]
《归去来图卷》〔局部〕

图[19-18]
《林亭佳趣图》〔局部〕

图[19-19]
人物图扇

[19-19]

搁足之几，它的起源又可追溯至唐。前引正仓院藏《天平胜宝八岁六月二十一日献物帐》："右纳柒槓二合，并居榻足机。""居榻足机"，与同时用作依凭的夹膝亦即隐几，高矮、长短，大约都有分别，应即宋代懒架前身。

隐几与养和，明清绘画中依然常见，虽然更多是一种图像学的意义，即这里遵从着表现"轩冕才贤"或"岩穴上士"的程式，而把它作为一种带有标识性的艺术语言，不过，这两件古老的雅具似乎并没有从生活中完全退隐。

养和在明代多以"靠背"为称。《遵生八笺》卷八《起居安乐笺下》"靠背"条云："以杂木为框，中穿细藤如镜架然，高可二尺，阔一尺八寸，下作机局，以准高低。置之榻上，坐起靠背，偃仰适体，甚可人意。"今藏美国檀香山美术学院的陈洪绶《归去来图卷》，所绘养和，适可作为它的图解，当然它也是明人对陶渊明隐居生活的一个当代诠释〔图 19-17〕。早于老莲的仇英，在他的《林亭佳趣图》里为画中的士人设置了一具养和，他于是同假山、松竹、香炉、古瓶，还有书册与砚，一起构成可近周公、可以梦蝶的诗意的栖居[1]〔图 19-18〕。与《遵生八笺》同观，可知画家的"造境"，并非没有现实生活的依据[2]。坐榻凭几，作为雅尚，始终代表了一种古典趣味和风致标格，直到清代也还如此，如南京博物院藏任薰人物图扇〔图 19-19〕。又石涛《铜

(1) 台北故宫藏，《仇英画集》，图六六。

(2) 黄宗羲《余若水周唯一两先生墓志铭》："唯一山林标致，一器之微亦极其工巧，尝拾烧余为炉，拂拭过于金玉；又得悬崖奇木，制为养和，坐卧其间。"《黄宗羲全集》，第十册，页 278。

[19-20]

雀砚图》也是一例[1]〔图19-20〕。清汪琬《料理粗华因置此砚于斋中》:"扫除一室作行窝，挈脚科头乐事多。盆竹数竿微罨蔼，砚山三寸小陂陀。谈玄稍稍挥如意，娱疾时时藉养和。偷得少间差似可，不忧岁月易蹉跎。"[2]石涛原作的别有寄意暂勿论，这里似偶然而非偶然的诗画相契，却可以使我们从一个更为广远的背景去审视文人的心态与生活。

前举宋《孝经图》中的养和，可谓养和中的别派，它的形制下传至清，至今仍可见到实物，即故宫所藏雍正朝的黑漆描金靠背一件[3]〔图19-21〕。据清代内务府档案，雍正七年十月廿一日，江宁隋赫德所进陈设单内有"仿

[19-21]

图[19-20]
《铜雀砚图》

图[19-21]
黑漆描金靠背 故宫博物院藏

[1]《石濤書画集》第一卷，页101。

[2]《尧峰文钞》卷四六。

[3]《故宫文物大典》，图一三三一。

[19-22]

洋漆填香炕椅靠背一座”，应即此物[1]。这里所谓“洋”，指东瀛。此器虽有古老的依据，但却与清人本来的习俗相关，清宫的室内装修原是满汉习俗的互融，炕与床的结合，其一也，靠背因此与炕桌、炕案，炕几等正好成为配合使用的一组。从三希堂中的家具陈设，可以知道靠背在清宫得以保存的缘由〔图 19-22〕。故宫藏有一幅《乾隆皇帝薰风琴韵图》，绘乾隆倚养和而坐榻，所倚之养和却是宋式[2]〔图 19-23〕，不知虚构还是写实，但意在显示一种复古的风雅，则无疑问。

古老的三足隐几，在清宫也再度出现。故宫博物院藏有一件金漆三足隐几，为康熙朝物[3]〔图 19-24:1〕，而中国国家博物馆藏《康熙冬吉服读书像》中，出现的也是三足隐几[4]〔图 19-24:2〕。不过它与唐宋时代坐榻凭几的士人风度不同，此际追求的是隐几在上古时代所具有的礼仪的意义，而用来显示庄重和威仪。

〔1〕《清雍正年的漆器制造考》，页 157~158。

〔2〕《三希堂と文房秘宝》，页 35。

〔3〕《故宫文物大典》〔四〕，图一三二七。

〔4〕《中国历史博物馆——华夏文明史图鉴》〔四〕，图一四八。

图[19-22]

三希堂中的家具陈设

[19-23]

图[19-23]
《乾隆皇帝薰风琴韵图》

图[19-24]
❶ 金漆三足隐几
❷《康熙冬吉服读书像》〔局部〕

图[19-25]
❶ 清代晚期隐几
❷《金谷园图》〔局部〕

清代民间家具中，仿古式的隐几也偶有可见，如《清代家具》所录时属晚清的一件[1]〔图19-25:1〕。其设计构思或从绘画中来。上海博物馆藏清华喦《金谷园图》，画家为想象中的金谷园主人安排的隐几，正是如此形制〔图19-25:2〕。虽然刻意仿古其实并未能复原真正的古式，但用来表达一种人们可以知会的古意，已经足够了。

作为席坐时代的一件重要家具，从三代到近古，隐几不断发生着变化，然而却始终未从生活中消失，并且时时作为一种雅尚而与高坐具并存。养和则是从隐几的演变中分化出来的一支，从此它便与隐几并行于世。明清诗歌绘画中的隐几与养和，虽未必都是现实生活的实录，但这爱赏之风的不衰，却足以表明它在文人理想和生活中的持久的生命力，这当然源自其本身所包含的丰富的文化信息。

[1]《清代家具》，图六一。

[19-24]:❶

[19-24]:❷

[19-25]:❷

[19-25]:❶

两汉书事

一 关于文具

与先秦相比，汉代的文具可以说发达，不过仍应算作笔墨纸砚发展演变过程中的早期阶段。目前所能见到的最早的毛笔，出在战国中期的楚墓。经常被举出来的例子是长沙左家公山楚墓出土的一件。毛笔杆长十八点五厘米，径零点四厘米，笔毫长二点五厘米，系选取上好的兔箭毛，然后把笔杆的一端劈作数开，笔毛夹在中间，再用细丝线缚紧，其外涂漆以固。毛笔整个儿装在一支小竹管里[1]〔图20-1:1〕。通常举出它来是用作代表战国时代毛笔制作的基本方法，其实并不妥当。和它大体同时的荆门包山楚墓二号墓所出毛笔，便是采用另外的制作方法。包山笔笔杆用苇，末端斜斜削出坡面，笔毫长三点五厘米，与杆相接的一端用丝线缚牢，然后插在笔腔亦即笔杆的銎眼里面，通长二十二点三厘米，径约零点三厘米。与它相配的笔筒则是两节竹管套合而成，一端保存着天然的竹节，一端填着小木塞[2]〔图20-1:2、3〕。包山笔的基本形制皆为秦汉所法。笔杆末端削

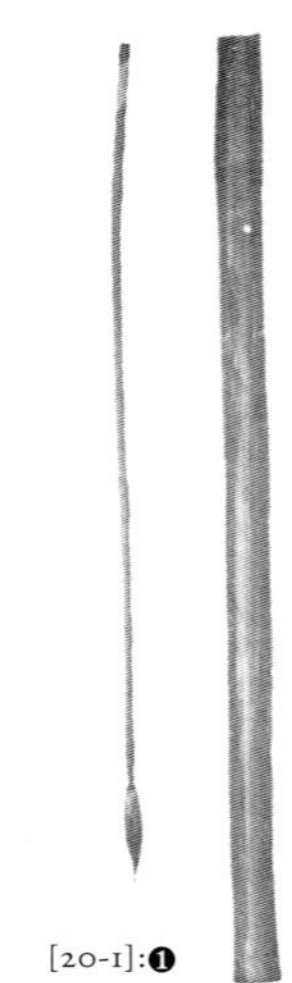

[20-1]:❶

[1] 《长沙出土的三座大型木椁墓》，图版一：2。按古无家兔，此兔指野兔，所谓“兔箭毛”，即野兔背脊上最长的针毫，称作兔颖，长在四厘米左右，毛杆挺拔，毛颖细长，其中又有紫毫与白毫之别，而以紫毫为优。

[2] 《包山楚墓》，页265，图一七八：3；彩版一五。

尖或是为着簪插而得随时取用之便，此俗见于汉代文献与图像[1]，不过由包山笔看来，习俗的形成当已在先秦。笔毫一端纳入笔腔的作法更为秦汉所继承，汉代并且形成了《论衡·效力篇》所谓“一尺之笔”的规格[2]。甘肃天水放马滩秦墓出土的一对毛笔，笔杆用竹制作，长二十三厘米，一端如包山笔削成出尖的坡面，一端镂空为笔腔，笔毫长二点五厘米，纳入笔腔的部分零点七厘米。笔筒则是两根竹管连在一起作成双筒套，竹管中间分别开口镂空，表面髹黑漆[3]。江苏连云港市东海尹湾汉墓出土的兔毫笔，却是粗细各一的一对。细者保存得很好。笔杆用竹，纳毫的一端粗零点七厘米，向后渐作收分，至尾端而成锥形。笔毫嵌入笔腔，再用生漆粘牢，且以丝线缚紧，笔毫露出的部分长一点六厘米。笔筒亦如放马滩秦笔为一枚双筒套，不过其质为木，作成可以套合的两截，外并髹漆，又用针刻法装饰树木禽鸟[4]。敦煌市马圈湾汉代烽燧遗址[5]，又悬泉置遗址出土的狼毫笔，制作方法也大致相同[6]〔图20-1:4〕。此外，披柱式的制笔法由东汉墓葬出土

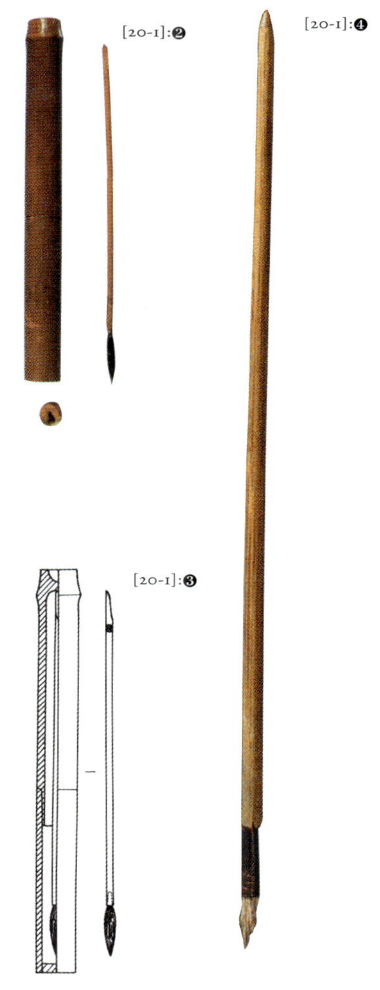

图[20-1] 毛笔
❶ 长沙左家公山楚墓出土
❷❸ 荆门包山楚墓出土
❹ 敦煌马圈湾汉代烽燧遗址出土

〈1〉《汉书》卷六九《赵充国传》“持橐簪笔”，张晏曰：“近臣负橐簪笔，从备顾问，或有所纪也。”颜注：“簪笔者，插笔于首。”插笔于首的形象，见《沂南古画像石墓发掘报告》，图版二八。

〈2〉汉尺一般在二十三点二厘米上下，如肩水金关遗址出土西汉木尺二十三点二厘米，邗江姚庄出土西汉竹尺二十三厘米，长沙子弹库出土东汉几何纹铜尺二十三点四六厘米。

〈3〉《甘肃天水放马滩战国秦汉墓群的发掘》，页 9，图二一；图版二 :3。

〈4〉《尹湾汉墓简牍》，页 165，又图四〇。

〈5〉狼毫笔毛，虽残而仍有弹性。实心竹杆，杆首钻一孔，插入笔毛，以丝线捆扎后髹褐色漆，杆尾截平，复镶一椎形硬木，再打磨光滑。《敦煌马圈湾汉代烽燧遗址发掘报告》，页 63，图版二〇三：1。

〈6〉《甘肃敦煌汉代悬泉置遗址发掘简报》，页 12，图一四。

[20-2]:❶

[20-2]:❷

[20-3]:❶
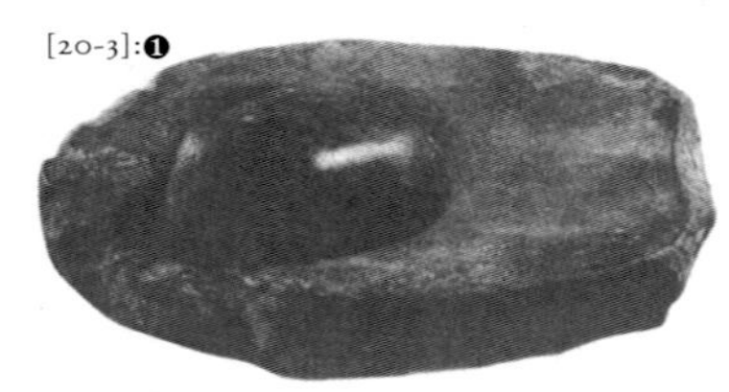

[20-3]:❷

[20-3]:❸

的毛笔中也可以见到，如武威磨咀子四九号汉墓中的一例[1]。

笔毫的一部分深纳笔腔，自然使二者固接得牢，可得书写稳健之效，《齐民要术》卷九录韦诞《笔方》，其中说到笔毫须“痛颉内管中，宁随毛长者使深”，即是这种制笔方法的纪录。痛颉，这里指用力扎缚得紧实。它的好处又在于储墨——如此可以连续书写数字乃至数行而不必频频濡墨，为快速书写带来很大的方便，这对于秦汉时大量文书的抄写以及录副尤其显得重要。这样的制笔方法直到东晋仍在使用。江苏江宁县下坊村东晋墓与砚、墨、书刀等文具同出的一件毛笔头，长十点二厘米，中间用二点五厘米宽的一段丝帛束紧[2]，虽笔杆无存，但笔头以束帛中分，原是一半以上嵌入笔腔，自无疑问。

汉代墨的制作尚谈不到精细。墨粉的使用西汉仍很普遍，虽然墨锭的出现目前已可追溯到战国，江陵九店东周墓所出是最早的一例[3]〔图 20-2〕。墨粉或薄小的墨片须用研〔砚〕子细研和为墨汁才好使用，西汉南越王

[1] 毛笔一支出在墓主人头部左侧，长近二十二厘米，径零点六厘米。笔尖长一点六厘米，外覆黄褐色狼毫，笔芯及锋黑紫色，根部留墨迹。《武威磨咀子三座汉墓发掘简报》，页 15。据简报中形容，并参考通行于当时的制笔材料，所谓“笔芯及锋黑紫色”，应即用紫毫制作的笔柱。紫毫劲健，用作笔柱，而上覆比它柔软的黄鼠狼毫为披，则有扶拢笔柱，使它不易分绺开叉之效，且可使涵墨更为饱满。

[2] 《江苏江宁县下坊村东晋墓的清理》，图版六：6。

[3] M56 出竹简二百余枚，内中裹一椭圆形的黑漆墨盒，盒里墨块若干，最大的一块长二点一厘米，宽一点三厘米，一端经研磨而呈斜面，中部两侧略凹，似为研磨时手捏所致。这是目前所知时代最早的墨锭。《江陵九店东周墓》，图版九五: 6、九七: 2。

墓西耳室出土有砚、砚子与墨丸[1]〔图20-3:3〕。存置墨粉、墨片、墨锭之器，或为漆盒，或为竹筒[2]，或为墨橐亦即丝织品作成的袋子。至于砚台，则只求平整光滑，而很少再细心作装饰。与砚子同出的石砚也早见于战国墓葬，如河北承德市平房战国墓出土的一件[3]〔图20-3:1〕。同墓所出有玉璧，铜壶，错银铜鐏等[4]，则石砚简质如此似与墓主人的财力无关。广州汉墓出土的石砚，多为扁平光致略呈圆形的天然河卵石，与它配合使用的是一枚不很规则的半圆形砚子[5]〔图20-3:2〕。以后在此基础上发展出规整的圆砚，砚底设三足，上有隆起的盖子。砚盖隆起是为着在内心凹出一个小窝以容砚子，扣合时乃可严丝合缝，如河北沧县四塚村出土的一具汉代石砚[6]〔图20-3:4、5〕。圆砚很少配置漆木盒，不过长沙市望城坡古坟垸西汉早期墓却出土一例。黑漆盒，盝顶盖，盒心置一圆形砚石，砚边一侧的盒面上剜出一道细槽，或为置笔之用。砚面尚存墨痕，自是实用之具[7]〔图20-3:6〕。

[20-3]:❹

[20-3]:❺

[20-3]:❻

(1)《西汉南越王墓》，图版七六：1。

(2) 如荆州周家台三〇号秦墓与文具和简牍同出的墨盒，乃取带竹节的一段竹筒制成，两端锯平，有竹节的一端用作盒底，无节的一端作口，盒里边装着墨块。《关沮秦汉墓简牍》，页153~154。南越王墓所出墨丸，原盛于木胎漆盒内。《西汉南越王墓》，页142。

(3)《河北省出土文物选集》，图版一五一。

(4)《河北省出土文物选集 · 前言》，页47。

(5)《广州汉墓》，图版四四：4、5。

(6)《河北省出土文物选集》，图二八〇。

(7)《中国漆器全集 · 3 · 汉》，图一三。

图[20-2] 江陵九店东周墓出土墨盒与墨

❶ 墨盒

❷ 墨

图[20-3] 砚、砚子与墨丸

❶ 承德平房战国墓出土

❷ 广州西汉墓出土

❸ 广州南越王墓出土

❹❺ 沧县四塚村汉墓出土

❻ 长沙望城坡西汉墓出土

选取长方形的石板作成砚台，时名板研〔砚〕，当然也要有砚子才可合为一套，而与板砚相配的砚子其形也扁[1]〔图 20-4:1〕。讲究者板砚和砚子都放在漆木盒里[2]〔图 20-4:2、3〕。浅浅的漆木盒，一边作成方槽置板砚，一边容纳扁圆的砚子，盒底盒盖彩漆地子上细线勾绘流云，流云间点缀飞禽走兽。

圆砚与板砚均无下凹的砚池，因此没有蓄墨的功能，不过汉代却另有一种可以储墨的漆木砚盒。此已见于西汉早期，邗江县杨庙乡汉墓所出彩绘漆木砚盒是其例〔图 20-4:4〕，而邗江姚庄一〇一号西汉墓出土的一件，制作之精可称为最。漆砚盒一端是储墨的小盒，一端为略呈梯形的砚池，砚池且作成向着墨室微微倾斜的坡面，二者间以小孔相通，孔设羊首形的一个木栓。砚池与墨盒的隔墙上面绘着舞凤，并且在砚池表面也满绘云龙[3]〔图 20-4:5、6〕。如此自然不可能用作研磨，度其形制，当兼具舔笔与储墨的两种功能。《北堂书钞》卷一〇四引《东宫旧事》："皇太子初拜，给漆砚一枚。"或指此类。

汉代文具中不可缺少的尚有书刀或削。其时用作书写的主要材料是竹木制成的简牍，书有误，则用书刀除去旧面，重行书写。书刀和削以铁制为多，通常都有环首的柄，并且常常配着装饰华丽的鞘。削，曲刃也，直刃则为书刀。江苏江都县凤凰河工地五号汉墓[4]，以及前举尹湾汉墓分别出有削和书刀，后者为连鞘双刀，与同墓所出"君兄缯方缇中物疏"列出的"刀二枚"适相符合[5]。"物疏"又有"笔二枚，管及衣各一，板研一，墨橐一"，管即笔套，衣在这里指用作包裹的丝帛，墓葬中的实物多可与之相对应〔图 20-5、图 20-6〕。

[1] 如浙江义乌稠城街道宗泽路立交桥工地汉墓出土的板砚与砚子，《义乌文物精萃》，图一七一。按图版说明称作"黛砚"，不确。

[2] 如扬州邗江甘泉乡姚庄一〇一号汉墓，又邗江西湖胡场一五号西汉墓，又山东日照海曲汉代墓地等，均有精品出土〔《中国漆器全集·3·汉》，图二五九；《汉广陵国漆器》，图九五；《2002 中国重要考古发现》，页 79〕。又，与例一同出的尚有一件漆砚，储墨的一端作成博山式，内里刳空，墨盒与砚池间有孔相通，也颇精巧，见《江苏邗江姚庄一〇一号西汉墓》，图版五：3。

[3] 《中国漆器全集·3·汉》，图五一；图二六一。

[4] 《中国漆器全集·3·汉》，图二八三。

[5] 《尹湾汉墓简牍》，图三二。按墓主为师饶，君兄，其字。

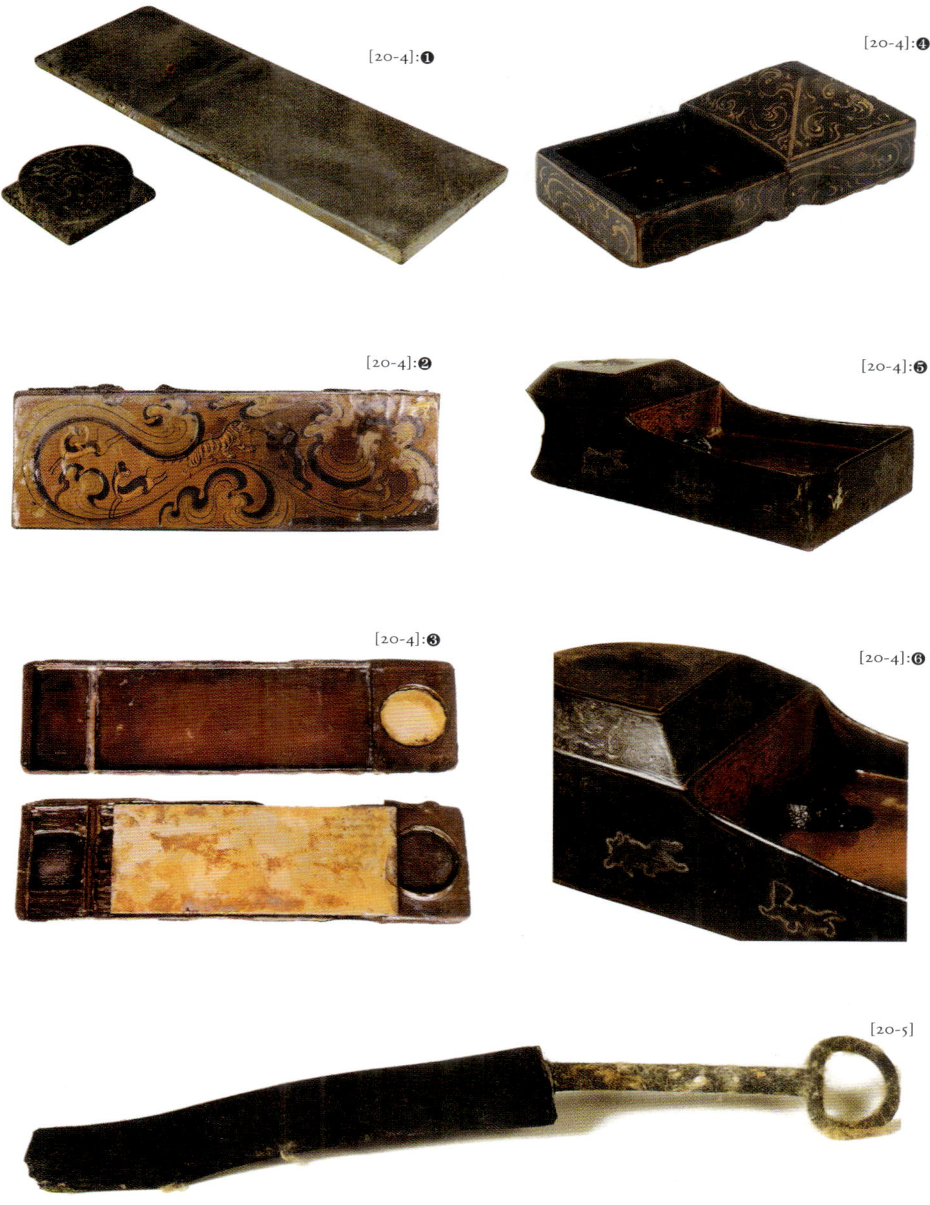

图[20-4] 板砚与漆砚

❶ 义乌稠城街道汉墓出土

❷ 邗江西湖胡场西汉墓出土

❸ 日照海曲汉代墓地出土

❹ 邗江杨庙乡西汉墓出土

❺ ❻ 邗江姚庄西汉墓出土

图[20-5] 削

江都凤凰河工地五号汉墓出土

[20-6]:❶

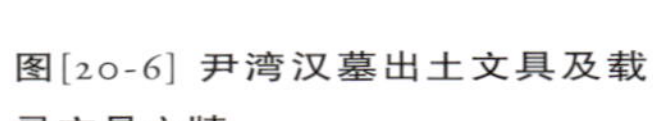

[20-6]:❸

[20-6]:❷

[20-6]:❹

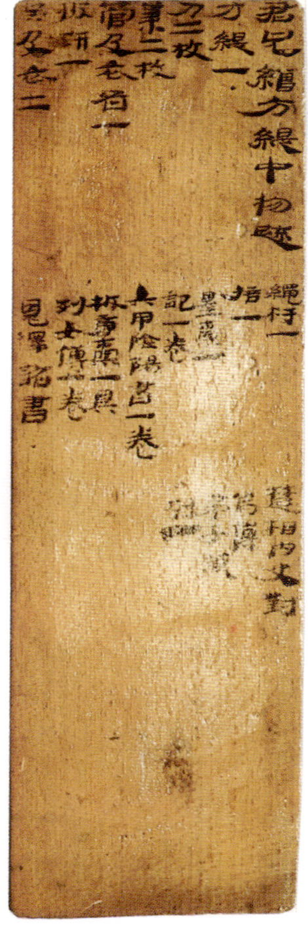

图[20-6] 尹湾汉墓出土文具及载录文具之牍

❶ 毛笔

❷ 板砚

❸ 书刀

❹ “君兄缯方缇中物疏”

图[20-7]

居延甲渠候官遗址出土文书

汉代能书者多，且不说能书识字是为吏的基本条件[1]，即便象征仆役而用作随葬的铅人，也还要他“能舂能炊，上车能御，把笔能书”[2]。当日能书之小吏书艺的出色，由出土汉代简帛中书迹也可以看得真切[3]〔图 20-7〕。不过从书法史的角度说，这还只能算作量的积累，“能书”同以书法名家毕竟两事，至少西汉的时候，书法尚未从实用技能中独立出来而成为一门纯粹的艺术。《汉书》中的所谓“善史书”，评价的并不是独立的书艺，而多是着眼于与处分文书紧紧联系在一起的行政才能[4]。那时候的学书实在有着十分明确的功利目的，文具上面刻辞作吉语，因此也总是直指仕途，“宜官典二千石”[5]，“君高迁刺使〔史〕二千石三公九卿”[6]，等等，

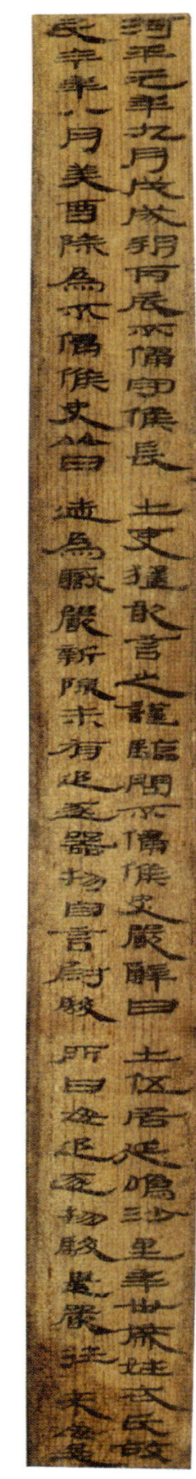

〔20-7〕

(1) 《汉书·艺文志》引萧何草律云：“太史试学童，能讽书九千字以上，乃得为史。又以六体试之，课最者以为尚书御史史书令史。”下并解释道：“六体者，古文、奇字、篆书、隶书、缪篆、虫书，皆所以通知古今文字，摹印章，书幡信也。”此在张家山汉简《二年律令·史律》中有更为详细的记载，律云：“史、卜子年十七岁学。史、卜、祝学童学三岁，学佴将诣大史、大卜、大祝，郡史学童诣其守，皆会八月朔日试之。”史与卜，皆要求能讽诵，能书写，而考试的具体标准又有不同。史，“试史学童以十五篇，能风〔讽〕书五千字以上，乃得为史。有〔又〕以八体试之，郡移其八体课大史，大史诵课，取最一人以为其县令史，殿者勿以为史。三岁壹并课，取最一人以为尚书卒史”；卜，“卜学童能风〔讽〕书史书三千字，徵卜书三千字，卜九发中七以上，乃得为卜，以为官处〔？〕。其能诵三万以上者，以为卜上计六更。缺，试修法，以六发中三以上者补之”。《张家山汉墓竹简·二四七号墓》，页 203~204。

(2) 《长安县三里村东汉墓葬发掘简报》，页 62。

(3) 图 20-7 为居延甲渠候官遗址出土的一件文书，《河西简牍》，页 29。

(4) 如卷七二《贡禹传》禹上书言事道：“郡国恐伏其诛，则择便巧史书习于计簿能欺上府者，以为右职”，故“欺谩而善书者尊于朝”；卷九〇《严延年传》称延年“尤巧为狱文，善史书，所欲诛杀，奏成于手，中主簿亲近史不得闻知，奏可论死，奄忽如神”；卷七六《王尊传》言“尊窃学问，能史书。年十三，求为狱小吏”。又卷九七下《外戚传》称考成许皇后“聪慧，善史书”，而下文所引后上皇帝疏，即是一篇极见辩才的文字；卷九六下《西域传》所记“能史书，习事”的冯夫人，则是一位很出色的外交家〔唯一的例外是卷九《元帝纪》，曰帝“善史书”，而与“多材艺”并称〕。

(5) 连云港市海州西汉霍贺墓出土书刀上铭文，《海州西汉霍贺墓清理简报》，页 185。

(6) 河南南乐宋耿洛村出土汉盘龙石砚铭文，《河南博物院：精品与陈列》，图一三四。

与当时其他日用品上流行的铭文并无区别。模仿五铢钱的图案和造型，也是砚台中常见的式样[1]〔图20-8〕。到了东汉，书法才逐渐脱离开实用而有了独立的品质，且成为一门艺术。《后汉书》中出现的"善史书"，因多与文才学识相联属，而与此前意义不同[2]。起先只是为了便捷的草书，到了文人手里用来张扬个性便格外能够发挥其长，由赵壹《非草书》里漫画式的形象，正可见出书法史中一个新变化的发端[3]。

图[20-8]
罗州城古汉城城址墓葬出土石砚

‹1› 如前举盘龙石砚。又河北望都二号汉墓所出石砚，盖顶浮雕盘龙衔珠，所衔之珠，"五铢"也，见《望都二号汉墓》，图四〇。又湖北蕲春罗州城古汉城城址墓葬所出石砚，构思亦相类，石砚盖心凹作一个小圆窝，圆窝周围阴刻方框，"五铢"二字分别刻在两边，则砚盖整体构图正似一枚五铢钱。《罗州城与汉墓》，图版六六：3、6。

‹2› 如卷一四《宗室四王三侯列传》，曰北海靖王睦"能属文，作《春秋旨义终始论》及赋颂数十篇，又善史书，当世以为楷则"。能属文，"谓会缀文辞也"〔《汉书》卷三六《楚元王传》颜注〕，则此史笔作赞者乃文士风流。

‹3› 灵帝时建鸿都门学，可视作变化的一个契机。《后汉书》卷六〇下《蔡邕传》："初，帝好学，自造《皇羲篇》五十章，因引诸生能为文赋者，本颇以经学相招，后诸为尺牍及工书鸟篆者皆加引召，遂至数十人。侍中祭酒乐松、贾护，多引无行趣艺之徒，并待制鸿都门下，憙陈方俗闾里小事，帝甚悦之，待以不次之位。"其时蔡邕上封事论五事，对此即批评道："夫书画辞赋，才之小者，匡国理政，未有其能。"

二 关于书

前举尹湾汉墓“君兄缯方缇中物疏”，除文具外，又列有书籍数种：记一卷，六甲阴阳书一卷，列女传一卷，恩泽诏书，楚相内史对，乌傅，弟子职[1]。只是墓中所见唯乌傅一篇，其余似乎均未随葬。

即如“物疏”所举，与文具在一起的总应该是书。西汉出现了纸，东汉以后纸的使用也逐渐增多。《后汉书》卷三六《贾逵传》，曰建初元年〔公元七六年〕章帝“令逵自选《公羊》严、颜诸生高才者二十人，教以《左氏》，与简、纸经传各一通”；注云：“竹简及纸也。”那么这里说的是用竹简与纸抄写的《春秋左氏传》各一部。汉魏之际官府钞存书籍，用纸大约也成通例。《后汉书》卷八四《列女传》，曰蔡文姬谒曹操请释董祀罪，“操因问曰：‘闻夫人家先多坟籍，犹能记忆之不？’文姬曰：‘昔亡父赐书四千许卷，流离涂炭，罔有存者，今所诵忆，裁四百余篇耳。’操曰：‘今当使十吏就夫人写之。’文姬曰：‘妾闻男女之别，礼不亲授，乞给纸笔，真草唯命。’”不过通观两汉，书籍制作的基本材料仍然是竹木和缣帛，并且以竹木为主。制简用竹，多取直径粗大者。张家山汉简《算数书》“程竹”题说到“竹大八寸者为三尺简百八十三”，“八寸竹一箇为尺五寸简三百六十六”[2]。八寸，指竹的直径。西北一带，则以用木为多。白杨，柽柳，当地所出，取用便利。敦煌汉代悬泉置遗址出土的文书，书写材料除白杨和柽柳，尚有油松和红松。材质的使用与文书的性质、内容、级别原有密切关系。油松和红松质细而平，不易变形，因多用作级别较高的各式官府文书、诏书、律令、科品、重要簿籍的书写。白杨和柽柳质粗而易变形，多用于一般文书的抄录[3]。

书写用的简，若通称，均可名“札”，《后汉书》卷七九下《儒林列传》“狼狈折札之命”，注云：“札，简也。”若特指，则薄小者名札，也称作牒。《说文·木部》：“札，牒也。”又《片部》：“牒，札也。”可知二者互训。《汉书》

[1] 记，当指《礼记》，《汉书·艺文志》著录《记》百三十一篇，此一卷或系其中一部分。六甲阴阳书乃五行家言，数术之属。楚相内史对当为汉初楚国相与内史的奏对。弟子职，其传世本在《管子·杂篇》。乌傅即同墓所出《神乌傅〔赋〕》。《尹湾汉墓简牍》，李学勤序。

[2]《张家山汉墓竹简》，页258。

[3]《甘肃敦煌汉代悬泉置遗址发掘简报》，页11。

卷二五《郊祀志上》曰齐人公孙卿“有札书”云云，颜注：“札，木简之薄小者也。”同书卷五一《路温舒传》云温舒“取泽中蒲，截以为牒，编用写书”，颜注：“小简曰牒。”不过所谓“小”，主要是就它的细窄而言。居延新简：“□札长尺二寸，当三编□”〔EPT四·五八〕。此尺二寸之札，乃逾于简牍之常的一尺。张家山汉简《二年律令·田律》：“官各以二尺牒疏书一岁马、牛它物用稾数，余见刍稾数，上内史，恒会八月望。”[1]“二尺牒”便也是二尺札，于上条列马牛等一岁草料用度以及余额，然后编为簿书以上呈。此制已见于秦律[2]，其时登记粮食、刍稾的会计籍书，称作“廥籍”，规定书写用牒[3]，这里则云二尺牒，二尺，自然更不是尺度之小者。则札之小，窄也，容字一行而已。

简之宽者容字两行，因有“两行”之称，《独断》卷上所谓“文多，用编两行”者也。作为不同规格的两种简的名称，“札”与“两行”常常并提，如在居延简中[4]。验之以实物，也是如此，如敦煌马圈湾汉代烽燧遗址出土的简牍[5]。帝之诏、策，书写须用两行，“诏书必明白大书”，“以二尺两行”，见敦煌悬泉汉简[6]。《后汉书》卷一《光武帝纪上》注引《汉制度》：“策书者，编简也，其制长二尺，短者半之，篆书，起年月日，称皇帝，以命诸侯王。三公以罪免亦赐策，而以隶书，用尺一木两行，唯此为异也。”《独断》卷上所云与此大体相同。可知除“两行”外，尚有长度、书体等相应的严格规定。篆书两行之策，晋代曾有出土[7]。

[1]《张家山汉墓竹简》，页168。

[2]《秦律十八种·仓律》，《睡虎地秦墓竹简》，页38。

[3]《仓律》：“到十月牒书数，上内史。”页41。

[4] 如简一〇·八“绳十丈，札二百，两行五十”；简一〇·九“禽寇燧札二百，两行五十，绳十丈”；简一三八·七、一八三·二“安汉隧札二百，两行五十，绳十丈，五月输”。又居延新简EPT五九·一五四A“两行百，札二百，绳十枚，建昭二年癸酉尉史□付第廿五燧”。

[5] 遗址所出简牍，一行者，一般长约二十三点三厘米，即汉尺一尺，宽约零点八厘米，多作官府文书、簿籍使用，私人书记亦有利用者。两行，长与此同，宽约两厘米，多用于官府文书。《敦煌马圈湾汉代烽燧遗址发掘报告》，页67。

[6]《敦煌悬泉汉简释文选》，页27。又敦煌简一六八四A：“凌胡隧、厭胡隧、广昌隧各请输札、两行，隧五十；绳廿丈，须写下诏书。”凌胡、厭胡、广昌，三隧相次，“隧五十”，每隧五十。

[7]《续汉书·礼仪志》记“大丧”之仪，曰“司徒、太史令奏谥、哀策”，注云：“晋时有人嵩高山下得竹简一枚，上有两行科斗书之，台中外传以相示，莫有知者。司空张华以问博士束皙，皙曰：‘此明帝显节陵中策也。’检校果然。是知策用此书也。”

宽度愈于两行者，名牍亦名版，其形近方者，又名方，多系木制。《秦律十八种·司空》“令县及都官取柳及棨〔柔〕可用书者，方之以书；毋〔无〕方者，乃用版”[1]，即此。荆州周家台三〇号秦墓出土一枚用油杉制作的木牍，长二十三厘米，宽四点四厘米，厚零点二五厘米，两面分栏书写秦二世元年历谱[2]〔图20-9〕。这一类以短文句横向排列的书，很适合用版或方来书写。汉代仍有牍、版、方三个名称，不过使用的时候并没有严格的分别。《周礼·春官·内史》“王制禄，则赞为之，以方出之”，郑注引郑司农云：“以方出之，以方版书而出之。”又引杜子春云：“方，直谓今时牍也。”牍的一个方便之处是可以单行。前引《独断》云臣上表于天子，“文多，用编两行；文少，以五行”。文字多，用两行可连续书写多枚，然后编连为一；文字少，若容字五行且不妨两面书写的牍，一枚可成。

无论竹还是木，书写之前都要有一套“治”的工序。河南信阳楚墓一号墓出土一件木箧，箧里放着治简的工具十二事，带木柄的铜锯、铜锛、铜削、铜锥，又式样不同的刻刀和夹刻刀，是很完整的一套[3]。竹木治为尺度合宜可以书写的简，尚须编连成册。编连用丝，用麻，或用韦。简的一侧每作出三角形的小小契口，即为固定编连之绳

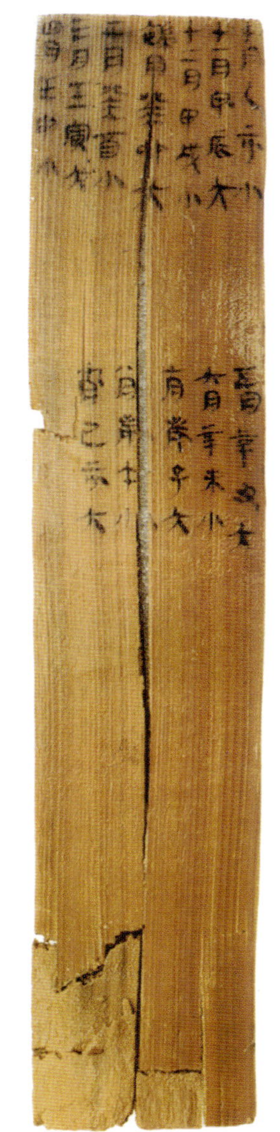

[20-9]
荆州周家台秦墓出土木牍

[1]《睡虎地秦墓竹简》，页83。
[2]《关沮秦汉墓简牍》，彩版一。
[3]《信阳楚墓》，图版七二、七三。

而设。简的书写预先也有设计，编连用着几道，须留出位置，以免字迹为编绳所掩。

写书作文，简册的准备并不是轻而易举的事[1]。汉世官府所用编札，均输自公家，规格数量皆有制度[2]。个人著述，若以王命，则官给笔札，前引《贾逵传》，曰明帝时有神雀集宫殿官府，“帝敕兰台给笔札，使作《神雀颂》”。又同书卷六二《荀淑传·附孙悦传》，曰献帝时悦为侍中，“帝好典籍，常以班固《汉书》文繁难省，乃令悦依《左氏传》体以为《汉纪》三十篇，诏尚书给笔札”。

书册缮写完毕，尚须收卷。收卷的方法是以书册之末简为轴心，写字的一面在内，由后向前，而在书册前面第一简的背面写好篇名，则检视与展阅都很方便。由武威汉简《仪礼》的复原，汉代书册的基本形制可以看得很清楚[3]〔图 20-10〕。

与先秦时代相同，两汉书册仍多以篇作单元，文姬所以曰今所诵忆，四百余篇。一篇写作若干简，可以编

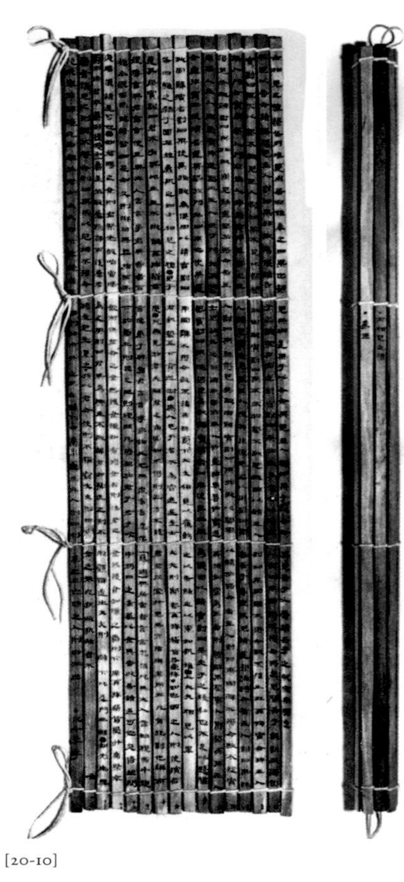

[20-10]

图[20-10] 简书《士相见之礼》复原模型

图[20-11]
❶ 永光二年呈报书
❷❸ 永元器物簿
❹ 楬

[1] 西北边戍各种簿籍用量很大，其制作也成为戍卒的一项日常劳作，其事居延汉简中屡见。

[2]《武威汉简》，页 61。

[3]《武威汉简》，图版二四。

[20-11]:❷

连成一卷；一卷之中也可以容纳不止一篇。大凡卷与篇的分别，在篇以其内容自成一单位，亦即一编，而卷以其所用若干简数而可以编卷成一册者为单位[1]。也就是说，卷成一册者，其中可容若干编。居延汉简中有三支简为一编者，如永光二年的一份呈报文书[2]〔图20-11:1〕。而永元器物簿则是七十七支简编连为一册，其中包括了先写后编相继连缀起来的五编。第一编为六支简，乃永元五年六月候长信的月度会计报告，其首标明报告题目，然后条列各种兵物的名称及数量，内容包括上期结存与本期结存之两部，结末为呈文，注明“六月见官兵物月言簿一编”。以下诸编，均依此例，如正月尽三月“四时簿一编”[3]〔图20-11:2、3〕。又居延新简中的“候粟

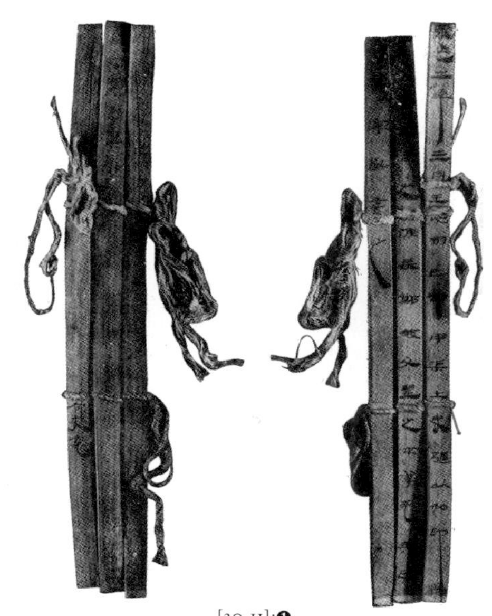

[20-11]:❶

[20-11]:❸

[20-11]:❹

[1] 《武威汉简》，页68。

[2] 简五七·一A。正面书写：“永光二年三月壬戌朔己卯，甲渠士吏彊以私印行候事，敢言之。候长郑赦父望之不幸死，癸巳予赦宁，敢言之。”背面“令史充”三字。此为代理甲渠候官上呈的文书，永光为汉元帝年号。

[3] 简一二七·三六。兵物簿发现于张掖郡肩水都尉府的广地候官遗址，永元为东汉和帝年号。

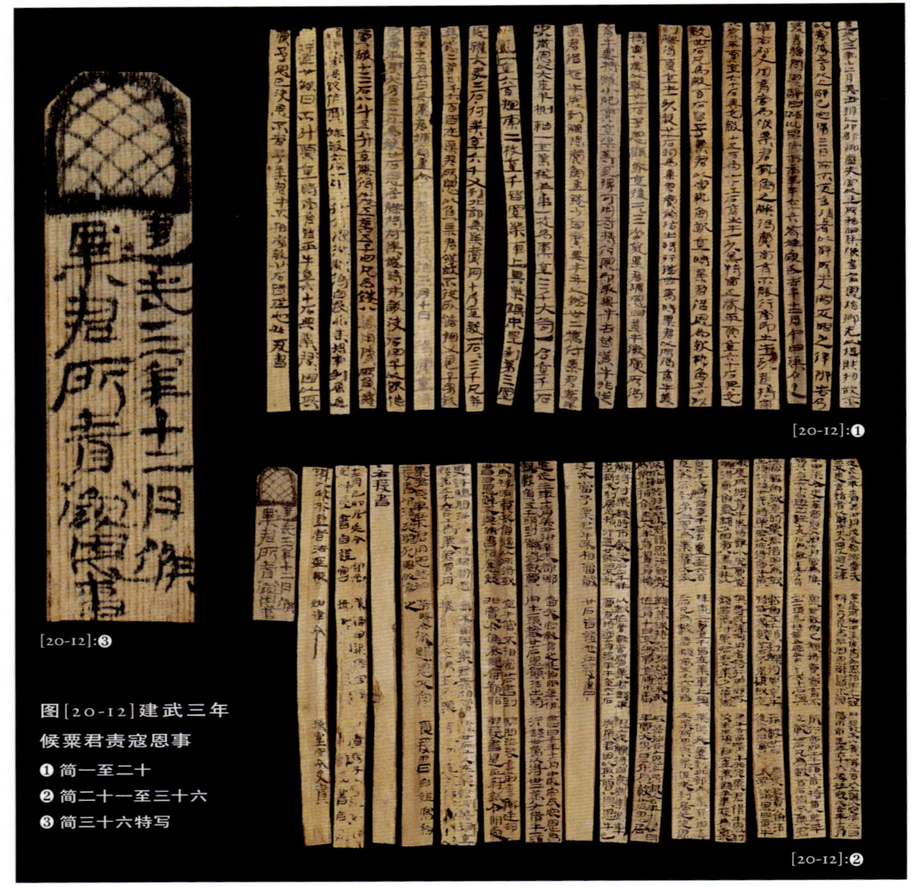

图[20-12]建武三年候粟君责寇恩事
❶ 简一至二十
❷ 简二十一至三十六
❸ 简三十六特写

君所责寇恩事”，是一次民事诉讼过程中几种材料的汇集，其中包括一编完整的爰书。木简三十六枚，出土于居延甲渠候官遗址，为文字朝内卷起的一卷。简一至二十书于容字一行的“札”，原合作一束，裹在里面；简二十一至三十五书写在容字倍于“札”的“两行”，原为一编，卷在外面，以它的为编绳预留地位，而知道这一组简是先写后编。简三十六则是揭示档案名称的题签，亦即“楬”，出土时散落在旁边[1]〔图 20-12〕。成册的簿书，其题签常称作“卷”，如“吏病及视事书卷”[2]〔图 20-11:4〕。题签所用，通常是下端平齐

[1] 《“建武三年候粟君所责寇恩事”释文》，页 30。此件文书的编列，一种意见认为：1、卷宗标札〔简第三十六〕；2、乙卯文书〔简一至二十〕；3、戊辰文书〔简第二十一至二十八〕；4、书“·右爰书”三字的第三十三简；5、辛未文书〔简第二十九至三十二〕；6、县廷移甲渠候官文〔简第三十四至三十五〕。《居延考古发掘的新收获》，页 28。

[2] 如简四六·一七 A、B“建昭六年正月尽十二月吏病及视事书卷”，系同样的文字两面书写。

[20-13]:❶

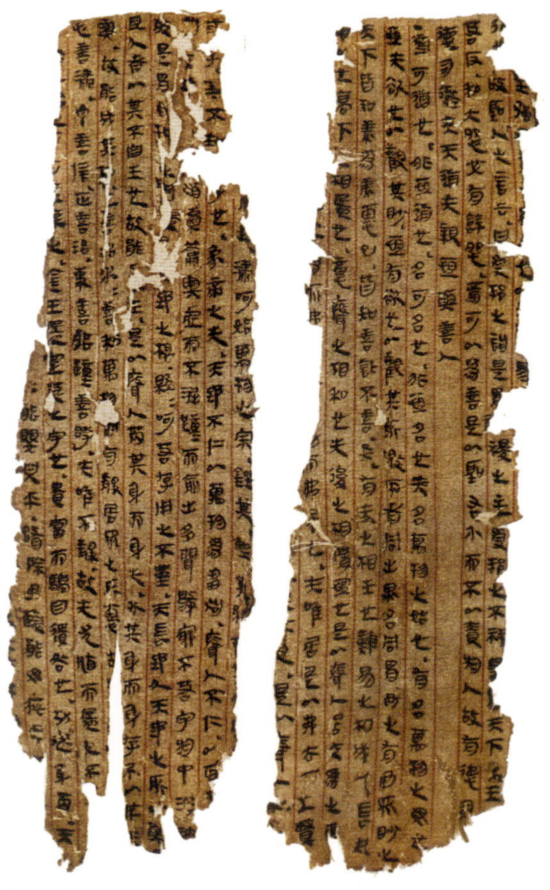

[20-13]:❷

上端半圜的短木牌，圜首多画作网纹，其上有孔可穿，簿册成卷，即系榻以作标签，后世卷轴书的牙签，此即其滥觞[1]。

不过由后向前只是收卷方式中的一种，每支简写多少字，编连成册需要多少支简，先已安排得合式，此多用于已经写定的书籍。若帐簿或文件册一类的文书，则又不同。它通常是先写后编，收卷方式则以第一简为轴心，由前向后，而把末简作为表面。考察居延所出尚保持编缀状态的简，可知帐簿之属的书册均用着这样的收卷方式，而简的背后附有注记文字者，位置在书册的最后。它可以在成卷过程中不断递增，其间的注记文字则是段落的标识。值得注意的是，云梦睡虎地秦墓所出《封诊式》和江陵张家山汉墓所出《奏

[1] 《武威汉简》，页68。

图[20-13]马王堆帛书《老子》

❶ 乙本

❷ 甲本

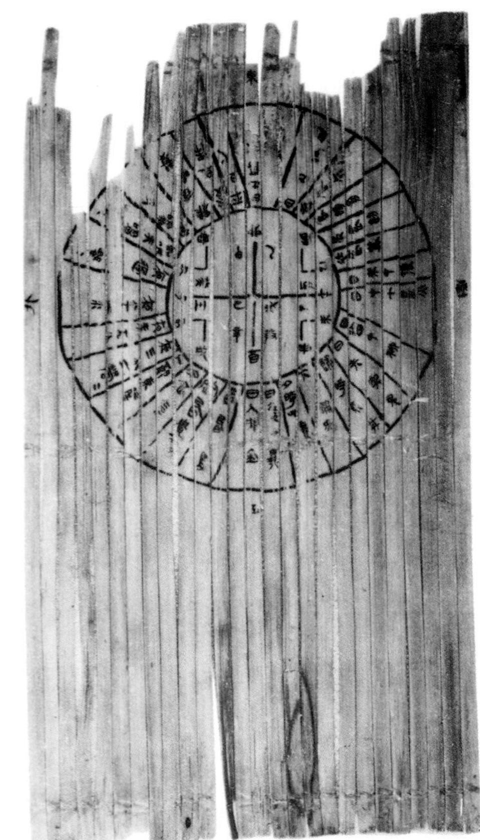

[20-14]

图[20-14]
式图　荆州周家台秦墓出土竹简

图[20-15]
❶ 楚帛书〔局部〕
❷ 楚帛书摹本〔局部〕

谳书》也是如此收卷。那么也许可以认为，其在当日尚非书籍之属，而是文书的汇编[1]。则收卷方式的不同正显示着书册性质的不同。

书籍的载体，竹木之外尚有缣帛。二者质地有异，形制却颇多一致。长沙马王堆三号汉墓出土的帛书有两种规格，一是高度在四十八厘米左右，一是二十四厘米左右，即分别用整幅和半幅的帛横放直写[2]〔图 20-13〕。书写之先，以朱砂或墨在帛上画好宽约七八毫米的界格，整幅者每行六七十字，半幅者每行三十余字，看起来与后世的信笺相似，其实是规摹同时代的简书。简书大略言之有长短两种尺度，长者汉尺二尺四寸，短者一尺二寸或一尺，

[1] 《二十一世纪的秦汉史研究——从简牍材料出发》，页 818~821。

[2] 如帛书《老子》甲本和乙本，前者高约二十四厘米，后者原高约四十八厘米〔出土时沿折痕断开〕。图 20-13 取自《马王堆汉墓帛书》〔一〕，卷前彩版。

[20-15]:❶

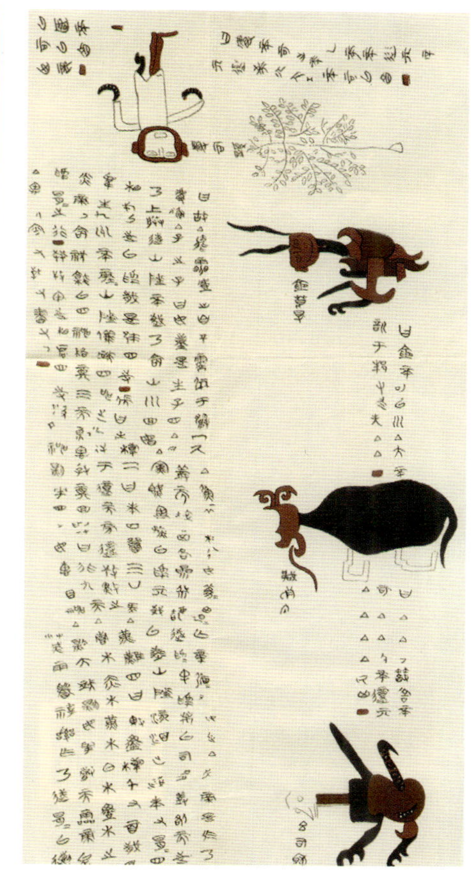

[20-15]:❷

帛书的两种规格大体与之相当，其篇末的题记方式也与简书相仿。《风俗通》云，“刘向为孝成皇帝典故书籍二十余年，皆先书竹，为易刊定，可缮写者以上素也”[1]，则帛书乃简册的誊清本。不过马王堆帛书的钞写时代在西汉初年，此际尚未如东汉简册那样严格区分“圣人文语二尺四寸”，“诸子尺书”〔《论衡 · 谢短篇》〕，故写书用帛的尺度与内容并没有很直接的对应关系[2]。

与简书相比，帛书更宜于绘制图画，虽然简面密接成片也不妨作图，如荆州周家台三〇号秦墓出土的一组竹简[3]〔图 20-14〕。目前所知年代最早的一件帛书是长沙子弹库楚帛书〔图 20-15〕。它的中心为一长一短、方向颠倒

(1) 《太平御览》卷六〇六引。

(2) 《马王堆二、三号汉墓发掘的主要收获》，页 48~49。

(3) 此由二十六枚竹简拼合为一幅式图，《关沮秦汉墓简牍》，图版三四。

的两段文字，长的一则述岁〔日月〕，短的一则述季〔四时〕，周围又有十二章述一年十二月的月名和禁忌。十二章之右各有一个彩绘的神像，神像旁边一行字，为月名。其中的三首神像为正南，而在东北、东南、西南、西北的四个角分别绘出青、赤、黄、黑四种树木，用以代表春、夏、秋、冬四季。以四色、四方、十二神像，与四季、十二月相配置的组合，正是后来《吕氏春秋》十二季、《礼记·月令》及《淮南子·时则篇》之所本[1]。它也是今天所见年代最早的日者之书，日书在秦汉墓葬出土的图书中仍占了不少分量，它原是时人眼中的正经学问，图文并茂的书多是此类。

帛值昂于竹木，自然不是平常的作书材料[2]，不过皇室藏书中应有数量不少的帛书。《后汉书》卷七九上《儒林列传》曰"董卓移都之际，吏民扰乱，自辟雍、东观、兰台、石室、宣明、鸿都诸藏典策文章，竞共剖散，其缣帛图书，大则连为帷盖，小乃制为縢囊"。帛书整幅与半幅的两种规格，大约便是这里所谓的"大"和"小"。

汉代家具品种比起后世来要少得多，因常常一器多用，只是器具的质地和规格大小略有不同，比如笥，通常用作贮物，衣服、食品、日常用具以至于珍珠宝物，皆无不可。文具与书的存放，也是用着竹笥木箧——笥与箧的分别不是很严格，都是指长方形的匣子，或竹编，或漆木制，大小也并无一定。《汉书》卷五九《张安世传》曰武帝"行幸河东，尝亡书三箧"；又卷四八《贾谊传》"俗吏之所务在于刀笔筐箧"，颜注："刀所以削书札，筐箧所以盛书。"《后汉书》卷一〇《刘盆子传》记刘崇立帝事，云崇"乃书札为符曰'上将军'，又以两空札置笥中"，注云："笥，箧也。"居延汉简器物簿与文具列在一起的有"书箧一"〔简八九·一三 B〕。江陵张家山汉墓所出遣策云"书一笥"，案验同墓出土的实物，便是竹笥里分卷放置的竹简[3]。

战国以来至秦汉，考古发掘中所见到的文具与书多出在箧笥。前举长沙

[1] 《战国楚帛书考》，页 138。图 20-15：2 取自《战国楚帛书述略》所附摹本。

[2] 汉代或用帛来作为官吏的俸禄，《汉书》卷九九中《王莽传》曰天凤三年五月，莽下吏禄制度云，国用不足，"自公卿以下，一月之禄，十緵布二匹，或帛一匹"。匹帛为一月之禄也见于居延简，如简九五·七"桼〔七〕月禄帛三丈三尺"；简三九四·一"正月禄帛一匹"。汉代以四丈为匹，一匹帛约值三四百钱，居延简亦多记其事，如简五〇九·八、五〇九·一五，等等。劳干《居延汉简考证》有综论，见"缣帛"条。

[3] 《江陵张家山三座汉墓出土大批竹简》，页 3。

左家公山楚墓发现的毛笔，即出在一件竹筒里，筒的四外用青篾扎边，编作人字纹，与毛笔同在一处的尚有天平、砝码，木梳、木篦，竹签、竹片，木柄铁削、小竹筒等[1]〔图20-16:1〕。前举西汉马王堆帛书，出土的时候是折叠放置在漆木箧中。箧长六十厘米，宽三十厘米有余，高逾二十厘米，上有盝顶形的盖，内设宽窄不一的格子，帛书与竹书即分别放在不同的格子里[2]〔图20-16:2、3〕。帛书的置放又用了两种不同的方式，一是叠作二十厘米长、十厘米宽的长方形，一是以两三厘米宽的窄木条为芯把帛书卷起来。折叠放置的帛书幅宽四十八厘米左右，是整幅的帛。卷起来的帛书幅宽约当其半，是半幅的帛[3]。

箧之深者曰簏。《说文·竹部》："簏，竹高箧也。"《太平御览》卷七〇五引《通俗文》曰："簏谓之箧笥。"用作置书的簏名作书簏，同书引《东宫旧事》曰："皇太子初拜，有漆马齿书簏。"所述虽晋事，或去汉制不远。

书若秘之，则须缄封。这一类须要保密的书，多属文书档案。《尚书·

[20-16]:❶

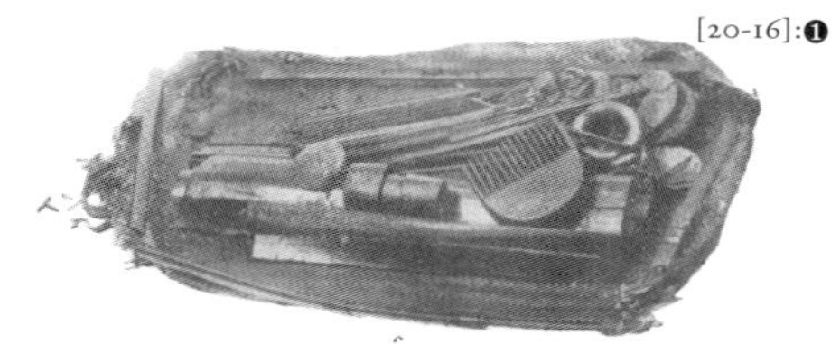

[20-16]:❷

[20-16]:❸

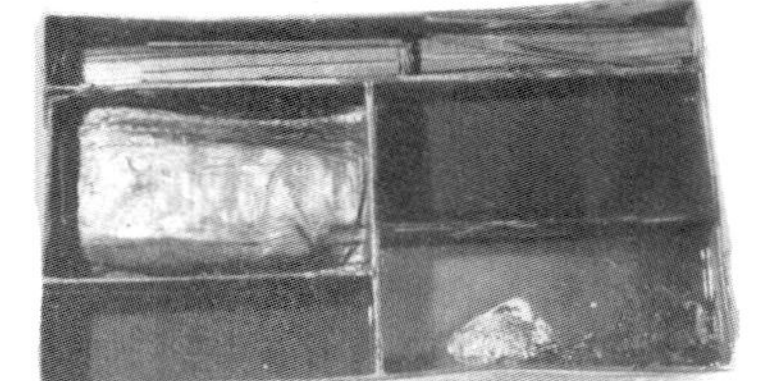

图[20-16]存置文具与书的箧笥

❶ 左家公山楚墓出土

❷ ❸ 马王堆三号汉墓出土

[1] 《长沙出土的三座大型木椁墓》，图版一：6。

[2] 《长沙马王堆二、三号汉墓发掘简报》，图版七。按有少部分帛书放在两卷竹简的下面。

[3] 《马王堆二、三号汉墓发掘的主要收获》，页48~49。

[20-17]:❶

[20-17]:❷

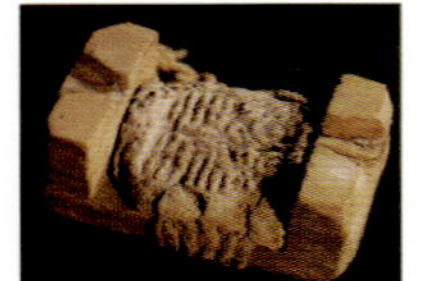

[20-17]:❸

金縢》曰周公为武王祝祷，祷辞书于册，“乃纳册于金縢之匮中”；郑玄注：“縢，束也。凡藏秘书，藏之于匮，必以金缄其表。”孙星衍疏：“《一切经音义》引《字林》云：‘缄，束箧也。’《鲁语》云‘得之金椟’；注云：‘椟，匮也。金，以金带其外也。’带其外，即郑所谓‘缄其表’。”后来文件书信封检制度的“缄其表”同它类似，即在本文上面覆一片简或牍，然后用绳札缚，继而书写收信人姓名地址，末于结缚处押封泥。实以文书或其他物品的箧和囊也可以用封检来缄封〔图20-17〕。沂南汉画像石的上计图中有施以封检的书箧和书囊〔图24-1:2、图24-6:1〕。籍书的缄封方式，汉代明令著为律。张家山汉简《二年律令·户律》云：“民宅园户籍、年细籍、田比地籍、田命籍、田租籍，谨副上县廷，皆以箧若匣匮盛，缄闭，以令若丞、官啬夫印封。”[1]诸般手续一一规定明白，可知已经成为很严格的制度。

皇家藏书常曰“金匮石室”。《史

图〔20-17〕
❶ 文书封检　甲渠候官遗址出土
❷ 衣囊封检　马圈湾烽燧遗址出土
❸ 封泥与封泥匣　肩水金关遗址出土

[1]《张家山汉墓竹简》，页178。缄封又不仅仅限于档案书籍，贮物而封藏，亦可如是。西汉南越王墓西耳室出铜提筒一件，原是汉代这一地区常见的式样，鼓腹，上下微敛，上部近口沿处有两个环鼻用以扣提梁，子口合盖，盖的外沿一对贯耳，提筒用丝绢包裹，在盖顶封口捆扎，出土时提筒边有一枚竹签牌，一端平齐，一端如圭形，其上墨书“金縢一□□”。《西汉南越王墓》，页78，图版三三：4~6。

记·太史公自序》:"卒三岁,而迁为太史令,紬史记石室金匮之书。"〈索隐〉:"石室、金匮,皆国家藏书之处。"《汉书》卷一《高帝纪下》:"又与功臣剖符作誓,丹书铁契,金匮石室,藏之宗庙。"如淳曰:"金匮犹金縢也。"颜注:"以金为匮,以石为室,重缄封之,保慎之义。"匮的形制亦如匣。《楚辞·九叹·愍命》"藏瑉石于金匮兮",王逸注:"匮,匣也。"两汉"金匮"究竟如何,目前尚不能得知,不过却有新莽时期的石匮一件可见。

石匮今藏青海省海晏县博物馆,通高逾两米,宽一点三七米,由器、盖两部组成。盖顶雕刻卧虎,器之中心作成方槽以容书册[1]。从上到下、从右至左、篆书三行器盖连铭曰:"西海郡虎符石匮,始建国元年十月癸巳,工河南郭戎造。"[2]〔图20-18〕虎符石匮,器名也。西海郡设郡在西汉元始四年王莽平西羌后,治所在龙耆城,即今海晏县。始建国元年为公元九年。"工河南郭戎"是作器工匠的里籍和姓名。则石匮乃王莽登基后为新设不久的西海郡所作。研究者推测,它或与王莽藏《符命》四十二篇有关,而石匮左右的两

[20-18]:❶

[20-18]:❷

图[20-18]新莽虎符石匮

❶ 器盖

❷ 器

(1) 《青海文物》,图一二一。

(2) 癸巳,《青海文物》录作癸卯,此据李零《说匮》,页15。

[20-19]

[20-20]:❶

[20-20]:❷

[20-20]:❸

[20-20]:❹

图[20-19]
辽宁棒台子二号墓壁画

图[20-20]
❶❷ 洛阳朱村东汉墓壁画中的书案
❸ 满城汉墓出土的卮灯
❹ 广州汉墓出土的石砚

图[20-21]
广汉出土汉画像砖

[20-21]

道刻槽，当为封检之用[1]。不过秘书之外，一般书籍的存放本无须缄封，以箧笥存置图书当是汉代常例。

平日书籍的放置，则用案。

汉代品类不算很多的家具中，案是尤其重要的一种。其形制或圆或方，或长方，材质或木或铜。高者十几厘米或二三十厘米，矮者五厘米左右，或更矮。尺度稍大的案用餐时用来放置酒食，此在汉代画像砖、石以及墓室壁画中最常见。小者则用作奉案举食进御尊者。《史记》卷一〇四《田叔列传》曰刘邦过赵，赵王"自持案进食"；《汉书》卷九七上《外戚传》曰许后"五日一朝皇太后于长乐宫，亲奉案上食"，皆其事。辽宁棒台子二号墓壁画中可见奉案上食的形象，壁画的时代约当汉魏之际[2]〔图 20-19〕。

又有置于帷帐之前的长案，时或称作桯[1]。桯的上面可更置食案与书案，情景如洛阳朱村东汉墓壁画所绘[2]。男女主人端坐在帷帐，帐前设桯，桯的一边置食案，一边则是书案，书案设卮灯与砚〔图 20-20:1、2〕。卮灯的式样，满城汉墓所出者可以为例[3]〔图 20-20:3〕；砚之时代与式样均类似者，见于广州汉墓[4]〔图 20-20:4〕。《艺文类聚》卷六九引梁简文帝《书案铭》："刻香镂彩，纤银卷足。照色黄金，迴花青玉。漆华映紫，画制舒绿。性广知平，文雕非曲。厕质锦帷，承芳绮褥。敬客礼贤，恭思俨束。"以器的形制和

[1]《说匮》，页 16。作者实地调查之后又有补述，见《王莽虎符石匮调查记》，页 27。

[2]《辽阳市棒台子二号壁画墓》，页 22，图三。

[1]《方言》卷五："榻前几，江沔之间曰桯。"《说文・木部》："桯，牀前几。"

[2]《洛阳市朱村东汉壁画墓发掘简报》，彩色插页二：2。

[3]《满城汉墓》，图版三七：1。

[4]《广州汉墓》，图版一四二：6。

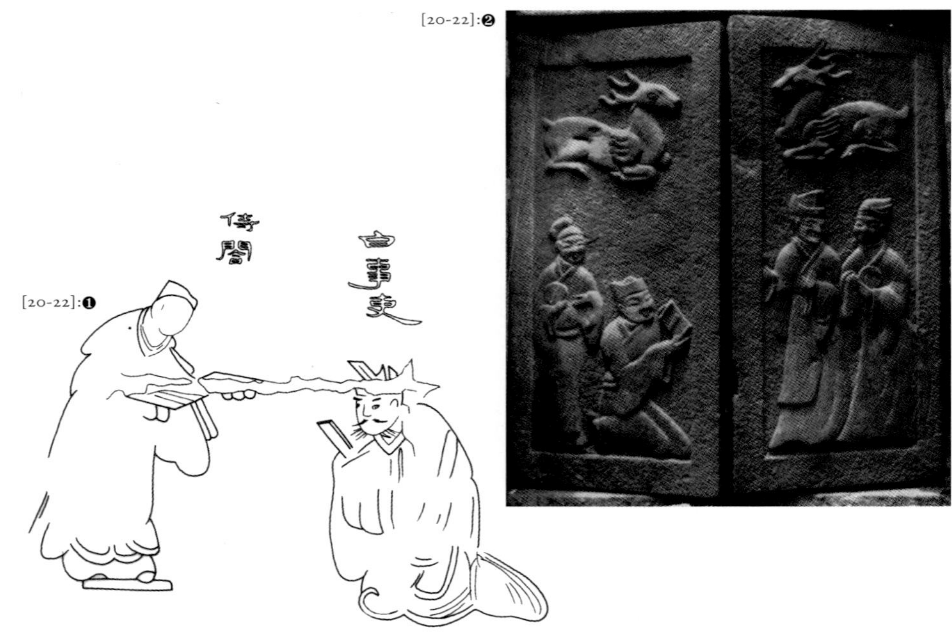

图[20-22]
❶ 望都汉墓壁画（摹本）
❷❸ 成都曾家包东汉画像石（局部）

用途而巧借双关曲尽形容，自是铭的作例，书案如铭所云的精好今不可见，而所谓“厕质锦帷，承芳绮褥”，却正与图中情景相仿佛。四川广汉所出东汉画像砖，也有写实之笔，其事大约是弟子拜见老师，房间里设着置放书卷的两具书案，与之相配的尚有一个带盖的三足圆砚[1]〔图20-21〕。

书案也用作“承卷奏记，通达谒刺”，《太平御览》卷七一〇引李尤《书案铭》：“居则致乐，承颜接宾。承卷奏记，通达谒刺。尊上答下，道合仁义。”《汉书》卷七七《郑崇传》曰哀帝欲封傅太后从弟商，郑崇切谏，“因持诏书案起”，李奇注：“持当受诏书案起也。”书案如此使用的情景，在河北望都东汉墓壁画[2]、成都曾家包东汉画像石[3]，又安徽马鞍山三国吴朱然墓

[1] 《中国美术全集·绘画编·18·画像石画像砖》，图二二〇。
[2] 《望都汉墓壁画》，图版七、二七。
[3] 《四川成都曾家包东汉画像砖石墓》，图版四。

图[20-23]:❶ 马鞍山三国吴朱然墓漆案(局部)

[20-23]:❷

所出彩绘漆案中都可以看到[1]。望都壁画榜题曰“侍阁”[2],朱然墓漆案榜题曰“黄门令”,均点明奉案者的身分〔图20-22、图20-23〕。而后者幄前放置酒食的长案亦即桯,正同于前举朱村壁画所绘。《后汉书》卷一〇《刘玄传》云其宠姬韩夫人尤嗜酒,“每侍饮,见常侍奏事,辄怒曰:‘帝方对我饮,正用此时持事来乎。’起抵破书案”。抵,注云:“击也。”宴饮奏事,由朱然墓漆案的一支绘笔,很可见情节场面的微至,适可为相去不远的前朝故事作注,而所击之案,自然是放在桯上的书案。以兼“承卷奏记,通达谒刺”之用,书案又有奏案之称。《太平御览》

(1)《中国漆器全集·4·三国至元》,图一一。

(2)《汉官旧仪》:“诸吏初除谒视事,问君侯应閤奴名,白事,以方尺板叩阁,大呼奴名。”此言丞相府制度,而郡县与之略同。《续汉书·舆服志》曰公卿以下至县三百石长,“铃下、侍閤、门蘭、部署、街里走卒,皆有程品,多少随所典领”。《后汉书》卷七七《酷吏列传》曰周紆“问铃下”云云,注引《汉官仪》:“铃下、侍閤、辟车,此皆以名自定者也。”

卷七一〇引陆云与兄书："按行曹公器物，有奏按五枚。"《三国志》卷五四《吴书·周瑜传》裴注引《江表传》："〔孙〕权拔刀斫前奏案曰：'诸将吏将复有言当迎〔曹〕操者，与此案同！"又《东宫旧事》曰："皇太子妃初拜，有漆金渡足奏案一枚。"虽只是举出名称，我们却已可以觑得亲切。铜鎏金包案脚是漆木案的一种讲究作法，所谓"漆金渡足"，即此。

与案并称的尚有几，也常常与书事相关。几的用途本来与案不同，案是用来置物，几则用作凭倚，《说文·几部》："几，踞几也。"徐锴《系传》则曰："几，人所凭坐几也。"几因又称凭几或隐几。几的基本构造很简单，窄而长的一道横梁为几面，几面下边两端安足。为着舒适和美观，几还可以制作得更巧，如长沙战国早期楚墓出土的一件漆木几。几面向下微凹成一个浅弧，然后与足榫接，足下有拊，两边拊上各探出两支斜撑稳稳撑住几面，几面的黑漆地子上朱绘卷云纹[1]〔图20-24:1〕。如此样式一直流传到两汉，洛阳新安铁塔山东汉墓壁画中的主人公燕居所凭，仍是与此形制相同的隐几[2]〔图20-24:2〕。隐几例为尊者设。《汉书》卷八三《朱博传》云

[20-24]:❶

[20-24]:❷

图[20-24]凭几
❶ 长沙楚墓出土（复制品）
❷ 洛阳新安铁塔山东汉墓壁画

(1)《长沙楚墓》，图版一一九：4。
(2)《洛阳汉墓壁画》，页182~183。

图[20-25] 新都出土汉画像石

博以新命琅邪太守而临郡，右曹掾史亦即下属之为首者倨傲托病不就职，“博奋髯抵几”云云。颜注：“抵，击也，音纸。”则此与前引更始韩夫人的“抵破书案”，正是同样的意思，惟所击之物乃身之所倚的凭几。铁塔山汉墓壁画恰好可以教人想见“奋髯”之状，虽然这里描摹的并不是怒容。

不过案和几在汉魏人笔下也时常混称，《释名·释床帐》：“几，庪也，所以庪物也。”居延汉简记有“赤头食几一”，又“大酒几一，长七尺”[1]。所谓“食几”，从形制说，应食案之属，而长及七尺的大酒几，当时算是尺寸颇巨的长案了。《太平御览》卷七一〇引《汉武帝内传》曰：“帝受西王母《五岳真形经》，盛以黄金之几。”用以置放经书的黄金之几自然也不是凭几，而应是小巧的书案。《内传》作者托名班固虽未必然，但西王母故事本盛行于东汉，它也是汉代艺术中常见的题材。三足乌，九尾狐，蟾蜍，玉兔，与龙虎座上戴胜的西王母合成昆仑山石室中的神仙故事，早就成为东汉画像砖、石中的表现程式之一。四川新都所出一件西王母画像石，人立而舞的蟾蜍前又有一人手持书卷伏地而拜，面前则是一具书案[2]，《内传》中说到的放置《五

[1] 出居延破城子，前者编号 EPT 六·九四，后者编号 EPT 五一·四〇八。

[2]《巴蜀汉代画像集》，图三六六。

岳真形经》的黄金之几，应即此物〔图 20-25〕。

考察文具使用者和书籍拥有者的身分，本是书事中的题中应有之义，不过这一话题实在很复杂，以目前掌握的实物例证，还只能说是带有很大偶然性的抽样调查，对当时情况远不能概括得全面。

汉人把死后的世界看作如同生时，因此为远行人置下尽量完备的生活用具，其中也包括了生活中的必读书。如此，我们可以从随葬书籍中大略看出书籍拥有者不同的学术背景。用作随葬的书籍当然首先同主人的爱好也同他的职业相关。比如出土了很多医书的武威旱滩坡汉墓，根据墓中的其他随葬品，其主人被推断为“具有一定社会地位并从事医业多年的老人”[1]。又山东临沂银雀山一号汉墓出土大量兵阴阳之类的书，以同墓所出漆耳杯上有“司马”铭刻，推知此为墓主姓氏，而他或为将军幕府中的谋士[2]。

如果就秦汉墓葬出土的书籍品类作一个粗略的分别，那么大致可以说，六艺类书籍，多出在王侯贵胄的墓葬[3]，如长沙马王堆三号汉墓，墓主为軑侯之子。如安徽阜阳双古堆一号汉墓，墓主为汝阴侯[4]。又河北定县八角廊四〇号汉墓，墓主为中山王[5]。而随葬实用性较强的书籍和文书之类者，其主人生前多为官吏，如云梦睡虎地十一号秦墓，墓主历任安陆御史、令史、鄢令史及鄢之狱吏[6]。又云梦龙岗六号秦墓，墓主人曾为小吏，坐事被刑后做了禁苑门吏[7]。又江陵张家山二四七号汉墓，由同墓所出竹简中“病免”的记载，可知主人也曾出任官吏[8]。又尹湾六号汉墓，墓主生前为郡功曹史[9]。此中显示了当时王公贵胄与郡县卒史所具有的两种不同的知识结构，而前者本来有着自先秦以来的教育传统。《国语 · 楚语上》曰庄王为太子择傅，问于申叔时，他为太子开列的必修科目为春秋，世，诗，礼，乐，令，

[1] 《武威汉代医简》，叶二三 · B。

[2] 《山东临沂西汉墓发现〈孙子兵法〉和〈孙膑兵法〉等竹简的简报》，页 20。

[3] 随葬书籍的种类当然不可能是单一的，比如以阴阳家、道家为背景的数术、方技等当时的实用技术，本来与儒家共存，反映在随葬书籍中，也是如此。

[4] 《阜阳双古堆西汉汝阴侯墓发掘简报》，页 18。

[5] 《河北定县四〇号汉墓发掘简报》，页 10。

[6] 《湖北云梦睡虎地十一号秦墓发掘简报》，页 6。

[7] 据刘信芳等《云梦龙岗秦简》。

[8] 《江陵张家山竹简概述》，页 15。

[9] 《尹湾汉墓简牍》，页 165。

语，故志，训典，共九项。世，韦昭注云："谓先王之世系也。"记述帝王、诸侯、卿大夫世系的《世本》，即此类。令，"谓先王之官法、时令也"。语，"治国之善语"，传世之《国语》、《战国策》，可以当之。故志，"谓所记前世成败之书"。训典，"五帝之书"，则《书》之《尧典》为其属。汉惠帝四年解除秦的挟书之令，以后若干旧藏重又面世，传统因此并未完全断绝，由王侯墓葬出土的图籍，可以略窥其概。

时至汉代，世卿世禄制早已崩溃解体，新的统治关系是以科层化的文官制度为管理基础，举劾案验，文书制度严密繁缛，由敦煌、居延等地所出简牍，可以看到汉代边郡以簿籍为基础的上计制度执行之严格，而见出一种贯彻到底不容懈怠的管理方式。此与内郡情况应为一致。其时任用官吏自然要格外注重处分文书的能力。能书，会计，知律令，是三项重要的标准。对于已入仕途和欲入仕途者来说，实用之书如法律、兵书、数术之类，便最受重视。前举尹湾汉墓等，其随葬书籍的品类，即反映了这一点。

此外的一例，是武威磨咀子六号汉墓，墓出《仪礼》九篇，墓主人大约是深通礼经的郡文学官，曾教授文学弟子，随葬的《仪礼》乃是他平日诵习所用[1]。课徒讲学，教授经义，是汉代读书人的一项重要事业[2]。其时学问最重师承，受学与授学，于读书人自然有着安身立命的意义。课徒之所或设于宅。《汉书》卷八一《独行列传》，曰张禹为弟子彭宣讲论经义，"见之于便坐"，颜注："便坐，谓非正寝，在于旁侧可以延宾者也。"讲学之所又或称作精舍、精庐、讲舍。《后汉书》卷七九下《儒林列传》曰经生所处，"精庐暂建"，注云："精庐，讲读之舍。"又同卷言包咸习《鲁诗》、《论语》，曾"住东海，立精舍讲授"。又卷八〇下《文苑列传》曰桓帝时，刘梁任北

[1] 《武威汉简》，页8。简有三种本子，木简的甲、乙两种本抄写年代约当西汉晚期，竹简的丙本或稍早。甲本和乙本均为经，简长当汉尺二尺四寸；乙本为单册经传，简长不足二尺四寸，《论衡·量知篇》"大者为经，小者为传记"，二者适相符合。

[2] 罗义俊《两汉私人讲学考略》于此有详细讨论，页367~384。

[20-26]:❶

[20-26]:❷

新城长，“乃更大作讲舍，延聚生徒数百人，朝夕自往劝诫，身执经卷，试策殿最”。讲学的场面汉画像中可见，如山东临沂白庄出土的画像石[1]，如四川成都青杠坡所出画像砖[2]，细致的笔触这里固然谈不到，不过简编式的书总还可以看得清楚〔图 20-26〕。山东诸城汉墓画像石中的讲学图，刻划庭中高堂之侧的一所别院，院中讲舍一楹，师在讲舍中独据一席指划讲

(1)《中国汉画像石全集·3》，图一一。

(2)《中国美术全集·绘画编·18·画像石画像砖》，图二三六。

[20-27]

图[20-26]

❶ 临沂白庄出土汉画像石

❷ 成都出土汉画像砖

图[20-27]

诸城汉墓画像石（摹本）

[20-28]

授，众弟子捧经端坐在舍内舍外[3]〔图 20-27〕。石的上方残存高堂一角，可见其中的博棋和宴饮，所谓“常坐高堂，施绛纱帐，前授生徒，后列女乐”，“教养诸生，常有千数”[1]，大概并不是马融独有的儒者风流。

教授生徒的精庐、讲舍之外，是否还有读书人的这样一处所在，即读书

[3]《山东诸城汉墓画像石》，页 21，图九。

[1]《后汉书》卷六〇上《马融传》。

写作的一个独立的生活空间，亦即所谓“书房”，似不见史书明确记载，也未见于表现汉代日常生活的石刻和图画，因此很难考察得确实。不过以我们所了解的汉代情事，应可约略为之布置。此中该有笔有砚，有丝囊或漆盒中墨，有简牍缣帛可供书写。又有书笥和小小的书案，有若干书册可供检阅。命笔为文之际，主人据榻而坐，一手把笔，一手持牍：悬腕悬肘，左手还要把持得足够稳当，即如河北望都汉墓壁画中描绘的主簿图[1]〔图20-28〕。在高坐具通行之前，这样的书写姿势大约保持了很久，长沙金盆岭西晋墓出土的青瓷俑[2]，顾恺之的《女史箴图》，均可为证〔图20-29〕。由书写姿势见出书法史中的书体变迁之迹，却又是另外的题目，而近年研究者已经注意到，并且对此讨论的很有点热闹了。

[20-29]:❶

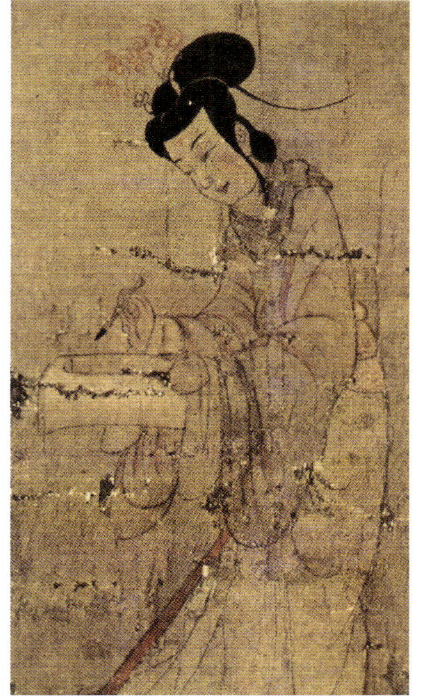

[20-29]:❷

图[20-28] 望都汉墓壁画中的主簿图

图[20-29]
❶ 长沙金盆岭西晋墓出土青瓷俑
❷ 顾恺之《女史箴图》（局部）

〈1〉《望都汉墓壁画》，图版八；本篇彩图取自《河北省出土文物选集》。牍的书写如此，若细窄之竹简，又当如何？左家公山楚墓发掘简报中提到，出土文具的竹筐里尚存置竹片，“竹片长三十二厘米，宽零点八厘米，两端用丝线编好成册，然后用两块竹块夹住，想是用以书写的简册”。《长沙出土的三座大型木椁墓》，页95。只是简报未作图示，不知究竟如何。

〈2〉对坐的两个人，中间一具长案，案置笔、笔架与砚，一个带提梁的书箱置于案的另一端。一人手捧书案，一人把笔持牍而书。《中国陶瓷全集·4·三国两晋南北朝》，图七八。

书房

所谓"书房"，藏书之所自然不在其内。南宋楼钥有诗作《赵资政建三层楼，中层藏书》[1]，那样的"百间朗朗"，"插架三万"，乃藏书家气派，却不是读书人平常可以求得。书房的不同，在于它是为人设，而不是为书设，那么一个属于自己的，可以在其中静心读书的所在，便是书房，却不在乎书的多少，或者也不在乎书的品类。文人的书房，其实意不在书，而更在于它的环境，气氛，或者说重在营造一种境界。

这样一个绝无功利之心的小小空间，读书实在只是涤除尘虑的一种生存方式。南宋杨国宾题所居壁云："有竹百竿，有香一炉，有书千卷，有酒一壶，如是足矣。"[2]此则居室与书房的合一。窗外有水，有竹，斋中有几有榻，有书插架，有花插瓶，一炉沉水，一张七弦，便是理想的燕居之室，榜之曰某某斋，某某居，某某书室，皆无不可。白居易《草堂记》："三间两柱，二室四牖，广袤丰杀，一称心力。洞北户，来阴风，防徂暑也；敞南甍，纳阳日，虞祁寒也。木斫而已，不加

[1] 《全宋诗》，册四七，页29375。

[2] 吕本中《紫薇诗话》："杨十七学士应之国宾力行苦节，学问瞻博，而弘致远识，特异流俗，尝题所居壁云云。"

图[21-1]《归去来辞图》〔局部〕 辽宁省博物馆藏

丹；墙圬而已，不加白。墄阶用石，幂窗用纸，竹帘紵帏，率称是焉。堂中设木榻四，素屏二，漆琴一张，儒、道、佛书各三两卷。”[3] 草堂筑在诗人贬谪江州的时候，此际自然一切草草，因此木不髹漆，墙不涂白，但木榻，素屏，漆琴，书卷，一应书房之必须，一样不少，何况简素中也还有奢侈——“堂西倚北崖右趾，以剖竹架空，引崖上泉，脉分线悬，自檐注砌，累累如贯珠，霏微如雨露，滴沥飘洒，随风远去。”正仿佛天宝时御史大夫王

[1]《白居易集笺校》，册五，页2736。

铁第宅中的自雨亭[1]。据云这自雨亭子传自拂林，即东罗马帝国及西亚地中海沿岸诸地[2]，可知虽曰“草堂”，而布置不俗，把它视作文人之园，也未尝不可。

挂冠归隐的陶渊明也该有一间书室。明人马轼与李在、夏芷合作一幅长卷《归去来辞图》，在“稚子候门”一段里便为他安排出这样一间。高柳掩映中的村舍自然要有朴野之趣，从半开的窗子里望进去，里面书桌一张，上边放着书函一，又笔格和笔，砚和水盂，又香炉一，插着香匙和香箸的箸瓶一。墙上一轴芦雁，一张琴，又一轴山水权作架格而放了一卷一卷的书画〔图21-1〕。这是明人的有意求“古”，不过也只“古”到宋元。

宋人却是喜欢在住居中别筑小室，独处读书，如此一方完全属于自己的天地，便也可以称作书房。陆游《新开小室》：“并檐开小室，仅可容一几。东为读书窗，初日满窗纸。衰眸顿清澈，不畏字如蚁。琅然弦诵声，和答有稚子。余年犹几何，此事殊可喜。山童报炊熟，束卷可以起。”又《即事六首》之三：“日上小窗东，禽鸣高树中。乐哉容膝地，著此曲肱翁。香迮常迟散，儿来亦旋通。所惭贪坐睡，铅椠少新功。”[3]诗作于开禧元年，时放翁居山阴，已是年逾八十的老翁，在容膝小室中而如曲肱枕流，可以尽享读书之乐，诚然“殊可喜”也。辽宁省博物馆藏南宋册页《秋窗读易图》，小幅绘水边一座院落，院中几间瓦屋，中间为堂，堂之东偏一间小室，室中一张书案，案有展卷之册，焚香之炉，炉旁并置香盒一〔图18-5〕。清切闲远之高致，其室也；舒闲容与之态度，其人也。它与放翁的读书之境相合，也未尝不是宋人现实与理想中的书室。南宋王十朋有五绝一组，诗题颇长，可视作一则小序：“予还自武林，葺先人弊庐，净扫一室，晨起焚香，读书于其间，兴至赋诗，客来饮酒啜茶，或弈棋为戏；藏书数百卷，手自暴之；有小园，时策杖以游；时遇秋旱，驱家僮浚井汲水浇花；良天佳月与兄弟邻里把酒盃同赏；过重九

[1] 唐封演《封氏闻见记》卷五“第宅”条：“御史大夫王铁有罪赐死，县官簿录太平坊宅，数日不能遍，宅内有自雨亭，从檐上飞流四注，当夏处之，凛若高秋。”

[2]《中国古代建筑史·二·两晋南北朝隋唐五代建筑》，页442。不过这种为居室降温的办法，六朝的时候很可能已经出现。梁刘峻《始居山营室诗》“激水檐前溜，修竹堂阴植”〔《先秦汉魏晋南北朝诗》，中册，页1758〕；陈张正见《帝王所居篇》“沉沉飞雨殿，蔼蔼承明庐”〔同前，下册，页2475〕，如果“飞雨殿”不是一个空名的话，那么这里的两个例子都是“自雨亭”的做法。

[3]《全宋诗》，册四〇，页25410；页25411。

方见菊以泛觞，有足乐者……。”绝句中《读书》一首云：“入政惭无学，还家更读书，翻同小儿辈，相共惜居诸。”[1]“居诸”，用《诗·邶风·日月》中语借指时光。梅溪以龙图阁学士致仕，而龙图在诸阁学士中序位最高，诗曰“入政惭无学，还家更读书”，却是说得实在。这时候的读书，自然全与仕途无关，而这正是文人在书斋中特定的心态。自己的书斋，他人的书斋，都是作诗为文的好题目，闲适语，豪放语，解脱语，在这一题目之下，都是合宜，唯一不宜的，怕是只有功利语。南宋陈文蔚《寄题吴伯丰所居二首》，其一为《读书阁》，诗之前半曰:“书阁高几寻，其高不可知。但见读书人，心与千古期。藉此闲旷地，端坐穷轩羲。世尘飞不到，月霁光风吹。”[2]诗之优劣在其次，它的意思无疑可以作为书房之咏的样范。

书房与林泉之思即所谓隐逸常常是一致，风景便不是书房的点缀，而书房倒仿佛是点缀风景。陆游《入蜀记》曰六月五日抵秀州，谒樊自强主管、樊自牧教授，“二樊居城外，居第颇壮，茂实晚岁所筑，尚未成也。隔水有小园，竹树修茂，荷池渺弥可喜，池上有堂，曰读书堂”[3]。茂实即樊光远，曾官吏部，二樊皆其子。凭文字的描写去想象这读书堂，并不是难事，不过宋人的画笔可以把它变得更为切近。上海博物馆藏宋人册页《水阁纳凉图》，绘远山近水，荷池上一座水榭，堂前一溜亮隔，堂中屏风香几，主人凭案而坐。傍岸有高柳修竹，树下有攀枝采花的童子〔图 21-2〕。与樊氏居第之小园，正是同样的意趣。南宋郑刚中《书斋夏日》：“五月困暑湿，众谓如蒸炊。惟我坐幽堂，心志适所怡。开窗面西山，野水平清池。菱荷间蒲苇，秀色相因依。幽禽荫嘉木，水鸟时翻飞。文书任讨探，风静香如丝。此殆有至乐，难令俗子知。”[4]诗中的书斋景色，与册页所绘也约略相合。而所谓“至乐”，却未必与书相关，而毋宁说，是得自读书的意境，这便正是书斋所要极意营造的。

(1)《全宋诗》，册三六，页 22761。

(2)《全宋诗》，册五一，页 31919。

(3)《陆游集》，册五，页 2408。

(4)《全宋诗》，册三〇，页 19046。

[21-2]

宋人的书室多半是独处的所在，因常常以“容膝”命名。北宋慕容彦逢《和岑运使题赵吏部容膝斋诗》句云“小斋容膝思易安，顾盼俗缘嗟自缚。琴书对眼助清闲，杖履从人笑疏略。红尘一点不到处，只许炉香度帷箔”[1]，其例也。明人的书房则多有了开放的性质，它使书房与园林的结合更为紧密，因此也往往成为雅集之所。关于书斋的经营，诗与画此际似乎都形成了一种思维定式，文震亨作《长物志》，于几榻，器具，花木，水石，书画，一一作出规定。高濂《遵生八笺》卷七《起居安乐笺上》“高子书斋说”一则，连书房里的书，也开出一个详细的书目来。二氏之著虽然不是专论书室，但种种布置，也不妨作为“文人书房则例”来读。可以为它配图的明人画作实在不少，如文徵明《真赏斋图》〔图 21-3〕，《木径幽居图》〔图 21-4〕，《人日诗画图》；唐寅《双鉴行窝图》〔图 21-5〕；仇英《东林图》，《梧竹书堂图》，《林亭佳趣图》〔图 19-18〕，宋旭《天香书屋图》〔图 21-6〕，等等。翠荫晴昼，庭宇清和，所重仍是读书的意境，当然也可以说这些画作有着元代王蒙《谿山

[1]《全宋诗》，册二二，页 14667。

[21-3]

[21-4]

[21-6]

[21-5]

[21-7]

图[21-2]《水阁纳凉图》〔局部〕
上海博物馆藏

图[21-3]《真赏斋图》〔局部〕
中国国家博物馆藏

图[21-4]《木泾幽居图》〔局部〕
安徽省博物馆藏

图[21-5]《双鉴行窝图》
故宫博物院藏

图[21-6]《天香书屋图》
上海博物馆藏

图[21-7]《豁山高逸图》〔局部〕
台北故宫博物院藏

[21-8]:❶

图[21-8]
❶ 明黄花梨品字栏杆架格
❷ 明紫檀三屏风独板围子罗汉床

高逸图》作蓝本〔图 21-7〕，不过文、唐画作中的书斋，多是实有其地，而主人便是画家的朋友，虽然，仍是写意的成分为多，却是因为一丝不苟的细微刻画已经不是这一时代的绘画风气。而当日书房中的实有之物，应是坐人之榻与置书的架格[1]〔图 21-8:1〕，榻则可以说尤其要紧，它是高坐具时代始终保存着的古典，其种种古意特别为文人看重，因此差不多成了文人书房的一件标识。《长物志》说榻，凡式样、尺寸、材质，一一指述详明，雅俗之别更是区分得清楚。合于雅之标准的明代之榻尚有存世，《明式家具珍赏》中著录的一件紫檀独板围子罗汉床，即是佳例〔图 21-8:2〕[2]。

明人写书房，有张岱《陶庵梦忆》卷二中的两篇最可见文士风流，其一《梅花书屋》：

陔萼楼后，老屋倾圮，余筑基四尺，造书屋一大间。傍广耳室如纱幮，设卧榻。前后空地，后墙坛其趾，西瓜瓤大牡丹三株，花出墙上，岁满三百余朵。坛前西府二树，花时，积三尺香雪。前四壁稍高，对面砌石台，插太湖石数峰。西溪梅骨古劲，滇茶数茎妩媚，其傍梅根种西番莲，缠绕如缨络。窗外竹棚，密宝襄盖之。阶下翠草深三尺，秋海棠疏疏杂入。前后明窗，宝襄西府，渐作绿暗。余坐卧其中，非高流佳客，不得辄入。慕倪迂清閟，又以“云林秘阁”名之。

[21-8]:❷

(1)《明代家具珍赏》，图一三一。

(2)《明代家具珍赏》，图一二二。罗汉床是北京匠师的叫法，《长物志》中称作榻的，即此类。

其一《不二斋》:

不二斋，高梧三丈，翠樾千重，墙西稍空，腊梅补之，但有绿天，暑气不到。后窗墙高于槛，方竹数竿，潇潇洒洒，郑子昭“满耳秋声”横披一幅。天光下射，望空视之，晶沁如玻璃、云母，坐者恒在清凉世界。图书四壁，充栋连床，鼎彝尊罍，不移而具。余于左设石床竹几，帷之纱幕，以障蚊虻，绿暗侵纱，照面成碧。夏日，建兰、茉莉芗泽浸人，沁入衣裾。重阳前后，移菊北窗下，菊盆五层，高下列之，颜色空明，天光晶映，如沉秋水。冬则梧叶落，腊梅开，暖日晒窗，红炉毾㲪。以昆山石种水仙列阶趾。春时，四壁下皆山兰，槛前芍药半亩，多有异本。余解衣盘礴，寒暑未尝轻出，思之如在隔世。

张宗子的文字本来好，纪事则每多逸笔，奇笔，这两则算是他的密丽之作，但腴中有着俊拔仍是其好处，或者可以说，是用工笔的办法而让它出来写意的效果。至于“思之如在隔世”的悲慨，则当别论。

《梅花书屋》中的“宝襄”，乃宝相花，它本是图案的一种，即以一种花卉为核——早期是莲花，后世则也用着牡丹，周环层层叠叠装饰其他花叶，自唐代便已流行。不过实有的花卉中又确有一种曾被冠以宝相花之名，两宋对它不乏题咏，如梅尧臣《宋次道家摘宝相花归清平里》[1]，如范成大的《宝相花》[2]。梅诗说它“密枝阴蔓不争开，薄红细叶尖相斗”，则枝条花叶皆仿佛蔷薇。高氏《八笺》卷一六《燕闲清赏笺下》曰宝相花“较蔷薇朵大，而千瓣塞心，有大红、粉色二种”，《三才图会》所录即此〔图 21-9:1〕。《梅花书屋》中则说到它的可以攀缘，大约总是蔷薇科中的一种，不过现代花卉名称中已经不常见了[3]。

所谓“云林”、“秘阁”，皆倪迂亦即元人倪瓒所营。高氏《起居安乐笺上》“居室建置”一则，有“清秘阁、云林堂”条，曰：“阁尤胜，客非佳流，不得入。堂前植碧梧四，令人揩拭其皮。每梧坠叶，辄令童子以针缀杖头，亟挑去之，不使点污，如亭亭绿玉。苔藓盈庭，不容人践，绿褥可爱。

[1] 《全宋诗》，册五，页 2942。

[2] 《全宋诗》，册四一，页 25907。

[3] 日人北村四郎为飯沼欲斎《草木図説》作解说，云宝相花学名为 *Rosa Roxburghii* Trattinick，见《草木図説 · 木部》，页 194，又卷五，图三一，即本篇之图 21-9：2。据中国科学院《新编拉汉英植物名称》，此即单瓣缫丝花〔野石榴，刺石榴〕，未知确否。

左右列以松桂兰竹之属，敷纡缭绕。其外则高木修篁,蔚然深秀。周列奇石，东设古玉器，西设古鼎尊罍，法书名画。”这一段记述,乃蕞录明顾元庆《云林遗事》中的文字。倪迂画与人的独特之清，似乎一半得自他的洁癖，这里的擦洗树皮，杖挑落叶，也是洁癖之一端，虽然他为人所深慕的并不在于洁癖。说到底,诗文与画,关于书房,所欲传递给人们的，仍是那属于情趣与意境之类的东西。文人的书房，大抵如是。

不过书房并不是文人的专属，而依然有它的风致。王建《早秋过龙武李将军书斋》:“高树蝉声秋巷里，朱门冷静似闲居。重装墨画数茎竹，长著香薰一架书。语笑侍儿知礼数，吟哦野客任狂疏。就中爱读英雄传，欲立功勋恐不如。”[1]墨竹在晚唐尚算得新生事物，却早早入了将军书斋，而“长著香薰一架书”，也就雅得很。“野客”固是自谦语，却因此见出气氛来，比文人的抵掌论诗书也许还更有情味。“英雄传”云云，揭出宾主两边的意思正是恰好，虽然它原本只是为着扣题。

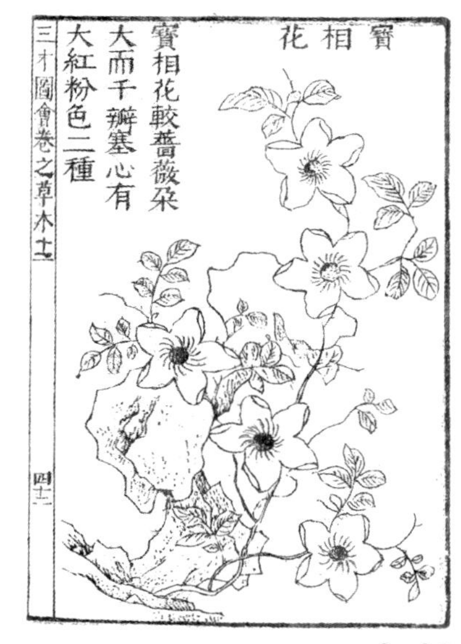

[21-9]:❶

[21-9]:❷

[1]《全唐诗》，册九，页3402。

图[21-9]

❶《三才图会》中的宝相花

❷《草木図説·木部》中的宝相花

[21-10]:❶

[21-10]:❷

图[21-10]河北宣化下八里辽大安九年墓墓室壁画

❶ 后室东壁壁画

❷ 后室西壁壁画

河北宣化下八里村，曾发现辽代张、韩两个家族的若干墓葬，墓中多有壁画，壁画中多有书房。如下葬于辽大安九年的十号墓，后室东壁绘窗下一张书桌，桌上置笔砚和茶盏，一侧花竹仙鹤，一侧是捧着盥洗用具的两个侍女。西壁侧窗下置矮几，上面放着卷起来的书帙，内实书卷若干。一侧是剔灯的少女，一侧是与东壁所绘相对应的仙鹤花竹[1]〔图21-10〕。辽代此地属归化州清河郡，张氏是这一带的望族。十号墓的墓主人张匡正虽无功名，但一生“不乐歌酒，好读法花、金刚经”[2]，则书帙中卷着的大约便是西方贝叶，即如墓志中举出的《金刚经》、《法华经》。匡正的墓葬本是做了官的后代张世卿所营，世卿同时营建的三座墓，墓室壁画中的书房布置大抵相同，画风的一致和题材的相类，显示着或有某种程式为画人所遵循，但它究竟意在表现实有的生活，读书的场景自然也是真实的。

搁置经卷的矮几，实即胡床，不过这是它初入中土时候的名称，以其自西而来，故名字里嵌了一个“胡”字。宋代把它改造成为高坐具，变其称而名作“交椅”[3]，折叠的功能依旧保留，不过与初始的形制已相差甚远，后来人们说胡床，差不多都是指着交椅，此且不去说它。胡床是坐具，但也用来置物。西安北周安伽墓石榻围屏上彩绘雕刻的宴乐图，步障里便设一具胡床，而果盘之属置其上[4]〔图21-11〕。安伽墓石刻悉为异域人在中土的生活情景，那么这也可以算作异域风之一。唐代舁

[21-11]

图[21-11]北周安伽墓石榻围屏彩绘雕刻宴乐图

[1]《宣化辽墓》〔下〕，彩版一四、一六。仙鹤花竹应是表现屏风。张彦远《历代名画记》卷九曰薛道衡之曾孙薛稷“尤善花鸟人物杂画，画鹤知名，屏风六扇鹤样，自稷始也”。又卷三记两京外州寺观画壁“秘书省”条云：“薛稷画鹤，贺知章题诗，在东秘书厅。”晚唐皮日休《公斋四咏》中有“鹤屏”一题。

[2] 张匡正墓志，《宣化辽墓》〔上〕，页65。

[3] 宋高承《事物纪原》卷八曰：胡床，“今交椅是也”。

[4]《西安北周安伽墓》，图版七十。

图[21-12] 宣化下八里四号墓后室东北壁壁画（局部）

物也常常用“床”。唐人传奇《虬髯客传》曰虬髯客宴李靖、红拂于中堂，“家人自堂东舁出二十床，各以锦绣帕覆之。既陈，尽去其帕，乃文薄钥匙耳。”又唐张固《幽闲鼓吹》曰朱崖邀饮杨钦义于中堂，“而陈设宝器图画数床，皆殊绝”，“起后皆以赠之。”此类舁物之床，应是矮足之案。用作置放书册及用具的矮足案也见于宣化辽墓壁画，如四号墓后室东北壁的一幅，方桌上一具矮足案，案置经卷与佛珠，同十号墓放置经卷的胡床，功用正相同[1]〔图 21-12〕。辽与北宋并立，不过其风习仍以得之于唐者为多，此亦一例。

[1]《宣化辽墓》〔下〕，彩版九四。

然而又有一等，虽名曰书房，却并不用作读书，附庸书房之雅而布置起来，在其中也安排些风雅的节目，比方《金瓶梅词话》中西门庆的书房。第三十四回《书童儿因宠揽事，平安儿女含恨戳舌》，曰应伯爵引着韩道国去见西门庆——

进入仪门，转过大厅，由鹿顶钻山进去，就是花园角门。抹过木香棚，两边松墙，松墙里面三间小卷棚，名唤翡翠轩，乃西门庆夏月纳凉之所。前后帘栊掩映，四面花竹阴森，周围摆设珍禽异兽，瑶草琪花，各极其盛。里面一明两暗书房，有画童儿小厮在那里扫地，说："应二爹和韩大叔来了！"二人掀开帘子进入明间内，只见书童在书房里。看见应二爹和韩大叔，便道："请坐，俺爹刚才进后边去了。"一面使画童儿请去。伯爵见上下放着六把云南玛瑙漆减金钉藤丝甸矮矮东坡椅儿，两边挂四轴天青衢花绫裱白绫边名人的山水，一边一张螳螂蜻蜓脚、一封书大理石心璧画的帮桌儿，桌儿上安放古铜炉、流金仙鹤，正面悬着"翡翠轩"三字。左右粉笺吊屏上写着一联："风静槐阴清院宇，日长香篆散帘栊。"

……

伯爵走到里边书房内，里面地平上安着一张大理石黑漆缕金凉床，挂着青纱帐幔。两边彩漆描金书厨，盛的都是送礼的书帕、尺头，几席文具书籍堆满。绿纱窗下，安放一只黑漆琴桌，独独放着一张螺甸交椅。

——翡翠轩在《金瓶梅》里不止一次提到，如第二十七回，曰"西门庆起来，遇见天热，不曾出门，在家撒发披襟避暑，在花园中翡翠轩卷棚内，看着小厮每打水浇灌花草。只见翡翠轩正面前，栽着一盆瑞香花，开得甚是烂漫"。三十四回中的一节，则是着意写出轩的位置和室内的陈设。

西门庆的宅舍，门面五间，到底七进，翡翠轩设在仪门外的花园里，园有角门，与仪门相通。轩在花园深处，前有假山，山顶有卧云亭，中腰藏春坞雪洞。翡翠轩前松墙屏路，松墙尽头接着角门入口的木香棚。这可以说是明代花园常见的布局，明人画作对此也常有细致的描绘，如钱榖为张凤翼作《求志园图》〔图 21-13〕，如《仇文合璧西厢会真记》中的"红娘请宴"一幅[1]〔图 21-14〕。后者又正绘出甬路尽端一座卷棚顶的敞轩，亦即张生书房。不过依《金瓶梅》中的形容，翡翠轩的所谓"卷棚"，乃指房

[1] 仇英画，文徵明书，钱塘程氏藏，上海文明书局一九一五年珂罗版影印。

图[21-13]《求志园图》 故宫博物院藏

图[21-14]《仇文合璧西厢会真记·红娘请宴》

[21-15]:❶

[21-15]:❷

[21-16]

图[21-15]

❶《徐文长先生批评北西厢记》插图

❷《西厢记》插图

图[21-16]

《鸳鸯绦》插图

檐前边另外接出来的一段卷棚顶的廊子。《长物志》卷一论室庐，曰“忌有卷棚，此官府设以听两造者，于人家不知何用”[1]。文氏的议论，自然是因为别存一种风雅的标准，而这一类卷棚在明代戏曲版画中则很常见，所谓“官府设以听两造者”，也正有清楚的例子〔图 21-15、图 21-16〕。

结作木香棚的木香，系蔷薇科蔷薇属的藤本植物[2]。清陈淏子《花镜》卷五《藤蔓类考》“木香花”条：“木香，一名锦棚儿，藤蔓附木，叶比蔷薇更细小而繁。四月初开花，每颖二蕊，极其香甜可爱者，是紫心小白花；若黄花，则不香，即青心大白花者，香味亦不及。至若高架万条，望如香雪，亦不下于蔷薇。”庭院里结花棚，花棚下设桌椅，可憩，可坐，可饮，明代版画中描绘出来的情景，应是当日风气之一般[3]〔图 21-17〕。

书房里的东坡椅儿，便是前面说到的由胡床演变而来的交椅，《明式家具珍赏》中著录的一件可以为例〔图 21-18〕。明沈德潜《万历野获编》卷二六“物带人号”条：“胡床之有靠背者，名东坡椅。”它也曾叫作子瞻椅，

图[21-17]明代版画《古艳异编》

[1] 方以智《通雅》卷三八“宫室”：“古者朝寝堂室，通谓之宫，廷在堂下，如今朝贺皆在丹墀，后人加广耳。或者陛上之台，如今衙堂作卷蓬乎。”

[2] 学名 *Rosa banksiae* 。

[3]《日本藏中国古版画珍品》，页 482，宫内厅书陵部藏。

元刘敏中有词调寄《感皇恩》，词前小序云“张子京以春台、子瞻椅见许，以词催之”[1]，即此。藤丝甸即藤丝垫，指椅心儿的软屉，藤丝便是把藤皮劈为细丝，然后编作暗花图案，乃软屉中精细柔韧的一种。钉则指交椅转关处的轴钉，轴钉下边还有护眼钱[2]，皆可用捶嵌金银的工艺把铁活装点得华丽，明宋诩《宋氏家规部》卷四“银”条下释“减金”曰“以金丝嵌入光素之中”，是也。云南玛瑙漆，却是椅背上的装饰，即漆器中的“百宝嵌”[3]，明末有周姓者始创此法，因也名作周制。其法以金银、宝石、玛瑙等为之，雕成山水、人物、花卉等，嵌于漆器之上，大而屏风、桌椅，小则笔床、砚匣[4]。这里特别点出云南玛瑙，或即因为“玛瑙以西洋为贵，其出中国者，则云南之永昌府”[5]。

图[21-18]明黄花梨圆后背交椅

[1] 《全金元词》，下册，页776。按宋代流行一则与此相关的故事，颇有趣。杨万里《诚斋诗话》记蜀人李珪所言东坡佚事云：“东坡谈笑善谑，过润州，太守高会以飨之。饮散，诸妓歌鲁直《茶》词云：‘惟有一杯春草，解留连佳客。’坡正色曰：‘却留我吃草。’诸妓立东坡后，凭东坡胡床者，大笑绝倒，胡床遂折，东坡堕地。宾客一笑而散。”东坡所坐胡床，应即有靠背者。

[2] 交椅的结构图，见《明式家具珍赏》，页25。

[3] 明黄成《髹饰录》，见王世襄《髹饰录解说》〔修订版〕，页151。

[4] 详见清钱泳《履园丛话》卷一二《艺能》“周制”条。

[5] 《万历野获编·补遗》卷四。

[21-19]:❶

[21-19]:❷

一封书的桌儿，乃长方形的短桌[1]，翡翠轩中的一对，当是靠墙而设，桌心嵌着大理石。所谓“画”，大约如《长物志》卷三“水石”条所云“近京口一种，与大理相似，但花色不清，石药填之为山云泉石，亦可得高价”。螳螂蜻蜓脚，则指细而长的三弯腿，又有肚膨起如螳螂肚，此多用于供桌，《明式家具研究》中举出的一例，可见其式[2]〔图 21-19:1〕。古铜炉，香炉也。流金仙鹤即鎏金仙鹤，烛台也，其式也古，比如四川简阳东溪园艺场元墓出土的两对铜烛台。烛台是龟背上的一只鹤，鹤嘴里衔一朵灵芝，其上顶着一片如意云，云朵上立着插钎[3]〔图 21-19:2〕。它在明清很常见，并且也流行于日本。日人寺岛良安编《和汉三才图会》一九“佛供器”一项中列有“龟鹤”，释云：“即蜡烛台也，铸成鹤与龟形。”

〈1〉清代尚保留此式。朱家溍《雍正年的家具制造考》曰，据《造办处各作成做活计清档》中木作的记载，雍正元年曾做弘德殿用的“一封书楠木桌一张，高一尺八寸，长三尺六寸，宽一尺九寸，桌边出五寸”。雍正三年，做“楠木一封书书桌一张，宽二尺二寸，高一尺四寸八分，长三尺六寸”。按此两例高矮的尺寸偏低，应是为了与当日的室内家具配套。又，《词话》中的这一对，应是用作陈设雅器的壁桌。《长物志》卷六：“壁桌长短不拘，但不可过阔，飞云、起角、螳螂足诸式，俱可供佛，或用大理及祁阳石镶者，出旧制，亦可。”

〈2〉《明式家具研究 · 图版卷》，页 123，乙 136。

〈3〉《四川简阳东溪园艺场元墓》，页 80，图三五：11。按汉代有龟座朱雀灯，如山东日照海曲汉代墓地 M107 出土的一件〔《2002 中国重要考古发现》，页 80〕，后世把朱雀易作仙鹤，但基本造型仍从旧式。

[21-20]

凉床，这里指拔步床，即架子床中的一种。所谓“架子床”，其基本式样是三面设矮围子，四角立柱，上承床顶，顶下周匝多有挂檐——明人也称此为“飘檐”。若拔步床，则又前接一个小廊子，《明式家具研究》中录有拔步床的实例[1]〔图21-20〕。架子床在明代戏曲版画中极常见，如崇祯十三年刊吴兴闵氏寓五本《西厢记》插图第十三“就欢”，绘张生书房里的架子床，三面矮栏，周匝“飘檐”，上面挂着梅花帐，正是明

[1] 《明式家具研究·文字卷》，页75；《图版卷》，页123，丙19。

图[21-19]
❶明楠木嵌黄花梨三弯腿供桌　法源寺藏
❷铜烛台　四川简阳东溪园艺场元墓出土

图[21-20]
明黄花梨拔步床
美国纳尔逊美术馆藏

图[21-21] 吴兴闵氏寓五本《西厢记》插图

代最常见的式样[1]〔图 21-21〕。《仇文合璧西厢会真记》“月下佳期”之幅的张生书房，也是笔绘当时之作〔图 21-22〕。

考校名物，可知这里笔笔写得实在，处处可见时风。而若把当日文人的意见作为书房之雅的标准，则西门庆的书房便处处应了其标准中的俗。比如椅，《长物志》曰“其折叠单靠”，“诸俗式，断不可用”；“今人制作，徒取雕绘文饰，以悦俗眼，而古制荡然，令人慨叹实深”〔卷六〕。比如凉床，“飘檐、拔步”，“俱俗”〔卷六〕。再比如挂在两边的四轴山水，屠隆《考槃余事》：“高斋精舍，宜挂单条，若对轴即少雅致，况四五轴乎。”即连木香棚，《长物志》也别有评说：“尝见人家园林中，必以竹为屏，牵五色蔷薇于上，木香架木为轩，名木香棚，花时杂坐其下，此何异酒食肆中”〔卷二〕。此处须要重读的，自然是“花时杂坐其下”一句。又有关于卷棚的一番意见，已见前引，而一盆“开得甚是烂漫”的瑞香花〔图 21-23〕，亦非雅物，“枝既粗俗，香复酷烈，能损群花，称为‘花贼’，信不虚也”〔卷二〕[2]。

以写实之笔描绘生活里的细节，最是《金瓶梅》的好处；写西门庆的

[1] 《明刊彩色套印西厢记图》。按此套插图共二十一幅，八十年代顾炳鑫氏得自海外，系德国据明刊原本影印，一九九一年天津人民美术出版社据以印制出版。

[2] 瑞香系瑞香科的常绿小灌木，学名 *Daphne odora Thunb*。宋人题咏最多，《诚斋集》中即有不少，所谓“绝爱小花和月露，折将一朵篸银瓶”〔《瑞香》，《全宋诗》，册四二，页 26235〕，则案头清供也。至于“香复酷烈，能损群花”，明王象晋《群芳谱 · 花谱》“瑞香”条曰“此花名麝囊，能损花，宜另植”；李渔《闲情偶寄》卷五《种植部》又据此而曰“瑞香乃花之小人”。

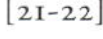

[21-22]

[21-23]

书房，词话本尤其笔致细微，用了晚明文人的标准来从反面作文章，且无一不从实生活中来，也是它成功的一处[1]。当然雅和俗实在很难有一个明白的界定，文氏关于雅的种种意见是否可以成为标准，尚大有讨论的余地，即便读书人也未必尽有那里所期望的风雅。其实宋人诗文中屡屡说到的日常独处可以率性读书的一间小室，倒是最教人羡慕，那是书房标准的今所谓“底线”，而“左右数书册，朝夕一草堂”[2]，若把它当作雅的极致，又何尝不可。

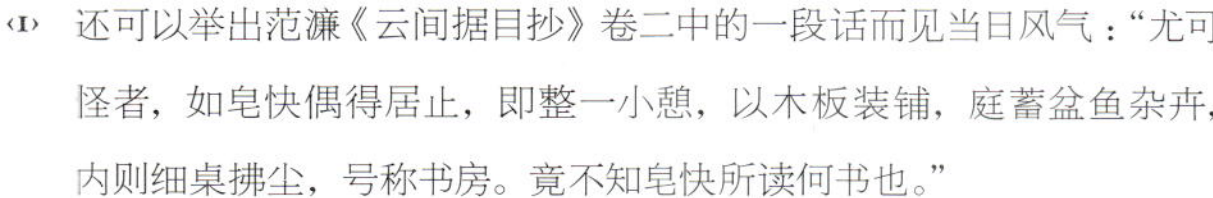

(1) 还可以举出范濂《云间据目抄》卷二中的一段话而见当日风气：“尤可怪者，如皂快偶得居止，即整一小憩，以木板装铺，庭蓄盆鱼杂卉，内则细桌拂尘，号称书房。竟不知皂快所读何书也。”

(2) 陆游《书日用事二首》，《全宋诗》，册四〇，页25302。

图[21-22]
《仇文合璧西厢会真记·月下佳期》
图[21-23]
瑞香

附：书房撷趣

文房用具是历代诗文中常见的话题。笔墨纸砚自是司空见惯，但另有若干小趣味，则未必总受到关注，偶涉诗人笔端，而又正好有实物或图像与诗人之言呼应，此类两相契合处所传递的信息也别有它的意义，因将之系在书房之末。

卧读书架赋

〔前略〕伊国工而尝巧，度山林以为格。既有奉于诗书，固无违于枕席。朴斫初成，因夫美名。两足山立，双钩月生。从绳运斤，义且得于方正；量枘制凿，术仍取于纵横。功因期于学术〔一作殖〕，业可究于经明。不劳于手，无费于目，开卷则气雄香芸，挂编则色连翠竹。风清夜浅，每待蘧蘧之觉；日永春深，常偶便便之腹。〔中略〕其始也一木所为，其用也万卷可披。[1]〔下略〕

[1]《杨炯集》，页8。

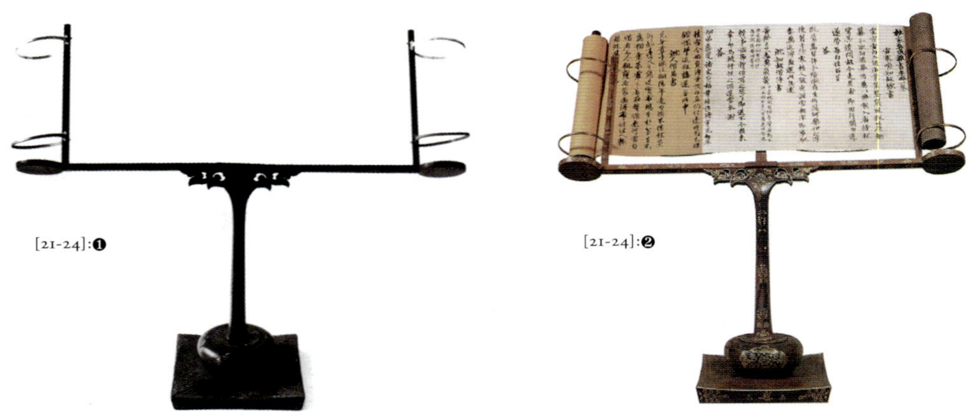

[21-24]:❶

[21-24]:❷

图[21-24]
❶ 紫檀金银绘书几
日本正仓院藏
❷ 复制品

文长，这里便只是摘要。作者杨炯。初唐时候，印刷术尚未发明，书皆卷轴式，阅读则须双手卷持，自然不很方便。“风清夜浅，每待蘧蘧之觉”，用《庄子》之典；“日永春深，常偶便便之腹”，用后汉边孝先故事，不过切卧读之意。日本正仓院藏有一件“紫檀金银绘书几”，小小的方座上一根立柱，柱上一根横木，横木两端各有一个圆托，圆托里侧则为短柱，柱上两个可以启闭的小铜环。若展卷读书，便可启开铜环，放入卷轴，是所谓“开卷则气雄香芸，挂编则色连翠竹”，“不劳于手，无费于目”也；“两足山立，双钩月生”，其制与杨炯所咏，若合符契〔图 21-24〕。

方水滴子

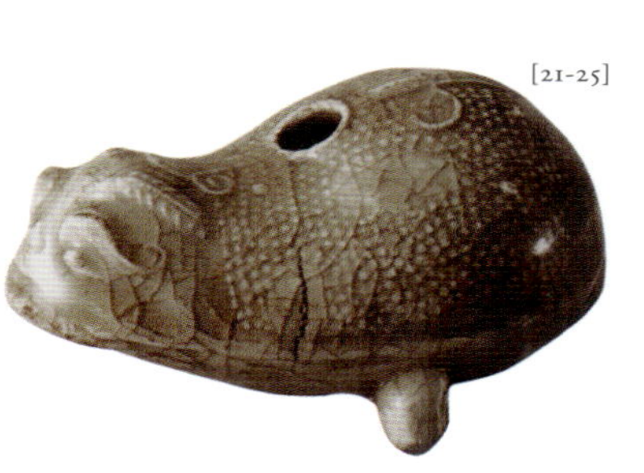

质由良冶就，心向主人倾。
外傚片金制，中藏勺水清。
兔毫芳露染，龙尾湿云生。
终令双眸炯，曾窥妙女成。[1]

作者万俟绍之，字子绍，为绍兴年间右相万俟卨的曾孙，著有《郢庄吟稿》，已佚。《全宋诗》存其诗二十三首。此诗之水滴子，即砚滴。兔毫指笔，龙尾指砚。

砚滴的历史很古老，汉代即有精品。两宋常见的式样则为蟾蜍。刘克庄《蟾蜍砚滴》：“铸出爬沙状，儿童竞抚摩。背如千岁者，腹奈一轮何。器较瓶罂小，功于几砚多。所盛涓滴水，后世赖余波。”[2] 此类砚滴，颇有实物可见，如北宋越窑青瓷蟾蜍砚滴[3]，龙泉窑青釉蟾蜍砚滴[4]〔图 21-25〕，又四川遂宁金鱼村南宋窖

图［21-25］
北宋龙泉窑青釉蟾蜍砚滴

[1]《全宋诗》，册四九，页 30961。

[2]《全宋诗》，册五八，页 36186。

[3]《中国文物精华·一九九〇》，图一三二。

[4]《温州古陶瓷》，图一〇〇。

[21-26]:❶

[21-26]:❷

藏中发现的两件青白瓷蟾蜍砚滴[1]，等等。虽同为蟾蜍，而形态各异，各见制作之巧。宋元流行的又有一种牧童骑牛砚滴，与此际颇多佳制的以牧童为题材的绘画正相一致。如浙江泰顺元代窖藏中有粉青釉牧牛砚滴[2]，又新安海底中国沉船遗物里有青白釉和青白釉铁斑纹牧牛砚滴，几件造型大体相同[3]〔图 21-26:1、2〕。邵清甫《牛水滴》:“铜牛肚里虽无物，中有深深似涧渊。牧童不暇闲吹笛，苦为诗人滴砚泉。”[4]虽与这里的几例材质不同，但式样一致。牧牛砚滴的创作构思大约更多着眼于与书房主人的田园之思相合，正如与它同时的绘画[5]〔图 21-26:3〕。不过子绍笔下的方水滴子却不以造型新巧取胜，它的好，在南宋赵希鹄《洞天清禄 · 水滴辨》中说得很明白:“白玉或璀子玉，其色既白，若水稍有泥淀及尘汙，立见而换之，此物正堪水滴，上加绿漆荷叶盖

图[21-26]
❶ 粉青釉牧牛砚滴
浙江泰顺元代窖藏
❷ 青白釉铁斑纹牧牛砚滴
新安海底沉船遗物
❸ 宋人《春寒归牧图》
福建博物院藏

图[21-27]
方水滴子 南宋张同之墓出土

(1) 《四川遂宁金鱼村南宋窖藏》，图版二：1。

(2) 《浙江泰顺元代窖藏瓷器》，图版八：1。

(3) 《新安海底遺物 · 資料篇 · Ⅰ》，图七六。

(4) 《全宋诗》，册七二，页 45210。

(5) 黄庭坚有一首《牧童》，虽非咏砚滴，却很能见出牧牛砚滴之趣：“骑牛远远过前村，吹笛风斜隔垅闻。多少长安名利客，机关用尽不如君。”《全宋诗》，册一七，页 11590。

[21-26]:❸

[21-27]

盖之，盖侧作小穴，以小杓柄嵌穴中，永无尘入。”这里说的是玉，方水滴子乃金属制品，其质自然远逊，不过防尘的作用却没有不同，诗所谓“中藏勺水清”也，且清如双眸，守着主人作得画成。南宋张同之墓出土略如拳大的一件铜水盂，四方形，口圆有盖，其上一个珠形钮，盖的一侧开一小缺口，缺口里插着一柄花瓣形的银水匙[1]。同之，词人张孝祥之子。方水滴子在宋人的遗物中，找到了最为形象的解释〔图21-27〕。

同墓所出又有一对带提手的铜镇尺，与此类似者也见于福州茶园山南宋许峻墓，镇尺上且满

[1] 《江浦黄悦岭南宋张同之墓》，页64，图八。

[21-28]:❷

饰精细的回纹[1]。镇尺可镇书也可压纸，南宋马远在《西园雅集图》中正把它描绘得清楚〔图21-28〕。韦骧《花铁书镇》："铁尺平如砥，银花贴软枝。成由巧匠手，持以镇书为。弹压全系尔，推迁实在台。不能柔绕指，方册最相宜。"[2]宋人日常生活的精致，在文房雅具中更见出经营，难怪它又被一一收拾到诗里。

[21-28]:❶

书斋十咏·楮案木

匠余留片木，楮案定欹倾。

不是乖绳墨，人间地少平。[3]

书斋里，与笔砚相伴的常常是瓶花与香。南宋韩淲《轩窗薝蔔瓶浸佳甚》："瑟瑟风声去复还，薄烟轻日小窗闲。铜壶更浸新薝蔔，香扑书帘

图[21-28] 镇尺
❶张同之墓出土
❷马远《西园雅集图》

[1]《福州茶园山南宋许峻墓》，页28，图一八：4。

[2]《全宋诗》，册一三，页8551。

[3]《全宋诗》，册三四，页21418。

笔格间”[1]；宋末黎廷瑞《秦楼月·梅花十阕》“叶叶里。一枝冷浸铜瓶水。铜瓶水。飞英簇簇，砚屏香几”[2]，诗词写花，也写着花之友，正可见书房清景。不过书斋中的楮案木，却非雅物，难得见于诗人笔端，虽然在一般居室内铺砖尚不是很普遍的时代，它本是常备之物。有意思的是，永乐宫元代壁画中道观斋供一幅，竟绘出这楮案木，且正是用它来垫平桌脚的情形，教我们意外见到诗中生活场景的真切〔图 21-29〕。所谓“有时千载事，只在一联中”[3]，《楮案木》中的“不是乖绳墨，人间地少平”，因物而起的一点感慨，也有如此的韵致。

诗作者刘子翚，钱钟书《宋诗选注》“刘子翚”条下，有一段很长的议论，其中说道：“他也是位道学家或理学家，宋代最大的道学家朱熹就是他的门生。”“假如一位道学家的诗集里，‘讲义语录’的比例还不大，肯容许些‘闲言语’，他就算得道学家中间的大诗人，例如朱熹。刘子翚却是诗人里的一位道学家，并非只在道学家里充个诗人。他沾染‘讲义语录’的习气最少，就是讲心理学伦理学的时候，也能够用鲜明的比喻，使抽象的东西有了形象。”不过说到理学与诗的关系，徐玑的一联似乎可用，即所谓“悟得玄虚理，能令句律精”[4]，而它出自永嘉四灵之一，也觉得很有意思。

图[21-29] 楮案木
永乐宫元代壁画〔摹本〕

(1)《全宋诗》，册五二，页 32756。

(2)《全宋词》，册五，页 3390。

(3) 刘克庄《赠翁卷》，《全宋诗》，册五八，页 36234。

(4)《读徐道晖集》，《全宋诗》，册五三，页 32874。

题赵恕可山台

绕宅无非罨画山，吟台更对好峰峦。
锦囊低挂花梢上，玉子轻敲竹荫间。
小砚买来猴解捧，异书编就鹤同看。
主人出赴功名会，涧水自清云自闲。[1]

作者许棐，亦江湖派之属。《宋诗纪事》卷六五："棐字忱夫，号梅屋，海盐人。嘉熙中,隐居秦溪,于水南种梅数十树,自号梅屋。"《题赵恕可山台》，算是梅屋诗中较有名者，几种宋人诗选都选录了这一首。梅屋诗别有《赵山台寄诗集》一篇，可知赵氏是与他颇有往还的一位诗人。梅屋喜为清幽之居写照，四库馆臣虽对他评价不高，但仍赞之曰"咏歌闲适，摹写山林，亦时有新语可观"〔《四库全书总目·〈梅屋集〉提要》〕。"小砚买来猴解捧，异书编就鹤同看"，似乎是此类诗中最常用到的句意和句式，所谓"蒲座夜闲猫占卧，笋舆春暖鹤随行"〔《赠龚彦质》〕;"数亩竹阴惟欠鹤，半池山影不妨鱼"〔《题吴叔清郊居》〕；"夜静只凭猿守宅，昼闲时有鹤升堂"〔《数椽》〕；"猿当吟案立，鹤趁钓船回"〔《题张俞仲竹屋》〕，皆是也，而其中不免生硬之句，如"惟欠鹤"、"不妨鱼"之类，不过"小砚"句却觉得自然，且情景或真。又是巧得很，出自南宋人的一幅《猴侍水星神图》，正有着小猴捧砚的情景[2]〔图21-30〕。水星即辰星，五星之一。五星神图很早就是绘画中的题材，苏洵《吴道子画五星赞》:"辰星北方，不丽不妖。执笔与纸，凝然不嚣。妆非今人，唇傅黑膏。"[3] 故宫博物院藏南宋无款之《摹星宿图》，其中的水星神，乃"执笔与纸"，顶踞一猴。而这一幅《猴侍水星神图》画中布置更多人间气息，用它来为梅屋诗配图，岂不正好。捧砚，本在猴子们容易做到的诸事范围之内，只是诗中画中，皆非常见。清丁克柔《柳弧》卷六曾提到一种"笔筒猴"，曰："四川多猴，小者四五寸，名笔筒猴，价甚贵，不可多得。善伺人意，饲于笔筒中，教之磨墨，磨墨后入筒中，俟写字毕，一唤即出，据砚舔食余墨，甚有意思。如得一对，尚可育子，每对约值百金云。"这一则记事也很有趣，却不知它与捧砚之猴是否同宗，姑录此备考。

[1]《全宋诗》，册五九，页36861。

[2]《海外藏中国历代名画·3·南宋》，页273。

[3]《嘉祐集笺注》，页410。

图[21-30] 张思恭〔传〕《猴侍水星神图》〔局部〕 美国波士顿美术馆藏

说「勺药之和」

“勺药之和”，语出司马相如《子虚赋》。其赋云，楚王田猎归来，“乃登阳云之台，泊乎无为，澹乎自持，勺药之和具而后御之”。日人青木正儿曾以此为题写过一篇很有意思的考证文章。他先列举了古人的两种意见，其一，勺药乃植物之芍药，为调味品中的一种；其一，此所谓勺药与植物之芍药无关，原是调和五味之意，末则认为前说为是[1]。文章勾画了先秦至于明清的调味品小史，很有些独到的眼光，不过谈调味品不能脱离开烹饪，则我们不妨从烹调史的角度再来看这“勺药之和”。

上古饮食，生冷一类占了很重要的部分。取新鲜的鱼肉细切作脍，食用时佐以醯醢[2]，此生食也。薄切鲜肉，暴干而为脯；薄切后匀入姜、桂和盐，暴干则为有滋味的脩[3]。脩和脯，

(1) 《芍薬の和》，《中華名物考》，页113~132，平凡社一九八八年。

(2) 《诗·大雅·韩奕》：“其骰维何，炰鳖鲜鱼。”郑笺：“鲜鱼，中脍者也。”孔疏：“新杀谓之鲜，鱼馁则不任为脍。”《礼记·内则》：“肉腥，细者为脍。”又《内则》详列饭、膳、饮、酒、羞所包品类，“膳”下且明诸物之排列，第四行自东向西为醢、豕胾，芥酱、鱼脍。此醢乃为豕胾设，芥酱则为鱼脍设也〔孙希旦《礼记集解》有说〕。

(3) 《周礼·天官·膳夫》：“凡肉脩之颁赐皆掌之。”郑注引郑司农云：“脩，脯也。”是脩、脯可通。《腊人》郑注：“薄析曰脯，捶之而施姜桂曰锻脩。”则分言二者有异。

食用的时候通常都无须再作加工，那么可以入冷食一类。熟食则烹也，炮也，燔也。烹即煮，肉煮熟了切成大块，便称作胾，胾也须醢醯来佐餐[1]。炮即烤制，多取牲之小者，外面整个裹上泥巴，烤熟后剥泥取肉。把肉穿成串架在火上烤，便是燔，细分尚有炙，炙是炙肝。燔和炙的区别在于前者距火近，后者距火远，肝易熟，肉反之，故有此加工方法的不同[2]。燔炙品的食用多配以盐和蒜。把肉切成片晒干，然后细切，入以麴、盐和酒，放在罐子里密封，百日成醢[3]。也是酿制而成的酸味的醯，与菹与醢皆可以统称作酱[4]，这是当日最为重要的佐餐食品[5]，《周礼·天官·膳夫》因此说为王准备的酱百有二十瓮。那时候的食，大约很少有扑打眼睛的秀色，时令菜蔬的新绿恐怕难得一见[6]，采集来的野蔬多半要寸切为段，酿制为菹。主食最平常的加工方式是蒸和煮。先秦文献中的所谓"熬"，后世训诂家或释作"即今所谓炒也"[7]，其实二者是很有些区别的。上古之熬，乃是用

(1) 《仪礼·士虞礼》："胾四豆，设于左。"郑注："胾，切肉也。"胾以醢配，见注2引《内则》。

(2) 《诗·小雅·瓠叶》："有兔斯首，炮之燔之。"毛传："毛曰炮，加火曰燔。"此所谓"毛"，意为不去毛，乃与去毛之燔相对言。《小雅·楚茨》："或燔或炙。"郑笺："燔，燔肉也。炙，肝炙也。"孔疏："燔者，火烧之名。炙者，远火之称。以难熟者近火，易熟者远之，故肝炙而肉燔也。"《韩非子·内储说下》："文公之时，宰臣上炙而发绕之，文公召宰人而谯之曰：'女欲寡人之哽邪，奚为以发绕炙？'宰人顿首再拜，请曰：'臣有死罪三：援砺砥刀，利犹干将也，切肉肉断而发不断，臣之罪一也；援木而贯脔而不见发，臣之罪二也；奉炽炉，炭火尽赤红，而炙熟而发不烧，臣之罪三也。堂下得微有疾臣者乎？'公曰：'善。'乃召其下而谯之，果然。乃诛之。"又引或说则谓晋平公觞客，少庶子进炙而发绕之，平公趣杀炮人，炮人云云。其中说到"桑炭炙之，肉红白而发不焦"。所谓"援木而贯脔"，"桑炭炙之"，说炙法，此为详也。

(3) 《周礼·天官·醢人》郑注："作醢及臡者，必先膊干其肉，乃后莝之，杂以粱麴及盐，渍以美酒，涂置甀中，百日则成矣。"

(4) 《说文·酉部》："酱，醢也。"《论语·乡党》皇侃疏："古者酱、齐、菹三者通名也。"孙诒让《周礼正义》引江永云："酱者，醢醢之总名"（《膳夫》）。后世有豉酱、豆酱，但曰"酱"，所包仍广。《资治通鉴》卷一七九《隋纪三》"菹酱一合"，胡注："淹菜为菹。酱，醢也。肉酱、豉酱皆谓之醢。又菜菹谓之酱。"

(5) 《仪礼·公食大夫礼》："宾三饭，以湆酱。"食礼用饭，一手谓之一饭。其时用餐以手，取肉之匕，取饭之柶，则犹今之公筷、公匙。一饭既，乃饮肉汁，复以殽品蘸酱，此为食礼之正馔。又《礼记·曲礼上》："凡进食之礼，左殽右胾。食居人之左，羹居人之右。脍炙处外，醯酱处内。"郑注："皆便食也。殽，骨体也。胾，切肉也。食，饭属也。居人左右，明其近也。殽在俎，胾在豆，近醯酱者，食之主。脍炙皆在豆。"孙希旦《礼记集解》："凡胾与脍，必配醢设之。《公食礼》及《内则》三牲之胾及牛鮨、牛脍皆有醢，《特牲礼》羞庶羞四豆，有醢，《少牢礼》羞胾两瓦豆，有醢。此有胾有脍，则有醢必矣。"

(6) 当日很少栽培之蔬，见于《诗经》的菜蔬近四十种，而出园圃所艺者寥寥。时饮食所取，多由采集而来。梁家勉《〈诗经〉之农业及农植物研究》有说，见《梁家勉农史文集》，页309~322。

(7) 《周礼·天官·籩人》孙诒让正义。

慢火去除食品中的水分，“干煎”，“火干”，皆其意也，并且多是用作熬五谷[1]，亦即炒米麦。它与后世的小炒锅布滚油急火快速翻炒的炒菜之炒，完全不同。熟食中最为普及的一种乃是羹。《礼记·内则》：“羹食，自诸侯以下至于庶人，无等。”郑注：“羹食，食之主也，庶羞乃异耳。”此所谓“无等”，不过是说与庶羞相比羹为常食，至于原料与制作的精粗自然大有分别。上品之羹亦即肉羹之味美者，为臐，膮，膷。膷是牛肉制成，臐则羊，膮为豕[2]。此外有肉菜合作之羹，入粱入稻之羹，等等。制羹的最后一道工序是“调以滑甘”，即用米粉和野蔬以勾芡[3]。它的一大特点是有滋味——不致五味的大羹专为祭祀而用，自然不在此列。五味调和，便很需要些手段，“齐和”因此成为烹调的专门技艺乃至最高境界，和羹常用来比拟政事[4]，伊尹说商汤以至味的故事因此流传得格外长久。单调的烹调方式也因为有此“齐和”而可以“齐味万方”[5]。

今人说上古饮食，每喜欢举《楚辞》之《招魂》与《大招》，而诠释其中列举的美食常常用了现代人的眼光[6]。其实诗人心中眼中的世间盛宴，即所谓“胹鳖炮羔”，“鹄酸臇凫”；“醢豚苦狗”，“吴酸蒿蒌”，不脱蒸煮炮炙，依旧羹臛菹醢，湖北荆门市包山楚墓出土遣策中列举的饮食正是它一份合适的参照[7]，二者的相应之处，可使我们窥见上古食事中的一点真实。

[1]《说文·火部》：“熬，干煎也。”《方言》卷七：熬，“火干也。凡以火而干五谷之类，自山而东齐楚以往谓之熬。”《礼记·丧大记》“熬，君四种八筐”，郑注：“熬者，煎谷也。”

[2]《仪礼·公食大夫礼》“膷以东臐、膮”，郑注：“膷、臐、膮，今时臛也。牛曰膷，羊曰臐，豕曰膮，皆香美之名也。”《礼记·内则》：“膳：膷、臐、膮。”

[3]《仪礼·公食大夫礼·记》云：“铏芼：牛藿，羊苦，豕薇；皆有滑。”铏芼即调和五味而制成的肉羹，“牛藿”云云，乃肉与野蔬之搭配也，“滑”即《周礼·天官·食医》中的“调以滑甘”，郑注“滑”所用物有堇、榆、滫、瀡等，滫、瀡，这里指米粉〔《食医》孙诒让正义有说〕。

[4]《诗·商颂·烈祖》：“亦有和羹，既戒既平。”郑笺：“和羹者，五味调，腥熟得节，食之于人性安和，喻诸侯有和顺之德也。”《左传·昭公二十年》齐侯问“和”，晏子对曰：“和如羹焉，水火醯醢盐梅以烹鱼肉，燀之以薪，宰夫和之，齐之以味，济其不及，以泄其过。君子食之，以平其心。”

[5]《淮南子·齐俗训》：“今屠牛而烹其肉，或以为酸，或以为甘，煎熬燎炙，齐味万方，其本一牛之体。”

[6] 如林乃燊对《招魂》的一段诠译：“吴厨师的拿手酸辣羹，真叫人口水直流；红烧甲鱼，挂炉羊羔，蘸上清甜的蔗糖；炸烹天鹅，红焖野鸭，铁扒肥雁和大鹤，配着解腻的酸浆；卤汁油鸡，清炖大龟，你再饱也想多吃几口。”《中国饮食文化》，页64~65。徐海荣主编《中国饮食史》第二卷亦以林译为说〔页347〕。其实旧注对二“招”中关于烹调词汇的诠释多可从，而这里的别出新解却既没有训诂学依据，又与当时的物质资料背景不合。

[7]《包山二号楚墓简牍释文与考释》，页369。

如此之饮食结构与烹调手段，调味品自然显得格外重要。大部分调味品都兼有杀菌解毒的功用，生冷食品居多，固以“不撤姜食”为宜。醢与梅子于肉食者有解腻消食之效，平民鲜肉少菜，以调味品佐食，也可聊助滋味，稍润清寡。其时虽然远远谈不到烹调的精致，但礼与生活的合一却使饮食之事处处都有仔细郑重的安排。在其中充任重要角色的便是作为调味之主的酱。烹炙品食用时不可缺少醓醢，《诗 · 大雅 · 行苇》“醓醢以荐，或燔或炙”，其事也。凡盛馔设食，皆肴与酱相间，不同的肴亦即胾和炙，必要配以不同的酱，《礼记 · 内则》对此规定得至为详尽。孔子说“不得其酱不食”，所谓“不得其酱”，即酱与肴的搭配错了位置[1]。酱为食之主，食礼中因有主人为宾设酱之仪[2]，又因此养老之礼，天子也要“执酱而馈”[3]。其时庶羞的食用曰“濡”曰“染”，均指蘸酱[4]，食礼中对此都有详细的规定，“设酱”与“执酱”也因此能够成为表示敬意的一种特殊方式。

《礼记 · 内则》中记述的八珍似可作为先秦美食的代表，即所谓淳熬，淳母，炮豕，炮牂，捣珍，渍，熬，肝膋。八珍的烹调手段并没有什么特别，不过加工过程稍稍繁复，其命名也因此多与烹调工序有关。狗肝一副，外挂狗之网油，复入以调味品，慢火匀炙，即为肝膋。膋，肠间脂也。熬，《内则》云：取牛肉必新杀者，薄切之，必绝其理，“捶之去其皽，编萑布牛肉焉，屑桂与姜以洒诸上，而盐之，干而食之。施羊亦如之。施麋，施鹿，施麕，皆如牛羊。欲濡肉，则释而煎之以醢，欲干肉，则捶而食之”。可知熬的做法如精制肉脯，即鲜肉薄切之后，捶捣去其筋膜，复摊开在芦箔，匀布姜、桂与盐，干之即可。新杀之牛肉薄切作片，好酒浸一日，取食之际配以各种酸汁或酱，此即名渍。取牛羊鹿肉之精者，未熟之前与既熟之后，皆反复捶捣而去其筋膜，最后调以醓醢，便是捣珍。淳熬、淳母，米饭做熟，然后浇上

[1] 语出《论语 · 乡党》。刘宝楠《论语正义》：“殽与醢并设食，则以其物濡醢而食之。盖此节乃侍御陈设者之失，非烹调之失。”又《管子 · 弟子职》曰弟子侍先生食，“摄衽盥漱，跪坐而馈。置酱错食，陈善毋悖。凡置彼食，鱼鸟兽鳖。必先菜羹，羹胾中别。胾在酱前，其设要方”。

[2] 《仪礼 · 公食大夫礼》：“宰夫自东房授醯酱，公设之。”授，授公也；设，公为宾设也。

[3] 《礼记 · 祭义》：“食三老五更于大学，天子袒而割牲，执酱而馈。”此节亦见于《乐记》。孙希旦《礼记集解》：“食三老五更于大学，谓以食礼养老于大学也。执酱而馈者，酱为食之主，凡食礼，主人必亲置其酱，故《公食大夫礼》‘宰夫自东房授醯酱，公设之’，今天子养老亦然也。”

[4] 《说文 · 手部》：“擩，染也。”《公食大夫礼》“以辩擩于醢”，郑注：“擩犹染也。”按这里说的是擩祭，为食祭九种之一，乃“以肝肺菹擩盐醢中以祭也”〔《周礼 · 春官 · 大祝》“六曰擩祭”郑注引郑司农云〕。

加热的酱，复拌以动物油脂，区别只在淳熬用稻，淳母用黍。淳在这里的意思是沃，亦即浇，熬意为煎沃。母，模也，把稻换作黍，依方模制也。至于最为复杂的炮豕、炮牂，则是加工方法的集大成，其第一步亦如平常之“炮”法，其后则煎，则煮——煮的办法且有些特殊，食用时再佐以酱。宋末元初之际的方回评论说：“淳熬、淳母，既煎，皆沃以膏，犹今之米食以酱以膏煎飫热饭，犹易也；炮豕、炮羊，实枣其腹，编萑涂墐，既熟，擘去皮膜，实之枣，小鼎置之镬汤，或全或析，三日三夜，而后和以今之醋酱，而后食之，不亦劳乎，不过枣肉与猪肉羊肉相入，先炮后煮耳。”[1]

八珍中有六珍半吃的时候都要调之以醢醢，其中更有两珍半且须热食亦即“趁热吃”，淳熬其一，淳母其二，此外则是熬，曰“半”，乃因它有两种吃法，其实若论特色大约也即在此。所谓“欲濡肉，则释而煎之以醢，欲干肉，则捶而食之”，郑玄注云，“醢或为醯”；“欲濡欲干，人自由也”。“释而煎之以醢”的“醢”，似以郑玄之或说作“醯”为是，醯其时并不专指醋，而可以概指用作调味的酸汁，这里说的“濡肉”，便是把熬亦即精制的肉脯放在加热的调味汁里使它入味而软，如此，自然须要现吃现做并且趁热食用，这在当时算是很有些特别，因此成为“养老之珍具”。则把肉脯扶至珍物之席的依然是酱。

与先秦相比，汉代少了许多礼的束缚，但传统的烹调手段与饮食习惯仍多半保存下来。长沙马王堆一号西汉墓出土的遣策是一份可靠的菜单[2]，它同汉代文献中关于饮食的记述多可对应，而与《楚辞》中的美食也相去不远，可见其品类与先秦时代大致相同。与它同时代的湖南沅陵虎溪山沅陵侯吴阳墓曾出土载录着“美食方”的竹简多枚，内容很是丰富，不过从取用的原料和成品名称来看，烹调方式并没有太多的改变[3]。两汉直到魏晋，庖厨图中最常见的是釜灶，则蒸煮仍是主要的烹调手段，包括鱼和肉的制作。安徽

[1] 《古今考》卷三四。

[2] 《长沙马王堆一号汉墓》，页130—143。

[3] 《沅陵虎溪山一号汉墓发掘简报》，页54。按材料尚未全部发表，此仅就已公布的部分而论。

宿县褚兰汉画像石墓二号墓石祠东壁的一方庖厨图，刻一具船形灶，灶上坐釜，一人在灶前烧火，釜中露出鱼头和鱼尾[1]〔图 22-1〕。“谁能亨鱼，溉之釜鬵”〔《诗 · 桧风 · 匪风》〕,《诗》中的情景，东汉依然可见。而陆玑作《毛诗草木鸟兽虫鱼疏》，说到各种野蔬的烹调也不外凉拌和蒸煮，这却已经是三国时代。与先秦相同，炒字此际仍未曾通行，而多写作煼，又或作㷅，通常是指焙炒，即所谓“火干”，并且同“熬”一样，多指焙炒五谷,《方言》卷七：㷅，火干也，凡以火而干五谷之类，“秦晋之间或谓之㷅”。

燔炙品依然是汉代的美食,《释名 · 释饮食》所列炙法种种是其例，马王堆汉墓遣策中炙品的丰富也见出它的显赫。汉代人崇拜西王母，为她安排的美馔竟也有平常人所艳羡的燔炙品，出自山东嘉祥和江苏徐州的两方画像石，正是很有意思的两例[2]〔图 22-2〕。炙须用炉，汉代墓葬因此多出烤炉，其质或铜或铁或陶。陕西历史博物馆藏一件绿釉陶烤炉，高八厘米，

[22-1]

[22-2]:❶

[22-2]:❷

图[22-1]
安徽宿县褚兰汉画像石墓庖厨图〔局部〕

图[22-2] 画像石中的烤肉串
❶ 山东嘉祥
❷ 江苏徐州

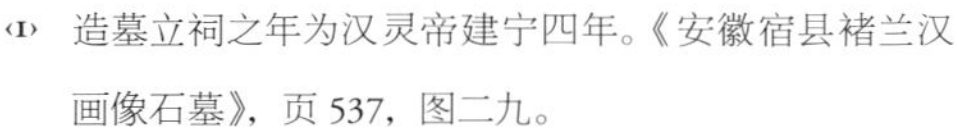

(1) 造墓立祠之年为汉灵帝建宁四年。《安徽宿县褚兰汉画像石墓》，页 537，图二九。

(2)《汉画像石选》〔汉风楼藏〕，图八五〔按图版说明曰手持之肉串为三珠果，误也，三珠树在西王母画像中别有它的表现程式，与此完全不同〕;《徐州汉画象石》，图二五七。

[22-3]:❶

长二十五厘米，炉的外壁浮雕铺首衔环，环之间是奔跑着的走兽，炉底有条形的漏灰孔，下边四个熊足。烤炉的口沿两边各架着四只蝉蛹[1]〔图 22-3:1〕。这一件烤蝉炉可以代表汉代烤炉的基本形制。洛阳老城六一号西汉墓壁画中清楚绘出烤炉边用两歧簇燔炙牛肉的情景[2]〔图 22-3:2〕，张家山汉简《奏谳书》案例中提到炙肉用铁炉和桑炭，适可为壁画作一注解[3]。

炙品食用必配以盐蒜，直到南北朝依然如此。《南齐书》卷四一《张融传》："豫章王大会宾僚，融食炙，始行毕，行炙人便去，融欲求盐蒜，口终不言，方摇食指，半日乃息。"张融的行事颇多怪异，齐高帝所以说他"不可无一，不可有二"。这里欲求盐蒜口终不言的恢诡也有异于常人，而因此可知当日食炙不能少了盐蒜。一张考究的食案，其上自当备有调味品，如盐，如豉，如醋与酱汁。

图[22-3] 汉代烤炉
❶ 陕西历史博物馆藏
❷ 洛阳老城六一号西汉墓壁画

[1]《寻觅散落的瑰宝》，页 40。

[2]《洛阳西汉壁画墓发掘报告》，彩版二。按此类样式的烤炉早已出现于战国。安徽省博物馆藏寿县出土的一件战国铜炉，长方形，平底，下设四个蹄足，口长七十二点六厘米，高二十四点五厘米，两端附环链，口部有铭文"铸客为集脰为之"七字。集脰在这里乃指食官〔《寿县楚器集脰诸铭考释》，页 210~212〕，则炉的用途可知。

[3]《张家山汉墓竹简·二四七号汉墓》，页 225。

[22-3]:❷

旧属楚地的两汉墓葬，随葬品中常有若干细竹筒，长二十至四十厘米不等，直径三四厘米至七八厘米不等，遣策或称之为“�”，其器也有自名为“簜”者。江陵张家山汉简《算数书》有伐竹作盧唐的算题，此盧唐，亦即簜[1]。簜本是竹筒的一个通名，实在并没有固定的用途，《说文·竹部》“簜，大竹筩也”，所谓“大”，或是相对而言。大大小小的竹筒都可以因用途的不同而再别命他名。如籫，乃用以盛箸，《广雅·释器》：“籫，箸筩也。”[2]如椭，乃用以盛放调味品，《史记》卷一二九《货殖列传》注引《三仓》云：“椭，盛盐豉器。”[3]《急就篇》卷三：“椭杅槃案桮問盌。”这里的杅〔盂〕和盌〔碗〕是用作盛饭，桮〔杯〕与問盛酒，槃〔盘〕，其小者可盛佐食之羞，大者便是无足之案。合此诸般置之于案，乃成一套齐整的食具。杯盘盂碗，汉代漆器中常见。椭，《急就篇》颜师古注：“小桶也，所以盛盐豉。”桶或即椭的俗称。《颜氏家训·书证》：“《三辅决录》云：‘前队大夫范仲公，盐豉蒜果共一筩。’‘果’当作魏颗之‘颗’。”此亦盐豉蒜颗几种必备的调味品合著一器，虽然已是南北朝时代[4]。汉代形若小桶之椭，前面提到的细竹筒即是也。如湖北江陵凤凰山一六八号西汉墓

[1] 《张家山汉简〈算数书〉注释》，页94。

[2] 汉墓所出遣策即有“箸筩”之称，与墓中所出实物对应〔《江陵凤凰山八号汉墓竹简试释》，页73〕。遣策又有称作“枇箸筲”者，墓中也有相应的实物〔《凤凰山一六七号汉墓遣策考释》，页42〕。又湖北云梦大坟头一号汉墓所出遣策录有“竹簜四”，报告曰：“墓内出土的三件圆竹筒，当即木牍所记的‘竹簜四’，但实物为三件”〔《云梦大坟头一号汉墓》，页19〕。按墓中另有盛箸的竹筒一件，应即竹簜之四。

[3] 《说文·木部》释“椭”为车中之器，曰：“椭，车笭中椭，椭器也。”包山二号楚墓与车器同出的有两件小竹筒，其近边沿处钻有一排数个小圆孔，直径六点四厘米，通高十三点五厘米，《包山楚墓》，页237；图版七三：3。此当为车中之椭器。

[4] 盐豉蒜颗为必备，史籍颇有其例，如《晋书》卷四《惠帝纪》云八王之乱时，成都王颖挟帝走洛阳，“所在买饭以供，宫人止食于道中客舍。宫人有持升余粇米饭及燥蒜盐豉以进帝，帝噉之”，其事也。

出土的九件，其一长二十四厘米，直径五点四厘米，正面用红黑两色彩绘几何纹，侧面墨书“枇篡”二字，内置竹箸十支，此自箸筒无疑。其余八件长多在四十厘米左右，也都是整竹锯制，竹节处作成底和口，口部的竹节凿出一个小孔，口部上面是竹子破开来特意留下的半边，高二点五厘米，其近两端处各钻一个小孔以系绳提携。竹筒正面同样施着朱墨彩绘，侧面则分别墨书“苦酒”，“盐”，“肉酱”等标明用途[1]〔图22-4〕。苦酒，醋也。大致相同的竹筒也见于凤凰山一六七号西汉墓，竹筒上墨书写着“醢”，“肉酱”，“盐”，与同墓所出遣策上的记录适相一致[2]。《战国策·东周策》曰秦兴师临周而求九鼎，周人颜率以舌辩而免周王之患，其辞有曰“夫鼎者，非效醯壶酱甀耳，可怀挟提挈以至齐者”，可怀挟，自然其器不会太大，可提挈，则竹筒的形制可证也。曰椭，曰壶，曰桶，不过各取其形而名之，其实盛放调味品的器皿并没有一个固定的形制，以地域不同而式样不一也很自然，此外与用作贮存调味品的器皿如墓葬出土标明“盐豉”之类的各式陶罐不同，食案上的用具原当多花

[22-4]:❶

[22-4]:❷

图[22-4]江陵凤凰山一六八号墓出土竹筒

❶ 竹筒上的文字

❷ 竹筒与竹筒展开图

[1] 《江陵凤凰山一六八号汉墓》，页493，图三八。

[2] 《江陵凤凰山一六七号汉墓发掘简报》，页37。

图[22-5] 盛放盐豉的陶壶
陕西历史博物馆藏

费制作者的一番心思。陕西历史博物馆藏一件长方形并排开有两口的陶器，长九厘米，高十四点五厘米，一边写着“齐盐”，一边写着“鲁豉”[1]〔图22-5〕。《北堂书钞》卷一四六“豉”条下引古艳歌云：“白盐海东来，美豉出鲁门。”那么所谓“齐盐”“鲁豉”，

[1] 《寻觅散落的瑰宝》，页37。

[22-6]

乃意在夸耀，犹曰好盐豉。《太平御览》卷八五五“豉”条引谢承《后汉书》：“羊续为南阳太守，盐豉共壶。”史笔意在称扬续的俭素，这一件自明用途的陶器便恰如此壶。壶也可以认为是此类器具的一个通名。《战国策》所谓“醯壶酱甀”，甀与壶对文，若散文则通，标明用途的纳醯纳酱之器形制并无不同，可证也。舍陶壶而用漆壶该是奢华者的上选，盐与豉自然也不必“共壶”。参照此件陶壶的式样，可知安徽天长市三角墟西汉墓所出两组形制特殊的漆壶[1]，也是同样的用途。其中一组是两件平底的扁方壶，漆壶之一高九点三厘米，长七点三厘米，上端四面作成委角，顶上一个浅

图[22-6]
安徽天长市三角墟西汉墓出土漆壶

图[22-7]**战国楚墓出土食具盒**
❶❷望山一号楚墓出土
❸纪城一号楚墓出土
❹包山二号楚墓出土

[1] 《安徽天长县三角圩战国西汉墓出土文物》，页17。两组均出自西汉一号墓。

[22-7]:❶

[22-7]:❸

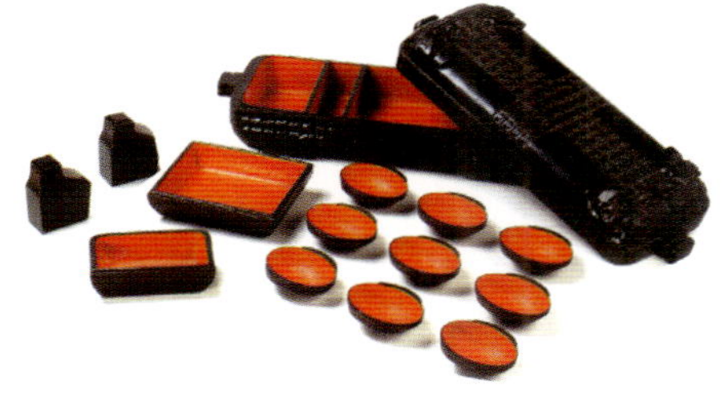
[22-7]:❷

[22-7]:❹

颈的小圆口，通体髹黑漆，惟在边缘处装饰纤细如发的线纹。另外一组是形制相同的四件，漆壶作成略呈三角形的柱体，不过三角的一面是曲线柔和的一弯内凹弧，上有长颈，圆口有盖，漆壶的边缘用锥画的方式装点几何纹[1]〔图22-6〕。

椭盂杯盘是汉代食案上妥帖周详的一种安排，而它成为富贵之家一套餐具的完美组合实际早已完成在东周。湖北江陵望山一号楚墓出土一件装饰华丽的漆盒，盒里设了形状不一大小不同的四个格子，里边分别装着漆耳杯九，大小漆盘各一，又漆壶一对。引人注目的正是这里外素净、一色漆黑的小壶，长方口，短直颈，高十三点二厘米，形制大小完全相同，正好像一个扁圆的壶从中间切开对分为二，破开处的形状便原样保存下来，又仿佛它依然可以复原——合拢来放在漆盒的格子里刚好合式[2]〔图22-7:1、2〕。时代约略相当的包山二号楚墓也出有形制大体相同的一套，稍稍不同的只是一对黑漆壶

(1)《中国漆器全集·3·汉》，图二一八；图一八八。按简报发表的方壶为另一件，高八点八厘米，，朱绘怪兽云气纹，《安徽天长县三角圩战国西汉墓出土文物》，图版四：1。

(2)《江陵望山沙塚楚墓》，页85，图版二六、二七。

[22-8]:❶

[22-8]:❷

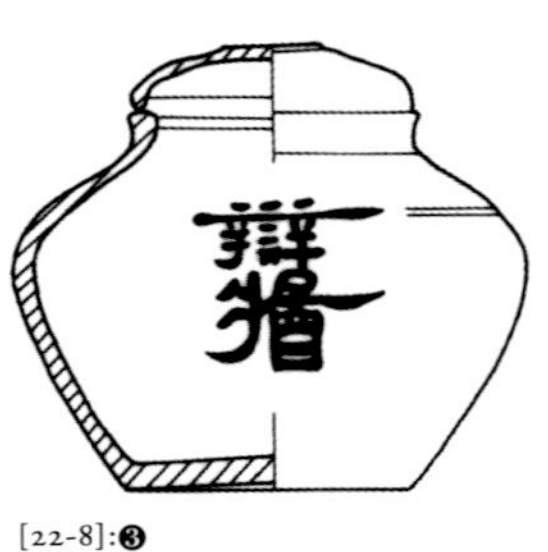

[22-8]:❸

分置在漆盒的两个格子里[1]〔图22-7:4〕。又江陵纪城一号楚墓出土的一具漆盒，盒里用两纵一横的隔板分作三段四格，分别放置倒扣着的一大一小两件方盘，又扁壶一件，耳杯则有缺，存三件。杯与盘一例内红外黑，惟黑漆扁壶里外一色，其造型与望山所出者相仿[2]〔图22-7:3〕。杯盘齐整，自是专为用餐而设计，那么它该称作食具盒。一个或一对黑漆壶用作盛放盐豉，在这里正是最为恰当的用途。与其他餐具同在一处而偏偏颜色特异，还有尤其别致的造型，似乎都是一种提示。时代更早的例子，还可以举出曾侯乙墓出土食具箱中的漆壶[3]。可知前面所举汉代盛放调味品的陶壶漆壶，原本有着对前代的继承。汉代随葬品中用作贮存调味品的器皿通常是同五谷在一起，一面显示财富，一面寄托生活优裕的祝福[4]〔图22-8〕；同样出在墓葬，食案上常备的用来盛放调味品的各式小壶，则意在强调饮食的周到和讲究。

汉代食案上不可缺少的当然还有酱。酱的重要本是先秦以来的传统——秦至西汉，饮食结构与先秦相比，没有很大的变化，酱则依然是重要

图[22-8]储存调味品的陶壶
❶洛阳烧沟汉墓出土
❷❸洛阳五女冢新莽墓出土

[1] 《包山楚墓》，页135，图八四：2；图版四〇：2、四一：4。

[2] 《中国漆器全集·1·先秦》，图八三。

[3] 《曾侯乙墓》，页359，图版一二七：1、一二九：1、2。食具盒里分格放置漆方盒四，漆壶一，耳杯十六，并鸡骨、鱼骨若干，又有木勺、竹筴各两件。漆壶鼓腹，平底，子母口承盖，通高十六点八厘米。

[4] 此在汉墓中颇为常见，洛阳汉墓尤其集中。例见《洛阳烧沟汉墓》，页156—159所列器物文字统计表；又页108之图五三：3为粉书“盐豉”二字的小陶壶。不过报告释读小有误，陈直《洛阳汉墓群陶器文字通释》已指出〔页630〕。又洛阳五女冢新莽墓出上书“辩酱”、“肉酱”等陶壶多件，《洛阳五女冢二六七号新莽墓发掘简报》，页45。

的佐餐食品。湖北云梦睡虎地秦简《秦律十八种》中的《传食律》乃驿站供给饮食之法，其中明确规定："御史卒人使者，食粺米半斗，酱驷〔四〕分升一，采〔菜〕羹，给之韭葱。""不更以下到谋人，粺米一斗，酱半升，采〔菜〕羹，刍稾各半石。"不更，秦爵第四级；谋人，秦爵第三级簪袅之别称。而上造即秦爵第二级乃至上造以下及无爵者，伙食标准中，便没有酱若干的一项[1]。张家山汉简《二年律令》中的《传食律》和《赐律》也有与此相似的规定[2]。

酱通常放在耳杯里。马王堆一号西汉墓遣策简一九五"漆画小具杯廿枚，其二盛酱、盐"[3]，其例也。又前举凤凰山一六七号汉墓遣策简十九录有"酱棓卅枚"[4]，此外凤凰山八号墓，又湖北云梦大坟头一号墓等所出遣策都有"酱棓"若干的记载[5]。或以为酱杯之"酱"是表明颜色，然而传世的两汉文献却不见如此用法。《太平御览》卷七五九"杯"条下引《通俗文》曰："酱杯曰盏，或谓之盌。"这里的酱杯当然不是指颜色。以马王堆汉墓遣策为据，曰酱杯之酱乃指称用途，或者没有太多的疑问。

又有一种带座的耳杯，制作多很精致。杯有釦，或铜，或铜鎏金，铜鎏银。铜座的式样则大体相同，通常高十厘米左右，喇叭形的圈足，束腰上边弯出四个花枝形的托爪捧住上面的耳杯。茂陵一号无名冢一号从葬坑出土的一对止剩下鎏金铜座[6]，南京博物院藏时属西汉晚期的一对，其中一件完好无损[7]，因可得知托爪原是从左右前后的四个角直接嵌入漆木耳杯的底部，杯与座于是牢牢固接为一[8]〔图 22-9:1〕。若由此上溯，则河南泌阳官庄北岗三号秦墓出土的一件似乎是它的早期样式。耳杯木胎挖制，底边沿嵌镀银箍一周，然后

(1)《睡虎地秦墓竹简》，页 101~102。

(2)《张家山汉墓竹简 · 二四七号汉墓》，页 164、173。

(3)《长沙马王堆一号汉墓》，页 145。

(4)《凤凰山一六七号汉墓遣策考释》，页 39。

(5)《江陵凤凰山八号汉墓竹简试释》，页 73；《云梦大坟头一号汉墓》，页 20。又荆州萧家草场二六号汉墓遣策录有"小酱杯十"，与之对应的是同墓所出外髹黑漆内髹朱漆形制相同的小耳杯十件。遣策又有"黑杯十"，对应者则通体髹黑漆的耳杯十件。可知或以形色质地名，或以用途名，并不一律，也正如"食于〔盂〕一双"与"小瓦于〔盂〕一枚"。《关沮秦汉墓简牍》，页 181~182。

(6)《陕西茂陵一号无名冢一号从葬坑的发掘》，页 15，图五一。安徽涡阳汉代崖墓亦出鎏金铜耳杯座一件，与此形制相同。《安徽涡阳稽山汉代崖墓》，页 30，封三：3。

(7)《中国漆器全集 · 3 · 汉》，图二八五。

(8) 两件均为征集品，另一件微残，原出自一座汉代木椁墓。《西汉铜座漆耳杯及相关问题的讨论》，页 94。

[22-9]:❶

[22-9]:❷

图[22-9]带铜座的漆耳杯
❶ 西汉，南京博物院藏
❷ 秦，河南泌阳北岗秦墓出土

在籖的四角铸接四个兽蹄足，杯长二十二厘米，通高十一厘米[1]〔图22-9:2〕。如此形制的耳杯，无论饮还是食，都很不适用，若说它是酱杯或染杯，也许可以算作一个合理的推测，可作为旁证的是与它同时本来有着自名"染杯"的铜耳杯，如容庚《秦汉金文录》著录的一件"史侯家铜染桮"[2]，其用途是盛酱，而下边置炉。

先秦之八珍，流行开来的是熬，其味香远至汉而不衰，郑注"熬"曰"今之火脯似矣"，正是以当日事为比况。《史记》卷一二九《货殖列传》胪举经商成功的例子，说到"胃脯简微耳，浊氏连骑"，〈索隐〉引晋灼云："太官常以十月作沸汤燖羊胃，以末椒姜粉之讫，暴使燥，则谓之脯，故易售而致富。"〈正义〉则云："胃脯，谓和五味而脯美，故易售。"两解大约各道其一面，马王堆一号汉墓遣策中记有各种肉脯，胃脯亦其中之一。以制脯而致富，固然这里有着制作的特色——其实不外传统的齐和五味，而脯之大受时人欢迎也由此可见。一种主要流行于西汉的称作染杯与染炉的铜器，或即为"火脯"而设，火脯即汉代之"熬"也，"释而煎之以醢"的食用方法因也

[1] 《中国漆器全集·2·战国至秦》，图一一二。

[2] 全铭为"史侯家铜染桮第四重一斤十四两"；《秦汉金文录·汉金文录》卷四。

施行于讲究之家，又以出土数量之多而见得它曾成为一时风气[1]。染具以耳杯与炉合作一套，并且常常是一对。长方形的折沿炉，高通常在十二三厘米，长则十六七厘米左右，下边四个兽蹄足，炉腹中空以容炭火，炉的口沿两侧铸接镂出卷云纹或四灵纹的承托支架，支架上面置耳杯。完整的一套，炉底尚有一个浅浅的承盘[2]。河北南和左村西汉墓出土的一件，承盘两侧的口沿又各系一个六连环的拉手，拉手顶端之环作成弓形的握柄，两边且装饰双龙首，浅盘底部还装了三个小轮子[3]〔图 22-10:3〕。山西襄汾县

[22-10]:❶

[22-10]:❷

[22-10]:❸

〈1〉 粗略统计已有一二十件。如茂陵一号无名冢一号从葬坑出土两件，炉的一侧均设长曲柄，《陕西茂陵一号无名冢一号从葬坑的发掘》，页 9，图一二、一六；芝加哥美术馆所藏亦为形制完整的一对，《海外中国铜器图录》第一集，上册，图一五；又陕西泾阳县雪河乡汉堤村出土一件，《寻觅散落的瑰宝》，页 25；又陕西富县文管会藏一件，《陕西青铜器》，图三一一；又上海博物馆藏一件，炉的一侧设长曲柄，时属东汉，《中国文物精华大辞典 · 青铜卷》，图一二一六，等等。这一类染器最初曾被认为是调色之具或古人刺绣时用以染丝〔容庚《汉代服御器考略》，页 414〕；《长沙发掘报告》则认为耳杯用作置羹，炉的用途在于温羹，因名之为烹炉〔页 112〕；孙机《汉代物质文化资料图说》以古文献为据，指出它是食肉时所用的染器〔页 308〕。

〈2〉 如河南陕县汉墓出土的一对，《陕县东周秦汉墓》，页 184，图一四三；又江苏邗江县甘泉乡姚庄村西汉墓出土一件，《扬州馆藏文物精华》，页 25；又长沙西汉后期墓葬出土一件，《长沙发掘报告》，页 114，图九一、九二；又山西太原尖草坪汉墓出土，炉的一侧有长曲柄，惟耳杯已失，《山西省博物馆馆藏文物精华》，图一〇〇；又山东昌邑县发现的一件，炉身一侧设直柄，《山东文物选集》〔普查部分〕，图一四六；又安徽省博物馆藏时属东汉的一件，《中国文物精华大辞典 · 青铜卷》，图一二二〇，等等。

〈3〉《中国文物精华大辞典 · 青铜卷》，图一一六二。

图[22-10]染器

❶ 修武府染器　陕西咸阳塔儿坡秦墓出土
❷ 西汉清河食官染器　中国国家博物馆藏
❸ 西汉染器　河北南和左村出土
❹ 西汉染器　江苏邗江姚庄村出土
❺ 西汉染器　山西太原尖草坪出土
❻ 汉代染器　陕西泾阳县雪河乡汉堤村出土
❼ 汉代染器　芝加哥美术馆藏

吴兴庄汉墓出土一件下有承盘一侧有柄的筒形炉，炉壁交错排列六个长方孔，炉沿上突起三个小支子[1]，其上若置耳杯正好合式，则它也应是染具之属。设链设轮设柄，以当日食皆分餐而有移动之便也[2]。染具多见于陕西、山西、河南等地的汉代墓葬，安徽、江苏等处也有出土，形制基本相同〔图22-10〕。国家博物馆收藏的一套染具，其杯与炉皆有刻铭，云属“清河食官”[3]〔图22-10:2〕。西汉清河国始建于景帝三年，其地在今河北清河、枣强和山东临清、夏津一带，此具当是清河府用器。先秦之“濡肉”法，至此可以说臻于极致。

汉代染炉也有它的早期样式。陕西咸阳塔儿坡出土的一套染具，上为铜杯，下为铜炉，耳杯与炉的下边都是四个蹄足，杯足固定在炉盘里，炉与杯都刻有“脩武府”三字〔图22-10:1〕。修武战国时属魏地，后并于秦，与温炉配套的耳杯目前所知以此为最早[4]。反观前面举出的泌阳秦墓所出漆耳杯，与这一套染具中的铜杯形制几乎无别，那么这里显示的正是两条线索，即战国秦汉以来流行

[22-10]:❹

[1] 《山西襄汾县吴兴庄汉墓出土铜器》，页982，图版一：3。

[2] 两汉亦如先秦，食均分餐。宴饮之际，地设席，主、客位井然。席前设案，案设杯盘，羹饭菜肴皆置其上，酌酒布菜乃有专人，其职位高低，则依宴饮规格而定。魏晋南北朝依然如此。《世说新语·德行》：“顾荣在洛阳，尝应人请，觉行炙人有欲炙之色，因辍己施焉。同坐嗤之，荣曰：‘岂有终日执之，而不知其味者乎。’其事也。前举《张融传》亦其例。

[3] 《中国文物精华大辞典·青铜卷》，图一〇七七。

[4] 《陕西青铜器》，图三一〇。

着两种染具，一种是耳杯下承托座，一种是耳杯下承温炉。二者都是用餐时盛放各式酱品的器具，不同只在于后者须加热，前者则否。

[22-10]:❺

关于“勺药之和”，宋王观国《学林》中的一番考释很得要领[1]，其卷一“勺药”条云：

《溱洧》诗曰：“维士与女，伊其相谑，赠之以勺药。”毛氏传曰：“勺药，香草也。其别则送以勺药，结恩情也。”观国按：崔豹《古今注》曰：“勺药一名将离，将行则送之以勺药。”以此观之，则勺药，离草也，离别则赠之，以见志也。江淹《别赋》曰：“下有勺药之诗。”淹用为离别事，盖可见矣。若曰香草，则草之香者多矣，奚必勺药而后可以结恩情也。司马相如《子虚赋》曰：“勺药之和具而后御之。”服虔注曰：“勺药以兰桂调食。”文颖注曰：“五味之和也。”晋灼注曰：“《南都赋》云：归雁鸣鵽，香稻鲜鱼，以为勺药，酸甜滋味，百种千名。”颜师古注曰：“诸家之说皆未当也。勺药，药草名，其根主和五脏，又辟毒气，故合之于兰桂五味，以助诸食，因呼五味之和为勺药耳。今人食马肝马肠者，犹合勺药而煮之，岂非遗法乎。”观国按：《子虚》、《南都》二赋言勺药者，勺音酌，药音略，乃

[1] 其后则有清王引之的说勺药，曰勺药乃由“適歷”声转为“勺药”，適歷，均调也，则五味之和总谓之为勺药，载王念孙《读书杂志》卷五《汉书第十》“勺药”条。青木正儿《芍薬之和》引为第二种意见者，即此。

以鱼肉等物为醢酱食物也，与《溱洧》诗所言勺药异矣。《诗》之勺药，乃草类也，今勺药花是已。……《子虚赋》曰："勺药之和具而后御之。"所谓"御"者，御食物也，未有御五味者也。《南都赋》曰"归雁鸣鵽，香稻鲜鱼，以为勺药"，盖以雁鵽鱼稻为食也。又按枚乘《七发》曰："于是使伊尹煎熬，易牙调和。熊蹯之臑，勺药之酱，薄耆之炙，鲜鲤之脍。"……又按张景阳《七命》曰："穷海之错，极陆之毛。伊公爨鼎，庖子挥刀。味重九沸，和兼勺药。晨凫露鹄，霜鵽黄雀。"五臣注《文选》曰："勺音酌，药音略。"然则读勺药为酌略者，是以鱼肉等物为醢酱食物，非《溱洧》之勺药明矣。

两汉美食仍以鲜鱼之脍、鲜肉之胾与炙为要，于是多不离调味之品，亦即调和五味制成的各种醢酱。汉赋铺陈美味因此总要说到勺药，其意细分可作两解，一则如观国所云，"乃以鱼肉等物为醢酱食物"，一则概指调和五味。《子虚赋》所用兼而有之。

[22-10]:❻

不过赋中尚有另外的一笔，便是与"勺药之和具而后御之"的优雅从容相对应，齐王之猎乃"终日驰骋，曾不下舆，脟割轮焠，自以为娱"，而与"脟割轮焠"首尾呼应的则又是"骛于盐浦，割鲜染轮"，这是赋之开篇先已简笔勾画的齐王之猎。

"骛于盐浦，割鲜染轮"，《史记》卷一一七《司马相如列传》〈集解〉引郭璞曰："盐浦，海边地多盐卤。鲜，生肉也。染，

[22-10]:❼

擩也，音而沿反，又音而悦反。擩之于轮，盐而食之。骛，驰也。”又〈索隐〉曰：“李奇云：‘鲜，生肉也。染，濡也。切生肉濡盐而食之。’染或为‘淬’，与下文‘脟割轮焠’意同也。”而《文选》卷七吕向注则云：“鲜，牲也，谓割牲之血染于车轮也。”那么这里又出现了两种意见。其一解作把新获之兽当场脔割，佐以车轮因在盐浦驰骋而裹挟之盐。其一则以为“染轮”谓割牲之血染污了车轮。自以前说为切。生肉之可食，汉代原有其例。《史记》卷七《项羽本纪》，曰樊哙带剑拥盾撞入鸿门宴中，项王嘉其勇，“曰：‘赐之彘肩。’则与一生彘肩。樊哙覆其盾于地，加彘肩上，拔剑切而啗之”。则齐王的“割鲜染轮”亦汉代食事之一面，虽然并非饮食之常；在《史记》所以是赞赏，在《子虚赋》所以是轻嘲也。

两宋之煎茶

煎茶与点茶，均是两宋时代的饮茶方式，前者是将细研作末的茶投入滚水中煎煮，后者则预将茶末调膏于盏中，然后用滚水冲点[1]。站在宋人的立场，自然要说煎茶是古风，由南唐入宋的徐铉在咏茶之作里已经申明"任道时新物，须依古法煎"[2]，今人考察两宋茶事，也认为点茶早是这一时代普遍的习俗。与陆羽《茶经》讲述煎茶法不同，宋人茶书，如蔡襄《茶录》、宋徽宗《大观茶论》，所述均为点茶法，曰两宋点茶盛行，诚然。然而与此同时，传统的煎茶之习却并未少衰，检点付诸吟咏的茶事，这是一个清楚不过的事实，绘画作品、出土器物，也可以成为它的佐证。而辨名、辨物之外，更要说明的是，煎茶以它所蕴涵的古意特为士人所重，这实在是两宋茶事中不应被忽略的一个重要细节。

[23-1]:❷

(1) 关于点茶法与煎茶法以及二者的发展与演变，详论见孙机《中国茶文化与日本茶道》。

(2) 《和门下殷侍郎新茶二十韵》，《全宋诗》，页106。

《萧翼赚兰亭图》，是绘画中的名品，旧题唐阎立本作，今多认为出自宋人之手。所见有辽宁博物馆藏一幅，台北故宫博物院藏一幅〔图23-1〕。其图绘煎茶情景，笔致细微，难得尤在细节的刻画。如辽博所藏之幅，图中绘一“具列”，长方形的四足小矮床，上陈圆形器皿一，带托的茶盏一，具列的编竹之迹宛然可见。台北所藏之幅，具列上面摆放的则是茶碾一，荷叶盖罐一，茶托一，器为竹编，也表现得很清楚。具列之称，见于陆羽《茶经》，卷中“四之器”：“具列，或作床，或作架，或纯木、纯竹而制之，或木法竹，黄黑可扃而漆者，长三尺，阔二尺，高六寸。具列者，悉敛诸器物，悉以陈列也。”[1] 不过具列之称，在唐宋诗文中却很少见，常见的，则是茶床。唐张籍《和陆司业习静寄所知》“山开登竹阁，僧到出茶床”[2]；宋王珪《宫词》“撮角茶床金钉校”[3]；宋徽宗《宣和宫词》“司珍新奏玉茶床”[4]；又宋陈骙《南宋馆阁续录》卷六《故实》“临幸赐宴”条，录其仪注有：“次看盏人稍前，谢上殿，两拜，次进御茶床。”“酒席毕，作乐讫，举御茶床。”唐诗所云

图[23-1]《萧翼赚兰亭图》中的煎茶
❶ 辽宁省博物馆藏
❷ 台北故宫博物院藏

(1) 本文所引《茶经》，均据百川学海本，个别字句参酌他本校改。
(2)《全唐诗》，册一二，页4317。
(3)《全宋诗》，册九，页5997。
(4)《全宋诗》，册二六，页17047。

茶床，即《茶经》所谓“具列”，而宋人著作中的茶床则不是陈列茶具所专用，凡看食、看菜、匙筯、盐楪醋罇，亦皆以茶床为陈列之具，见《梦粱录》卷三“皇帝初九日圣节”条。不过出自禁中者，制作更为讲究，故“玉”也，“金钉校”也。论其形制，则即下有四足的桌案[1]。

两幅《萧翼赚兰亭》，皆绘有风炉和风炉上面的铫子。辽博所藏之幅，用于放置风炉的是一长案，案上有盂，盂中有勺。此即《茶经》中说到的“熟盂”，用作出水和入水。白居易《谢李六郎中寄新蜀茶》“汤添勺水煎鱼眼，末下刀圭搅麴尘”[2]；《茶经》卷下“五之煮”，“第二沸出水一瓢”，“有顷，势若奔涛溅沫，以所出水止之，而育其华也”。正是煎茶时的情景。

风炉与铫子，为煎茶所用之器。《茶经》卷中“四之器”：“风炉以铜铁铸之，如古鼎形”，“凡三足”，“其饰，以连葩垂蔓、曲水方文之类。其炉，或锻铁为之，或运泥为之。其灰承，作三足铁柈柗之。”煎茶之器，《茶经》则曰鍑，云“洪州以瓷”，“莱州以石”，又或以铁，以银。但鍑在两宋却并不流行，诗词中习见的是“铫”与“铛”，又或“鼎”、“石鼎”、“折脚鼎”、“折脚铛”。至于风炉，则有“汤炉”、“茶炉”、“茶灶”之称。北宋吴则礼《周介然所惠石铫取淮水瀹茶》句云“吾人老怀丘壑情，洗君石铫盱眙城。要煎淮水作蟹眼，饭饱睡魔聊一醒”[3]。又李光《饮茶歌》云“山东石铫海上来，活火新泉候鱼目。汤多莫使云脚散，激沸须令面如粥”[4]。当然最有名的一首是苏轼《次韵周穜惠石铫》：“铜腥铁涩不宜泉，爱此苍然深且宽。蟹眼翻波汤已作，龙头拒火柄犹寒。姜新盐少茶初熟，水渍云蒸藓未干。自古函牛多折足，要知无脚是轻安。”[5] 释慧琳《一切经音义》卷五九“须铫”条释铫云：“余招反，《广雅》：銷谓之铫。《说文》：温器也。以鬲上有环，

[1] 张师正《倦游杂录》“茶床谜”条：“陈恭公以待制知扬，性严重，少游宴，时陈少常亚罢官居乡里，一日上谒，公谓曰：‘近何著述？’亚曰：‘止作得一谜。’因谓之曰：‘四个脚子直上，四个脚子直下，经年度岁不曾下，若下，不是风起便雨下。’公思之良久，曰：‘殊不晓，请言其旨。’亚曰：‘两个茶床相合也。’‘方欲以此为对，然不晓风雨之说。’亚笑曰：‘乃待制厅上茶床也。苟或宴会，即悭值风，涩值雨也。’公为之启齿，复为之开樽。”

[2]《全唐诗》，册一三，页4893。

[3]《全宋诗》，册二一，页14298。

[4]《全宋诗》，册二五，页16399。

[5] 王文诰辑注《苏轼诗集》，册四，页1275。

山东行此音。又徒吊反，今江南行此音。铫形似鐺而无脚，上加踞龙为攀也。”两宋诗词所云“铫”，音和义，均取后者，东坡诗便已形容得亲切。所谓“鐺”，即铛。铛与铫，皆有长柄，柄上或饰龙头。而铫有短流，铛则否；铛有三足，铫则否。诗词或曰折脚铛，是铫也，“要知无脚是轻安”，“折脚铛中味最长”[1]，皆其例。至于出现在煎茶情景中的“鼎”，则是铛或铫的雅称，陆游《效蜀人煎茶戏作长句》“正须山石龙头鼎，一试风炉蟹眼汤”[2]，是也。不过此时也还有一种无柄的铫子，却是在铫子上作出三股交合的提梁，即如台北故宫所藏一件北宋定窑瓷铫[3]〔图23-2:3〕，又四川德阳县孝泉镇清真寺所出宋代银器中的一件所谓“银匜形器”[4]，而刘松年《撵茶图》中所绘正是此类[5]〔图23-2:2〕。

与铫子类似的煎茶之器尚有急须。北宋黄裳《龙凤茶寄照觉禅师》句云“有物吞食月轮尽，凤翥龙骧紫

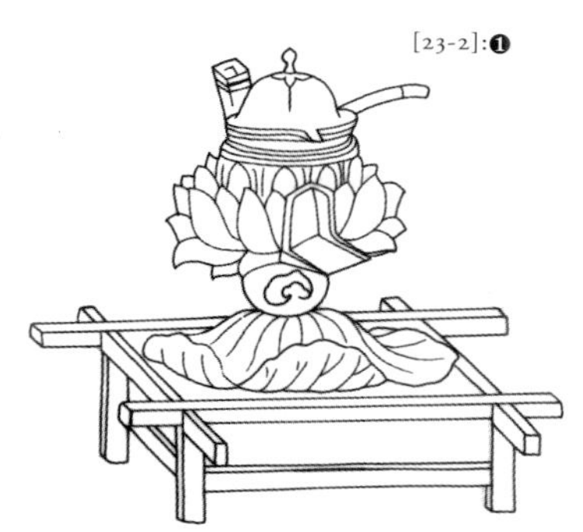

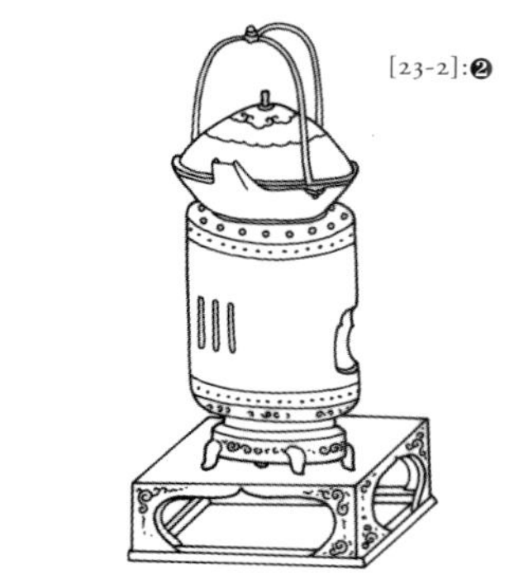

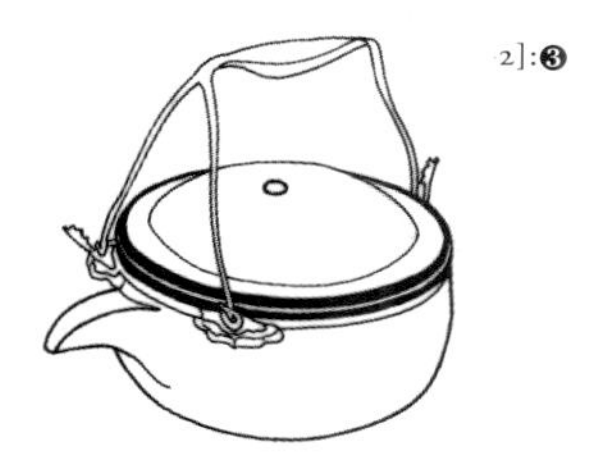

图[23-2]风炉和铫子（一）
❶宋《人物图》
❷刘松年〔传〕《撵茶图》
❸北宋定窑瓷铫子

[1] 释德洪《秋夕示超然》，《全宋诗》，册二三，页15231。

[2]《全宋诗》，册四〇，页24889。

[3]《重器重宝——历代器物重宝选介》，页40。

[4]《四川德阳出土的宋代银器简介》，页9，图七。与它同出的尚有银盏托和银茶盏。

[5]《画中家具特展》，页30。此种铫子使用的历史很长，清代小说中还提到它，如《海上花列传》第二回：“外汤提水铫子来冲茶。”

[23-3]:❶

[23-3]:❷

光隐”；“寄向仙庐引飞瀑，一簇蝇声急须腹”，其句下自注曰：“急须，东南之茶器。”又其《谢人惠茶器并茶》句有“遽命长鬟烹且煎，一簇蝇声急须吐”[1]，亦此。急须，即短流而一侧有横直柄的壶，此在唐代即已出现于南方，长沙窑产品中便很常见，或有在横柄上作“龙上”二字者，似亦铫子“上加踞龙为襻”之意[2]〔图23-3:1〕。作为煎茶用具，“急须”之器与名也传往日本[3]〔图23-3:2〕。不过不论中土还是东瀛，它的流行范围都不算很广。

风炉也多见宋人吟咏。释永颐《茶炉》诗：“炼泥合瓦本无功，火暖常留宿炭红。有客适从云外至，小瓶添水作松风。”[4]洪适《汤炉》：“蟹眼候松风，云腴挟霜月。炉下岂常炎，灰飞即烟灭。”[5]又梅尧臣《茶灶》：“山寺碧溪头，幽人绿岩畔。夜火竹声干，春瓯茗花乱。兹无雅趣兼，薪桂烦燃爨。”[6]所咏皆风炉。石铫与风炉本煎茶所必须，诗词因此通常二者并举。如黄庭坚《奉同六舅尚书咏茶碾煎烹三首》“风炉小鼎不须催，鱼眼长随蟹眼来”[7]；陆游《冬晴与子坦子聿游湖上》“会挈风炉并石鼎，桃枝竹里试茶杯”[8]；张伦《诉衷情·咏闲》“闲中一盏建溪茶。香嫩雨前芽。砖炉最宜石铫，

图[23-3]
❶ 长沙窑窑址出土急须
❷ 日本之急须

[1] 《全宋诗》，册一六，页11017；页11019。

[2] 《长沙窑》，页38；页37，图二四。不过唐代急须其时未必俱用作煎茶，长沙窑窑址所出急须，其柄上亦有作“注子”二字者。

[3] 今通行之辞典或释作煎茶器，或释作陶制小茶壶，前者应是它的古义。

[4] 《全宋诗》，册五七，页35992。

[5] 《全宋诗》，册三七，页23428。

[6] 《全宋诗》，册五，页2716。

[7] 《全宋诗》，册一七，页11566。

[8] 《全宋诗》，册四〇，页25052。

[23-4]

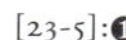

[23-5]:❶

[23-5]:❷

装点野人家”[1]。

当然铫子并不仅仅用于煎茶，但若煎茶，它却是上选。两宋绘画中，用作煎茶的风炉与铫子并不鲜见。除两幅《萧翼赚兰亭》之外，又有上海博物馆藏南宋《白莲社图卷》，今藏台北故宫的一幅宋代《人物图》和传刘松年《撵茶图》〔图23-2〕。画中与风炉配套的煎茶之器，均是铫子。《人物图》中的莲花托座风炉，虽至今未见完整的实物，但是上承风炉、下接底座的一件莲花托座，在时属五代的冯晖墓中已经出现。器为泥质灰黑陶，高十七、口径四十四、底径二十一厘米，器底中央一个直径十厘米的圆孔[2]〔图23-4〕。铜铫在辽、金的出土器物中则多有发现，如北京西便门外一处辽代寺院遗址[3]，辽上京道长春州州治遗址[4]，吉林市郊金代窖藏[5]，此中被称作“匜”与“带流勺”的铜器，实即铫子。河北宣化下八里辽金壁画墓的三号墓中，出土一

[1] 《全宋词》，册三，页1420。

[2] 《五代冯晖墓》，图版七七、七八。按此墓曾多次被盗。

[3] 《北京西便门外发现铜器》，页170，图一：4、5。

[4] 《记塔虎城出土的辽金文物》，页46，图三：2。

[5] 《吉林市郊发现的金代窖藏文物》，页63，图四：10。

图[23-4]
冯晖墓出土莲花托座

图[23-5]**风炉和铫子（二）**
❶ 宣化下八里辽金壁画墓出土
❷ 曲阳县涧磁村出土

件陶炉，侈口，直腹，宽平沿，五蹄足，腹间开有圆孔和条形孔，器高十五、口径十四点七厘米[1]。此炉，应即风炉。同出又有瓷茶托，又一件陶“匜”，平底，长柄，一侧有小流，高六点六、口径十二点三厘米。此“匜”，便是与风炉配套之铫〔图23-5:1〕。二者皆为明器。又有著名的一件定窑白釉瓷炉，上附“刁斗”，七十年代出自河北曲阳县涧磁村，炉上之“刁斗”，亦为铫[2]〔图23-5:2〕。不过这一套煎茶之器尺寸很小，乃是模型。

与风炉配套的尚有一种短流的煎茶瓶。黄庭坚《谢曹子方惠二物二首》，其一即为“煎茶缾”，句云：“短喙可候煎，枵腹不停尘。蟹眼时探穴，龙文已碎身。”[3]“蟹眼”句，乃煎茶之候汤；“龙文”，指茶饼，“龙文已碎身”，便是茶饼已细研作末，正可入于汤之老嫩合度的煎茶瓶中。起句特别点明“短喙”，可知它与用作点茶，即须注汤有力而作成长流的汤瓶不同。煎茶瓶在河北宣化下八里张匡正墓和张文藻墓的壁画中可见，它正好坐在一个下有莲花托座的风炉之上[4]。两墓时属辽大安九年。与此形成对比的，是宣化下八里张世古墓壁画中一件长流的用作点茶的汤瓶[5]。此墓时属辽天庆七年，与前者约略同时，三墓与诗人生活的年代也正相当，可以互证〔图23-6〕。

[23-6]:❶

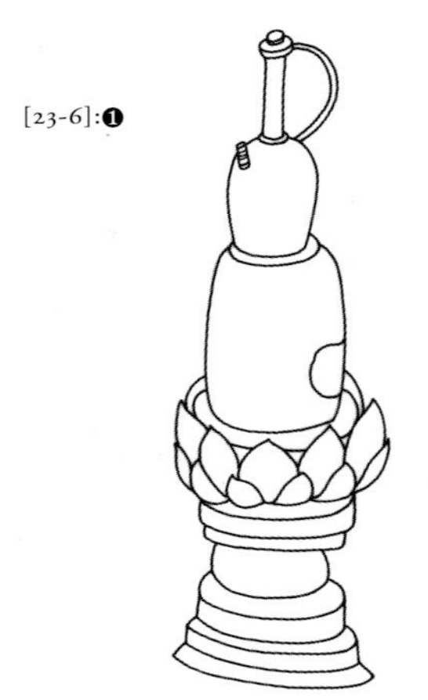

[23-6]:❷

图[23-6]
❶ 宣化下八里张匡正墓壁画（摹本）
❷ 宣化下八里张世古墓壁画（摹本）

(1) 《宣化辽墓》，图版七六：6；图版七九：4。
(2) 《河北省出土文物选集》，图三五二。瓷炉上的“刁斗”应为茶铫，已经廖宝秀指出，见所著《宋代吃茶法与茶器之研究》，页72；但同文认为除此之外不见其他实物，则不然。
(3) 《全宋诗》，册一七，页11577。
(4) 《宣化辽墓》，彩版五。
(5) 《宣化辽墓》，彩版七八。

[23-8]

[23-7]:❶

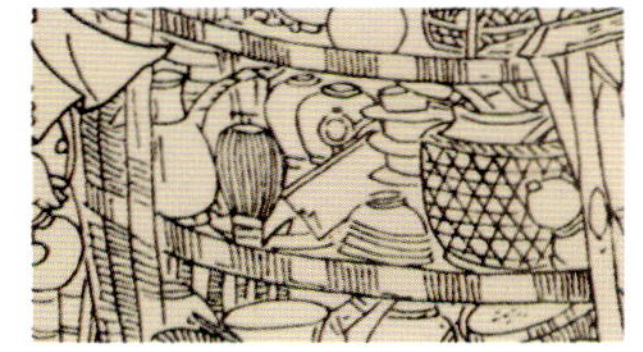

[23-7]:❷

风炉与铫子用于煎茶，至于点茶，却是用汤瓶，而不用铫子，马廷鸾“砖炉石铫竹方床，何必银瓶为泻汤”[1]，“石铫”、“银瓶”对举，前者指煎茶，后者谓点茶，是茶器不同，而烹茶之法迥异。故宫博物院藏李嵩《货郎图》，货郎担子里正有一组茶具：一摞盏托，一摞茶盏，一把长流汤瓶，一柄点茶所必须的茶筅〔图23-7〕。又陕西历史博物馆藏一方北宋砖雕，画面浮雕方桌旁边分立的两名侍女，其一手持盏托，上边坐着茶盏，其一一手举着点茶用的汤瓶，一手持茶筅，正是点茶情景[2]〔图23-8〕。

(1) 《谢龙山惠拄杖并求石铫四首》，《全宋诗》，册六六，页41269。按诗题之“拄杖”，这里误作“柱杖”，因据《诗渊》改。

(2) 《寻觅散落的瑰宝》，页96。

图[23-7]

❶《货郎图》局部一

❷《货郎图》局部二（摹本）

图[23-8]

北宋砖雕点茶图

[23-9]:❸

[23-9]:❶

图[23-9]燎炉与汤瓶
❶《文会图》〔摹本〕
❷《会昌九老图》局部一
❸《会昌九老图》局部二

汤瓶煎水，一般也不取风炉，而多半用方形的“燎炉”，亦称“方炉”。宋王安中有《睿谟殿曲宴诗》[1]，详记宣和元年的一次宫中之宴[2]。诗前之长序胪举盛况，其中说道“户牖屏柱，茶床燎炉，皆五色琉璃，缀以夜光火齐，照曜璀璨”。茶床与茶床之用，已见前引诗文，这里以燎炉与之并举，可知同为烹茶之器。又南宋赵蕃《海监院惠二物戏答》“打粥泛邵州饼，候汤点上封茶。软语方炉活火，清游断岸飞花”[3]，亦此。

与煎茶多用于二三知己的小聚与清谈不同，点茶多用于宴会，包括家宴，也包括多人的雅集。两种情景，在宋代绘画中一一表现分明。验之以台北故宫藏宋徽宗《文会图》，旧题唐人、实为宋代作品的《春宴图卷》，又故宫博物院藏南宋《会昌九老图》，可证大型聚会所用皆为上置候汤点茶之汤瓶的“方炉”，亦即王安中诗序中

〔1〕《全宋诗》，册二四，页15972。

〔2〕王明清《挥麈后录》卷四：“徽宗宣和七年十二月二十一日，就睿谟殿张灯预赏元宵，曲燕近臣，命左丞王安中、中书侍郎冯熙载为诗以进。”而冯诗中明明咏道“宣和初载元冬尾，瑞白才消尘不起”，则事当在宣和元年〔冯诗见《全宋诗》，册二五，页16183〕。刘永翔《清波杂志校注》于此已考证甚详，见该书页248。

〔3〕《全宋诗》，册四九，页30760。

[23-9]:❷

说到的“燎炉”[1]〔图23-9、图23-12〕。若煎茶，则前揭《撵茶图》可以为例。画面分作两部，一边绘高僧据案挥毫欲作书，两学士观坐在一旁，此为书事。另一边绘假山花木，其旁置桌，桌上摆着玳瑁茶筒，茶盏，盏托等。桌旁一具风炉，炉上坐着带提梁的铫子。炉旁的碾茶者用脖颈上挂着的襻膊儿搂住衣袖，正在“危坐只手旋乾坤”[2]〔图23-10〕。张元干《浣溪沙》：“棐几明窗乐未央。熏炉茗盌是家常。客来长揖对胡床。　蟹眼汤深轻泛乳，龙涎灰暖细烘香。为君行草写《秋阳》。”[3]词与画适可对看。

作为时尚的点茶，其高潮在于“点”，当然要诸美并具——茶品，水品，茶器，技巧——点的“结果”才可以有风气所推重的精好，而目光所聚，是点的一刻。士人之茶重在意境，煎茶则以它所包含的古意而更有蕴藉。南宋洪咨夔有《作茶行》，颇道出此中意趣：“磨斫女娲补天不尽石，磅礴轮囷凝绀碧臼刳。扶桑挂日最上枝，磐跚勃窣生纹漪。吴罡小君赠我杵，阿香藁砧授我斧。斧开苍璧粲磊磊，杵碎玄玑纷楚楚。出臼入磨光吐吞，危坐只手旋乾坤。碧瑶宫殿几尘堕，蕊珠楼阁妆铅翻。慢流乳泉活火鼎，淅

(1) 著名的四方北宋妇女画像砖〔中国国家博物馆藏〕，其中的“烹茶图”所表现的也是点茶所用之器，即汤瓶和燎炉〔《文物》一九七九年第三期，图版七：2〕。至于宋程大昌《演繁露》卷二“镣炉”条考证镣炉应即燎炉，亦即“今之生麻机〔原注：音身〕，盆也”，却是一种直口宽沿、下有蹄足的火盆，即如前举河北宣化辽墓壁画中所见，戴表元《舒子俊见过》“燎炉薪暖槽床响，随分欢留作好春”〔《全宋诗》，册六九，页43707〕，应即此类。

(2) 故宫博物院藏宋人《百马图》中的铡草者脖颈上也挂着襻膊儿，沈从文《中国古代服饰研究》特将它指出〔页346〕。《西湖老人繁胜录》“诸行市”条、《武林旧事》卷六“小经纪”条所列诸物，均有“襻膊儿”一项。又，李霖灿《刘松年的撵茶图与醉僧图》推论《撵茶图》中的高僧应是怀素，学士之一则为怀素舅父钱起。李文并认为此图命名不确，即图之重点为翰墨而非茶事。不过画作茶事与书事的平均用力，正反映出当日二者的密不可分，张元干词也是与它呼应的一例。

(3) 《全宋词》，册二，页1086。按苏轼有《秋阳赋》，宋代诗人常引述，结末“秋阳”指此。

图[23-10]《撵茶图》

瑟微波开溟涬。花风迸入毛骨香，雪月浸澈须眉影。太一真人走上莲花航，维摩居士惊起狮子床。不交半谈共细啜，山河日月俱清凉。桑苧翁，玉川子，款门未暇相倒屣。予方抱《易》坐虚明，参到洗心玄妙旨。”[1] 作茶，即碾磨茶，陆游《秋晚杂兴十二首》之五“聊将横浦红丝硙，自作蒙山紫笋茶”，句下自注：“乡老旧谓碾磨茶为作茶。”[2] 洪诗因起首说石，举出茶臼。“扶桑挂日”云云，指茶饼。斧分茶饼；然后用茶臼粗研，再入茶磨细碾，直要它细如仙宫之尘，丽姝之粉[3]。“慢流乳泉活火鼎，淅瑟微波开溟涬”，煎茶也，鼎指风炉。“不交半谈共细啜，山河日月俱清凉”，真正是茶事的至境，于是得与茶贤接通声气——陆羽、卢仝在茶诗中几乎是不可或缺之典，煎茶自然更须用它来揭明要义，依傍这古典的记忆而持守茶事之清，而把茶事引向独立于流俗之外的意境，结末的所谓“虚明”因此可以指实景，也可以指心境。此或近于玄思，但宋人本来是把玄思融入日常，茶事也不外如此。

煎茶与点茶，是烹茶方法的古今之别，其中当然也还有着茶品之别，亦即常品与佳品之别。宋王观国《学林》卷八“茶诗”条云：“茶之佳品，其色白，若碧绿色者，乃常品也。茶之佳品，芽蘖微细，不可多得，若取数多者，皆常品也。茶之佳品，皆点啜之；其煎啜之者，皆常品也。”“齐己茶诗曰：‘角开香满室，炉动绿凝铛。’丁谓茶诗曰：‘末细烹还好，铛新味更全。’此皆煎茶啜之也。煎茶啜之者，非佳品矣。”此说虽然不很完全，但用来概括一般情景，大致不错。不过付诸吟咏的两宋茶事，煎茶与点茶之间，隐隐然又有着清与俗之别。陈与义《玉楼春 · 青镇僧舍作》“呼儿汲水添茶鼎。甘胜吴山山下井。一瓯清露一炉云，偏觉平生今日永”[4]；林景熙《答周以农》“一灯细语煮茶香，云影霏霏满石床”[5]；黄庚《对客》“诗

[1] 《全宋词》，册五五，页34580。

[2] 《全宋词》，册四一，页25524。按洪咨夔乃於潜人〔今浙江临安县西于潜〕，则陆游之所谓“乡”，当不局限于山阴一地。

[3] 无论点茶还是煎茶，皆要把茶碾得细。曾几《李相公饷建溪新茗奉寄》句云“碾处曾看眉上白”，其下自注：“茶家云碾茶须令碾者眉白乃已”〔《全宋诗》，册二九，页18571〕。前引黄裳《龙凤茶寄照觉禅师》句有“颐指长鬟运金碾，未白眉毛且须转”，即此。又黄庭坚与人书云：“耒阳茶硙穷日，可得二两许，未能足得瓶子，且寄两小囊，可碾罗毕，更熟碾数百，点得自浮花泛乳可喜也”〔《山谷简尺》卷下〕。至于苏轼的“井好能凿冰，茶甘不上眉”〔《道者院池上作》，《全宋诗》，册一四，页9380〕，则是反其意而用之。

[4] 《全宋词》，册二，页1069。

[5] 《全宋诗》，册六九，页43477。

写梅花月，茶煎谷雨春”[1]；陆游《雪后煎茶》“雪液清甘涨井泉，自携茶灶就烹煎。一毫无复关心事，不枉人间住百年”[2]。如此之例，两宋诗词中不胜枚举。煎茶之意古，所用之器古，因总以它不同于时尚的古雅而与诗情相依。与燎炉相比，风炉自然轻巧得多，当有携带之便，且与燎炉用炭不同，风炉通常用薪，则拾取不难，何况更饶山野之趣，诗所以曰“藤杖有时缘石磴，风炉随处置茶杯”[3]；而所谓“岩边启茶钥，溪畔涤茶器。小灶松火然，深铛雪花沸。瓯中尽余绿，物外有深意”[4]，更是煎茶独有的雅韵。

在煎茶与点茶之别中特寓微意，则有苏轼的名作《试院煎茶》：“蟹眼已过鱼眼生，飕飕欲作松风鸣。蒙茸出磨细珠落，眩转绕瓯飞雪轻。银瓶泻汤夸第二，未识古人煎水意。君不见昔时李生好客手自煎，贵从活火发新泉。又不见今时潞公煎茶学西蜀，定州花瓷琢红玉。我今贫病常苦饥，分无玉盌捧蛾眉。且学公家作茗饮，砖炉石铫行相随。不用撑肠拄腹文字五千卷，但愿一瓯常及睡足日高时。”“银瓶泻汤夸第二”，此前数句皆言点茶；“未识古人煎水意”，以下俱言煎茶。苏辙《和子瞻煎茶》“相传煎茶只煎水，茶性仍存偏有味”[5]，是其意。邹浩《次韵仲孺见督烹小团》“方欲事烹煎，姜盐以为使”，自注“蜀人煎茶之法如此”[6]。所谓西蜀煎茶法，便是茶汤中佐以姜盐，前引苏诗句有“姜新盐少茶初熟”，亦可证[7]，它在宋代原是作为古法而常常用于煎茶[8]。李生句，则用唐李约煎茶故事[9]。诗作于熙宁五年，东坡在杭

[1] 《全宋诗》，册六九，页 43567。

[2] 《全宋诗》，册四一，页 25652。

[3] 陆游《开东园路北至山脚因治路傍隙地杂植花草六首》，《全宋诗》，册四〇，页 25099。

[4] 张伯玉《后庵试茶》，《全宋诗》，册七，页 4727。

[5] 《全宋诗》，册一五，页 9872。

[6] 《全宋诗》，册二一，页 13936。

[7] 姜盐煎茶，黄庭坚有《煎茶赋》述其事甚详，此篇也很为宋人所喜，曾入选于吕祖谦编《宋文鉴》，见其编卷七。南宋林正大也有词括其意而咏之，见《全宋词》，册四，页 2458。又黄庭坚与人书云“蒸牙一合，虽是分宁茶，味不甚佳，但可用姜盐煎，以领关、张尔”〔《山谷简尺》卷下〕。是姜、盐、茶可作结义弟兄，但用于茶之“味不甚佳”者。

[8] 如南宋虞俦《和林正甫碾茶》：“肝胆由来自一家，人间何许是真茶。不妨更著姜盐伴，可但丘中咏有麻”〔《全宋诗》，册四六，页 28593〕。末句出《诗·王风·丘中有麻》，此应是借用其中“将其来食”句而表达情意。

[9] 赵璘《因话录》：“〔李〕约天性惟嗜茶，能自煎，谓人曰：茶须缓火炙，活火煎。活火，谓炭火之［有］焰者也。客至，不限瓯数，竟日执持茶器不倦。曾奉使行至陕州硖石县东，爱渠水清流，旬日忘发。”

州监试。是时甫用王安石议，改取士之法，东坡有《监试呈诸试官》诗述其事，且于其中微存讽意，《试院煎茶》则暗用当日茶事中的古今之别再度风之[1]，"且学公家作茗饮，砖炉石铫行相随"，实在是借煎茶而表现了一种姿态的。

风炉以煎茶所必须，久而又成为表现文人风度的道具。辽宁省博物馆藏元人《子方扁舟傲睨图》，远山阔水，傍岸处一叶扁舟，童子煎茶，舟子操楫；一函书，一张琴，与倚坐船头的主人相伴〔图23-11〕。舟中用作煎茶的，依然是辽宋常见的莲花托座风炉。"船中自带红泥灶，亭上亲煎白乳泉。唯有溪山知此意，水风吹面晚萧然"[2]；"书生调度清且苦，臭味不同谁与论"[3]，元人的潇洒风流，仍存宋诗遗意。此际不同流俗的煎茶之韵中，原来是"傲睨"[4]。

饮茶当然不自陆羽始，但自陆羽和陆羽的《茶经》出，茶便有了标格，或曰品味。《茶经》强调的是茶之清与洁，与之相应的，是从采摘、制作直至饮，一应器具的清与洁。不过《茶经》最有意味的文字，却在卷下"九之略"：

其造具，若方春禁火之时，于野寺山园，丛手而掇，乃蒸乃舂，乃复以火干之，则又棨、朴、焙、贯、朋、穿、育等七事皆废。其煮器，若松间石上可坐，则具列废。用槁薪鼎櫪之属，则风炉、灰承、炭挝、火筴、交床等废。若瞰泉临涧，则水方、涤方、漉水囊废。若五人已下，茶可末〔或作味〕而精者，则罗废。若援藟跻岩，引絙入洞，于山口炙而末之，或纸包合贮，则碾、拂末等废。既瓢、盌、筴、札、熟盂、醝簋悉以一筥盛之，则都篮废。但城邑之中，王公之门，二十四器阙一，则茶废矣。

既入高门，则茶之清，舍精细、济楚之待遇外，不能保存。而若依松傍岩，瞰泉临涧，二三知己品茗于朗月清风之间，则人与事，双清并，其器其具，其一应之微细，皆可不论。可以说，此方为茶之三昧，也不妨说，

(1) 王文诰辑注《苏轼诗集》册二，页371，《试院煎茶》注引翁方纲云："是时甫用王安石议，改取士之法，罢诗赋、帖经、墨义，专以策，限定千言。故先生呈诸试官诗云'聊欲废书眠，秋涛春午枕'，正与此篇末句意同。'未识古人煎水意，且学公家作茗饮'，亦皆此意。"呈诸试官诗，即《监试呈诸试官》，同书，页366。按两诗所咏为一事，但"聊欲废书眠，秋涛春午枕"，与此篇末句之意却并不相同。前者意为且吃茶去，后者则以烹茶法的不同而拟喻寄意。

(2) 毛滂《题贵溪翠颜亭二首》之二，《全宋诗》，册二一，页14124。

(3) 虞俦《赠孙尉姑苏紫石铫孙有诗次韵》，《全宋诗》，册四六，页28470。

(4) "扁舟傲睨"，或取意于南宋林景熙诗"客星谪下桐江湄，傲睨烟雨何年归"〔《谒严子陵祠》；《全宋诗》，册六九，页43477〕。

图[23-11]《子方扁舟傲睨图》(局部)

《茶经》凡不可略者，皆是为俗饮说法，惟此之可略，方是陆子心中饮茶之至境，此便最与诗人会心，其影响至宋而愈显。《茶录》与《大观茶论》固然是雅，然而以"九之略"为衡，则依然是俗。"欲知花乳清泠味，须是眠云跂石人"[1]，宋人深会此意。风炉石鼎，茶烟轻轻，其器古朴，其韵疏清；煎茶,保存的正是如此意境。当然这并不意味着时有雅饮之一派,凡茶必煎，又有俗饮之一派，凡茶必点。二者在日常生活中，本是既并行，又交叉。而饮茶方式的选择，既与茶品、时地、饮茶之人相关，在某种情况下，也与意境之追求相关。从另一面说，此又与诗人、画家以胸襟气度及创作背景之异而选择不同的话题相关。南宋张栻云："予谓建茶如台阁胜士，草茶之佳者如山泽高人，各有风致，未易疵也。"[2] 持此以喻点茶与煎茶之别，也正合宜。

结论如是，不妨仍以煎茶之意叩诸宋人，其或应声而答："不置一杯酒，惟煎两碗茶。须知高意别，同此对梅花。"[3]

[1] 刘禹锡《西山兰若试茶歌》,《全唐诗》，册一一，页4000。

[2]《定叟弟频寄黄蘖仰山新芽尝口占小诗适灾患亡聊久不得遣寄今日方能写此》，句云"不入贡包供玉食，只应山泽擅高名"，其下自注"坡公贬草茶，未为确论"云云。《全宋诗》，册四五，页27934。

[3] 邹浩《同长卿梅下饮茶》,《全宋诗》，册二一，页14058。

附：关于分茶与斗茶

一　分茶

对于分茶的解释，有几种不同意见。一九五八年版《宋诗选注》释陆游《临安春雨初霁》，以为“分”就是宋徽宗《大观茶论》所谓“鉴辨”。蒋礼鸿先生则以《“分茶”小记》为题对此发表了不同看法，认为分茶有二解，其一，为酒菜店或面食店；其一，指用沸水〔汤〕冲〔注〕茶，使茶乳幻变成图形或字迹[1]。许政扬先生在《宋元小说戏曲语释》“分茶”条中也提出详细意见，结论是：“分茶”就是烹茶、煎茶[2]。一九八二年版《宋诗选注》摒弃旧释，曰：“‘分茶’是宋代流行的一种‘茶道’，诗文笔记里常常说起，如王明清《挥麈余话》卷一载蔡京《延福宫曲宴记》，杨万里《诚斋集》卷二《澹庵座上观显上人分茶》；宋徽宗《大观茶论》也有描写，黄遵宪《日本国志》《物产志》自注说日本‘点茶’即‘同宋人之法’：‘碾茶为末，注之以汤，以筅击拂’云云，可以参观。”此外，今人《剑南诗稿校注》卷一二《疏山东堂昼眠》下释分茶曰：“分茶，宋人泡茶之一种方法，即以开水注入茶椀之技术。杨诚斋《澹庵座上观显上人分茶》云云，可

[1]《蒋礼鸿文集》，册四，页393~395。

[2]《许政扬文存》，页30~33。

想像其情况。”[1] 又，今人《陈与义集校笺》在《和周绍祖分茶》诗下，引证亦详，末云，“分茶一辞，宋人无释，各种茶谱亦不载”，“据各家所咏或记载，盖以茶匙〔茶谱云：茶匙要重，击拂有力〕取茶〔汤〕注盏中，为分茶也。简斋此诗云‘小杓勿辞满’，当即以茶匙击拂之意”[2]。

诸家之释，以一九八二年版《宋诗选注》为近实。不过，若求详实与确切，则仍嫌不足。此为其书体例所限，不烦苛求。

分茶之意究竟如何，须从唐宋饮茶法以及期间发生的变化说起。

唐宋时代的饮茶，乃茶末与茶汤同饮，饮后不留余滓。至于烹茶法，元明以前，则可大别为二：其一煎茶，其一点茶。如前所述，煎茶盛行于唐，陆羽《茶经》载其法最详；两宋则盛行点茶，蔡襄《茶录》、宋徽宗《大观茶论》，乃点茶法经典[3]。煎茶与点茶，皆须煎汤亦即煎水。前者煎汤于茶铫，后者煎汤于汤瓶。汤至火候恰好之际，若煎茶，则将细碾且细罗之后的茶末投入滚汤。若点茶，此前便须炙盏，《茶录》所谓“凡欲点茶，先须熁盏令热，冷则茶不浮”。嗣后以小勺舀取茶末，在盏中调作膏状，于时以汤瓶冲点，边冲点边以竹制的茶筅或银制的茶匙在盏中回环搅动，即所谓“击拂”。点茶需要技巧，又以因击拂之法不同盏面泛起之乳花不同而有各种名目，自第一汤至第七汤而各有不同[4]。

点茶尤重盏面浮起之乳花。王明清《挥麈余话》卷一录蔡京《保和殿曲燕记》云：“赐茶全真殿，上亲御击注汤，出浮花盈面。”又引其《延福宫曲宴〔燕〕记》：“上命近侍取茶具，亲手注汤击拂，少顷，白乳浮盏面，如疏星淡月，顾诸臣曰：‘此自布茶。’”“上”，徽宗也，“疏星淡月”云云，即见于他的《大观茶论》[5]，王安中《临江仙·和梁才甫茶词》“延和行对台臣。宫瓯浮雪乳花匀”[6]，亦咏其事。只是烹茶重乳花，却不自点茶始，陆羽《茶经》讲述煎茶法时已叙述得详细。《茶经》卷下“五之煮”：

[1] 钱仲联《剑南诗稿校注》，页964。

[2] 白敦仁《陈与义集校笺》，页136。

[3] 以下引《茶录》，均据百川学海本，个别字句据他本校改；《大观茶论》，据《说郛》宛委山堂本。

[4]《大观茶论·点》。以“七”为数，应即由卢仝《走笔谢孟谏议惠新茶》而来。“七椀”在两宋茶诗中也常常用作茶的代称。

[5]《大观茶论·点》云注汤时，“搅动茶膏，渐加击拂，手轻筅重，指绕腕旋，上下透彻，如酵蘖之起面，疏星皎月，灿然而生”。

[6]《全宋词》，册二，页750。

第二沸出水一瓢，以竹筴环激汤心，则量末当中心而下。有顷，势若奔涛溅沫，以所出水止之，而育其华也。凡酌，置诸盌，令沫饽均。沫饽，汤之华也。华之薄者曰沫，厚者曰饽，细轻者曰花，如枣花漂漂然于环池之上，又如回潭曲渚青萍之始生，又如晴天爽朗有浮云鳞然。其沫者如绿钱浮于水渭，又如菊英堕于鐏俎之中。饽者，以滓煮之，及沸，则重华累沫皤皤然若积雪耳。《荈赋》所谓"焕如积雪，烨若春藪"有之[1]。

又同书"七之事"引《桐君录》云："茗有饽，饮之宜人。"

不过唐代之煎茶，乃茶在釜中煎好，然后分酌入盏，陆羽虽云"凡酌，置诸盌，令沫饽均"，然而分酌之际，总难免稍坏浮花。两宋之点茶，则无此虞。北宋张扩《均茶》所以云："密云惊散阿香雷，坐客分尝雪一杯。可是陈平长割肉，全胜管仲自分财。"[2] 乳花在两宋且颇多俗名与雅称，曰云，曰云脚[3]，曰花，曰乳花、玉花、琼花、雪瓯花，或仍依《茶经》称枣花[4]。而此际所重，又不仅在于乳花，更在乳花泛盏之久，此即谓之"咬盏"。《大观茶论》："乳雾汹涌，溢盏而起，周回凝而不动，谓之咬盏。"梅尧臣《次韵和再拜》句有："烹新斗硬要咬盏，不同饮酒争画蛇。从揉至碾用尽力，只取胜负相笑呀。"[5] 所谓"次韵"，乃次欧阳修韵，原唱《尝新茶呈圣俞》句有"停匙侧盏试水路，拭目向空看乳花"[6]。又释德洪《空印以新茶见饷》"要看雪乳急停筅，旋碾玉尘深住汤"[7]、《无学点茶乞诗》"盏深扣之看浮乳，点茶三昧须饶汝"[8]；刘才邵《方景南出示馆中诸公唱和分

[1]《艺文类聚》卷八二，杜育《荈赋》："惟兹初成，沫沉华浮，焕如积雪，晔如春敷。"又《齐民要术》卷七"白醪曲"条"以竹扫冲之，如茗渤"，所谓"茗渤"，亦此。后之茶筅，即此"竹扫"之属。

[2]《全宋诗》，册二四，页16092。

[3] 向子諲《浣溪沙》"茗盌分云微醉后，纹楸斜倚髻鬟偏"，《全宋词》，册二，页975。梅尧臣《宋著作寄凤茶》"云脚俗所珍，鸟觜夸仍众"〔册五，页2788〕；又《谢人惠茶》"以酪为奴名价重，将云比脚味甘回"〔册五，2980〕；陈东《茶》〔一作《索友人春茗》〕："偏爱君家碧〔一作白〕玉盘，建溪云脚未尝干。书生自恨无金换，聊以诗章乞数团"〔册二九，页18749〕。

[4] 林逋《尝茶次寄越僧灵皎》"瓶悬金粉师应有，筯点琼花我自珍"〔，《全宋诗》，册二，页1225〕；葛胜仲《谢太守惠茶》"破看鲜馥欺瑶草，煮验漂浮漾枣花"〔册二四，页15662〕。

[5]《全宋诗》，册五，页3262。

[6]《全宋诗》，册六，页3646。

[7]《全宋诗》，册二三，页15244。校云"住"疑当作"注"。按作"住"不误，刘才邵咏分茶诗"汤深不散方验真"，可证。

[8]《全宋诗》，册二三，页15167。

茶诗次韵》“欲知奇品冠坤珍，须观乳面啮瓯唇。汤深不散方验真，侧瓶飞瀑垂岩绅”[1]，等等，皆其例。

咬盏与否，茶品之优劣是其要[2]，其次则在于击拂，郭祥正“急手轻调北苑茶，未收云雾乳成花”[3]，是也。击拂之器为茶筅或茶匙。毛滂《谢人分寄密云大小团》“旧闻作匙用黄金，击拂要须金有力”[4]；梅尧臣《次韵和永叔尝新茶杂言》“石鉼煎汤银梗打，粟粒铺面人惊嗟”[5]，银梗，茶匙也，粟粒铺面则是第三汤点茶，盏面所现之象[6]。《大观茶论》有专条说茶筅，两宋诗词也有专咏茶筅之作，而以元谢宗可《咏物诗》中的《茶筅》最为传神:“此君一节莹无瑕，夜听松声漱玉华。万缕引风归蟹眼，半瓶飞雪起龙牙。香凝翠发云生脚，湿满苍髯浪卷花。到手纤毫皆尽力，多因不负玉川家。”[7]虽咏茶筅，而点茶之要在其中。“香凝翠发云生脚，湿满苍髯浪卷花”，实为击拂要领，所谓纤毫尽力，便是意在使盏面起乳花。《大观茶论》“筅疏劲如剑脊，则击拂虽过而浮沫不生”，二者所言角度不同，其意一也。

点茶如此，分茶如何? 其实所谓“分茶”，除蒋礼鸿先生所揭第一义外，两宋通常皆指点茶，或曰分茶即点茶之别称。王安中《进和御制芸馆二诗》“风好知从宫扇动,茶香宜入御瓯分”[8]；虞俦《和孙尉登空翠堂鼓琴酌茗有怀冷令二首》“巧分茗椀消磨睡，静拂琴徽断送愁”[9]；晁补之《和答曾敬之秘书见招能赋堂烹茶二首》“一碗分来百越春”[10]；华岳《赠楞伽老瑛上人》“拂床展卷呈诗稿，炙盏分茶当酒盃”[11]；又吴文英《望江南 · 茶》“玉纤分处露花香”[12]，王千秋《风

[1] 《全宋诗》，册二九，页 18846。

[2] 苏轼《西江月 · 茶词》“汤发云腴酽白，盏浮花乳轻圆”〔《全宋词》，页 284〕；傅干注 ：“云腴、花乳，茶之佳品如此”〔《傅干注坡词》卷二〕。

[3] 《城东延福禅院避暑五首》之三，《全宋诗》，册一三，页 8982。

[4] 《全宋诗》，册二一，页 14096。

[5] 《全宋诗》，册五，页 3262。

[6] 《大观茶论 · 点》。按此与茶品也有关。宋子安《东溪试茶录》“壑源”条云其地“土皆黑埴，茶生山阴，厥味甘香，厥色青白，及受水，则淳淳光泽〔民间谓之冷粥面〕，视其面，涣散如粟”。

[7] 《元诗选 · 初集》，中册，页 1501。

[8] 《全宋诗》，册二四，页 15978。

[9] 《全宋诗》，册四六，页 28496。

[10] 《全宋诗》，册一九，页 12871。

[11] 《全宋诗》，册五五，页 34409。

[12] 《全宋词》，册四，页 2897。

流子》"卷茵停舞，侧火分茶。笑盈盈，溅汤温翠盌，折印启缃纱。玉笋缓摇，云头初起，竹龙停战，雨脚微斜"[1]，由诗词中的形容，可知其"分"与"分茶"，皆指点茶。不过偶然也有专指，这时所谓"分茶"，便是点茶法中特有的一种技巧，对此，诗也描写分明。仅举诸家称引较多的三例。

例一，陈简斋《和周绍祖分茶》：

竹影满幽窗，欲出腰髀懒。何以同岁暮，共此晴云椀。

摩挲蛰雷腹，自笑计常短。异时分忧虞，小杓勿辞满。

晴云，自指点茶时盏面浮起的乳花，简斋别有诗云"收杯未要忙，再试晴天云"[2]，亦此。末联之"分"，却是义取双关。如前所述，两宋之分茶，原从点茶而来，与煎茶不同，点茶乃预分茶末、调膏盏中，然后一一冲点，此即所谓"分"意之一。小杓，舀取茶末之器也[3]，台北故宫藏传宋徽宗《十八学士图》、故宫博物院藏同样题材的《春宴图》等，均有此情景〔图23-12〕。简斋诗则借以拟喻分忧。

例二，陆放翁《临安春雨初霁》：

世味年来薄似纱，谁令骑马客京华。小楼一夜听春雨，深巷明朝卖杏花。

矮纸斜行闲作草，晴窗细乳戏分茶。素衣莫起风尘叹，犹及清明可到家。

诗之"分茶"，点茶也。放翁《疏山东堂昼眠》"吾儿解原梦，为我转云团"，句下自注云："是日约子分茶。"约，名子约，放翁第五子。"转云团"，点茶之击拂也。而细乳分茶，放翁诗中原不止一见，如"觉来隐几日初午，碾就壑源分细乳"[4]，如"墨试小螺看斗砚，茶分细乳玩毫杯"[5]。毫杯，兔毫盏也，以其色深而衬得乳花分明，特为宋人所爱〔图23-13〕。项安世"自瀹霜毫爱乳花"[6]，适可与陆诗对观。可知此诗之"玩"与彼诗之"戏"，意同。不过北宋韩驹有诗题作《六月二十一日子文待制见访热甚追记馆中纳凉故事漫成一首》，诗云："汉阁西头千步廊，与君长夏对胡床。阴阴桧色连宫草，

[1]《全宋词》，册三，页1466。

[2]《陪诸公登南楼啜新茶家弟出建除体诗诸公既和余因次韵》，《全宋诗》，册三一，页19486。

[3] 取水之器，也有小杓之称，苏轼《汲江煎茶》"大瓢贮月归春瓮，小杓分江入夜瓶"〔《全宋诗》，册一四，页9567〕，赵希逢《和寄范茂卿》"拣芽雀舌乍辞枝，小杓分江欲试时"〔册六二，页38927〕，皆其例；然各从诗题，各有语境，不容混淆也。

[4]《全宋诗》，册三九，页24520。

[5]《入梅》，《全宋诗》，册四〇，页25081。

[6]《以琴高鱼茶芽送范蜀州》，《全宋诗》，册四四，页27415。霜毫，同兔毫。

图[23-12]《十八学士图》〔局部〕

图[23-13]建窑兔毫盏　建阳市水吉芦花坪窑址出土

寂寂棋声度苑墙。细乳分茶纹簟冷，明珠擘芡小荷香。身今老病投炎瘴，最忆冰盘贮蔗浆。”[1]陆诗“分茶”句或即由韩作脱胎。

例三，诚斋《澹庵座上观显上人分茶》：

分茶何似煎茶好，煎茶不似分茶巧。蒸水老禅弄泉手，隆兴元春新玉爪。
二者相遭兔瓯面，怪怪奇奇真善幻。纷如擘絮行太空，影落寒江能万变。
银瓶首下仍尻高，注汤作字势嫖姚。不须更师屋漏法，只问此瓶当响答。
紫薇山人乌角巾，唤我起看清风生。京尘满袖思一洗，病眼生花得再明。
汉鼎难调要公理，策勋茗椀非公事。不如回施与寒儒，归续茶经传纳子。[2]

杨诗之前，记述如此之艺者，有托名陶谷的《清异录》[3]，其《茗荈》之部“生成盏”条：“馔茶而幻出物象于汤面者，茶匠通神之艺也。沙门福全生于金乡，长于茶海，能注汤幻茶成一句诗，并点四瓯，成一绝句，泛乎汤表。”又同部“茶百戏”：“茶至唐始盛。近世有下汤运匕，别施妙诀，使汤纹水脉成物象者，禽兽虫鱼花草之属纤巧如画；但须臾即就散灭。此茶之变也，时人谓之‘茶百戏’。”杨诗所谓“屋漏法”，亦见于《清异录》，即“漏影春”条所记。此乃点茶法运用至妙之戏。不过戏成而“须臾即就散灭”，陈棣诗所以曰“急景岂容留石火，余香何处认空花”[4]。或曰“茶叶溶质在水中扩散成花草图案，是由于饮茶者在茶溶解过程中以羹匙类食器搅动所致”[5]，

[1]《全宋诗》，册二五，页16630。

[2]《全宋诗》，册四二，页26085。

[3]《清异录》非出陶谷之手，陈振孙《直斋书录解题》、王国维《庚辛之间读书记》皆论之，余嘉锡《四库提要辨证》撮录各家之说，而以王说为是，见卷一九《子部》九。

[4]《次韵王有之主簿》，《全宋诗》，册三五，页22032。

[5]《中国科学技术史·物理学卷》，页439。

不过这里的“饮茶者”当易作“点茶者”，“食器”，当易作“茶器”。至于烹茶之际盏面乳花蒙茸，茶的加工方法是重要因素之一。放翁《入蜀记》，记其经镇江，“赴蔡守饭于丹阳楼”，“蔡自点茶颇工，而茶殊下。同坐熊教授，建宁人，云：‘建茶旧杂以米粉，复更以薯蓣，两年来，又更以楮芽，与茶味颇相入，且多乳，惟过梅则无复气味矣。非精识者，未易察也’”[1]。此言之最切。《大观茶论》说点茶，曰“量茶受汤，调如融胶”，茶而能够“调如融胶”，即因经过加工的茶饼，其中掺入米粉、薯蓣、楮芽之类。

点茶之别称，尚有泼茶与试茶。孔平仲《会食》“泼茶旋煎汤，就火自烘盏”[2]；王庭珪《次韵刘英臣早春见过二绝句》“客来清坐不饮酒，旋破龙团泼乳花”[3]，又廖刚《次韵卢骏给事试茶》“蟹眼翻云连色起，兔毫扶雪带香浮”[4]；卢襄《玉虹亭试茶》“试遣茶瓯作花乳，从教两腋起清风”[5]；陆游《试茶》“苍爪初惊鹰脱鞲，得汤已见玉花浮”[6]，皆其例。而所谓“烹茶”，则是总称，煎茶抑或点茶，皆可谓之烹茶。

二 斗茶[7]

两宋茶事，今人通常推斗茶为第一，且以为此是宋代风气。其实不然。

若考斗茶之源，可溯至唐代。白居易《夜闻贾常州崔湖州茶山境会想羡欢宴因寄此诗》：“遥闻境会茶山夜，珠翠歌钟俱绕身。盘下中分两州界，灯前合作一家春。青娥递舞应争妙，紫笋齐尝各斗新。自叹花时北窗下，蒲黄酒对病眠人。”[8]茶山即湖州顾渚山，其地出茶名紫笋，常州义兴所产为阳羡，唐代均列作贡品，而两地邻壤相接，每造茶时，两州刺史亲至其处，因有如此之隆重。“紫笋齐尝各斗新”，便是品第高下的试茶情景，可知斗茶风气正始于贡新，当然它与宋代的斗茶并不相同。

[1]《陆游集》，册五，页2412。

[2]《全宋诗》，册一六，页10845。

[3]《全宋诗》，册二五，页16843。

[4]《全宋诗》，册二三，页15409。

[5]《全宋诗》，册二四，页16220。

[6]《全宋诗》，册三九，页24385。

[7] 刘昭瑞《宋代的“斗茶”艺术》，对斗茶的方式以及所用之器作了比较详细的梳理，不过其中的若干意见似有可商；至于以卢骏元诗“清风两腋为渠生”为“人们操茶筅击拂茶汤时，肘臂张合，似有清风自腋下生”〔页320〕，则误之甚矣。

[8]《全唐诗》，册一三，页5027。

两宋斗茶，述之最详且最早者，为范仲淹《和章岷从事斗茶歌》。章岷，建州浦城人，《全宋诗》收其作六首，然《斗茶歌》原唱不见[1]，不过建人的斗茶情景，从和诗中仍能觑得真切。

年年春自东南来，建溪先暖冰微开。溪边奇茗冠天下，武夷仙人从古栽。
新雷昨夜发何处，家家嬉笑穿云去。露牙错落一番荣，缀玉含珠散嘉树。
终朝采掇未盈襜，唯求精粹不敢贪。研膏焙乳有雅制，方中圭兮圆中蟾。
北苑将期献天子，林下雄豪先斗美。鼎磨云外首山铜，瓶携江上中泠水。
黄金碾畔绿尘飞，紫玉瓯心雪涛起。斗余味兮轻醍醐，斗余香兮蒲兰芷。
其间品第胡能欺，十目视而十手指。胜若登仙不可攀，输同降将无穷耻。
于嗟天产石上英，论功不愧阶前蓂。众人之浊我可清，千日之醉我可醒。
屈原试与招魂魄，刘伶却得闻雷霆。卢仝敢不歌，陆羽须作经。
森然万象中，焉知无茶星。商山丈人休茹芝，首阳先生休采薇。
长安酒价减千万，成都药市无光辉。不如仙山一啜好，泠然便欲乘风飞。
君莫羡花间女郎只斗草，赢得珠玑满斗归。[2]

诗不惟记斗茶，凡采茶、焙茶、制茶，一应之茶故事，亦无不“巧欲形容”[3]。“北苑将期献天子，林下雄豪先斗美”，述斗茶缘起很是明白。与范仲淹大抵同时的蔡襄作《茶录》，所述正与之相合。其《后序》云：“臣皇祐中修起居注，奏事仁宗皇帝，屡承天问以建安贡茶并所以试茶之状。臣谓论茶虽禁中语，无事于密，造《茶录》二篇上进。”君谟名笔“思咏帖”亦即致冯当世书，也曾议及闽中茶事：“唐侯言，王白今岁为游闰所胜，大可怪也。”唐侯即唐询，时为福建路转运使；王、游二氏皆建溪壑源产白叶茶之园户。此亦贡新之前以斗试而品第高下之证。不过建人之斗试，以蔡襄作《茶录》而传入宫廷，至徽宗朝，更于稀和贵中取其精和巧，因成一种极为精致的宫廷茶戏。

(1) 明董斯张《吴兴备志》卷五：“岷，浦城人，举进士，与范仲淹同赋《斗茶歌》，岷诗先就，仲淹览之曰：此诗真可压倒元、白。”

(2) “露牙”句，牙，一作芽。《全宋诗》，册三，页1868。

(3) 《苕溪渔隐丛话》后集卷一一批评此诗“排比故实，巧欲形容，宛成有韵之文”。诗以赋笔载录一时之事，形容尽致，实别有令人可喜处。

斗茶无他法，点茶而已。蔡襄《茶录·点茶》："茶少汤多，则云脚散；汤少茶多，则粥面聚〔建人谓之云脚、粥面〕。钞茶一钱匕，先注汤，调令极匀，又添注之，环回击拂。汤上盏，可四分则止，视其面色鲜白、著盏无水痕为绝佳。建安斗试以水痕先者为负，耐久者为胜，故较胜负之说，曰相去一水、两水。"是有云脚、无水痕，为斗茶之要，林希逸咏庐山新茗"云脚似浮庐瀑雪，水痕堪斗建溪春"〈1〉，可为"云脚"、"水痕"之释。所谓"粥面"，如前所述，建人制茶饼，每在其中添加富含淀粉之物，点作茶汤，便略如粥之内凝，时人因常常把茶称作"茗粥"。如"橘柚耀金苞，枪旗资茗粥"〈2〉；"更恨老年难得睡，因君茗粥恨无涯"〈3〉；"不辞浓似粥，少待细于尘"〈4〉，等等。杨万里《陈蹇叔郎中出闽漕别送新茶李圣俞郎中出手分似》"细泻谷帘珠颗露，打成寒食杏花饧"〈5〉，则更为形象，苏轼诗"闽俗竞传夸，丰腴面如粥"〈6〉，亦可与之同观。至于"一水、两水"，语出民间，源自建人的制茶工序〈7〉，斗试之时，遂借来评定胜负之差。此语很是新奇，宋人咏茶诗词便总喜欢用来作茶故事。如王珪《和公仪饮茶》"云叠乱花争一水，凤团双影贡先春"〈8〉；曾巩《蹇磻翁寄新茶二首》"贡时天上双龙去，斗处人间一水争"〈9〉；李处权《谢养源惠茶兼陪士特清啜》"灵芽动是连城价，妙手才争一水功"〈10〉；又苏轼《行香子·茶词》"斗赢一水，功敌千锺"〈11〉。

〈1〉《用珍字韵谢吴帅分惠乃弟山泉所寄庐山新茗一首》，《全宋诗》，册五九，页37250。希逸闽人，故以庐山茶比之建溪茗。

〈2〉郑亶《太仓隆福寺创观音院以诗百韵寄妙观大师且呈乡中诸亲旧》，《全宋诗》，册一五，页9768。

〈3〉晁说之《高二承宣以长句饷新茶辄次韵为谢》，《全宋诗》，册二一，页13815。

〈4〉曾几《尝建茗二首》，《全宋诗》，册二九，页18541。

〈5〉《全宋诗》，册四二，页26323。按此诗又见册三八陈仲谔名下，题作《送新茶李圣俞郎中》〔页24214〕，仲谔，即杨诗题中之陈蹇叔，此诗当属杨。

〈6〉苏轼《寄周安孺茶》，《全宋诗》，册一四，页9328。

〈7〉宋赵汝励《北苑别录》"研茶"条："研茶之具，以柯为杵，以瓦为盆。分团酌水，亦皆有数，上而胜雪、白茶，以十六水，下而拣芽之水六，小龙凤四，大龙凤二，其余皆以十二焉。自十二水以上，日研一团，自六水而下，日研三团至七团。"其后"纲次"条详列纲目，且一一标明水次、火次，如"细色第三纲"："白茶：水芽，十六水，七宿火"，"御苑玉芽：小芽，十二水，八宿火"。等等。旧按引《建安志》云："水取其多，则研夫力胜而色白。"可知水次乃表明加工的程度，即水次多而工愈细，故特标明，以别品级。

〈8〉《全宋诗》，册九，页5982。"云叠乱花争一水"，句下自注："闽中斗茶争一水。"

〈9〉《全宋诗》，册八，页5600。

〈10〉《全宋诗》，册三二，页20422。

〈11〉《全宋词》，册一，页302。

徽宗时宫廷斗茶，实即比试点茶技巧，茶品佳好，水品亦然，自是前提。斗茶所较，仍是盏面乳花[1]，“咬盏”与否，便是斗茶的胜负规则。徽宗《宣和宫词》：“上春精择建溪芽，携向芸窗力斗茶。点处未容分品格，捧瓯相近比琼花。”[2]道士张继先《恒甫以新茶战胜因咏歌之》：“人言青白胜黄白，子有新芽赛旧芽。龙舌急收金鼎火，羽衣争认雪瓯花。蓬瀛高驾应须发，分武微芳不足夸。更重主公能事者，蔡君须入陆生家。”[3]可见斗茶之一般。“捧瓯相近比琼花”，“羽衣争认雪瓯花”，以乳花较胜负也。斗茶且专有其品，北宋宋子安《东溪试茶录》“茶名”条：“一曰白叶茶，民间大重，出于近岁，园焙时有之”，“芽叶如纸，民间以为茶瑞，取其第一者为斗茶，而气味殊薄，非食茶之比。”又建安黄儒《品茶要录》：“茶之精绝者曰斗，曰亚斗”，“茶芽，斗品虽最上，园户或止一株，盖天材间有特异，非能皆然也”；“其造，一火曰斗，二火曰亚斗，不过十数銙而已。”所产既少，品又极珍，自然名重价高。梅尧臣《王仲仪寄斗茶》“白乳叶家春，铢两值钱万”[4]，并非夸饰之辞。叶家，建溪壑源茶户，斗茶出其园中也，曾巩《方推官寄新茶》“壑源诸叶品尤新”[5]，亦此。

斗茶既如此名贵，其时便又常以之作为极品茶的别称，斗茶已经衰歇的时候，尤其如此。陆游《晨雨》“青蒻云腴开斗茗，翠罂玉液取寒泉”[6]；范

[1] 至于盏面乳花的生成及持续时间之久暂，诸多相关因素，本有其科学道理在。福建农业大学以蒸青不发酵茶为标本，分别从乳花形成及稳定、点茶之器出水口径大小与乳花量的关系、茶叶不同粉碎度对乳花盈盏的影响等项，作了研究与试验，大致归纳为以下几点：一、茶皂素的起泡作用；二、蛋白质的稳泡作用；三、能阻止液膜中茶汤流动的水溶性果胶；四、能增强液膜机械强度的高分子网状结构物质；五、能稳定乳花的憎水性固体粉末〔按此条不确。点茶或斗茶，事先虽须将茶饼细研为末，但入盏之后则当加水调作膏状，因此入水点击之后，不可能再有“憎水性固体粉末”，且“聚集在汤花表面”〕。此外的有关因素，尚有茶汤的浓度，水的硬度与水温以及点击的冲击力。《浮花泛绿乱于盏——宋代斗茶汤色释疑〔下〕》，页22~23。

[2] 《全宋诗》，册二六，页17048。

[3] 《全宋诗》，册二〇，页13519。诗之“羽衣”，指道士。

[4] 《全宋诗》，册五，页2905。

[5] 《全宋诗》，册八，页5599。

[6] 《全宋诗》，册三九，页24349。

成大《题张氏新亭》“烦将炼火炊香饭，更引长泉煮斗茶”[1]，是其例。

斗茶的风习，始于宋初，徽宗朝为盛，南渡以后，即已衰歇，此与建窑烧制御用兔毫盏的时间，也大致相当[2]，因此它范围其实很小，时间也不很长，且士人鲜以此相尚。明人王世贞云“斗茶中贵好”[3]，正是见得明白。斗茶盛日，诗人于此本多有微辞。苏轼《荔枝叹》是其著例[4]。又吴则礼《同李汉臣赋陈道人茶匕诗》“即今世上称绝伦，只数钱塘陈道人。宣和日试龙焙香，独以胜韵媚君王”[5]；晁冲之《陆元钧〔宰〕寄日注茶》“君家季疵真祸首，毁论徒劳世仍重。争新斗试夸击拂，风俗移人可深痛”[6]，等等，虽非专为斗茶而发，却亦有激于当时。晁诗拉来陆羽，只是要借《毁茶论》的题目，“风俗移人可深痛”，则痛切之辞也。

此外，茶具的使用和爱赏，也可以提供重要的佐证。两宋茶盏，“兔毫”、“鹧鸪”、“油滴”，自是精者，且为斗茶所必须，但与之并行的青瓷、白瓷、青白瓷盏，其精好并不在前者之下，见于吟咏者，数量也多。见于北宋者，如刘挚《煎茶》“双龙碾圆饼，一枪磨新芽。石鼎沸蟹眼，玉瓯泛乳花”[7]；谢逸《武陵春 · 茶》“捧盌纤纤春笋瘦，乳雾泛冰瓷”[8]；王庭珪《好事近 · 茶》“黄金碾入碧花瓯，瓯翻素涛色”[9]，所咏皆为青瓷盏。《茶经》卷中“四之器”称越瓷类玉、类冰；徐夤《贡余秘色茶盏》句有“巧剜明月染春水，轻旋薄冰盛绿云”[10]，青瓷盏在宋人笔下因总有冰玉之美称。北宋诗僧释德洪《郭祐之太尉试新龙团索诗》：“政和官焙雨前贡，苍璧密云盘小凤”，“我有僧中

[1] 《全宋诗》，册四一，页25777。又南宋袁说友《斗茶》：“截玉夸私斗，烹泉测嫩汤。稍堪肤寸舌，一洗苋藜肠。千枕消魔障，春芽敌剑鋩。年年较新品，身老玉瓯尝”〔册四八，页29914〕。所咏亦为茶，“私斗”，应指建安外焙所产之斗品。说友，建安人。

[2] 《建窑“供御”、“进琖”的年代问题》。

[3] 《弇州四部稿》卷二九《再从诸公饮陈常侍别墅》。

[4] 其诗句有“君不见武夷溪边粟粒芽，前丁后蔡相笼加〔自注：大小龙茶始于丁晋公，而成于蔡君谟。欧阳永叔闻君谟进小龙团，惊叹曰：君谟士人也，何至作此事！〕。争新买宠各出意，今年斗品充官茶。吾君所乏岂此物，致养口体何陋耶”。《全宋诗》，册一四，页9516。按永叔之叹中的“士人”二字，尤当重读。

[5] 《全宋诗》，册二一，页14295。

[6] 《全宋诗》，册二一，页13868。

[7] 《全宋诗》，册一二，页7922。

[8] 《全宋词》，册二，页648。

[9] 《全宋词》，册二，页823。

[10] 《全五代诗》，页1656。

富贵缘，此会风流真法供。定花磁盂何足道，分尝但欠纤纤捧。”[1]这里说的“定花磁盂”，则是定窑白瓷盏，他的另一首诗《孜迁善石菖蒲》，句有“戏将红玉旋螺石，共置雪色花磁盂”[2]，是所谓“花”，乃指用印花、划花等手法装饰出来的暗花。花瓷如雪，是宋金时期人们对定窑产品习用的评价。金刘祁《归潜志》卷八记其父某日与诸公会饮，“坐中有定磁酒瓯，因为联句，先子首唱曰：‘定州花磁瓯，颜色天下白’，诸公称之”。也是一例。宋金时代的定窑白瓷茶具存世颇多精品，如台北故宫博物院藏北宋定窑划花盏托，如金代定窑印花婴戏纹斗笠盏[3]〔图23-14:1、2〕江苏江阴夏港约当北宋末年的一座墓葬出土一件定窑白瓷斗笠盏，口沿镶银釦，盏内以印花满饰缠枝莲花双凤纹，盏心又印一朵五瓣梅花[4]〔图23-14:3〕。同出尚有三件漆盏托和一对高六点五、口径六点七厘米的漆盖罐。此罐，应即用作盛放茶饼。苏轼《寄周安孺茶》“鞣筒净无染，箬笼匀且複”[5]，可证。这一套茶具中并无黑盏，或许是偶然，但至少

[23-14]:❶

[23-14]:❷

[1]《全宋诗》，册二三，页15102。

[2]《全宋诗》，册二三，页15088。

[3]《定窑白瓷特展图录》，图二四；图六五。

[4]《江苏江阴夏港宋墓清理简报》，页63，图五：1；封二：3。

[5]《全宋诗》，册一四，页9328。

图[23-14]

❶定窑白瓷盏托　台北故宫博物院藏

❷定窑白瓷婴戏纹盏　台北故宫博物院藏

❸定窑白瓷莲花纹盏　江苏江阴夏港北宋墓出土

❹北宋影青莲花纹盏　上海博物馆藏

可以说明，无论黑茶盏还是白茶盏，北宋时期均为人所钟爱，因特用作随葬。

景德镇青白瓷亦即后世称作影青的茶盏，也为宋人喜爱。北宋彭汝砺《答赵温甫见谢茶瓯韵》：

我昔曾涉昌江滨，故人指我观陶钧。
庞眉老匠矜捷手，为我百转雕輿轮。
镌刓刻画走风雨，须臾万态增鲜新。
盘龙飞凤满日月，细花密叶生瑶珉。
轻浮儿女爱奇崛，舟浮辇运倾金银。
我盂不野亦不文，浑然美璞含天真。
光沉未入世人爱，德洁诚为天下珍。
朅来东江欲学古，喜听英傑参吾伦。
谨持清白与子共，敢因泥土邀仁恩。
空言见复非所欲，再拜谢子之殷勤。[1]

[23-14]:❸

[23-14]:❹

昌江，乃流贯浮梁之水，诗人"观陶钧"处，便是景德镇。彭氏则饶州鄱阳人，家乡风物，自然描写真切，以青白谐清白，取意也雅。上海博物馆藏一件北宋影青莲花纹盏，敞口，小圈足，胎薄质润，釉色青中透白，碗心以流畅的刻花装饰莲叶与盛开的莲花[2]〔图23-14:4〕。诗人所谓"镌刓刻画走风雨，须臾万态增鲜新"，"细花密叶生瑶珉"，"浑然美璞含天真"，恰似为实物写真。

景德镇青白釉茶盏，北宋已很流行，彭诗"舟浮辇运倾金银"，当为实录。

[1]《全宋诗》，册一六，页10451。

[2]《中国文物精华大词典·陶瓷卷·瓷器篇》，图三九六。

李廌《杨元忠和叶秘校腊茶诗相率偕赋》"须藉水帘泉胜乳，也容双井白过磁"，其下自注："江南双井用鄱阳白薄盏点鲜为上。"[1] 双井，茶也，出洪州双井，亦两宋名品。取白薄盏，点双井茶，两粹相映，可谓双美，而这里所说，正是北宋情景。景德镇湖田窑遗址出土过印有"茶"字的青白釉盏[2]。合肥北宋马绍庭夫妻合葬墓出土一件青白釉斗笠盏，盏壁薄如纸，积釉处青翠如玉，盏心釉下刻缠枝团花，圈足底部则墨书一"甘"字[3]。同墓所出又有兔毫盏，鎏金铜盏托，鎏金铜渣斗，又锡盒一对。锡盒大小与前举夏港宋墓所出漆盖罐相仿。周煇《清波杂志》卷四"茶器"条云："茶宜锡"，"若以锡为合，适用而不侈。"可知锡盒也是用作储茶。这一组用作随葬的茶具，黑、白盏共存，与前举之例同看，可知即便北宋，茶事中也并不是黑盏独尊。

作为斗茶之要的建溪官焙，斗茶盛日不必说多成贡品，此后也大抵如是，除朝廷分赐大臣及得赐者持以分赠友朋之外，并不是寻常可得。而传统的草茶，如顾渚、日注、双井、蒙顶等，本来为世人所爱，顾渚、日注且久在岁贡[4]。日注等草茶亦以白为上[5]，并且饮茶也重乳花，如前所述，唐代已是如此，如崔珏《美人尝茶行》"银瓶贮泉水一掬，松雨声来乳花熟"[6]，等等。宋人所咏则更多，梅尧臣谢人遗双井茶及茶具句云"鹰爪断之中有光，碾成雪色浮乳花"[7]；苏辙《宋城宰韩秉文惠日铸茶》"磨转春雷飞白雪，瓯倾锡水散凝酥"[8]；孔平仲《送郭明叔任分宁》"梅山晚翠屏当户，茶井春芽雪满瓯"[9]，后者之春芽，指双井，分宁所出也。杨万里谢人惠茶云"瓷瓶蜡

[1] 《全宋诗》，册二〇，页13628。

[2] 《景德镇湖田窑考察纪要》，页43。

[3] 《合肥北宋马绍庭夫妻合葬墓》，页29，图五：5。宋人言茶，每以"甘滑"为形容，如蔡襄《即惠山煮茶》"鲜香箸下云，甘滑杯中露"〔《全宋诗》，册七，页4767〕；郭祥正《招孜祐二长老尝茶》"石泉助甘滑"〔《全宋诗》，册一三，页8922〕；黄裳《谢人惠茶器并茶》"每思北苑甘与滑"〔《全宋诗》，册一六，11019〕，等等。此墓所出青白釉斗笠盏下书一"甘"字，或者也有这样的含义。当然此"甘"字还可以有其他的解释。

[4] 陆游《过武连县北柳池安国院……》诗自注云："日铸贮以小缾，蜡纸丹印封之，顾渚贮以红蓝缣囊，皆有岁贡。"《全宋诗》，册三九，页24315。

[5] 叶适《寄黄文叔谢送真日铸》诗自注云"日铸世以香为贵，亦尚白"，《全宋诗》，册五〇，页31209。

[6] 《全唐诗》，册一八，页6857。

[7] 《晏成绩太祝遗双井茶五品，茶具四枚，近诗六十篇，因以为谢》，《全宋诗》，册五，页3153。

[8] 《全宋诗》，册一五，页9935。

[9] 《全宋诗》，册一六，页10894。

纸印丹砂，日铸春风出使家”，“松梢鼓吹汤翻鼎，瓯面云烟乳作花”；又《以六一泉煮双井茶》，句云“鹰爪新茶蟹眼汤，松风鸣雪兔毫霜”[1]，末一例亦如陆游《闲中》之句“活眼砚凹宜墨色，长毫瓯小聚茶香”[2]，是南宋时期兔毫、鹧鸪等黑茶盏的使用，实与白茶盏相同，而与斗茶并没有必然的联系。

附带论及今人讲斗茶而征引最多的《斗茶记》。文不很长，不妨照录如下：

政和二年三月壬戌，二三君子相与斗茶于寄傲斋。予为取龙塘水烹之，而第其品。以某为上，某次之，某闽人，其所赍宜尤高，而又次之。然大较皆精绝。盖尝以为天下之物有宜得而不得，不宜得而得之者。富贵有力之人或有所不能致，而贫贱穷厄流离迁徙之中或偶然获焉。所谓“尺有所短，寸有所长”，良不虚也。唐相李卫公好饮惠山泉，置驿传送，不远数千里，而近世欧阳少师作《龙茶录序》，称嘉祐七年亲享明堂，致斋之夕，始以小团分赐二府，人给一饼，不敢碾试，至今藏之。时熙宁元年也。吾闻茶不问团铤〔一作銙〕，要之贵新；水不问江井，要之贵活。千里致水，真伪固不可知，就令识真，已非活水。自嘉祐七年壬寅至熙宁元年戊申，首尾七年，更阅三朝，而赐茶犹在，此岂复有茶也哉。今吾提瓶走龙塘无数十步，此水宜茶，昔人以为不减清远峡。而海道趋建安不数日可至，故每岁新茶不过三月至矣。罪戾之余，上宽不诛，得与诸公从容谈笑于此，汲泉煮茗，取一时之适，虽在田野，孰与烹数千里之泉，浇七年之赐茗也哉。此非吾君之力欤。夫耕凿食息，终日蒙福而不知为之者，直愚民耳，岂吾辈谓耶。是宜有所纪述，以无忘在上者之泽云。

此是唐庚贬谪惠州时作，见《眉山文集》卷二。同卷有《寄傲斋记》，云：“吾谪居惠州，扫一室于所居之南，号寄傲斋。”“寄傲”，原从陶渊明《归去来兮辞》取意。此文却是借茶事以浇胸中块垒。其时斗茶本有专指，品茶，则鲜以“斗茶”为称。《斗茶记》，品茶也，“斗茶”二字却是特地借来，意在非之。因此它并不是斗茶之别派，而是为天下士人饮茶说法，所谓“为世外淡泊之好，以此高韵辅精理者”也[3]，正如同陆羽《茶经》中的“九之略”。

[1] 《谢岳大用提举郎中寄茶果药物三首》，《全宋诗》，册四二，页 26340；又页 26339。

[2] 《全宋诗》，册四〇，页 24877。

[3] 苏轼《书黄道辅〈品茶要录〉后》，《苏轼文集》，册五，页 2067。语本论黄著，但移之以评《斗茶记》，也很恰当。

如前所述，对饮茶清雅之韵的追求，陆羽已开其端，两宋则蔚成茶诗中的胜境。“潏潏药泉来石窦，霏霏茶蔼出松梢”，“阁掩茶烟晚，廊回雪溜清”[1]，林和靖的清辞丽句始终润泽着茶诗中的一脉清气。“置邮纵可走千里，不如一掬清且鲜。人生适意在所便，物各有产尽随天”[2]，《斗茶记》的同调在两宋茶诗中不胜枚举。若谓茶诗与茶事中特有诗人之境，则“淡如秋水净，浓比夏云奇”[3]，适可移来为之品题。此一时代酿就的气韵与风致，绵延至明更成大观，饮茶方式改变，而士人所爱的茶之清韵依然。至于宫廷斗茶，虽然曾有着无所不在的精微妙致，然而相去饮茶的秋水夏云之韵，却何止“一水、两水”。衰歇既速，它便只是成为茶故事，而终于与茶无关了。

[1] 《湖山小隐二首》，《全宋诗》，册二，页1208；《寄思齐上人》，页1201。

[2] 蒲寿宬《登北山真武观试泉》，《全宋诗》，册六八，页42761。

[3] 王谌《题诗僧亚愚眉白集》，《全宋诗》，册六二，页38812。

沂南画像石墓所见汉故事

沂南汉画像石墓发现于五十年代[1]，它以结构完整，图像内容丰富且保存完好，而与同时代的和林格尔壁画墓并称双绝。不过墓的发掘者对其中若干作品的解读却并不是很准确，比如前室中被命作“祭祀图”的一幅，其实与祭祀无关。以当时总体的认识水平而论，此本不足深怪，但发掘报告中的这些意见却被普遍接受，并且沿袭至今，而今天我们已经有可能利用考古发掘的出土文献与实物以及考古学知识的积累对它重新认识，则对所谓“祭祀图”等作品的命名，似乎也应重新考虑。

一　关于上计

体现两汉吏治的严格并且卓有成效的一个重要方面，是考课制度，考课则以上计为要。每一年的秋冬，县一级上计于郡，郡一级上计朝廷，亦即由下而上呈递各种统计表册，举凡人口、土地、财政、教育、刑事、民事、盗贼、灾荒，皆分项分类，如实如式，作成集簿，用来表明地方官的行政成绩。西汉，郡一级由郡国派遣守丞、长史与计吏一起入京上计；东汉，守丞、长史不再亲任其事，而是由计掾率计

[1]《沂南古画像石墓发掘报告》，文化部文物管理处，一九五六年。

吏、计佐奉上计簿。上计掾、上计史的名号常出现在胪陈为官经历的东汉石刻，如郑固碑，夏承碑[1]，高颐阙[2]，等等。它虽然不是正式的官职，却是很值得矜夸的荣耀。任其事者甚至把集簿的副本用作随葬品，江苏连云港市尹湾六号汉墓所出者即是一例[3]，其墓主人为郡功曹史。

郡一级的上计，两汉书记载稍多，县一级却很少。《续汉书·百官五》云，县、邑、道"秋冬集课，上计于所属郡国"，刘昭注引胡广说："秋冬岁尽，各计县户口垦田，钱谷入出，盗贼多少，上其集簿，丞尉以下，岁谒郡，课校其功，功多尤为最者，于廷尉劳勉之，以劝其后。负多尤为殿者，于后曹别责，以纠怠慢也。诸对辞穷尤困，收主者，掾史关白太守，使取法，丞尉缚责，以明下转相督敕，为民除害也。"此可以算作记事稍详的一则。郡国考课属县，多以大会都试的形式。《汉书》卷七六《尹翁归传》曰，翁归为东海太守，治郡明察，收取黠吏豪民，"必于秋冬课吏大会中"。"秋冬课吏大会"，上计也。《汉官旧仪》："八月，太守、都尉，令、长、相、丞、尉会都试，课殿最。"亦此。有关的上计制度，由张家山汉墓所出《二年律令》可以稍知其概。如《田律》："县、道已垦田，上其数二千石官，以户数婴之，毋出五月望。"又："官各以二尺牒疏书一岁马、牛它物用稾数，余见刍稾数，上内史，恒会八月望。"每年五月中上垦田数于二千石官，此为县、道上计于郡；八月中上刍稾数于内史，则是郡上计于中央。内史，治粟内史也[4]。又《户律》："民宅园户籍、年细籍、田比地籍、田命籍、田租籍，谨副上县廷，皆以箧若匣匮盛，缄闭，以令若丞、官啬夫印封。"[5]此是乡里将各种集簿上呈于县，而规定集簿必须盛之以匮匣或箧，缄闭后加以封检。

上计情景，依律，郡国入京上计当"陈属车于庭"[6]。《后汉书》卷八〇下《文苑列传》记赵壹事，曰其光和元年，举郡上计到京师，其时诸计吏且"多盛饰车马帷幕"。"是时司徒袁逢受计，计吏数百人皆拜伏庭中"。《太平御览》

[1] 《汉碑集释》〔修订本〕，页220；页328。按郑固乃以计掾留拜补郎中，此原是汉代选官之一途。

[2] 《隶释》卷一三。

[3] 《汉代上计制度论考——兼评尹湾汉墓木牍〈集簿〉》，页128。

[4] 此是西汉初年制度。东汉上计时间稍有改变。武威旱滩坡简："乡吏常以五月度田，七月举畜害，匿田三亩以上坐……。"《甘肃武威旱滩坡东汉墓》，页32。按度田在五月，则上报必在其后也。

[5] 《张家山汉墓竹简·二四七号墓》，页166；页168；页178。

[6] 《周礼·春官·典路》郑注引郑司农说："汉朝上计律，陈属车于庭。"

[24-1]:❶

[24-1]:❷

[24-1]:❸

卷三八九引《三辅决录》云，窦玄为郡上计吏，其时“朝会数百人”。县一级的上计，规模或小，制度则一，情景因此可以推知。

沂南画像石墓前室东、西、南三壁横额上连成一气气势恢弘的一个大场面，自发掘者称作“祭祀图”以来，至今沿用未改，其实它正是画面连续的一幅上计图，虽中间有分隔，而内容连绵相属。

图[24-1]前室东、南、西三壁横额画像

❶ 东壁

❷ 南壁

❸ 西壁

南壁横额居画面中心的一座建筑，乃是官署。东、西壁横额图像尽端处的房屋一角各是官署之一部。南壁正中、横额之下，则是大门的特写。由是构成一个完整的空间〔图 24-1、图 24-2〕。

大门分作三部，中间位置的一方，上端兵籣，籣置各式兵器，下则楹柱间两吏分侍左右，各自捧盾，佩剑，著武弁大冠。两边构图一致的一对，上

[24-2]:❶

[24-2]:❷

[24-2]:❸

[24-3]

端刻画建鼓和鼓吏，下面两吏相对，拥彗，著介帻。时代同属东汉末年的河北望都壁画墓，画中吏员的位置安排同这里很是相似，彼之前室当门处一左一右分立两员，佩剑捧盾者身后榜题曰“门亭长”，拥彗肃立者榜题曰“寺门卒”[1]〔图24-3〕。寺，官府也。那么这里四员吏卒的身分应该与它相同。

汉制官署门前设建鼓。《汉书》卷七七《何并传》曰，并为长陵令时，侍中王林卿令骑奴至寺门，“拔刀剥其建鼓”，颜注：“诸官曹之所通呼为寺。建鼓一名植鼓，建，立也，谓植木而旁悬鼓焉。县有此鼓者，所以召集号令，为开闭之时。”郡级官署门设建鼓，见和林格尔壁画墓的幕府东门图和宁城图中的幕府南门[2]〔图24-4〕。

官署门设子母阙，安徽濉溪县孜乡常庄出土的汉画像石正好可以

[24-4]

[1]《望都汉墓壁画》，图版五。山东莒县东莞镇东莞村出土的一方画像石，门前捧盾者身后榜题曰“门大夫”〔《中国画像石全集·3》，图一四〇〕，门大夫为侯国小吏，由尹湾汉墓所出《东海郡吏员簿》可见其编制，《尹湾汉墓简牍》，页82。

[2]《和林格尔汉墓壁画》，页48~49，又页87。

图[24-2]
前室南壁正中画像

图[24-3]
门亭长与寺门卒 河北望都东汉壁画墓

图[24-4]
和林格尔壁画墓中的幕府之门

图[24-5]
太尉府门 安徽濉溪县孜乡常庄出土汉画像石

[24-5]

作为它的参照。石为墓的门楣，其上刻画分立两边的一对子母阙，中间篆书题署“太尉府门”⑶〔图24-5〕。

南壁画像石官署庭前有税驾之马，有轺车，輂车，后门敞开着的辎车，是“陈属车于庭”也。车马两边有间隔置放的扁方石，石名乘石。《诗·小雅·白华》“有扁斯石，履之卑兮”，毛传“扁扁，乘石貌。王乘车履石”，即此。当然乘车履石者不止于王，常驻车马的地方因设乘石。门两边对设栅足书案，上置卷起来的文书。引人注目的是竹箧与囊，囊与箧均加封检〔图24-1:2、图24-6:1〕。封检之箧内置集簿，称作计箧。居延新简EPT二〇·一四：

党私使丹持计箧财用助谭，送到邑中，往来三日。

党，时为甲渠候官守塞尉；谭，为甲渠候官斗食令史，署主官。此原是一组简中的一支，为谢罪书的片断，中有残缺，情节不完，不过仍不妨碍我们认识其中与上计有关的名物制度，即所谓“计箧”，而前引张家山简《二年律令》所述正与之相合：“民宅园户籍、年细籍、田比地籍、田命籍、田租籍，谨副上县廷，皆以箧若匣匮盛，缄闭，以令若丞、官啬夫印封。”所说封缄之种种，

⑶《中国画像石全集·4》，图二〇九。

其式正如马王堆一号汉墓所出施以封检的陶器和竹笥[1]〔图24-6:2〕。沂南画像石中的计箧因可确认。

书囊也须封检。《汉书》卷九七《外戚传下》"中黄门田客持诏记，盛绿绨方底，封御史中丞印"，颜注："绨，厚缯也。绿，其色也。方底，盛书囊，形若今之算幐耳。"王国维《简牍检署考》据颜注"算幐"说，而考订方底之书囊为两端封闭中间开口，"其形略如今之梢马袋"[2]，亦即后世俗称褡裢者，似乎稍有不确。《汉书》卷七二《王吉传》曰，吉"迁徙去处，所载不过囊衣"，颜注："一囊之衣也。有底曰囊，无底曰橐。"这里提到的无底之橐，其式乃两端封闭中间开口，或曰它是两边对向内折之后施以封检[3]，敦煌汉代悬泉置遗址所出简云"皇帝橐书一封"[4]，似是此类。而书囊，有底之囊也，与无底之橐恐非一事。《后汉书》卷七三《公孙瓒传》曰瓒疏论袁绍罪，中有"矫刻金玉以为印玺，每有所下，辄皁囊施检，文称诏书"，注引《汉官仪》曰："凡章表皆启封，其言密事得皁囊。"此与《外戚传》中用于纳诏记的方底囊应属同制。出现在沂南画像石中与计箧同在一处的囊，方底，上施封检，正是书囊。

西壁横额上的画面稍稍变换视角，前举《赵壹传》"计吏数百人皆拜伏庭中"，可借来用作它的说明。西汉考课郡国上计长吏守丞时，其情景

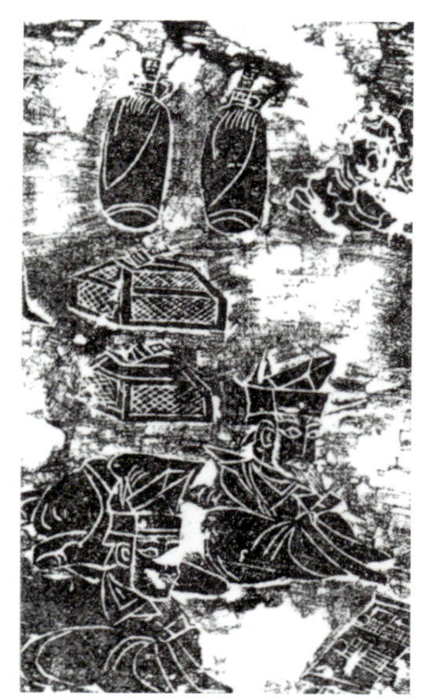

[24-6]:❶

[24-6]:❷

图[24-6]
❶ 计箧与书囊
❷ 封泥与封泥匣
马王堆一号汉墓出土

[1]《马王堆汉墓文物》，页39。

[2]《王国维遗书》，册九，该文叶十九·A。

[3] 劳干《居延汉简考证》"编简之制"条。

[4]《敦煌悬泉汉简释粹》，页92。

在《汉书》卷八九《黄霸传》张敞奏中有一番形容，“有耕者让畔，男女异路，道不拾遗，及举孝子、弟弟、贞妇者为一辈，先上殿；举而不知其人数者次之；不为条教者在后叩头谢”，也是画面情景的一个参照。此图门前亦置栅足书案，书案前方跽坐者著梁冠，簪笔，佩书刀，手奉奏案〔图 24-1:3〕。以望都汉墓壁画中的主簿图例之[1]〔图 20-28〕，他应是同样的身分。

主簿为郡府门下亲近属吏之长，其主要职责之一是代郡守宣读书教。《汉书》卷七六《张敞传》曰，敞使主簿持教告贼捕掾絮舜云云；《后汉书》卷二九《郅恽传》曰，“汝南旧俗，十月飨会，百里内县皆赍牛酒到府讌饮”，时太守欧阳歙教曰云云，于是“主簿读教”。教，教令也，州郡下令谓之教。正如郡国上计中央，天子“召上计吏，使侍中临饬”〔《黄霸传》〕，县、道上计于郡府，郡守则令主簿宣教也。

南壁横额的上计图中尚有不加封检的箧笥，又容酒之鍾，置物之案。此可统称作“计偕物”。计偕，即与计偕行亦即同行。计偕者，有人，也有文书与物产。《汉书》卷六《武帝纪》云，元光五年“征吏民有明当时之务、习先圣之术者，县次续食，令与计偕”，颜注：“计者，上计簿使也，郡国每岁遣诣京师上之。偕者，俱也。令所征之人与上计者俱来，而县次给之食。”至于文书类，居延简四七·六：“命者，县别课与计偕，谨移应书一编，敢言之。”简背印曰昭武丞印。又简三五·八：“阳朔三年九月癸亥朔壬午，甲渠鄣守候、塞尉顺敢言之。府书：移赋钱出入簿与计偕。谨移应书一编，敢言之。”简背书“尉史昌”。所谓“移赋钱出入簿与计偕”，即府书所要求的内容。物产类，《太平御览》卷九八四“药”条引应劭表曰：“臣劭言，郡旧因计吏献药，阙而不修，惭悸交集，无辞自文。今道少通，谨遣五官孙艾，贡茯苓十斤，紫芝六枝，鹿茸五斤，五味一升。计吏发行，辄复表贡。”均其事也。

由中室出行图车马仪仗的规格，可以判定墓主人的身分是秩二千石。但他在中室的宴饮图和后室的燕居图都不出现，前室上计图亦然。不过正如和林格尔壁画墓的宁城图，幕府里的谒见是主人宦途中很可纪念的事件，沂南画像石墓的上计图旨在表现墓主人生涯中有重要意义的经历，自无须多言。

[1]《望都汉墓壁画》，图版八。图中主簿据榻而坐，一手把笔，一手持牍。

二 关于亭传

中室占据一半位置的是车马驰骋中的一路风景。此在汉画像本来司空见惯，包括主人乘坐的车和车前车后颇见煊赫的仪仗，也包括一路行程中捧盾拥簪行礼如仪的迎候者。不过它以捕捉细节的敏锐而更多叙事的意味，如果我们把分布在两面的画像作成一幅长卷来读，会觉得其中竟有一种叙述的速度感，而这也许正是当初创作者的有意安排。

汉代传递信息的机构，若细分，则有亭、邮、传、驿四种并不完全相同的设置，而传世文献中却常见邮亭、驿传、亭传、邮驿之类的合称，可知机构间常有重叠。不过出土的秦汉简牍却多半对此区别分明，比如尹湾汉墓所出《元延二年日记》，其中所记公出宿外的地方，分别为亭，都亭，邮，置，传舍[1]。大约即便邮亭或亭传合置一处，其间也有主次之分，则时人在称谓上仍是区分明确。

《说文·高部》："亭，民所安定也。亭有楼，从高省，丁声。"亭的性质是治安机构。主其事者曰亭长，下设两卒，即亭父和求盗。《史记》卷八《高祖本纪》云，高祖为亭长，"乃以竹皮为冠，令求盗之薛治之"，〈集解〉引应劭曰："求盗者，旧时亭有两卒，其一为亭父，掌开闭扫除；其一为求盗，掌逐捕盗贼。"此是秦故事，而汉承其制，事多见于两汉载籍[2]。亭又以它的所在不同而冠以不同的名称，如旗亭，乡亭，邮亭，都亭。都亭，县治所在之亭也[3]。邮、亭合治者，曰邮亭，此则以它的职能相兼而名之。邮，其设置原本为着递送文书。《说文·邑部》："邮，境上行书舍。"《汉书》卷八九《黄霸传》曰霸为颍川太守时，"使邮亭、乡官皆畜鸡豚，以赡鳏寡贫穷者"，颜注："邮，行书舍，谓传送文书所止处，亦如今之驿馆矣。"交通要道设亭，为军事与治安所必须，而邮为着递送文书的方便，也多设在干道，邮、亭所

[1] 如正月廿日宿武原中门亭，二月十五日宿荣阳亭；九月九日宿开阳都亭，十二月十三日宿高广都亭；九月八日宿山邮，十月三日宿博望置；正月廿三日宿彭城传舍，十一月廿五日宿临沂传舍。《尹湾汉墓简牍》，页138~144。

[2] 求盗，如张家山简奏谳书案例之一，"校长池曰：士五〔伍〕军告池曰，大奴武亡，见池亭西，西行。池以告，与求盗视追捕武"〔《张家山汉墓竹简》，页216〕。亭父，《后汉书》卷四六《陈忠传》注引谢承《后汉书》，曰施延家贫母老，因赁作亭父以养其母，督邮到县，"延持帚往"，其事也。

[3] 仍以《元延二年日记》为例，其外出止宿之所，凡名都亭者，均为县治。

在自然会有部分重合。张家山简《二年律令·行书律》中规定，“畏害及近边不可置邮者，令门亭卒、捕盗行之”[1]，可知亭之两卒在不便置邮的地方尚兼行书之职，那么此亭自是一身而二任。邮的分布未若亭的密集，以西汉末年东海郡的设置为例，其时亭有六百八十八，卒两千九百七十二，平均每亭合亭卒四人有余；而邮则三十四，邮人四百零八。邮的主事者为邮佐，下率邮人。仍以东海郡为例，郡设邮佐十，如此，平均一名邮佐统领至少三个邮。若邮人也平均分配，则每邮当为十二人，设若轮流当值，那么一日十二辰，每个时辰总有一人[2]。

亭、邮之当大道者，均有余屋，屋名室，过往公务人员可以在此止宿。《周礼·地官·遗人》“三十里有宿”，郑注：“宿，可以止宿，若今亭有室矣。”前引《二年律令·行书律》同条：“一邮十二室，长安广邮廿四室，敬〔警〕事邮十八室。”“邮各具席，设井磨。吏有县官事而无仆者，邮为炊；有仆者，叚〔假〕器，皆给水浆。”止宿，供厨，与传驿又很相似。

传舍与驿置之负责递送文书，性质似乎更为单纯，二者间的区别大约也很小，给车马，给饮食，均其所事[3]。《汉书》卷七二《两龚传》云，“昭帝时，涿郡韩福以德行征至京师，赐策书束帛遣归”，诏有云“行道舍传舍，县次具酒肉，食从者及马”，“于是王莽依故事，白遣胜、汉”，策曰“行道舍宿”。此故事并不自昭帝始，其在《二年律令·传食律》中即已规定得十分详细：“丞相、御史及诸二千石官使人，若遣吏、新为官及属尉、佐以上征若迁徙者，及军吏、县道有尤急言变事，皆得为传食。”“食从者，二千石毋过十人，千石到六百石毋过五人，五百石以下到二百石毋过二人，二百石以下一人。”“诸吏乘车以上及宦皇帝者，归休若罢官而有传者，县舍食人、马如令”[4]。所谓“食人、马如令”，即按照规定的等级标准为过客提供饮食，为牲畜供应草料。新近在长沙走马楼发现的西汉简牍中有多枚是对传舍的调查实录，可以看出当时的传舍依据不同的接待对象设有不同规格的房屋及器具物品，如“案传舍二千石舍西南向，马庑二所，并袤丈五尺、广八尺”，“井鹿车一具不见，

[1] 《张家山汉墓竹简》，页169。

[2] 李解民《〈东海郡吏员簿〉所反映的汉代官制》一文于邮、亭建置之种种述论甚详，页412~414。

[3] 驿置给车马与饮食，敦煌悬泉置汉简多记其事，材料尚未全部发表，而由刊出部分亦可见其概，《敦煌悬泉汉简释粹》，第三、四部分。

[4] 《张家山汉墓竹简》，页164~165。

磨败坏”[1]。井、磨之设，与邮同。

传舍为官办，即郡、县所设，大率一县一传舍，若首都大县洛阳，则以一县分设南北两部两个都尉，传舍也各分南北而设置两处[2]。传舍主事者为啬夫，此见于居延汉简[3]，也见于汉代铜器刻铭[4]。驿置啬夫，见悬泉简[5]。

亭有楼，以便瞭望，前引《说文》所谓“亭有楼”也，《急就章》颜注：“秦汉之制，十里一亭，亭有高楼，所以候望。”楼又设桓表以为标志。《说文·木部》：“桓，亭邮表也。”《系传》：“亭邮立木为表，交木于其耑，则谓之华表，言若华也。古者十里一长亭，五里一短亭，邮，过也，所以止过客也，表双立为桓。”《汉书》卷九〇《尹赏传》曰赏为长安令，杀群盗于“虎穴”，尸“瘗寺门桓东”，如淳曰：“旧亭传于四角面百步筑土四方，上有屋，屋上有柱出，高丈余，有大板贯柱四出，名曰桓表。县所治夹两边各一桓。陈宋之俗言桓声如和，今犹谓之和表。”颜注：“即华表也。”《尹赏传》之所谓“寺”者，县令衙署也。作为标识的桓表，邮、亭、传舍均有设，并且左右夹峙为一对。

亭、传所设又有鼓。亭有鼓吏，见《汉官仪》[6]。《后汉书》卷一《光武帝纪上》曰，故赵缪王子林诈以卜者王郎为成帝子子舆，立郎为天子，都邯郸，遂遣使者降下郡国，“于是光武趣驾南辕，晨夜不敢入城邑，舍食道傍。至饶阳，官属皆乏食，光武乃自称邯郸使者，入传舍，传吏方进食，从者饥，争夺之，传吏疑其伪，乃椎鼓数十通，绐言邯郸将军至，官属皆失色”。由此可知要员至，须击鼓。至于官阶崇者，亭长率属吏亲迎，甚者守土之官出谒，也多见于史籍。它因此成为汉画像石中常见的表现题材。通常是在车马出行图的一端刻画门亭一角，楹柱边设鼓，其侧一鼓吏，拥篲恭立者，亭父也；

[1]《万余枚西汉简牍惊现长沙走马楼》，《中国文物报》，二〇〇四年二月十八日。

[2]《后汉书》卷七八《孙程传》曰，程卒，“乘舆幸北部尉传”，注云：“北部尉之传舍也。”

[3] 如简一〇·一七：“显美传舍斗食啬夫，莫君里公乘谢横，中功一，劳二岁二月 今肩水候官士吏，代郑昌成。”功与劳，为计算政绩的名称与单位，一功，指四年之劳，劳则以每日为计算单位。

[4] 如《积古斋钟鼎彝器款识》卷九“阳泉使者舍熏炉铭”，末署有“传舍啬夫”。

[5]《敦煌悬泉汉简释粹》，页147。

[6]《续汉书·百官五》“亭有亭长”，注引《汉官仪》曰“亭长皆习设备五兵”，“鼓吏赤帻行縢”。

[24-7]:❶

[24-6]:❷

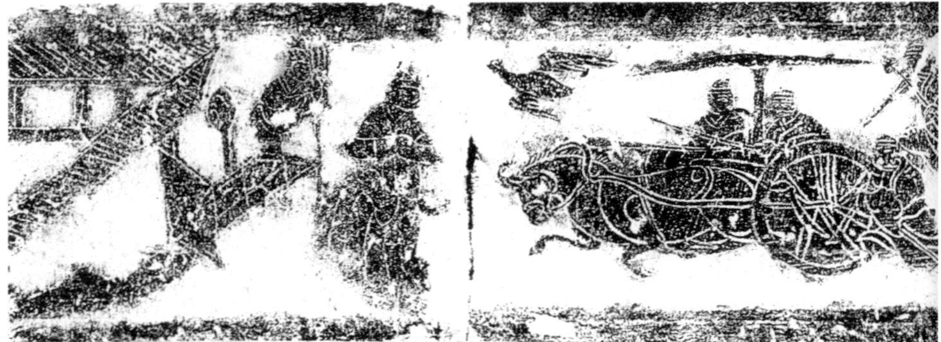

[24-7]:❸

图[24-7]亭传前的迎谒

❶ 山东苍山县楼子村出土画像石

❷ 山东苍山县兰陵镇出土画像石

❸ 浙江海宁市长安镇出土画像石

[24-8]:❶

[24-8]:❷

[24-8]:❸

[24-9]

图[24-8]中室西、北两壁横额画像

❶ 西壁：起始处至第六辆车尾

❷ 北壁西段：第七至第十辆车尾

❸ 北壁东段：邮桓表起，至终止处

图[24-9] 中室南壁西段横额画像

迎迓于车马之前者，多半躬身捧盾[1]，应即亭长〔图 24-7〕。虽然几乎撑满画面的是车马仪仗，但尽端处的恭迎图却决非闲笔，而是很实在的烘托。两汉书常借亭传间的遭遇敷演故事，颇有戏剧性的情节见出传主情性，也见得几分世态人情。《后汉书》卷三九《赵孝传》曰，孝父王莽时为田禾将军，孝遂为郎，“每告归，常白衣布擔，尝从长安还，欲止邮亭，亭长先时闻孝当过，以有长者客，扫洒待之。孝既至，不自名，长不肯内，因问曰：‘闻田禾将军子当从长安来，何时至乎？’孝曰：‘寻到矣。’于是遂去”[2]。不过胸中有大志有逸气者做了少不得迎来送往的亭长，也不免心中常有不平，同书卷八三《逸民列传》中著名的逢萌掷盾故事，即是也[3]。

沂南画像石墓的中室西、北两壁横额被车马出行图铺满〔图 24-8〕。北壁横额分作东西两段，而画面内容仍相联属，并且恰好成为一处小小的停顿。由西壁起始处连续数至北壁西段的第九车，即一乘轓车，其中端坐的自然是墓主人。斧车一乘为先导，骑吏，辟车，又轺车七乘交错布置于前后。末尾辎车一，輂车一，当是从者，而輂车中探出长长的兵器。《史记》卷六八《商君列传》赵良说商鞅一节言道：“君之出也，后车十数，从车载甲，多力而骈胁者为骖乘，持矛而操闟戟者旁车而趋，此一物不具，君固不出。”此原是指责商鞅的恃力不恃德，但可知“从车载甲”本有其制，并且相沿甚久，至于东汉，仍可援此为证。

东段的车马前方刻画一对桓表，“屋上有柱出，高丈余，有大板贯柱四出，名曰桓表”，是也。桓表形象表现得如此准确和真切，汉画像中这是目前所见唯一的一例。邮和亭都可以树桓表，这里是邮是亭，虽然不好确指，不过以西壁横额车马前的迎候者捧盾拥篲，亭吏的身分很是明确，那么说这一幅表现的是邮，不违情理；以沂南画像石颇存叙事性的表现方式而论，也比较近实。

[1] 如《中国画像石全集 · 3》图一一五至一一六，又图一五三、一九九；又《全集 · 4》图二二九，等等。

[2] 又同书卷七六《刘宠传》曰，“宠前后历宰二郡，累登卿相，而清约省素，家无货积。尝出京师，欲息亭舍，亭吏止之曰：‘整顿洒扫以待刘公，不可得止。’宠无言而去，时人称其长者。”

[3] 传云，逢萌家贫，“给事县为亭长，时尉行过亭，萌候迎拜谒，既而掷楯叹曰：‘大丈夫安能为人役哉。’遂去之长安学”。

南壁西段横额的画像与西、北壁的车马图情节相连。画面中庭院两进，瓦屋三排。庭前设鼓，庭中有井，井有鹿车。厕在庭院外侧，一群刻画得稍有点走样的鸡可证《黄霸传》中的传舍故事，只是此未必“以赡鳏寡贫穷者”，而是如悬泉简《元康四年鸡出入簿》所录[1]，乃用于给食。庭院内外的食案、酒具——为樽，为鍾，为式样不同的榼，又操作于俎前的备食者，均见厨事。那么这里正是设于县治的一处传舍[2]〔图24-9〕。

传舍前有车，有马。传舍前方的出谒者当是守土之官，画面一端设书案，以置迎谒者名刺。《汉书》卷七四《魏相传》：“御史大夫桑弘羊客诈称御史止传，丞不以时谒，客怒缚丞，相疑其有奸，收捕，案致其罪。”魏相时为茂陵令，这里说到的丞自是县丞。“诈称”云云不必论，但依常例，则丞应出谒[3]。同书卷七一《薛广德传》曰广德为御史大夫，以岁恶民流，乞骸骨，“赐安车驷马，黄金六十斤，罢。广德为御史大夫，凡十月免。东归沛，太守迎之界上”。汉制多以灾异免三公[4]，此所谓“罢”，即前引《二年律令·传食律》中的“罢官”，依律，止传舍，传舍供饮食。至于“太守迎之界上”，虽不是律令所规定，却是应有之礼，两汉书中多有类似的例子，这里刻画的场景也是如此，不过以墓主人的身分而论，出迎者的官秩应是令长一级。画面中的“俯伏待事”，也可援史以证。《后汉书》卷三二《樊宏传》曰宏“每当朝会，辄迎期先到，俯伏待事，时至乃起”。宏位在三公，身居列侯，事天子如此。“俯伏待事”，固以下事上之礼也，虽身分降等，却不妨以此类推。作为车马图的续接之章，把它命作迎谒图应该不错。前引《二年律令·传食律》：“诸吏乘车以上及宦皇帝者，归休若

[1] 《敦煌悬泉汉简释粹》，页77~78。

[2] 此图一向被认为是主人的住宅，如長廣敏雄编《漢代画象の研究》，页28；如近年所出《中国画像石全集·1·山东汉画像石》卷首之《中国画像石概论》，页14。

[3] 如《汉书》卷九〇《田广明传》：“故城父令公孙勇与客胡倩等谋反，倩诈称光禄大夫，从车骑数十，言使督盗贼，止陈留传舍，太守谒见，欲收取之。”又《太平御览》卷二四六引《东观汉记》：“鲍永为郡功曹，时有称侍中止传舍者，太守赵兴欲出谒，永以不宜出，当车拔佩刀，兴因还。”两例所写皆出谒间的变故，而由是可知此为常例。

[4] 汉人视灾异为上天谴告，三公居要职，自当负责，故多有引咎辞职之例。

罢官而有传者，县舍食人、马如令。”“传”，即符传[1]。律所谓“罢官”，前举薛广德之例是也。与“罢官”列在一起的“归休”，似应包括两类，即予告和赐告，二者之“归”，都包含了荣耀的成分。《汉书》卷七九《冯奉世传》杜钦疏中说道:“三最予告，令也;病满三月赐告，诏恩也。”“三最”，即三载考课，均获第一。那么予告由这时候的情况看来，是带了奖励的意思[2]。赐告的例子，可以举与沂南画像石墓时代稍近的东汉故事，《后汉书》卷三九记汝南薛包事曰：“建光中，公车特征，至，拜侍中。包性恬虚，称疾不起，以死自乞，有诏赐告归。”李贤注：“告，请假也。汉制，吏病满三月当免，天子优赐其告，使得带印绶，将官属，归家养病，谓之赐告也。”作为表现一生业绩和荣耀的画传，出自优礼的赐告和罢官，都是画像石可能选择的情节。传舍图之后接续庖厨与宴饮，中室四壁横额正好构成脉络大体清晰的完整叙事。

画像石墓在东汉已经发展得成熟，布置其中的画像也多已形成模式，甚至不少是批量生产。沂南画像石墓的表现手法并没有很多创新，风格也不离它的时代，不过整体安排和设计却特见斟酌，因此能够把既有的程式变作一种与众不同的叙述语言，且以画像石中少见的刻画精微突出了叙事中细节的真实，其中的若干细节与文献对照，竟分毫不爽。作品选择了墓主人生涯中时人以为有意义的一二事件和生活场景，构成一部简略的画传，而“拟绘画式”的写实之笔又使它成为在石头上用形象表述出来的汉故事[3]，那么寻找和认识它所传递的历史信息，便是细读的意义了。

[1] 此律时当汉初，而居延简的下级官吏“便休”持过所，亦即传，与律中的规定仍相一致。居延新简EPT五九·六七七：“过所回新始建国地皇上戊二年十二月壬戌，甲沟守候长魏移过所……。”又新简EPF二二·六九八A、B：“过所回建武八年十月庚子，甲渠守候长良，遣临木候长刑博便休十五日，门亭毋河〔苛〕留，如律令。”另有一种使用驿马的凭证，《汉书》卷一二《平帝纪》，元始五年“在所为驾一封轺传”，如淳曰:“律，诸当乘传及发驾置传者，皆持尺五寸木传信，封以御史大夫印章。”即此。悬泉简多见其事。

[2] 《二年律令·置吏律》中的一条所述似为常例，而与考课无关：“吏及宦皇帝者，中从骑岁予告六十日，它内官四十日；吏官去家二千里以上者，二岁一归，予告八十日。”《张家山汉墓竹简》，页162。按原书标点有误，此据阎步克所论〔《论张家山汉简〈二年律令〉中的“宦皇帝”》，页83〕。

[3] 滕固《南阳汉画像石刻之历史的及风格的考察》，页500。滕文将中国的石刻画像大别为两种，其一拟浮雕者，其一拟绘画者，沂南画像石墓中的作品自属后者。

幡与牙旗

一 幡

就广义而言，幡是旗的一种。《晋书》卷四二《王濬传》曰濬有“大志”，欲使门前“容长戟幡旗”，幡旗并举，可见二物以类相从。不过幡的形制与旗并不相同，主要区别是其幅面竖垂。司马相如《大人赋》“垂绛幡之素蜺兮”，正形容得好。下垂之幡幅面自然容易飞扬，赋所以曰“载云气而上浮”，亦即《释名 · 释兵》所称“旛，幡也，其貌幡幡然也”。《诗 · 小雅 · 巷伯》毛传：“幡幡，犹翩翩也。”其状与《楚辞 · 九章 · 悲回风》“漂翻翻其上下兮”之“翻翻”，适相仿佛。

幡以竖垂而区别于横展之旗，乃因旗初时不书文字，而幡则“题表官号，以为符信，故谓信幡”[1]。信幡，亦称棨〔棨〕信。西汉晚期的实物曾于甘肃居延肩水金关遗址出土，系用绛帛制成，上以小篆书“张掖都尉棨信”六字[2]〔图 25-1〕。原物出土时“已团成皱折”，笔画因此略带蜿蜒[3]。《说文 · 叙》云“鸟虫书所以书幡信”，徐锴《系传》“旛”下引萧子良《五十二

[1] 崔豹《古今注》。

[2] 《谈“张掖都尉棨信”》，页 42~43。

[3] 《中国美术全集 · 书法篆刻编 · 1 · 商周至秦汉书法》，图版说明云，原物“已团成皱折，绢面已破损，虽经修整亦未能恢复原貌”。《谈“张掖都慰棨信”》因怀疑它是“专门用来书写幡信的虫书”。

[25-2]

体书》曰“信幡以鸟书”。但《汉书·艺文志》云：“六体者，古文、奇字、篆书、隶书、缪篆、虫书，皆所以通知古今文字、摹印章、书幡信也。”则幡信不必都用鸟虫书，此件棨信即是一证，因为以正书题表官号，更昭然而易辨。信幡的形象，也见于汉画像石，如江苏徐州贾汪区青山泉出土的一件[1]。其轩车前面有骑者持幡，只是受表现手段的限制，幡上未刻出官号，不过仍作出用来代表文字的凹凸纹〔图 25-2〕。行进行列中有缚手被械的人，这里所表现的或即讨有罪的情景。前驱张幡，原是用以标明主事者的身分地位和权力。

尚有某一类幡，虽未题写官号，也未如棨信的正规，却同样为仪仗之属。居延简五七·一一：“⧄九枚币谨遣尉史承禄赍弩靳幡谒府。”虽前有缺

[25-1]

图[25-1]**张掖都尉棨信**
居延肩水金关出土

图[25-2]
徐州青山泉出土汉画像石
〔摹本〕

[1] 《中国画像石全集·4》，图八〇。

[25-3]:❶

[25-3]:❷

文，但大意仍可通晓，即曰一位名叫承禄的尉史，受命持弩斳幡以行，谒见郡太守。简之“斳”，通“旂”，则此“旂幡”施之于弩。出行行列中前驱持弩是格外煊赫的事，《汉书》卷五七下《司马相如传》曰相如官拜中郎将，建节邛笮，“至蜀，太守以下郊迎，县令负弩矢先驱，蜀人以为宠”，即是一例。崔豹《古今注》：“两汉京兆、河南尹及执金吾、司隶校尉，皆使人导引传呼，使行者止，坐者起，四人皆持角弓，违者则射之，有乘高窥阚者亦射之。魏晋设角弩而不用。”这里把导引持弩的用意说得很清楚。不过弩上如何张幡，则仍是疑问。问题的解决，在于相关图像的发现。其一为四川彭州汉

图[25-3]
❶ 彭州汉墓出土画像石
❷ 重庆市博物馆藏汉画像砖

[25-4]:❶

墓出土的画像石。画面上，两名导引肩负大弩，弩弓用作幡竿，以幡的幅面之大，而足征仪卫之盛[1]〔图25-3:1〕。又重庆市博物馆藏斧车画像砖，斧车两侧持弩而趋者，弩上系幡[2]〔图25-3:2〕。《汉书》卷二五上《郊祀志》云，汉伐南越之际，“告祷泰一，以牡荆画幡”，“为泰一鏠旗，命曰灵旗”，颜注：“以牡荆为幡竿。”可见汉代幡竿不拘一格，画像石和画像砖刻划出弩弓下的悬幡，正是所谓“弩靳幡”。另一个表现更为清楚的例子，是河北安平逯家庄东汉壁画墓出行图。其北壁第二层、南壁第一层、东壁第三层，均有两两为列，各肩弩靳幡驰行在车前的四骑[3]〔图25-4〕，弩上所悬之幡与“张掖都尉棨信”长宽比例接近，与徐州青山泉画像石之幡轮廓也相仿，惟幡的边框绘作红色，更觉

[25-4]:❷

图[25-4]

❶❷安平逯家庄东汉墓壁画

[1]《巴蜀汉代画像集》，图一四一。

[2]《重庆市博物馆藏四川画像砖选集》，图二七。

[3]《安平东汉壁画墓》，图版四、七、二七。

[25-5]

[25-6]:❶

鲜明。因此可以推知，画像石和画像砖中弩靳幡的边框也应是红色[1]。

幡本有号令之用，“麾军进战”自然也是它的题中应有之义[2]。《通典》卷一四九引魏武《步战令》：“临阵皆无讙哗，明听鼓音，旗幡麾前则前，麾后则后，麾左则左，麾右则右。”军事之外，幡又可用于指麾卤簿。《晋书》卷二四《职官志》云武帝为晋王时，以陈勰为殿中典兵中郎将，迁将军，“武帝每出入，勰持白兽幡在乘舆左右，卤簿陈列齐肃。太康末，武帝尝出射雉，勰时已为都水使者，散从。车驾逼暗乃还，漏已尽，当合函，停乘舆，良久不得合，乃诏勰合之，勰举白兽幡指麾，须臾之间而函成。”为了使指挥所用的幡更加醒目，又或在幡上增益饰件，亦即幡胡施牙。牙亦称齿或锯齿。江苏连云港尹湾汉墓所出“武库永始四年兵车器集簿”，与旌旗类物品如旃、麾、旌、幢等列在一起的，有“乘與〔舆〕幡胡锯齿六百□”，“幡胡□□锯齿十六万四千一十六”[3]。称作“幡胡锯齿”，自然是组成幡旗的部件。

旌旗胡部饰牙，制度已见于先秦。《礼记·明堂位》述三代旗制，曰“殷

图[25-5]
且〔祖〕乙卣铭

[1] 以此为比照，《洛阳北郊石油站汉墓壁画图像考辨》一文中称作“弧旌“者〔页69，图九〕，亦当弩靳幡之属。

[2]《资治通鉴》卷八三《晋纪五》胡注：“白虎幡以麾军进战。”

[3]《尹湾汉墓简牍》，页105、110。

之崇牙”，郑注：“殷又刻缯为重牙，以饰其侧，亦饰弥多也。”其式见于金文[1]〔图25-5〕。而用于号令的幡上之牙，以其为士众所瞻，影响更大，寖假而旃、幢亦有饰牙者。

旃上饰牙的例子，见于甘肃嘉峪关三号魏晋墓壁画[2]〔图25-6:1、2〕。旃，亦作旜。《周礼·春官·司常》：“通帛为旜。”郑注：“通帛谓大赤，从周正色，无饰。”《尔雅·释天》：“因章曰旃。”郝懿行《义疏》：“‘因章’者，谓因帛之色以为章，不加文饰，故《司常》谓之‘通帛’，《尔雅》谓之‘因章’。左氏《僖廿八年》〈正义〉引孙炎曰：‘因其缯色以为旗章，不画之’，是也。”可知旃即不施文饰的帛旗。旃出现在宋聂崇义编定的《三礼图》中，与早期的形制，也还没有很大不同〔图25-6:3〕。青海大通上孙家寨一一五号墓所出竹简有云：“色别，五百以旃上齿色别，士吏以下旃下齿色别”〔374〕[3]。三号墓壁画所绘之旃周边装饰出来的齿状物，应即竹简中说到的旃齿。

[25-6]:❷

[25-6]:❸

(1)《窓斋集古录》，册一八，叶六·A。

(2)《嘉峪关壁画墓发掘报告》，彩版二：1、2。

(3)《上孙家寨汉晋墓》，页191。

图[25-6]

❶❷嘉峪关三号魏晋墓出行图

❸《三礼图》中的旜

[25-7]:❶

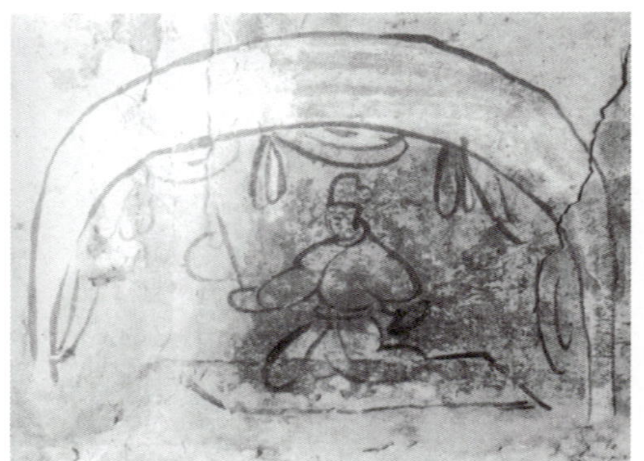

[25-7]:❷

[25-7]:❸

[25-7]:❹

图[25-7]

❶❷嘉峪关三号魏晋墓营垒图

❸酒泉西沟魏晋墓出土彩绘砖〔局部〕

❹东晋永和十三年冬寿墓出行图〔摹本〕

牙幢则见于此墓壁画的营垒图中[1]〔图 25-7:1、2〕。《释名·释兵》："幢，童也，其貌童童然也。"[2]甘肃酒泉西沟魏晋墓出土的一件彩绘砖，上绘执幢者，榜题"童〔幢〕史"[3]〔图 25-7:3〕，据此，牙幢也得确认无疑。幢又称幢盖，为"将军刺史之仪"[4]。至南北朝，幢并且成为一种军队编制，《宋书》卷四五《刘怀慎传》："时世祖分麾下以为三幢，道隆与中兵参军王谦之、马文恭各领其一。"又卷四九《蒯恩传》言其"以宁远将军领幢"。史籍所见又有作为军队编制之标帜的"牙幢"。《三国志》卷五八《吴书·陆逊传》云孙权遣陆逊往讨费栈，"栈支党多而往兵少，逊乃益施牙幢，分布鼓角，夜潜山谷间，鼓噪而前，应时破散"。三号墓壁画军帐外所树胡部饰牙的六幢，便是牙幢。而朝鲜安岳冬寿墓壁画出行图中走在鼓吹前面的执幢者，所执之幢，也与嘉峪关三号墓的牙幢同样形制[5]〔图 25-7:4〕。

与幢同列为"将军刺史之仪"者，又有鼓吹。此早见于两汉。《后汉书》卷四七《班超传》云，建初八年，"拜超为将兵长史，假鼓吹幢麾"[6]。晋仍此制。《晋书》卷六六《陶侃传》云"加侃奋威将军，假赤幢、曲盖、轺车、鼓吹"。至于南北朝，幡又成为"鼓吹"之部乐器上面的装饰。河南邓县南朝墓所出彩色画像砖的鼓吹图中，两人手执长角，角的一端系彩幡[7]〔图 25-8:1〕。《太平御览》卷三三八引晋庾翼与燕王书曰："今致画长鸣角一双，幡毦副。"文献与实例正好可以互证。此后它更明文载入史志，成为仪卫卤簿中的定制。如《唐六典》卷一四"鼓吹署"条下，注云：大驾，"长鸣、中鸣、大小横吹五綵衣幡，绯掌，画交龙，五采脚；大角幡亦如之"。所谓"掌"，即"下方而上两角微椭"者[8]，亦即邓县彩画砖长角上总系彩衣的半圆状物。

[1]《嘉峪关壁画墓发掘报告》，图版八六：1。此为黑白图。彩图见《中国美术全集·绘画编·12》，图三一。

[2] 王先谦《释名疏证补》："'童童'，当读《诗·采蘩》'被之僮僮'之僮。《笺》云：'僮，竦敬也。"

[3]《甘肃酒泉西沟村魏晋墓发掘报告》，图八八。

[4]《文选》卷五七潘岳《马汧督诔》"殊以幢盖之制"，李善注："幢盖，将军刺史之仪也。"

[5]《关于冬寿墓的发现和研究》，图一二。冬寿墓时属东晋，其时晋封冬寿为侯，拜为乐浪、昌黎、玄菟、带方四郡太守，及"使持节都督诸军事、平东将军、护抚夷校尉"。

[6] 李注："横吹、幢麾，皆大将所有，超非大将，故言假。"

[7]《邓县彩色画象砖墓》。

[8]《元史》卷七九《舆服二》"仪仗"条。

[25-8]:❶

[25-8]:❷

幡并且成为兵器上面的装饰。《南齐书》卷五七《魏虏传》言孝文帝率众往寿阳，“槊多白真毦，铁骑为群，前后相接，步军皆乌楯槊，缀接以黑蝦蟆幡”。又《隋书》卷一〇《礼仪五》曰南朝陈造五辂，“加棨戟于车之右”，“兽头幡，长丈四尺，悬于戟杪”。敦煌莫高窟第二八五窟西魏壁画“五百强盗成佛”中的兵士手中所执之槊，槊上即缀幡〔图 25-8:2〕。特别值得注意的，是河北磁县东魏茹茹公主墓壁画中出现的幡。其墓道西壁壁画，一侧绘系幡的门戟，一侧绘持兵器者，所持之器也系着长幡，并且所系之幡更为长大，前者绘兽面，后者绘虎头[1]〔图 25-9:1〕。《古今注》“信幡”条下云，“乘舆则画为白虎，取其义而有威信之德也”，“高贵乡公讨晋文王，自秉黄龙旛以麾是也，今晋朝唯用白虎幡”。可

图[25-8]
❶ 邓县南朝墓所出彩色画像砖
❷ 莫高窟第二八五窟西魏壁画〔摹本〕

图[25-9]
❶ 东魏茹茹公主墓壁画中的幡
❷《三才图会》中的幡

[1]《河北古代墓葬壁画》，图版四六。

知白虎幡由信幡发展而来，而地位特尊[1]，非寻常之幡可比[2]。茹茹公主墓壁画所见绘着虎头的幡，虽然没有直接证据确指为白虎幡，但亦庶几近之。隋唐以后，仪卫卤簿中的兵器，如戟，如仪鍠，其上系幡，乃成定制。前面说到的信幡，北魏时，已经列在仪卫卤簿[3]，唐宋以后，它的形制也发生了很大变化。唐王建《宫词》："未明开著九重关，金画黄龙五色幡。直到银台排仗合，圣人三殿对西番。"[4]《宋史》卷一四八《仪卫六》："幡本帜也，貌幡幡然。有告止、传教、信幡。皆绛帛，错采为字，上有朱绿小盖，四角垂罗文佩，系龙头竿上。其错采字下，告止为双凤，传教为双白虎，信幡为双龙。"所述与王建所咏颇相一致。明人王圻等编《三才图会》，仪制编中的"信幡"，也同此制〔图25-9:2〕。

[25-9]:❶

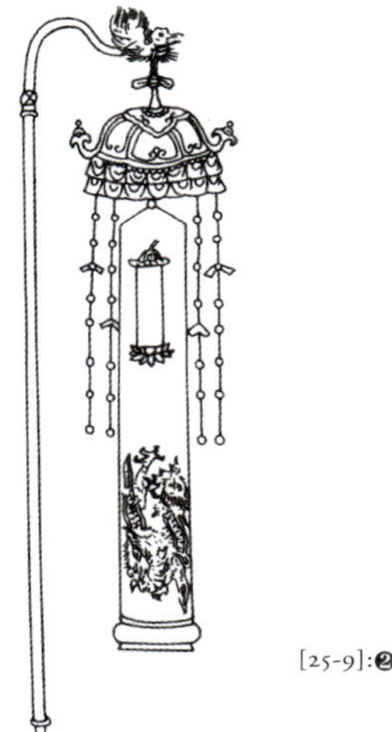

[25-9]:❷

(1) 由史书所载诸多事例，可知白虎幡乃代表朝廷诏命，如《太平御览》卷三四一引王隐《晋书》云："河间王伐齐王冏，火烧观阁及千秋、神虎二宫门，冏盗白虎幡，唱云长沙王矫诏。"又《南齐书》卷三八《萧颖胄传》云刘山阳出任南州时，"谓人曰：'朝廷以白虎幡追我，亦不复还矣'"。

(2) 凡讨伐、平乱、招降、宣慰，诸王及军事统帅皆可以白虎幡作为号令与符信。如《魏书》卷九六记东晋事，云王恭与庾楷起兵，会稽王司马道子领兵以距，"以尚之为豫州刺史，率弟恢之、允之西讨楷等，皆执白虎幡居前"。又《南齐书》卷一《高帝本纪》云宋后废帝刘昱时，江州刺史桂阳王刘休范攻入建康，时"太祖〔即此后之齐高帝萧道成〕方解衣高卧，以安众心，乃索白虎幡，登西垣"，"大破之"。招降之例，如《魏书》卷五一《封敕文传》，云边固、梁会与秦、益杂民万余户据上卦东城反，攻逼西城，秦、益二州刺史封敕文拒却之，"敕文以白虎幡宣告贼众曰：'若能归降，原其生命。'应时降者六百余人"。宣慰之例如《魏书》卷一八《太武五王传》云"〔元〕孚持白虎幡劳阿那瓌于柔玄、怀荒二镇间"。此外，《宋书》卷四〇《百官下》述殿中将军、殿中司马督之职，云"朝会宴飨，则将军戎服，直侍左右；夜开城诸门，则执白虎幡监之"。天子夜间出入禁门，亦须以白虎幡为凭，事见《宋书》卷六三《王昙首传》。

(3) 《魏书》卷一八四《礼志四》："天赐二年初，改大驾鱼丽雁行，更为方陈卤簿"，"王公侯子车旒麾盖、信幡及散官构服，一皆纯黑。"

(4) 《全唐诗》，册一〇，页3439。

二 牙旗

牙旗之称，始见于汉，它也以饰牙而彰显。张衡《东京赋》“戈矛若林，牙旗缤纷”，薛综注：“缤纷，风吹貌。《兵书》曰：‘牙旗者，将军之旌。’谓古者天子出，建大牙旗，竿上以象牙饰之，故云牙旗。”[1] 牙旗，时又称牙、牙门、牙门旗、黄门大牙[2]。由后汉至于晋宋诸篇祭牙文中的“敬建崇牙”、“烈烈高牙”之句以及《三国志·魏书》中的典韦故事，可知牙旗远较他旗高大[3]。以魏晋南北朝时的牙幢及旗幅饰牙之旃例之，牙旗之牙，自非“竿上以象牙饰之”，其义亦非如唐《封氏闻见记》卷五“公牙”条及宋钱易《南部新书·庚部》所云，取自《诗·小雅·祈父》[4]。对此，宋程大昌已有考证，即根据前代文献，推知“旗有饰牙之理”，见所著《演繁露》卷二。不过前人始终未能辩明者，在于旌旗饰牙原是象征军事，《周礼·春官·典瑞》郑注“牙齿，兵象”，是也。而牙旗的名称与牙旗的形制，本来一致。后世的“公牙”乃至“衙门”，虽由牙旗而来，其实与牙旗最初的取义无关。

不过唐代从牙旗中又分出门旗，即牙旗与门旗成为二事。门旗取义于《周礼》的“设旌门”[5]，乃左右分列的两面；而作为“将军之旌”的牙旗，却是独树“一帜”，以它的格外高大特立于他旗之上。莫高窟第一五六窟的河西节度使张议潮统军出行图中，手执金节的两骑之前，为一左一右的肩旗者，

[1] 《文选》卷三。

[2] 东汉滕辅《祭牙文》“恭修高牙，神武攸托”；晋袁宏《祭牙文》“敢建高牙，烈烈桓桓”；刘宋王诞《祭牙文》“敬建崇牙，显兹威灵”〔以上均见《北堂书钞》卷一二〇〕。又《艺文类聚》卷六〇引晋顾恺之《祭牙文》云：“烈烈高牙，阗阗伐鼓。”按祭牙文乃为出师祭牙旗而作。《后汉书》卷七四《袁绍传》，云麴义至公孙瓒营，“拔其牙门”，此牙门，亦指牙旗。《三国志》卷一八《魏书·典韦传》，云“牙门旗长大，人莫能胜，韦一手建之”。又卷六二《吴书·胡综传》“黄武八年夏，黄龙见夏口，于是〔孙〕权称尊号，因瑞改元，又作黄龙大牙，常在中军，诸军进退，视其所向，命综作赋”云云。

[3] 又《文选》卷二〇潘岳《关中诗》“柏柏梁征，高牙乃建”，李周翰注：“牙，大旗也。”

[4] 《诗》云：“祈父，予王之爪牙。”封氏云：“祈父，司马，掌武备，象猛兽以爪牙为卫，故军前大旗谓之牙旗。”

[5] 《周礼·天官·掌舍》：“为帷宫，设旌门。”又《春官·司常》：“会同、宾客，亦如之，置旌门。”即王在野设幕帐，树旌旗以表门，谓之旌门。唐代门旗即取此义。如张说《扈从幸韦嗣立山庄应制》：“门旗堑複磴，殿幕裹通渠。”又《新唐书·百官志》叙殿中侍御史职掌，中有“巡幸，则往来门旗之内，检校文物亏失者”。不过门旗之设并非仅限于天子，受命执掌一方的官员亦建门旗，如王建《送严大夫赴桂州》：“岭头分界堠，一半属湘潭。水驿门旗出，山峦洞主参。辟邪犀角重，解酒荔枝甘。莫叹京华远，安南更有南。”

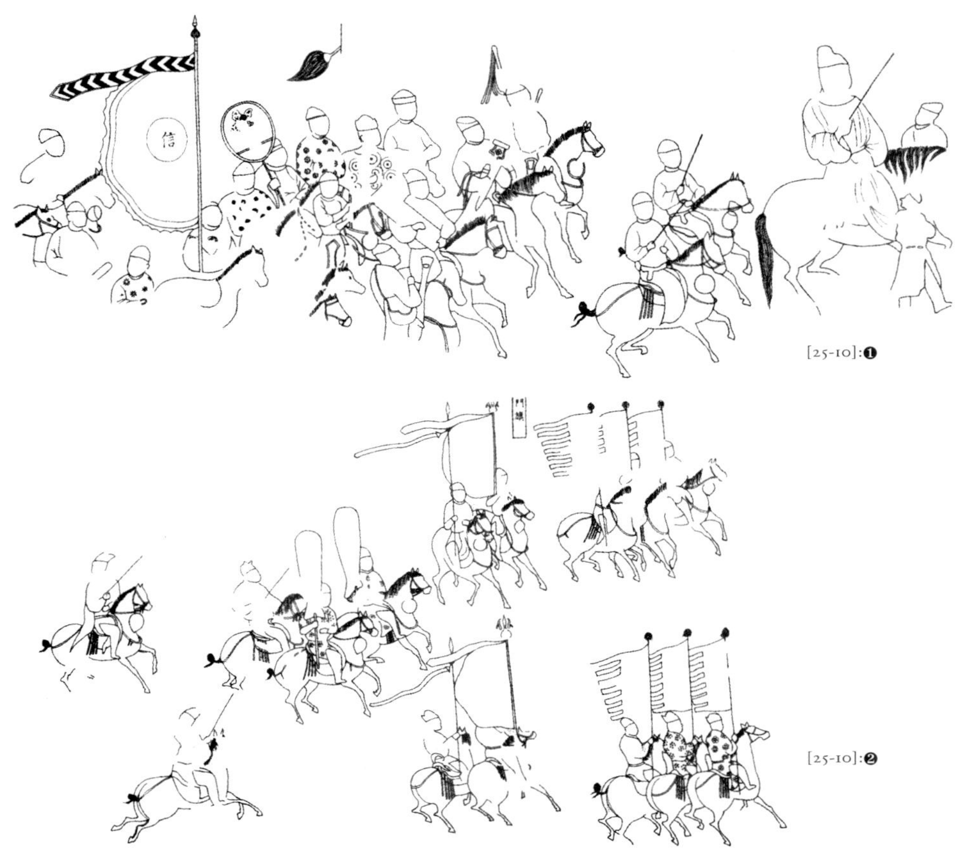

图[25-10] 张议潮统军出行图〔摹本〕

榜题曰“门旗”〔图 25-10:2〕。那么紧随张议潮缓辔而行的仪卫中，一竿挺然擎出的大旗，便是牙旗〔图 25-10:1〕。以此为例，也可确认莫高窟第九八窟法华经变安乐行品战争场面中的门旗和牙旗〔图 25-11〕。前一例属晚唐，后一例属五代，可以代表此一时代牙旗与门旗的大体形制。

尚有同样名作“牙旗”而形制与意义均不相同的另一种旗。《初学记》卷二二武部“旌旗”条引《黄帝出军决》曰：“有所攻伐，作五采牙幢。青牙旗引往东，赤牙旗引往南，白牙旗引往西，黑牙旗引往北，黄牙旗引往中。”又上孙家寨一一五号汉墓竹简：“左部司马旃胡青，前部司马旃胡赤，中部司马旃胡黄，右部司马旃胡白，后部司马旃〔胡〕黑。”[1] 二者对观，可知五采牙旗与胡分五色之旃为同类性质的旌旗。而依旌旗胡部饰牙之制，所谓“旃胡”五色，也应指旃之胡部所饰“锯齿”的颜色。与独树一帜的作为“将军之旌”

[1] 此据《散见简牍合辑》之413。《上孙家寨汉晋墓》页192所录与之文字稍异。

图[25-11] 莫高窟第九八窟法华经变中的战争场面〔摹本〕

的牙旗不同，“依方色建旗”的五采牙旗[1]，是将军帐下各个军事组织的标帜。《三国志》卷五四《吴书·周瑜传》“乃取蒙冲斗舰数十艘，实以薪草，膏油灌其中，裹以帷幕，上建牙旗，先书报曹公，欺以欲降”，此所谓“牙旗”，正是其例[2]。它与《陆逊传》“益施牙幢”中的牙幢，性类也相同。以前面所举牙幢的图像例之，可以推知其制。南北朝之末，出现了把旗的正幅作成锯齿状的“牙旗”，如莫高窟第二九六窟北壁中层须阇提本生中的兵士手执之旗。此窟时属北周〔图 25-12:1〕。此后它在敦煌壁画中便不断出现，如第三〇三窟人字披顶东坡法华经变普门品〔隋〕，第一四八窟西壁阿阇世王求

[1] 《隋书》卷八《礼仪三》:“后齐常以季秋，皇帝讲武于都外”，“前五日，皆请兵严于场所，依方色建旗于和门，都墠之中及四角，皆建五采牙旗。”

[2] 两种牙旗虽然以同样的名称出现在文献典籍，但其间的区别却始终十分显明，作为“将军之旌”的牙旗，一般不会与他旗混淆。《晋书》卷五四《陆机传》，曰成都王颖假机后将军、河北大都督，讨长沙王乂，“机始临戎，而牙旗折，意甚恶之”。同书卷八六《张轨传》，曰张重华以谢艾为使持节、都督征讨诸军事、行卫将军，艾于是“建牙旗，盟将士”。又《新唐书》卷一三五《哥舒翰传》，曰安史之乱时翰挥师平叛，“先驱牙旗触门，堕注旄，干折，众恶之”。此所谓“牙旗”，均为“将军之旌”。更晚的例子，如苏轼《上元夜》“去年中山府，老病亦宵兴。牙旗穿夜市，铁马响春冰”〔《苏轼诗集》，册七，页 2098〕，此“牙旗”，乃中山府帅所建，意思仍然是明确的。

[25-12]:❸

分舍利〔盛唐〕，第一五九窟南壁法华经之髻珠喻〔中唐，图 25-12:2、3、4〕，等等，直到时属五代的壁画，其形制依然无大别，如前举第九八窟之例。由先秦而两汉，而魏晋，而南北朝，至于隋唐五代，胡部饰锯齿的旌旗之种种，与正幅作成锯齿状的五采牙旗之间，正有一条发展演变并且一脉相承的线索，前举诸例，可以为证。

唐代卤簿，则以画旗为主。画旗无牙而有旒，这是由《周礼 · 春官 · 司常》的“九旗”说而来，而演为画旗三十二，如青龙旗、白兽旗、朱雀旗、玄武旗、黄龙负图旗，等等[1]。杜甫《奉合贾至舍人早朝大明宫》“旌旗日暖龙蛇动，宫殿风微燕雀高”[2]，王维《三

[25-12]:❶

图[25-12]莫高窟壁画中手执五采牙旗的兵将

❶ 第二九六窟

❷ 第三〇三窟

❸ 第一四八窟

❹ 第一五九窟

(1) 见《唐六典》卷一六“武库令”条。

(2) 《全唐诗》，册七，页 2410。

[25-12]:❷

[25-12]:❹

月三日曲江侍宴应制》“画旗摇浦溆”[1]，岑参《北庭西郊候封大夫受降回军献上》“蛟龙盘画旗”[2]，所咏者皆是。由唐李寿墓和李重润墓壁画，可略窥画旗之一斑。不过佛教传入中土之后，不少新的装饰意匠也随之而来，火焰纹即其一。唐代火焰纹大盛，旌旗饰牙的传统也逐渐为火焰新风所取代。宋以后，装饰在牙旗或门旗正幅周边的锯齿状的牙，便与装饰画旗或其他旌旗的旒合一，而成为火焰式的波曲，《元史》卷七九《舆服二》即把它称作“火焰脚”，如“凡立仗诸旗，各火焰脚三条，色与质同”，“牙门旗，赤质，赤火焰脚，绘神人”，“驺牙旗，赤质，青火焰脚，绘兽形似麋，齿前后一齐”。这里的齿齐，当指火焰脚的长短一致。宋元绘画中已颇有其例，如萧照《瑞应图》中的门旗〔图 25-13:1〕，如元曾巽申《大驾卤簿图》中的纛〔图 25-13:2〕。火焰之义至清无大变化，如《清会典图 · 舆卫五》“皇帝卤簿八旗护军纛”举其形制云，“俱斜幅，绣金云龙”，“斿径六尺五寸，缘为火焰形，旁垂彩带九尺五寸，色与缘同，亦火焰形”〔图 25-13:3〕。虽然此际仍有牙旗之称，却不过沿其旧而已，牙旗的名称与形制的取义，其实唐宋以后即已经完全脱离。

[1] 《全唐诗》，册四，页 1286。
[2] 《全唐诗》，册六，页 2023。

[25-13]:❶

[25-13]:❷

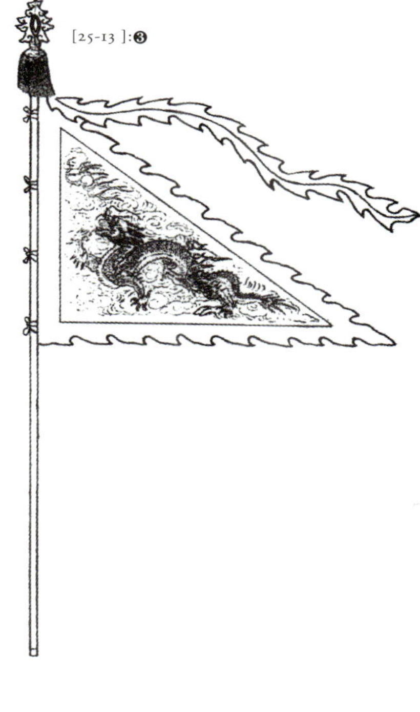

[25-13]:❸

图[25-13]

❶《瑞应图》中的门旗

❷《大驾卤簿图》中的纛(摹本)

❸《清会典图》中的纛

从《闸口盘车图》到《山溪水磨图》

以水磨坊为表现题材的绘画作品，著名的有三件，其一为旧题卫贤的《闸口盘车图》，其一为繁峙县岩山寺壁画中一幅配景，其一为《山溪水磨图》。三件作品，分别产生于三个时代，如果我们从风俗画的角度来解读它，以了解时代风俗的一个小小侧面，也许会别有意趣。

利用水利作动力的技术，可以追溯到汉代。《后汉书》卷三一《杜诗传》，云诗为南阳太守，“造作水排，铸为农器，用力少，见功多，百姓便之”。魏晋南北朝时期，水碓水磨，已很是普遍，《晋书》卷四三《王戎传》(1)，《魏书》卷六六《崔亮传》(2)，《南齐书》卷五二《祖冲之传》，等等，对此都有记载。水磨坊的经营，兴盛于南北朝末期，至隋，则作为营利事业而发达。唐代，碾硙构成了庄园经营的一个组成部分，从中可以得到很大的收益。但是聚水设碾硙与分水灌溉，常常发生尖锐的矛盾，官方因此屡屡采

(1)《传》云，戎“性好兴利，广收八方园田水碓，周遍天下”。

(2)《传》云，“亮在雍州，读《杜预传》，见为八磨，嘉其有济时用，遂教民为碾，及为仆射，奏于张方桥东堰穀水造水碾磨数十区，其利十倍，国用便之”。

取抑制庄园水磨的措施[1]。不过这冲突的背后其实有着一个经济形势和土地制度逐步发生变化的大背景，随着麦作的大面积推广和两年三作耕种形式的确立，官方也调整了限制碾硙的政策，矛盾最终得到统一。日人西嶋定生以《碾硙寻踪》为题，对此曾作过详细的考证和分析[2]。至于宋代，其情景可以文同题为《水硙》的一首诗为例："激水为硙嘉陵民，构高穴深良苦辛。十里之间凡共此，麦入面出无虚人。彼甿居险所产薄，世世食此江之滨。朝廷遣使兴水利，嗟尔平轮与侧轮。"[3]水硙的经营可以养生，而所谓"朝廷遣使兴水利"，也与唐代特别是初唐时候的情状截然不同。宋人咏及水硙、并且是用了经济的眼光，其作尚有不少。如北宋郭祥正《水磨》诗，句有"盘石琢深齿，贯轮激清陂。运动无昼夜，柄任谁与持。霹雳驾飞雪，盛夏移冬威。功成给众食，势转随圆机"[4]。又北宋邹浩《次韵端夫闻江北水磨》句云"波涛暗逐岁月长，激激滩际春雷鸣。白沙湖边更湍急，五磨因缘资养生。城中鞭驴喘欲死，亦或人劳僵自横。借令麦破面浮玉，青蝇遽集争营营"[5]。"五磨"，应即水转连磨。它是以所谓"平轮与侧轮"的结合，同时带动五磨或者更多的磨一起运转。与碾硙经营初兴时候的情景相同，它不仅是庄园经济同时也是寺院经济的一部分。作于天圣八年〔公元一〇三〇年〕的《大宋京兆鄠县逍遥栖寺新修水磨记》中说到，逍遥精舍东南三里有谷口隙地，是水会众流的地方，寺主因依势兴建水磨坊，"其磨亭正座五间，都成七架，西开客馆，东敞僧房，岂止独利于禅林，抑亦务资于闾里，约费羡镪三百余缗"[6]。王禹偁《商州福寿寺天王殿碑》也说到"垦山田，造水硙，嘉蔬有圃，柔桑垂阴"[7]。又饶节《和不愚兄庵颂三首》之一："常恨山居寡弟兄，阿师庵就可怜生。辅车岂但图相倚，独掌

[1] 如《旧唐书》卷一二〇《郭子仪传》，曰子仪第六子暧"年十余岁，尚代宗第四女昇平公主，时昇平年亦与暧相类"；"大历十三年，有诏毁除白渠水支流碾硙，以妨民溉田。昇平有脂粉硙两轮，郭子仪私硙两轮，所司未敢毁徹。公主见代宗诉之，帝谓公主曰：'吾行此诏，盖为苍生，尔岂不识我意耶？可为众率先。'公主即日命毁。由是势门碾硙八十余所，皆毁之"。

[2] 收入《日本学者研究中国史论著选译》第四卷，页358~376。

[3] 《全宋诗》，册八，页5433。

[4] 《全宋诗》，册一三，页8834。

[5] 《全宋诗》，册二一，页13952

[6] 《金泥玉屑丛考》引，页423~424。

[7] 《小畜集》卷一六。

图[26-1]《溪山行旅图》〔局部〕

从来不浪鸣。野老献谋修水硙，山童相唤借茶铛。年来活计浑成就，猿鹤安栖定不惊。”[1]

以盘车水磨为题材的画作，大约出现在唐五代。元胡行简有诗《题笃御史所藏阎立本水磨图》，所谓“双轮砾山石，激水相推移”，“神功邈不测，画手能传之”[2]，约略记其大概，只是画作不传，不知是否为阎氏真迹。宋李廌《德隅斋画品》提到他曾见过郭忠恕清泰元年所作《盘车图》粉本《水磨大图》，清泰是五代后唐末帝李从珂的年号，元年为公元九三四年。五代卫贤也曾有《盘车水磨图》流传于世，宋刘道醇《五代名画补遗》说他在富商高氏家得观其迹。盘车本来是独立的题材，常常用作表现风雪荒寒中运载跋涉的艰辛。欧阳修《盘车图》诗是咏画的名篇：“浅山嶙嶙，乱石矗矗，山石硗硗车碌碌。山势盘斜随涧谷，侧辙倾辕如欲覆。出乎两崖之隘口，忽见百里之平陆。坡长坂峻牛力疲，天寒日暮人心速。”[3]虽然传世的作品多属南宋，

[1]《全宋诗》，册二二，页14579。

[2]《樗稳集》卷一。

[3]《全宋诗》，册六，页3637。

[26-2]:❶

[26-2]:❷

如上海博物馆藏朱□《溪山行旅图》，如故宫藏无款之《盘车图》，其艰难跋涉之状，则一如诗中所咏〔图26-1、图26-2〕。大约这一题材以流行时间之长而有了

图[26-2]

❶《盘车图》局部一

❷《盘车图》局部二

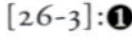
[26-3]:❶

[26-3]:❷

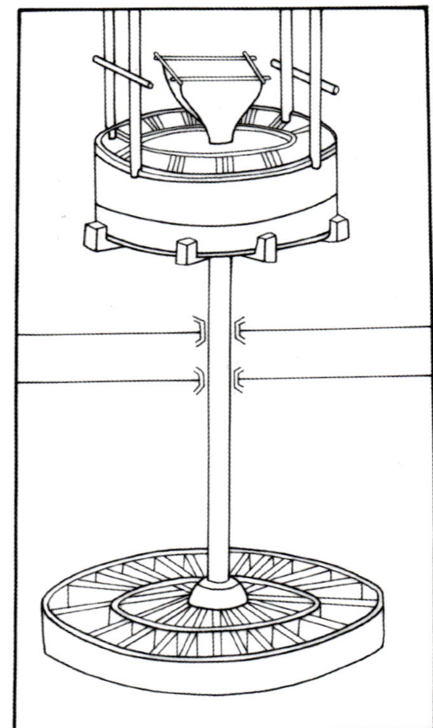

[26-3]:❸

图[26-3]

❶❷《闸口盘车图》局部之一、之二

❸《闸口盘车图》中的水磨结构

❹《闸口盘车图》中的面罗结构
〔1 下轮 2 立轴 3 上轮 4 弦索
5 旋鼓 6 掉枝 7 行桄 8鼓木
9 撞柱 10 面罗 11旋鼓和掉枝部分
另一种结构的可能〕

比较固定的模式，区别只在工拙不同。欧阳修或亦有鉴于此，因在前引《盘车图》诗的后半提出“古画画意不画形”，“忘形得意知者寡”。它后来被认为是“文人画”的发皇之言，不过旨在表现社会生活的风俗画中，形象和场景的描绘，实在须以准确、真实为上，“意”也，“形”也，均不可偏废，或许还应该说，“形”在这里显得更为重要，因为其“意”本在使人由笔绘之“形”而识风物，观风俗。上海博物馆所藏《闸口盘车图》，正是这样一个难得的好例〔图 26-3〕。

纵五三·三、横一一九·二厘米的画面，占据主要位置的，是一座跨水而建的磨坊，中间水磨，一侧面罗，亦即水打罗，或曰水击面罗[1]〔图 26-3:2〕。磨坊稍后的两方各有一亭，其中一座里面坐着身著公服的官吏，似乎在行课税之类的公务。磨坊两边，各有一方平场。右侧的平场上，用支架吊着两个平底浅口的大筛子，此器在北宋王希孟《千里江山图》中水磨坊右侧的平场上也有一具，惟静置而已〔图 26-4:1、2〕；在后来的《农书》里，

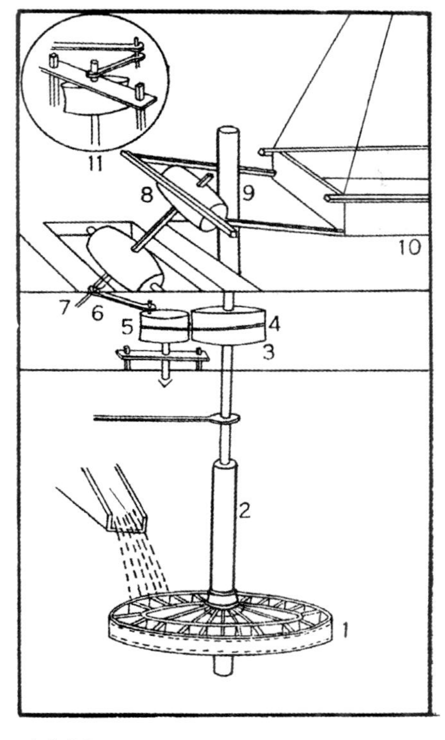

[26-3]:❹

[1] 郑为著文谈此画，曾把这一部分勾成单纯的结构图，《文物》一九六六年第二期，页 25。本篇图 26-3: 3、4，即此。

[26-4]:❷

它被称作“筛谷箉”。王祯说，“其制比籭疏而颇深，如篮大而稍浅，上有长系可挂。农人扑禾之后，同稃、穗、子粒，旋旋贮之于内，辄筛下之，上余穰稿，逐节弃去”[1]。《和汉三才图会》卷三四也录有此器，释曰“筛谷箉，即筛之大者，不堪以手振，故挂系振之”。这里虽然说的都是筛谷，但麦子入磨之前也正须如此程序，图绘筛后之麦入箩筐，亦即畚，被人挟往磨坊，情景乃一目了然。左侧平场台阶旁边高起的一堆，应是麸子，它该是运往麸行。麸行之种种，唐代文献便已屡屡提到。水中两船，来去运载粮食到对岸。岸边道路上四挂牛车，《东京梦华录》卷三“般载货卖”条说到有一种平头车，“亦如太平车而小，两轮前出长木作辕，木梢横一木，以独牛在辕内，项负横木，人在一边，以手牵牛鼻绳驾之”，正是此类。

水边一处酒肆，门前一辆卸去载负的独轮车，宋人称作江州车子的，便是它了〔图 26-5:1〕。宋高承《事物纪原》卷八“小车”条：“蜀相诸葛亮之出征，始造木牛流马以运饷，盖巴蜀道阻，便于登陟故耳。木牛，即今小车之有前辕者；流马，即今独推者是，而民间谓之江州车子。”又曾敏行《独醒杂志》卷九：“江乡有一等车，只轮两臂，以一人推之，随所欲运。

[1]《农书·农器图谱集之八》。

[26-4]:❶

[26-5]:❶

图[26-4]筛谷箉

❶《闸口盘车图》

❷《千里江山图》

图[26-5]江州车子

❶《闸口盘车图》

❷《清明上河图》

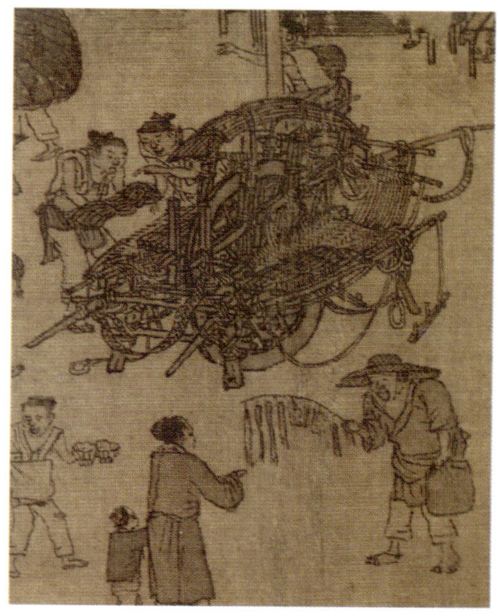

[26-5]:❷

别以竹为篰载两旁，束之以绳，几能胜三人之力，登高度险，亦觉稳捷，虽羊肠之路可行。”《清明上河图》中也有它的形象〔图26-5:2〕。

酒肆前一座“欢门”，此又称“绞缚楼子”，也见于《清明上河图》。欢门之后，又有一间分作三小间的“露篱”，亦即木构的户外隔墙。刻画分明的压脊、沥水板、悬鱼、曲棖，其制一如《营造法式》卷六《小木作制度一》“露篱”条所述。两幅草书立轴悬于酒肆墙壁，也隐约可见。平屋周匝，中耸一楼，楼阁里酒客三五。此楼上之阁时或名作“山”，为海量者备也[1]〔图26-6〕。

此图左下有“卫贤恭绘”楷书款，但有重填痕迹。以图中官吏所戴展脚幞头和所凭书案的式样以及此图本身之装裱而论，它应是宋人之作[2]。郭

[26-6]:❷

[26-6]:❶

图[26-6]绞缚楼子
❶《闸口盘车图》
❷《清明上河图》

图[26-7]
《耕获图》

[1] 《都城纪胜》:“酒阁名为厅院，若楼上则又或名为山，一山，二山，三山之类。牌额写过山，非特有山，谓酒力高远也。大凡入店，不可轻易登楼上阁，恐燕饮浅短。如买酒不多，则只就楼下散坐，谓之门牀马道。”

[2] 郑为在《闸口盘车图卷》一文中介绍说，它的装裱，还保存着宋徽宗时期御府藏画的格式，“俗称‘宣和装’。在画幅左端边沿上，隐约可辨有‘卫贤恭绘’四字的一半。最近在重裱过程中，又发现在卫贤款识的上端偏外处，另有一行残存字迹，从保留着的笔划来琢磨，似出于一个姓‘张’的人的‘进’款”，“从作品的表现技法以至器用上看，都还保留着不少晚唐五代的余风，加上‘宣和装’的装裱本身，也说明在时间上它不能晚于北宋前期的制作”。《艺苑掇英》一九七八年第二期。

[26-7]

若虚《图画见闻志》卷四："支选，不知何许人，仁宗朝为图画院祗候。工画太平车及江州车，又画酒肆边绞缚楼子，有分疏界画之功，兼工杂画。"《闸口盘车图》绘平头车与江州车，又界画酒肆磨坊，均极精好，或亦属支选一派。与单独表现盘车情景不同，《闸口盘车图》把盘车同水磨结合在一起，以细节的一丝不苟，摹绘出当日商业活动中一个十分真切的场景，民俗风物竟多可与宋代文献对应。它对"形"的重视，与其时绘画所崇尚的写实风格自然大有关系。

两宋本是风俗画佳作云集的时代，张择端《清明上河图》固不必论，他如黑龙江省博物馆藏南宋《蚕织图》，故宫博物院藏《丝纶图》，中国国家博物馆藏《耕织图》，亦无不各擅胜场。又故宫藏一幅《耕获图》，小小册页绘出收获、耕种集于一时的繁忙景象。收割、脱粒、簸扬、入仓，犁地、平田、车水、插秧，人物虽小，而姿态毕肖〔图 26-7〕。令人赏爱的尚有故宫收藏的一幅《田畯醉归图》。田畯，语出《诗·豳风·七月》，便是田官。《七月》结末说道，“朋酒斯飨，曰杀羔羊。跻彼公堂，称彼兕觥，万寿无疆”，此图婉转其意，绘一醉酒田官，巾上簪花，手扶一仆，醺醺然骑牛而归。有趣却在前边的牵牛小童，把一个包子捧在手里，且食且行〔图26-8〕。生活中的细微末节撷入画图，便觉得大有情致，不惟丰年消息借此传出，自足的憨朴，画笔之中的风趣，也不免教人笑悦[1]。《闸口盘车图》自然以其时代之早、画笔之精而领袖群伦。若论风俗画中的水磨盘车图，它便更是一枝独秀。

山西繁峙岩山寺文殊殿中的壁画，出“御前承应画匠”王逵之手。王逵是北宋入金的画家，这一巨幅是古代建筑画也是界画中的佳作，研究者对此曾有过详细的讨论[2]。壁画把佛传故事精心组织在一座高下连延

[26-8]

图[26-8]
《田畯醉归图》〔局部〕

图[26-9]
岩山寺壁画中的磨房

[1] 当然这是理想中的田园风光，现实生活自然更多的是苦痛和艰辛。比如张舜民的《打麦》即可作《耕获图》的题画诗来读：“打麦打麦，彭彭魄魄，声在山南应山北。四月太阳出东北，才离海峤麦尚青，转到天心麦已熟。鶡旦催人夜不眠，竹鸡叫雨云如墨。大妇腰镰出，小妇具筐逐。上垅先捋青，下垅已成束。田家以苦乃为乐，敢惮头枯面焦黑。贵人荐庙已尝新，酒醴雍容会所亲。曲终厌饫劳童仆，岂信田家未入唇。尽将精好输公赋，次把升斗求市人。麦秋正急又秧禾，丰岁自少凶岁多，田家辛苦可奈何。将此打麦词，兼作插禾歌。”《全宋诗》，册一四，页9670。又范成大《催租行》也可为田畯画像：“输租得钞官更催，踉锵里正敲门来。手持文书杂嗔喜：我亦来营醉归耳。床头悭囊大如拳，扑破正有三百钱。不堪与君成一醉，聊复偿君草鞋费。”《全宋诗》，册四一，页25767。

[2] 傅熹年《山西省繁峙县岩山寺南殿金代壁画中所绘建筑的初步分析》。

[26-9]

布置有序的宫城里，水磨图即为点缀其中的一个小景。

图绘山间水畔的一组磨房和碓房。碓房在左，磨房在右，中间一道引水渠，托板支承的主轴设在垂直于水流的方向，作为主轮的立轮装在主轴的中部，稍小的一个，置于右端。轴的左端装两个短臂，短臂与碓相连。贯穿水磨的垂直轴下边，则装一个卧轮，它同主轴右端的立轮咬合。水力驱动之下，左边上下运动为碓，乃舂米；右边水平旋转为磨，乃磨面。而碓房有人收米，磨房里有人以箕帚拢面。诸般物事，一一交代得清楚[1]〔图26-9〕。岩山寺壁画多有取自民人生活的俊笔，因使得神佛空气大为变异，而更多风俗画的兴味。水碓水磨，都不是复杂的机械，刻画不难，难得却在对日用平常的一分关切，风俗画的价值，或者可以说，此为其要。时代风气之下，此类题材的精品当有不少，但流传下来的，实在不能算多。至于元代，画坛风气一大变，

[1] 《繁峙岩山寺》，图九七。

[26-10]

[26-11]

以纪录民俗风物或曰以表现社会生活之平凡为主旨的风俗画，也随之日趋式微。

元代是文人画繁盛于画坛的时代，也是山水画创作的一个高峰，它不仅是文人画中常见的题材，同时又活跃在市井宫廷。元熊梦祥著《析津志》，云正月里，“市利经纪之人，每于诸市角头，以芦苇编夹成屋，铺挂山水、翎毛等画，发卖糖糕、黄米枣糕之类及辣汤、小米糰”[1]，可见情景之一般。水磨盘车的题材，此际已不大时兴，但它作为点缀，有时也还出没于山水之间。故宫藏元代无款之《仿巨然山水图》，是将近两米的一幅立轴。高山峻岭，林木葱茏，一道溪水从谷间奔流而下，山口处茅屋数椽，略存其形的一座水磨房隐现其中〔图 26-10〕。不过山水图中的布画水利，宋、元作品所表达的意境不很相同。“渐闻水碓知村近，遥望禾囷喜岁丰”[2]，可以为王希孟《千里江山图》中的水磨坊诠释画意，而《仿巨然山水图》却是以此表现林泉幽寂中生意存焉。水磨的图式后来编入画谱，《芥子园画传·人物屋宇谱》“水磨画法”：“惊湍急如奔马中设此，便觉飞流溅沫，皆可借住山人。”为初学者说法，正是代表了一种普遍的认识，可知“风俗”早悄然入了“风雅”〔图 26-11〕。

‹1› 《析津志辑佚·岁纪》。

‹2› 陆游《近村》，《全宋诗》，册四一，页 25501。

图[26-10]《仿巨然山水图》〔局部〕

图[26-11]《芥子园画传》中的“水磨画法”

图[26-12]《山溪水磨图》

[26-13]《山溪水磨图》局部一

如此，辽宁省博物馆藏《山溪水磨图》实在可以算作同类题材的空谷足音，界画与风俗故事相结合，仍见出传统的余脉，而对于它的若干不很写实的笔墨，也便容易理解。

《艺苑掇英》第四十期，有对《山溪水磨图》的介绍，它说，此图未署名款，也没有题识和收藏印章，五十年代初由民间收购入藏，原名《物熙民丰》，初以为明人画作，后鉴定认为是元人笔墨，改名《山溪水磨图》[1]〔图26-12〕。

此图的传神之笔，在盘车之部。纵一五三·五、宽九四·三厘米的画面，盘车占得三之一〔图26-13〕。依然是《闸口盘车图》中的平头车，山道溪涧不同情景的有四驾。由山道下至溪涧，须经一个陡坡，前面提到的《溪山行

[1]《〈山溪水磨图〉浅谈》。

旅图》也有同样的景象，那里是“山势盘斜随涧谷，侧辙倾辕如欲覆”，从后侧的一个角度描绘出上下坡的艰危。此图作全景式的摹写，笔致更加细微。刹那间的紧张，不仅系于车子前后姿态各异的五个人，且系于伫立溪中喘息方定的回顾者，淌过溪水的轻松，也在稍远处同近景中的紧张构成呼应。闲笔绘出山道观水的二僧，似乎暗示着林木掩映中的飞檐是禅林的一角，磨坊属庙产，也不无可能。前引《大宋京兆鄠县逍遥栖寺新修水磨记》，正好可以作为它的画外音。

画面中心位置的水磨坊，水磨结构表现得很清楚，与《闸口盘车图》几乎无别，但主轴后面的几个立轮和卧轮，却不能教人知道它们的相互关系。磨房左侧的一间，绘出咬合着的一组平轮和侧轮，据理，与它相接的应该是曲柄连杆装置，或者转换作上下运动为碓，或者前后运动为面罗，但画面中情景不明。右侧一间里的机械也很奇怪，不能知其究竟[1]。水磨坊的一侧，似有廊向着山石深处延伸，只是结构仿佛不很合理〔图 26-14〕。

当然它是绘画，不是水磨坊的工程设计图，“栋梁楹桷望之中虚，若可蹑足，阑楯牖户，则若可扪历而开阖之”[2]，固然是曾经有过的追求乃至界画曾经达到过的水平，但那本是“非至详至悉、委曲于法度之内者不能也”，何况世风已变，这一切早不是画家所要努力达到的标准。《山溪水磨图》从传统题材取意，写绘风俗，而颇有自己的创造，且很见精采，细部描写或曰对“形”的若干忽略和似是而非，未必是它的“格物”不及前人，而只是表明传统写实风格的衰微——欧阳修所谓“古画画意不画形”，尚只是

[1] 李约瑟《中国科学技术史》第四卷第二分册，页 458，图 627b，即此图，其说明云：“按照中国画家的传统，画家不是实地写生，而只凭冷静的回忆，画家不是水车设计人或工匠，因此把浆轮和齿轮搞混了。虽然如此，仍然可以清楚地看到这个磨坊有许多不同的机器，由两个大型卧式水轮〔在中间和右下方室内〕驱动，左上方室内有正交轴齿轮传动装置，可能驱动一组碓。中上方室内楼梯前面有几盘主磨石和一盘轮碾。右上方室内有一个稀奇古怪的装置，几乎可以肯定原来是想凭记忆画柄、连杆和活塞杆组合，也就是水力往复装置，这装置带动一个面罗，在它背后所示的格子柜也许就是面罗。在左方和中下方室内有画法拙劣的齿轮，有水平安装的，也有直立安装的，它们的确切用途和相互关系不明，但在右下方室内画有一个盆形齿轮，同样是孤立的，但有设计优良的小齿轮短齿，足以显示元代水车设计者的优秀技术。”这是从科技角度的一种审视与解读。或有强作解人者，以为“这是一架构造新巧的坐式水碓，比‘藉身重以践碓’的足踏式水碓更为先进”，“坐于碓上的青巾土色衣者却可以边劳动，边手扶楼阁远眺青山绿柳的窗外景色。表明能够在这架水碓上工作是轻松的、优越的”〔《辽宁省博物馆藏宝录》，页 142〕。不免自陷荒唐。

[2] 李廌《德隅斋画品》。

图[26-14]《山溪水磨图》局部二

倡导，此际则已成“文人画”的实践。以今天所能见到的画迹而论，《山溪水磨图》可以说是同类题材终结点上的一幅标志性作品，它的意义，也正在于此。

后序

一

叶秀山《关于“文物”之哲思——参观台北故宫博物院有感》一文，有几段话说得很好：

文物为文化之“物”，人文之“物”。“物”本来就是物，为什么还要饰以“文”？我们看到的那些品类繁多的陶器、瓷器，虽有不少精美的花饰，但相当一部分还都是实用的生活用品，像壶、罐、盘等等，此时“物”前之“文”，当不指那器皿本身上的花纹装饰。那末它们“文”在哪里？为什么现在人们不再“用”它们了，反倒由普通的“物”，转化成为“文物”？为解决这个问题，我们可不可以设想和“后现代”派相反的一种思路，即不是把一切的“文献”作“文物”看，而是将一切的“文物”都作“文献”看，即随着时光之流逝，此类物品之实质性、物质性功能以及由之而来的装饰性功能隐去，而其精神性、文化性功能则显现出来，故而“物”成了“文物”。

文物展显一种意义，这种意义不是实物本身所能涵盖得了的。我们看到的一方古砚、一套衣冠、一个陶壶，都不是说一下“这是某某”之所能穷尽的。这些文物不只是告诉我们它们的名字和用途，它们向我们说的是很多很多的“话”，可能还不断地在“说”，它们有“说”不完的“话”在“倾诉”。我们眼前的“文物”无不一一向我们打招呼，邀请我们与它们交谈，以便“相知”。

——它教人想到，文物是有生命的。生命过程可分作两部，其一是作为原初的物，即在被使用着的时代，它一面以它的作为有用之物服务于时人，一面也以装饰、造型等愉悦时人的审美目光。其一是文物。《有感》云：“历史科学不可能穷尽过去之一切事实，使之成为一个‘生命’之流，只有如实地将‘事实’回归到生活的‘事件’，才是真实的‘时间’，‘事’才是时间性的‘史’。”那么承载着“事实”的文物便是以诉说的姿态“如实地将‘事实’回归到生活的‘事件’”，而在激活历史事实的同时，也复活了自己的生命。

这是面对文物常会产生的一种最为直接的感受。不过，“说一下‘这是某某’”，其实已经很不容易，甚至已经可以构成问题，即所谓“定名”问题，这是必不可少的一步，有此第一步，才能够呼唤起沉睡已久的生命，才可能有对它的倾听和由此而来的第二步的相知。而比我们古的古人面对更古的古物也一定会产生同样的感受，因此名物学很早就诞生了，如果把陆玑的《毛诗草木鸟兽虫鱼疏》算作第一部，那么时代是三国。以后北宋又有了古器物学。当然严格说来二者很有区别，前者根源于诗经的名物研究，面对的仍是文字，后者所面对的才是“文物”。或者可以说，名物学是持“名”以找物，古器物学是持“物”以找名，名与物的疏离处是二者各自的起点，名与物的契合处则是二者最有意义的殊途同归。

关于名物研究，日本学者青木正儿在其《中華名物考》的《序说》部分有一番简明扼要的论述。即第一是作为训诂学的名物学，它以《尔雅》，《小尔雅》，《广雅》为主线，此外又有性质相近的《方言》等，共同构成名物研究的训诂学基础。第二是名物学的独立。以《释名》开其端，以后又有从诗经的训诂中独立出来的名物研究，再有从《尔雅》分出来的一支，如《埤雅》，《尔雅翼》，《通雅》。第三是名物学的发展，它的研究范围也在发展过程中逐渐确立，大致说来有如下内容：甲、礼学；乙、格古〔古器物〕；丙、本草；丁、艺植；戊、物产；已、类书〔如《清异录》，《事物异名录》，《三才图会》]。第四，作为考证学的名物学。即特别把经学中的名物部分提出来，用考据的方法进行研究，并为之作图解，如江永《乡党图考》。若作分类，可别为数项，如：甲、衣服考；乙、饮食考；丙、住居考；丁、工艺考。也可以说，这第四项主要是清代学者的贡献。

关于古器物学，李济《中国古器物学的新基础》一文所论甚详。不过这里乃把考古学作为古器物学的延续，这恐怕是当今考古学界所不能同意的。但他对古器物学的确分析得很透彻，并且给予了很公允的评价。对于宋哲宗元祐七年完成的《考古图》，他的意见是："这部书的出现，不但在中国历史上，并且在世界文化史上，是一件了不得的事件。在这部书内，我们可以看见，还在十一世纪的时候，中国的史学家就能用最准确的方法，最简单的文字，以最客观的态度，处理一批最容易动人感情的材料。他们开始，并且很成功地，用图象摹绘代替文字描写；所测量的，不但是每一器物的高度、宽度、长度，连容量与重量都纪录下了；注意的范围，已由器物本身扩大到它们的流传经过及原在地位，考订的方面，除款识外，兼及器物的形制与文饰。"而古器物学八百年来在中国所以未能前进，"就是因为没有走上纯理智的这条路。随着半艺术的治学态度，'古器物'就化为'古玩'，'题跋'代替了'考订'，'欣赏'掩蔽了'了解'"。"这八百年的工作，好像在没有填紧的泥塘上，建筑了一所崇大的庙宇似的；设计、材料、人工，都是上选；不过，忘记了计算地基的负荷力，这座建筑，在不久的时间，就显着倾斜、卷折、罅漏，不能持久地站住"。

至王国维提出"二重证据法"[1]，古老的学科在研究方法上才有了的一次变革性的突破。其他这里不论，只说我所关心的名物研究，我想，古老的名物研究也因此有了新的生机。

所谓"名物研究"，可以定义为研究与典章制度风俗习惯有关的各种器物的名称和用途。说得再直白一点，便是发现、寻找"物"里边的故事。它所面对的是文物：传世的，出土的。它所要解决的第一是定名，第二是相知。定名，解决的是"物"的问题，即作为物，它的名称与用途。相知，

[1] 此说见于他的《古史新证·总论》，即："吾辈生于今日，幸于纸上之材料外，更得地下之新材料，由此种材料，我辈固得据以补正纸上之材料，亦得证明古书之某部分全为实录，即百家不雅驯之言，亦不无表示一面之事实。此二重证据法惟在今日始得为之，虽古书之未得证明者不能加以否定，而其已得证明者不能不加以肯定，可断言也。"

解决的是“文”的问题，即其承载的文化信息究竟是什么。也就是说，定名，方可以使之复活；相知，方可以使之复原。新的名物研究，其基础依然是训诂和考据，不过它却可能、也必须站在历史、文学、考古等学科的结合部来审视文物，当然这里需要的不是捏合，而是打通，即在文献与实物的碰合处发现物里物外的故事，进而用“文物”所呈现出来的历史真实，构筑起作为“事件”的细节，以丰满历史进程中的一个小小的局部，或者说，一个小小的“点”。在很久以后的将来，把若干的“点”连起来，或许就能够呈现一个清晰的精细的历史进程。

二

定名是一件很有意思的工作。不妨先从很小的一点小趣味说起。

二〇〇〇年五月，徐州国贸商厦明代遗址发现了天启四年黄河溃堤后淹没的一带民宅，并宅子里的大量生活用品。其中一件铜具，有关报道称作“剪形勺”[1]。它与平常的剪刀没有太大区别，惟刃部作成勺的样子，而在中间断开〔图27-1:2〕。与它近似的一件，也见于定陵，乃与烛台同在一处，定陵的这两件都是明器[2]。

此物虽然并不引人注目，历史却很是悠久，今有汉代实物可见，其名称并已经研究者指出，

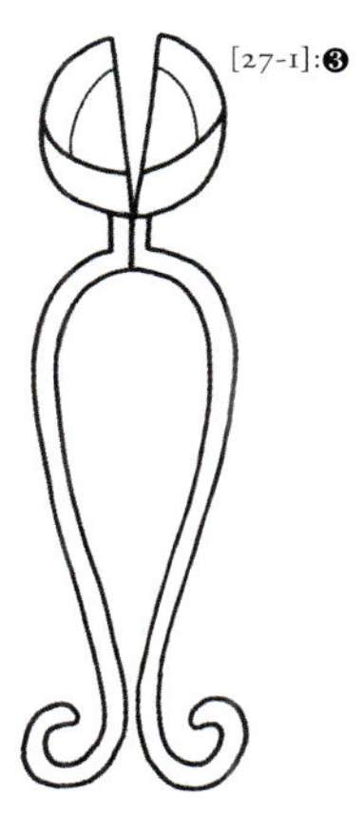

图[27-1]烛剪

❶ 韩国庆州市雁鸭池出土

❷ 徐州明代房舍遗址出土

❸《和汉三才图会》中的烛剪图

[1]《寻常物件 韵味无穷——徐州明代房舍遗址出土文物拾萃》，页61。

[2]《定陵》，页177；图版一八二。

即烛铗[1]。庾信《对烛赋》"铜荷承泪蜡，铁铗染浮烟"，所咏即此。

烛铗亦名烛剪。无论早期用蜂蜡制成的蜜烛还是后来的各种蜡烛，中间都有一根烛芯，点燃烛芯，蜡烛油慢慢熔化，顺着烛芯被火焰充分燃烧，十分光亮。但燃烧得久了，烛芯的顶端会吸不起油脂，于是渐渐有一小点被烧成炭，这一小点自然再不能吸起油脂，蜡烛便只是燃烧结成炭的部分。如此而结炭愈多，油脂不能通过烛芯充分燃烧，光亮因此变暗，且冒出黑烟，结炭处则因温度高而不时爆烈，便成烛花。于是须用烛铗来及时剪掉结炭的这一段，蜡烛才能够重新变得明亮[2]。《对烛赋》之"铁铗"，烛剪也。"浮烟"，则指烛芯结炭部分燃烧时所起之烟，"铁铗染浮烟"，"染"字在这里因特见妥帖。唐裴夷直《席上别张主簿》"红烛剪还明"[3]；蜀欧阳彬《生查子》"剪烛蜡烟香，促席花光颤"[4]；宋王铚《妾薄命》"独夜理瑶琴，泪烛剪不明"[5]；明黄淳耀《寒月和严式如韵》"高烛剪无焰"[6]，说的也都是剪烛花。而所谓"泪烛剪不明"，原是写忧思而借此物象从反面作文章。

烛剪的别致在于刃，它的两刃或分别作成浅托，或索性为相连的两个半圆，张开有刃为剪，抱合则成勺叶，因此正好承接剪落的烛花。咏烛剪之作，金武伯英的一联是为人传诵的名句："啼残瘦玉兰心吐，蹴落春红燕尾香。""啼残"句，说蜡烛之燃；"蹴落"句，说烛花被剪，寻常物事，却用情辞把它写得凄艳，固宜为一时所赏[7]。今则要知其事、见其物，才能解得诗的遣词命意之巧。

烛剪又名香匙剪子，又或剪筒。《宋史》卷一四九《舆服一》说五辂之制，卤簿中有"烛台二人，香匙剪子二人"。每事若干人，为此节叙述之例，则这里的香匙剪子应为一事，即烛剪。《红楼梦》第二十九回写贾母往清虚观打醮，其中说到"可巧有个十二三岁的小道士儿，拿着个剪筒，照管各处剪

[1] 《汉代物质文化资料图说》，页346。

[2] 《红楼风俗谈》"蜡烛 · 太平花"条，页35。按此条于蜡烛之种种，考证甚详。

[3] 《全唐诗》，册一五，页5858。

[4] 《全唐五代词》，页614。

[5] 《全宋诗》，册三四，页21291。

[6] 《陶庵全集》卷一三。

[7] 事见元好问《云岩》诗《序》。此意也为后人所喜用，如元萨都剌《寒夜与王记室宴集》"玉奴剪烛落燕尾"〔《元诗选 · 初集》，页1199〕，即从此句化出。

蜡花儿"，此剪筒，也是烛剪[1]。朝鲜、日本也都用到它。韩国庆州市雁鸭池出土一件铜烛剪，制作极精美，为八世纪新罗时物[2]〔图 27-1:1〕。《和汉三才图会》卷三二"家饰具"中有烛剪图〔图 27-1:3〕，释云："烛剪，可以切去烛烬，每置于烛台。"

再举一个很小的例子。

吉林省博物馆藏金代张□《文姬归汉图》，是同类题材的画作中最为杰出的一幅。只是作者之名与他的属金抑或属宋，至今尚无完全肯定的结论，虽然以画作名款上有"祗应司"而定其属金已成意见中的多数，不过作品中扬汉贬"胡"的倾向实在鲜明，高木森《〈文姬归汉图〉的鉴赏》对此有精要的分析，很可以参考，而曰作者是金朝宫廷画家，似乎尚有讨论的余地。当然这是另外的话题，这里仍只说名物。画作人物第三组中的最后一名，前拥红包袱，后负一略近圆形之器，其身分应是侍从〔图 27-2:1〕。关于这位侍从所负之器，讨论者似乎很少注意，偶见有论者提及，却指为章服上面的补子，这是完全的误会，自不必多论。

侍从所负之器，应是酒壶。定名的依据，来自实物与文献以及二者可以互证之处。

其一，关于壶。此壶有辽代背壶实物可作比照〔图 27-2:3、4〕。内蒙古科右中旗代钦塔拉辽代墓群三号墓出土的一件，扁壶连盖通高三十六点六厘米，壶腹直径二十六点五厘米，侧面最宽处十一厘米。粗瓷胎，酱色釉，上端有短颈，两边各有三个穿带，壶底与下边矮足的连接处也贯通作成穿带；此外盝顶式的壶盖，顶部侧面也是贯通的，作成穿带。三号墓随葬品丰富，墓里虽然没有墓志，但出土一件契丹大字木牍，从墓葬规模和随葬品看，可以推定墓主人是契丹贵族，时代为辽早期[3]。而《文姬归汉图》中的侍从所负之壶，大小、形制、文饰，无一不与之相仿，惟在短颈两侧又另外作出穿耳，而这本来也是此类扁壶常见的作法，则其为背壶当无疑义。

其一，关于酒。宋赵彦卫《云麓漫钞》卷七："建炎中兴，张、韩、刘、

[1] 前引《红楼风俗谈》，云此烛筒"很像现在姑娘们烫头发用的那种夹剪"，则恐怕是由"筒"字而生出的误会。

[2]《世界美術大全集 · 東洋編 · 10》，页 236。

[3]《科右中旗代钦塔拉辽墓清理简报》，页 657，图七；页 667。又《东北文化》中著录的一件辽暗黄釉穿带扁壶，高二十七点三厘米，腹径二十五点四厘米〔见该书图二三二〕，也是一例。

[27-2]:❶

[27-2]:❷

岳为将，人自为法，当时有‘张家军’、‘韩家军’之语。四帅之中，韩、岳兵尤精，常时于军中角其勇健者，令〔另〕为之籍。每旗头、押队阙，于所籍中又角其勇力出众者为之；将、副有阙，则于诸队旗头、押队内取之。别置亲随军，谓之‘背嵬’，悉于四等人内角其优者补之。一入背嵬，诸军统制而下，与之抗礼，犒赏异常，勇健无比，凡有坚敌，遣背嵬军，无有不破者。见范参政致能说，燕北人呼酒瓶为嵬，大将之酒瓶，必令亲信人负之。范尝使燕，见道中人有负罍者，则指云：‘此背嵬也。’故韩兵用以名军。嵬即罍，北人语讹故云，韩军误用字耳。”《云麓漫钞》是宋代笔记中极有史料价值的一部，纪事多可信，范致能即范成大，讲述出使见闻也很有实事求是之风。《漫钞》此则原是讲中兴四将的治军故事，难得把故事的始末原由记载得如此清楚，我们因此可以知道，张□《文姬归汉图》为侍从添画的正是这样一件用作盛酒的背罍。它为娴于骑射的北方民族所喜用，契丹如此，女真亦然。附带说一句，画家画的是历史题材，但却并没有想要画中人的种种特征符合它的历史时代，比如侍从的发式，即是取自契丹。不过更有意思的是，另一幅作品时代有争议的宫素然《明

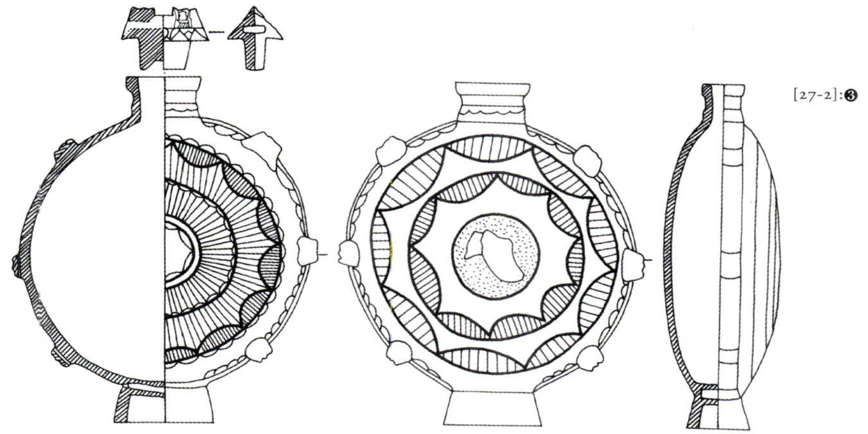
[27-2]:❸

妃出塞图》〔今藏日本大阪市立美术馆〕，构图与它相仿自不待言，问题倒是在于画作中同样也有的背罍，其短颈以及短颈两侧的穿耳竟不明所以连成一气，真的成了一件"不知名器"〔图27-2：2〕。是只见其形，不知其用，还是其他？那么从这一角度，对作品的时代或可再作考虑。而在这一类问题上，定名所作的便略似于"局部放大"，它或许可以使深入的研究更多一点准确清晰的细节参照。

[27-2]:❹

三

相知当然最难。借用哲学家的语言，可以说，我们必须学会"倾听"，亦即在文与物的相互呈现中"倾听"。

前不久在《中国文物报》上读到一则消息，题为《"中国文明中有关'古

[27-2]
❶《文姬归汉图》〔局部〕
❷《明妃出塞图》〔局部〕
❸ 代钦塔拉辽墓出土酱釉扁壶
❹ 辽暗黄釉穿带扁壶

代’的诠释”国际学术研讨会在德国召开》。其中说到："整个会议哲学意味颇浓。热点集中在中国历史上有关‘古代’概念的诠释和价值认定。纵观中国文明进程，不同时期的统治者和知识分子对‘古代’都赋予了不同的价值内核。总的说来都热衷于‘营造’一个美好的‘古代’。"[1] 这一议题很令人感兴趣,但不知是否有人谈到关于"古代"的"营造",除了用"文",还要用"物",即以物载文，以物载道，而这正是"古代"以来的传统。先秦时代，礼器与礼仪的结合，构成了宗法与封建合一的政治生活乃至日常生活——这里特别要提到日常生活，是因为"礼仪三千"中本来有着艺术与生活的合一。被后人追慕不已的风雅，原有着"物"作为支撑。关于"古代"的"营造"，这里不说统治者，只说知识分子，亦即士人。士人的特质，独立于时尚之外，该是其中之一,也该是其根本之一。而持守古典,便是士人保持独立的一种方式，一种姿态。当然此古典并非彼古典，它是想象与真实的混淆，理想与现实的合约，不必说，唐人的古，宋人的古，明人的古，都加入了它的当代因素，即以它的当代精神去理解去塑造既真实又虚幻的古典。不断被"复"着的"古"或曰被"营造"着的"古代"，也因此总是充满生命力和生长力，其中作为载道的"物"，也是如此，并且常常因为它的载道而以物的形态成为某种精神的象征。那么作为名物研究，即应辨明"文物"的用途、形制、文饰所包含的"古典"和它所属时代的"今典"，认出它的底色和添加色，以揭示"物"中或凝聚或覆盖的层层之"文"。总之，同样是以训诂与考据为基础，但新的名物研究与旧日不同者在于，它应该在文献与实物的碰合处，完成一种贴近历史的叙述，而文献与实物的契合中应该显示出发展过程中各个时段的变化，此变化则应有细节的真实和清晰。书中若干论题的选择，其实正是基于这样的思考，只是实际达到的，距离所设定的目标实在还相去很远。

四

我本来研究的是文学，因此尚须回过头来，看一看名物研究究竟能够为文学做些什么。

诗，当然也包括文，有各种各样的读法。赏其才思，赏其韵致，是一种；

[1] 二〇〇四年六月十一日第七版。

解读与诗相关的故事，亦即求索其“本事”，也是一种。《唐子西文录》：“东坡赴定武，过京师，馆于城外一园子中。余时年十八，谒之。问余：‘观甚书？’余云：‘方读《晋书》。’卒问：‘其中有甚好亭子名？’余茫然失对。始悟前辈观书用意盖如此。”断章取义借用这里的一点意思，则读诗读文只留意于其中的“好亭子名”，也可以算作一种读法。

书中涉及的古诗文，似以宋诗占得多数。讨论宋诗的风格与特色，自是大题目，前修与时贤早作了很多工作，更有出色的成就。近年整理出版的《全宋诗》，更为细致的检阅提供了极大的方便，其中虽有若干疏失，但它毕竟提供了比较可靠的线索与依据，而这样一个诗的世界，也使人更有条件从广阔的范围，亦即宋人之诗，而不仅仅是诗人之诗的一个相对狭小的范围，对两宋诗重新审视。

以文为诗，为宋诗特点之一，诗因此变得轻易和平常。语言和风格的变化，使诗可以承载更多的平凡，它因此打破了诗歌成熟期所造就的精致，而另外扩展了它的叙述功能。衣食住行，拈来即成诗材，以入世的精神求出世的心态，以平等的心情“尔”“汝”群物[1]，便可以在日用常行中体味生命。平易的叙述在日常生活的表面轻轻抚过，却激活了其中本来具有的诗性的品质，而诗意便多建立在对生活细节的关注和品味，对寻常事物的牵挂和爱惜。宋人对陶渊明的偏爱以及对他所作的种种当代诠释，也可以从这一角度去理解。如果做一个并不全面的概括，那么大致可以说，宋词是以细腻柔软的基调容纳情的深婉，宋诗是以质实清劲的风格容纳事的微至。文友止庵君写过一篇文章，题为“体味不复存在的语境”。借用这句话，我想说，理解宋诗，回到“不复存在的语境”也是方式之一，即这里不是从诗学角度探讨诗人之诗，而是欲求解读宋人之诗或曰士人之诗中所包含的生活之真实、生活状态之真实，亦即借助于名物研究，而复原“不复存在的语境”。如果称之为“物质文化背景”，似乎太大，那么以把它缩小为生活细节为宜。“风微仅足吹花片，雨细才能见水痕”[2]，一切都是微细的，但微细中原有它的深广。在落花处驻足，也许可以捕捉到微风传送来的一点消息。

茶事与香事，是宋诗中常见的话题。关于香事，此前的研究多以香料为主，并且多是从东西方交流的角度。白寿彝《宋时伊斯兰教徒底香料贸易》，关履权《宋代广州的香料贸易》，林天蔚《宋代香料贸易史稿》和作为增订本的《宋

[1] 钱钟书《宋诗选注》董颖《江上》诗下的一条注对此有所申说，见该书页163。

[2] 陆游《春阴溪上小轩作》，《全宋诗》，册四一，页25506。

代香料贸易史》，在这一方面都有比较详细的论述。分量最重的自然要数日人山田宪太郎的《香料博物事典》，此著是人文与科学的合一，不仅香料的考索做得精细，同香料有关的历史与东西方社会风俗也一一在作者的视野之内。台湾刘良佑著有一部《灵台沉香》，后又有在此基础上修订增补的《香学会典》，前者系自行印制和出版。作者曾亲走东南亚访求各种香料，且自筑香室，书中焚香品香之种种便多得自亲历，这也正是香学著述中它的别具一格处。又有一部《故宫历代香具图录》，原是为台北故宫博物院举办的香具特展而作，图录前面一篇占了百余页篇幅的《历代香具概说》，略如一卷中国古代香事小史，援引古代绘画，并历数可以互为印证的传世品与诸多出土文物，把香具历史和演变的轨迹勾画出大概。那么在此基础上，是否有可能进一步讨论香料传至中土以后，种种细节的变化究竟如何，而香事既作为两宋诗词的话题，它之于士人的生活又是如何。本书有关香事的一组，可以算是粗浅的尝试。它的本意是想在“文”与“物”的交互呈现中，使香诗和香事中的若干琐细微末稍稍变得清晰。

茶事只是社会生活之一端，但在《全宋诗》与《全宋词》的范围里检阅其详，却不能不惊讶于它的丰富。茶事中的细微末节，在茶诗中原是有情，有境，有性灵；饮茶方式的选择，也每每显示着饮者的气度和风神。陆羽曾经努力使茶事成为一种艺术，一种境界，两宋士人则把悬浮着的艺术和境界化为日常，而依然可以用“物”来承载属于自己的“文”。那么士人之茶与世人之茶是否有所区别？从考校名物入手，应该可以发现茶诗与茶事相互映衬中若干细节的意义。

以家庭生活或曰“过日子”为题材，《金瓶梅》是中国长篇小说中的第一部。抛开为人诟病的色情描写不论，仍只说名物，它摒弃掉一切诗情画意，以彻底的入世与沉沦而有着对日常生活种种琐碎的深透理解和入微刻画，包括无数的小口角、小纠纷，昵语、詈语，无一不在它的关注之内，且绘声绘色绘影绘形写得真切，而于物的细微格外用心用力，原是《金瓶梅》词话本与崇祯本系统的一个重要分别，从这一角度也可以说这正是词话本的优胜之处。把《金瓶梅词话》与《醒世姻缘传》合在一起，几乎可当得明代社会日常生活的一部百科全书，以爽脆流丽的声口，使琐细之物的形容本身即成故事，则尤其是前者的好处。世俗生活中的种种“好亭子名”宛转在一支为物画像的笔，不能不教人随着它去追索常常是化身在情境里、情节中的物究竟真身如何。本书关于首饰的几则，多半是为小说中的这一类文字所吸引，只是这里才好算是一个开始，还有更多的工作要去做。

其实一切都是刚刚开始。穷尽资料，是考证将进入某一具体问题时首先要做的工作，然而它常常只能是理想中的标准，我所读到且可以方便利用的仍不过是一些最为常见的书。小中见大，本来是考证应该达到的境界，而在我，同样也只是成为向往。老一辈学者不论，新一代中，段晴《唐代大秦寺与景教僧新释》，李锦绣《"城傍"与大唐帝国》，是令我启羡的范本，但至今仍只有惭愧而已。写作过程中，最为深切的感受是对各个方面的知识未能有深透的掌握。我想，今后更为艰巨的任务，第一是学习，第二还是学习。

五

书的写作，自始至终得到师友们一如既往的关心和支持。杨成凯、王明达、黎毓馨、曹玮、李长声、吴兴文、尚刚、方广锠、刘扬忠、郑在勇、陆灏、朱岳凌、姚敏苏、胡丹、刘涛、宋红、金艳、赵鹏，诸位师友各种形式的帮助，都令我心中长存感激。砚友筱芸君的赐序，实是一份令人珍视的友情。陈公柔先生曾审阅过书中的部分文字，并提出中肯的意见，其实平日与先生的闲谈，也常常是从中获益的。书稿的顺利付梓，有赖于李文儒先生和张露君的大力支持；更有美编知音式的精心设计与安排，这一切都教人感念不已。

自一九九五年初夏从遇安师问学，至今已将近十个年头。对老师的感激更不是几句话可以说得尽。以《诗经名物新证》为基础，遇安师引导我走向了一条新的学问之路，从宏观到微观，无一不悉心指点。老师的学识如百科全书般渊博，我至今不敢说已学到一枝一叶，但自信从学过程中总算逐步有了发现问题和解决问题的能力，而这对于我来说该是最可宝贵的东西。用朋友的话说，遇到一位好老师，是求学途中最大的幸运，而我正好是一个幸运者。

引用文献

本书引用之著述以及图像和拓片所据版本。中文之部以汉语拼音为序。

A

安徽六安县花石咀古墓清理简报　安徽六安县文物工作组　考古一九八六年第十期

安徽全椒西石北宋墓　滁县地区行署文化局等　文物一九八八年第十一期

安徽省博物馆藏瓷　安徽省博物馆　文物出版社二〇〇二年

安徽宿县褚兰汉画像石墓　王步毅　考古学报一九九三年第四期

安徽天长县三角圩战国西汉墓出土文物　安徽省文物考古研究所　文物一九九三年第九期

安徽涡阳稽山汉代崖墓　刘海超等　文物二〇〇三年第九期

安吉文物精华　安吉博物馆　文物出版社二〇〇三年

安陆王子山唐吴王妃杨氏墓　孝感地区博物馆等　文物一九八五年第二期

安平东汉壁画墓　河北省文物研究所　文物出版社一九九〇年

鞍山倪家台明崔源族墓的发掘　辽宁省博物馆文物队等　文物一九七八年第十一期

敖汉旗白塔子辽墓　敖汉旗文化馆　考古一九七八年第二期

B

巴蜀汉代画像集　龚廷万等　文物出版社一九九八年

白居易集笺校　朱金城　上海古籍出版社一九八八年

百宝总珍集　玄览堂丛书三集

包山楚墓　湖北省荆沙铁路考古队　文物出版社一九九一年

包山二号楚墓简牍释文与考释　刘彬徽　见包山楚墓

宝宁寺明代水陆画　山西省博物馆　文物出版社一九八八年

保利藏金——保利艺术博物馆精品选　岭南美术出版社一九九九年

保利藏珍——石刻佛教造像精品选　岭南美术出版社二〇〇〇年

北户录　段公路　学海类编本

北京龙泉务窑发掘报告　北京市文物研究所　文物出版社二〇〇二年

北京南苑苇子坑明代墓葬清理简报　北京市文物工作队　文物一九六四年第十一期

北京三百六十行　齐如山　中国戏剧出版社一九九一年

北京市郊明武清侯李伟夫妇墓清理简报　张先得等　文物一九七九年第四期

北京文物精粹大系·织绣卷　北京市文物局　北京出版社二〇〇一年

北京西便门外发现铜器　北京市文物工作队　考古一九六三年第三期

北齐库狄廻洛墓　王克林　考古学报一九七九年第三期

北宋皇陵　河南省文物考古研究所　中州古籍出版社一九九七年

北堂书钞　虞世南　中国书店影印本一九八九年

北魏洛阳永宁寺　中国社会科学院考古研究所　中国大百科全书出版社一九九六年

北苑别录　赵汝励　丛书集成初编本

北周隋唐京畿玉器　刘云辉　重庆出版社二〇〇〇年

C

本草纲目　李时珍　人民卫生出版社一九八二年

本草拾遗辑释　尚志钧　安徽科学技术出版社二〇〇二年

曹操集　中华书局一九五九年

草原瑰宝——内蒙古文物考古精品　上海博物馆　上海书画出版社二〇〇〇年

册府元龟　王钦若等　中华书局影印本一九六〇年

茶经　陆羽　陶氏涉园据宋本景刊百川学海本一九二七年

茶录　蔡襄　陶氏涉园据宋本景刊百川学海本一九二七年

长安县三里村东汉墓葬发掘简报　陕西省文物管理委员会　文物一九五八年第七期

长沙出土的三座大型木椁墓　湖南省文物管理委员会　考古学报一九五七年第一期

长沙楚墓　湖南省博物馆等　文物出版社二〇〇〇年

长沙发掘报告　中国科学院考古研究所　科学出版社一九五七年

长沙马王堆二、三号汉墓发掘简报　湖南省博物馆等　文物一九七四年第七期

长沙马王堆一号汉墓　湖南省博物馆等　文物出版社一九七三年

长沙窑　长沙窑课题组　紫禁城出版社一九九六年

长物志校注　陈植　江苏科学技术出版社一九八四年

常州文物精华　常州市博物馆　文物出版社一九九八年

朝野佥载　张鷟　中华书局一九七九年

尘封瑰宝　江西省文物考古研究所　江西美术出版社一九九九年

陈氏香谱　陈敬　上海古籍出版社影印四库全书本

陈与义集校笺　白敦仁　上海古籍出版社一九九〇年

成都市西安路南朝石刻造像清理简报　成都市文物考古工作队等　文物一九九八年第十一期

诚斋诗话　杨万里　中华书局排印本历代诗话续编一九八三年

程氏续考古编　程大昌　辽宁教育出版社二〇〇〇年

赤峰县大营子辽墓发掘报告　前热河省博物馆筹备组　考古学报一九五六年第三期

重庆市博物馆藏四川画像砖选集　文物出版社一九五七年

初学记　徐坚　中华书局一九六二年

慈善寺与麟溪桥　西北大学考古专业等　科学出版社二〇〇二年

磁州窑瓷枕　张子英　人民美术出版社二〇〇〇年

嚳墓——战国中山国国王之墓　河北省文物研究所　文物出版社一九九六年

D

大慈恩寺三藏法师传　释慧立等　中华书局二〇〇〇年

大观茶论　赵佶　上海古籍出版社一九八八年影印说郛宛委山堂刻本

大金集礼　上海古籍出版社影印四库全书本

大理市博物馆藏品精粹　大理市文物局等　云南人民出版社二〇〇三年

《大傩图》名实辨　孙景琛　文物一九八二年第三期

大唐西域记校注　季羡林等　中华书局一九八五年

大同明代甘固总兵夫妇合葬墓　大同市考古研究所　文物世界二〇〇二年第四期

大同智家堡北魏墓石椁壁画　王银田等　文物二〇〇一年第七期

大正新修大藏经　大正新修大藏经刊行会排印本

岛夷志略校释　苏继庼　中华书局一九八一年
道古堂集　杭世骏　清乾隆刻本
德安南宋周氏墓　周迪人等　江西人民出版社一九九九年
德隅斋画品　李廌　上海古籍出版社影印四库全书本
登封王上壁画墓发掘简报　郑州市文物工作队　文物一九九四年第十期
邓县彩色画象砖墓　河南省文物工作队　文物出版社一九五八年
帝京景物略　刘侗等　北京古籍出版社一九八〇年
帝京岁时纪胜　潘荣陛　北京古籍出版社一九八一年
定陵　中国社会科学院考古研究所等　文物出版社一九九〇年
定窑白瓷特展图录　台北故宫博物院一九八七年
定州工艺与静志、净众两塔地宫文物　宿白　见地下宫殿の遺宝
东北文化——白山黑水中的农牧文明　徐秉琨等　上海远东出版社等一九九八年
东观余论　黄伯思　中华书局影印本一九八八年
东海郡吏员簿所反映的汉代官制　李解民　简帛研究二〇〇一　广西师范大学出版社二〇〇一年
东京梦华录　孟元老　古典文学出版社一九五七年
东坡全集　上海古籍出版社影印四库全书本
东西洋考　张燮　中华书局二〇〇〇年
东溪试茶录　宋子安　陶氏涉园据宋本景刊百川学海本一九二七年
东轩笔录　魏泰　中华书局一九八三年
洞天清禄　赵希鹄　江苏古籍出版社影印美术丛书本一九八六年
都城纪胜　灌圃耐得翁　古典文学出版社一九五七年
读书杂志　王念孙　中国书店一九八五年
独断　蔡邕　丛书集成初编本
独醒杂志　曾敏行　上海古籍出版社一九八六年
敦煌宝藏　黄永武　新文丰出版公司一九八六年
敦煌变文集　王重民等　人民文学出版社一九八四年
敦煌歌辞总编　任半塘　上海古籍出版社一九八七年
敦煌——纪念藏经洞发现一百周年　敦煌文物研究所　朝花出版社二〇〇〇年
敦煌马圈湾汉代烽燧遗址发掘报告　甘肃省博物馆　见敦煌汉简　中华书局一九九一年
敦煌石窟全集·12·佛教东传故事画卷　敦煌研究所　上海人民出版社二〇〇〇年
敦煌石窟全集·25·民俗画卷　敦煌研究所　上海人民出版社二〇〇一年

敦煌石窟全集·3·本生因缘故事画卷　敦煌研究所　上海人民出版社二〇〇一年

敦煌石窟全集·7·法华经画卷　敦煌研究所　上海人民出版社二〇〇〇年

敦煌石窟全集·9·报恩经画卷　敦煌研究所　上海人民出版社二〇〇一年

敦煌悬泉汉简释粹　胡平生等　上海古籍出版社二〇〇一年

敦煌悬泉汉简释文选　甘肃省文物考古研究所　文物二〇〇〇年第五期

E

俄藏敦煌艺术品·Ⅰ　俄罗斯国立艾尔米塔什博物馆　上海古籍出版社一九九七年

2002中国重要考古发现　国家文物局　文物出版社二〇〇三年

二十一世纪的秦汉史研究——从简牍材料出发　冨谷至　简帛研究二〇〇一　广西师范大学出版社二〇〇一年

尔雅义疏　郝懿行　上海古籍出版社影印本一九八三年

F

法海寺壁画　北京市法海寺文物保管所等　中国旅游出版社一九九三年

法门寺　法门寺博物馆　陕西旅游出版社一九九四年

法门寺地宫唐代随真身衣物帐考　韩伟　文物一九九一年第五期

法门寺文化史　韩金科　五洲传播出版社一九九八年

法苑珠林　释道世　上海古籍出版社影印本一九九一年

凡将斋金石丛稿　马衡　中华书局一九七七年

樊榭山房集　厉鹗　上海古籍出版社一九九二年

繁峙岩山寺　柴泽俊等　文物出版社一九九〇年

方舆胜览　祝穆　上海古籍出版社影印本一九八六年

封氏闻见记　封演　辽宁教育出版社一九九八年

凤凰山一六七号汉墓遣策考释　吉林大学历史系考古专业赴纪南城开门办学小分队　文物一九七六年第十期

佛雕之美·北朝佛教石雕艺术　台北历史博物馆一九九七年

佛光寺　山西省古建筑保护研究所　文物出版社一九八四年

扶风法门寺塔唐代地宫发掘简报　陕西省法门寺考古队　文物一九八八年第十期

浮花泛绿乱于盏——宋代斗茶汤色释疑（下）　池宗宪　（台北）历史文物二〇〇二年第四期

福建博物院文物珍品　福建教育出版社二〇〇二年

福州茶园山南宋许峻墓　福建省博物馆　文物一九九五年第十期

福州南宋黄昇墓　福建省博物馆　文物出版社一九八二年

负暄杂录　顾文荐　上海古籍出版社影印说郛涵芬楼排印本一九八八年

阜阳双古堆西汉汝阴侯墓发掘简报　安徽省文物工作队等　文物一九七八年第八期

傅干注坡词　北京图书馆出版社二〇〇〇年

G

甘肃敦煌汉代悬泉置遗址发掘简报　甘肃省文物考古研究所　文物二〇〇〇年第五期

甘肃酒泉西沟村魏晋墓发掘报告　甘肃省文物考古研究所　文物一九九六年第七期

甘肃天水放马滩战国秦汉墓群的发掘　甘肃省文物考古研究所等　文物一九八九年第二期

甘肃武威旱滩坡东汉墓　武威地区博物馆　文物一九九三年第十期

高丽青瓷　郑良谟　文物出版社二〇〇〇年

庚辛之间读书记　上海古籍出版社影印本王国维遗书一九八三年

宫室楼阁之美：界画特展　台北故宫博物院二〇〇〇年

骨董琐记全编　邓之诚　三联书店一九五五年

古今考　魏了翁（方回续）　台湾学生书局影印本一九七一年

古今注　崔豹　辽宁教育出版社一九九八年

古刺水　马坚　见郭沫若读随园诗话札记·附录　作家出版社一九六二年

古史新证　王国维　清华大学出版社影印本一九九四年

古帐钩赏鉴　朱年　东南文化二〇〇一年第十二期

故宫《倦勤斋陈设档》之一　李福敏　故宫博物院院刊二〇〇四年第二期

故宫宝笈·名画　台北故宫博物院一九八五年

故宫博物院藏文物珍品大系·金属珐琅器　上海科学技术出版社等二〇〇一年

故宫博物院藏文物珍品大系·晋唐瓷器　上海科学技术出版社等二〇〇二年

故宫藏镜　郭玉海　紫禁城出版社一九九六年

故宫旧藏珍宝欣赏　申仁　上海科学技术出版社二〇〇〇年

故宫历代香具图录　陈擎光　台北故宫博物院一九九四年

故宫文物大典　杨伯达等　浙江教育出版社等一九九四年

关沮秦汉墓简牍　湖北省荆州市周梁玉桥遗址博物馆　中华书局二〇〇一年

关于“文物”之哲思——参观台北故宫博物院有感　叶秀山　哲学研究一九九三年第七期

关于冬寿墓的发现和研究　洪晴玉　考古一九五九年第一期

关于邯郸水浴寺石窟的几个问题　王振国　中原文物二〇〇二年第二期

关于交趾　清水实　见特别展: 交趾香盒

关于陕西临潼出土的金代税银的几个问题　赵康民等　文物一九七五年第八期

关于宣德炉中的金属锌问题　周卫荣　自然科学史研究第九卷第二期 (一九九〇年)

关于帐构　周一良　文物一九八〇年第九期

观台磁州窑址　北京大学考古系　文物出版社一九九七年

馆藏宋代磁州窑瓷器珍品　唐冬冬　开封文博二〇〇一年第一、二期合刊

广东省博物馆藏品选　文物出版社一九九九年

广东新语　屈大均　中华书局一九八五年

广西文物珍品　韦壮凡等　广西美术出版社二〇〇二年

广异记　戴孚　中华书局一九九二年

广州汉墓　广州市文物管理委员会　文物出版社一九八一年

广州皇帝岗唐木椁墓清理简报　广州市文物管理委员会　考古一九五九年第十二期

广州西郊晋墓清理报导　麦英豪　文物参考资料一九五五年第三期

归田录　欧阳修　中华书局一九八一年

癸辛杂识　周密　中华书局一九八八年

贵州平坝县马场唐宋墓　贵州省博物馆　考古一九八一年第二期

桂海虞衡志　中华书局排印本范成大笔记六种二〇〇二年

国朝宫史　鄂尔泰等　北京古籍出版社一九八七年

国之瑰宝　国家文物局等　朝花出版社一九九九年

H

海外藏中国历代绘画　湖南美术出版社一九八九年

海外中国铜器图录·第一集　陈梦家　国立北平图书馆刊本一九四六年

海州西汉霍贺墓清理简报　南京博物院等　考古一九七四年第三期

韩非子集释　陈奇猷　上海人民出版社一九七四年

汉、魏、晋独坐式小榻初论　陈增弼　文物一九七九年第九期

汉碑集释·修订本　高文　河南大学出版社一九九七年

汉代服御器考略　容庚　燕京学报第三期（一九二八年）
汉代上计制度论考——兼评尹湾汉墓木牍《集簿》　高恒　见尹湾汉墓简牍综论
汉代物质文化资料图说　孙机　文物出版社一九九一年
汉官旧仪　卫宏　丛书集成初编本
汉广陵国漆器　扬州博物馆　文物出版社二〇〇四年
汉画像石选　江继甚　上海书店出版社二〇〇〇年
汉魏六朝岭南植物“志录”辑释　缪启愉等　农业出版社一九九〇年
汉魏洛阳城一号房址和出土的瓦文　中国科学院考古研究所洛阳工作队　考古一九七三年第四期
蒿庵闲话　张尔岐　齐鲁书社一九九一年
好古堂家藏书画记　姚际恒　江苏古籍出版社影印美术丛书本一九八六年
浩然斋雅谈　周密　上海古籍出版社影印四库全书本
合肥北宋马绍庭夫妻合葬墓　合肥市文物管理处　文物一九九一年第三期
合肥西郊南唐墓清理简报　石谷风　文物参考资料一九五八年第三期
和林格尔汉墓壁画　内蒙古自治区博物馆文物工作队　文物出版社一九七八年
河北磁县北齐高润墓　磁县文化馆　考古一九七九年第三期
河北定县出土北魏石函　河北省文化局文物工作队　考古一九六六年第五期
河北定县发现两座宋代塔基　定县博物馆　文物一九七二年第八期
河北定县四〇号汉墓发掘简报　河北省文物研究所　文物一九八一年第八期
河北阜城桑庄东汉墓发掘报告　河北省文物研究所　文物一九九〇年第一期
河北古代墓葬壁画　河北省文物研究所　文物出版社二〇〇〇年
河北省承德县发现辽代窖藏　刘朴　北方文物二〇〇二年第三期
河北省出土文物选集　河北省博物馆等　文物出版社一九八〇年
河北省迁安市开发区金代墓葬发掘清理报告　唐山市文物管理处等　北方文物二〇〇二年第四期
河北易县净觉寺舍利塔地宫清理记　河北省文物管理处　文物一九八六年第九期
河南博物院：精品与陈列　孙英民等　大象出版社二〇〇〇年
河南登封黑山沟北宋壁画墓　郑州市文物考古研究所　文物二〇〇一年第十期
河南巩义市新华小区汉墓发掘简报　郑州市文物考古研究所　华夏考古二〇〇一年第四期
河南焦作金墓发掘简报　河南省博物馆等　文物一九七九年第八期
河西简牍　马建华　重庆出版社二〇〇三年
鹤林玉露　罗大经　中华书局一九八三年
黑龙江畔绥滨中兴古城和金代墓群　黑龙江省文物考古工作队　文物一九七七年第四期

衡阳西汉墓出土一件精致的陶薰炉　罗敦静　文物参考资料一九五七年第十二期

红楼风俗谈　邓云乡　中华书局一九八七年

湖北鄂城四座吴墓发掘报告　鄂城县博物馆　考古一九八二年第三期

湖北麻城北宋石室墓清理简报　王善才等　考古一九六五年第一期

湖北云梦睡虎地十一号秦墓发掘简报　孝感地区第二期亦工亦农文物考古训练班　文物一九七六年第六期

湖北郧县唐李徽、阎婉墓发掘简报　湖北省博物馆等　文物一九八七年第八期

湖北钟祥明代梁庄王墓发掘简报　湖北省文物考古研究所等　文物二〇〇三年第五期

湖南长沙市郊五代墓清理简报　湖南省博物馆　考古一九六六年第三期

湖南古墓与古窑址　周世荣　岳麓书社二〇〇四年

湖南衡阳县道子坪东汉墓发掘简报　湖南省博物馆　文物一九八一年第十二期

湖南津市窖藏元代金银器　彭佳　东南文化二〇〇〇年第四期

湖南临湘陆城宋元墓清理简报　湖南省博物馆　考古一九八八年第一期

湖南省志·第二十八卷·文物志　湖南省地方志编纂委员会　湖南出版社一九九五年

沪杭甬高速公路考古报告　浙江省文物考古研究所　文物出版社二〇〇二年

花镜　陈淏子　中国农业出版社一九九五年

花舞大唐春——何家村遗宝精粹　陕西历史博物馆等　文物出版社二〇〇三年

画中家具特展　台北故宫博物院一九九六年

皇朝礼器图式　上海古籍出版社影印四库全书本

黄陂县周家田元墓　武汉市博物馆　文物一九八九年第五期

黄宗羲全集·第十册　浙江古籍出版社一九九三年

挥麈录　王明清　上海书店二〇〇一年

徽州容像艺术　石谷风　安徽美术出版社二〇〇一年

J

吉林市郊发现的金代窖藏文物　吉林市博物馆　文物一九八二年第一期

记塔虎城出土的辽金文物　何明　文物一九八二年第七期

纪国故城附近出土一批汉代铜器　寿光县博物馆　考古一九八四年第一期

嘉祐集笺注　曾枣庄等　上海古籍出版社一九九三年

嘉峪关壁画墓发掘报告　甘肃省文物队等　文物出版社一九八五年

嘉峪关酒泉魏晋十六国墓壁画　张宝玺　甘肃人民美术出版社二〇〇一年

“建武三年候粟君所责寇恩事”释文　甘肃居延考古队简册整理小组　文物一九七八年第一期

建窑“供御”、“进琖”的年代问题　顾文璧　南京博物院集刊第六集(一九八三年)

剑南诗稿校注　钱仲联　上海古籍出版社一九八五年

江陵凤凰山八号汉墓竹简试释　金立　文物一九七六年第六期

江陵凤凰山一六八号汉墓　湖北省文物考古研究所　考古学报一九九三年第四期

江陵凤凰山一六七号汉墓发掘简报　凤凰山一六七号汉墓发掘整理小组　文物一九七六年第十期

江陵九店东周墓　湖北省文物考古研究所　科学出版社一九九五年

江陵望山沙塚楚墓　湖北省文物考古研究所　文物出版社一九九六年

江陵张家山三座汉墓出土大批竹简　荆州地区博物馆　文物一九八五年第一期

江陵张家山竹简概述　张家山汉墓竹简整理小组　文物一九八五年第一期

江苏丹徒丁卯桥出土唐代银器窖藏　丹徒县文教局等　文物一九八二年第十一期

江苏邗江蔡庄五代墓清理简报　扬州博物馆　文物一九八〇年第八期

江苏邗江姚庄一〇一号西汉墓　扬州博物馆　文物一九八八年第二期

江苏江宁县下坊村东晋墓的清理　南京市博物馆等　考古一九九八年第八期

江苏江阴夏港宋墓清理简报　高振卫等　文物二〇〇一年第六期

江苏泰州明代刘湘夫妇合葬墓清理简报　泰州市博物馆　文物一九九二年第八期

江苏泰州市明代徐蕃夫妇墓清理简报　泰州市博物馆　文物一九八六年第九期

江苏无锡明华复诚夫妇墓发掘简报　无锡市博物馆　文物资料丛刊·2　文物出版社一九八七年

江苏无锡青山湾明黄钺家族墓　无锡市博物馆　考古学集刊·3　中国社会科学出版社一九八三年

江苏武进村前南宋墓清理纪要　陈晶等　考古一九八六年第三期

江苏镇江唐墓　镇江市博物馆　考古一九八五年第二期

江西吉水纪年宋墓出土文物　陈定荣　文物一九八七年第二期

江西明代藩王墓考古收获　许智范　中国历史文物二〇〇三年第四期

江西南昌市东吴高荣墓的发掘　江西省历史博物馆　考古一九八〇年第三期

江西南城明益宣王朱翊鈏夫妇合葬墓　江西省文物工作队　文物一九八二年第八期

江西南城明益庄王墓出土文物　江西省文物管理委员会　文物一九五九年第一期

江阴北宋“瑞昌县君”孙四娘子墓　苏州博物馆等　文物一九八二年第十二期

江阴长泾、青阳出土的明代金银饰　唐汉章等　文物二〇〇一年第五期

蒋礼鸿文集　浙江教育出版社二〇〇一年

交趾香盒:传世品与出土物　赤沼多佳　见特别展:交趾香盒

节孝集　徐积　上海古籍出版社影印四库全书本

介绍一件明嘉靖百童游戏青花罐　王毓彤　文物一九九三年第二期

戒庵老人漫笔　李诩　中华书局一九八二年

金翠流芳——梦蝶轩藏中国古代饰物　香港大学美术博物馆与香港大学博物馆学会一九九九年

金代丝织艺术——古代金锦与丝织专题考释　赵评春等　科学出版社二〇〇一年

金泥玉屑丛考　王仲荦　中华书局一九九八年

金瓶梅词话　文学古籍刊行社一九五七年

金坛南宋周瑀墓　镇江市博物馆等　考古学报一九七七年第一期

锦州北魏墓清理简报　刘谦　考古一九九〇年第五期

京华瑰宝　异域生辉　龙霄飞　收藏家二〇〇〇年第三期

经行记笺注　张一纯　中华书局二〇〇〇年

荆楚岁时记　宗懔　沔阳卢氏慎始基斋影印汉魏丛书本

景德镇湖田窑考察纪要　刘新园等　文物一九八〇年第十一期

旧京琐记　夏仁虎　北京古籍出版社一九八六年

居延汉简甲乙编　中国社会科学院考古研究所　中华书局一九八〇年

居延汉简考证　劳干　见居延汉简·考释之部　台北中央研究院历史语言研究所一九六〇年

居延考古发掘的新收获　徐苹芳　文物一九七八年第一期

居延新简·甲渠候官　甘肃省文物考古研究所等　中华书局一九九四年

倦游杂录　张师正　上海古籍出版社一九九三年

K

开元天宝遗事　王仁裕　上海古籍出版社影印说郛宛委山堂刻本一九八八年

考古图　吕大临　中华书局影印四库全书本一九八七年

科右中旗代钦塔拉辽墓清理简报　兴安盟文物工作站　内蒙古文物考古文集第二辑　中国大百科全书出版社一九九七年

客座赘语　顾起元　中华书局一九八七年

愙斋集古录　吴大澂　涵芬楼影印

L

兰州上西园明彭泽墓清理简报　甘肃省文管会　考古通讯一九五七年第一期

揽辔录　中华书局排印本范成大笔记六种二○○二年

老学庵笔记　陆游　中华书局一九七九年

礼记集解　孙希旦　中华书局一九八九年

李卓吾批评真本西厢记　崇祯十三年西陵天章阁刊本

历代名画记　张彦远　上海人民美术出版社排印本画史丛书一九六二年

历代寺观壁画艺术·高平开化寺壁画　重庆出版社二○○一年

隶释　洪适　中华书局影印本一九八五年

两汉私人讲学考略　罗义俊　见纪念顾颉刚学术论文集　巴蜀书社一九八○年

辽陈国公主墓　内蒙古自治区文物考古研究所　文物出版社一九九三年

辽墓辽塔出土的伊斯兰玻璃——兼谈辽与伊斯兰世界的关系　马文宽　考古一九九四年第八期

辽宁朝阳北塔天宫地宫清理简报　朝阳北塔考古勘察队　文物一九九二年第七期

辽宁朝阳姑营子辽耿氏墓　朝阳地区博物馆　考古学集刊·3　中国社会科学出版社一九八三年

辽宁朝阳前窗户村辽墓　靳枫毅　文物一九八○年第十二期

辽宁康平县后刘东屯辽墓　康平县文化馆　考古一九八六年第十期

辽宁省博物馆藏宝录　上海文艺出版社等一九九四年

辽阳市棒台子二号壁画墓　王增新　考古一九六○年第一期

辽耶律羽之墓发掘简报　内蒙古文物考古研究所　文物一九九六年第一期

灵台沉香　刘良佑　二○○○年作者自印本

岭外代答校注　杨武泉　中华书局一九九九年

刘娘井明墓的清理　小屯　文物一九五八年第五期

刘松年的撵茶图与醉僧图　李霖灿　（台北）故宫文物月刊第二卷第十一期（一九八五年）

留青日札　田艺蘅　上海古籍出版社一九九二年

柳弧　丁克柔　中华书局二○○二年

六朝艺术　姚迁等　文物出版社一九八一年

六臣注文选　浙江古籍出版社影印本一九九九年

“炉顶”、“帽顶”辨识　王正书　见中国隋唐至清代玉器学术研讨会论文集

陆游集　中华书局一九七六年

旅顺博物馆　文物出版社二○○四年

旅顺博物馆藏金代完颜娄室墓出土的部分文物　孙传波　北方文物二〇〇一年第二期

履园丛话　钱泳　中华书局一九七九年

绿窗新话　皇都风月主人　上海古籍出版社一九九一年

略论两汉魏晋的帷帐　卢兆荫　考古一九八四年第五期

论语正义　刘宝楠　中华书局一九九〇年

论张家山汉简《二年律令》中的“宦皇帝”　阎步克　中国史研究二〇〇三年第三期

罗州城与汉墓　黄冈市博物馆　科学出版社二〇〇〇年

洛阳北郊石油站汉墓壁画图像考辨　贺西林　文物二〇〇一年第五期

洛阳东周王城战国陶窑遗址发掘报告　洛阳市文物工作队　考古学报二〇〇三年第四期

洛阳汉墓壁画　黄明兰等　文物出版社一九九六年

洛阳汉墓群陶器文字通释　陈直　考古一九六一年第十一期

洛阳邙山宋代壁画墓　洛阳市第二文物工作队　文物一九九二年第十二期

洛阳烧沟汉墓　洛阳区考古发掘队　科学出版社一九五九年

洛阳市朱村东汉壁画墓发掘简报　洛阳市第二文物工作队　文物一九九二年第十二期

洛阳唐三彩　洛阳博物馆　河南美术出版社一九八五年

洛阳五女冢二六七号新莽墓发掘简报　洛阳市第二文物工作队　文物一九九六年第七期

洛阳西汉壁画墓发掘报告　河南省文化局文物工作队　考古学报一九六四年第二期

M

马王堆二、三号汉墓发掘的主要收获　中国科学院考古研究所等　考古一九七五年第一期

马王堆汉墓帛书·一　国家文物局古文献研究室　文物出版社一九八〇年

马王堆汉墓文物　傅举有等　湖南出版社一九九二年

麦积山石窟所见古建筑　傅熹年　见中国石窟·天水麦积山

满城汉墓　中国社会科学院考古研究所等　文物出版社一九八〇年

眉山文集　唐庚　上海古籍出版社影印四库全书本

扪虱新话　陈善　上海书店影印本一九九〇年

梦粱录　吴自牧　古典文学出版社一九五七年

梦溪笔谈校证　胡道静　上海古籍出版社一九八七年

密县打虎亭汉墓　河南省文物研究所　文物出版社一九九三年

闽小记　周亮工　上海古籍出版社一九八五年

明兵部尚书赵炳然夫妇合葬墓　四川省博物馆等　文物一九八二年第二期
明代的束发冠、鬏髻与头面　孙机　见中国古舆服论丛·增订本　文物出版社二〇〇一年
明宫词　北京古籍出版社一九八七年
明集礼　上海古籍出版社影印四库全书本
明刊彩色套印西厢记图　天津人民美术出版社一九九一年
明式家具研究　王世襄　三联书店（香港）有限公司一九八九年
明式家具珍赏　王世襄　三联书店香港分店等一九八五年
明徐达五世孙徐俌夫妇墓　南京市文物保管委员会　文物一九八二年第二期
明中山王徐达家族墓　南京市博物馆　文物一九九三年第二期
冥报记　唐临　尊经阁影印日本侯爵前田家藏本一九三七年
冥祥记　王琰　鲁迅辑录古籍丛编·第一卷　人民文学出版社一九九九年
墨娥小录　中国书店影印本一九五九年

N

内蒙古赤峰宝山辽壁画墓发掘简报　内蒙古文物考古研究所　文物一九九八年第一期
内蒙古中南部汉代墓葬　魏坚　中国大百科全书出版社一九九八年
南昌火车站东晋墓葬群发掘简报　江西省文物考古研究所等　文物二〇〇一年第二期
南昌明代宁靖王夫人吴氏墓发掘简报　江西省文物考古研究所　文物二〇〇三年第二期
南村辍耕录　陶宗仪　中华书局一九五九年
《南方草木状》辨伪　马泰来　农史研究第三辑　农业出版社一九八三年
南京明墓出土金簪初探　张瑶等　（台北）故宫文物月刊第二十卷第六期（二〇〇二年）
南京幕府山宋墓清理简报　南京市博物馆　文物一九八二年第三期
南京通济门外发现南朝墓　李蔚然　考古一九六一年第四期
南宋方炉题咏　上海博古斋影印拜经楼丛书本一九二二年
南宋馆阁录　陈骙　中华书局一九九八年
南阳汉画像石刻之历史的及风格的考察　滕固　见张菊生先生七十生日纪念论文集　商务印书馆一九三七年
南诏大理国雕刻绘画艺术　李昆声　云南人民出版社一九九九年
能改斋漫录　吴曾　中华书局一九六〇年
妮古录　陈继儒　江苏古籍出版社影印美术丛书本一九八六年

碾硙寻踪　西嶋定生　见日本学者研究中国史论著选译·第四卷　中华书局一九九二年
宁城县埋王沟辽代墓地发掘简报　内蒙古文物考古研究所等
　内蒙古文物考古文集第二辑　中国大百科全书出版社一九九七年
宁夏固原北周李贤夫妇墓发掘简报　宁夏回族自治区博物馆等　文物一九八五年第十一期
宁夏灵武窑　马文宽等　紫禁城出版社一九八八年

P

佩楚轩客谈　戚辅之　上海古籍出版社影印说郛涵芬楼排印本一九八八年
佩文斋咏物诗选　上海古籍出版社影印四库全书本
琵琶记　高明　万历二十五年歙县书林玩虎轩刊本
品茶要录　黄儒　上海古籍出版社影印说郛宛委山堂刻本一九八八年
平和田坑窑及出土"素三彩"瓷器的初步研究　林恭务等　见特别展:交趾香盒
平阳金墓砖雕　山西省考古所　山西人民出版社一九九九年
朴通事谚解　京城帝国大学法文学部影印奎章阁丛书本一九四三年
曝书亭集　朱彝尊　上海古籍出版社影印四库全书本

Q

齐鲁文化——东方思想的摇篮　刘振清等　上海远东出版社等一九九八年
齐民要术校释　缪启愉　中国农业出版社一九九八年
启封中原文明——二十世纪河南考古大发现　河南省文物考古研究所　河南人民出版社二〇〇二年
契丹王朝——内蒙古辽代文物精华　中国历史博物馆等　中国藏学出版社二〇〇二年
千金记　沈采　古本戏曲丛刊初集影印万历富春堂刊本
浅谈汝窑、官窑与汝州张公巷窑　郭木森　中国古陶瓷研究第七辑　紫禁城出版社二〇〇一年
乔吉集　山西人民出版社一九八八年
秦汉金石录　容庚　国立中央研究院一九三一年
青海文物　青海省文物处等　文物出版社一九九四年
清稗类钞　徐珂　中华书局一九八四年
清波杂志校注　刘永翔　中华书局一九九四年
清代服饰展览图录　台北故宫博物院一九八六年

清代家具　田家青　三联书店（香港）有限公司一九九五年
清河书画舫　张丑　乾隆二十八年池北草堂刻本
清会典图　中华书局影印本一九九一年
清平山堂话本　洪楩　古典文学出版社一九五七年
清异录　陶谷　惜阴轩丛书本
清雍正年的漆器制造考　朱家溍　见故宫退食录　北京出版社一九九九年
邛窑古陶瓷研究　耿宝昌　中国科学技术大学出版社二〇〇二年
秋涧集　王恽　上海古籍出版社影印四库全书
仇文合璧西厢会真记　上海文明书局珂罗版影印本一九一五年
仇英画集　天津美术出版社二〇〇一年
全芳备祖　陈景沂　农业出版社影印本一九八二年
全金元词　唐圭璋　中华书局一九七九年
全宋词　唐圭璋　中华书局一九六五年
全宋诗　北京大学古文献研究所　北京大学出版社一九九八年
全唐诗　中华书局一九六〇年
全唐五代词　曾昭岷等　中华书局一九九九年
全五代诗　李调元　巴蜀书社一九九二年
全元散曲　隋树森　中华书局一九六四年

R

如梦录　河南省立图书馆一九二一年
汝窑聚珍　叶喆民等　北京出版社二〇〇二年

S

三才图会　王圻等　上海古籍出版社影印本一九八八年
三事儿　孙机　中国文物报二〇〇一年一月二十一日
三燕文物精粹　辽宁省文物考古研究所　辽宁人民出版社二〇〇二年
散见简牍合辑　李均明等　文物出版社一九九〇年
沙漠王子遗宝　赵丰等　艺纱堂/服饰工作队（香港）二〇〇〇年

山东临沂西汉墓发现《孙子兵法》和《孙膑兵法》等竹简的简报　山东省博物馆等　文物一九七四年第二期

山东文物精萃　山东省文物事业管理局　山东美术出版社一九九六年

山东文物选集（普查部分）　山东省文物管理处　文物出版社一九五九年

山东章邱县普集镇汉墓清理简报　王恩礼　考古通讯　一九五五年第六期

山东诸城汉墓画像石　任日新　文物一九八一年第十期

山东诸城县西汉木椁墓　诸城县博物馆　考古一九八七年第九期

山谷简尺　黄庭坚　上海古籍出版社影印四库全书本

山谷题跋　黄庭坚　津逮秘书本

山西平定宋、金壁画墓简报　山西省考古研究所等　文物一九九六年第五期

山西沁水县宋墓雕砖　李奉山　考古一九八九年第四期

山西省博物馆馆藏文物精华　山西人民出版社一九九九年

山西省繁峙县岩山寺南殿金代壁画中所绘建筑的初步分析　见傅熹年建筑史论文集　文物出版社一九九八年

山西朔县秦汉墓发掘简报　平朔考古队　文物一九八七年第六期

山西寺观壁画　柴泽俊　文物出版社一九九七年

山西襄汾县吴兴庄汉墓出土铜器　李学文　考古一九八九年第十一期

山西孝义下土京和梁家庄金、元墓发掘简报　山西省文物管理委员会等　考古一九六〇年第七期

山溪水磨图浅谈　北积　艺苑掇英第四十期　上海人民美术出版社一九八九年

陕西历史博物馆珍藏金银器　申秦雁　陕西人民美术出版社二〇〇三年

陕西茂陵一号无名冢一号从葬坑的发掘　咸阳地区文管会等　文物一九八二年第九期

陕西青铜器　李西兴　陕西人民出版社一九九四年

陕西铜川发现战国铜器　卢建国　文物一九八五年第五期

商辂三元记　无名氏　古本戏曲丛刊初集影印万历富春堂刊本

上海宝山明朱守城夫妇合葬墓　上海市文物管理委员会　文物一九九二年第五期

上海博物馆藏宝录　三联书店等一九八八年

上海出土唐宋元明清玉器　上海市文物管理委员会　上海人民出版社二〇〇一年

上海打浦桥明墓出土玉器　王正书　文物二〇〇〇年第四期

上海浦东明陆氏墓记述　上海博物馆　考古一九八五年第六期

上海市郊明墓清理简报　上海市文物保管委员会　考古一九六三年第十一期

上海市李惠利中学明代墓群发掘简报　何民华　东南文化一九九九年第六期
上海市青浦县元代任氏墓葬记述　沈令昕等　文物一九八二年第七期
上海市松江区华阳明代墓群发掘简报　上海博物馆考古研究部
　上海博物馆集刊第九期　上海书画出版社二〇〇二年
上孙家寨汉晋墓　青海省文物考古研究所　文物出版社一九九三年
烧炉新语　吴融　见王世襄锦灰二堆　三联书店二〇〇三年
苕溪渔隐丛话　胡仔　人民文学出版社一九六二年
《诗经》之农业及农植物研究　梁家勉农史文集　中国农业出版社二〇〇二年
十九世纪中国市井风情——三百六十行　黄时鉴等　上海古籍出版社一九九九年
石雅　章鸿钊　上海古籍出版社一九九三年
石子湾北魏古城的方位、文化遗存及其它　崔濬　文物一九八〇年第八期
识小录　徐树丕　涵芬楼祕笈第一集
实用中草药彩色图集　罗献瑞等　广东科技出版社一九九二年
世界雕塑全集·东方部分　潘绍棠　河南美术出版社一九八九年
释名疏证补　王先谦　上海古籍出版社影印本一九八四年
事物纪原　高承　中华书局一九八九年
首都博物馆藏瓷选　文物出版社一九九一年
寿亲养老新书　陈直 (邹鋐续编)　上海古籍出版社影印四库全书本
寿县楚器集脰诸铭考释　郝本性　古文字研究第十辑　中华书局一九八三年
殊域周咨录　严从简　中华书局一九九三年
双忠记　姚茂良　古本戏曲丛刊初集影印万历富春堂刊本
水经注校　王国维　上海人民出版社一九八四年
睡虎地秦墓竹简　睡虎地秦墓竹简整理小组　文物出版社一九七八年
说匽　李零　文物天地一九九六年第五期
朔州崇佛寺　柴泽俊　文物出版社一九九六年
四朝闻见录　叶绍翁　中华书局一九八九年
四川成都曾家包东汉画像砖石墓　成都市文物管理处　文物一九八一年第十期
四川德阳出土的宋代银器简介　沈仲常　文物一九六一年第十一期
四川广汉南宋窖藏玉器　邱登成等　见中国隋唐至清代玉器学术研讨会论文集
四川简阳东溪园艺场元墓　四川省文物管理委员会　文物一九八七年第二期
四川彭州宋代金银器窖藏　成都市文物考古研究所等　科学出版社二〇〇三年

四川平武明王玺家族墓　四川省文管会等　文物一九八九年第七期

四川铜梁明张文锦夫妇合葬墓清理简报　铜梁县文管所　文物一九八六年第九期

四库提要辨证　余嘉锡　中华书局一九八〇年

四时纂要校释　缪启愉　农业出版社一九八一年

俟庵集　李存　上海古籍出版社影印四库全书本

松桂堂全集　彭孙通　上海古籍出版社影印四库全书本

松花江下游奥里米古城及其周围的金代墓群　黑龙江省文物考古工作队　文物一九七七年第四期

松陵集　皮日休　上海古籍出版社影印四库全书本

宋代吃茶法与茶器之研究　廖宝秀　台北故宫博物院一九九六年

宋代的"斗茶"艺术　刘昭瑞　文史第三十二辑　中华书局一九九〇年

宋代广州的香料贸易　关履权　文史第三辑　中华书局一九六三年

宋代洛阳造园风的实例——洛阳北宋衙署庭园遗址　王岩　文物天地二〇〇二年第六期

宋代团扇和雕漆扇柄　和惠　文物一九七七年第七期

宋代香料贸易史　林天蔚　中国文化大学出版部一九八六年

宋代耀州窑址　陕西省考古研究所　文物出版社一九九八年

宋会要辑稿　徐松　中华书局影印本一九五七年

宋诗精华录　陈衍　巴蜀书社一九九二年

宋时伊斯兰教徒底香料贸易　白寿彝　禹贡第七卷第四期（一九三七年）

宋氏家规部　宋诩　书目文献出版社影印明刻本

宋文鉴　吕祖谦　中华书局一九九二年

宋元时期的镇江泥塑　霍强等　文物天地二〇〇三年第十一期

宋元小说家话本集　程毅中　齐鲁书社二〇〇〇年

搜神后记　陶潜　中华书局一九八一年

苏轼诗集　王文诰辑注　中华书局一九九二年

苏轼文集　中华书局一九九九年

苏州吴张士诚母曹氏墓清理简报　苏州市文物保管委员会　考古一九六五年第六期

碎金　国立北平故宫博物院文献馆影印本一九三五年

T

太平广记　李昉　中华书局一九六一年

太平御览　李昉等　中华书局影印本一九六〇年

太原晋祠圣母殿修缮工程报告　柴泽俊等　文物出版社二〇〇〇年

太原小井峪宋、明墓第一次发掘记　解希恭　考古一九六三年第五期

檀香引种研究　李应兰　科学出版社二〇〇三年

谈“张掖都尉棨信”　李学勤　文物一九七八年第一期

坦斋笔衡　叶寘　上海古籍出版社影印涵芬楼排印说郛本一九八八年

唐长安城郊隋唐墓　中国社会科学院考古研究所　文物出版社一九八〇年

唐代黄堡窑址　陕西省考古研究所　文物出版社一九九二年

唐代九姓胡与突厥文化　蔡鸿生　中华书局一九九八年

唐代薛儆墓发掘报告　山西省考古研究所　科学出版社二〇〇〇年

唐金乡县主墓　西安市文物保护考古所等　文物出版社二〇〇二年

唐六典　李林甫等　中华书局一九九二年

唐诗纪事校笺　王仲镛　巴蜀书社一九八九年

唐苏三夫人墓出土文物　王长启等　文博二〇〇一年第三期

唐新城长公主墓发掘报告　陕西省考古研究所等　科学出版社二〇〇四年

唐语林校证　周勋初　中华书局一九八七年

唐子西文录　强幼安　中华书局排印本历代诗话一九八一年

糖霜谱　王灼　上海古籍出版社影印四库全书本

陶庵梦忆　张岱　上海古籍出版社一九八二年

陶枕　陈万里　朝花美术出版社一九五四年

特别展：交趾香盒——福建省出土文物与日本的传世品　茶道资料馆一九九八年

天人诞生图研究——东亚佛教美术史论文集　吉村怜　中国文联出版社二〇〇二年

天水冰山录　见中国历史资料研究丛书·明武宗外纪　上海书店一九八二年

铁围山丛谈　蔡絛　中华书局一九八三年

通典　杜佑　中华书局一九八八年

通俗编　翟灏　丛书集成初编本

通雅　方以智　上海古籍出版社一九八八年

桐桥倚棹录　顾禄　清道光刻本

图画见闻志　郭若虚　上海人民美术出版社排印本画史丛书一九六二年

土默特右旗大袄兑出土元代遗物　包头市文物管理处　内蒙古文物考古二〇〇〇年第一期

W

万余枚西汉简牍惊现长沙走马楼　曹砚农等　中国文物报二〇〇四年二月十八日

王莽虎符石匮调查记　李零　文物天地二〇〇〇年第四期

望都二号汉墓　河北省文化局文物工作队　文物出版社一九五九年

望都汉墓壁画　北京历史博物馆等　中国古典艺术出版社一九五五年

纬略　高似孙　上海古籍出版社影印四库全书本

魏晋南北朝史札记　周一良　中华书局一九八五年

温州古陶瓷　温州博物馆　文物出版社二〇〇一年

文姬归汉图的鉴赏　高木森　(台北) 故宫文物月刊第一卷第七期 (一九八三年)

文献通考　马端临　中华书局一九八六年

文忠集　周必大　上海古籍出版社影印四库全书本

我国最早的儿童玩具——陶陀罗　王宜涛　考古与文物一九九九年第五期

无产阶级文化大革命期间出土文物展览简介　文物一九七二年第一期

吴船录　中华书局排印本范成大笔记六种二〇〇二年

吴兴备志　董斯张　上海古籍出版社影印四库全书本

五代冯晖墓　咸阳市文物考古研究所　重庆出版社二〇〇一年

五代黄堡窑址　陕西省考古研究所　文物出版社一九九七年

五代名画补遗　刘道醇　上海古籍出版社影印四库全书本

五代王处直墓　河北省文物研究所等　文物出版社一九九八年

五省出土重要文物展览图录　文物出版社一九五八年

五杂组　谢肇淛　辽宁教育出版社二〇〇一年

武昌莲溪寺东吴墓清理简报　湖北省文物管理委员会　考古一九五九年第四期

武昌龙泉山明代楚昭王墓发掘简报　湖北省文物研究所等　文物二〇〇三年第二期

武汉市东湖岳家嘴隋墓发掘简报　武汉市文物管理处　考古一九八三年第九期

武进明代王洛家族墓　武进市博物馆　东南文化一九九九年第二期

武林旧事　周密　古典文学出版社一九五七年

武威汉代医简　甘肃省博物馆等　文物出版社一九七五年

武威汉简　甘肃省博物馆等　文物出版社一九六四年

武威磨咀子三座汉墓发掘简报　甘肃省博物馆　文物一九七二年第十二期

X

西安出土的唐代金银器　阎磊　文物一九五九年第八期

西安市西郊曹家堡唐墓清理简报　张海云等　考古与文物一九八六年第二期

西汉南越王墓　广州市文物管理委员会等　文物出版社一九九一年

西汉铜座漆耳杯及相关问题的讨论　游咏　东南文化一九九九年第二期

西湖老人繁胜录　西湖老人　古典文学出版社一九五七年

西域番国志　陈诚　中华书局二〇〇〇年

析津志辑佚　北京图书馆善本组　北京古籍出版社一九八三年

锡山藏珍　赵新时等　南京出版社二〇〇一年

先秦汉魏晋南北朝诗　逯钦立　中华书局一九八三年

闲情偶寄　浙江古籍出版社排印本李渔全集一九九一年

香乘　周嘉胄　上海古籍出版社影印四库全书本

香谱　洪刍　陶氏涉园据宋本景刊百川学海本一九二七年

香学会典　刘良佑　东方香学研究会二〇〇三年

校注项氏历代名瓷图谱　福开森　觯斋印书社一九三一年

新编居家必用事类全集　书目文献出版社影印朝鲜刻本

新编醉翁谈录　金盈之　江苏广陵古籍刻印社影印本一九八一年

新疆出土文物　新疆维吾尔自治区博物馆　文物出版社一九七五年

新疆文物古迹大观　新疆维吾尔自治区文物事业管理局等　新疆摄影出版社一九九九年

新刊大宋宣和遗事　中国古典文学出版社一九五四年

信阳楚墓　河南省文物研究所　文物出版社一九八六年

醒世姻缘传　西周生　齐鲁书社一九九三年

髹饰录解说·修订版　王世襄　文物出版社一九九八年

徐州汉画象石　江苏美术出版社一九八五年

许政扬文存　中华书局一九八四年

续考古图　赵九成　中华书局一九八七年

宣德鼎彝谱　吕震　喜咏轩丛书本

宣德彝器图谱　吕震　喜咏轩丛书本

宣德彝器谱　吕棠　喜咏轩丛书本

宣和奉使高丽图经　徐兢　故宫博物院影印天禄琳琊丛书本一九三一年

宣化辽金墓壁画拾零　孙机　见寻常的精致　辽宁教育出版社一九九六年

宣化辽墓——一九七四至一九九三年考古发掘报告　河北省文物研究所　文物出版社二〇〇一年

宣炉博论　项元汴　喜咏轩丛书本

宣炉小志　沈氏　喜咏轩丛书本

学林　王观国　中华书局一九八八年

寻常物件　韵味无穷——徐州明代房舍遗址出土文物拾萃　盛骝　东南文化二〇〇〇年第十期

寻觅散落的瑰宝——陕西历史博物馆征集文物精粹　陕西历史博物馆　三秦出版社二〇〇一年

Y

偃师杏园唐墓　中国社会科学院考古研究所　科学出版社二〇〇一年

演繁露　程大昌　上海古籍出版社影印四库全书本

燕子笺　阮大铖　喜咏轩丛书本

杨炯集　中华书局一九八〇年

扬州馆藏文物精华　徐良玉　江苏古籍出版社二〇〇一年

养心殿造办处史料辑览·第一辑　朱家溍　紫禁城出版社二〇〇三年

耀州窑　陕西省对外文化交流协会　陕西旅游出版社一九九二年

夷坚志　洪迈　中华书局一九八一年

沂南古画像石墓发掘报告　曾昭燏等　文化部文物管理处一九五六年

义乌文物精粹　吴高彬　文物出版社二〇〇三年

艺文类聚　欧阳询　上海古籍出版社一九六五年

因话录　赵璘　江苏广陵古籍刻印社影印笔记小说大观本一九八三年

尹湾汉墓简牍　连云港市博物馆等　中华书局一九九七年

尹湾汉墓简牍综论　连云港市博物馆等　科学出版社一九九九年

英雄时代展　韩建武　文物天地二〇〇四年第六期

婴戏图　台北故宫博物院一九九〇年

营造法式　李诫　商务印书馆一九三三年

瀛奎律髓　方回　上海古籍出版社一九八六年

雍正年的家具制造考　朱家溍　见故宫退食录　北京出版社一九九九年

幽闲鼓吹　张固　辽宁教育出版社排印本唐·五代·宋笔记十五种二〇〇〇年

游宦纪闻　张世南　中华书局一九八一年

酉阳杂俎　段成式　中华书局一九八一年

庾子山集注　倪璠　中华书局一九八〇年

玉版清玩　陈擎光　(台北) 故宫文物月刊第十一卷第七期 (一九九三年)

玉台新咏笺注　吴兆宜　中华书局一九八五年

玉谿生诗集笺注　冯浩　上海古籍出版社一九七九年

玉芝堂谈荟　徐应秋　江苏广陵古籍刻印社影印笔记小说大观本一九八三年

鸳鸯绦　路迪　喜咏轩丛书本

渊颖集　吴莱　上海古籍出版社影印四库全书本

元代发僧《祇园大会图卷》浅析　张献哲等　文物世界二〇〇二年第六期

元代扎你别献物考　黄时鉴　见东西交流史论稿　中华书局一九九八年

元宫词百章笺注　傅乐淑　书目文献出版社一九九五年

原刊《老乞大》研究　郑光　外语教学与研究出版社二〇〇〇年

元明雕漆概说　朱家溍　故宫博物院院刊一九八三年第三期

元钱裕墓出土部分玉器研究　徐琳　见中国隋唐至清代玉器学术研讨会论文集

元曲纪事　王文才　人民文学出版社一九八五年

元曲选　臧晋叔　中华书局一九五八年

元曲选外编　隋树森　中华书局一九五九年

元上都城南砧子山南区墓葬　内蒙古文物考古研究所等　内蒙古文物考古文集第一辑　中国大百科全书出版社一九九四年

元诗纪事　陈衍　上海古籍一九八七年

元诗选·初集　顾嗣立　中华书局一九八七年

元诗选·癸集　顾嗣立　中华书局二〇〇一年

元遗山诗集笺注　施国祁　人民文学出版社一九五八年

沅陵虎溪山一号汉墓发掘简报　湖南省文物考古研究所　文物二〇〇三年第一期

原州古墓集成　宁夏回族自治区固原博物馆等　文物出版社一九九九年

粤东闻见录　张渠　广东高等教育出版社一九九〇年

乐府诗集　郭茂倩　中华书局一九七九年

阅世编　叶梦珠　上海古籍出版社一九八一年

云林遗事　顾元庆　上海古籍出版社影印说郛续一九八八年

云麓漫钞　赵彦卫　中华书局一九九六年

云梦大坟头一号汉墓　湖北省博物馆　文物资料丛刊·4　文物出版社一九八一年

云梦龙岗秦简　刘信芳等　科学出版社一九七九年
云篆徵名　信章萃古　袁旃　（台北）故宫文物月刊第四卷第七期（一九八六年）

Z

曾侯乙墓　湖北省博物馆　文物出版社一九八九年
闸口盘车图卷　郑为　文物一九六六年第二期
闸口盘车图卷　郑为　艺苑掇英一九七八年第二期　上海人民美术出版社一九七八年
战国楚帛书考　陈梦家　考古学报一九八四年第二期
战国楚帛书述略　商承祚　文物一九六四年第九期
张凤翼戏曲集　中华书局一九九四年
张家山汉简《算数书》注释　彭浩　科学出版社二〇〇一年
张家山汉墓竹简·二四七号汉墓　张家山二四七号汉墓竹简整理小组　文物出版社二〇〇一年
张协状元　古本戏曲丛刊初集影印永乐大典戏文三种
掌上珍·中国古金银器　湖北美术出版社二〇〇一年
掌上珍·中国古漆器　湖北美术出版社二〇〇一年
帐和帐构——家具谈往之二　易水　文物一九八〇年第四期
浙江长兴县发现一批唐代银器　夏星南　文物一九八二年第十一期
浙江出土的金银器　范佩玲　东南文化二〇〇〇年第四期
浙江湖州三天门宋墓　湖州市博物馆　东南文化二〇〇〇年第九期
浙江纪年瓷　浙江省博物馆　文物出版社二〇〇〇年
浙江临安五代吴越国康陵发掘简报　杭州市文物考古所等　文物二〇〇〇年第二期
浙江衢州市南宋墓出土器物　衢州市文管会　考古一九八三年第十一期
浙江永嘉发现宋代窖藏银器　金柏东等　文物一九八四年第五期
正续一切经音义　释慧琳等　上海古籍出版社影印本一九八六年
证类本草　唐慎微　华夏出版社一九九三年
直斋书录解题　陈振孙　上海古籍出版社一九九一年
至正直记　孔齐　上海古籍出版社一九八七年
志雅堂杂钞　周密　江苏广陵古籍刻印社影印笔记小说大观本一九八三年
中国版画图录　周芜　上海人民美术出版社一九八八年
中国版画选　郑振铎　荣宝斋一九五八年

中国壁画全集·敦煌·9　辽宁美术出版社一九九〇年

中国茶文化与日本茶道　孙机　见中国圣火　辽宁教育出版社一九九六年

中国的早期玻璃器皿　安家瑶　考古学报一九八四年第四期

中国殿堂壁画全集·3·元代道观　山西人民出版社一九九七年

中国敦煌历代服饰图案　常沙娜　中国轻工业出版社二〇〇一年

中国古本戏曲插图选　周芜　天津人民美术出版社一九八五年

中国古代的精金工艺　张临生　(台北)故宫文物月刊第二卷第二期(一九八四年)

中国古代建筑史·2·两晋南北朝隋唐五代建筑　傅熹年等　中国建筑工业出版社二〇〇一年

中国古代漆器　王世襄　文物出版社一九八七年

中国古代漆器　周成　艺术图书公司一九九四年

中国古代石刻画选集　王子云　中国古典艺术出版社一九五七年

中国古器物学的新基础　李济考古学论文选集　文物出版社一九九〇年

中国古陶瓷标本·江西吉州窑　余家栋　岭南美术出版社二〇〇二年

中国化学史稿　张子高　科学出版社一九六四年

中国画像石全集　山东美术出版社等二〇〇〇年

中国简牍集成　敦煌文艺出版社二〇〇一年

中国科学技术史·物理学卷　戴念祖　科学出版社二〇〇一年

中国科学技术史第四卷·第二分册　李约瑟等　科学出版社等一九九九年

中国历代妇女妆饰　周汛等　三联书店(香港)有限公司一九八八年

中国历代绘画精品　山东美术出版社二〇〇三年

中国历代纪年佛像图典　金申　文物出版社一九九四年

中国历代织染绣图录　高汉玉　商务印书馆香港分馆等一九八六年

中国历史博物馆——华夏文明史图鉴　朝华出版社二〇〇二年

中国美术全集·工艺美术编·10·金银玻璃珐琅器　文物出版社一九八七年

中国美术全集·绘画编·20·版画　上海人民美术出版社一九八八年

中国美术全集·绘画编·18·画像石画像砖　上海人民美术出版社一九八八年

中国美术全集·绘画编·12·墓室壁画　文物出版社一九八九年

中国美术全集·书法篆刻编·1·商周至秦汉书法　人民美术出版社一九八七年

中国漆器全集·2·战国至秦　福建美术出版社一九九七年

中国漆器全集·3·汉　福建美术出版社一九九八年

中国漆器全集·4·三国至元　福建美术出版社一九九八年

中国青铜器图录　李建伟等　中国商业出版社二〇〇〇年

中国石窟·敦煌莫高窟·第三卷　敦煌文物研究所　文物出版社一九八七年

中国石窟·敦煌莫高窟·第四卷　敦煌文物研究所　文物出版社一九八七年

中国石窟·龙门石窟·第一卷　龙门文物保管所　文物出版社一九九一年

中国石窟·天水麦积山　天水麦积山石窟艺术研究所　文物出版社一九九八年

中国石窟·永靖炳灵寺　甘肃省文物工作队等　文物出版社一九八九年

中国石窟·云冈石窟·第二卷　云冈石窟文物保管所　文物出版社一九九四年

中国石窟·云冈石窟·第一卷　云冈石窟文物保管所　文物出版社一九九一年

中国石窟雕塑全集·6·北方六省　重庆出版社二〇〇一年

中国石窟雕塑全集·8·四川重庆　重庆出版社二〇〇〇年

中国隋唐至清代玉器学术研讨会论文集　上海古籍出版社二〇〇〇年

中国陶瓷全集·11·元　上海人民美术出版社二〇〇〇年

中国陶瓷全集·4·三国两晋南北朝　上海人民美术出版社二〇〇二年

中国文物精华·一九九〇　文物出版社一九九〇年

中国文物精华·一九九二　文物出版社一九九二年

中国文物精华·一九九七　文物出版社一九九七年

中国文物精华大辞典　国家文物局　上海辞书出版社等一九九六年

中国音乐文物大系·山西卷　大象出版社二〇〇〇年

中国饮食史　徐海荣　华夏出版社一九九九年

中国饮食文化　林乃燊　上海人民出版社一九八九年

中国玉器全集·5·隋唐至明　河北美术出版社一九九三年

中国玉器全集·6·清　河北美术出版社一九九三年

中国织绣服饰全集·刺绣卷　天津人民美术出版社二〇〇四年

中华古今注　马缟　辽宁教育出版社一九九八年

中山诗话　刘攽　中华书局排印本历代诗话一九八一年

中药志·三　中国医学科学院药物研究所等　人民卫生出版社一九六一年

中原与域外——侧写“天可汗的世界”特展的佛教文物　王钟承

(台北) 故宫文物月刊第二十卷第四期 (二〇〇二年)

重器重宝——历代器物重宝选介　张临生　(台北) 故宫文物月刊第三卷第七期 (一九八五年)

周礼正义　孙诒让　中华书局一九八七年

朱氏舜水谈绮　华东大学出版社影印本一九八八年

朱子语类　中华书局一九八六年

诸番志校释　杨博文　中华书局一九九六年

诸宫调两种　凌景埏等　齐鲁书社一九八八年

竹材工艺　刘万航　(台北) 故宫文物月刊第三卷第三期 (一九八五年)

紫薇诗话　吕本中　中华书局排印本历代诗话一九八一年

自珍集——俪松居长物志　王世襄　三联书店二〇〇三年

遵生八笺 (雅尚斋遵生八笺)　高濂　书目文献出版社影印万历十九年自刻本

遵义高坪"播州土司"杨文等四座墓葬发掘记　贵州省博物馆　文物一九七四年第一期

[正史均据中华书局排印本]

雲岡石窟におけゐ二,三の因缘像　長廣敏雄　见中國の佛教美術　平凡社一九六八年

ガラスと文化　その東西交流　由水常雄　日本放送出版協会一九九七年

漢代画象の研究　長廣敏雄　中央公論美術出版一九六五年

漢代の文物　林巳奈夫　京都大学人文科学研究所一九七六年

ガンダーラ美術・Ⅱ・佛陀の世界　栗田功　二玄社一九九〇年

吉祥特別展——中国美術にこめられた意味　東京国立博物館一九九八年

香合　矢部良明　见特別展: 茶の美術　東京国立博物館一九八〇年

香水瓶　古代からアール・テコ、モードの時代まで　由水常雄　二玄社一九九五年

香料博物事典　山田憲太郎　同朋舍一九七九年

香炉の起源と型式変遷　全荣来　古代文化第四十八卷第一号 (京都)　一九九六年

西域美術・ギメ美術館ペリオ・コレクション　秋山光和　講談社一九九四年

釈尊——その前生と生涯の美術　中村元　日本放送出版社協会一九九四年

正倉院宝物・3・北倉 (Ⅲ)　宫内庁　毎日新聞社一九九五年

シルクロード大文明展——オアシスと草原の路　日本放送出版協会一九八八年

新安海底遺物・资料篇・Ⅰ　文化公報部文化財管理局　同和出版公社一九八三年

世界ガラス美術全集　由水常雄　求龍堂一九九二年

世界美術大全集・東洋編・10・高句麗・百済・新羅・高麗　小学館一九九八年

世界美術大全集・東洋編・15・中央アジア　小学館一九九九年

世界美術大全集・東洋編・4・隋唐　小学館一九九七年

石濤書画集・第一卷　東京堂一九七七年

三希堂と文房秘宝　北京故宫博物院　中華书店一九九〇年

草木図说 · 木部　北村四郎　保育社一九七七年

地下宫殿の遺宝——中国河北省定州北宋塔基出土文物展　平凡社一九九七年

茶道美術 · 7 · 香合　千宗室　淡交社一九七〇年

中央アジアの美術　韩国国立中央博物館　三和出版社一九八九年

中華名物考　青木正儿　平凡社一九八八年

中国古代版画展　町田市立国際版画美術館一九八八年

中国陶磁——出光美術館藏品図錄　平凡社一九八七年

中国陶瓷全集 · 16 · 宋元青白磁　上海人民美术出版社等一九八四年

中国仏教美術史の研究　小杉一雄　新樹社一九八〇年

中国仏教彫刻史論 · 図版編一　松原三郎　吉川弘文館一九九六年

中国の工芸——出光美術館藏品図錄　平凡社一九八九年

中国の陶磁 · 5 · 白磁　平凡社一九九八年

中国の白磁 · 7 · 磁州窑　平凡社一九九六年

朝鲜古文化綜鑒　梅原末治等　養德社一九四八年

展开寫真による · 中国の文様　中野徹等　平凡社一九八五年

唐子論——歷史としての子どもの身体をめぐって　黑田日出男　见東アジア美術における〈人のかたち〉　東京国立文化財研究所一九九四年

陶磁大系 · 37 · 白磁　平凡社一九七五年

日本の美術 · 15 · 茶の美術　林屋辰三郎等　平凡社一九六五年

ペルシアのガラス　深井晋司等　淡交社一九七三年

法隆寺の至宝 · 第十二卷　法隆寺昭和资財帳編集委员会　小学館一九九三年

メトロホリタン美術全集 · 10 · ィスラム　福武書店一九八七年

和漢三才圖會　寺島良安　東京美術一九七〇年

A Survey of Persian Art, A.U.Pope, Ashiya:SOPA,1981

Chinese Ancestral Poraits:Some Late Ming Style Ancestral Paintings in Scandinainavian Museums, Joan Hornby, BMEFA ,Vol.70,1998

Chinese Blue and White Porcelain, D.Macintosh, London Bamboo Publishing Ltd., 1986

索引

与名物相关的诗文以及字词。以出现先后为序。语词后面的数字为本书页码。

图书在版编目（CIP）数据

古诗文名物新证／扬之水著.——北京：紫禁城出版社，(2013.11重印)
（紫禁书系）
ISBN 978-7-80047-460-6

Ⅰ.古…　Ⅱ.扬…　Ⅲ.文物－考证－中国　Ⅳ.K870.4

中国版本图书馆CIP数据核字（2004）第107823号

古诗文名物新证

著　　者：扬之水

责任编辑：张　露　付韦鸣

出　　版：故宫出版社

地址：北京市东城区景山前街4号　邮编：100009

电话：010-85007808　010-85007816　传真：010-65129479

网址：www.culturefc.cn　邮箱：ggcb@culturefc.cn

装帧设计：北京紫禁城天地文化发展有限公司

制　　版：北京图文天地彩印制版有限公司

印　　刷：北京方嘉彩色印刷有限责任公司

开　　本：787×1092　1/16

字　　数：300千字

印　　张：37

图　　版：908

印　　次：2013年11月第1版第3次印刷

印　　数：8,001-11,000册

书　　号：ISBN 978-7-80047-460-6

定　　价：198.00元(全二卷）